DEZ DECISÕES QUE MUDARAM O MUNDO

IAN KERSHAW

Dez decisões que mudaram o mundo

1940-1941

Tradução
Berilo Vargas
Celso Mauro Paciornik
Clóvis Marques
Fernanda Abreu

COMPANHIA DAS LETRAS

Título original
Fateful choices — Ten decisions that changed the world, 1940-1941

Capa
Eliane Stephan

Foto de capa
© Hulton-Deutsch Collection / Corbis / LatinStock

Preparação
Maysa Monção

Índice onomástico
Frederico Dentello

Revisão
Ana Luiza Couto
Carmen S. da Costa

Dados Internacionais de Catalogação na Publicação (CIP)
(Câmara Brasileira do Livro, SP, Brasil)

Kershaw, Ian
Dez decisões que mudaram o mundo (1940-1941) / Ian Kershaw; tradução Berilo Vargas, Celso Mauro Paciornik, Clóvis Marques, Fernanda Abreu. — São Paulo : Companhia das Letras, 2008.

Título original : Fateful choices
ISBN 978-85-359-1299-9

1. Guerra Mundial, 1939-1945 - Causas 2. Guerra Mundial, 1939-1945 - História diplomática I. Título

08-08425 CDD-940.5311

Índice para catálogo sistemático:
1. Guerra Mundial : 1939-1945 : Causas : História 940.5311

[2008]
Todos os direitos desta edição reservados à
EDITORA SCHWARCZ LTDA.
Rua Bandeira Paulista 702 cj. 32
04532-002 — São Paulo — SP
Telefone (11) 3707 3500
Fax (11) 3707 3501
www.companhiadasletras.com.br

Sumário

* Todas as estações do ano mencionadas no livro se referem ao hemisfério norte, onde elas são exatamente o oposto do que são no hemisfério sul. (N. T.)

Lista de imagens

Os agradecimentos fotográficos são mostrados entre parênteses.

15. Stálin e Mólotov (akg-images)
16. Soldados soviéticos capturados, junho de 1941 (RogerViollet / Topfoto)
17. Tanques soviéticos encalhados, verão de 1941 (Topfoto)
18. Franklin D. Roosevelt e sir Winston Churchill a bordo do *HMS Prince of Wales*, agosto de 1941 (AP / Empics)
19. General Tojo Hideki (Bettmann / Corbis)
20. Imperador Hirohito faz revista militar, dezembro de 1941 (akg-images)
21. Ataque aéreo japonês a Pearl Harbor, 7 de dezembro de 1941 (akg-images)
22. Coluna nazista avança rumo a Moscou, agosto de 1941 (Topfoto)
23. Tanque Panzer alemão perto de Moscou, 1941 (AP / Empics)
24. Hitler declara guerra aos Estados Unidos, 11 de dezembro de 1941 (akg-images)
25. Heinrich Himmler (Time Life Pictures / Getty Images)
26. Reinhard Heydrich (Corbis)
27. O massacre de Babi Yar, Polônia, setembro de 1941 (Hulton Archive / Getty Images)
28. Homens e mulheres procuram parentes entre os mortos, depois de execuções em massa em Lemberg, julho de 1941 (akg-images)

Lista de mapas

I. EUROPA OCIDENTAL, 1940

2. EXTREMO ORIENTE, 1940-41

3. OS BÁLCÃS, 1940-41
As datas entre parênteses indicam a expansão do apoio ao Eixo
N
REICH ALEMÃO
Budapeste
HUNGRIA
(Nov. 1940)
Zagreb
Trieste
Rijeka
ROMÊNIA
(Nov. 1940)
Belgrado
IUGOSLÁVIA
(Abril 1941)
Mar Adriático
BULGÁRIA
(Março 1941)
Sofia
ALBÂNIA
Tirana
Durrës
ITÁLIA
Nápoles
Taranto
Salônica
Mar Egeu
Corfu
GRÉCIA
(Abril 1941)
Mar Jônico
Atenas
SICÍLIA
Mar Mediterrâneo

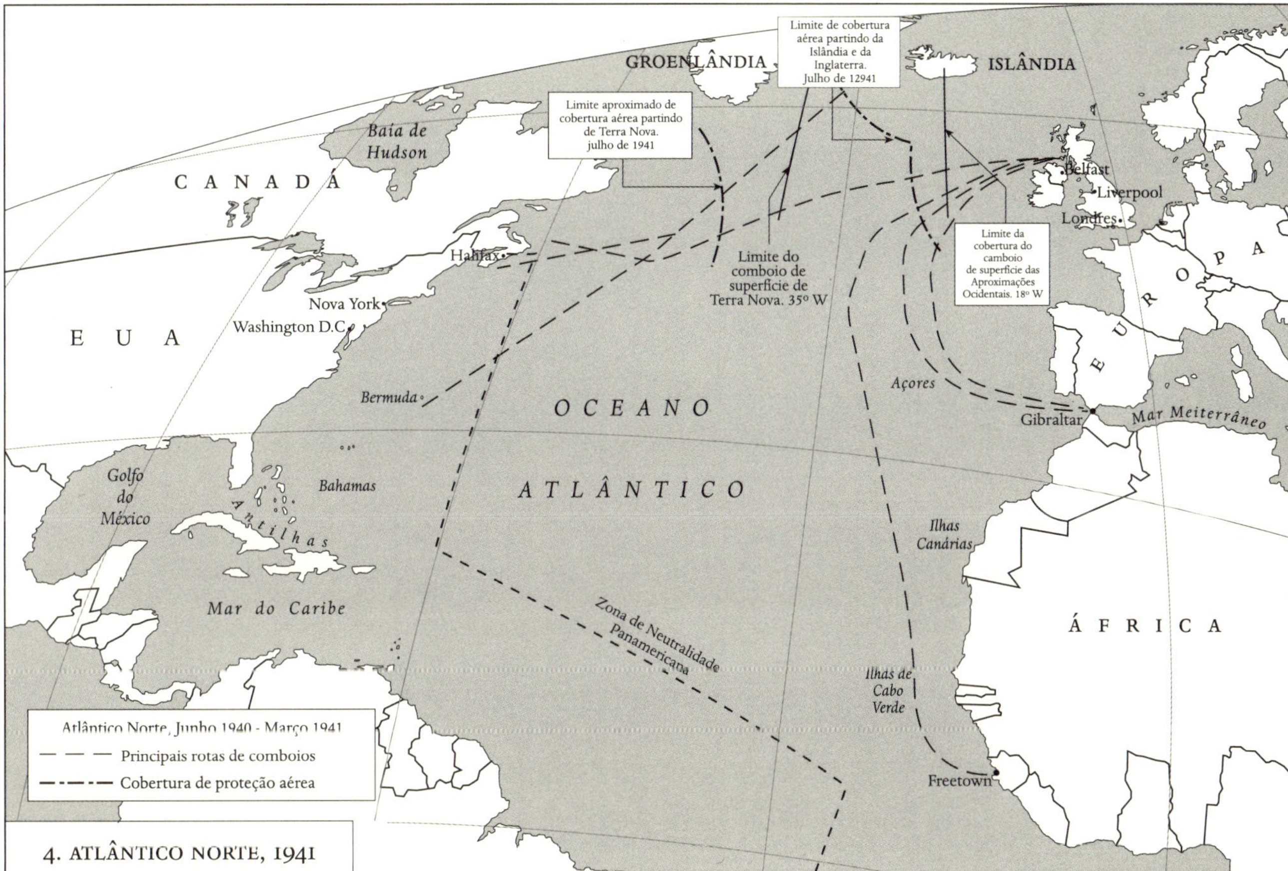

4. ATLÂNTICO NORTE, 1941

5. FRENTE ORIENTAL, 1941
N
SUÉCIA
MAR BÁLTICO
Tallinn
ESTÔNIA
Novgorod
Riga
LETÔNIA
LITUÂNIA
Daugavpils
Polatsk
Kaunas
Vilnius
Smolensk
Gdansk
Kaliningrado
Pomerânia
Gdansk
Prússia Ocidental
Prússia Oriental
Minsk
Chelmno
Wartheland
Bialystok
BIELORRÚSSIA
Poznan
URSS
Lodz
Varsóvia
Bresz
Gomel
Breslau
POLÔNIA
Lublin
Alta Silésia
Governo Geral
Auschwitz
Cracóvia
Kiev
Lviv (Lemberg)
Ternopol
UCRÂNIA
ESLOVÁQUIA
Budapeste
HUNGRIA
Odessa
ROMÊNIA
Bucareste
MAR NEGRO
Fronteira entre Alemanha e Rússia, 28 set. 1939 — 26 jun. 1941
a 9 jul. 1941
a 1 set. 1941
a 9 set. 1941

Agradecimentos

Uma conversa informal na cozinha deu-me a idéia deste livro. Laurence Rees viera de Manchester para discutir comigo o conceito do que seria a série de televisão *Auschwitz. The Nazis and the "Final Solution"* — a terceira série na qual colaboraríamos. Enquanto esperávamos a água da chaleira ferver, Laurence mencionou que, fosse ele um historiador, gostaria de escrever um livro sobre o ano de 1941 — a seu ver, o ano mais significativo da história moderna. A idéia bateu. Mas era evidente que os acontecimentos cruciais de 1941 — mais obviamente, a invasão da União Soviética pelos alemães (que precipitou a rápida escalada para um genocídio dos judeus), o ataque japonês a Pearl Harbor e a entrada dos Estados Unidos na guerra européia — foram a conseqüência lógica de algumas decisões vitais que decorreram do espantoso triunfo de Hitler na Europa ocidental na primavera de 1940. Um estudo das decisões cruciais entrelaçadas dos líderes das principais potências durante aqueles meses extraordinários entre maio de 1940 e dezembro de 1941 começou a tomar uma forma embrionária em minha mente. Assim, meus primeiros agradecimentos calorosos vão para Laurence, pelo impulso inicial para a escrita deste livro.

Como sempre, incorri em muitas outras dívidas de gratidão ao longo do percurso e este breve agradecimento será uma expressão incompleta dessa gratidão. É justo, porém, mencionar a Leverhulme Foundation, por cuja generosidade sou mais uma vez profundamente grato. Boa parte do livro foi escrita durante o ano final de uma bolsa extremamente generosa que me liberou de compromissos universitários.

O desbravamento do território pouco familiar que precisava transpor na pesquisa e na escrita foi muito facilitado pela possibilidade de recorrer à *expertise* de colegas. Sou extremamente grato a David Reynolds, que fez comentários muito proveitosos sobre o original datilografado e partilhou comigo parte de seu profundo conhecimento sobre Churchill e as relações britânicas com os Estados Unidos. Patrick Higgins gentilmente me permitiu ver seu trabalho não publicado sobre R. A. Butler e fez comentários valiosos sobre a crise de maio de 1940. MacGregor Knox, além de seu próprio e soberbo trabalho sobre a Itália fascista, não só respondeu a questionários detalhados sobre as Forças Armadas italianas como também, com grande generosidade, colocou à disposição fotocópias das cartas-diários de Roatta ainda não publicadas. O falecido Derek Watson (em especial), Robert Davies, Robert Services, Moshe Lewin e, em Moscou, Sergei Slutsch foram de enorme ajuda sobre Stálin e a União Soviética. Patrick Renshaw, Richard Carwardine e Hugh Wilford responderam questionários sobre os mecanismos da administração Roosevelt. Em Tóquio, Maurice Jenkins e a sra. Owako Iwania foram extraordinariamente solícitos ao localizar os materiais que pedi. Também recebi conselhos úteis de Ken Ishida e, mais perto de casa, de Sue Towsend e Gordon Daniels. Em terreno mais familiar, Otto Dov Kulka, em Jerusalém, ofereceu, como sempre, reflexões valiosas sobre o tema dilacerante do massacre nazista dos judeus. Foi-me útil, também, uma discussão sobre o surgimento da "solução final" com Édouard Husson, um jovem historiador francês da Alemanha nazista, cujo trabalho excelente logo se tornará, com certeza, amplamente conhecido. Também me beneficiei sobremodo de discussões, durante uma estada em Freiburg, com Gerhard Schreiber, Jürgen Förster e Manfred Kehrig. A esses colegas e amigos, ofereço meus sinceros agradecimentos. Naturalmente, eles não têm a menor responsabilidade por erros ou imperfeições que eu tenha cometido.

Parte do capítulo 2 surgiu como uma contribuição para *Festschrift* (*Nazism, War and Genocide*, Exeter, 2005), de Jeremy Noakes, e sou grato ao editor, Neil Gregor, e à University of Exeter Press por concordarem com a sua inclusão aqui.

A falta de competência lingüística foi um sério obstáculo e uma enorme frustração na pesquisa dos capítulos sobre União Soviética, Japão e, em certa medida, também Itália (latim e francês ajudaram com o básico, mas não com uma compreensão refinada). Isso me deixa extremamente grato a meus bons amigos Constantine Brancovan (sob grande pressão de tempo) e Christopher Joyce, que voluntária e competentemente concorreram com sua ajuda para traduzir documentos importantes do russo para mim; a Darren Ashmore, por fornecer traduções de algumas obras do japonês; e a Anna Ferrarese, pela pronta tradução de algum material italiano que me faltava.

Ao pessoal da Biblioteca da Universidade de Sheffield e, especialmente, da seção de Empréstimos Interbibliotecas, que, ante a necessidade de trabalhar muito para atender meus numerosos pedidos, ofereceu, como sempre, uma ajuda extremamente amistosa e eficiente. Também encontrei o melhor atendimento possível no Public Record Office (agora renomeado National Archives), na Biblioteca Britânica e na Biblioteca da London School of Economics, no Churchill Centre em Cambridge, no Instituto Borthwith em York, na Biblioteca da Universidade de Birmingham, no Politisches Archive des Auswärtigen Amtes em Berlim, no Bundersarchiv / Militärarchiv em Freiburg e no Institut für Zaitgeschichte em Munique.

Gostaria de agradecer a meus colegas, acadêmicos e secretariais, no excelente Departamento de História da Universidade de Sheffield por sua contínua cooperação colegial. Muito especialmente, tenho grande prazer em expressar minha gratidão a Beverley Eaton, minha antiga (e sofredora) assistente pessoal, que muito me ajudou na localização de trabalhos antigos e obscuros, além de lidar, com lendária cortesia e eficiência (ainda que nem sempre lendária paciência), com uma série de questões que, do contrário, me teriam consumido muito tempo. Além disso, e de uma ajuda muito grande, ela assumiu por mim a compilação da Lista de Obras Citadas.

Gostaria também de agradecer mais uma vez a meu agente, o notável Andrew Wylie, por sua ajuda e aconselhamento constantes e valiosos, e à maravilhosa equipe da Penguin, tanto em Londres como em Nova York, que tornaram algo especial publicar por este selo. Sou grato a Cecilia Mackay por seu trabalho para localizar as imagens. E meus editores, Simon Winder em Londres e Scott Moyers em Nova York, são procuradores de todos os envolvidos no processo de publicação, mas merecem um agradecimento especial tanto por seu constante encorajamento como por sua atitude crítica aguda e vigilante.

Por fim, como sempre, os agradecimentos finais vão para minha família. Sem ela, escrever livros de história não me daria a menor satisfação. Por isso, meus mais profundos agradecimentos — assim como meu amor, é claro — vão para

Betty, David, Joe e Ella, e para Stephen, Becky e Sophie por tudo o que eles fizeram e continuam fazendo para ajudar em meu trabalho mas, acima de tudo, por me proporcionarem um lembrete constante de um senso apropriado das prioridades.

Ian Kershaw
Manchester / Sheffield, novembro de 2006

Elenco

Somente os principais atores dos países mais envolvidos no drama em desenvolvimento estão listados aqui, com uma breve indicação de sua situação e posição durante os eventos cruciais de 1940-1.

ALEMANHA

Brauchitsch, marechal-de-campo Werner von. Comandante-em-chefe do Exército de 1938 a dezembro de 1941.

Dönitz, contra-almirante Karl. Comandante da frota de submarinos alemães.

Eichmann, Adolf. Chefe do Escritório de Assuntos Judaicos no Quartel-General de Segurança do Reich; responsável perante Heydrich pela organização da deportação dos judeus; na verdade, "gerente" da "solução final".

Frank, Hans. Governador-geral da Polônia ocupada.

Goebbels, Joseph. Ministro de Esclarecimento e Propaganda do Reich a partir de março de 1933.

Göring, Hermann. Comandante-em-chefe da Luftwaffe; chefe do Plano Quadrienal (desde 1936); designado sucessor de Hitler.

Greiser, Arthur. Chefe de governo provincial, e do Partido Nazista, na região anexada da Polônia ocidental com sede em Posen, conhecido como Warthegau.

Halder, coronel-general Franz. Chefe do Estado-Maior Geral do Exército, responsável pelo planejamento estratégico do Exército.

Heydrich, Reinhard. Diretamente subordinado a Himmler; chefe do Quartel-General de Segurança do Reich; encarregado da implementação da "solução final da Questão Judaica".

Himmler, Heinrich. Chefe das SS desde 1929; nomeado chefe da polícia alemã em 1936; além disso, desde outubro de 1939, comissário para a Consolidação da Nacionalidade Alemã do Reich (com poderes sobre o programa de remanejamento da população na Europa oriental).

Hitler, Adolf. Líder do Partido Nazista desde 1921; chanceler do Reich (chefe do governo alemão) a partir de janeiro de 1933; chefe de Estado desde agosto de 1934; no controle direto e supremo do recém-criado alto comando da Wehrmacht desde fevereiro de 1938; tratado oficialmente apenas como Führer; no auge do poder depois da vitória sobre a França em 1940.

Jodl, general Alfred. Como comandante do Estado-Maior de Operações da Wehrmacht, foi responsável pelo planejamento estratégico geral; principal consultor de Hitler sobre estratégia e operações militares; firmemente leal a Hitler.

Keitel, marechal-de-campo Wilhelm. Chefe do alto comando da Wehrmacht a partir de fevereiro de 1938, embora totalmente subserviente nesse posto a Hitler.

Müller, Heinrich. Chefe da Gestapo desde 1937; prestava contas diretamente a Heydrich.

Ott, general Eugen. Embaixador em Tóquio desde 1938.

Raeder, grande-almirante Erich. Comandante-em-chefe da Marinha alemã.

Ribbentrop, Joachim von. Ministro do Exterior do Reich desde fevereiro de 1938.

Rosenberg, Alfred. Ministro para os Territórios Orientais Ocupados do Reich desde julho de 1941.

Schulenburg, conde Friedrich Werner von der. Embaixador em Moscou desde 1934.

Warlimont, major-general Walter. Chefe do Departamento de Defesa Nacional do Estado-Maior de Operações da Wehrmacht desde novembro de 1938; diretamente subordinado a Jodl.

Weizsäcker, Ernst von. Secretário de Estado no Ministério do Exterior alemão desde março de 1938; chefe do pessoal diplomático; tinha um relacionamento tenso com Ribbentrop.

ESTADOS UNIDOS

Grew, Joseph C. Antigo, altamente experiente e habilidoso embaixador no Japão; um dos mais firmes defensores de tentativas para desarmar a crise em ascensão em 1941.

Hopkins, Harry. Extremamente enérgico "quebra-galho" de Roosevelt, apesar de gravemente enfermo; próximo do presidente, membro de seu círculo íntimo e às vezes encarregado de missões de especial importância como enviado pessoal.

Hornbeck, Stanley K. Principal consultor de Cordell Hull no Extremo Oriente e absoluto "falcão" em sua visão sobre a ameaça do Japão.

Hull, Cordell. Secretário de Estado desde 1933; firme adepto dos princípios estabelecidos da autodeterminação e da cooperação internacional do presidente Woodrow Wilson no fim da Primeira Guerra Mundial, mas arrastado cada vez mais para uma linha-dura nas dilatadas negociações com o Japão em 1941.

Ickes, Harold L. Secretário do Interior e firme intervencionista.

Knox, Frank. Secretário da Marinha a partir de junho de 1940; junto com Stimson e um correligionário republicano, promoveu uma política de defesa mais assertiva do que Roosevelt estava disposto a empreender.

Marshall, general George C. Comandante do Estado-Maior do Exército desde 1938; organizador soberbo que promoveu e presidiu um aumento enorme e rápido do tamanho do Exército entre o início da guerra européia e Pearl Harbor.

Morgenthau, Henry. Secretário do Tesouro; firme proponente de ajuda econômica à Grã-Bretanha; recebeu a incumbência de organizar a produção de guerra.

Roosevelt, Franklin D. Empossado presidente em janeiro de 1933; reeleito em 1936; eleito novamente para um terceiro mandato sem precedente em novembro de 1940; preocupado principalmente com a recuperação doméstica da Depressão até o fim dos anos 1930, mas depois, cada vez mais preocupado com a ameaça da Alemanha e do Japão, autorizou o início do que seria um imenso programa de armamentos.

Stark, almirante Harold. Comandante de Operações Navais desde 1939; um defensor-chave da prioridade de planejamento para o Atlântico e não o Pacífico.

Steinhardt, Laurence. Embaixador na União Soviética desde 1939.

Stimson, Henry L. Secretário de Guerra desde junho de 1940; firme defensor do intervencionismo americano na guerra.

Welles, Sumner. Subsecretário de Estado e próximo de Roosevelt, o que causou um certo antagonismo em suas relações com Hull.

GRÃ-BRETANHA

Attlee, Clement. Líder do Partido Trabalhista desde 1935; lorde guardião do Selo Imperial no Gabinete de Guerra de Churchill.

Cadogan, sir Alexander. Subsecretário permanente da secretaria do Exterior (chefe do pessoal diplomático).

Chamberlain, Neville. Primeiro-ministro desde 1937 até sua renúncia em 10 de maio de 1940; depois disso, lorde presidente do Conselho e membro do Gabinete de Guerra até que uma doença grave o obrigou a renunciar ao governo (e à liderança do Partido Conservador) algumas semanas antes de sua morte em 9 de novembro de 1940.

Churchill, Winston. Nomeado primeiro-ministro em 10 de maio de 1940, após uma década de isolamento político; também assumiu responsabilidades de secretário da Defesa. Líder do Partido Conservador após a renúncia de Chamberlain.

Cripps, sir Stafford. Embaixador na União Soviética desde maio de 1940.

Gort, marechal-de-campo lorde. Comandante-em-chefe da Força Expedicionária Britânica, que tomou a decisão, em maio de 1940, sobre a retirada para Dunquerque para a evacuação.

Greenwood, Arthur. Vice-líder do Partido Trabalhista desde 1935; ministro sem pasta, responsável por assuntos econômicos, no Gabinete de Guerra de Churchill.

Halifax, lorde. Secretário do Exterior de 1938 até sua nomeação como embaixador britânico nos Estados Unidos em janeiro de 1941.

Lloyd George, David. Ex-primeiro-ministro (1916-22), visto por alguns (incluindo ele próprio) em 1940 como provável chefe de governo se os termos de paz com a Alemanha fossem obtidos.

Lothian, lorde. Embaixador britânico em Washington; expôs as dificuldades financeiras da Grã-Bretanha aos americanos em novembro de 1940, promovendo as medidas que conduziram ao Lend-Lease; morreu poucos meses depois.

Sinclair, Archibald. Presidente do Partido Liberal parlamentar desde 1935; secretário da Aeronáutica no governo Churchill; participou nas deliberações do Gabinete de Guerra em final de maio de 1940.

ITÁLIA

Alfieri, Dino. Embaixador em Berlim desde maio de 1940; mais aceitável à liderança alemã que Attolico.

Attolico, Bernardo. Embaixador em Berlim desde 1935 até que sua posição antiintervencionista fez Hitler pedir sua destituição no final de abril de 1940.

Badoglio, marechal Pietro. Comandou o Exército italiano vitorioso na Abissínia em 1935-6; chefe do Comando Supremo das Forças Armadas desde 1925; nessa condição, principal consultor militar de Mussolini; renunciou em dezembro de 1940 na esteira da *débâcle* na Grécia.

Cavagnari, almirante Domenico. Comandante do Estado-Maior da Marinha e subsecretário da Marinha até sua destituição em dezembro de 1940.

Ciano, conde Galeazzo. Ministro do Exterior desde 1936; casou com a filha de Mussolini, Edda.

Graziani, marechal Rodolfo. Ex-vice-rei da Abissínia; chefe do Estado-Maior do Exército, 1939-41; comandante italiano no Norte da África, 1940-1.

Jacomoni, Francesco. Governador da Albânia desde 1939.

Mussolini, Benito. Líder do Partido Fascista desde 1919; chefe de governo desde 1922; além disso, no controle das Forças Armadas como ministro da Guerra, da Marinha e da Aeronáutica desde 1933; popularidade e controle do Estado italiano — fortalecido pelo culto ao Duce artificialmente construído —, no auge depois da vitória sobre a Abissínia em 1936; em assuntos externos por volta de 1940, porém, cada vez mais sob a sombra de Hitler.

Pricolo, general Francesco. Comandante do Estado-Maior da Aeronáutica, 1939-41.

Roatta, general Mario. Vice-comandante do Estado-Maior do Exército, 1939-41.

Soddu, general Ubaldo. Subsecretário para a Guerra desde 1939 e vice-comandante do Comando Supremo das Forças Armadas desde junho de 1940, mas logo revelou sua incompetência na campanha grega; renunciou por motivos de saúde em janeiro de 1941.

Visconti Prasca, general conde Sebastiano. Incompetente comandante militar na Albânia, destituído em novembro de 1940 como um dos bodes expiatórios do fracasso da ofensiva na Grécia.

Vítor Emanuel III, rei da Itália. Soberano desde 1900; também imperador da Abissínia e rei da Albânia; chefe de Estado a quem, em última instância, Mussolini também se subordinava (como a destituição do poder e a prisão deste último, em julho de 1943, mostrariam).

JAPÃO

Hirohito. Imperador desde que sucedeu a seu pai, Yoshihito, em 1926; símbolo divinizado do período "Showa", que significa "Iluminado de Paz".

Kido Koichi, marquês. Como guardião do Selo Imperial desde junho de 1940, o conselheiro mais próximo do imperador.

Konoe Fumimaro, príncipe. Primeiro-ministro em 1937, quando começou a guerra contra a China; renunciou em janeiro de 1939, mas foi renomeado premiê em julho de 1940; renunciou de novo (nominalmente) junto com todo o governo em julho de 1941; imediatamente renomeado primeiro-ministro pela terceira vez; renúncia final com o fracasso de suas políticas em 16 de outubro de 1941.

Kurusu Saburo. Ex-embaixador na Alemanha, enviado a Washington como emissário especial em novembro de 1941 para ajudar Nomura a explorar as possibilidades de evitar a guerra.

Matsuoka Yosuke. Fortemente pró-Eixo e ministro do Exterior imprevisível de julho de 1940 a julho de 1941, quando foi efetivamente obrigado a deixar o cargo.

Nagano Osami, almirante. Comandante do Estado-Maior da Marinha.

Nomura Kichisaburo. Embaixador nos Estados Unidos desde abril de 1941.

Oikawa Koshiro, almirante. Ministro da Marinha entre setembro de 1940 e outubro de 1941.

Oshima Hiroshi. Embaixador pró-Eixo na Alemanha, de 1938 a 1939, reassumindo o posto novamente em fevereiro de 1941.

Shimada Shigetaro. Sucedeu Oikawa como ministro da Marinha em outubro de 1941.

Sugiyama Gen, general. Ministro do Exército em 1937; posteriormente, comandante do Estado-Maior do Exército.

Togo Shigenori. Ex-embaixador em Berlim e Moscou; nomeado ministro do Exterior no governo Tojo, sucedendo Toyoda em outubro de 1941.

Tojo Hideki, General. Ex-chefe do Estado-Maior do Exército de Kwantung; ministro do Exército na segunda administração Konoe; nomeado primeiro-ministro em outubro de 1941.

Toyoda Teijiro. Vice-ministro da Marinha em 1940; sucessor de Matsuoka como ministro do Exterior entre julho e outubro de 1941.

Yamamoto Isoroku, almirante. Ex-vice-ministro da Marinha; idealizador do plano de ataque a Pearl Harbor; comandante da esquadra de ataque.

Yonai Mitsumasa, almirante. Antecessor de Konoe como primeiro-ministro entre janeiro e julho de 1940.

Yoshida Zengo, almirante. Ministro da Marinha entre julho e setembro de 1940 (quando renunciou por problemas de saúde).

UNIÃO SOVIÉTICA

Béria, Lavrenti. Chefe da NKVD (a polícia secreta) desde 1938; encarregado da segurança interna.

Dekanozov, Vladimir. Embaixador soviético na Alemanha desde dezembro de 1940.

Golikov, general Filip. Chefe da inteligência militar soviética.

Júkov, marechal Gueorgi. Ganhou destaque como comandante durante o conflito com forças japonesas na Mongólia em 1939; comandante do Estado-Maior Geral Soviético desde janeiro de 1941.

Maisky, Ivan. Embaixador em Londres desde 1932.

Malenkov, Gueorgi. Braço direito de Stálin no Secretariado-Geral do Partido Comunista e administrador da burocracia do partido; depois da invasão alemã, encarregado da evacuação da produção industrial para o Leste e do abastecimento do Exército Vermelho.

Merkulov, Vsevolod. Comissário de Segurança do Estado (chefe da rede de inteligência estrangeira, que foi separada em fevereiro de 1941 da NKVD de Béria e permaneceu distinta da organização da inteligência militar).

Mikoian, Anastas. Membro do círculo íntimo de Stálin no Politburo; responsável pelo comércio exterior.

Mólotov, Viatcheslav. Comissário para Assuntos Externos desde maio de 1939 e, até 5 de maio de 1941, presidente do Conselho do Comissariado do Povo (primeiro-ministro do governo do Estado).

Oumansky, Konstantin. Embaixador nos Estados Unidos desde 1939.

Stálin,Ióssif. Secretário-geral do Partido Comunista; desde 5 de maio de 1941, presidente do Conselho do Comissariado do Povo; governante supremo intocável da União Soviética, no controle de todas as principais alavancas do poder, políticas e militares.

Timochenko, marechal Semion. Comissário de Defesa desde maio de 1940; responsabilizado pela organização e treinamento do Exército Vermelho.

Vorochílov, marechal Klim. Comissário da Defesa até maio de 1940; antigo consultor de Stálin para assuntos militares.

DEZ DECISÕES QUE MUDARAM O MUNDO

Prefácio

A Segunda Guerra Mundial remodelou de tal modo o século XX que seus efeitos repercutem até hoje. E essa guerra — a mais pavorosa da história — tomou forma, em grande parte, em algumas escolhas fatídicas feitas pelos líderes das maiores potências do mundo em meros dezenove meses, entre maio de 1940 e dezembro de 1941. Esses dois pensamentos estão subjacentes aos capítulos a seguir.

Quanto mais o século XX se aproximava de seu fim, mais se tornava evidente que seu período definidor havia sido o da Segunda Guerra Mundial. Evidentemente, a Primeira Guerra Mundial foi a "catástrofe original". Ela abalou regimes políticos (os impérios russo, austríaco e otomano desmoronaram quando ela surgiu), destruiu economias e deixou uma marca profunda nas mentalidades. Mas as sociedades e estruturas políticas altamente instáveis e voláteis que surgiram depois dela se revelaram de curta duração. O imenso custo social, econômico e político da carnificina de quatro anos aparentemente sem sentido implicou que uma nova grande conflagração não só era bastante provável como foi se tornando gradativamente inevitável. A Segunda Guerra Mundial foi, de maneira óbvia, o assunto não resolvido da Primeira. Mas esse segundo grande conflito foi não só ainda mais sangrento — custou quase 50 milhões de vidas, de quatro a cinco vezes o custo estimado de mortes da guerra de 1914-8 —, como mais verdadeiramente global; foi também mais profundo em suas conseqüências duradouras e na reconfiguração das estruturas de poder mundiais.[2]

Tanto na Europa como no Extremo Oriente, as pretensões anteriores ao poder — as de Alemanha, Itália e Japão — ruíram na voragem de destruição. Uma combinação de falência nacional e movimentos anticoloniais renascidos decretou o fim do império mundial da Grã-Bretanha. A China de Mao foi a primeira herdeira da morte do Japão e dos levantes no Extremo Oriente dilacerado pela guerra. E, acima de tudo, as duas novas superpotências, Estados Unidos e União Soviética, nenhuma delas muito super antes de 1939, agora se ombreavam com arsenais nucleares numa Guerra Fria que duraria até a última década do século. A constelação de poder deixada pela Segunda Guerra Mundial não conduziu a um terceiro conflito catastrófico — para surpresa e alívio de muitos contemporâneos dos primeiros anos da Guerra Fria —, mas forneceu o arcabouço para a recuperação de fênix tanto do continente europeu como do Extremo Oriente, tendo como locomotivas econômicas, espantosamente, os países derrotados Alemanha (ao menos sua metade ocidental) e Japão.[3] Foi somente com o final imprevistamente pacífico (no geral) do bloco soviético em 1989-91 que o mundo entrou em seu período pós-pós-guerra. O impacto da Segunda Guerra Mundial foi, portanto, imenso, duradouro e definidor.

A Segunda Guerra Mundial também legou à humanidade uma palavra nova, horrível, que passou a ser vista, cada vez mais, como uma característica definidora do século: genocídio.[4] E, embora não tenha sido, nem de longe, o único exemplo desse século sombrio, o evento que veio a ser conhecido posteriormente como "o Holocausto" — a tentativa planejada da Alemanha nazista de exterminar 11 milhões de judeus, um projeto genocida sem precedentes na História — deixou a marca mais duradoura e fundamental para as décadas futuras. Em termos de política de poder, o legado do Holocausto assegurou, e deu legitimidade a, a fundação do Estado de Israel, apoiado por boa parte do mundo, mas ferozmente atacado pelos vizinhos do novo país que haviam perdido terras, e levando inevitavelmente a uma agitação interminável e mesmo crescente no Oriente Médio, com enormes implicações para o resto do mundo. E, em termos das mentalidades, a preocupação crescente com o Holocausto, quanto mais ele recua na história, afetou profundamente as visões sobre raça, etnia e tratamento de minorias. O contexto do extermínio dos judeus havia sido a Segunda Guerra Mundial. Mas, mais do que apenas contexto, o extermínio dos judeus foi uma parte intrínseca do esforço de guerra alemão. Esse componente genocida integrante da Segunda Guerra veio a exercer um papel cada vez mais importante na configuração da consciência histórica nas décadas subseqüentes.

Antes de maio de 1940 eclodiram duas guerras separadas em continentes separados. A primeira foi a guerra feroz que assolou a China depois do ataque dos japoneses em 1937. A segunda foi a guerra européia que havia começado em 1939 com o ataque da Alemanha à Polônia, seguido, dois dias depois, pelas declarações de guerra à Alemanha pela Grã-Bretanha e a França. As atrocidades terríveis — pelos japoneses na China e pelos alemães na Polônia — já se haviam tornado marcos de ambas as guerras. Nesse estágio, porém, a primavera de 1940, o massacre genocida que em breve ocorreria na Europa oriental ainda estava no futuro. E, embora a guerra no Extremo Oriente fosse uma preocupação vital das potências européias e dos Estados Unidos, ela permaneceu, até esse ponto, distinta da guerra européia, que por sua vez não havia se estendido geograficamente (excetuando a Albânia, sob domínio italiano depois da invasão de abril de 1939) para além de partes da Europa oriental e central ocupadas pelas armas alemãs. Inversamente, a guerra na Europa alertava o Japão para as possibilidades que se abriam de ricas ocupações no Oriente em detrimento, particularmente, da maior potência imperial, a Grã-Bretanha. Mas a expansão, como os líderes japoneses bem compreenderam, pressagiava um possível confronto não só com a Grã-Bretanha mas também, cada vez mais perigosamente, com os Estados Unidos. Também na Europa a guerra estava fadada a se ampliar. No outono, Mussolini colocou os Bálcãs em chamas com seu ataque à Grécia. E, no fim do ano, a determinação de Hitler de invadir a União Soviética na primavera seguinte se traduziu numa firme diretriz militar. Enquanto isso, a ajuda americana à sitiada Grã-Bretanha aumentava. O mundo todo estava sendo rapidamente arrastado para uma única e gigantesca guerra.

Os capítulos a seguir examinam algumas decisões políticas interligadas com imensas e dramáticas conseqüências militares, entre maio de 1940 e dezembro de 1941, que transformaram as duas guerras separadas em continentes distantes numa conflagração verdadeiramente global, um conflito colossal, com o genocídio e um barbarismo sem precedente em seu centro. Evidentemente, em dezembro de 1941, a guerra ainda teria um longo percurso pela frente. Muitas peripécias ainda ocorreriam no curso da guerra. Obviamente, outras decisões cruciais, sobretudo estratégicas e táticas, ainda haveriam de ser tomadas. E para o deus da guerra, com a supremacia Aliada agora assegurada, o arcabouço geopolítico do acordo — a base da Guerra Fria logo surgiria — foi estabelecido nas conferências de Yalta e Potsdam. Porém, os três anos e meio restantes da guerra ainda encenariam essencialmente as conseqüências das decisões tomadas entre maio de 1940 e dezembro de 1941.[5] Foram escolhas realmente fatídicas — decisões que mudaram o mundo.

As escolhas feitas pelos líderes de Alemanha, Grã-Bretanha, União Soviética, Estados Unidos, Japão e Itália — países com sistemas políticos e processos de tomada de decisões muito diferentes (dois fascistas, dois democráticos, um comunista, um burocrático autoritário) — foram interligadas. Como essas decisões foram tomadas? Cada capítulo procura, antes de tudo, responder a essa pergunta. Mas algumas questões afins surgem imediatamente. Que influências foram exercidas nos responsáveis pelas decisões? Até onde eram decisões pré-elaboradas por burocracias governamentais, ou conformadas por grupos de poder competidores dentro das elites governantes?[6] O quanto essas decisões foram racionais — e foram elas decisões que significaram *guerra* — em termos dos objetivos de cada regime e à luz das informações secretas que estavam recebendo? Que papel foi desempenhado pelos indivíduos no coração do processo de tomada de decisões, e quanto ele se diferenciou dentro dos diversos sistemas políticos? Que liberdade os dirigentes da guerra têm para tomar suas decisões? Por contraste, qual é o peso das forças externas e impessoais no condicionamento e limitação das decisões? Em que medida o espaço de manobra na tomada de decisões diminui nos meses em questão? Até onde, em outras palavras, o escopo para alternativas se estreita, ou mesmo desaparece completamente, nos dezenove meses em questão? E que conseqüências, de curto e longo prazo, as decisões tiveram? Essas são algumas considerações que se elaboram a seguir.

Visto em retrospecto, o que ocorreu parece ter sido inexorável. Quando se examina a história de guerras, talvez mais que a história em geral, existe um impulso teleológico quase inato que nos leva a presumir que a maneira como as coisas aconteceram é a única como elas poderiam ter acontecido. Parte do propósito deste livro é mostrar que não foi assim. A guerra é vista em cada capítulo como que por trás da escrivaninha de um líder diferente, apenas com noções indistintas dos planos do inimigo à sua disposição, o futuro em aberto, opções a serem consideradas, decisões a serem tomadas. Uma decisão implica que houve escolhas a serem feitas, alternativas possíveis. Para os atores em questão, mesmo os mais ideologicamente comprometidos (ou bitolados), considerações vitais estavam em jogo, avaliações cruciais precisavam ser feitas, grandes riscos teriam que ser assumidos. Não houve um curso inexorável a ser seguido. Em cada caso, portanto, o livro pergunta por que uma determinada opção e não a alternativa foi escolhida, colocando, em muitos exemplos, a questão do que poderia ter acontecido se a opção alternativa fosse adotada.

Não se trata de fazer história virtual ou contrafactual do tipo que faz um jogo de suposições intelectuais de olhar para algum futuro distante e projetar o que poderia ter acontecido se alguns eventos não houvessem se passado. Há sempre variáveis demais em jogo que tornam infrutífera essa linha de investigação, por mais fascinante que a especulação possa ser. No entanto, poder-se-ia alegar com justeza que os historiadores operam implicitamente com contrafactuais de curto alcance em termos de alternativas a ocorrências ou desdobramentos importantes imediatos. Não fosse assim eles seriam totalmente incapazes de estabelecer o que realmente aconteceu. Por isso, as alternativas aqui discutidas não são oferecidas como projeções de longo prazo ou especulações do tipo "e se", mas como resultados realistas possíveis, ou diferentes, em curto prazo, do que de fato foi decidido. Em outras palavras, avaliar as opções por trás de uma particular decisão ajuda a esclarecer por que, exatamente, a decisão efetiva foi tomada.

Dez decisões são abordadas. Pode-se argumentar que as três que tiveram conseqüências de maior alcance foram as do regime de Hitler: atacar a União Soviética, declarar guerra aos Estados Unidos e exterminar os judeus. A consideração dessas decisões reflete o papel predominante da Alemanha como principal força motriz no curso decisivo dos fatos que estamos abordando. Como poder dinâmico desencadeando eventos, o Japão vem em segundo lugar, algo que os dois capítulos consagrados aos japoneses procuram salientar. As decisões relativamente reativas da Grã-Bretanha, da União Soviética e, de uma maneira distinta, da Itália são tratadas em capítulos únicos, embora o papel crescente desempenhado pelos Estados Unidos lhe tenha valido dois capítulos. Outras decisões que não as consideradas aqui, por exemplo, as da Espanha de Franco ou da França de Vichy recusando-se a entrar na guerra do lado do Eixo, são, comparadas às decisões examinadas abaixo, de uma ordem de importância claramente inferior.

Evidentemente, é possível se sustentar com certo vigor que o que moldou de maneira mais fundamental o mundo no pós-guerra foi uma decisão tomada quase no fim e não perto do começo da Segunda Guerra Mundial: a decisão de lançar bombas atômicas sobre as cidades japonesas de Hiroshima e Nagasaki. Mesmo aqui, porém, uma decisão anterior — a de construir a bomba atômica — seria necessária, decisão que remonta aos meses fatídicos de 1940 e 1941. Depois de trabalhos preliminares e um financiamento crescente da pesquisa após a queda da França no verão de 1940, cientistas americanos, ajudados pelas descobertas de físicos refugiados na Grã-Bretanha, estabeleceram, no outono de 1941, o arcabouço fundamental para construir uma bomba. A um custo enorme, e exigindo o envolvimento de um grande número dos mais talentosos cientistas americanos, o presidente Franklin Delano Roosevelt decidiu prosseguir com a sua construção no dia anterior àquele em que bombas japonesas choveram sobres as belonaves americanas ancoradas em Pearl Harbor. Sem essa decisão, a bomba não estaria disponível para o presidente Harry S. Truman usá-la nos dias finais da guerra, em agosto de 1945.[7] Quando a incumbência de pesquisar uma bomba atômica foi dada, porém, seu uso final era, quando muito, uma visão distante.

Cada decisão tratada nos capítulos seguintes teve conseqüências que permearam as decisões seguintes e subseqüentes. Então, assim como a história se desloca de um país para outro, existe uma seqüência lógica de fatos "secundários" e implicações além de um padrão cronológico se desenrolando. O livro abre com a decisão da Grã-Bretanha, em maio de 1940, de permanecer na guerra. Longe de ser a decisão óbvia, inevitável até, que os fatos subseqüentes (e alguns escritos históricos persuasivos) fizeram parecer,[8] o Gabinete de Guerra analisou seriamente as opções por três dias, com o primeiro-ministro ainda tateando o terreno, o Exército britânico aparentemente perdido em Dunquerque, nenhuma perspectiva imediata de ajuda dos Estados Unidos e uma invasão alemã presumida como muito provável no futuro próximo. A decisão que acabou sendo tomada, de não tentar um acordo, teve conseqüências diretas e de longo alcance não só para a Grã-Bretanha, mas também para a Alemanha.

Essa decisão, em particular, realmente colocou em risco toda a estratégia de guerra de Hitler. Com a Inglaterra se recusando a agir racionalmente (como ele a via), com a guerra no Ocidente inconclusa e com o espectro dos Estados Unidos no segundo plano, mas se aproximando cada vez mais do primeiro, Hitler sentiu-se compelido, ainda em julho de 1940, a começar os preparativos para arriscar uma guerra em duas frentes, com uma invasão da União Soviética no ano seguinte. Mas foi somente seis meses mais tarde que os planos de contingência se transformaram numa diretriz concreta de guerra. No ínterim, não houve um curso direto para a guerra russa. Mesmo Hitler parecia vacilante e inseguro. O período interveniente assistiu a uma gama de possibilidades estratégicas sendo exploradas, mas finalmente descartadas. Essas opções, as do verão e outono de 1940, vistas por trás da escrivaninha de Hitler e avaliadas pelos olhos de seus consultores, constituem o tema do capítulo 2.

A extraordinária vitória alemã sobre a França e o percebido provável colapso da Grã-Bretanha alertaram a liderança japonesa para as oportunidades a serem exploradas sem demora com uma expansão no Sudeste da Ásia. No capítulo 3, a cena muda, portanto, para o Extremo Oriente, e para a decisão de avanço para o sul que inevitavelmente criaria o risco de um conflito com os Estados Unidos e pressagiava, portanto, o caminho para Pearl Harbor, efetivamente trilhado no ano seguinte.

A rapidez da queda da França também teve conseqüências imediatas e de longo alcance na Europa. O capítulo seguinte analisa as escolhas que se colocaram para a liderança italiana quando Mussolini explorou a destruição da França para levar seu país à guerra, e aí mergulhou os Bálcãs num torvelinho com a desastrosa decisão de atacar a Grécia. A posição crucial dos Estados Unidos é explorada no capítulo 5: como Roosevelt ficou em cima do muro entre a opinião isolacionista e a pressão intervencionista, decidindo, no interesse próprio americano, não só ajudar a Grã-Bretanha com todos os meios possíveis exceto entrar na guerra mas também preparar, com a máxima presteza, um possível engajamento direto dos Estados Unidos na guerra.

A isso se segue um capítulo tratando de um dos episódios mais intrigantes da guerra, com conseqüências quase fatais para a União Soviética: a decisão de Stálin de menosprezar todas as advertências e as descobertas explícitas de seu próprio serviço secreto de uma invasão alemã iminente, que deixou seu país despreparado e desorganizado quando o ataque veio em 22 de junho de 1941.

Dali em diante, o caminho para uma guerra global foi curto, mas não sem novas reviravoltas. O capítulo 7 examina a decisão da organização americana de travar, de maneira provocativa, uma "guerra não declarada" no Atlântico, aproveitando a decisão de Hitler de não retaliar enquanto estava envolvido na Rússia, seguido (capítulo 8) por um exame da extraordinária decisão do Japão de atacar os Estados Unidos, apesar do pleno reconhecimento de que, no longo prazo, as chances de uma vitória final eram baixas se um nocaute imediato e total não fosse conseguido. Isso teve um impacto causal na decisão de Hitler de declarar guerra aos Estados Unidos, logo depois de Pearl Harbor, e há muito considerada uma das mais estranhas da Segunda Guerra Mundial. Com essa decisão, explorada no capítulo 9, o mundo se inflamou.

Resta, contudo, examinar uma outra decisão — ou conjunto de decisões — de um tipo diferente, embora inextricavelmente ligado à guerra em si e intrínseca a ela: a decisão tomada gradual, mas inexoravelmente nos meses de verão e outono de 1941, de exterminar os judeus. O processo complexo da transição de ações genocidas, parciais e limitadas, ao genocídio total, um processo de impulsos entrelaçados do centro do regime nazista e suas agências "de campo" nos campos de extermínio da Europa oriental, desenrolando-se nos primeiros meses de 1942 para uma "solução final" em escala total, é abordado no último capítulo.

No fim de 1941, dezenove meses depois do início da ofensiva alemã na Europa ocidental, o conflito havia se tornado global e genocida. A guerra, nessa conjuntura, era imprevisível. É verdade que o avanço alemão havia sido barrado pela primeira grande contra-ofensiva soviética, mas a Wehrmacht estava agüentando o pior que o Exército Vermelho e o feroz inverno russo lhe poderiam infligir (até ali) e logo começou a recobrar suas forças, decidida a fazer novas grandes incursões no outono de 1942. No Atlântico, os submarinos alemães encontrariam um êxito sem precedente na primeira metade de 1942. Durante algum tempo, os Aliados pareciam estar perdendo a guerra marítima. Na Europa e no Extremo Oriente, as potências do Eixo ainda tinham recursos econômicos vitais sob o seu controle.[9] E, para grande e contínua irritação de Stálin, os anglo-americanos ainda estavam longe de abrir sua prometida segunda frente. A plena capacidade do poderio industrial dos Estados Unidos ainda não estava sendo convertida em armamentos numa escala para derrotar tanto a Alemanha como o Japão. Enquanto isso, as forças japonesas haviam feito progressos brutais no Extremo Oriente e, em fevereiro de 1942, viriam a conquistar Cingapura, vista desde havia muito como o baluarte da força britânica no Sudeste Asiático. O caminho para a conquista da Índia, o coração do Império Britânico, parecia se abrir. As potências do Eixo ainda pareciam estar na ascendente. Somente em retrospecto se pode notar que sua aposta colossal já estava à beira do fracasso, que elas haviam ido além de sua capacidade, e que, com o engajamento na disputa do poderio dos Estados Unidos, agora aliados à extraordinária tenacidade da União Soviética e à última grande demonstração de resistência da Grã-Bretanha e do Império Britânico, sua eventual derrota seria gradualmente assegurada.[10]

Para chegar ao ponto em que, em 1945, o suicídio de Hitler foi rapidamente seguido pela rendição de uma Alemanha devastada, e depois o Japão imperial foi espremido até a submissão, houve um longo e tortuoso caminho. Milhões de vidas se consumiriam no processo; a destruição grassou numa escala jamais conhecida na história. O fim estava distante, mas os caminhos até ele estavam traçados pelas decisões fatídicas tomadas em 1940 e 1941.

1. Londres, primavera de 1940

A Grã-Bretanha decide combater

Ao p[rimeiro]-m[inistro] não agradava nenhuma medida de aproximação de Musso. Era inviável que Hitler consentisse com quaisquer termos que nós pudéssemos aceitar, mas se pudéssemos sair dessa encrenca entregando Malta e Gibraltar e algumas colônias africanas, ele agarraria a oportunidade. Mas a única maneira segura era convencer Hitler de que ele não poderia nos vencer... Halifax sustentou que não faria nenhum mal testar Musso e ver no que dava. Se os termos fossem inaceitáveis, nós ainda poderíamos rejeitá-los.

Diário de Neville Chamberlain, 26 de maio de 1940

"As gerações futuras poderão considerar digno de nota que a questão suprema de se deveríamos continuar combatendo sozinhos jamais teve lugar na agenda do Gabinete de Guerra. Isso era dado como certo e inevitável por aqueles homens de todos os partidos no Estado, e nós estávamos ocupados demais para perder tempo com questões tão irreais, acadêmicas."[1] Assim escreveu Winston Churchill em suas memórias da Segunda Guerra Mundial. Elas causaram uma enorme influência na maneira como a guerra veio a ser vista, e na formação do mito de que a Grã-Bretanha, sozinha, em meio a grandes adversidades, mas com uma vontade indomável, nem por um instante vacilara na resolução de continuar lutando contra uma Alemanha poderosa, triunfante e iminentemente ameaçadora. Quando se conhece o desfecho de uma história, em geral é difícil evitar uma leitura retrospectiva dela. Dada a capacidade narrativa de Churchill e o papel único que ele desempenhou, é sobremodo difícil ignorar o que veio depois — resistência nacional compendiada na retórica grandiosa de seus discursos no verão de 1940, vitória na "Batalha da Grã-Bretanha", as "mãos através do Atlântico" numa ajuda americana sempre crescente. Churchill sabia perfeitamente, porém, que não fora assim nos dias sombrios de maio de 1940. A história vista "da frente" e não "da retaguarda" pode revelar surpresas. De uma maneira ou de outra, ela é, em geral, menos nítida, mais "suja" ou confusa do que parece *a posteriori*. E assim foi em meados de maio de 1940.

Foi um período muito tenso. A Força Expedicionária Britânica (FEB) estacionada no Norte da França e na Bélgica estava aparentemente perdida, o antes poderoso Exército francês cambaleava sob o massacre alemão, não havia a menor possibilidade de uma ajuda imediata dos Estados Unidos ou, num sentido prático e direto, do Império de ultramar, e as defesas domésticas estavam em condições precárias no momento em que a perspectiva de uma invasão se tornava nitidamente real. Nessas circunstâncias, teria sido extraordinário se o governo britânico de fato considerasse a questão de o país poder ou dever seguir lutando uma questão "irreal, acadêmica", não merecedora de discussão. E, de fato, embora Churchill houvesse omitido qualquer referência a ela, houve a mais grave e demorada deliberação no Gabinete de Guerra precisamente sobre esta questão: a Grã-Bretanha devia continuar lutando ou devia reconhecer que, tendo em conta seus apuros atuais, o melhor caminho era estudar a que termos se poderiam chegar num acordo?[2] Foi essa a escolha fatídica que se colocou para os líderes da Grã-Bretanha num período crucial de três dias no fim de maio de 1940. O resultado teve conseqüências profundas, não só para a Grã-Bretanha, mas para o curso geral da guerra nos anos seguintes.

I

O modo como a Grã-Bretanha se viu em um transe tal que se colocava a questão de se ela devia buscar termos partindo de uma posição de grande fraqueza — o que, aliás, teria chegado perto de uma admissão de derrota — tem sido extensamente pensado e analisado desde então. Já em 1940, uma polêmica amplamente lida e influente, *Guilty Men*, atribuía a culpa inteiramente aos membros do governo britânico que haviam escolhido o caminho perigoso, e, em última análise, autodestrutivo da conciliação com Hitler durante os anos 1930.[3] Os personagens principais no elenco de culpados eram o austero e afetado, mas agudo e incisivo Neville Chamberlain, primeiro-ministro entre maio de 1937 e maio de 1940, e o altíssimo e um tanto desengonçado ministro do Exterior, lorde Halifax — um antigo vice-rei da Índia e diplomata tarimbado conhecido (por combinar piedade religiosa com entusiasmo pela caça à raposa) como "Holy Fox" —, que conservara o posto no governo Churchill. A história jamais os perdoou. A vergonha de Munique em 1938, quando a Grã-Bretanha e seu aliado francês curvaram-se às intimidações de Hitler e lhe entregaram uma parte substancial da Tchecoslováquia, permaneceu para sempre associada a Chamberlain. Com freqüência se esquece, convenientemente, de que a conciliação, até Munique, havia sido muito popular na Grã-Bretanha, mesmo entre aqueles que, à luz dos acontecimentos subseqüentes, vieram a ser seus principais detratores e mais severos críticos. É fato que, na tentativa de conciliação, o governo britânico cometeu erros graves de julgamento. Mesmo assim, eles devem ser situados no quadro dos problemas praticamente intransponíveis que assediavam a Grã-Bretanha quando o perigo emergente representado por Hitler se tornava pouco a pouco reconhecido.

Os problemas estruturais que debilitaram a Grã-Bretanha no período entreguerras giravam em torno da tríade interligada de economia, Império e rearmamento. Em conjunto, eles significaram que, quando os ditadores começaram a flexionar seus músculos, uma Grã-Bretanha fragilizada estava em péssima forma para enfrentar seu poder crescente.

A Grã-Bretanha que saiu da Primeira Guerra Mundial ainda era uma grande potência — embora enfraquecida, sobretudo abaixo da superfície. Ela ainda era uma credora mundial, com empréstimos em títulos pendentes para o Império e seus aliados de guerra da ordem de 1,85 bilhão (de libras) em 1920, mas com dívidas com os Estados Unidos num total de 4,7 bilhões (de dólares). Isso era um indício da inclinação da balança do poder financeiro que só com o tempo revelaria a crescente dependência da Grã-Bretanha em relação a seu primo transatlântico. Mesmo a Marinha Real, ainda a maior do mundo, agora precisava considerar como futura rival a Marinha dos Estados Unidos, em rápido crescimento. E as dificuldades na Índia, no Egito e, mais perto de casa, na Irlanda estavam sobrecarregando recursos militares limitados.[4] Com os domínios de Canadá, Austrália, Nova

Zelândia e África do Sul mostrando também sinais de crescente independência, o Império começava a desmoronar.

A magnitude dos problemas ficou, em grande parte, oculta durante os anos 1920 na medida em que a recuperação do trauma da guerra gradualmente se afirmava, apesar de inúmeros contratempos. Abaixo da superfície, porém, nem tudo ia bem.[5] As indústrias-chave que haviam constituído a base da prosperidade da Grã-Bretanha antes da guerra — carvão, ferro e aço, construção naval, têxteis — se esforçavam para combater um prolongado declínio. O desemprego se manteve relativamente alto durante toda a década. A Grã-Bretanha estava importando mais e exportando menos.[6] Ainda assim, ao lado da estagnação ou declínio, havia sinais de surgimento de novas indústrias; fora das cidades industriais exauridas, o fim dos anos 1920 presenciou um breve surto de esperança, confiança e relativa prosperidade.[7]

O surgimento da crise econômica mundial de 1929 mudaria rapidamente tudo isso. Ele causou uma brusca paralisação do crescimento econômico no mundo industrial. Seguiram-se miséria social e agitação política. Na Grã-Bretanha, as repercussões da quebra do mercado acionário em Wall Street, em outubro de 1929, resultaram em crise política e numa depressão econômica prolongada. Indiretamente, porém, as conseqüências globais se revelariam bem mais ameaçadoras. O rápido surgimento do nacionalismo, militarismo e imperialismo japonês no Extremo Oriente a partir de 1931 e a ascensão dos nazistas entre 1930 e 1933 na Europa foram, em grande parte, produtos da crise econômica. Ambos colocaram para a Grã-Bretanha, cuja economia já estava enfraquecida, novos e imensos perigos estratégicos para se somar à ameaça no Mediterrâneo, ainda não concretizada, que emanava da Itália de Mussolini.

As novas e agressivas potências autoritárias na Europa e no Extremo Oriente — Alemanha, Itália e Japão — tinham interesses incondicionais em desafiar e "alterar" (ou destruir) a ordem internacional estabelecida no início da Primeira Guerra Mundial. Cada uma tinha o sentimento, com todo o ressentimento concomitante, de uma "nação não possuidora", insistente e determinada a conseguir seu merecido "lugar ao sol". Cada uma olhava para a Grã-Bretanha, a França e outras potências imperiais e queria sua fatia do império, a dominação política que acompanhava o cobiçado status de grande potência, e o orgulho nacional; a área econômica de auto-suficiência que, numa crise fundamental do capitalismo que salientara as incertezas e a injustiça inatas de uma economia de mercado internacional, parecia oferecer a única solução para uma prosperidade nacional sustentada. É provável que outros países não entregassem voluntariamente os territórios necessários à formação de novos impérios. Então, como os antigos, os da Grã-Bretanha e de outras grandes potências, eles teriam de ser tomados pela força — "pela espada", como disse Hitler em muitas oportunidades sobre o assunto.

Os interesses da Grã-Bretanha eram exatamente o oposto. Como a suprema "nação possuidora", sua principal preocupação era conservar seu Império mundial. Isso significava a fidelidade à ordem do pós-guerra da qual a Grã-Bretanha fora uma das principais partes constituintes. Significava, também, uma ênfase na cooperação internacional para manter a segurança, e a negociação diplomática dos problemas que surgiam. Significava, sobretudo, valorizar a paz. As salvaguardas internacionais e o acordo para o desarmamento impediriam que o mundo submergisse mais uma vez na carnificina de 1914-8. A simples lembrança recente e dolorosa dos milhões de mortos da guerra não pedia outra coisa.

Da posição de potência mundial vitoriosa, e ainda próspera, não foi difícil fazer gestões para uma nova ordem baseada em liberdades liberais, acordos internacionais e comércio exterior. Do ponto de vista das "nações não possuidoras", precisamente essa nova ordem era tanto desvantajosa como, em termos políticos, humilhante. A lembrança dos mortos na guerra, aos olhos da população crescente de seus cidadãos, cobrava a não-aceitação passiva dos termos dos vencedores, o não-cumprimento das regras econômicas impostas contra elas, a rejeição da fraqueza decorrente do desarmamento, e não a paz, mas a guerra — por glória nacional, por território para criar uma prosperidade futura duradoura e para retificar percebidas humilhações passadas e correntes.

A Grã-Bretanha, junto com sua mais importante aliada continental, a França, assolada pela guerra, e, do outro lado do Atlântico, a nova potência mundial em ascensão, os Estados Unidos viam, portanto, o acordo do pós-guerra por um conjunto de lentes, ao passo que Itália, Japão e Alemanha o viam por um conjunto muito diferente. De mais a mais, o acordo do pós-guerra, estruturado em torno do Tratado de Versalhes de 1919 (e os subseqüentes Tratados de Saint-Germain e de Trianon) na Europa, e o Tratado das Nove Potências de Washington de 1922 para o Extremo Oriente pareciam frágeis. A recusa dos Estados Unidos a apoiar o acordo na Europa unindo-se à Liga das Nações, o organismo criado para assegurar a cooperação internacional, não ajudava a encorajar o otimismo sobre a sua longevidade. Tanto no Extremo Oriente como na Europa, porém, o acordo mesmo assim persistiu ao longo dos anos 1920. O Japão, membro da Liga das Nações, não oferecia qualquer ameaça aos interesses europeus e americanos no Extremo Oriente e "parecia disposto a jogar de acordo com as regras ocidentais".[8] O próprio Churchill descartou inteiramente a perspectiva de uma guerra com o Japão. "Não acredito que haja a menor chance dela em nosso tempo de vida", escreveu em dezembro de 1924. "O Japão fica no outro lado do mundo. Ele não pode, de maneira nenhuma, ameaçar nossa segurança vital."[9] Também na Europa os sinais estavam melhorando. O pacto do pós-guerra foi fortalecido pelo Tratado de Locarno de 1925 fixando, por acordo internacional, as fronteiras ocidentais do Reich alemão e o acesso da Alemanha à Liga das Nações no ano seguinte. Ambos se inspiraram no renomado estadista internacional dos anos 1920, o ministro do Exterior alemão Gustav Stresemann.[10] Mas as aparências enganavam. A Depressão explodiu o otimismo. Em pouco tempo, tanto no Extremo Oriente como na Europa, o acordo do pós-guerra ficaria em farrapos.

No Extremo Oriente, a fraqueza britânica ficou patente logo nas primeiras manifestações de beligerância japonesa na ocupação da Manchúria em 1931 e nos ataques a Xangai no ano seguinte. Os chefes de Estado-Maior das Forças Armadas britânicas destacaram o perigo para as possessões e protetorados britânicos, incluindo Índia, Austrália e Nova Zelândia. Sir Robert Vansittart, o poderoso subsecretário permanente do Ministério do Exterior, registrou no início de 1932 que "somos incapazes de conter o Japão, de alguma maneira, se ele realmente quiser agir", significando que "nós provavelmente estaremos totalmente liquidados no Extremo Oriente a menos que os Estados Unidos estejam preparados para usar a força".[11] Os Estados Unidos não estavam — e recorriam a denúncias, em grande parte contraproducentes, das ações japonesas, mas pouco mais. A política britânica, na verdade, privilegiava o Japão à China, embora tentasse enquadrar o círculo aplacando os chineses e os americanos sem alienar os japoneses e, ao mesmo tempo, apoiando a Liga das Nações.[12] No início de 1934, com a Grã-Bretanha ainda às voltas com uma séria depressão econômica que impunha fortes contenções de gastos com as Forças Armadas (que, de todo modo, enfrentavam o obstáculo da oposição ao rearmamento em todos os principais partidos políticos e na opinião pública), o ministro das Finanças, Neville Chamberlain, estipulou que a amizade do Japão era mais importante para a Grã-Bretanha que a dos Estados Unidos ou a boa vontade da China e dos amigos da Liga das Nações.[13] O rumo para a pacificação do Extremo Oriente estava traçado. A essa altura, o Japão já não era membro da Liga, e um perigo novo, mais próximo e mais grave, não podia ser ignorado.

Na fase inicial decisiva, quando o regime nazista estava estabelecendo seu controle absoluto sobre a Alemanha, os funcionários do Ministério do Exterior não conseguiam se decidir sobre Hitler. Seria ele o demônio de *Mein Kampf*, cujo regime não significava apenas perturbação diplomática, mas, em última instância, a guerra? Ou o incendiário acabaria se acalmando num político "normal" no que dizia respeito às relações exteriores? Enquanto eles tentavam se decidir, Hitler explorava as divergências insuperáveis entre a Grã-Bretanha e a França sobre o rearmamento alemão para retirar seu país da Liga das Nações. Como o Japão no Extremo Oriente, a Alemanha, o fator mais imprevisível no baralho europeu, já nem sequer fingia acatar a doutrina de segurança coletiva da Liga. O desarmamento, ao qual se ligavam a política britânica e a predisposição pública, estava morto. Era óbvio que a Alemanha estava se rearmando em segredo tão depressa quanto podia, e era perceptível que o crescente poderio alemão representava uma ameaça maior que o Japão ou a Itália fascista. Na Grã-Bretanha, porém, a complacência se fundiu com as exigências financeiras e as dificuldades políticas de propor o rearmamento diante da opinião pública hostil. Isso levou à inércia, à deriva e a uma política de "esperar o melhor".

A inércia só terminou quando a Alemanha anunciou, em março de 1935, rompendo com o Tratado de Versalhes, uma Aeronáutica e planos para um Exército enorme; depois, com a notícia espantosa trazida pelo ministro do Exterior britânico, sir John Simon, e pelo lorde guardião do Selo Imperial, Anthony Eden, ao término de suas visitas a Berlim no final daquele mês, de que o poderio aéreo da Alemanha já se equiparava ao da Grã-Bretanha. Hitler havia exagerado de propósito. Mas o choque que correu por parte de Whitehall e pelo público em geral quando a notícia chegou foi visível. Concomitantemente, a urgência do rearmamento — algo pelo que, até então, somente Churchill e uma ou duas vozes solitárias e desprezadas haviam propugnado — foi reconhecida, apesar da forte oposição em círculos liberais e trabalhistas que persistiria até 1938. Em poderio aéreo, porém, reconhecido como a nova chave para a força militar e quesito em que a ameaça inimiga era vista como mais letal, levaria anos para o terreno perdido ser recuperado, se pudesse. Era essa a fraqueza subjacente à tentativa toda de apaziguar Hitler.

Assoberbada por seus compromissos globais, e lutando para superar uma depressão econômica prolongada, a Grã-Bretanha, como já estava se tornando cada vez mais evidente, não poderia se equiparar, quanto mais superar, o poderio militar alemão. Ficou igualmente evidente que a Grã-Bretanha se defrontava com a perspectiva de uma nova guerra com a Alemanha dentro de apenas alguns anos. Mas reconhecia-se que as Forças Armadas britânicas não estariam em condição de travar uma guerra dessas sem um amplo programa de armamento, talvez não antes de 1942, mais ou menos.[14] Mesmo então, a construção de uma Aeronáutica e o fortalecimento da Marinha ocorreu à custa do financiamento do Exército (o que deixaria sua marca em 1940) porque se tentava manter os custos do rearmamento alinhados com as exigências de um orçamento equilibrado e a recuperação econômica da Depressão.[15]

Ao mesmo tempo que a fraqueza militar da Grã-Bretanha ficava exposta, sua força diplomática sofreu um calamitoso revés no fim de 1935 na tentativa, junto com sua aliada, França, de subornar o agressor Mussolini em detrimento de sua vítima, a Abissínia. A Liga das Nações jamais se recuperou da derrocada. Aproveitando a confusão diplomática, Hitler enviou à Renânia tropas que cruzaram a linha desmilitarizada em março de 1936. O braço alemão era agora mais poderoso. Um membro Conservador do Parlamento, Robert Boothby, resumiu em boa parte a opinião pública e a posição do governo quando declarou: "Ninguém acha que podemos aplicar medidas muito duras ou rigorosas contra a Alemanha porque ela colocou tropas na Renânia".[16] O ministro do Exterior britânico, Anthony Eden, confinando a resposta a um protesto diplomático, reafirmou o objetivo pacífico do governo: "É a pacificação da Europa como um todo que nos preocupa constantemente".[17] Três meses depois, no início de julho de 1936, o Gabinete reconheceu que a Grã-Bretanha não poderia fazer nada para ajudar a Europa oriental e que somente o uso da força contra o Império e partes da Europa ocidental enfrentaria resistência.[18]

Quando substituiu Stanley Baldwin como primeiro-ministro, em maio de 1937, Neville Chamberlain herdou uma política externa marcada por confusão, incerteza e inércia, cada vez mais compelida a se adaptar à fraqueza militar da Grã-Bretanha e sua incapacidade de fazer qualquer outra coisa exceto reagir, muitas vezes debilmente, a fatos criados por ditadores da Europa. Chamberlain procurava agora, nitidamente, enfrentar a dura realidade e arquitetar uma política prática com base no reconhecimento dessa fraqueza. Isso significou dar passos concretos para acomodar — ou "apaziguar" — os interesses da Alemanha. Realista sobre a Grã-Bretanha, Chamberlain iludiu-se sobre os objetivos alemães. Como a maioria dos observadores do cenário internacional, ele presumiu que esses eram de caráter puramente nacionalista. Imaginou, como muitos, que Hitler não passava de um defensor extremado de pretensões territoriais na Europa central e oriental que não eram completamente desprovidas de legitimidade e poderiam, com boa vontade e objetivos pacíficos de ambos os lados, ser resolvidas pela negociação. Se os objetivos nacionalistas alemães fossem atingidos, assim ele achava, a guerra poderia ser evitada. Subornar Hitler era o preço da paz. Para Chamberlain, era um preço que valia a pena pagar.

A saga de 1938, quando a crise tcheca culminou nos vôos dramáticos de Chamberlain à Alemanha na tentativa de chegar a um acordo com Hitler, encerrada no Acordo de Munique no fim de setembro, desenrolou-se sobre essa premissa. É duvidoso que se pudesse encontrar outra saída da crise que não fosse a guerra. Mas nenhuma foi tentada. Churchill, cujos ataques à política externa e de defesa do governo haviam se intensificado desde meados dos anos 1930, era o principal defensor de uma "grande aliança" com a França e a União Soviética para dissuadir Hitler e resistir pela força, se necessário, a qualquer agressão contra a Tchecoslováquia (ligada, por tratado, a ambos os países). A idéia tinha forte penetração na esquerda e na opinião pública, mas não no governo. Para Chamberlain e seu ministro do Exterior, lorde Halifax, a execração do comunismo estava misturada com uma profunda aversão aos motivos de Stálin e um desprezo pelo Exército Vermelho. Eles descartavam qualquer aliança.

Entende-se que não sairia nada da "grande aliança" mesmo que ela houvesse sido arquitetada. O ditador soviético alegava que suas tropas estavam prontas para marchar caso Hitler invadisse. Era mais um blefe que uma intenção. Nenhum preparativo para uma ação militar fora feito pelo Exército Vermelho abalado pelos expurgos de Stálin, e sua passagem pela Polônia e pela Romênia quase certamente teria sido rejeitada.[19] No Ocidente, de todo modo, a França tentava livrar-se de seus compromissos firmados por tratado com os tchecos, e a Grã-Bretanha estava ansiosa para não se prender ao apoio a qualquer envolvimento francês. Chamberlain foi advertido de que o rearmamento era insuficiente para engajar o país numa grande guerra e que nada poderia ser feito militarmente para salvar a Tchecoslováquia. Ele estava certo de que a guerra colocaria em risco o Império. Os interesses britânicos no Extremo Oriente já estavam ameaçados pela guerra do Japão contra a China que se expandia desde o seu início, no verão anterior. (No verão seguinte, um incidente inicialmente menor em Tientsin, no Norte da China, causando uma prontidão de semanas entre Grã-Bretanha e Japão, forçou o reconhecimento britânico de que, como formulou lorde Halifax, "parecia haver pouco que pudéssemos fazer no Extremo Oriente a menos que os Estados Unidos se juntassem a nós".[20]) No Mediterrâneo, a Itália fascista e a crescente probabilidade de uma vitória de Franco na Guerra Civil Espanhola que grassava desde o verão de 1936, representavam um perigo crescente para o poder britânico. Chamberlain mais tarde deu a entender que ficara sem nenhuma escolha. A Grã-Bretanha não estava preparada para a guerra; ele tinha que ganhar tempo. "De qualquer maneira, está claro como a luz do dia que, se tivéssemos tido que combater em 1938, os resultados seriam bem piores", escreveu ele a uma de suas irmãs meses após a guerra ter efetivamente começado. "Seria precipitado profetizar o veredicto da história, mas, se for obtido pleno acesso a todos os registros ver-se-á que eu percebi, desde o início, a nossa fragilidade militar, e fiz o melhor que pude para adiar a guerra já que não podia evitá-la."[21]

Ainda é motivo de controvérsias se Chamberlain realmente acreditava que estava ganhando tempo com a entrega de parte da Tchecoslováquia a Hitler, ou se ele genuinamente acreditava que havia dado um grande passo para assegurar a "paz para nosso tempo".[22] Tampouco é impossível saber com certeza se a oportunidade desperdiçada de combater Hitler no verão de 1938 foi melhor que a ocorrida no ano seguinte, quando foi preciso travar a guerra de qualquer maneira, e se uma posição desafiadora sobre a Tchecoslováquia poderia ter resultado inclusive na queda de Hitler por um golpe interno. A especulação mais provável é que não, em ambos os casos: que uma oportunidade melhor não foi perdida, e que Hitler não teria sido deposto internamente. Com toda probabilidade, a Tchecoslováquia teria sido rapidamente aniquilada, como sugerem os jogos de guerra, e a Grã-Bretanha e a França teriam que aceitar o reconhecimento de um *fait accompli* ou se envolver numa guerra partindo de uma situação militar mais fraca do que a de 1939. Em ambos os casos, um triunfo armado do poderio alemão teria sido uma clara possibilidade. E é duvidoso que a oposição alemã embrionária estivesse bem organizada o suficiente para agir contra Hitler antes de ele desarmar a resistência com uma vitória sobre a Tchecoslováquia enquanto mantinha as potências ocidentais em xeque. Sejam quais forem as conjecturas, a verdade, como Churchill expressou com veemência na Câmara dos Comuns, foi que, com o Acordo de Munique, "nós sofremos uma derrota total e absoluta"[23] — embora ela decorresse de uma fraqueza militar antiga e do reconhecimento, com extremo atraso, da necessidade de se rearmar a toda pressa, pelo que sucessivos governos britânicos, e não somente Chamberlain, tinham que arcar com a responsabilidade. Ao menos agora, enfim, o rearmamento era fortemente acelerado. Em setembro de 1939, a Grã-Bretanha ainda não estava forte, mas estava numa situação militar um pouco melhor em relação à força das armas alemãs que no tempo de Munique.

Tão logo Hitler mostrou sua verdadeira face em março de 1939 ao renegar Munique e invadir o que restava da Tchecoslováquia, despertou no governo britânico a percepção de que a guerra era inevitável. A garantia à Polônia no fim daquele mês assegurou, de fato, que a guerra era inevitável ao colocar o destino da Grã-Bretanha em mãos polonesas e alemãs. A concatenação de fatos no dramático verão de 1939 prosseguiu inexorável. Chamberlain e Halifax só aceitaram muito tardiamente, e com relutância, a necessidade de colocar em questão a possibilidade de uma aliança com Stálin. Eles foram uma vez mais suplantados por Hitler. O notório pacto Hitler-Stálin de 23 de agosto de 1939 significou que a guerra era não só inevitável como iminente. Ela começou com a invasão alemã da Polônia pouco mais de uma semana depois, em 1º de setembro de 1939. As declarações de guerra britânica e francesa à Alemanha, transformando o conflito germano-polonês numa guerra geral européia, vieram dois dias depois. Chamberlain contava com um conflito prolongado, mas confiava em que a Grã-Bretanha acabaria prevalecendo.

Essa avaliação baseava-se em grande parte nos recursos econômicos superiores à disposição da Grã-Bretanha, que presumivelmente contariam numa guerra prolongada, e numa instabilidade crítica percebida na economia alemã. Pouca coisa afetou esse otimismo subjacente nos meses de inércia militar na Europa ocidental que se seguiram — até a primavera de 1940, quando ele explodiu no espaço de alguns dias.

II

O raio finalmente caiu em 10 de maio de 1940. Para os Aliados ocidentais, Grã-Bretanha e França, a atmosfera pesada e ameaçadora da *phoney war** que havia durado desde o outono anterior agora cedia lugar à poderosa tempestade previs-

* Ou "guerra da mentirinha", foi como alguns chamaram a fase da Segunda Guerra entre setembro de 1939 e maio de 1940, marcada por poucas operações militares na Europa continental nos meses seguintes à invasão alemã da Polônia e antes da Batalha da França. (N. T.)

ta. Ela estivera fermentando durante um mês, desde o começo de abril, quando as tropas de Hitler invadiram a Dinamarca e a Noruega. Ao romper da aurora daquela manhã de maio, a artilharia alemã abriu fogo na fronteira belga. Começava a muito aguardada ofensiva ocidental.

Avançando num ritmo alucinante, violando de maneira implacável as neutralidades holandesa e belga, a investida alemã alcançou a costa francesa na noite de 20 de maio, depois de cobrir 240 quilômetros em dez dias. As forças Aliadas, divididas em duas pela rapidez e a surpresa do "corte de foice" do Exército alemão que avançava rapidamente pelo Sul da Bélgica e Norte da França, recuaram desordenadamente para a costa. As últimas esperanças Aliadas de uma contra-ofensiva se mostraram ilusórias em 24 de maio. Boulogne caiu sob o domínio alemão. Calais estava sitiada. Em 15 de maio, o único porto ainda aberto aos Aliados era Dunquerque. No dia seguinte, praticamente toda a Força Expedicionária Britânica e a maior parte dos soldados franceses ainda em combate — ao todo, quase 340 mil homens — haviam começado a recuar para Dunquerque e suas cercanias, onde se viram espremidos entre o mar e a linha de frente alemã.

Por obra do destino, em 10 de maio, o dia exato em que Hitler iniciou sua ofensiva ocidental, o homem que viria a ser um de seus mais ferrenhos adversários, Winston Churchill, assumia o cargo de primeiro-ministro do Reino da Grã-Bretanha e da Irlanda do Norte. Churchill ficara no ostracismo político durante os anos 1930. A despeito de sua ampla experiência, que remontava à Primeira Guerra Mundial, ele era considerado pelos líderes de sucessivas administrações do Governo Nacional (que haviam assumido o cargo em 1931, durante a crise econômica, numa coalizão dos principais partidos políticos, e eram dominados pelos conservadores) bem pouco confiável e independente demais para o cargo mais alto. Lembrado e antipatizado como um reacionário pela esquerda política, era visto como uma espécie de aventureiro solitário por boa parte de seu próprio partido. Sua responsabilidade no desastre de Gallipoli durante a Primeira Guerra Mundial não fora esquecida. Tampouco sua inconstância política inicial, quando desertara do Partido Conservador e se unira aos liberais antes de, anos depois, voltar ao aprisco. "Eu virei a casaca duas vezes", teria dito mais tarde, "e na segunda, Baldwin", o primeiro-ministro, "me fez ministro das Finanças."[24] Como ministro das Finanças, ele não foi um grande sucesso. Seus "anos no Tesouro", alguns alegaram, "foram de fato os mais fracos de sua diversificada carreira. Sua condução errática das finanças" — ele era considerado impaciente demais para dominar os detalhes minuciosos da gestão financeira — "o desacreditaram aos olhos de políticos mais sóbrios e deixaram o Tesouro mais fraco para fazer frente a um período de real dificuldade econômica".[25] O fato de ele ser "frouxo" pareceu ficar demonstrado, uma vez mais, por sua franca oposição, no início dos anos 1930, à política de reforma constitucional limitada de seu partido na Índia e seu forte apoio ao rei Eduardo VIII durante a crise da abdicação em dezembro de 1936.

O sentimento de que o tirocínio político de Churchill não era confiável a despeito de seus múltiplos talentos percorria boa parte do Partido Conservador. Mais do que alguns poucos teriam concordado com o veredicto privado de Stanley Baldwin, então primeiro-ministro: "Quando Winston nasceu, uma legião de fadas acorreu com seus dons de nascença — imaginação, eloqüência, diligência, destreza, mas aí veio uma fada que disse 'Ninguém merece tantos dons', levantou-o e deu-lhe tamanha sacolejada que, apesar de todos esses dons, foram-lhe negados o juízo e a sabedoria".[26] A suposta não-confiabilidade de Churchill influenciou durante muito tempo as opiniões dentro de seu próprio partido. No fim de 1939, quatro quintos da bancada conservadora no Parlamento não queriam Churchill no Gabinete.[27]

Churchill tinha de fato uma índole independente. Ele havia usado livremente seus muitos contatos, sua retórica e habilidades jornalísticas e sua posição parlamentar para denunciar, regularmente e com efeito crescente, a política britânica de defesa e rearmamento. Suas advertências sobre o ressurgimento do perigo da Alemanha se mostraram proféticas. Sua oposição implacável ao nazismo, consistente desde que Hitler assumira o poder, fizera dele um forte adversário do apaziguamento, um dos poucos em seu partido. Sua condenação ao ignóbil e humilhante Acordo de Munique contrastara fortemente com a infeliz concessão de Chamberlain às exigências de Hitler. Quando a destruição do que restava da Tchecoslováquia por Hitler em março de 1939 finalmente abriu os olhos britânicos para o fato de que ele não estava procurando incorporar alemães étnicos num Grande Reich alemão, mas estava determinado a uma conquista imperial, com a guerra na Europa como uma certeza, Churchill novamente defendera, em vão, como fizera durante a crise crescente no ano anterior, uma "grande aliança" unindo a Grã-Bretanha à União Soviética e à França como a derradeira chance de evitar uma nova grande conflagração.[28] Quando, a despeito de tudo que os pacificadores haviam tentado, a guerra veio, ficou evidente que Churchill estava com a razão. Sua volta ao Gabinete, a seu cargo de primeiro lorde do Almirantado, em 3 de setembro de 1939, o dia da declaração de guerra britânica à Alemanha, foi, portanto, bem recebida em muitos cantos, mesmo entre seus antigos adversários políticos. Churchill estava de volta aos círculos internos do poder político. Isso parecia oferecer alguma tranqüilidade.

Não seria bom, contudo, exagerar a base de poder de Churchill naquele momento. Chamberlain continuava firme no controle e ainda era popular ao extremo dentro de seu próprio partido durante o que ele chamou de "guerra crepuscular". Durante esses meses, os objetivos de guerra da Grã-Bretanha, além de se livrar de Hitler, foram deixados indefinidos. Havia esperanças exageradas de que a crise econômica interna ou uma disputa pelo poder derrubaria Hitler. O caminho estaria aberto então, assim se armava a imaginação otimista, para uma restauração de fronteiras e o fim do conflito. Mesmo assim, Chamberlain era mais realista do que muitos ao contar com uma guerra prolongada: três anos, aproximadamente, ele pensava. Ele duvidava de que pudesse haver uma vitória completa. Mas não achava que Hitler poderia vencer no longo prazo, e esperava que ele fosse destituído internamente quando o povo alemão chegasse à plena percepção disso. Havia os que queriam o fim do conflito antes que ele começasse de verdade, negociando com o governo de Hitler. No outono de 1939, Chamberlain recebeu milhares de cartas de indivíduos desejosos de parar a guerra com uma paz negociada.[29] Conquanto não houvesse um verdadeiro "tratado de paz", indivíduos díspares — sobretudo conservadores, e alguns pares do reino bem relacionados com pessoas em altos postos — expressaram esperanças de um acordo negociado.[30] O governo, porém, não mostrou nenhuma predisposição para seguir esse rumo; a "oferta de paz" feita por Hitler em 6 de outubro de 1939, depois de seu triunfo na Polônia, foi rejeitada sem hesitação.[31]

Assim, o "transe sinistro" (como o infatigável Churchill mais tarde o chamaria) da guerra subterrânea continuou durante os meses escuros de inverno.[32] O estranho otimismo do governo britânico de que Hitler no final cairia ou seria derrotado — de alguma forma, não triunfaria no final — persistiu. Mas havia também uma inquietação subjacente, um sentimento de que a calmaria sinistra seria seguida por uma grande tempestade. A sensação era de que o passo seguinte de Hitler não tardaria a chegar. Quando isso aconteceu, em abril de 1940, foi para se prevenir contra planos britânicos que Churchill havia defendido insistentemente, de minar as águas escandinavas. Em 4 de abril, Chamberlain havia tentado o destino anunciando que, ao não invadir a França e a Grã-Bretanha, dessa vez Hitler havia "perdido o ônibus".[33] A jactância tola imediatamente recebeu o troco. Cinco dias depois, os alemães invadiram a Dinamarca e a Noruega. Seguiu-se a desastrosa campanha britânica na Noruega. A principal responsabilidade recai em Churchill, mas foi Chamberlain quem pagou o preço político. As facas agora estavam afiadas para o primeiro-ministro que havia tentado apaziguar Hitler. Churchill, cujas advertências sobre o ostracismo agora pareciam proféticas, ganhara estatura. Em princípios de maio, boa parte do próprio partido de Chamberlain havia perdido a confiança nele como o líder de que a Grã-Bretanha precisava numa guerra. Os partidos de oposição estavam inflexíveis sobre não trabalhar com ele num Gabinete de guerra. Em 10 de maio, ao não receber um voto de confiança na Câmara dos Comuns, ele renunciou.

Os dois candidatos à sua sucessão eram Churchill e lorde Halifax, o ministro do Exterior e, desde 1937, a principal figura no Gabinete do primeiro-ministro. Chamberlain apoiava Halifax. O mesmo acontecia privadamente (já que ele não tinha qualquer ingerência constitucional sobre o assunto) com o rei George VI e a rainha Elizabeth. Também o Parlamento aparentemente teria apoiado a candidatura de Halifax. Mudar da Câmara dos Lordes para a dos Comuns, o que provavelmente se faria necessário, era estranho, mas não seria um problema insuperável. Mas Halifax declinou. Circularam especulações sobre os seus motivos.[34] Mais provavelmente, a profunda animosidade dirigida a Chamberlain no momento de sua renúncia encorajou Halifax a reconhecer que ele também não tinha o temperamento para ser um líder guerreiro. Assim, o caminho estava aberto para o mais combativo, mais dinâmico, mais determinado e mais voluntarioso — ainda que mais imprevisível — Churchill. Qual teria sido o futuro se Halifax houvesse aceitado o cargo de primeiro-ministro que estava ao seu alcance, é impossível dizer. Mas, sem dúvida, sua decisão de não aceitar o cargo àquela altura teve uma importância enorme para o futuro da guerra britânica. Na noite de 10 de maio, Winston Churchill tornava-se primeiro-ministro. Em suas reflexões, talvez dramatizadas em excesso alguns anos depois, Churchill descreveu suas emoções: "Enfim, eu tinha a autoridade para dar orientações sobre a situação geral. Senti como se estivesse caminhando com o destino, e que toda minha vida pregressa havia sido apenas uma preparação para essa hora e esse teste".[35]

A magnitude do teste rapidamente ficaria clara, pois, em uma quinzena, o destino pendia na balança enquanto quase toda a Força Expedicionária Britânica enfrentava o mais profundo perigo, à beira do cativeiro ou da destruição. Mal começara seu mandato, Churchill viu-se diante da mais séria ameaça de seu país em toda sua longa história. O perigo iminente obrigou então o Gabinete de Guerra a uma das decisões mais graves que o governo britânico jamais tomara: abrir canais que conduzissem a uma paz negociada com Hitler, ou continuar lutando. Não faltaram opiniões, algumas em círculos influentes, que viam com relutância um acordo negociado com base em termos de paz honrosos como o único curso de ação sensato para a Grã-Bretanha numa situação tão grave.[36] O desfecho das deliberações do Gabinete de Guerra não estava nem um pouco evidente nos dias em que o grosso do Exército britânico estava encalhado nas praias de Dunquerque.

III

Não é fácil imaginar, à luz dos acontecimentos posteriores, como era instável a posição de Churchill em meados de maio de 1940. Sua autoridade, que logo se tornaria inatacável, ainda era tênue. Nenhum entusiasmo nas bancadas conservadoras saudou sua primeira aparição na Câmara dos Comuns como primeiro-ministro em 13 de maio. Os aplausos naquele dia, afora os do lado da oposição, foram para Chamberlain, não para Churchill.[37] O discurso deste último nesse dia, mais tarde visto como um modelo da retórica churchilliana, prometendo "sangue, trabalho, suor e lágrimas", teve uma recepção fria entre os conservadores. A desconfiança persistia. Alguns achavam que sua permanência no cargo seria curta.[38] Muitos conservadores ficariam contentes com a volta de Chamberlain ao cargo. O próprio Churchill reconheceu que, com um apoio apenas condicional de seu partido, ele não conseguiria afastar seu antecessor, ainda o líder do Partido Conservador.[39]

Churchill trouxe algumas figuras importantes dos trabalhistas para o governo, mas, apesar de um certo remanejamento de postos, a maioria dos velhos rostos permaneceu. O Gabinete de Guerra sofreu uma mudança mais radical. Ele foi reduzido a apenas cinco membros. Três eram conservadores. O próprio Churchill acumulava a responsabilidade pelo Ministério da Defesa. Neville Chamberlain recebeu o título de lorde presidente do Conselho, supervisionando efetivamente a política doméstica. E lorde Halifax foi mantido como ministro do Exterior. A eles se juntaram dois representantes trabalhistas. Clement Attlee, líder do partido desde 1935, perto dos sessenta anos de idade, um homem baixo, bem vestido, discreto, incomum entre socialistas por ser um ex-oficial durante a guerra, foi nomeado lorde guardião do Selo. Seu vice, Arthur Greenwood, de sessenta anos, um homem afável de Yorkshire com certa propensão ao álcool, como Churchill, cuja breve experiência no governo, pouco antes da Depressão, o havia revelado como um competente ainda que prosaico ministro da Saúde, virou ministro sem pasta. Churchill logo dominaria o Gabinete de Guerra com sua posição muito fortalecida pelo controle da Defesa. Mas não havia esse predomínio em maio de 1940, quando a crise se agravou. Churchill não conseguia prevalecer ou impor sua vontade aos outros membros do Gabinete de Guerra. Ele reconhecia sua dependência, em particular, de Chamberlain e Halifax. Como Chamberlain havia escrito privadamente sobre seu sucessor no dia seguinte à posse deste: "Sei que ele depende de Halifax e de mim e, como ele colocou numa carta, 'Meu caminho depende em grande medida de vocês'".[40]

A magnitude da crise que se apresentava ao Gabinete de Guerra de Churchill ficava mais evidente a cada dia. A velocidade do avanço alemão era vertiginosa. Cada relatório indicava uma calamidade de grandes proporções em curso. Crescia o receio pelo destino da França. Com ele, o receio, freqüentemente não declarado, de que a Grã-Bretanha poderia ser incapaz de continuar a guerra caso seu aliado caísse. Embora depois se recompusesse, Chamberlain expressou precisamente essa ansiedade no dia mesmo em que a ofensiva alemã começou.[41] Alguns dias depois, sir Samuel Hoare, membro do Gabinete de Guerra de Chamberlain, mas agora prestes a sair para assumir a embaixada britânica em Madri, observou que o ex-primeiro-ministro estava "absolutamente nocauteado. Tudo acabado. Os Estados Unidos não servem. 'Nós jamais conseguiremos tirar nosso Exército, ou se conseguirmos, ele estará sem qualquer equipamento'".[42] O pessimismo não parava em Chamberlain. Observadores falaram de "um estado de pânico"[43] e "derrotismo" entre as classes altas de Londres,[44] enquanto o general sir Edmund Ironside, chefe do Estado-Maior Imperial, temia o massacre que poderia significar "o fim do Império Britânico".[45] O marechal-do-ar Hugh Dowding, comandante-em-chefe do Comando de Caças da RAF, expressou sua posição em 16 de maio de que, se uma força adequada de combate aéreo devia ser mantida no país, e a Marinha continuasse existindo, a Grã-Bretanha poderia continuar a luta. Mas, se esquadrões de caças fossem enviados para o outro lado do canal da Mancha, como os franceses queriam, a derrota da França significaria também a derrota final da Grã-Bretanha.[46] Churchill, relutando inicialmente em aceitar a mensagem que lhe foi entregue em 15 de maio pelo primeiro-ministro francês, Paul Reynaud, de que "fomos vencidos", não teve nenhuma dúvida acerca da escala do desastre e do desespero sentido em Paris depois de ter voado até lá no dia seguinte para se reunir com dirigentes franceses.[47] O primeiro-ministro britânico deu uma demonstração de bravura, impressionando seus anfitriões com a intenção da Grã-Bretanha de combater até que os Estados Unidos viessem em sua ajuda e a Alemanha fosse derrotada.[48] Ao mesmo tempo, porém, em meio a uma névoa de fumaça de charuto e altas horas da noite, ele conjurou "uma visão apocalíptica da guerra", vendo-se "no coração do Canadá, dirigindo, sobre uma Inglaterra arrasada por bombas altamente destrutivas e sobre a França, cujas ruínas já estavam frias, a guerra aérea do Novo Mundo contra o Velho dominado pela Alemanha".[49] "Os franceses estão claramente se esfacelando, e a situação é horrível", observou sir Alexander Cadogan, chefe do Ministério do Exterior, ao saber do relato de Churchill sobre a sua visita. Em 21 de maio, Cadogan confidenciava em seu diário: "Só um milagre pode nos salvar: senão, estamos acabados".[50]

Os que não compartilhavam dessas percepções da alta política e não tinham acesso aos relatórios deprimentes de líderes militares — a massa da população comum — não estavam em posição de apreender toda a gravidade da situação.[51] A calma era geral, ao menos na superfície. Muitas cabeças estavam simplesmente enterradas na areia. Chamberlain relatou suas impressões pessoais sobre o estado de espírito do público numa carta a sua irmã Hilda em 17 de maio: "O público não percebe minimamente a gravidade da situação. Caminhando ao redor do lago [no parque Saint James] hoje, era de partir o coração ver as pessoas gozando a luz do sol, aboletadas em suas cadeiras, ou observando os patinhos disparando sobre a água. Precisamos trazê-los mais para perto de um senso de realidade, embora eu ouse dizer que os fatos farão melhor para esse fim do que qualquer coisa que possamos pensar".[52] A suposição de Chamberlain foi precisa. As reportagens amenas na BBC ou nos jornais não poderiam ocultar a ameaça representada pelo avanço alemão, nem a fraqueza das forças Aliadas para impedi-lo. Havia uma ansiedade crescente, e em grande medida justificável, sobre os acontecimentos do outro lado do canal. A fleuma não ocultava inteiramente a preocupação logo abaixo da calma superficial.[53]

A confiança de Churchill na capacidade de resistência dos franceses havia sido duramente abalada por sua visita a Paris em 16 de maio. Uma segunda visita, em 22 de maio, o deixou momentaneamente mais otimista com as perspectivas de uma contra-ofensiva que ele insistira para os franceses empreenderem.[54] Mas planos alternativos tiveram de ser feitos para a possibilidade, probabilidade talvez, de fracasso. Nesse caso, Churchill, como ele explicou ao rei na manhã de 23 de maio, só teria um curso de ação: ordenar que a Força Expedicionária Britânica retornasse para casa. Todos os seus armamentos teriam de ser deixados para trás. Era de esperar uma perda imensa de vidas.[55] No anoitecer de 23 de maio, porém, um quarto de milhão de soldados britânicos estava preso num torniquete alemão que se apertava. Calais provavelmente não conseguiria agüentar por muito tempo e, enquanto isso, a ponta de lança de tanques alemães se aproximava de Dunquerque, o único porto acessível em mãos Aliadas.

Quando Hitler visitou o quartel-general de seu comandante ocidental, coronel Gerd von Rundstedt, na manhã de 24 de maio, os *panzers* da cabeça-de-ponte alemã estavam menos de 24 quilômetros ao sul de Dunquerque. Depois de avaliar a situação militar com Rundstedt, Hitler deu a ordem para o avanço ser interrompido naquele ponto e não prosseguir até Dunquerque. A decisão logo veio a ser vista como uma oportunidade crucial perdida de acabar com as forças derrotadas do Exército britânico. Tentando justificar um grande erro militar, Hitler posteriormente sugeriu que não quisera destruir o Exército britânico, a espinha dorsal do Império.[56] Isso não passou de uma racionalização para salvar as aparências. Na verdade, ele estava apenas seguindo a recomendação militar de seu comandante de campo, Rundstedt, que quisera preservar suas unidades motorizadas para a investida final para o sul para concluir a campanha. Longe de querer preservar o Exército britânico, Hitler foi levado por Göring, comandante-em-chefe da Aeronáutica alemã, a acreditar que a Luftwaffe acabaria com tudo.[57]

Em Londres, o Gabinete de Guerra estava preocupado com o destino das tropas britânicas em Calais, então sitiadas; e com a provável capitulação dos belgas no futuro próximo. Boulogne já havia caído completamente então, e os soldados britânicos restantes ali, cerca de mil ao todo, haviam sido retirados por mar. Churchill foi inflexível, porém, em que as tropas cercadas em Calais deviam continuar lutando para conter ao máximo os alemães. Qualquer ganho de tempo seria precioso, fosse para a proposta contra-ofensiva (que, embora Churchill ainda não soubesse naquele momento, "não passava de um plano de papel"[58] já abandonado por dirigentes militares franceses preparados, mesmo naquele estágio, para considerar uma capitulação),[59] fosse para a máxima evacuação possível da Força Expedicionária Britânica. No entanto, em 24 de maio, nenhum soldado britânico fora enviado a Dunquerque, onde o porto ainda funcionava, embora houvesse ali uma guarnição considerável de tropas francesas.[60]

A contra-ofensiva jamais começou. Ela simplesmente não era uma proposta factível. Houve, em vez disso, uma retirada de tropas britânicas, seguida de desentendimentos e recriminações entre Paris e Londres sobre a culpa pelo fiasco. Quando a ofensiva foi finalmente abandonada, na noite de 25, e com a iminente capitulação belga, o comandante da Força Expedicionária Britânica, general lorde Gort, decidiu (por iniciativa própria, posteriormente aprovada por Londres) recuar para a costa, formar uma cabeça-de-ponte ao redor de Dunquerque e tentar evacuar o máximo de seus soldados. Dunquerque era um nome pouco conhecido do público britânico nesse estágio. Muito em breve estaria nos lábios de todos.

Para o Gabinete de Guerra, a queda cada vez mais provável da França, e, com ela, a probabilidade de perder a vasta maioria das tropas britânicas sob o cerco alemão, teve de ser considerada. O general Ironside, notoriamente propenso ao pessimismo, escreveu em tom pesaroso em 13 de maio: "Não consigo achar que temos muitas esperanças de tirar qualquer soldado das FEB".[61] Dois dias depois, ele ainda achava que só seria possível evacuar "uma proporção mínima" do Exército. E todo o equipamento, que já era tão escasso, teria de ser abandonado.[62] O comandante britânico, general lorde Gort, concordou em que "uma grande parte da FEB e seu equipamento serão inevitavelmente perdidos mesmo nas melhores circunstâncias".[63] Em 26 de maio, o dia em que foi ordenada a Operação Dínamo de evacuação de Dunquerque, falou-se de salvar não mais que cerca de 45 mil homens.[64] A perda de quase toda a Força Expedicionária Britânica teria sido um golpe terrível.[65] Não havia nenhum Exército digno desse nome em casa para substituí-la. Haveria pouca coisa para conter uma invasão alemã que, assim indicava a inteligência britânica, poderia ser iminente.[66] Nessas circunstâncias sombrias, não era de surpreender que alguns pensamentos se voltassem para as opções que se colocavam para a Grã-Bretanha caso o pior acontecesse.

IV

A Itália era vista por alguns, tanto em Londres como em Paris, como a última esperança. Não valia a pena apostar muito, mas a tentativa precisava ser feita, assim se pensava, ao menos para manter a Itália — ainda neutra nesse estágio — fora da guerra. Além disso, havia a noção afim, mas separada, de que Mussolini poderia, mesmo àquela altura, ser persuadido a servir de ponte para seu amigo Hitler para ajudar a conter a ampliação do conflito e a ruína da Europa. Afinal, Mussolini havia interferido no lado da paz em 1938, apesar de o resultado ter sido o vergonhoso Acordo de Munique. E a Itália não poderia ficar absolutamente tranqüila com a perspectiva de uma Europa dominada por uma Alemanha vitoriosa. Ademais, em qualquer acordo que pudesse costurar, Mussolini por certo ganharia concessões territoriais significativas para a Itália no entorno do Mediterrâneo. Havia poucos outros incentivos, se algum, para oferecer ao ditador italiano, com certeza nenhum para afastá-lo do atrativo da grandeza militarista, da perspectiva de triunfo numa guerra que ele imaginava que já estava em grande parte vencida. Mussolini entendia ameaças, em especial quando respaldadas por um grande porrete. Mas as sugestões de que ele havia "apostado seu dinheiro num cavalo ruim", ou de que a Itália era um "peso leve" numa luta de boxe com as democracias ocidentais pesos pesados que acabariam vencendo uma disputa prolongada —[67] pontos ventilados antes de a ofensiva ocidental de Hitler ter colocado a França de joelhos e deixado a Grã-Bretanha sob profundo risco —, dificilmente o impressionariam. O tom de Mussolini, em seus entendimentos com a França e a Grã-Bretanha, permanecera belicoso. Ele havia lembrado tanto o primeiro-ministro francês, Paul Reynaud, como Churchill de sua determinação de continuar política e militarmente um aliado da Alemanha.[68]

No auge da crise, porém, uma aproximação de Mussolini permanecia sendo o último recurso possível. Édouard Daladier, o ministro francês da Defesa (e ex-primeiro-ministro), propôs tentar "comprar Mussolini". Ele sugeriu uma aproximação do ditador italiano por intermédio do presidente americano, Franklin Delano Roosevelt, informando-o de que os Aliados estariam prontos a considerar suas pretensões se a Itália ficasse fora da guerra. Também se deveria oferecer à Itália um assento na conferência de paz como se ela houvesse sido uma parte beligerante. O Ministério do Exterior britânico sinalizou para esse acordo em 25 de maio.[69] A sugestão de que "deveríamos nos propor a discutir [o] Mediterrâneo com a Itália" havia sido feita no dia anterior ao poderoso ex-chefe do Ministério do Exterior, sir Robert Vansittart, ter dado a sua bênção. O mesmo fizera seu sucessor, sir Alexander Cadogan, "se isso evitar a guerra com a Itália por alguns dias".[70] O objetivo imediato da iniciativa francesa, e da concordância britânica com ela, era limitado, decerto: manter Mussolini fora da guerra para ganhar tempo. Mencionar o papel da Itália numa conferência de paz prospectiva, porém, indicava que a sugestão ia implicitamente além disso. O que havia em mente era não menos que um fim negociado para o conflito. Esse fim, porém, teria que envolver a Alemanha. E, em qualquer conferência de paz, era óbvio que Hitler não teria muito a dizer.

Neville Chamberlain havia observado, já em 16 de maio, que se "os franceses caírem, nossa única chance de escapar da destruição seria Roosevelt fazer um apelo por um armistício", embora achasse pouco provável que os alemães respondessem a isso.[71] Churchill também queria a ajuda dos americanos, mas não para negociar um armistício. Na primeira do que viria a ser uma volumosa correspondência com o presidente americano, ele manteve um tom desafiador: "Se necessário, continuaremos sozinhos a guerra", escreveu ele em 15 de maio, acrescentando três dias depois: "Estamos determinados a perseverar até o fim, seja qual for o resultado da grande batalha que se trava na França". Entretanto, ele deixou Roosevelt sem ilusões sobre a situação de risco da Grã-Bretanha caso a França caísse. "Se esse país fosse abandonado a seu destino pelos Estados Unidos", ele declarou francamente em sua segunda carta, "ninguém teria o direito de culpar os então responsáveis se conseguissem os melhores termos para os habitantes sobreviventes."[72] Era uma tentativa, apesar de não desnudar o perigo para a Grã-Bretanha, de impelir Roosevelt a uma promessa aberta de apoio, com a esperança de uma ação prática na seqüência. Mas a muito alardeada "relação especial" não era tão especial a essa altura. O próprio Churchill viria a observar, alguns dias depois apenas, com um traço de amargura, que "os Estados Unidos não nos deram praticamente nenhuma ajuda na guerra, e agora que viram como o perigo era grande, sua atitude foi de querer conservar tudo que nos ajudaria para sua própria defesa".[73]

Roosevelt foi cordial, mas reservado. Ele tinha que considerar uma opinião pública em casa, boa parte dela isolacionista. E tinha que pesar se o apoio americano à Grã-Bretanha naquela conjuntura não seria o apoio a uma causa perdida. Isso porque, no auge da crise, ele tinha poucas esperanças de uma sobrevivência britânica. Em 24 de maio, ele tinha tão pouca confiança na capacidade de a Grã-Bretanha resistir que achava que o Canadá e os domínios deviam pressionar Churchill a enviar a frota britânica através do Atlântico antes que Hitler pudesse incluir sua rendição nos termos de paz.[74] Mas, pelo menos, Roosevelt estava preparado para oferecer a influência que pudesse ter (que, previsivelmente, revelou-se muito pequena) para interceder junto a Mussolini em favor dos Aliados.

No mesmo dia em que Roosevelt tentava conseguir de Churchill que enviasse a frota britânica para longe do perigo, lorde Halifax recomendava ao Gabinete a aceitação da proposta francesa de mediação do presidente para tentar impedir que a Itália entrasse na guerra. Ele não achava que isso daria muitos frutos, mas aprovou a tentativa de conseguir, via Roosevelt, os termos para que a Itália permanecesse fora do conflito. Halifax acrescentou que poderia ser útil sugerir, ao mesmo tempo, que Roosevelt devia transmitir a Mussolini o cerne da última parte de uma "declaração que o primeiro-ministro havia proposto fazer e depois cancelara", segundo a qual "os Aliados estavam prontos a considerar as pretensões italianas razoáveis no fim da guerra, e receberiam a Itália numa Conferência de Paz em termos iguais aos dos beligerantes".[75] Era essa, aliás, a proposta francesa que havia emanado de Daladier. Churchill evidentemente reconsiderou fazer ele próprio uma declaração naquela conjuntura. Ele e os outros membros do Gabinete de Guerra estavam prontos, porém, a endossar a sugestão de Halifax de buscar a intercessão de Roosevelt não apenas para manter os italianos fora da guerra, mas para abrir as portas à participação de Mussolini numa conferência de paz, que presumivelmente aconteceria depois de um armistício tanto do lado britânico como do francês.

Por essa época — a data precisa não está clara — Halifax, que havia expressado sua opinião ao Gabinete, alguns meses antes, de que a Grã-Bretanha não conseguiria continuar sozinha se a França firmasse a paz com a Alemanha, rascunhou um telegrama para Churchill enviar a Roosevelt que, nas circunstâncias, não foi despachado. Ele continha um pedido para Roosevelt intervir caso Hitler, depois da queda da França, oferecesse à Grã-Bretanha termos inaceitáveis, "destrutivos da independência britânica", como a rendição da frota ou da Aeronáutica. Roosevelt deveria deixar claro, nessa eventualidade terrível, que isso "encontraria resistência americana", e que os Estados Unidos dariam pleno apoio à Grã-Bretanha.[76] Provavelmente, o tom pessimista, inerentemente fraco, não agradou a Churchill, que estava ansioso para evitar apelos desesperados. Seja como for, era uma tênue esperança, embora o telegrama não enviado mostre como pelo menos um membro importante do governo britânico estava pensando.

Depois da visita de Paul Reynaud a Londres em 26 de maio, um pedido anglo-francês a Roosevelt finalmente foi feito. Ele foi considerado preferível a uma abordagem direta de Mussolini, que poderia sugerir fraqueza.[77] Nesse mesmo dia, Roosevelt informou Mussolini de sua disposição de agir como intermediário. Ele estava preparado, disse, para transmitir aos Aliados "as aspirações italianas na zona mediterrânea" e garantir a participação da Itália, em pé de igualdade com as potências beligerantes, em qualquer negociação de paz no fim da guerra. O preço era a concordância de Mussolini em não entrar na guerra. O pedido foi rejeitado sem cerimônia no dia seguinte.[78]

Nesse meio-tempo, porém, abrira-se a possibilidade de uma avenida mais imediata e direta aos italianos pelos próprios Aliados. Foi em torno dessa possibilidade que, por três dias, centrou-se a questão de buscar termos ou lutar.

Em 20 de maio, numa conversa com lorde Philimore, conhecido por suas simpatias fascistas, o embaixador italiano em Londres, conde Giuseppe Bastianini, parecera entusiasmado com as perspectivas de uma aproximação britânica da Alemanha via intermediação da Itália. Phillimore passou a mensagem ao Ministério do Exterior de que mesmo agora Hitler ouviria Mussolini. Pouco depois disso, sir Robert Vansittart foi convidado a se encontrar com o assessor de imprensa da embaixada italiana, Gabriele Paresci, o qual sugeriu que uma aproximação da Itália não seria rejeitada.[79] Halifax transmitiu isso ao Gabinete de Guerra em 25 de maio, mencionando que, depois de consultar o primeiro-ministro, ele "fora autorizado a levar a questão adiante". Enquanto isso, Vansittart fora convidado a uma segunda reunião com Paresci. Halifax cautelosamente sugeriu a linha a ser adotada: que "estamos agora, como sempre, dispostos a entrar em discussões com o governo italiano tendo em vista pôr fim às dificuldades e desentendimentos que bloquearam o caminho da amizade entre os dois povos". Churchill não fez objeções, desde que a reunião não fosse tornada pública.[80]

Era um sábado, dia incomum para encontros diplomáticos, mas Halifax estava ansioso para não perder tempo, tendo em vista a situação militar crítica. A situação estava se tornando cada vez mais grave. As notícias que filtravam eram tenebrosas. As esperanças restantes de um contra-ataque britânico, em conjunto com a França, para conter o avanço alemão foram abandonadas ainda nesse dia. A retirada desesperada de Dunquerque havia começado. Forças alemãs estavam posicionadas a não mais de dezesseis quilômetros do porto. As perspectivas para o Exército britânico eram sombrias. "Está tudo na mais completa confusão", lembrou Cadogan, no coração do Ministério do Exterior; "sem comunicações e sem se saber o que está acontecendo, exceto que as coisas estão o mais negras possíveis. Boulogne tomada, Calais fortemente sitiada, Dunquerque mais ou menos aberta, e essa é a única saída para nossa FEB, se eles conseguirem se safar. Enquanto isso, eles têm pouca comida e praticamente nenhuma munição... Cada dia que passa diminuem nossas chances".[81]

No fim dessa tarde, Halifax encontrou-se com Bastianini. Apesar da aplicação das regras diplomáticas usuais de um cauteloso jogo de esgrima, a reunião logo foi além do objetivo limitado de manter a Itália fora da guerra. Bastianini ampliou a questão ao dizer que "sempre fora opinião do *Signor* Mussolini de que o acerto dos problemas entre a Itália e qualquer outro país devia fazer parte de um acordo geral europeu". Halifax replicou que, na construção de uma Europa pacífica, "questões que causaram ansiedade à Itália" — código para suas amplas ambições territoriais no Mediterrâneo e Norte da África — "deverão ser seguramente discutidas como parte do acordo geral europeu". Bastianini perguntou se o governo britânico contemplava uma discussão de "questões gerais" envolvendo "outros países" além da Itália e Grã-Bretanha. Halifax evitou uma resposta dizendo que essa discussão ampla era difícil de vislumbrar enquanto continuasse a guerra. Mas Bastianini contrapôs dizendo que, uma vez iniciada essa discussão, "a guerra não teria sentido". Mussolini se preocupava, prosseguiu o embaixador, "em atar um acordo europeu, que não seria meramente um armistício, mas protegeria a paz européia por um século". Halifax declarou que "o propósito do governo de Sua Majestade era o mesmo, e que eles não se disporiam jamais a não considerar qualquer proposta feita com autoridade que desse uma promessa do estabelecimento de uma Europa segura e pacífica". O ministro do Exterior concordou quando Bastianini sugeriu informar Mussolini "de que o governo de Sua Majestade não excluía a possibilidade de alguma discussão dos problemas mais amplos da Europa quando surgisse a ocasião".[82]

Halifax estava se preparando para ir à igreja na manhã seguinte, domingo, 26 de maio, quando recebeu notícias de que Churchill havia convocado uma reunião do Gabinete de Guerra, a primeira de três naquele dia, para as nove horas da manhã, antes da visita do premiê francês, Paul Reynaud. Na reunião, o ministro do Exterior relatou sua discussão com o embaixador italiano. Ele prefaciou seus comentários declarando: "Sobre a questão mais ampla, tivemos que encarar o fato de que agora não era tanto uma questão de impor uma derrota completa à Alemanha, mas de salvaguardar a independência de nosso próprio Império e, se possível, o da França". Ninguém discordou da sugestão, que soava mais realista nas circunstâncias desesperadas em que estava em jogo a sobrevivência e não a vitória. Estava implícito no que Halifax dizia que, em algum ponto, talvez mais cedo do que mais tarde, com ou — cada vez mais provavelmente — sem a França, a Grã-Bretanha teria de negociar um fim para a guerra. Bastianini "havia feito alusões claras à perspectiva de nossa concordância com uma conferência" e indicado que o desejo de Mussolini era assegurar a paz na Europa. Halifax havia replicado que paz e segurança eram também o objetivo da Grã-Bretanha, "e nós deveríamos estar naturalmente preparados para considerar quaisquer propostas que pudessem levar a isso, desde que nossa liberdade e independência fossem asseguradas". Churchill não deixou isso passar sem comentário. Ele retorquiu que paz e segurança poderiam ser alcançadas sob o domínio alemão da Europa. Mas o objetivo da Grã-Bretanha era "assegurar nossa completa liberdade e independência", e se opôs a "qualquer negociação que pudesse levar a uma derrogação de nossos direitos e poder".[83] Isso não significava, porém, descartar por completo as negociações.

Bastianini havia pedido uma nova reunião na qual poderia fazer novas propostas. Não houve nenhuma discordância, porém, da sugestão de Attlee de que qualquer nova deliberação teria de esperar a chegada, naquele dia, do primeiro-ministro francês, Paul Reynaud, e do relatório dos chefes do Estado-Maior sobre as perspectivas de resistência da Grã-Bretanha caso a França caísse.

Esse relatório, "Estratégia Britânica numa Certa Eventualidade", datado de 15 de maio (embora não apreciado em detalhe pelo Gabinete de Guerra antes de 17 de maio), considerava, de maneira desapaixonada, a situação da Grã-Bretanha depois de uma projetada capitulação francesa. Aceitando a perda da maior parte da Força Expedicionária Britânica e de todo seu equipamento, e a intervenção italiana na guerra contra a Grã-Bretanha, mas acenando para um apoio econômico e financeiro (e uma eventual participação na guerra) dos americanos, o relatório concluía que a superioridade aérea era o ponto crucial das esperanças britânicas, sem aliados efetivos, para fazer frente a uma possível invasão nos meses seguintes. Os fundamentos do relatório ofereciam bases, contudo, para um cauteloso otimismo, mesmo em face de tamanha adversidade.[84]

Reynaud almoçou sozinho com Churchill em 16 de maio. Em seu relatório ao Gabinete de Guerra sobre a discussão, Churchill mencionou a neutralização de Gibraltar e do canal de Suez, a desmilitarização de Malta e a limitação de forças navais no Mediterrâneo como prováveis exigências italianas. Churchill havia dito a Reynaud, contou ele, "que nós não estávamos preparados para desistir em nenhuma circunstância. Preferíamos continuar lutando a ser escravizados pela Alemanha. Mas, de qualquer modo, estávamos confiantes de que tínhamos uma boa chance de sobreviver ao massacre alemão". O Gabinete de Guerra passou para a questão de se fazer ou não alguma aproximação com a Itália. Halifax foi favorável. Ele achava que a última coisa que Mussolini desejava era uma Europa dominada pelos alemães e que ele estaria ansioso para "persuadir *Herr* Hitler a assumir uma atitude mais razoável". Churchill "duvidava que sairia alguma coisa de uma aproximação com a Itália", mas deixou a questão para uma avaliação posterior do Gabinete de Guerra.[85]

Depois da segunda reunião do Gabinete de Guerra nesse dia, às 14 horas, Halifax voltou para continuar as discussões com Reynaud. A eles se juntaram, mais tarde, Churchill, Chamberlain e Attlee, em conversas que duraram até Reynaud ter de partir, por volta das 16h30. Reynaud expressou aos ministros britânicos sua esperança de que "alguma fórmula" poderia ser encontrada para "satisfazer a auto-estima italiana no caso de uma vitória Aliada, com a condição de que a Itália não entrasse na guerra". Ele lhes contou sobre a sugestão feita alguns dias antes por M. André François-Poncet, o embaixador francês em Roma, de que, para haver alguma esperança de sucesso, os Aliados teriam de estar preparados para enfrentar a condição de Gibraltar, Malta e Suez, do lado britânico, e Djibuti e Tunísia, do francês. Reynaud achou que Halifax foi sensível aos seus argumentos. O ministro do Exterior britânico, recordou mais tarde, "expressou sua disposição de sugerir a Mussolini que, se a Itália concordasse em colaborar com a França e a Grã-Bretanha no estabelecimento de uma paz que salvaguardasse a independência desses dois países e se baseasse em um acordo justo e duradouro sobre todos os problemas europeus, os Aliados estariam preparados para discutir com ele as pretensões da Itália no Mediterrâneo e, em particular, as referentes aos mercados desse mar". Mas Reynaud reconheceu que Churchill "estava em princípio hostil a qualquer concessão a Mussolini", assim como Chamberlain ("com algumas reservas") e Attlee.[86]

O estado de espírito dos que tinham plena consciência dos acontecimentos dramáticos do outro lado do canal enquanto ocorriam as discussões com Reynaud era nitidamente sombrio. Uma anotação no diário de Neville Chamberlain menciona 26 de maio como "o mais negro dos dias". As forças belgas, sob pesado ataque durante todo o dia, estavam à beira do colapso. O rei belga Leopoldo estava preparando a capitulação. Também os franceses, assim fora informado Cadogan, estavam "muito mal" e, segundo o representante militar de Churchill em Paris, o major-general sir Edward Spear, "falando de capitulação". O comandante-em-chefe francês, general Maxime Weygand, havia declarado que "possuía apenas cinqüenta divisões contra 150 alemãs. Ele lutaria até o fim se a isso fosse ordenado, mas seria inútil. Paris cairia em poucos dias". Chamberlain não estava exagerando quando escreveu sobre "uma situação terrível para a França e para nós, a mais terrível de nossa história".[87]

Fora dos círculos internos do governo, outros tentavam imaginar o que aconteceria. Os temores de uma invasão alemã cresciam. Um membro do Parlamento disse a sua esposa que eles deviam tentar obter pílulas de suicídio, pois, "se o pior acontecer, sempre haverá essas duas pilulazinhas".[88]

Conforme o relato no diário de Chamberlain sobre a reunião com Reynaud, com um apelo a Mussolini para evitar a entrada italiana na guerra em troca de concessões territoriais, o primeiro-ministro francês esperava liberar dez divisões para atuarem na defesa contra os alemães. Os ministros britânicos assinalaram que isso provavelmente não faria a menor diferença na situação militar. Reynaud sugeriu, porém, que o interesse de Mussolini em salvaguardar a independência italiana no caso de um colapso francês e britânico poderia predispô-lo à proposta de um acordo europeu. Chamberlain suspeitava de que Mussolini poderia, de fato, aceitar uma conferência de quatro potências, mas só depois que Paris houvesse caído. Churchill deixou clara sua oposição sobre qualquer apelo ao ditador italiano. "Ao p[rimeiro]-m[inistro] desagradava qualquer medida em relação a Musso", observou Chamberlain. "Não era crível que Hitler aceitasse quaisquer termos que nós pudéssemos aceitar, embora, se pudéssemos sair dessa encrenca entregando Malta e Gibraltar e algumas colônias africanas, ele agarraria a oportunidade. Mas a única maneira segura era convencer Hitler de que ele não poderia nos vencer. Nós poderíamos nos sair melhor sem os franceses do que com eles se eles nos amarrassem a uma conferência na qual devêssemos entrar com nosso caso previamente perdido." Halifax discordou, argumentando "que não haveria mal em testar Musso e ver no que dava. Se os termos fossem inviáveis, nós ainda poderíamos rejeitá-los". Chamberlain apoiou Halifax, mas teve a impressão de que Attlee, embora houvesse falado pouco, apoiava a posição do primeiro-ministro. Havia uma clara divisão no Gabinete de Guerra. As opiniões ainda não estavam consolidadas. Chamberlain, apesar de expressar seu apoio à proposta de Halifax, pendia para a visão de Churchill de que "seria melhor para nós continuar lutando na esperança de manter uma Aeronáutica forte o bastante para segurar os alemães até outras forças poderem ser mobilizadas [,] talvez nos Estados Unidos". E Churchill, fosse qual fosse sua preferência, não estava descartando nada àquela altura. Ele disse a Reynaud, quando o premiê francês se preparava para partir, que "tentaremos encontrar alguma fórmula para abordar Mussolini, mas precisamos de tempo para pensar".[89]

Depois de Reynaud partir, teve lugar o que foi descrito como uma "curta reunião informal de ministros do Gabinete de Guerra", sem a presença do ministro do Gabinete. A finalidade dessa reunião havia sido informar o quinto membro do Gabinete de Guerra, Arthur Greenwood, que não estivera presente na deliberação com Reynaud, o que havia acontecido.[90] Em seguida, o Gabinete de Guerra voltou a se reunir formalmente. Foi, observou Halifax, "uma reunião discursiva". O primeiro-ministro estava "muito nervoso, secretários ficavam entrando com mensagens, e o clima geral lembrava a Estação de Waterloo: muito difícil de trabalhar".[91] A discussão, conquanto nem sempre focada, ainda se centrava na questão de aproximar-se ou não de Mussolini. As diferenças eram articuladas, como acontecera na presença de Reynaud, principalmente por Churchill e Halifax. Churchill enfatizava que a Grã-Bretanha ainda tinha forças para resistir que os franceses não tinham. Ele salientou também que à França provavelmente seriam oferecidos termos decentes pela Alemanha, ao passo que "não haveria limites para os termos que a Alemanha nos imporia se pudesse". Estava ansioso para evitar "sermos forçados a uma posição de fraqueza em que procuramos o *Signor* Mussolini e o convidamos para procurar *Herr* Hitler e lhe pedir para nos tratar bem". Halifax atribuía, disse, "mais importância que o primeiro-ministro à conveniência de permitir que a França testasse as possibilidades de equilíbrio europeu" — um conceito um tanto otimista nas circunstâncias. O ministro do Exterior salientou que não deveria haver nenhuma sugestão de quaisquer termos que pudessem colocar em risco a independência britânica. Mas repetiu a sugestão de que Mussolini, alarmado com a perspectiva de uma hegemonia alemã na Europa, estaria pronto para se preocupar com o equilíbrio de poder. "De qualquer modo", disse, ele não conseguia ver "nenhum mal em testar essa linha de abordagem". Greenwood não viu nenhuma objeção ao curso proposto por Halifax, embora imaginasse que Mussolini tinha pouca margem para uma ação independente de

Hitler, e achava que rapidamente seriam colocadas exigências que afetariam a segurança britânica. Chamberlain também estava disposto a discutir as pretensões italianas com Mussolini, mas somente se o líder italiano estivesse "preparado para colaborar conosco para a obtenção de termos toleráveis", salientando, porém, a opinião de Reynaud de que seria exigida uma oferta específica, e não generalidades. Churchill não queria nenhuma decisão até se saber quanto do Exército poderia ser trazido da França para casa.[92]

A essa altura, Halifax leu o comunicado, acertado com os franceses, aos Estados Unidos para buscar a intercessão de Roosevelt, e também seu relato de sua entrevista no dia anterior com Bastianini. Embora o primeiro não despertasse controvérsias, Churchill uma vez mais expressou sua oposição a qualquer aproximação britânica direta de Mussolini. O que Halifax sugerira, declarou, "implicava que, se estivéssemos preparados para devolver à Alemanha suas colônias e fazer algumas concessões no Mediterrâneo, poderíamos nos livrar de nossas dificuldades presentes". No seu entendimento, essa opção não estava aberta, pois "os termos oferecidos certamente nos impediriam de completar nosso rearmamento". Halifax retorquiu que, se fosse assim, os termos seriam recusados. Churchill repetiu sua posição anterior de que era preciso mostrar a Hitler, aparentemente em posição de controle, que ele não conseguiria conquistar a Grã-Bretanha. Ao mesmo tempo, conforme as minutas, "ele não levantou nenhuma objeção a se fazer alguma abordagem do *Signor* Mussolini". Apesar da oposição a essa medida que ele havia manifestado em cada oportunidade até ali, Churchill ainda não estava fechando a porta à possibilidade de uma abertura para o líder italiano. Em última instância, seu comentário implicava que ele não se sentia suficientemente confiante, naquela conjuntura, para se impor a seus colegas, particularmente a Halifax, forçando a sua própria preferência.

Greenwood então marcou posição. Ele admitiu, como outros, que Mussolini pediria Malta, Gibraltar e Suez. (Chamberlain achava que ele também poderia querer a Somália, o Quênia ou Uganda.) Greenwood acrescentou sua certeza de que as negociações seriam rompidas, "mas *Herr* Hitler ficaria sabendo delas, e isso poderia ter um efeito ruim para o nosso prestígio". Halifax argumentou que essa era uma boa razão para não mencionar detalhes da aproximação, mas "se chegarmos a ponto de discutir os termos de um acordo geral e acharmos que poderíamos conseguir termos que não postulassem a destruição de nossa independência, nós seríamos tolos se não os aceitássemos". Greenwood assinalou que, quando as discussões fossem empreendidas, Paris provavelmente teria caído, e perguntou se havia alguma chance real, portanto, de que as negociações serviriam a algum propósito. Com isso, a reunião terminou de maneira inconclusiva, ficando suspensa até o dia seguinte. Archibald Sinclair, ministro da Aeronáutica e líder do Partido Liberal, que a despeito das diferenças políticas era amigo de Churchill desde que fora seu segundo em comando durante a Primeira Guerra Mundial e havia apoiado sua condenação ao Acordo de Munique, foi convidado a participar. Pediu-se a Halifax que circulasse para discussão o esboço de um possível comunicado à Itália junto com um relato de sua conversa com Bastianini na noite anterior.[93]

O esboço "Abordagem Sugerida do *Signor* Mussolini", preparado por Halifax e circulado em 26 de maio pelo Gabinete de Guerra, resumia a proposta sugerida por Reynaud naquele mesmo dia. Ele enfatizava as dificuldades para Mussolini caso os alemães estabelecessem a dominação européia; que a Grã-Bretanha e a França lutariam até o fim para preservar suas independências; que se Mussolini cooperasse "na garantia de um acordo de todas as questões européias que salvaguardem a independência e segurança dos Aliados", eles procurariam acomodar seus interesses; e que se ele secretamente especificasse seus desejos precisos "na solução de certas questões mediterrâneas", tentariam satisfazê-los.[94] Conquanto parecidas com as propostas de Reynaud, na prática elas coincidiam, tanto com a idéia de mediação italiana como até, em seu fraseado, com o que Halifax viera dizendo também ao embaixador italiano, *antes* da visita do primeiro-ministro francês. Em outras palavras, as propostas, especialmente a terceira, abrindo a perspectiva de um acordo geral europeu, eram, ao menos em parte, mais de Halifax que de Reynaud.[95]

A primeira de duas reuniões do Gabinete de Guerra no dia seguinte, 27 de maio, tratou com destaque da situação militar aterradora.[96] A Aeronáutica alemã havia iniciado o bombardeio das praias de Dunquerque. Na costa sul da Inglaterra, flotilhas improvisadas às pressas com pequenos navios, traineiras, rebocadores, pequenas lanchas — tudo que fosse operável — estavam sendo formadas e se lançando ao mar para fazer o pouco que pudessem para resgatar o Exército assediado.[97] Mas as chances de uma retirada em larga escala de tropas do porto pareciam remotas. As quatro divisões britânicas, isoladas perto de Lille, pareciam incapazes até de alcançar Dunquerque. Estava claro que a Bélgica estava à beira da rendição. Mais tarde, nesse mesmo dia, chegaram de fato as notícias de que o rei Leopoldo havia pedido a cessação das hostilidades.[98] O estado de ânimo em Whitehall era muito sombrio. "Vejo muito pouca luz em qualquer lado", rabiscou Cadogan depois da reunião do Gabinete. "Posição da FEB muito horrível, e não vejo nenhuma esperança para mais de uma minúscula fração deles."[99] O secretário particular de Churchill, John Colville, havia colhido algo dos tensos debates no Gabinete, talvez de alguma indiscrição do primeiro-ministro. Notando o sério temor, agora, de um colapso francês, ele acrescentou: "O Gabinete está considerando febrilmente a nossa capacidade de continuarmos sozinhos a guerra nessas circunstâncias, e há sinais de que Halifax está sendo derrotista. Ele diz que nosso objetivo já não pode ser esmagar a Alemanha, mas sim preservar nossa própria integridade e independência".[100]

A segunda reunião, no fim daquela tarde, concentrou-se na sugerida aproximação de Mussolini. De acordo com um registro no diário de Halifax, "houve uma discussão longa e confusa sobre, nominalmente, a aproximação da Itália, mas também, em grande parte, sobre a política geral no caso de as coisas ficarem realmente ruins na França".[101]

Halifax começou mencionando que o embaixador francês em Londres, M. Charles Corbin, fora procurá-lo naquela manhã, por instrução de Reynaud, para pressionar pela inclusão de um "detalhamento geográfico" na aproximação. Halifax havia salientado a oposição de seus colegas a qualquer coisa além de uma aproximação geral. O ministro do Exterior mencionou a opinião do embaixador britânico em Roma, sir Percy Loraine, de que "nada que possamos fazer teria qualquer valor, neste estágio, no que diz respeito ao *Signor* Mussolini". Chamberlain concordou em "que a aproximação proposta pelos franceses do *Signor* Mussolini não serviria a nenhum propósito", mas estava disposto a seguir em frente com ela para impedir que a França posteriormente alegasse que a Grã-Bretanha não se mostrara disposta nem sequer a permitir a chance de negociações com a Itália. O resumo cáustico de Churchill desse argumento foi "que nada viria da aproximação, mas que valia a pena fazê-la para adoçar as relações com um aliado capenga".

Sinclair também adotou a opinião de que uma aproximação da Itália seria fútil. Qualquer sinal de fraqueza seria um encorajamento para os alemães e os italianos, e solaparia o moral em casa e nos domínios. "A sugestão de que estamos prontos para trocar qualquer pedaço do território britânico", declarou Sinclair, "teria um efeito deplorável e dificultaria nossa situação na luta desesperada que nos aguarda." Ele achava que era melhor esperar pelo desfecho da tentativa de mediação de Roosevelt.

Attlee e Greenwood também se opuseram à abordagem anglo-francesa.

Attlee declarou que "a aproximação sugerida inevitavelmente levaria a pedirmos ao *Signor* Mussolini para interceder pela obtenção de termos de paz para nós". Seguir a sugestão francesa de detalhamento geográfico simplesmente levaria Mussolini a pedir mais; e, se a Grã-Bretanha recusasse, pareceria que ela estava deixando os Aliados na mão. Greenwood achava que a abordagem "nos iria colocar em maus lençóis", e se vazassem informações "de que nós havíamos apelado por termos ao custo de ceder território britânico, as conseqüências seriam terríveis". Ele concluiu que "seria caminhar rumo ao desastre avançar mais nessas abordagens".

A posição de Churchill era semelhante. Ele estava "cada vez mais incomodado", disse, "com a futilidade da aproximação sugerida com o *Signor* Mussolini, que certamente a receberia com desdém". A integridade da posição de combate britânica seria arruinada por semelhante aproximação. Nem mesmo evitar o detalhamento geográfico ajudaria; ficaria evidente que territórios estariam postos em questão. A melhor ajuda a Reynaud, argumentou Churchill, era "dar a entender que, aconteça o que acontecer à França, nós continuaremos lutando até o fim".

Churchill ficou mais veemente em sua firme oposição à proposta de Halifax:

> Neste momento, nosso prestígio na Europa está muito baixo. A única maneira de podermos recuperá-lo é mostrando ao mundo que a Alemanha não nos venceu. Se, após dois ou três meses, pudéssemos mostrar que ainda não fomos vencidos, nosso prestígio voltaria. Mesmo que fôssemos vencidos, não estaríamos em situação pior do que estaríamos se abandonássemos a luta agora. Portanto, vamos evitar ser arrastados pela ladeira escorregadia com a França. Essa manobra toda pretendia nos envolver tão profundamente em negociações que seríamos incapazes de mudar de rumo. Já percorremos um longo caminho em nossa aproximação com a Itália, mas não vamos permitir que M. Reynaud nos envolva numa situação confusa.

E tirou sua conclusão: "A aproximação proposta não só era fútil, mas nos envolvia num perigo mortal".

Chamberlain interveio de maneira conciliatória. Embora concordasse em que a aproximação não teria nenhum propósito útil, ele achava que "temos que ir um pouco mais longe com ela, para manter os franceses animados". Ele defendia ganhar tempo até se conhecer o resultado da abordagem de Roosevelt. Isso encontrou uma certa concordância. Mas Churchill não via nada além de continuar lutando como um exemplo. "Se o pior acontecer", afirmou, "não seria mal para este país continuar lutando pelos outros países que foram dominados pela tirania nazista."

Halifax ficara em silêncio até esse ponto. Mas ele reconheceu os sinais crescentes de seu isolamento no Gabinete de Guerra, e os tons estridentes de Churchill agora provocaram a sua intervenção. "Ele estava consciente", disse o ministro do Exterior, "de algumas diferenças muito profundas de pontos de vista." Halifax achava que valeria a pena o governo francês declarar que eles combateriam até o fim pela sua independência. Mais ainda, não conseguia ver nenhuma semelhança entre o que estava propondo e a sugestão "de que estamos implorando termos e seguindo uma linha que nos levaria ao desastre". Ele insinuou, corretamente, que Churchill havia mudado de idéia desde o dia anterior, quando havia indicado que ficaria grato de sair das dificuldades correntes com negociações, desde que elas não afetassem a independência do país, mesmo que isso significasse a cessão de algum território. Agora, disse Halifax, "o primeiro-ministro parecia sugerir que em nenhuma circunstância ele contemplaria qualquer plano que não fosse lutar até o fim". Ele concordou em que era improvável conseguir termos aceitáveis. Mas, se fosse possível alcançar um acordo que não prejudicasse os interesses fundamentais da Grã-Bretanha, ele não poderia aceitar a opinião de Churchill, e "consideraria correto aceitar uma oferta que salvaria o país de um desastre evitável".

Churchill desconsiderou. A questão provavelmente não surgiria. "Se *Herr* Hitler estivesse preparado para fazer a paz nos termos da restauração de colônias alemãs e do domínio da Europa central, isso era uma coisa", declarou Churchill, numa concessão discutível, chocante em si. "Mas era muito improvável", prosseguiu, "que ele fizesse semelhante oferta." Não dissuadido, Halifax ofereceu um cenário hipotético. O primeiro-ministro estaria preparado para discutir termos que Hitler, "ansioso para terminar a guerra pelo conhecimento de suas próprias fraquezas internas", pudesse oferecer à França e à Inglaterra? O velho e inoportuno otimismo sobre os presumidos problemas internos de Hitler — considerados como uma séria e iminente crise econômica — [102] se intrometeu novamente na questão. Churchill replicou que ele não se juntaria à França num pedido de acordo; mas o consideraria se lhe dissessem quais eram os termos. Chamberlain mais uma vez abrandou a discussão esquentada entre ministro do Exterior e primeiro-ministro. A disputa se encerrou com o acordo de que a resposta de Churchill a Reynaud devia seguir as linhas que Chamberlain sugerira anteriormente — não uma recusa completa, mas nenhum compromisso tampouco, na espera do desfecho da abordagem de Roosevelt.[103]

A discussão fora mais acalorada do que as minutas oficiais sugeriram. Halifax observou em seu diário que "achava que Churchill dissera a mais assustadora bobagem, também Greenwood, e depois de agüentar isso por algum tempo", ele prosseguiu, "eu disse exatamente o que achava deles, acrescentando que se essa era realmente a sua visão e se aquilo chegara a esse ponto, nossos caminhos se separariam". Partindo de Halifax, pessoa invariavelmente calma e contida, essas palavras, implicando que ele havia ameaçado renunciar, foram realmente fortes. Ele repetiu a ameaça em caráter privado a Churchill depois da reunião, mas o primeiro-ministro havia "amansado", como expressou Halifax, e "era só desculpas e afeição". Fora um choque de personalidades, além de um desacordo geral. O temperamento emocional de Churchill era a antítese da fria racionalidade instintiva de Halifax. Halifax certa vez disse: "Fico desesperado quando ele envereda para uma paixão emocional quando devia botar seu cérebro para pensar e raciocinar".[104] Halifax concordou com Churchill, e com os outros membros do Gabinete de Guerra, em que uma abordagem de Mussolini quase certamente se mostraria infrutífera. Mas ele ainda não estava preparado para descartar a tentativa. E o que ele não conseguia suportar era a aparente insistência de Churchill de que seria melhor continuar lutando, mesmo que a Grã-Bretanha fosse devastada no processo, do que contemplar qualquer possível acordo negociado que pudesse salvar o país do desastre.[105]

Às dez horas daquela noite, o Gabinete de Guerra foi convocado para sua terceira reunião daquele dia. Churchill lhe apresentou a notícia desalentadora de que a Bélgica estava à beira da capitulação. As conseqüências, não só para as chances de uma resistência militar francesa prolongada, mas também para as perspectivas de evacuar a Força Expedicionária Britânica, eram graves ao extremo. "É claro, não esperávamos que os belgas fossem agüentar indefinidamente", anotou Chamberlain em seu diário, "mas esse súbito colapso abre nosso flanco e torna improvável a saída de um número significativo da FEB. Confesso que não tinha muitas esperanças de desenredá-los, mas havia uma chance, que agora quase desapareceu."[106]

Enquanto isso, ficara claro que a tentativa de Roosevelt de interceder junto a Mussolini havia sido peremptoriamente repudiada. Mussolini, aliás, se recusara até mesmo a receber o embaixador americano em Roma, que procurava apresentar ao presidente uma mensagem verbal. Tampouco havia nenhuma resposta a caminho. O desprezo com que a aproximação era recebida não poderia ter sido mais bem expresso. A mensagem de Roosevelt foi transmitida a Mussolini pelo ministro do Exterior italiano, conde Galeazzo Ciano, que disse diretamente ao embaixador que ela seria rejeitada.[107] "Roosevelt está desorientado", disse Ciano. "É preciso mais que isso para dissuadir Mussolini. Aliás, não é que ele queira obter isso ou aquilo; o que ele quer é a guerra, e, mesmo que pudesse obter por meios pacíficos o dobro do que pretende, ele recusaria."[108]

Quando o Gabinete de Guerra retomou suas deliberações sobre uma possível aproximação de Mussolini na tarde do dia seguinte, 28 de maio, portanto, os ministros britânicos sabiam que Roosevelt se recusara a interceder e foram confrontados com a notícia sombria da capitulação da Bélgica, que havia acontecido nas primeiras horas do dia. Isso deixara perigosamente expostas as tropas britânicas que se retiravam de Dunquerque, como Chamberlain havia reconhecido. Agora, havia uma luta desesperada para conter os alemães e permitir a retirada. "As perspectivas da FEB parecem mais negras do que nunca", anotou Cadogan. "Dias terríveis!"[109] Durante todo aquele dia, como Churchill recordou posteriormente, "a retirada do Exército britânico era incerta". Para muitos soldados franceses que também tentavam alcançar Dunquerque, era tarde demais. Isolados e cercados a oeste de Lille, eles foram forçados a se render.[110]

Os membros do Gabinete de Guerra agora precisavam considerar um pedido de Paris de uma nova aproximação anglo-francesa de Mussolini. Por sugestão de Daladier, o Conselho de Ministros francês, reagindo com um certo pânico numa sessão realizada tarde da noite à notícia da rendição belga, havia concordado em fazer propostas concretas e unilaterais a Roma na tentativa desesperada de manter a Itália fora da guerra. O governo francês depois pensou melhor numa proposta unilateral e adiou a aproximação até Londres ser consultada.[111] Era essa a proposta que agora se colocava para o Gabinete de Guerra britânico, provocando o que Chamberlain descreveu como uma "discussão bastante áspera".[112]

As alternativas expostas vivamente por Churchill e Halifax no dia anterior permaneciam no ar.[113] Halifax havia tomado conhecimento, relatou, que não fizera progresso em sua reunião com Bastianini três dias antes, "e que a posição era desesperadora". Entretanto, sir Robert Vansittart, cuja iniciativa levara àquela reunião, havia descoberto posteriormente que a embaixada italiana tivera em mente "uma clara indicação de que nós gostaríamos de ver uma mediação da

Itália". Churchill imediatamente retorquiu que "os franceses estavam tentando nos empurrar ladeira abaixo", ao fazer Mussolini agir como intermediário entre a Grã-Bretanha e Hitler, e que "ele estava determinado a não entrar nessa cilada". A situação seria completamente diferente, acrescentou, se a Alemanha tivesse feito uma tentativa mal-sucedida de invadir a Grã-Bretanha.

Chamberlain estava se aproximando de Churchill, mas, diferentemente do primeiro-ministro, via a continuação da guerra não como um caminho para a vitória final, mas como a base para obter um melhor acordo de paz.[114] Posteriormente, considerando a proposta francesa como "derrisória em si e inoportuna",[115] ele assinalou a seus colegas de Gabinete que qualquer concessão feita à Itália, como Malta e Gibraltar, só poderia fazer parte de um acordo geral com a Alemanha. Concessões à Itália que deixassem a Alemanha na guerra não teriam nenhum valor para a Grã-Bretanha. Greenwood e Sinclair compartilhavam do ceticismo de Chamberlain sobre termos aceitáveis vindos de qualquer mediação de Mussolini. Halifax não discordou e, na verdade, anotou em diário a futilidade de qualquer nova aproximação do ditador italiano.[116] Mas, ainda que a "hipótese fosse das mais improváveis", ele repetiu ao Gabinete de Guerra sua sugestão do dia anterior de que se Mussolini "desejasse jogar o papel de mediador, e que pudesse apresentar termos que não afetariam nossa independência, ele achava que nós devíamos estar preparados para considerar esses termos". Ele prosseguiu para sugerir que a Grã-Bretanha "poderia conseguir termos melhores antes que a França saísse da guerra e nossas fábricas de aviões estivessem bombardeadas, então nós poderíamos ganhar três meses".

Nessa conjuntura, Churchill leu um esboço de resposta a Reynaud, expressando "suas próprias visões".[117] Para ele, estava claro que Reynaud queria usar a mediação de Mussolini "para nos levar à mesa de conferência com *Herr* Hitler". Mas, se a Grã-Bretanha iniciasse as negociações, "nós deveríamos então descobrir que os termos a nós oferecidos ameaçariam nossa independência e integridade. Quando, a essa altura, nós nos levantássemos da mesa de conferência, iríamos descobrir que todas as forças de resolução que estavam então ao nosso dispor teriam desaparecido". Chamberlain, cada vez mais afinado com o primeiro-ministro, falou em consonância com o esboço de Churchill, embora sugerisse algumas emendas na formulação para torná-la mais aceitável pelos franceses. A força principal de sua sugestão estava, contudo, dentro das linhas que Churchill havia proposto: que a Grã-Bretanha sentia que poderia se agüentar e, sendo assim, obteria termos melhores do que se fosse obrigada a negociar com Mussolini numa posição fraca.

Com a maré do Gabinete de Guerra correndo agora fortemente a seu favor, Churchill retornou enfaticamente à essência de seu argumento: "O *Signor* Mussolini", disse ele, "se entrasse como mediador, se aproveitaria de nós. É impossível imaginar que *Herr* Hitler seria tolo o bastante para nos permitir continuar com nosso rearmamento. Aliás, seus termos nos colocariam inteiramente à sua mercê. Não conseguiremos termos piores se continuarmos lutando, mesmo que sejamos vencidos, do que os que nos estão abertos agora".

Era um ponto forte. Halifax interveio, sem muito vigor, para dizer "que ainda não percebia o que havia na sugestão francesa de tentar a possibilidade de mediação que o primeiro-ministro considerava tão errado". Chamberlain, por sua parte, não via o que se poderia perder em afirmar abertamente que a Grã-Bretanha lutaria até o fim para preservar sua independência, mas "estaria pronta a considerar termos decentes se eles nos fossem oferecidos". Ele salientou, contudo, "que a alternativa de lutar envolvia um risco considerável". Churchill declarou, com mais sentimento que razão, "que as nações que caíram lutando se levantaram de novo, mas as que se renderam docilmente estavam acabadas" e disse que "as chances de termos decentes nos serem oferecidos no atual momento são de mil para um". Chamberlain concordou, de novo cauteloso e um tanto ambíguo, com a afirmação básica de Halifax sobre entrar em acordo, mas acrescentou que uma possibilidade de termos decentes era tão improvável que a Grã-Bretanha não devia concordar com a sugestão de Reynaud de uma aproximação com Mussolini. Ele estava ansioso, porém, em não rejeitar completamente a proposta francesa, pois não queria que a França desistisse por completo da luta, e achava que uma possibilidade de as circunstâncias mudarem, mesmo num curto prazo, podia alterar a posição britânica. Depois de mais de duas horas de discussão, a reunião foi suspensa, às 18h15, por três quartos de hora.

Foi um intervalo importante. Churchill aproveitou a oportunidade para conversar com os ministros que não eram membros do Gabinete de Guerra. Ele se referiu à reunião em suas memórias. Ele havia se encontrado poucas vezes com seus colegas de fora do Gabinete de Guerra desde a formação de seu governo, e agora considerou apropriado fazer-lhes um relato dos acontecimentos e da situação do conflito. Não está claro se, além disso, ele havia arranjado a reunião para vencer a oposição no Gabinete de Guerra e ganhar um apoio mais amplo para a posição inflexível que havia adotado sobre a questão de uma aproximação com Mussolini. Mas foi isso, nas circunstâncias, que ele conseguiu. Depois das discussões difíceis no Gabinete de Guerra, ele estava agora preparado para dizer, sem peias e com plenos floreios retóricos, suas próprias convicções, e diante de uma audiência, ao menos em parte, já predisposta a aceitá-las.[118]

Aproximadamente 25 ministros de diversas inclinações políticas, de maneira nenhuma adeptos fervorosos e de longa data do primeiro-ministro, aglomeraram-se em volta da mesa da sala de Churchill na Câmara dos Comuns. Embora lhes faltassem informações detalhadas, todos estavam conscientes da gravidade da crise que se desenrolava do outro lado do canal. Eles pressentiam o que estava em jogo. A tensão era visível. Churchill não perdeu a oportunidade para explorar a temperatura aquecida. Um dos presentes, o ministro de Economia de Guerra e figura de proa do Partido Trabalhista, Hugh Dalton, julgou que Churchill foi "magnífico" na reunião: "o homem, o único homem que temos para esta hora". Foi um discurso esplêndido, para levantar o moral, apesar de Churchill ter calculado trazer de volta em torno de 50 mil soldados de Dunquerque e achar que salvar 100 mil seria "uma performance magnífica". Dalton recordou um ponto-chave defendido por Churchill, ponto que ele defenderia no Gabinete de Guerra. "Era inútil pensar que, se tentássemos fazer a paz agora, obteríamos termos melhores da Alemanha do que se continuássemos combatendo. Os alemães exigiriam nossa frota — isso seria chamado de 'desarmamento' —, bases navais e muito mais. Nós nos tornaríamos um Estado escravo, apesar da criação de um governo britânico fantoche de Hitler — 'dirigido por Mosley ou alguma pessoa assim'."[119]

Perto do fim de seu pronunciamento, Churchill declarou: "Claro, aconteça o que acontecer em Dunquerque, devemos continuar lutando". Ele sabia quanto eram ainda sombrias as notícias de Dunquerque. No fim desse dia, 28 de maio, apenas 17 mil soldados haviam sido resgatados. (Somente nos dias seguintes os números cresceram para mais de 50 mil por dia.) Mas sua resistência encontrou eco em sua atenta platéia. Ele ficou surpreso com a reação dos parlamentares experientes de diferentes áreas políticas.

> Um grande número pareceu saltar sobre a mesa e correr para mim, gritando e dando-me tapinhas nas costas. Não resta dúvida de que, se naquela conjuntura eu tivesse vacilado na condução da nação, seria derrubado do cargo. Eu tinha a certeza de que

cada ministro preferia morrer, e ter toda sua família e suas posses destruídas, a desistir. Nisso eles representavam a Câmara dos Comuns e quase todo o povo.[120]

Em menos de uma hora, ele estava relatando a reação ao Gabinete de Guerra. Seus colegas, disse ele, "haviam manifestado absoluta satisfação quando ele lhes contou que não havia a menor chance de desistirmos da luta". Ele não se recordava, disse, "de jamais ter ouvido falar de uma reunião em que pessoas ocupantes de altos postos na vida política se expressaram tão enfaticamente". Enquanto Halifax e Chamberlain preparavam o novo esboço de resposta a Reynaud, Churchill estivera angariando apoio para sua posição. Agora, ele havia conquistado o dia. Não houve mais nenhuma oposição de Halifax. Churchill se declarou satisfeito com o esboço de resposta a Reynaud lido por Chamberlain. Mas, quando Halifax colocou a questão de um apelo ao presidente Roosevelt, que Reynaud também desejava que os Aliados fizessem, Churchill foi firme. Ele achava que um apelo aos Estados Unidos naquele momento seria "totalmente prematuro". Mais uma vez, ele seguiu seu instinto. "Uma postura ousada contra a Alemanha" atrairia a admiração e o respeito dos Estados Unidos; "mas um apelo subserviente, se fosse feito agora, teria o pior efeito possível".[121]

Mais tarde naquela noite, Reynaud soube da resposta. A formulação fora rascunhada novamente por Chamberlain e Halifax e aceita por todo o Gabinete de Guerra.[122] Seu espírito era, contudo, o do próprio Churchill. Como Chamberlain havia defendido, a réplica não excluía a possibilidade de uma aproximação com Mussolini "em algum momento", embora não o fizesse explicitamente naquela situação.[123] Ela só via possibilidade de melhoria com a continuação da luta, que "ao mesmo tempo fortaleceria nosso lado nas negociações e atrairia admiração e, talvez, a ajuda material dos Estados Unidos". "Se a Grã-Bretanha e a França continuarem se sustentando", concluía, "ainda poderemos nos salvar do destino da Dinamarca e da Polônia."[124]

De fato, apesar da rejeição britânica a uma abordagem de Mussolini, o governo francês decidiu fazer sua própria oferta unilateral, que foi tratada com absoluto desdém em Roma.[125] Mussolini estava decidido à guerra e não a uma negociação pacífica. A França estava à beira da derrota nas mãos da Alemanha. Mussolini desejava o caminho mais fácil e mais barato para sua parte na glória e nos despojos. Assim, ele declarou guerra à França em 10 de junho (uma decisão que será analisada no capítulo 4). O embaixador francês em Roma, M. François-Poncet, descreveu corretamente o fato ao receber a notícia do ministro do Exterior italiano, conde Ciano, como "uma facada num homem que já está caído".[126] Uma semana depois, a França capitulava.

O governo britânico havia reconhecido, desde meados de maio, a perspectiva de ter de continuar combatendo diante de uma derrota francesa, na esperança de resistir até que os Estados Unidos pudessem se decidir pela ajuda (do que não havia nenhuma garantia). Mas o que ele não esperava era "o milagre de Dunquerque". A perda de quase toda a Força Expedicionária Britânica fora considerada minuciosamente no fim de maio. Foi com esse pressuposto que a decisão política crucial, cuja preparação acompanhamos, foi tomada. Somente depois que essa decisão foi tomada ficou paulatinamente claro, ao longo dos dias seguintes, que a frota de pequenos barcos — centenas deles — que havia cruzado o canal da Mancha de um lado para o outro havia conseguido realizar, para além das esperanças de todos, o que parecia uma missão impossível. Não obstante sua exposição durante dias a um bombardeio incansável, praticamente todo o Exército britânico (e muitos soldados Aliados) que havia servido no Norte da França fora resgatado das praias e do porto de Dunquerque — em 4 de junho, 224 301 soldados britânicos e 111 172 franceses e belgas.[127] Nesse dia, Churchill pôde falar na Câmara dos Comuns do "milagre do resgate" de Dunquerque num discurso eletrizante, atingindo o clímax retórico na sua famosa e altissonante declaração: "Nós lutaremos nas praias, nós lutaremos nos campos de pouso, nós lutaremos nos campos e nas ruas, nós lutaremos nas montanhas; nós não nos renderemos jamais...".[128] O calor e o entusiasmo com que foi recebido, depois de uma calamidade militar colossal que o "resgate de Dunquerque" conseguira transformar numa espécie de triunfo, significaram um momento importante para o crescimento da estatura pública de Churchill e da consideração de suas qualidades como as de um líder indomável em tempo de guerra.

O Churchill que saiu da crise de Dunquerque agora se destacava de seus colegas do Gabinete de Guerra. Em 6 de junho, ele poderia lhes dizer com autoridade inconteste que "em nenhuma circunstância o governo britânico participaria de qualquer negociação de armistício ou paz".[129] Não fora assim durante a crise política para determinar a estratégia de guerra da Grã-Bretanha durante os dias em que o destino do Exército assediado em Dunquerque parecia estar na mais terrível condição.

V

Em certo sentido, o resultado das deliberações, vitais, intensas e ocasionalmente acaloradas, daqueles dias entre 25 e 28 de maio não alteraria nada. A Grã-Bretanha já estava em guerra com a Alemanha de Hitler e agora simplesmente continuava na luta. Foi uma escolha, porém: aliás, a escolha mais crucial de rejeitar uma alternativa, a de um caminho para negociações com Hitler que teriam tirado a Grã-Bretanha da guerra com conseqüências incalculáveis e profundas.

Com certeza, nem mesmo lorde Halifax, o principal porta-voz a querer explorar as possibilidades de uma mediação italiana para um acordo de paz, contemplava uma capitulação da Grã-Bretanha, ou um acordo sobre termos que poderiam ter sido desastrosos para a independência do país. Halifax era tão inflexível quanto Churchill, apesar das diferenças, quanto à preservação da liberdade da Grã-Bretanha. Esse objetivo era compartilhado por todos os membros do Gabinete de Guerra. Era na maneira de atingir esse fim que o primeiro-ministro e o ministro do Exterior discordavam.

Tampouco foi uma questão de desafio patriótico e de prevalecer o "espírito de buldogue" churchilliano sobre fraqueza e derrotismo. Halifax não era menos patriótico. E estava preparado para seguir lutando, se esse fosse o único caminho. Mas a sua posição argumentada era que continuar lutando, com os sacrifícios inquestionavelmente altos que isso causaria, não era necessariamente a única alternativa de ação disponível à Grã-Bretanha. Ele ficava, portanto, impaciente com a conversa de Churchill sobre continuar lutando quando as alternativas não haviam sido analisadas. Apesar de tudo o que Churchill falou com paixão e emoção, porém, e de uma maneira que irritava o mais friamente racional Halifax, sua posição estava claramente fundada em razão e lógica. Os outros membros do Gabinete de Guerra, mais especialmente Chamberlain, foram enfim trazidos para a posição do primeiro-ministro e não para a de Halifax porque Churchill teve os melhores argumentos.[130]

Halifax queria testar as águas, ver se uma mediação italiana poderia aplainar o caminho para um acordo geral. Ele o considerava improvável, mas não queria deixar de testar a possibilidade. Qualquer tentativa, na verdade, teria sido uma clara superestimação da influência de Mussolini sobre Hitler. Essa influência havia enfraquecido muito desde que sua intervenção abrira o caminho para o Acordo de

Munique de 1938. O próprio Churchill aparentemente não teria se oposto, como indicou durante as sessões do Gabinete de Guerra, a uma tentativa de comprar a saída da Itália ao preço de algumas possessões britânicas no Mediterrâneo, ou mesmo, assim ele disse a certa altura, de se acomodar a uma supremacia alemã na Europa central e oriental se isso tirasse a Grã-Bretanha "da confusão".[131] Mas, em especial, quando a interferência de Roosevelt a favor dos Aliados havia sido desdenhosamente recusada, ele achou que qualquer aproximação com Mussolini seria inútil. Pior que isso, deixaria a Grã-Bretanha em "maus lençóis". Quando a crise passou a ser a figura-chave na discordância entre o primeiro-ministro e o ministro do Exterior,[132] Chamberlain aceitou isso, como fizeram também Attlee e Greenwood. Tão logo uma abertura para negociações — significando não só com Mussolini, mas também com Hitler — tivesse sido feita, ela traria conseqüências para a posição internacional da Grã-Bretanha, e para o moral em casa. A posição de Hitler, em razão das poderosas investidas que seu Exército fizera na França, era extremamente forte. Ele faria exigências que, com quase toda certeza, se estenderiam além da devolução de antigas colônias alemãs e teriam deixado a Grã-Bretanha seriamente enfraquecida, e ameaçado sua independência e poder.

A visão de Halifax era de que, nessa eventualidade, a Grã-Bretanha poderia se retirar das negociações. Churchill, respaldado cada vez mais pelos outros membros do Gabinete de Guerra, apontou para os danos irreparáveis que já teriam sido feitos, até mesmo pela disposição de contemplar as concessões inevitáveis que uma entrada em negociações significava. Seria quase impossível ressuscitar o moral de luta entre a população quando ela houvesse percebido que o governo estava pronto para aceitar condições. E as concessões, como Churchill assinalou, não se limitariam meramente a alguns pedaços de território, apesar de que a simples satisfação das pretensões de Mussolini teria enfraquecido severamente a posição da Grã-Bretanha no Mediterrâneo e no Oriente Médio. Um governo títere seria estabelecido no país. O efetivo desarmamento da Grã-Bretanha também seria indubitavelmente uma condição. A Marinha provavelmente teria de ser entregue ou colocada sob tutela alemã.[133] Não haveria nenhuma possibilidade de reconstruir defesas aéreas e terrestres. A Grã-Bretanha estaria, conseqüentemente, à mercê da Alemanha, mesmo conservando sua independência nominal; subordinada sem lutar. Mesmo que a Marinha fosse levada secretamente para o Canadá, e a família real e o governo para o exílio, a probabilidade de os Estados Unidos saírem em ajuda da Grã-Bretanha ficaria muito reduzida, e teria sido removido o foco da resistência do Império a Hitler. Churchill pôde argumentar de maneira persuasiva, portanto, que nenhum dos termos que Hitler poderia oferecer à Grã-Bretanha seria aceitável. Eles não seriam piores se a Grã-Bretanha tivesse lutado e perdido do que se ela não tivesse absolutamente lutado. Daí ele pôde chegar à conclusão de que lutar com bravura e ser derrotado traria poucas desvantagens, se alguma, e a clara vantagem de dar encorajamento moral à Grã-Bretanha no mundo, no Império e nos domínios, e nos Estados Unidos, para continuar a luta.

Finalmente, esses argumentos foram considerados convincentes pelos outros membros do Gabinete de Guerra, exceto por Halifax. E mesmo Halifax contribuiu na formulação do telegrama enviado na noite de 28 de maio a Reynaud, que afirmava a posição que Churchill estabelecera, embora o fraseado final fosse estabelecido principalmente por Chamberlain, com a ajuda do próprio ministro do Exterior.

Foram necessários três dias, da reunião de Halifax no fim da tarde do dia 25 ao acordo alcançado sobre o telegrama a Reynaud na noite do dia 28, para chegar à decisão. Foi um acordo *coletivo*, com Halifax curvando-se enfim aos desejos dos outros membros do Gabinete de Guerra e, com isso, indicando seu próprio compromisso com a decisão (um ponto não sem importância para demonstrar a unidade do governo ao Parlamento e ao país). Ele fora alcançado com uma discussão racional entre cinco ministros (ocasionalmente com um sexto, Sinclair, participando das deliberações). Sobre esses, Churchill teve a primazia, embora não o domínio completo. Ele venceu a disputa pela razão, não pelo poder ou pela intimidação. A consideração militar de uma esperança racional, oferecida pelos comandantes de Estado-Maior, também contribuiu para o crescente espírito de resistência. Churchill teve o apoio instintivo de Attlee e Greenwood. Mas o membro do Gabinete de Guerra cujo apoio foi mais valioso foi Chamberlain, que, como sempre, dissecou todos os pontos do argumento com precisão, antes de sua ambigüidade inicial ceder lugar a um firme apoio à posição do primeiro-ministro. A essa altura, Halifax tinha poucas opções (além de uma renúncia que teria sido tão perniciosa quanto inútil, e não passou de um pensamento fugaz) senão se submeter à posição adotada por seus colegas.

O espantoso no modo como a decisão foi tomada foi a pequena quantidade de indivíduos envolvidos, e o quão limitado, numa democracia parlamentar, era o número dos que tinham alguma influência no que estava em jogo. Somente o pequeno círculo do Gabinete de Guerra sabia. Além desses poucos ministros, quase nada filtrava para fora. Os membros do Gabinete mais amplo continuaram, em grande parte, no escuro. Somente o escalão mais alto dentro do Gabinete e do Ministério do Exterior tinha ciência do que estava acontecendo. O público em geral, é claro, não tinha a menor noção da decisão importantíssima com que deparava o Gabinete de Guerra, e, de fato, só gradualmente apreendeu a enormidade do que estava acontecendo tão perto de casa, do outro lado do canal da Mancha, uma situação dificilmente imaginável na sociedade de hoje, com cobertura pela televisão quase instantânea de guerras em curso a milhares de quilômetros de distância.

A história também lançou um véu sobre o que aconteceu. Nem Churchill nem Halifax esclareceram os leitores de suas memórias do pós-guerra sobre a proposta efêmera de usar a mediação italiana para entrar em acordo com Hitler. Churchill, aliás, incluiu, num rascunho de suas memórias de guerra, uma referência à disposição de Halifax de aplacar um "inimigo perigoso", mencionando sua reunião com Bastianini, mas se curvou à recomendação de que devia ser discreto, e a omitiu da versão publicada.[134] Somente quando os registros públicos foram liberados, trinta anos depois dos fatos, ficou plenamente visível como foram vitais as deliberações daqueles dias de maio de 1940 para o futuro da Grã-Bretanha.[135]

O que teria acontecido se a estratégia alternativa de Halifax tivesse sido adotada permanece, naturalmente, no reino da especulação e da conjectura. Já vimos algo do que Churchill e os outros membros do Gabinete de Guerra pensavam que isso implicaria, porém, e sabemos o suficiente dos planos alemães (a serem tratados no próximo capítulo) para ter uma idéia do que esperava a Grã-Bretanha se ela houvesse pleiteado a paz.[136]

Um primeiro pré-requisito alemão de qualquer negociação teria sido, seguramente, uma mudança do governo em Londres. Churchill havia muito tempo era visto como o arquiexpoente de uma facção belicista antialemã (que o distorcido pensamento nazista associava à influência judaica), e seus seguidores seriam obrigados a deixar seus cargos. A Alemanha teria insistido em um governo mais afinado com os interesses do Reich e mais preparado para fazer concessões significativas no interesse da paz européia do que se poderia esperar sob a liderança de Churchill. O próprio Churchill imaginou, como vimos, que os alemães teriam insistido num governo títere liderado por Oswald Mosley, o líder fascista britânico.[137] Mais provavelmente teria havido uma tentativa de instalar como chefe de uma nova administração, dependente do apoio de Berlim, David Lloyd George, primeiro-ministro da Grã-Bretanha durante a Primeira Guerra Mundial, admirado por Hitler e um grande admirador, por sua vez, do ditador alemão quando se encontrara com ele em Berchtesgaden em 1936.

Churchill havia, de fato, desejado Lloyd George em seu Gabinete e o havia convidado em 13 de maio para ser ministro da Agricultura. Lloyd George declinou, impelido pela sua não-disposição de servir com Chamberlain. A essa altura, ele estava perto dos oitenta anos. Ele achava que a Grã-Bretanha não poderia vencer a guerra e teria de tentar o acordo negociado em algum momento.[138] Mas ele ainda tinha uma grande estatura e continuava influente tanto na Grã-Bretanha como no exterior. Com a situação parecendo tão complicada perto do fim de maio, Churchill falou com Chamberlain sobre a inclusão de Lloyd George no governo. Chamberlain replicou francamente. Não confiava em Lloyd George e não poderia trabalhar com ele. Churchill, disse ele, teria de escolher entre os dois. O primeiro-ministro imediatamente recuou, seguro de que queria a permanência de Chamberlain. Eles estavam servindo juntos e "sairiam juntos", observou Churchill um tanto elipticamente. Ele próprio não conhecia as intenções de Lloyd George, declarou, ou se ele se mostraria um derrotista.[139] Isso não o impediu de abordar Lloyd George em algumas ocasiões posteriores, embora todas as tentativas de trazê-lo para o Gabinete tenham desmoronado na inimizade mútua e ácida entre ele e Chamberlain.

Lloyd George não era um completo derrotista. No verão de 1940, assumiu a posição de que negociações de paz não deveriam ser empreendidas imediatamente, mas só quando a Grã-Bretanha houvesse evitado o massacre alemão e pudesse, portanto, barganhar de uma posição melhor. Entretanto, Churchill e Chamberlain estavam certos em não confiar nele. No outono de 1940, Lloyd George se via como um primeiro-ministro pacificador, depois que a sobrevivência da Grã-Bretanha estava assegurada, mas reconhecera que uma vitória completa sobre a Alemanha era impossível. Ele "esperaria até Winston fracassar", disse ele a seu secretário em outubro de 1940.[140] Antes disso, em junho e julho, quando histórias de propositores da paz se tornaram ocorrências praticamente diárias, chegaram rumores em Berlim de que Lloyd George em breve substituiria Churchill como primeiro-ministro.[141] Ele provavelmente seria aceitável para Hitler como o britânico equivalente ao marechal Philippe Pétain como o chefe de um governo no estilo de Vichy, concebível sob um rei Eduardo VIII restaurado.[142]

Descendo "ladeira abaixo", como Churchill o havia formulado, um governo desses teria sido compelido de sua posição de fraqueza a ceder territórios e armamentos à Alemanha. Embora Hitler tenha afirmado, mais tarde, em numerosas ocasiões, que queria preservar o Império Britânico, é impensável que isso significasse preservá-lo numa posição de algum poder independente. Como se verá no próximo capítulo, certamente teria havido uma pesada pressão de várias partes de seu regime, em especial da Marinha alemã, para conseguir sérios ganhos territoriais à custa da Grã-Bretanha, além de encerrar, de uma vez por todas, com qualquer ameaça militar da Marinha Real.

É evidente que um governo britânico no exílio provavelmente continuaria a luta de alguma parte dos domínios. Poderia também ser possível tirar a frota para portos de segurança amigos no exterior. Mas é difícil ver como a Grã-Bretanha poderia surgir de qualquer acordo de paz com o qual houvesse se comprometido no fim da primavera ou verão de 1940 em algo que não fosse uma posição perigosamente debilitada.

Com uma Grã-Bretanha apoiando a Alemanha, ou pelo menos benevolamente neutra para com o Reich, a propensão de Roosevelt a fornecer apoio material e militar teria parado. Nas circunstâncias, o argumento para apoiar a Grã-Bretanha não era fácil de articular para uma opinião pública ainda extremamente cautelosa sobre o intervencionismo de além-mar, ainda que não fosse totalmente isolacionista. E com a Europa ocidental garantida e qualquer ameaça aos Estados Unidos distante, Hitler teria conseguido desviar toda sua atenção para travar a guerra por "espaço vital" contra a União Soviética, mas agora com respaldo britânico.

A decisão tomada no fim de maio de 1940 de não buscar termos de paz teve, então, as mais profundas implicações, e não apenas para a Grã-Bretanha. Um acordo negociado em benefício da Alemanha com uma Grã-Bretanha seriamente enfraquecida, seguido ou acompanhado de uma derrota militar esmagadora da França, deixaria Hitler vitorioso em toda a Europa ocidental. A decisão britânica de continuar lutando significou que Hitler foi incapaz de terminar a guerra no Ocidente. Isso, de imediato, ampliou enormemente a aposta que ele fizera. Ele teria agora que contemplar um ataque à União Soviética, o arquiinimigo ideológico, na guerra que ele sempre pretendera travar por "espaço vital" e para destruir o "bolchevismo judaico", com a guerra no Ocidente inacabada. E por trás da Grã-Bretanha estava o poderio dos Estados Unidos, com a probabilidade de que a ajuda americana para o esforço de guerra britânico estivesse cada vez mais iminente. Na visão de Hitler, o tempo não jogava a favor da Alemanha. A Alemanha precisava tirar a Grã-Bretanha da guerra antes de os americanos estarem prontos e dispostos a entrar nela. Se isso ocorresse antes de a Alemanha ter um completo domínio da Europa e todos os recursos materiais do continente ao seu dispor, as chances de vitória final estariam seriamente reduzidas e, talvez, a prazo, totalmente perdidas. A decisão britânica de permanecer na guerra, portanto, impôs um novo sentido de urgência a Hitler. Como o governo britânico não entraria em acordo, ele só via duas opções: impor uma derrota militar à Grã-Bretanha ou forçá-la a reconhecer a supremacia alemã no continente derrotando a União Soviética numa campanha rápida, com o efeito final de manter os americanos fora da guerra.

Hitler não teve conhecimento das deliberações cruciais do Gabinete de Guerra britânico na última semana de maio. Somente depois da rápida rejeição final do governo britânico, de seu morno e final "oferecimento de paz" em seu discurso no Reichstag de 19 de julho, depois de seu triunfo sobre os franceses, ficou claro que a Grã-Bretanha estava categoricamente decidida a rejeitar qualquer possibilidade de um fim negociado para a guerra. A essa altura, com o Exército britânico trazido a salvo de Dunquerque, passos estavam sendo dados em Londres e Washington para arquitetar a vital ajuda americana. Hitler teve que enfrentar sua própria decisão crítica. Ela não demoraria a chegar.

2. Berlim, verão-outono de 1940

Hitler decide atacar a União Soviética

O Führer está extremamente intrigado com a persistente falta de disposição da Grã-Bretanha de travar a paz. Ele vê a resposta (como nós) nas esperanças da Grã-Bretanha na Rússia, e, portanto, espera compeli-la pela força a aceitar a paz.

Franz Halder, chefe do Estado-Maior do Exército, anotação de diário para 13 de julho de 1940

"Com a Rússia esmagada, a última esperança da Grã-Bretanha se despedaçaria. A Alemanha seria então senhora da Europa e dos Bálcãs. Decisão: a destruição da Rússia deve fazer parte, portanto, desta luta. Primavera de 1941... Se começarmos em maio de 1941, teremos cinco meses para terminar o serviço."[1] Com essas frases espantosas, Adolf Hitler anunciou a seus generais, reunidos em 31 de julho de 1940, em seu refúgio alpino, o Berghof, nas altas montanhas acima de Berchtesgaden, sua escolha mais fatídica da Segunda Guerra Mundial. Ela conduziu ao conflito mais sangrento da história, uma luta titânica na Europa oriental que custaria a vida de mais de 30 milhões de cidadãos soviéticos e alemães e deixaria áreas imensas sob uma destruição sem precedentes, que terminaria quase quatro anos mais tarde com o suicídio do ditador alemão no bunker de Berlim e com o domínio da União Soviética sobre metade do continente europeu nas quatro décadas e meia seguintes.

A magnitude do que Hitler propunha parece, à luz do que aconteceu, pura sandice. Napoleão o havia tentado, e a campanha de 1812 havia conduzido a um fim ignominioso da *grande armée* e dos sonhos imperiais do imperador. No caso de Hitler, a aposta teve conseqüências ainda mais catastróficas. A decisão parece um desejo de morte para si e para sua nação. Por que, então, ele a tomou? Seria apenas o sentimento ilusório de infalibilidade no julgamento militar criado, ou talvez ampliado, pelo triunfo extraordinário na derrota da França? Seria a culminação lógica de uma ideologia absolutamente ilógica, uma insanidade irracional voltada para a destruição do "bolchevismo judaico"? Se a decisão era uma loucura, por que os líderes das Forças Armadas a aceitaram? Teria sido apenas um exemplo do ditador impondo suas próprias visões deformadas a subalternos reticentes? Havia outras opções disponíveis que foram peremptoriamente rejeitadas? Ou, como suas palavras de abertura sugeriram, existiam imperativos estratégicos, por trás da estranha decisão, imperativos que deram menos liberdade de escolha a Hitler do que, à primeira vista, parecera haver?

O percurso de Hitler para a guerra já foi exaustivamente analisado. Mas antes de tentar encontrar algumas respostas às questões colocadas, precisamos recordar sucintamente alguns pontos salientes na pré-história da decisão fatídica de atacar a União Soviética.

I

Junho de 1941 não foi a primeira vez em que tropas invadiram o solo russo ou ocuparam vastidões enormes da Europa oriental. Isso já acontecera durante a Primeira Guerra Mundial. No segundo semestre de 1915, o Exército alemão havia invadido as partes da Polônia governadas pela Rússia e ocupara extensões imensas de território ao longo da costa báltica. Dois anos depois, em novas investidas, os alemães se deslocaram para a Bielo-Rússia e a Ucrânia.[2] O duro Tratado de Brest-Litovsk imposto ao novo regime bolchevista em 3 de março de 1818 concedeu influência alemã sobre Polônia, Finlândia, Letônia, Lituânia, Estônia, Bielo-Rússia e Ucrânia.[3] Era um tratado que agradava Hitler ao proporcionar "a terra e o solo" necessários para sustentar o povo alemão.[4] E quando, muitos anos depois, ele delineou para seus líderes militares seus objetivos políticos de invadir a União Soviética — o estabelecimento de Estados-tampões na Ucrânia, no Báltico, na Finlândia e na Rússia Branca (Bielo-Rússia) —, eles apresentavam uma nítida semelhança com os termos de Brest-Litovsk.[5]

As imagens que os alemães colheram do país que estavam ocupando em 1918 tiveram um impacto duradouro, ajudando a moldar as mentalidades que alimentaram a segunda e muito mais cruel ocupação uma geração depois. "A Rússia profunda, sem o menor reflexo da *Kultur* centro-européia", observou uma autoridade. "Ásia, estepe, pântanos, inferno claustrofóbico, e um deserto lamacento esquecido por Deus."[6] Influenciados por essas impressões, os ocupantes tentaram criar um Estado militar alemão na região báltica para impor a ordem e introduzir a *Kultur*. A figura-chave no planejamento utópico do Estado militar foi o general Erich Ludendorff, o líder mais dinâmico do Exército alemão na segunda metade da guerra.[7] No início dos anos 1920, ele ficaria em estreito contato com Hitler, a quem se uniria na fracassada tentativa de *putsch* na cervejaria em novembro de 1923.

Com toda probabilidade, Ludendorff estava entre os que exerceram alguma influência na transformação das visões de Hitler sobre a Rússia no início dos anos 1920. Foi nessa época que o enfoque inicial pan-germânico convencional das idéias de política externa de Hitler — com maior ênfase na restauração das fronteiras da Alemanha de 1914, em recuperar as colônias perdidas e numa eventual vingança contra os vitoriosos da guerra, os franceses e britânicos responsáveis pelo odiado Tratado de Versalhes — gradualmente cedeu lugar a uma nova ênfase na expansão para o Leste, para conquistar território à custa da Rússia, com o corolário de uma política de amizade com a Grã-Bretanha. Em sua primeira declaração conhecida sobre esse ponto de vista, em dezembro de 1922, Hitler afirmou: "A destruição da Rússia com a ajuda da Inglaterra deve ser tentada. A Rússia daria à Alemanha terra suficiente para colonos alemães e um vasto campo de ação para a indústria alemã".[8] Em 1924, a doutrina era uma idéia fixa de Hitler, e ele veio a afirmá-la inequivocamente no fim do segundo volume de seu tratado, *Mein Kampf*, publicado em 1926: "Nós, Nacional-Socialistas, riscamos conscientemente uma linha embaixo da tendência de política externa de nosso período antes da guerra. Nós começamos de onde paramos seis anos atrás. Interrompemos o movimento alemão incessante para o Sul e o Oeste, e voltamos nosso olhar para as terras no Leste... Se hoje falamos de solo na Europa, devemos ter em mente principalmente a Rússia e seus Estados fronteiriços vassalos".[9] Uma vez formada, essa doutrina do "espaço vital" (*Lebensraum*) permaneceu inalterada, e foi crucial para a "visão de mundo" de Hitler no bunker de Berlim.

Não era uma idéia original. Aliás, ela havia sido uma marca comum do pensamento nacionalista-imperial desde os anos 1890 e, mais tarde, havia sido "intelectualizada" por influentes teóricos geopolíticos, mais especialmente Karl Haushofer, um professor de Munique que dera aulas ao secretário particular de Hitler, Rudolf Hess. A idéia se apoiava numa economia tosca: a de que somente um território ampliado para colonização permitiria o crescimento populacional fundamental para a força e vitalidade de uma grande potência. As fronteiras da Alemanha eram consideradas estreitas demais para permitir a necessária expansão populacional. Assim, ela precisava conquistar territórios novos. E enquanto o Império Britânico, cujo poder Hitler admirava e invejava, havia sido construído em territórios conquistados no além-mar e na exploração colonial, o da Alemanha teria que ser fundado mais perto de casa, na Europa oriental.

Como nenhum país, Estado ou povo estaria disposto a abrir mão de sua terra, a guerra de conquista territorial era intrínseca à idéia de *Lebensraum*. Nisso ela não era apenas imperialista, mas implicitamente darwinista social e racista, acreditando que o forte tinha o direito de sobreviver, ao passo que o fraco ficaria merecidamente contra a parede, e que as raças mais vitais, criativas, deviam triunfar sobre as inferiores. A ela, o próprio Hitler acrescentou, porém, um novo componente racial vital: o anti-semitismo. De novo, não havia nada de original nas visões anti-semitas de Hitler, por mais odiosas que fossem. Ele as compartilhava com incontáveis outros — embora a profundidade de sua paranóia antijudaica fosse certamente incomum. A originalidade estava na maneira como Hitler combinou seu anti-semitismo patológico com a noção de *Lebensraum* — os componentes gêmeos de sua singular visão de mundo,[10] que estava em ver o bolchevismo como um regime judaico, uma visão que ele formara em 1920, provavelmente sob a influência de seu conselheiro Alfred Rosenberg, originário do Báltico, e das tiradas raivosas anti-semitas e antibolchevistas dos exilados russos que alimentavam a imprensa de direita alemã.[11] Na passagem já citada, a necessidade da Alemanha de terra no Leste estava diretamente ligada à erradicação do domínio judaico ali. "Durante séculos", escreveu Hitler, "a Rússia se nutriu [do] núcleo germânico de sua camada dominante superior. Hoje essa pode ser considerada quase inteiramente eliminada e extinta. Foi substituída pelo judeu... Ele próprio não é um elemento de organização, mas um fermento de decomposição. O império gigante no Leste está maduro para ruir. E o fim do domínio judaico na Rússia também será o fim da Rússia como um

Estado".[12] "Espaço vital" na Rússia seria, em outras palavras, sinônimo da destruição do poder judaico na região.

Hitler voltou ao tema do "espaço vital" em incontáveis discursos no final dos anos 1920, e num tratado não publicado de 1928, em que expôs suas idéias de política externa de maneira mais extensa que em *Mein Kampf*. Nesse tratado, ele definia política externa como "a arte de garantir para um povo a quantidade e qualidade necessária de *Lebensraum*".[13] Para a Alemanha, isso significava um único objetivo, e "no único lugar possível: espaço no Leste".[14] Em 1928, essas idéias ainda eram idiossincráticas. Poucos alemães tinham essas noções, e mesmo os que as tinham devem ter pensado nelas como pouco mais que impraticáveis. Hitler chefiava um partido marginal em plena estagnação política, com o apoio de menos de 3% da população na última eleição para o Reichtag, e sem nenhuma perspectiva óbvia de conquistar o poder político. A política dominante parecia muito diferente da visão de Hitler. O Ministério do Exterior alemão sob Gustav Stresemann estava afinado com Locarno e a segurança coletiva da Liga das Nações. E, apesar da antipatia com o bolchevismo, as relações com a União Soviética haviam sido, de fato, boas desde 1922, quando o Tratado de Rapallo estabeleceu uma base de cooperação econômica mutuamente benéfica que ajudou a Reichswehr a contornar as restrições do Tratado de Versalhes e dar alguns passos clandestinos rumo ao rearmamento.[15]

Durante a ascensão meteórica do movimento nazista ao poder, quando a Depressão tomava conta da Alemanha, Hitler tivera relativamente pouco a dizer sobre "espaço vital". Uma luta, em algum futuro distante e obscuro, para conquistar terra para colonização ao custo de uma guerra com a União Soviética dificilmente seria um bom caça-votos. A maioria das pessoas tinha os fracassos de seu próprio governo e os problemas do dia-a-dia de enfrentar a miséria econômica para se preocupar. Esses, e a perspectiva de um novo começo sob o Nacional Socialismo, oferecendo unidade e força, eram os temas que Hitler martelava incessantemente. Mas, embora deixasse de lado o tema do "espaço vital", ele não o descartou. Enquanto isso, a exploração incansável das dificuldades da democracia de Weimar lhe rendia o aumento espetacular de popularidade que culminou na sua nomeação, pelo presidente do Reich, Paul von Hindernburg, para a Chancelaria do Reich em 30 de janeiro de 1933. Dali em diante, sua visão de política externa não era mais a de um partido marginal belicoso, mas carregava o peso da figura principal do governo, respaldada por enorme movimento de massa.

No começo, porém, nem a conquista de "espaço vital" nem alguma meta definida de política externa estavam estabelecidas. O que Hitler estabeleceu inicialmente foi superar a fragilidade da Alemanha na arena internacional. Para isso, era fundamental restaurar o poderio armado da Alemanha. Ele não perdeu tempo para estabelecer a prioridade absoluta do rearmamento. Isso, naturalmente, foi música para os ouvidos de seus generais, aos quais ele se dirigiu quatro dias apenas depois de assumir o cargo. Muitos deles havia muito esperavam, e secretamente planejavam, o dia em que seriam removidos os empecilhos ao rearmamento e o momento em que, com a derrubada da democracia, a Alemanha poderia recuperar novamente a força e o poder para se tornar, com o tempo, a força dominante da Europa central, do continente europeu até. Assim, era garantido que a determinação expressa por Hitler em 3 de fevereiro de 1933 de revigorar as Forças Armadas receberia uma resposta favorável. Ele prosseguiu para sugerir o rumo da futura política externa. Um aumento das exportações poderia ser conquistado talvez, ele sugeriu. Mas a sugestão foi levantada somente para ser questionada. "Talvez — e provavelmente, melhor — conquistar novo espaço vital no Leste e a sua implacável germanização" foi a alternativa proposta.[16] Era uma reafirmação cautelosa de seu dogma dos anos 20. A maioria dos que o ouviram provavelmente tomou seu significado apenas como uma vaga alusão ao expansionismo em algum momento futuro para recuperar territórios perdidos em Versalhes e estabelecer uma supremacia alemã na Europa central e oriental — algo que poucos desaprovavam no essencial —, mas dificilmente o viu como um objetivo concreto de política externa. E não o era, tampouco, nesse estágio. Mas implicava uma *direção* da idéia de política externa de Hitler, direção que não discrepava das visões que ele desenvolvera uma década antes. Isto é, as ações de Hitler nos anos subseqüentes, quando a Alemanha forçou cada vez mais os desdobramentos que culminaram na guerra, não devem ser vistas como mero oportunismo enquanto ele se adaptava aos caprichos da política internacional. Ele certamente explorou as chances que surgiram. Mas seu oportunismo tinha motivações ideológicas.

O domínio de Hitler sobre o governo alemão já era absoluto no verão de 1933. Ele agora controlava não só um partido imenso, mas tinha o aparelho avançado da administração burocrática do Estado ao seu dispor, bem como o de sua moderna máquina de coerção e repressão. Um ano mais tarde ele havia estabelecido a supremacia total no Estado. O massacre brutal dos líderes das *stormtroppers* (tropas de assalto) em junho de 1934 removeu a única ameaça restante ao seu regime. E com a morte do idoso presidente do Reich, Hindenburg, pouco tempo depois, fora-se a única fonte remanescente de lealdade alternativa potencial. Hitler passara a ser então não só o chefe de governo, mas o chefe do Estado. O principal beneficiário da destruição implacável de sua própria organização paramilitar havia sido o Exército alemão. Isso consolidou seu apoio a Hitler, que já estava fortalecido por seu apoio a um programa maciço de rearmamento. Nesse ínterim, boa parte do comércio e da indústria, atraída pela oportunidade de maximizar seus lucros, havia começado a apoiar o novo regime.

Assentada a poeira dos levantes de 1933-4, a tomada de decisões no regime nazista guardava pouca semelhança com a maneira como operavam os Estados democráticos. Na verdade, ela era bizarra mesmo em comparação com outras formas de regime autoritário. Hitler não gostava da potencial fiscalização de sua autoridade por qualquer organismo coletivo. Assim, o Gabinete, esse órgão supremo de um governo coletivo, começou a atrofiar tão logo Hindenburg morreu. Suas reuniões se tornaram mais raras, pois a legislação era idealizada sobretudo pela circulação de anteprojetos entre ministros de peso do governo. Após fevereiro de 1938, as reuniões do Gabinete cessaram de uma vez por todas. Notavelmente, portanto, já não havia então nenhum órgão coletivo de governo. Enquanto isso, o dualismo de partido e Estado era deixado sem linhas demarcatórias claras, resultando numa grande dose de confusão governamental. Essa foi intensificada pela presteza de Hitler na criação de órgãos plenipotenciários, respaldados por seu apoio pessoal e, freqüentemente, híbridos partido-Estado, para superar bloqueios ou obstáculos ao governo, enquanto deixava intacto o ministério original de governo. A filosofia darwinista social nazista básica de apoio ao forte e ao poderoso encorajava uma competição desenfreada e o uso do "poder de cotovelo". Assim, postos no papel significam, com freqüência, pouco ou nada na realidade, ao passo que o poder ficava com os indivíduos que conseguiam abrir caminho para o topo e tinham acesso direto a Hitler. Entre os exemplos mais importantes estavam Heinrich Himmler, chefe das SS, no controle, de 1936 em diante, do enorme aparelho policial e de segurança, embora fosse subordinado à posição fraca do ministro do Interior do Reich, Wilhelm Frick, e Hermann Göring, chefe do Plano Quadrienal após 1936, que suplantou em grande medida o ainda existente Ministério de Economia do Reich.

Em meio a essa multidão de agências competidoras e essa anarquia administrativa, a posição de Hitler era suprema. Ele permanecia em grande parte alheio à política interna. Falar de sua tomada de decisões seria bastante impreciso. As "decisões" poderiam não ser nada além de uma assertiva informal apanhada por um ministro ou funcionário do partido nas reuniões regulares de almoço com Hitler, e depois seguiriam seu caminho como uma "ordem do Führer". Enquanto os desenvolvimentos estivessem se moldando segundo as linhas que queria, ele raramente interferia nos anos pré-guerra (depois foi diferente), a menos que fosse chamado a arbitrar, o que na prática, em geral, relutava em fazer. Mas, em conjunturas decisivas, em que algum ponto crítico ou alguma bifurcação no caminho requeriam uma nova direção, sua intervenção era necessária e crucial. A crise no abastecimento de matérias-primas para o rearmamento, em 1936, que provocou a introdução do Plano Quadrienal para intensificar a produção industrial e preparar a economia alemã para a guerra, levou talvez à mais crucial dessas intervenções no período inicial do regime.

Se ele fez pouco mais antes da guerra do que estabelecer "diretrizes para a ação"[17] em assuntos domésticos, não pode haver dúvida de que as grandes decisões de política externa de 1933 em diante, incluindo a decisão de se aventurar em uma guerra européia atacando a Polônia em 1939, foram suas.[18] Também nisso, contudo, ele evitou uma tomada de decisão coletiva de um Gabinete. Como o governo central era fragmentado, ele consultou, sobretudo em base individual, aqueles cujos pontos de vista precisava sondar antes de tomar ele próprio a decisão. Numa reunião crucial com seus líderes das Forças Armadas e seu ministro do Exterior em novembro de 1937, em que expôs a necessidade de expansão e guerra, ele começou afirmando que a questão em discussão era importante demais para ser apresentada ao Gabinete do Reich.[19] Em parte, isso refletia uma preocupação característica com sigilo, o que não era em si irracional para restringir o conhecimento de passos arriscados em política externa (ou, mais tarde, operações militares vitais). Em janeiro de 1940, ele teria ordenado que pendurassem na sala de cada escritório militar sua "Ordem Básica" estipulando que: "Ninguém: nenhum escritório, nenhum funcionário deve saber algo que deve ser mantido em segredo se não precisarem absolutamente ter conhecimento disso por razões oficiais". Mesmo então, apenas informações necessárias limitadas, e não antes do que fossem necessárias, deveriam ser dadas.[20] Mas isso ia além da preocupação com o sigilo. O entendimento de Hitler sobre a sua posição como Führer implicava um sentido de poder e responsabilidade absolutos que não admitia interferência; somente ele poderia tomar as decisões cruciais; e, embora pudesse ouvir a opinião de um comandante militar ou um ministro de governo importante, ele precisava ser livre e não limitado pelas visões de outros para decidir como bem quisesse. A decisão era então simplesmente anunciada aos que precisavam conhecê-la. Assim, era extremamente difícil, se não impossível, a oposição se articular publicamente, ao passo que as reservas expressas privadamente a Hitler tinham que enfrentar a possibilidade de uma resposta em altos brados. Além disso, Hitler sempre poderia apelar para altos níveis de apoio nas elites dirigentes, sobretudo na liderança das Forças Armadas. No verão de 1938, quando o general Ludwig Beck, chefe do Estado-Maior, se opôs radicalmente à decisão de Hitler de atacar a Tchecoslováquia naquele outono (posteriormente adiada em razão da intervenção das potências ocidentais na Conferência de Munique), ele viu-se completamente isolado na liderança do Exército e sua renúncia ao cargo, como medida desesperada, não teve a menor repercussão política.

Como no caso do tratamento de seus adversários políticos, antes de 1933, Hitler tinha antenas altamente desenvolvidas quando se tratava de reconhecer a fraqueza alheia. Seus êxitos em política externa até 1938 decorreram, sobretudo, de sua excelente intuição, combinada com sua disposição instintiva de jogador de assumir riscos em altas paradas. O primeiro grande passo de Hitler para determinar um novo curso mais assertivo para a política externa alemã, a retirada da Conferência de Desarmamento e da Liga das Nações em outubro de 1933, foi de pleno acordo com os desejos do Ministério do Exterior e da liderança do Exército. O cronograma foi seu, mas a medida era do tipo que provavelmente seria tomada por qualquer governo nacionalista da época. Hitler adotou uma linha mais independente na promoção da deterioração das relações com a União Soviética e ao impingir um tratado de não-agressão à Polônia em janeiro de 1934, em ambos os casos a despeito das preferências do Ministério do Exterior. Ele gradualmente foi se tornando mais confiante e, com isso, mais ousado. Em março de 1935, adivinhou corretamente que as democracias ocidentais não fariam nada se ele as desafiasse com uma grande violação do Tratado de Versalhes e anunciasse a existência de uma Aeronáutica alemã e a introdução do alistamento de um Exército de massa. Ele não consultou nem líderes militares nem ministros para chegar a sua decisão.[21] No início de 1936, ele de novo presumiu corretamente que a fraqueza das democracias ocidentais, desnudada pela crise abissínia, oferecia uma excelente oportunidade para remilitarizar a Renânia — outro passo que estaria na agenda de qualquer governo nacionalista. Um círculo surpreendentemente amplo do Ministério do

Exterior e da liderança militar estava ciente do que estava em jogo, quando Hitler hesitou, durante cerca de um mês, deliberando a questão com alguns conselheiros, alguns dos quais se opuseram à ação por ser demasiadamente arriscada. Hitler escutou. Mas ele tomou pessoalmente a decisão, ignorando os conselhos em contrário. Seu triunfo provocou a declaração, feita para fins de propaganda, mas refletindo sua autoconfiança agora sem limites: "Sigo com a certeza de um sonâmbulo pelo caminho a mim colocado pela Providência".[22]

O caminho não era reto, contudo. Desde meados dos anos 20, ele quisera a Grã-Bretanha como amiga e aliada, não como inimiga, na guerra que vislumbrava, e desejava, contra o "bolchevismo judeu". Mas os indícios de um alinhamento, como o tratado naval entre Grã-Bretanha e Alemanha concluído em 1935, ofereciam apenas uma falsa aurora. A alienação cresceu e permaneceu mesmo quando o primeiro-ministro britânico, Neville Chamberlain, se prontificou a "apaziguar" Hitler em 1938. Muito antes disso, Hitler havia percebido que precisava incluir a Grã-Bretanha entre os inimigos da Alemanha. Ele sabia, também, que a Grã-Bretanha estava começando, com a retaguarda de um Império mundial, ainda que com atraso, a se rearmar com urgência. Além disso, do outro lado do Atlântico estava o vasto potencial da América, ainda inexplorado, já que o país estava encerrado no isolacionismo, mas um provável inimigo futuro a ser considerado com a maior seriedade, cuja intervenção havia selado o destino da Alemanha na Primeira Guerra Mundial. O tempo, em outras palavras, não estava do lado da Alemanha. Ela havia construído uma vantagem com seu programa antecipado e acelerado de rearmamento. Essa vantagem não duraria, porém. Isso atiçou o temperamento de jogador de Hitler. O risco, ele argumentava invariavelmente, seria maior esperando do que agindo.

O imperativo de uma ação antecipada era impelido por outro fato: a economia. O esforço do rearmamento, uma vez vencidos os estágios iniciais, só poderia ser empreendido a um custo temerário para as finanças do Estado e uma condução ordenada da economia. A Alemanha simplesmente não dispunha dos recursos para produzir ou importar tudo de que precisava para a fabricação de armas e para sustentar um padrão de vida modesto para sua população crescente.[23] Dinheiro para armas significava menos dinheiro para comida. Armas e manteiga só eram possíveis por um período limitado. Em fins dos anos 30, esse tempo estava se esgotando. As campainhas de alarme começaram a ser ouvidas por toda a economia. A guerra, quando veio, não foi o resultado de uma crise econômica. A nascente crise econômica é que resultou dos imperativos ideológicos para reestruturar a economia para a guerra.[24] Mas isso significou que, no fim dos anos 30, Hitler estava sob pressão para agir, tanto por sentir que a Alemanha dentro de poucos anos estaria numa posição internacional inferiorizada como porque uma economia superaquecida e sobrecarregada não poderia ser sustentada indefinidamente.

Não que Hitler tenha agido somente sob injunções das pressões externas. Estas antes o impeliram na direção que ele queria seguir de qualquer forma. Embora o antibolchevismo tivesse desempenhado um papel aberto pequeno na configuração da política externa de Hitler durante os primeiros anos do regime, isso começou a mudar de 1936 em diante. O início da Guerra Civil Espanhola, no verão daquele ano, colocou o bolchevismo de novo na berlinda pela posição vantajosa de Hitler. Ele decidiu sozinho, e por razões ideológicas (combater a ameaça de o bolchevismo tomar a Espanha, e depois a França), oferecer ajuda militar alemã ao general Francisco Franco, líder da rebelião nacionalista contra a República Espanhola.[25] No fim daquele verão, seu memorando para o Plano Quadrienal se apoiava na premissa de que "o confronto com a Rússia era inevitável".[26] Em 1937, Hitler esperava uma grande guerra no interior da Europa nos próximos cinco ou seis anos, embora Stálin estivesse "doente do cérebro", e falava do bolchevismo como "o perigo que teremos que eliminar em algum momento".[27] Hitler nunca perdeu de vista, portanto, o objetivo ideológico que havia desenvolvido nos anos 20, ainda que os ajustes à constelação cambiante da política externa prática nos anos que precederam a guerra implicassem seu recuo provisório para um segundo plano. Em agosto de 1939, Hitler fez o ajuste final quando virou de cabeça para baixo, numa medida de um cinismo de tirar o fôlego (impressão compartilhada por Stálin), o antagonismo com a União Soviética embutido na ideologia nazista para fechar um pacto de não-agressão com o arquiinimigo.[28] Mesmo então, dias antes desse pacto dramático, ele alegadamente observou ao comissário suíço na Liga das Nações, Carl Burckhardt: "Tudo que eu empreendo é dirigido contra a Rússia. Se aqueles no Ocidente são estúpidos demais e cegos demais para compreender isso, então serei forçado a chegar a um entendimento com os russos para vencer o Ocidente, e então, depois de sua derrota, voltar minhas forças concentradas contra a União Soviética".[29]

A essa altura, a guerra na Europa era uma certeza. Hitler, mais do que qualquer outro indivíduo, era o responsável por ela. À medida que uma combinação de determinantes — ideológicos, estratégico-militares e econômicos — acelerava o ritmo e encurtava em grande medida o cronograma para a guerra que ele havia previamente cogitado, imaginando que ela ocorreria por volta de 1943, diminuía a margem de manobra para evitar um conflito mais iminente com as potências ocidentais. Em 1938, a Grã-Bretanha e a França estavam tão ansiosas para evitar uma guerra que haviam cedido ante a agressão de Hitler a Munique, ao preço da Tchecoslováquia. Hitler esperava que elas fizessem o mesmo com respeito à Polônia, quando as paradas, satisfazendo sua pretensão a Danzig e ao Corredor, pareciam menores. Isso foi um erro de cálculo. Sua própria ação na ocupação do que restava da Tchecoslováquia em março de 1939, ignorando o acordo com o Ocidente que ele havia firmado apenas seis meses antes, destruíra o apoio ao apaziguamento. Ele achava, até o fim de agosto, que a Grã-Bretanha e a França cederiam, no último momento, e que ele poderia destruir a Polônia sem a sua intervenção. Mas dois dias depois que suas tropas invadiram a Polônia, ele finalmente conseguia — embora não no momento de sua escolha — sua guerra com o Ocidente. Por enquanto, a guerra que ele realmente almejava, contra a União Soviética, teria de esperar.

A campanha militar unilateral na Polônia resultou numa vitória arrasadora em pouco mais de três semanas. Hitler não tinha, porém, nenhuma expectativa de que a tíbia oferta de paz em seus termos, feita num discurso no Reichstag em 6 de outubro, seria aceita em Londres ou Paris. Ele já estava arquitetando a próxima ação. O sentimento de que o tempo corria a favor de seus inimigos, e que atacar antes significaria tomar a iniciativa, conservar o domínio — como já se observou, uma feição constante da psicologia de Hitler —, o deixara impaciente por um triunfo fácil na Polônia. Agora ele estava ansioso para atacar o Ocidente sem demora. Com a Polônia derrotada e a União Soviética, sua recém-descoberta aliada, não representando perigo nenhum no momento, a Alemanha estava segura no Leste. A frente ocidental estava aberta. As circunstâncias não poderiam ser melhores. A oportunidade precisava ser aproveitada enquanto durasse para impor uma derrota esmagadora à França e forçar a Grã-Bretanha a admitir sua fraqueza e chegar a um acordo. Com a guerra no Oeste efetivamente ganha, ele poderia voltar sua atenção para se preparar para a guerra que sempre desejara empreender: o enfrentamento no Leste com o "bolchevismo judeu", para destruir a Rússia de Stálin e assegurar um longo futuro para a Alemanha conquistando "espaço vital" e recursos materiais ilimitados. Esse era o pensamento de Hitler no outono de 1939.

Seus generais vacilaram ante os perigos de um ataque prematuro tão arriscado contra o Oeste, perigos estes ampliados pela iminência de condições climáticas ruins. Varrer o fraco e obsoleto Exército polonês era uma coisa. Lançar uma grande ofensiva contra a França com seu enorme Exército escudado pelas elaboradas defesas da Linha Maginot, e unida numa poderosa aliança à Grã-Bretanha e ao Império Britânico, era outra. Os generais sabiam que as Forças Armadas não estavam em bom estado para um conflito em larga escala e provavelmente prolongado contra inimigos poderosos. Mesmo a curta campanha polonesa deixara fora de ação a metade dos tanques e veículos motorizados alemães. Um prosseguimento imediato da guerra com um ataque no Oeste era, ao seu ver, impensável.

Hitler ficou furioso com sua hesitação e cautela. Mas talvez ele sentisse que eles estavam certos. Seja como for, ele se curvou a seus receios sobre as condições do tempo e as dificuldades de transporte para aceitar adiamento após adiamento — 29 ao todo — para lançar a ofensiva ocidental. Um planejamento operacional detalhado não ficou pronto antes de fevereiro de 1940. Aí, a necessidade de intervir na Escandinávia, onde tropas alemãs haviam invadido a Dinamarca e a Noruega em abril, adquiriu precedência. Os adiamentos se mostraram preciosos para fortalecer as Forças Armadas. E acabaram resultando num plano brilhante e taticamente ousado de atacar onde era menos esperado, ceifando pela região florestal das Ardenas no Sul da Bélgica e pelas planícies da França em direção à costa. O plano inicial havia sido uma elaboração tática do tenente-general Erich von Manstein, mas fora apropriado e transformado em diretrizes militares por Hitler, que se impacientara com as idéias convencionais e pouco inspiradas de seu alto comando do Exército. Esse foi o plano por trás do ataque que começou, enfim, nas primeiras horas da manhã de 10 de maio.[30]

A ofensiva foi um estrondoso sucesso, maior até do que Hitler esperava. Os holandeses se renderam depois de cinco dias. Os belgas, com a neutralidade violada por tropas alemãs pela segunda vez em uma geração, resistiram mais tempo, quase até o fim do mês. Mas, conquanto o pequeno Exército belga tivesse lutado galantemente, ele foi rapidamente destruído pelo poderio alemão. E, por mais força que tivesse no papel, o Exército francês, conduzido com inépcia, mal equipado e de moral baixo, não foi páreo para a Wehrmacht. As fabulosas fortificações da Linha Maginot, construídas para impedir um possível terceiro ataque através do Reno, tiveram poucos efeitos práticos nas circunstâncias. Elas foram incapazes de conter a investida principal alemã, que simplesmente as contornou. A resistência desmoronou. Em 14 de junho, menos de cinco semanas depois do início da ofensiva, tropas alemãs entraram em Paris. Hitler ficou exultante com as notícias que lhe trouxeram três dias mais tarde de que os franceses haviam suplicado pela paz. Sua vingança dos franceses era completa — ou seria quando o armistício fosse assinado na sua presença em 21 de junho, no mesmo carro ferroviário em que os alemães haviam sido compelidos a capitular em 1918. A escala do triunfo levou sua incipiente megalomania a um novo patamar. E sua autoglorificação (abraçando um sentimento de infalibilidade) foi ampliada pelos aplausos de seus generais, que tiveram, às vezes com relutância, de admitir não só a grandeza do que havia sido possível sob o comando de Hitler, mas também seu papel direto no plano de ataque estratégico extraordinariamente bem-sucedido. Hitler achava que somente os britânicos se interpunham agora entre ele e a vitória completa no Ocidente. Será que eles teriam juízo e chegariam a um acordo?

II

Em 6 de julho de 1940, Hitler retornou em triunfo a Berlim para celebrar diante de um público imenso e apaixonado a vitória espetacular sobre a França e o desfecho da espantosa campanha na frente ocidental. Foi sua mais grandiosa volta ao lar. Para as centenas de milhares de pessoas que haviam esperado durante horas ao longo das ruas decoradas com flores da capital do Reich, o fim da guerra parecia próximo. Somente a Grã-Bretanha parecia obstruir o caminho para a vitória final. Poucos na multidão festiva imaginavam que ela colocaria um obstáculo resistente à poderosa Wehrmacht. Mesmo na empolgação da derrota esmagadora dos franceses, porém, os consultores militares de Hitler, e até mesmo o próprio ditador, não estavam absolutamente certos de que a resistência da Grã-Bretanha seria rapidamente vencida. Por trás da Grã-Bretanha, estava também a sombra, não obstante indistinta, dos Estados Unidos. Conquanto o sentimento raramente fosse expressado em voz alta, o medo subjacente persistia: se os Estados Unidos mobilizassem seu poder e sua riqueza colossais para entrar na guerra, como em 1917, as chances de uma vitória total alemã se reduziriam rapidamente. O problema duplo — como *tirar* a Grã-Bretanha e como *manter* a América fora da guerra — ocupou, portanto, os pensamentos de Hitler e da liderança militar alemã durante as semanas imediatamente posteriores à capitulação da França. A maior prioridade era persuadir (ou, na impossibilidade disso, compelir pela força militar) a Grã-Bretanha a negociar um acordo.[31] Retirar a Grã-Bretanha da guerra tanto dissuadiria a América de se engajar na Europa como livraria a retaguarda da Alemanha, permitindo que Hitler se empenhasse na guerra que desejara travar desde os anos 20: a guerra para destruir o "bolchevismo judeu" e conquistar um enorme império oriental em detrimento da União Soviética.

Uma hora depois do discurso de Hitler no Reichstag em 19 de julho, porém, as primeiras notícias da imprensa o informavam da resposta gélida da Grã-Bretanha a seu "apelo à razão" para que ela entrasse em acordo com a Alemanha e evitasse a destruição de seu Império.[32] Em 22 de julho, um discurso irradiado pelo secretário britânico do Exterior, lorde Halifax, tornava público o que Hitler já sabia, que a Grã-Bretanha não consideraria a possibilidade de um acordo e estava determinada a seguir lutando.[33] Mesmo antes do discurso de Halifax, Hitler já havia admitido a rejeição categórica a seu "apelo" e, em 21 de julho, levantara com seus comandantes-em-chefe a perspectiva de invadir a União Soviética ainda naquele outono.

Suas razões de fundo eram ideológicas, como haviam sido quase duas décadas antes. Com um ataque à União Soviética, ele destruiria o poder dos judeus, personificado, em sua visão de mundo, pelo regime bolchevista, e, ao mesmo tempo, ganharia "espaço vital" para uma colonização alemã. A vitória teria tornado a Alemanha senhora da Europa e proporcionaria a base para um império racialmente purificado, preparado, enfim, para disputar com os Estados Unidos o domínio do mundo. Mas agora ficara evidente que a guerra para destruir o bolchevismo não seria travada como ele havia idealizado, com o apoio (ou, ao menos, o beneplácito) da Grã-Bretanha. A Grã-Bretanha estava se recusando até, nesse estágio, a se encaixar no conceito que ele havia imaginado em todos aqueles anos passados. De alguma forma, ela teria que ser compelida a isso, ou, ao menos, removida da equação como uma força hostil. "O Führer está muito intrigado com a persistente falta de disposição da Grã-Bretanha de travar a paz", havia anotado, em 13 de julho, o chefe do Estado-Maior do Exército, Franz Halder. "Ele vê a resposta (como nós) na esperança da Grã-Bretanha na Rússia, e, portanto, espera ter que compeli-la pela força a aceitar a paz."[34] Por forte que fosse a motivação ideológica, porém, a urgência implícita na sugestão vigente de que a União Soviética precisava ser atacada naquele outono não era ideológica, mas estratégico-militar. E foi assim que Hitler a apresentou a seus comandantes-em-chefe em 21 de julho.

"Nenhum quadro claro do que está acontecendo na Inglaterra", declarou Hitler. "Os preparativos para uma decisão pelas armas devem ser completados o mais rapidamente possível." Ele se recusava, assim disse, a deixar afrouxar a iniciativa militar e política. A Alemanha tinha vencido a guerra, ele declarou presunçosamente. A situação da Grã-Bretanha era desesperadora, mas ela continuava na expectativa de uma ajuda americana, e porque "deposita esperança na Rússia". Essa poderia vir de uma sublevação nos Bálcãs orquestrada pela Rússia, com o efeito de cortar suprimentos de combustíveis para os alemães, ou a Grã-Bretanha incitar a União Soviética a agir contra a Alemanha. Stálin, ele sugeriu, estava "flertando com a Grã-Bretanha para mantê-la na guerra e nos amarrar, com uma visão de ganhar tempo e tomar o que ele quer, sabendo que nós não poderíamos obtê-lo quando a paz fosse feita". Hitler concluiu que "a Grã-Bretanha deve estar submetida até o meio de setembro, época em que faremos a invasão". Ele estava menos seguro do que parecia sobre essa perspectiva, contudo. Considerava "muito perigosa" a travessia do canal da Mancha e estipulou que uma invasão só deveria "ser empreendida se não houvesse outra maneira de entrar em acordo com a Grã-Bretanha". A maneira de forçar a questão, no seu ponto de vista, era destruindo a União Soviética. "Nossa atenção deve se voltar para enfrentar o problema russo e preparar o planejamento", declarou. O objetivo era "esmagar [o] Exército russo ou, pelo menos, tomar tantos territórios russos quantos fossem necessários para impedir ataques aéreos inimigos a Berlim ou às indústrias da Silésia". Seriam necessárias de quatro a seis semanas para reunir o Exército invasor. "Se atacarmos a Rússia neste outono, a pressão da guerra aérea sobre a Grã-Bretanha será aliviada."[35]

Ele estava pronto, portanto, para mergulhar a Alemanha, por um curto espaço de tempo (ele achava), em uma guerra no Leste enquanto a guerra no Oeste ainda não havia sido vencida conclusivamente, suscitando o espectro da guerra em duas frentes, temida tanto por estrategistas militares como pelo público em geral. Quando o general Alfred Jodl, chefe do Estado-Maior de Operações da Wehrmacht e principal consultor de Hitler para assuntos de estratégia militar, contou a seus subordinados imediatos em 29 de julho sobre a intenção de lançar uma campanha oriental, a perspectiva de uma guerra em duas frentes provocou uma hora de disputas acirradas. Jodl, fosse por convicção ou não, respondeu às objeções com a defesa feita por Hitler: o confronto com o bolchevismo era inevitável, de modo que era melhor fazê-lo agora, enquanto o poder militar alemão estava no auge; e, no outono de 1941, a Luftwaffe, fortalecida pela mobilização vitoriosa no Leste, estaria novamente pronta para atacar a Grã-Bretanha.[36] O próprio Hitler tratou de minimizar os receios sobre uma guerra em duas frentes. Intoxicado pela grandiosidade da vitória no Oeste, ele havia dito a seus principais consultores militares na época da capitulação francesa que "uma campanha contra a Rússia seria brincadeira de criança".[37]

Hitler justificou a guerra como necessária para remover o último grande aliado possível da Grã-Bretanha no continente. Ele alegou, também, que uma vitória sobre a União Soviética era "a espada sudeste asiática de Grã-Bretanha e Estados Unidos, apontada para o Japão".[38] A implicação era de que uma vitória sobre a União Soviética liberaria o Japão para empreender sua ambiciosa expansão para o sul sem temer o poder soviético na retaguarda, com o efeito combinado de minar o poder britânico no Extremo Oriente, amarrar os Estados Unidos no Pacífico e dissuadi-los de seu envolvimento no Atlântico e na Europa. A projetada campanha oriental curta oferecia, portanto, a perspectiva não só de completa hegemonia no continente europeu, mas até de uma completa vitória final na guerra. Depois disso, numa data futura indeterminada, viria o confronto com os Estados Unidos. Não havia contradição entre considerações de ideologia e estratégico-militares na idéia de Hitler de invadir a União Soviética. Elas caminhavam de mãos dadas. A força motivadora básica, como sempre, era ideológica. Mas, na tomada de decisão real, o imperativo estratégico predominou.[39]

Quando a perspectiva de atacar a União Soviética naquele outono foi rapidamente descartada como pouco prática, ele a adiou para maio de 1941. Essa era a data que ele havia fixado em sua reunião com Jodl em 29 de julho, e que ele anunciara a seus comandantes militares dois dias depois. Era uma decisão importante, talvez a mais importante de toda a guerra. E foi tomada livremente. Isto é, foi tomada somente com limitações auto-impostas. Não foi tomada para afastar uma ameaça imediata de ataque pela União Soviética. Não havia nenhuma sugestão na época — a alegação justificativa viria mais tarde — da necessidade de um ataque preventivo. O próprio Hitler havia reconhecido, dez dias antes, que os russos não queriam guerrear com a Alemanha.[40] A decisão não foi tomada tampouco em resposta a uma pressão dos militares, ou de algum outro lobby dentro dos escalões de poder do regime. Aliás, mesmo em 30 de julho, o dia anterior ao pronunciamento de Hitler, o comandante-em-chefe do Exército, marechal-de-campo Werner von Brauchitsch, e do chefe do Estado-Maior do Exército, coronel-general Halder, concordaram em que "seria melhor manter relações amistosas com a Rússia". Eles preferiam concentrar o esforço militar nas possibilidades de atacar posições britânicas no Mediterrâneo (particularmente Gibraltar) e no Oriente Médio, não viam nenhum perigo de um engajamento russo nos Bálcãs e no golfo Pérsico e imaginavam ajudar os italianos a criar um império mediterrâneo e até cooperar com os russos para consolidar o Reich alemão no Norte e no Oeste da Europa, de cuja base uma guerra prolongada contra a Grã-Bretanha seria considerada com benevolência.[41]

A pressão sobre Hitler era subjetiva: seu senso de que não havia tempo a perder no ataque à União Soviética para que a iniciativa geral na guerra, baseada no equilíbrio de poder e no poderio armado, não fosse deslocada da Alemanha para a Grã-Bretanha e, por fim, para os Estados Unidos.[42] Essa pressão subjetiva era reforçada, porém, pela lógica econômica da guerra da Alemanha. Essa, por sua vez, estava enraizada na ideologia do "espaço vital" e na noção estreitamente relacionada de *Grossraumwirtschaft:* esfera de dominação econômica. Quando a euforia que se seguiu à vitória sobre a França arrefeceu, percebeu-se que as expectativas da Alemanha de domínio do continente europeu tinham um calcanhar-de-aquiles: a União Soviética. De fato, no verão de 1940, a Alemanha estava se beneficiando bastante das exportações soviéticas de alimentos e matérias-primas nos termos dos acordos econômicos decorrentes do Pacto Hitler-Stálin.[43] Mesmo assim, Hitler foi informado pelo Ministério da Economia de que, para se equipar para uma longa guerra contra a Grã-Bretanha e, seguramente, com os Estados Unidos, a Alemanha precisava agora de muito mais do que estava recebendo da União Soviética. Embora, no curto prazo, Stálin, para ganhar tempo, provavelmente estivesse disposto a se curvar à demanda por mais suprimentos, haveria inexoravelmente uma crescente dependência da União Soviética, uma perspectiva precária demais para Hitler tolerar. Ele concordou com seu ministro da Economia, Walther Funk, em que a esfera econômica alemã (*der "grossdeutsche Wirtschaftsraum"*) não poderia "depender de forças e potências sobre as quais não temos nenhuma influência".[44] Essa visão era amplamente compartilhada por setores decisivos da Wehrmacht, das grandes empresas e da burocracia ministerial. Ela significava que a decisão de Hitler de travar guerra com a União Soviética provavelmente encontraria muito respaldo em todas essas instituições vitais.[45]

Quaisquer que tenham sido as apreensões de alguns generais sobre a empreitada, a decisão de Hitler não sofreu oposição nem foi contestada por líderes militares. Aliás, sentindo o que vinha, o Estado-Maior do Exército já havia começado a preparar estudos de viabilidade semanas antes de Hitler anunciar sua intenção de atacar a União Soviética.[46] Seus líderes militares estavam tão conscientes quanto ele da situação estratégica. Eles não apresentaram nenhuma estratégia alternativa para atingir a vitória final, supondo que a Grã-Bretanha não pudesse ser invadida ou bombardeada até a submissão.[47] Além do mais, como Hitler, eles subestimavam grosseiramente o Exército Vermelho (particularmente desde sua pobre exibição na "Guerra de Inverno" contra a Finlândia alguns meses antes), e compartilhavam sua aversão ao bolchevismo, alguns até sua identificação do regime soviético com o poder dos judeus. Mas é extremamente duvidoso se eles, por conta própria, chegariam a recomendar uma decisão, poucas semanas depois da derrota da França, de preparar com urgência uma invasão da União Soviética. Essa decisão foi de Hitler, e exclusivamente dele.

A enormidade da catástrofe que ele propiciou com isso se desenrolaria ainda mais plenamente a partir do outono de 1941, quando o avanço alemão sobre Moscou foi paralisado pela progressão do terrível inverno russo. Entretanto, o assunto em questão aqui se relaciona não só ao ataque em si, mas à decisão de iniciá-lo, tomada no ano anterior. Será que Hitler, enquanto a logística do que veio a ser conhecido como Operação Barbarossa ainda estava sendo elaborada, tinha opções que poderiam ter-lhe dado uma melhor chance de pôr fim (ou mesmo reduzir) a ameaça à Alemanha colocada pela continuação da guerra pela Grã-Bretanha e a presumida eventual entrada dos Estados Unidos? A liderança da Marinha alemã pensava assim. E, durante algum tempo, o Ministério do Exterior também.

A decisão de atacar a União Soviética na primavera seguinte, tomada efetivamente em 31 de julho de 1940, só foi transformada em diretriz de guerra em 18 de dezembro.[48] Mesmo essa diretriz, é claro, não significava em si que uma invasão teria de ser iniciada. Em dezembro, porém, os trilhos foram desviados irresistivelmente para o caminho que levava a essa invasão. Nos quatro meses de intervalo entre julho e dezembro de 1940, ao contrário, Hitler parecia estranhamente vacilante na determinação da estratégia alemã, inseguro sobre o caminho a tomar, hesitante, fraco até, no auge de seu poder, em seus acertos externos com ditadores menores (Mussolini e Franco), e o líder da França derrotada (marechal Pétain). Às vezes, ele parecia acatar sugestões militares de política externa que estavam em contradição com a guerra no Leste. Mas, no fim do outono, estava claro que ele voltara ao caminho escolhido do qual nunca se afastara seriamente: atacar a União Soviética na primeira oportunidade com o objetivo estratégico de atingir a vitória final na guerra ao conquistar Londres via Moscou. Foi uma escolha fatídica de imensa magnitude.

Escolha pressupõe opções. Que possibilidades estratégicas estavam abertas à liderança alemã no verão de 1940? Não foi incomum alegarem, nos anos pós-guerra, que havia uma estratégia alternativa — militarmente bem mais promissora —, mas ela foi desperdiçada pela insistência de Hitler em atacar a União Soviética.[49] Ela ofereceu um recurso justificativo para alguns líderes militares, todos ansiosos demais em não olhar mais além do próprio Hitler como a causa da "catástrofe alemã".[50] As pesquisas históricas posteriores foram bem mais céticas, concentrando-se invariavelmente no imperativo ideológico de Hitler para a guerra no Leste.[51]

Hitler decidiu a estratégia. Sobre isso não há dúvida. Além do mais, sua sensibilidade ao prestígio investido em sua posição de líder supremo exigia que as decisões fossem tomadas imperiosamente, sem sondagens detalhadas de conselhos, para não falar em um debate e discussões prolongadas. A avaliação decisiva de opções políticas depende, em parte, e em grande medida, da eficácia de mecanismos dentro de um sistema governamental para elaborá-las e apresentá-las à liderança. Dada a natureza do governo no Terceiro Reich, o potencial para apresentar alternativas judiciosamente formuladas a Hitler não era alto. Enquanto o Gabinete de Guerra britânico chegou a uma decisão coletiva de permanecer na guerra após três dias de debates intensos, Hitler simplesmente anunciou a seus generais em 31 de julho (sem qualquer consulta prévia que não fosse a seus consultores militares imediatos, que haviam traçado os primeiros planos de contingência) a decisão de se preparar para uma guerra contra a União Soviética na primavera seguinte. Ninguém foi informado da decisão na administração civil do Reich.

Como já se notou, a fragmentação do governo de Hitler era maior que a de qualquer outra ditadura da época. Quando o Gabinete do Reich se reuniu pela última vez, no início de 1938, não existiam nem sequer restos do governo coletivo. Nesse mesmo espírito, no começo de 1938, Hitler havia concentrado a liderança das Forças Armadas em suas próprias mãos. Mas o alto comando da Wehrmacht, criado como o veículo de controle de Hitler, não funcionou como um organismo consultivo coletivo sobre estratégia militar da maneira que as reuniões de chefes de Estado-Maior funcionaram para o Gabinete de Guerra britânico. Conseqüentemente, houve pouco ou nenhum planejamento coerente idealizado coletivamente pelos três braços das Forças Armadas — Exército, Aeronáutica e Marinha. Estes operavam, em grande parte, lado a lado, seus comandantes-em-chefe tratando bilateralmente com Hitler, em geral.

Surgiam prioridades estratégicas bastante diferentes, portanto. Entre essas estavam as preferências estratégicas da Marinha alemã, que diferiam significativamente das de Hitler. Teriam elas oferecido uma opção funcional, ignorada por Hitler, que daria um curso mais promissor à guerra e poderia ter evitado a derrocada no Leste?

III

O pensamento estratégico dos líderes da Marinha alemã — competindo no que era, em geral, uma disputa de cúpula com o Exército e a Aeronáutica por status, influência e recursos — havia, desde o início, seguido por linhas diferentes das de Hitler, embora não fosse menos agressivo e menos global em suas ambições de expansão territorial e eventual dominação do mundo. Onde Hitler quisera conquistar a amizade britânica para destruir a União Soviética, de olho em um enorme império terrestre na Europa oriental e um poderio invencível a partir do qual, em algum futuro distante, a Alemanha poderia se engajar num enfrentamento com os Estados Unidos, a Marinha via a destruição do poder mundial britânico como o objetivo central da guerra. Ela pedia uma frota grande e poderosa capaz de enfrentar e derrotar a Marinha Real numa guerra naval clássica. Junto com a construção de um enorme império colonial alemão, isso forneceria a base para desafiar e derrotar os Estados Unidos na disputa pela dominação do mundo. Atacar a Rússia bolchevista não figurava com destaque nesse pensamento. O bolchevismo era certamente visto como um mal a ser enfrentado e destruído em algum momento. Mas era dado como certo que ele poderia ser contido, e depois esmagado, numa data posterior, quando o predomínio alemão estivesse estabelecido.

O pensamento naval no Terceiro Reich era, em essência, uma variante atualizada e corrigida do pensamento do tempo de Tirpitz.[52] Ele se apoiava em uma das duas linhas principais do imperialismo alemão, a do império colonial de ultramar. As idéias de Hitler (e as do Partido Nazista) surgiam da linha alternativa de imperialismo, também com raízes profundas no período guilhermino, que apostavam na expansão e conquista na Europa oriental.[53] Para o Exército, mas não para a Marinha, eram evidentes os atrativos dessa última versão, com suas exigências inerentes de uma grande força terrestre para garantir o domínio continental. Entretanto, as alternativas marítima e continental puderam permanecer perfeitamente concomitantes nos anos que precederam a guerra. Embora o Exército, a Marinha e a

Aeronáutica competissem por recursos, não havia necessidade de escolher uma das alternativas. Com a decisão de 1939 de construir uma grande frota de superfície, visualizada no Plano Z, por algum tempo pareceu que a Marinha estava se impondo.[54]

A concepção da Marinha de se preparar para uma luta maior em meados dos anos 40 foi, no entanto, totalmente vendida quando a crise polonesa conduziu à guerra entre a Alemanha e a Grã-Bretanha em setembro de 1939. Em um memorando notável de 3 de setembro de 1939, mesma data em que a Grã-Bretanha e a França declararam guerra à Alemanha, o comandante-em-chefe da Marinha, grande-almirante Erich Raeder, chegando perto de criticar Hitler por arrastar a Alemanha a uma guerra prematura, admitiu que a Marinha, que segundo o Plano Z estava se armando para uma guerra "no oceano" na virada de 1944 para 1945, no outono de 1939 não estava nem de longe suficientemente armada para a "grande batalha contra a Inglaterra".[55]

Na primavera e início do verão de 1940, porém, esse pessimismo inicial cedera lugar a um otimismo ilimitado. Na esteira do papel desempenhado pela Marinha nas conquistas escandinavas, em abril, e depois, especialmente, os acontecimentos eletrizantes durante a campanha na frente ocidental em maio e junho que culminaram na dramática vitória sobre a França, líderes navais elaboraram sua visão utópica do futuro poder mundial da Alemanha apoiado na força da Marinha para proteger suas possessões de ultramar.[56] Vislumbrava-se uma imensa anexação territorial. Segundo um memorando de 3 de junho, composto pelo contra-almirante Kurt Fricke, Dinamarca, Noruega e Norte da França deveriam continuar sendo possessões alemãs, protegendo o litoral noroeste do Reich. Uma faixa adjacente de territórios, capturados principalmente da França e da Bélgica, somada a algumas ex-colônias alemãs devolvidas, e outras trocadas com Grã-Bretanha e Portugal, estabeleceriam um grande império colonial na África central. Ilhas ao largo da costa oriental da África, mais especialmente Madagáscar, ofereceriam bases protetoras.[57]

O almirante Rolf Carls, chefe do comando naval no Báltico e havia muito considerado como provável sucessor de Raeder, foi ainda mais longe. Partes da Bélgica e da França (incluindo a Normandia e a Bretanha) se tornariam protetorados alemães espelhando-se no modelo tcheco. O império colonial francês seria desmembrado em favor de Alemanha, Itália e, em certa medida, Espanha. A África do Sul e a Rodésia do Sul seriam tomadas do Império Britânico e se tornariam um

Estado independente, ao passo que a Rodésia do Norte se tornaria uma possessão alemã como ponte entre seus territórios africanos ocidentais e orientais. Todos os direitos britânicos no golfo Pérsico, mais especialmente os campos petrolíferos, passariam para a Alemanha. A Grã-Bretanha e a França seriam excluídas de qualquer controle sobre o canal de Suez. Os mandatos britânicos no Oriente Médio seriam tomados. A Alemanha assumiria o controle das Shetlands e das Ilhas do Canal. Bases estratégicas seriam estabelecidas nas Ilhas Canárias (provavelmente numa troca de território com a Espanha), em Dacar, na costa ocidental africana (em detrimento da França) e em Madagáscar, Maurício e Seychelles no oceano Índico. Carls admitiu que a visão poderia ser "fantástica", embora defendesse sua realização para "assegurar as pretensões da Alemanha de sua parte do globo de uma vez por todas".[58]

Um outro memorando, contudo, este datado de 11 de julho, imaginava a grande frota de batalha necessária para defender um grande império colonial e travar uma guerra contra os Estados Unidos quando a Grã-Bretanha houvesse sido totalmente derrotada, e o antes poderoso Império, desmembrado. Seriam erguidas extensas defesas costeiras. Bases nos Açores, nas Ilhas Canárias e nas ilhas de Cabo Verde ofereceriam segurança contra um ataque através do Atlântico. Apossar-se da Nova Guiné e de Madagáscar ofereceria proteção contra um ataque no oceano Índico. As ligações da Alemanha com suas colônias seriam sustentadas sem dificuldade pelo domínio do oceano Índico, do mar Vermelho e do Mediterrâneo.[59] Era uma visão grandiosa, e mais um testemunho de que a arrogância na elite alemã não se limitava absolutamente a Hitler.

No entanto, esses memorandos estavam longe de encerrar um pensamento estratégico coerente. Eles não passavam de sonhos megalomaníacos compostos na embriaguez da vitória final que parecia iminente. Aliás, sem a derrota da Grã-Bretanha, sua premissa subjacente, mesmo os primeiros passos para sua realização estavam fora de questão. E eles não fizeram nada para preparar a Marinha para a opção estratégica que, no verão de 1940, Hitler teve de fazer de fato: a invasão da União Soviética na primavera do ano seguinte. O interesse do ditador permaneceu focado, como estivera o tempo todo, nas perspectivas de criar um império no Leste da Europa, e não na África central. Para ele, ao contrário de sua Marinha, construir um império colonial na África só viria depois, não antes, da derrota do bolchevismo, e fazia parte do futuro confronto inevitável com o continente americano.[60]

Por seu lado, a liderança naval, quando desceu dos sonhos utópicos ao planejamento prático, estava preocupada com a tarefa imediata que lhe fora confiada apenas algumas semanas antes: preparar os planos operacionais para a invasão da Grã-Bretanha no outono, voltada para encerrar o envolvimento britânico na guerra e liberar a retaguarda da Alemanha para o ataque à União Soviética.

Embora o planejamento preliminar de contingência naval para uma possível invasão da Grã-Bretanha houvesse sido empreendido ainda em novembro de 1939,[61] as considerações operacionais sérias só começaram em junho de 1940. No dia preciso em que os franceses imploravam pela paz, 17 de junho, o major-general Walter Warlimont, que na condição de chefe do Departamento de Defesa Nacional do Estado-Maior de Operações da Wehrmacht estava próximo do cerne do pensamento militar, disse a Raeder que Hitler não havia manifestado a menor intenção de tentar um desembarque na Inglaterra, "pois entendia perfeitamente as dificuldades extraordinárias dessa empreitada". Portanto, o alto comando da Wehrmacht não fizera preparativos para aquela medida. Warlimont também indicou a divergência evidente do pensamento de Hitler com as preferências estratégicas subjacentes da liderança naval. Ele confirmou que Hitler não queria destruir por completo o Império mundial da Grã-Bretanha, pois isso seria apenas "para desvantagem da raça branca". Ele preferia chegar à paz com a Grã-Bretanha, depois da derrota da França, "sob a condição de devolução de colônias e renúncia à influência inglesa na Europa".[62]

Num espaço de duas semanas, no entanto, o general Jodl, na condição de superior imediato do chefe do Estado-Maior de Operações da Wehrmacht Warlimont e de consultor militar mais próximo de Hitler, havia esboçado uma estratégia para obrigar a Grã-Bretanha a capitular caso não conseguissem persuadi-la a concordar com certos termos. A estratégia incluía a perspectiva de um desembarque, mas também de uma "guerra periférica", destinada a um apoio militar limitado aos países — Itália, Espanha, Rússia e Japão — que tinham interesse em se beneficiar da ruína do Império Britânico. Um ataque italiano ao canal de Suez e a captura de Gibraltar foram especificamente mencionados.[63] A "estratégia periférica" permaneceu em estudos durante o verão e o outono, e alguns aspectos dela coincidiam com o pensamento dos líderes da Marinha.

A idéia de uma invasão da Grã-Bretanha, por outro lado, teve curta duração. Hitler evidentemente a percebia como um último recurso e era muito cético, desde o início, sobre a sua viabilidade.[64] Ele havia enfatizado o domínio alemão dos céus como o pré-requisito mais importante para um desembarque. Raeder concordara plenamente. Mas o comando naval não só duvidava de que isso pudesse ser conseguido como também, em meados de julho, expressara sua extrema preocupação com as dificuldades de transporte e não menos a de que, mesmo que as tropas alemãs pudessem ser desembarcadas em solo britânico, a intervenção da Marinha Real pudesse impedir futuros desembarques e bloqueá-los, "deixando em extremo perigo todo o Exército mobilizado".[65] Além disso, a pretendida conclusão dos preparativos para o desembarque, em meados de agosto, se mostrou rapidamente ilusória.[66] A necessária reprogramação da conclusão para meados do mês seguinte[67] significou que restava uma oportunidade muito pequena apenas até as incertezas do clima no canal da Mancha impedirem uma tentativa antes da primavera seguinte. No fim de agosto, ficou claro para o comando naval que os preparativos para o transporte não poderiam ser completados na nova data estabelecida, 15 de setembro.[68] Antes mesmo do fim de julho, o Executivo de Guerra Naval (*Seekriegsleitung*) havia de fato sido aconselhado a não tentar empreender a operação em 1940 e adiá-la até maio do ano seguinte, pelo menos. Em 31 de julho, Raeder transmitiu os argumentos a Hitler, que reconheceu as dificuldades, mas adiou uma decisão final até a Luftwaffe ter tido a oportunidade de bombardear a Inglaterra por oito dias consecutivos.[69] A ordem para um adiamento indefinido da Operação Sealion só foi dada de fato em 17 de setembro.[70] A verdade, porém, é que Hitler sempre ficou com um pé atrás quanto à perspectiva de desembarcar na Grã-Bretanha, e possivelmente aceitou, já em 29-31 de julho, muito antes de chegar a fase decisiva da Batalha da Grã-Bretanha, que não seria possível continuar com a invasão.[71] A decisão de atacar a Rússia rapidamente assumira o lugar de atacar a Grã-Bretanha. Ela era vista como menos arriscada.

O grande-almirante Raeder já havia saído da reunião de comandantes militares no Berghof, em 31 de julho de 1940, quando Hitler anunciou sua decisão de preparação para a guerra contra a União Soviética na primavera seguinte.[72] Mas nada nesse anúncio poderia ser inesperado. Raeder estivera presente dez dias antes quando Hitler havia falado pela primeira vez de um possível ataque à União Soviética.[73] E, três dias antes do anúncio, plenamente ciente de que a guerra estava no ar, o comandante do Estado-Maior da Executiva de Guerra Naval, contra-almirante Fricke, compôs um memorando esboçando suas considerações sobre um conflito com a Rússia, que Raeder leu no dia seguinte, 29 de julho. Fricke aceitava que o bolchevismo era um "perigo crônico" que devia ser "eliminado de uma maneira ou de outra" e não fez nenhuma objeção ao ataque alemão idealizado, além de reconhecer a desvantagem setorial pela qual os interesses navais ficariam em posição secundária aos do Exército e da Luftwaffe.[74] No momento da decisão crucial de Hitler, em 31 de julho, de preparar uma guerra contra a Rússia, portanto, a Marinha não opôs nenhuma objeção e não teve nenhuma alternativa estratégica claramente planejada para oferecer.

Nos meses seguintes, porém, isso mudaria. O surgimento de uma estratégia mediterrânea se encaixava na idéia de "guerra periférica" que Jodl havia indicado em seu memorando de 30 de junho. Aos poucos, emergiu uma alternativa militar, embora uma alternativa que exigisse uma diplomacia mais ativa tendo como alvo a Espanha, a Itália e a França de Vichy. Nesse ínterim, porém, o planejamento operacional para um ataque à Rússia tomava forma. Era a espada de Dâmocles pendendo sobre o momento oportuno de qualquer alternativa proposta.

Nos meses do final de verão e do outono, as idéias estratégicas da Marinha, tal como se desenvolveram, tinham muito em comum com o pensamento no quartel-general de Hitler. O rápido enfraquecimento das perspectivas de uma invasão da Grã-Bretanha provocou a análise de outras maneiras de quebrar a resistência britânica. Para Jodl, encarregado do planejamento operacional da Wehrmacht, a "estratégia periférica" que ele havia idealizado era uma preocupação crucial.[75] Mas ela não estava em contradição com um ataque à Rússia. Idealmente, visava a obrigar a Grã-Bretanha a aceitar as condições e a liberar a retaguarda da Alemanha para a guerra contra a Rússia, ou, na falta disso, atar a Grã-Bretanha até que uma vitória na União Soviética a compelisse a ceder. Para o comando naval, por outro lado, a "estratégia periférica" (ou mediterrânea) não era uma solução temporária para facilitar a guerra no Leste. Ela oferecia uma alternativa a essa guerra.

Em meados de agosto, Hitler havia concordado com planos (que, segundo achava, receberiam a aprovação de Franco) de uma operação para tomar Gibraltar no início de 1941 e apoiar uma investida italiana ao canal de Suez por volta da mesma época.[76] Pouco tempo depois, a primeira consideração séria por parte da Marinha de uma estratégia focada no Mediterrâneo foi sinalizada por uma análise do almirante Gerhard Wagner, em 29 de agosto, sobre como a guerra contra a Grã-Bretanha seria mais bem conduzida supondo que a Operação Sealion não ocorresse.[77]

Ele partia do pressuposto de que os bombardeios aéreos e a guerra no Atlântico para cortar suprimentos não forçariam uma decisão nos próximos meses. E, na primavera seguinte, a capacidade defensiva britânica teria melhorado, talvez com ajuda americana. A melhor maneira de atacar a Grã-Bretanha, ele conclui, seria enfraquecer seu Império com uma guerra no Mediterrâneo, junto com os italianos.

Assumindo o pensamento do alto comando da Wehrmacht, o almirante Wagner assinalou que seria possível capturar Gibraltar com apoio espanhol e bloquear o canal de Suez com uma ofensiva partindo da Líbia através do Egito. O resultado expulsaria a Grã-Bretanha do Mediterrâneo, que ficaria então inteiramente nas mãos das potências do Eixo. Isso, por sua vez, protegeria a navegação em todo o Mediterrâneo, assegurando importações não ameaçadas do Norte da África. A posição das potências do Eixo na região dos Bálcãs seria extremamente fortalecida no processo. A Turquia já não poderia permanecer neutra e cairia dentro de sua órbita. As matérias-primas dos países árabes, Egito e Sudão, ficariam à disposição do Eixo. Haveria uma boa plataforma para enfraquecer posições britânicas no oceano Índico com ataques a colônias na África oriental e colocando uma ameaça óbvia à própria Índia. A perda de Gibraltar privaria a Grã-Bretanha de uma de suas bases mais importantes para a guerra no Atlântico. Mesmo se a Grã-Bretanha conseguisse uma base de operações nos Açores, na Ilha da Madeira ou nas Ilhas Canárias, isso não seria uma grande compensação. O domínio alemão do Mediterrâneo ocidental permitiria pressionar as colônias francesas do Norte da África e impedi-las de passar para os gaullistas, e daí, para o lado britânico. Ao mesmo tempo, as bases britânicas na costa ocidental da África ficariam ameaçadas.

Como uma vantagem adicional, a Marinha italiana se libertaria do apoio ao esforço de guerra alemão fora do Mediterrâneo, do oceano Índico e do Atlântico, ao passo que a Aeronáutica e o Exército italiano poderiam fazer novas investidas contra os britânicos, sobretudo no Leste da África. Um benefício final seria a entrada da Espanha na guerra (vista como implícita nas conversas sobre Gibraltar), com isso ampliando significativamente a base para uma guerra naval alemã no Atlântico. O memorando concluía

> que o domínio do Mediterrâneo terá um significado estratégico decisivo para a continuação da guerra. As operações vislumbradas para esse fim vão muito além de "ações interinas", como foram anteriormente descritas. Elas serão não só um fortalecimento efetivo do potencial de guerra germano-italiano como também uma base muito melhorada para a luta final decisiva contra a Pátria inglesa e as fontes de vigor que o Império Britânico atingiu. [Mas] como os pontos mais sensíveis do império

mundial inglês serão atacados ou ameaçados, existirá até mesmo a possibilidade de a Inglaterra se sentir compelida a desistir da resistência.[78]

Isso seria ainda mais provável se o apoio americano fosse desprezível naquele ponto. Não havia tempo a perder, portanto. A estratégia era do interesse da Marinha, assinalou Wagner, terminando com a expectativa de que Raeder levaria as propostas para Hitler.

Quatro dias antes de Raeder poder defender sua proposta, em seu *briefing* de 6 de setembro, os Estados Unidos haviam concordado em fornecer cinqüenta destróieres obsoletos à Grã-Bretanha. Essa decisão (à qual voltaremos com mais detalhes no capítulo 5) foi de importância muito mais simbólica que militar, sinalizando à liderança alemã a crescente probabilidade de uma coalizão britânico-americana num futuro não muito distante.[79] Depois de Raeder salientar o perigo para as ilhas portuguesas e espanholas no Atlântico e para as colônias francesas na África ocidental que seria colocado por um envolvimento americano na guerra, Hitler deu instruções para preparar a ocupação dos Açores, das Ilhas Canárias e de Cabo Verde para impedir qualquer possível desembarque de britânicos e americanos (embora analistas navais que trabalharam na logística das semanas seguintes não estivessem convencidos do valor dessa operação).[80] À luz do crescente "Problema Estados Unidos" e perguntando com certa malícia quais poderiam ser as diretrizes políticas e militares de Hitler caso a Sealion não acontecesse, Raeder de fato pressionou com o argumento de uma estratégia mediterrânea, nas linhas do memorando de Wagner, não como uma ação "interina" mas como uma "ação principal contra a Inglaterra". Ele pediu que os preparativos começassem prontamente para que pudessem ser implementados antes que os Estados Unidos pudessem intervir. Hitler deu ordens nesse sentido. Isso não significou, contudo, que ele estivesse sinalizando uma aprovação de uma estratégica mediterrânea *em lugar do* pretendido ataque à União Soviética. A proposta campanha russa — nesse momento com o nome de código Problema S — surgiu mais tarde no *briefing*. Quando ele a fez, Raeder não levantou objeções, observando apenas que o momento mais adequado para a Marinha seria quando o gelo derretesse. Ele acrescentou, um ponto que recebeu pronta aceitação de Hitler, que a Sealion não deveria ser tentada ao mesmo tempo.[81]

Na ocasião do *briefing* de Raeder com Hitler em 26 de setembro, o caso da estratégia do Mediterrâneo havia adquirido uma nova urgência à luz do ataque por tropas britânicas e francesas livres (seguidoras do general Charles de Gaulle) em Dacar alguns dias antes. O Marrocos francês, a Argélia e a Tunísia estavam sob risco na medida em que o regime de Vichy perdia terreno para o movimento gaullista na África Equatorial Francesa. Isso centralizou o pensamento alemão. Raeder havia pedido para falar a sós com Hitler — uma ocorrência muito excepcional — e começado a expressar seu desejo de ir além de suas atribuições específicas de comentar sobre o progresso da guerra. Ele insistiu num tratamento mais conciliador do regime de Vichy, desejando melhorar relações anteriores com a incorporação dos franceses como aliados plenos na guerra contra a Grã-Bretanha. Travar a guerra junto com os franceses, argumentou Raeder, oferecia a possibilidade não só de garantir as possessões francesas e suas matérias-primas, mas também de expulsar a Grã-Bretanha da África central e privá-la do porto de Freetown na costa ocidental, causando assim problemas importantes para o tráfego de comboios do Atlântico Sul, da América Latina e da África do Sul. Isso também constituiria um grande passo para expulsar os britânicos do Mediterrâneo. Antes mesmo de voltar à África noroeste, Raeder havia insistido com Hitler para se concentrar em "travar a luta contra a I[nglaterra] por todos os meios possíveis e sem demora, antes que os Estados Unidos intervenham". Os britânicos, ele declarou, sempre consideraram o Mediterrâneo como a chave para sua posição mundial. E ele concluiu que "a questão do Mediterrâneo precisa, portanto, ser resolvida durante o inverno". Gibraltar precisava ser tomado, e antes até que as Canárias fossem garantidas pela Luftwaffe. O apoio alemão era necessário para ajudar os italianos a tomarem Suez. Dali, ele via um avanço através de Palestina e Síria — que Hitler disse que dependeria dos franceses, mas devia ser possível — até a Turquia. "Quando atingirmos esse ponto, a Turquia estará em nosso poder. O problema russo aparecerá então sob uma luz diferente. A Rússia basicamente teme a Alemanha. É questionável se um ataque à Rússia pelo norte será então necessário."[82]

Dificilmente Raeder teria sido mais explícito sobre a estratégia preferida da Marinha.[83] A Executiva de Guerra Naval estava ansiosa para estabelecer o fato de que Hitler havia dado indícios de concordar com as idéias expressadas.[84] Mesmo assim, dois problemas afloraram no *briefing*, ainda que implicitamente.

O primeiro foi o tamanho da frota. Raeder assinalou (e Hitler concordou) que a frota era então pequena demais para as tarefas que a aguardavam caso a estratégia do Mediterrâneo viesse a ser implementada, particularmente se a guerra viesse a assumir uma dimensão global com a entrada dos Estados Unidos. Mas a capacidade de construção naval não permitia nenhuma ampliação das encomendas existentes. Evidentemente, portanto, uma estratégia marítima seria muito prejudicada desde o começo se a frota fosse pequena demais para implementá-la e os recursos não permitissem uma rápida expansão.

O segundo era a implicação para a política externa, que Hitler mencionou. Ele disse a Raeder que, após a conclusão do Pacto Tripartite com o Japão (que devia ser assinado no dia seguinte, 17 de setembro), ele manteria conversações com Mussolini e Franco, e teria de decidir para onde ir com França e Espanha. Achava que a França era a escolha mais provável, pois a Espanha reivindicava muito (o Marrocos francês), mas oferecia pouco em troca. A Grã-Bretanha e os Estados Unidos deviam ser excluídos do Noroeste da África. Isso estava claro. Mas a França teria de atender a certas pretensões territoriais da Alemanha e da Itália antes de se chegar a um acordo sobre a extensão de suas possessões coloniais africanas. Embora Hitler não salientasse o ponto, isso nitidamente enfraquecia o interesse da França por qualquer acordo com a Alemanha. Além disso, Hitler não estava entusiasmado com as esperanças de Raeder de engajar a frota francesa no lado alemão. Ele não estava preparado para avançar nisso sem a aprovação de seu parceiro do Eixo, Mussolini, que provavelmente não ficaria entusiasmado com qualquer fortalecimento da França, rival da Itália, no Mediterrâneo. Por outro lado, se a Espanha entrasse na guerra do lado do Eixo, as Canárias e, talvez, também os Açores e Cabo Verde teriam de ser garantidos pela Luftwaffe.[85] Com efeito, portanto, embora concordasse em princípio com a estratégia mediterrânea, Hitler estava colocando sua execução na dependência do resultado de suas negociações com Mussolini, Franco e Pétain. Ele estava perfeitamente consciente de que agradar a todos não seria uma tarefa fácil. Reconhecia, cinicamente, que enquadrar o círculo dos interesses concorrentes só seria possível com uma "fraude grandiosa".[86] Isso se mostraria além das possibilidades até mesmo de Hitler.

Por essa época, no fim de setembro, as idéias da Marinha de dirigir o esforço de guerra da Alemanha para o Mediterrâneo correspondiam muito de perto à noção desenvolvida no Ministério do Exterior de um "bloco continental" de países, formando uma poderosa aliança contra a Grã-Bretanha.[87] O ministro do Exterior, nada menos que o próprio Joachim von Ribbentrop, estivera ansioso para construir uma poderosa aliança mundial, incorporando tanto a União Soviética como o Japão, que seria alinhada contra a Grã-Bretanha, neutralizando, ao mesmo tempo, os Estados Unidos.[88] Dentro desse conceito grandioso, um "bloco continental" ocidental incorporando a França de Vichy e a Espanha, junto com a Itália, constituía um componente menor, mas vital.[89] Em termos militares, a "estratégia periférica", tal como havia sido desenvolvida no início do outono de 1940, implicava — afora tentar bloquear importações britânicas — três linhas: uma ofensiva ítalo-germânica no Oriente Médio; a tomada de Gibraltar; e a extensão do controle alemão sobre a costa africana e as ilhas do Atlântico.[90] Claramente, como havia surgido do *briefing* de Raeder em 26 de setembro, o potencial militar dessa estratégia repousava em iniciativas diplomáticas importantes: mais especificamente, na habilidade de Hitler de chegar a acordos satisfatórios com os líderes da Espanha e da França de Vichy. E foi precisamente aí que eles soçobrariam.

IV

Na virada do verão para o outono, ainda não estava claro para as pessoas próximas do centro de poder na Alemanha — incluindo, por algum tempo, ao que parece, o próprio Hitler — que variante de estratégia militar deveria ser seguida. O estabelecimento de prioridades diferentes ainda era possível. Isso significa que as opções ainda estavam aparentemente em aberto.

A preferência de Hitler, tanto do ponto de vista ideológico como militar, era obviamente um ataque antecipado à União Soviética. Isso ficara claramente estabelecido no fim de julho. Nada, nesse meio-tempo, indica que ele houvesse mudado de idéia. Mas seu interesse na "estratégia periférica" não era um simples subterfúgio. A campanha russa, que ele no início esperava lançar naquele outono, não poderia acontecer antes da primavera, no mínimo. Enquanto isso, porém, haviam se aprofundado as preocupações de que os Estados Unidos poderiam entrar na guerra do lado britânico mais cedo do que se pensava.[91] Claramente, Hitler não estava menos ansioso do que no início do verão de impedir que isso acontecesse. A maneira mais óbvia era tirar a Grã-Bretanha da guerra. Com a Operação Sealion engavetada (e, de fato, ainda que não nominalmente, abandonada), um enfoque militar e diplomático no Mediterrâneo oferecia a melhor oportunidade. Variantes dessa estratégia eram sustentadas, como se viu, por Jodl (e seu vice Warlimont) no Estado-Maior de Operações da Wehrmacht, por Raeder e a Executiva de Guerra Naval, e por Ribbentrop, o ministro do Exterior. Hitler esteve preparado durante algum tempo para dar seu respaldo à busca de uma abertura diplomática sobre a "periférica" e continuou promovendo o planejamento militar que dependeria do êxito de semelhante iniciativa. Mas, ao passo que para Raeder, para Warlimont (se não para Jodl) e mesmo para Ribbentrop a "estratégica periférica" era vista como uma alternativa à invasão da Rússia, para Hitler ela era apenas um prelúdio para garantir a retaguarda da Alemanha antes de se engajar no enfrentamento com a União Soviética que era, no seu entendimento, tanto inevitável como a única maneira capaz de decidir o resultado final da guerra. O coração de Hitler nunca esteve na "estratégia periférica", portanto, como um fim em si mesmo. Ao menos em parte, isso provavelmente explica por que seu esforço diplomático nas viagens que fez em outubro para conversar com Mussolini, Franco e Pétain se mostrou tão infrutífero. Ele as empreendeu com poucas ilusões.

O objetivo central da reunião de Hitler como Mussolini no passo de Brenner em 4 de outubro era (embora ele só chegasse ao ponto cautelosamente) sondar o Duce sobre a possibilidade de trazer a França e a Espanha para uma "linha comum" e criar assim "uma coalizão continental contra a Inglaterra".[92] Mussolini não fez objeções. Mas os dois ditadores viam claramente que as exigências territoriais da Espanha como preço para entrar na guerra — ganhar Marrocos e Argélia da França e Gibraltar da Grã-Bretanha, somente a última não colocando nenhum problema — seriam inaceitáveis para a França, e abririam caminho para um sucesso gaullista (ameaçando, por sua vez, a penetração de interesses britânicos) na área vital do Norte da África. Como Mussolini aproveitou a oportunidade para lembrar Hitler das pretensões italianas a concessões territoriais francesas, estava claro que a possibilidade de se encontrar uma solução diplomática que satisfizesse às três potências mediterrâneas, Itália, França e Espanha, era extremamente limitada. Além do mais, Hitler não iria empreender nada que prejudicasse suas relações com seu parceiro do Eixo. Assim, embora amistosas, as conversações não produziram nenhum resultado tangível para ajudar a criação da "coalizão continental".[93]

A reunião com Franco em Hendaye, no dia 23 de outubro, frustrou todas as promessas desde o começo.[94] A posição de barganha de Hitler era fraca. Ele queria a Espanha na guerra sobretudo para facilitar o planejado ataque a Gibraltar e reforçar a defesa das ilhas do Atlântico ao largo da costa ibérica. Mas não estava preparado para pagar o preço exorbitante que ele tinha consciência de que a Espanha cobraria: fornecimento enorme de armamentos e gêneros alimentícios, e satisfação de suas pretensões territoriais não só em Gibraltar (o que era fácil conceder), mas no Marrocos e na Argélia também. A visão de Hitler era provavelmente muito parecida com o veredicto privado confidenciado pelo secretário de Estado no Ministério do Exterior, Ernst von Weizsäcker, ao seu diário: "Gibraltar não vale isso tudo para nós".[95] A Alemanha não poderia considerar o atendimento das pretensões materiais de Franco. E as concessões territoriais, como Hitler deixara claro a Mussolini, estavam fora de questão por conta da séria ameaça que colocariam, em vista do enfraquecimento da posição da França de Vichy, ao domínio do Eixo no Norte da África. Então, Hitler não tinha nada a oferecer a Franco além de Gibraltar. Por desejável que fosse a conquista de Gibraltar para os espanhóis, ela só seria alcançável mediante o que, do seu ponto de vista, era o alto risco de envolvimento numa guerra que Franco, apesar da postura de Hitler, duvidava seriamente que já estivesse ganha pelo Eixo. Hitler voltou de mãos vazias.

Ele não se saiu muito melhor no dia seguinte com Pétain, apesar de as conversas terem sido mais cordiais.[96] O acordo sobre uma "cooperação" mais estreita entre a França e a Alemanha ficou muito aquém de um compromisso direto francês de entrar na guerra contra a Grã-Bretanha. A discussão ficou no nível das generalidades. Mais uma vez, as mãos de Hitler estavam efetivamente atadas, e ele não tinha nada de concreto a oferecer à França. Embora a entrada da França de Vichy na guerra no lado da Alemanha (e nos seus termos) fizesse sentido militar e estratégico do ponto de vista alemão, era difícil tornar essa proposta atraente se fosse feita menção à discutível manobra com território colonial francês no Norte da África num tratado de paz entre os dois países, para não mencionar a expropriação de Briey e Calais no próprio litoral francês, e da Alsácia-Lorena, que os alemães tinham em mente.[97] Além disso, em um ponto-chave para Hitler, relações mais estreitas com a França seguramente fariam eriçar as penugens italianas, algo que ele queria evitar a todo custo. Seja como for, parece duvidoso que Hitler realmente quisesse os franceses como aliados absolutos.[98] Assim, as conversações com Pétain não passaram de um jogo de cena.

Em suma, Hitler não poderia satisfazer à Espanha sem criar antagonismo com a França e não poderia acomodar os franceses sem incomodar seu "amigo" Mussolini. Nesse ínterim, quando os dois ditadores tornaram a se encontrar, em Florença, em 28 de outubro, seu "amigo" havia, para a fúria de Hitler, começado sua malfadada invasão da Grécia, colocando uma quantidade de areia considerável em qualquer estratégia em torno de uma cooperação militar ítalo-germânica no Mediterrâneo.

Ao voltar de suas reuniões com Franco e Pétain, Hitler já havia indicado a seu maleável chefe do alto comando da Wehrmacht, marechal-de-campo Wilhelm Keitel, e a Jodl que a guerra contra a Rússia teria de acontecer no ano seguinte.[99] Pouco mais tarde, em 4 de novembro, enquanto oferecia a seus comandantes militares um *tour d'horizon* de todas as possibilidades estratégicas existentes que se concentravam no Mediterrâneo e no Oriente Médio, Hitler observara, porém, que a Rússia permanecia sendo o "grande problema da Europa" e que "tudo deve ser feito para se estar pronto para o grande enfrentamento".[100] Evidentemente, sua impossibilidade de realizar qualquer avanço na arquitetura até mesmo de um "bloco continental" e europeu ocidental alinhado contra a Grã-Bretanha havia confirmado seu próprio instinto anterior de que a única maneira de alcançar a vitória final era atacando e derrotando rapidamente a União Soviética. A tomada de Gibraltar (junto com as Ilhas Canárias e de Cabo Verde) ainda estava no alto da agenda, e Hitler continua acalentando esperanças de Franco entrar na guerra. Se houvesse a ocupação dos Açores (uma possessão portuguesa), e Lisboa questionasse, ele estava preparado, se necessário, assim disse, para ameaçar com o envio de tropas a Portugal. Mas a aventura grega de Mussolini significava que a ofensiva italiana na Líbia teria de ser adiada, e, com isso, também a mobilização de tropas alemãs no Norte da África e a investida sobre Suez. Era o primeiro sinal claro da falta de confiança de Hitler na capacidade militar de seu parceiro italiano.[101]

Quando Viatcheslav Mólotov, o comissário soviético das Relações Exteriores, foi a Berlim para conversar com Hitler em 12-13 de novembro, a estratégia de guerra alemã ainda estava pouco clara e indeterminada. No mesmo dia em que começaram as discussões com Mólotov,[102] Hitler emitiu uma diretriz militar que se estendia amplamente sobre campos de batalha potenciais. A tomada de Gibraltar para expulsar os britânicos do Mediterrâneo ocidental e impedi-los de ganhar uma base de ação na península Ibérica ou nas ilhas do Atlântico era o item dominante. Os esforços políticos para trazer a Espanha para a guerra foram infrutíferos. A França, provisoriamente, estaria fornecendo cooperação sem um engajamento militar pleno na guerra contra a Grã-Bretanha. A mobilização de tropas alemãs para apoiar a planejada ofensiva italiana contra o Egito foi deixada em suspenso. A Operação Sealion, a invasão da Grã-Bretanha, não foi abandonada formalmente, mas não figurava mais em nada que se parecesse com uma prioridade militar. Graças a Mussolini, foram empreendidos preparativos para a ocupação do Norte da Grécia no Egeu. Mas talvez a consideração mais crucial tenha vindo perto do fim da diretriz: "Discussões políticas com o objetivo de esclarecer a posição da

Rússia no futuro próximo estão em curso. Conforme o resultado dessas discussões, todos os preparativos já ordenados verbalmente para o Leste terão continuidade".[103] Embora nenhuma opção militar tivesse sido fechada a essa altura, tudo indicava que Hitler havia ficado tão cético sobre o progresso no Mediterrâneo que estava voltando, suas idéias confirmadas, para a estratégia que já havia privilegiado no verão: o ataque à União Soviética. O desconforto provocado em sua mente pela visita de Mólotov foi a gota d'água.[104]

O apelo renovado por Raeder, em 14 de novembro, para ser dada prioridade ao Mediterrâneo e para uma investida sobre Suez só poderia cair em ouvidos surdos. Hitler deixou claro que ainda estava inclinado a avançar no confronto com a Rússia. A recomendação de Raeder para adiar isso até a vitória sobre a Grã-Bretanha ser alcançada era agora o mesmo que assobiar contra o vento. E quando Raeder pediu cautela para impedir uma possível ocupação das ilhas atlânticas portuguesas por britânicos ou por americanos, a resposta de Hitler foi característica. Ele não estava pensando nos Açores principalmente numa capacidade defensiva, mas *ofensiva*, para permitir o estacionamento de bombardeiros capazes de alcançar a América e, portanto, compelir os Estados Unidos a construírem defesas aéreas em vez de dar ajuda à Grã-Bretanha.[105] Isso foi uma indicação de que a península Ibérica e as ilhas atlânticas portuguesas e espanholas figuravam agora em seu pensamento como um elemento de dissuasão a uma intervenção anglo-americana enquanto ele estava engajado no Oriente, e não — como acontecera no começo do verão — como parte de uma estratégia voltada principalmente para levar a Grã-Bretanha à mesa de conferência.[106]

Pouco tempo depois, Hitler despachava seus assessores para encontrar um quartel-general de campo na Prússia Oriental.[107] Em 5 de dezembro, ele disse a Brauchitsch e Halder para prepararem o Exército para um ataque à Rússia no fim do maio seguinte.[108] Três dias depois, ele ficou sabendo que novas tentativas para ganhar a Espanha haviam fracassado. Franco havia se decidido categoricamente a manter a Espanha fora da guerra. Hitler sustou de imediato os preparativos para tomar Gibraltar, "já que as condições políticas não estavam mais dadas".[109] A operação foi abandonada em 9 de janeiro, apesar de Hitler sonhar durante mais algum tempo com sua possível ressurreição.[110] Muito antes disso, o rumo oriental da estratégia alemã havia sido estabelecido pela diretriz formal de Hitler para a Operação Barbarossa em 18 de dezembro com o objetivo expresso, antes mesmo de a guerra contra a Grã-Bretanha estar ganha, "de esmagar a União Soviética com uma campanha rápida".[111] A decisão alcançada em princípio em 31 de julho estava agora consagrada numa diretriz militar. Não haveria mais volta. A possibilidade de uma estratégia alternativa que havia sido apresentada por um período curto no fim do verão agora poderia ser definitivamente descartada.[112]

V

Ao fazer sua escolha fatídica em 1940, Hitler teria perdido a oportunidade de seguir um curso de ação alternativo que poderia ter levado à vitória ou, no mínimo, evitado o caminho calamitoso para a derrota que viria?

À luz do que se viu, a questão talvez tenha de ser abordada de outras maneiras. A primeira consideração, e a mais importante, diz respeito ao próprio pensamento de Hitler. Afinal, *ele* determinava a política. Outros poderiam tentar influenciá-lo. Mas, em última instância, era ele quem decidia. Hitler certamente não pensou que havia perdido uma chance. No seu entendimento, apesar de testar algumas possibilidades no fim do verão e no outono de 1940, nenhuma se mostrou viável para o curso que ele já havia visto em julho como a estratégia mais promissora — um ataque à União Soviética para alcançar uma vitória rápida antes do inverno, preparando o terreno para uma luta mais ampla contra a Grã-Bretanha e os Estados Unidos. Esse curso combinava com suas convicções ideológicas antigas e inalteradas. Mas considerações estratégicas eram fundamentais para determinar o momento.

Os Estados Unidos, pensava Hitler, estariam prontos para entrar na guerra no lado da Grã-Bretanha em 1942.[113] Ele estava convencido, portanto, de que o tempo não jogava a favor da Alemanha. O domínio continental, o fim da guerra européia e a invulnerabilidade que isso acarretaria precisavam ser alcançados durante 1941 antes de se seguir qualquer conflito com os Estados Unidos. Não havia nenhuma indicação de que considerasse adiar, para não falar de cancelar, a invasão da Rússia que pensava para a primavera de 1941. Os preparativos iniciados no fim de julho de 1940 nunca foram interrompidos. Ao conter a Grã-Bretanha e dissuadir os Estados Unidos, a "estratégia periférica" lhe oferecia um dispositivo para aplainar o caminho para o ataque à União Soviética, e não para substituí-lo. Não há muitas dúvidas de que ele foi sério sobre o apoio a iniciativas militares e diplomáticas centradas no Mediterrâneo e na península Ibérica. De sua perspectiva, porém, não havia nada a ser feito durante a guerra para conciliar e superar as sérias diferenças de interesse que separavam as principais potências da região: Itália, França e Espanha. E, como o quadro político necessário não poderia ser estabelecido, uma estratégia militar para o Mediterrâneo provavelmente não pagaria um alto dividendo.

Sem a entrada da Espanha na guerra, um ataque a Gibraltar, a chave para o Mediterrâneo ocidental, tornou-se uma proposição diferente. Ele poderia ser realizado.[114] Mas o custo, militar e politicamente, seria alto. Não surpreende, portanto, que ele tenha sido sustado tão logo Franco deixou claro que a Espanha permaneceria neutra. O outro elemento importante da estratégia militar mediterrânea, a investida para Suez, dependia dos italianos, que logo se revelaram ser o elo mais fraco na cadeia militar. Quando Mussolini invadiu a Grécia — invasão pronta e não surpreendentemente classificada por Hitler como um ato de estupidez[115] —, as perspectivas de sucesso italiano no Norte da África desapareceram. Mas, com os italianos enfraquecidos e sobrecarregados na Líbia, a investida sobre Suez obviamente não poderia acontecer. Por fim, havia pouco a ser feito com a França. Até o fim de 1940, quando a aventura grega da Itália havia criado tantas dificuldades que Mussolini teria recebido de braços abertos um acordo franco-alemão, os italianos haviam ficado relutantes sobre qualquer reconstrução do poderio francês no Mediterrâneo e no Norte da África.[116]

Para Hitler, portanto, uma alternativa à estratégia que escolhera nunca se colocou. E o que ele objetivava — um apoio a sua estratégia escolhida — não poderia ser realizado. De seu ponto de vista, não havia, portanto, nenhuma oportunidade perdida.[117]

Teriam outros, próximos do centro de planejamento estratégico, achado que uma oportunidade fora perdida? A alternativa mais clara, como se viu, foi pensada pela Marinha, e apresentada a Hitler pelo grande-almirante Raeder em mais de uma ocasião. Já se observou aqui que Raeder tentou, mesmo sem insistência, dissuadir Hitler de continuar com o ataque à Rússia. Hitler chegou a concordar com propostas de Raeder para uma estratégia mediterrânea (embora não em substituição a uma campanha oriental). Mas ele mudou de idéia de novo, e definitivamente, no outono, em particular depois da visita de Mólotov. Para ele, não havia dúvida de que a União Soviética representava uma ameaça à Alemanha. Por isso, Raeder, pelas razões já aduzidas, não tinha nenhuma real possibilidade de persuadir Hitler a mudar seus planos. Hitler nunca se desviou de sua convicção de que a destruição da União Soviética numa campanha relâmpago era o único caminho para a vitória total. Ademais, Raeder, embora privilegiasse outro caminho, não se opunha realmente à invasão da Rússia, apesar de lhe faltar entusiasmo sobre ela. E quando a estratégia mediterrânea preferida da Marinha havia tomado forma — deixando de lado os sonhos utópicos grandiosos de um vasto império colonial que temporariamente pareciam tão atraentes na esteira da derrota da França —, tanto o arcabouço político como o militar para sua realização estavam ruindo, tornando difícil contradizer a força do argumento de Hitler para a opção russa.

No alto comando da Wehrmacht, o defensor mais franco de uma estratégia mediterrânea foi o vice de Jodl no Estado-Maior de Operações da Wehrmacht e chefe de sua seção de planejamento estratégico, general Warlimont. No entanto, sua colocação de propostas para concentrar o esforço militar da Alemanha na investida pelo Norte da África se tornava crescentemente fútil ao longo do outono. Warlimont tinha pouco respaldo de Jodl, seu superior imediato e consultor mais próximo de Hitler em assuntos estratégicos. Apesar do fato de que ele próprio havia proposto a "estratégia periférica" no fim de junho, Jodl, como já se observou, via essa como a base para facilitar o objetivo estratégico que Hitler havia estabelecido: o ataque à Rússia.[118] Embora Jodl estivesse pouco envolvido, antes de dezembro de 1940, nos preparativos detalhados para a guerra no Leste, que era da alçada do alto comando do Exército, e não do Estado-Maior de Operações da Wehrmacht, ele não questionou a decisão fundamental de Hitler de atacar a União Soviética. A crença acrítica em Hitler como um gênio militar, muito ampliada desde o triunfo sobre a França, impediu qualquer oposição concebível de seu lado,[119] e muito menos do bajulador Keitel. Quaisquer que tenham sido as dúvidas iniciais de Brauchitsch e Halder, os líderes do Exército (que era, evidentemente, a unidade-chave da Wehrmacht no futuro ataque à Rússia), elas foram rapidamente suprimidas. Ambos viram a preparação para a guerra no Leste como a prioridade absoluta. Como Halder havia observado em 13 de julho, eles viam, assim como Hitler, as esperanças da Grã-Bretanha na Rússia como a chave para sua recusa em negociar.[120] Não se considerou seriamente nenhuma alternativa, e certamente não se esperava nenhuma estratégia alternativa da Luftwaffe, cuja liderança era mais pró-nazista que a do Exército, e cujo comandante-em-chefe era Göring, temeroso de perder o favor de Hitler e não menos por essa razão comprometido a apoiar uma campanha oriental.[121]

A própria estrutura organizacional dividida das Forças Armadas alemãs obstruiu a promoção de qualquer alternativa séria aos planos de Hitler. Como já se observou aqui, os chefes de Estado-Maior do Exército, da Marinha e da Aeronáutica, e o chefe do Estado-Maior de Operações do Alto Comando da Wehrmacht (responsável pelo planejamento estratégico geral) não se reuniam num organismo para traçar estratégias. Os comandantes-em-chefe tampouco se reuniam, exceto na presença dominadora de Hitler, quando era praticamente impossível uma discussão genuína.[122] Assim, o eixo de interesse comum forjado rapidamente entre o escritório de Warlimont e o comando naval não tinha apoio dentro das Forças Armadas e nenhuma saída para defender o caso de uma alternativa que pudesse ser colocada como uma estratégia racional em oposição à de Hitler. Estruturalmente, portanto, era impossível construir uma estratégia alternativa coerente. Nunca houve alguma para ser colocada em consideração Mas, sem essa alternativa coerente, é difícil argumentar que uma chance foi perdida.[123]

Mesmo que Hitler, porém, não visse nenhuma outra chance, e as Forças Armadas fossem incapazes de apresentar uma alternativa atraente, seria possível, por fim, postular uma chance *teórica*, uma opção que poderia ter vencido a guerra para a Alemanha, ou, pelo menos, ter impedido um desfecho tão desastroso, se a liderança não ficasse cega para ela? Aqui, é claro, abandonamos o terreno histórico — aquilo que aconteceu e as considerações estratégicas reais da época — e entramos no reino da especulação contrafactual. Dada a quantidade de variáveis possíveis a se levar em consideração, isso facilmente degenera em pouco mais que um jogo de suposições acadêmicas. Mas, ficando no experimento pensado, por um momento, é possível imaginar que um comprometimento alemão pleno com a guerra no Mediterrâneo e no Norte da África — exigindo também uma política mais dura com os italianos e os espanhóis, e a plena aceitação dos franceses como aliados de combate —, à custa da preparação para uma guerra no Leste, poderia ter rendido dividendos, ao menos no curto ou médio prazo, teria dado à guerra geral uma feição diferente e outro resultado possível, e poderia ter evitado a calamidade total que se abateu sobre a Alemanha.

O Mediterrâneo não era, é preciso admitir, tão vital para o império global da Grã-Bretanha quando Raeder alegara. No entanto, a perda de controle do Mediterrâneo, seguida da privação de possessões e do petróleo no Oriente Médio, teria sido com certeza um golpe duro. A Grã-Bretanha e seu Império decerto ficariam gravemente enfraquecidos, em particular se movimentos de independência nacional no Oriente Médio e na Índia tivessem ganhado força e confiança, como muito provavelmente aconteceria, em decorrência de reveses militares britânicos. E não é muito garantido que os Estados Unidos, onde, mesmo como as coisas aconteceram, Roosevelt teve de enfrentar durante meses fortes tendências isolacionistas, teriam se apressado em apoiar uma Grã-Bretanha enfraquecida. Os japoneses certamente não teriam hesitado em explorar os dissabores britânicos no Extremo Oriente, de tal forma que os americanos, em vez de verem o Atlântico como sua principal preocupação, poderiam desviar sua atenção para o Pacífico num estágio anterior ao que isso historicamente se deu.

Se, dado um cenário tão negro, a Grã-Bretanha teria continuado se sustentando, ou teria destituído o governo Churchill e tentado chegar a um acordo de paz com a Alemanha, é uma questão hipotética. Com a Grã-Bretanha subjugada, o continente europeu e o Norte da África sob controle alemão e os americanos preocupados com o Japão, a "questão russa" teria ocorrido sob uma luz diferente. Haveria menos urgência estratégica, menos necessidade estratégica imediata, de esmagar a União Soviética em 1941. O ódio ao bolchevismo teria permanecido. Mas o regime de Stálin teria parecido menos ameaçador, mais passível de ser contido, e portanto, talvez, não merecedor de uma perigosa aposta militar numa guerra de agressão relâmpago, enfraquecendo assim a própria consideração de Hitler de uma guerra oriental aos olhos de seus líderes militares.

Uma estratégia mediterrânea, contudo, mesmo que fosse seguida, provavelmente ainda teria levado, em algum ponto, à guerra dos continentes que Hitler vislumbrava. O mais provável é que ela viria mais cedo do que tarde, com a Alemanha conservando conquistas imperiais enormes com pouco mais que força bruta e tirania, ainda incapaz de enfrentar, no longo prazo, a imensidão dos recursos americanos. É concebível que, se as circunstâncias houvessem ficado favoráveis, a União Soviética teria aproveitado a oportunidade para entrar no lado Aliado. A Alemanha estaria então diante da temida guerra em duas frentes. Teria acontecido uma corrida para construir armas nucleares e, como de fato aconteceu, ela mais provavelmente teria sido vencida por cientistas americanos (alguns de origem alemã). Um resultado imaginável de semelhante disputa teria sido o lançamento de bombas atômicas americanas sobre Berlim e Munique, em vez de Hiroshima e Nagasaki.

No mundo real de Hitler, e não no mundo contrafactual da fantasia e da imaginação, parece claro que nenhuma oportunidade foi perdida em 1940. Em razão da liderança que a Alemanha tinha, e dos motivos para ela estar enfrentando um dilema estratégico no verão e outono de 1940, o ataque à União Soviética era, de fato, a única maneira aberta viável. Ela foi uma decisão de Hitler, embora a responsabilidade por ela não pare à sua porta, como alguns apologéticos do pós-guerra diriam. Ela vai além dele e se estende amplamente. A elite militar do regime, embora com amplo apoio tanto de outros grupos de poder como da população alemã, respaldou as políticas de um líder que havia levado a Alemanha a uma aposta pelo poder mundial com as chances de sucesso no longo prazo pesadamente contra ela e sem uma "cláusula de saída". Em 1940, incapaz de encerrar a guerra, Hitler teve, como única opção para si e para o regime que ajudara a colocá-lo nessa posição, aumentar a aposta, como sempre, tomar a atitude ousada de avançar, uma decisão que cairia sobre os russos "como uma tempestade de granizo" e faria o mundo "prender a respiração".[124] Foi uma loucura, mas havia método nela.

3. Tóquio, verão-outono de 1940

O Japão decide agarrar a "Oportunidade de Ouro"

Agarre essa oportunidade de ouro! Não permita que nada se interponha!

Hata Shunroku, ministro do Exército, 25 de junho de 1940

Nunca em nossa história houve um tempo como o presente, em que é tão urgente planejar para o desenvolvimento de nosso poder nacional... Devemos agarrar a oportunidade favorável que agora se apresenta.

Declaração da posição do Exército, 4 de julho de 1940

No Extremo Oriente, outra guerra eclodira. Ela havia começado em julho de 1937, mais de dois anos antes da guerra européia, e as barbaridades infligidas por tropas japonesas à população civil chinesa eram equiparáveis em sua estarrecedora desumanidade às sofridas pelos poloneses nas mãos dos alemães conquistadores no outono de 1939. O "Incidente Chinês", como os japoneses invariavelmente chamavam a guerra com a China, foi totalmente separado da guerra européia que começou com a invasão alemã da Polônia em 1º de setembro de 1939. Entretanto, os interesses das "grandes potências" européias e dos Estados Unidos na China inevitavelmente significavam que o terrível conflito teria graves implicações internacionais desde o começo. Não era visível um fim dessa guerra na primavera de

1940, quando a ofensiva ocidental alemã varreu os Países Baixos e a França e quase colocou a Grã-Bretanha de joelhos. Foi na esteira dos espantosos triunfos militares de Hitler na Europa ocidental que o Japão, procurando explorar a fraqueza daqueles países, tomou a decisão fatídica de se expandir para o Sudeste Asiático (onde Grã-Bretanha, França e Holanda tinham possessões significativas) e para forjar um pacto com as potências do Eixo, Alemanha e Itália. Com isso, naqueles meses cruciais, o Japão fez escolhas que aumentaram em muito o risco de seu envolvimento num conflito armado não só com as potências européias, mas também com os Estados Unidos. O caminho para Pearl Harbor ainda estava longe de ser uma rua de mão única. Mas foi no verão de 1940 que a liderança japonesa deu passos vitais que acabariam levando a misturar as duas guerras separadas na Europa e na China em uma enorme conflagração mundial.

I

A guerra com a China, que enredou o Japão cada vez mais de 1937 em diante, está no centro do curso de ação que culminaria em seu desejo de arriscar tudo atacando os Estados Unidos da América. A pré-história imediata dessa guerra remonta a seis anos antes, ao ataque japonês a tropas chinesas na Manchúria em setembro de 1931 — o "Incidente de Mukden", na fraseologia japonesa — que não só marcou um ponto de virada nas relações internacionais no Extremo Oriente como assinalou a mudança da base de poder no Japão.

Houve, porém, uma pré-história mais longa, que se enraíza nas ambições do Japão de se tornar uma grande potência no Extremo Oriente, com os adereços de um império colonial e maior status internacional. Essas ambições datavam do fim do século XIX, quando o Japão, sob o imperador Meiji, estava experimentando uma modernização acelerada, acomodando métodos ocidentais à cultura japonesa. As guerras, iniciadas em um caso com uma agressão japonesa contra a China em 1894-5 e em outro contra a Rússia em 1904-5, haviam estabelecido a posição do Japão como a potência dominante no Leste da Ásia. Na Ásia, os êxitos do Japão eram freqüentemente interpretados como golpes à dominação ocidental da região. Na verdade, o Japão estava assentando as bases para sua própria busca de um domínio imperialista. O Japão havia conquistado a posse da Coréia, de Taiwan, da parte meridional da ilha de Sacalina e de importantes direitos de arrendamento junto com o controle de um trecho de 1120 quilômetros de ferrovia na Manchúria do Sul. O Japão recebera também, em 1901, o direito de manter tropas em Pequim e algumas cidades da China, ostensivamente para proteger diplomatas e a população minoritária japonesa nessas áreas. A China, com seu governo centralizado em estado avançado de desintegração, mais tarde estendeu as concessões ao Japão à Manchúria do Sul. Durante a Primeira Guerra Mundial, na qual havia entrado no lado dos Aliados de olho nas possessões alemãs no Extremo Oriente, o Japão explorou a fraqueza e a desordem política da China para ganhar o reconhecimento de sua posição na Manchúria do Sul e na região adjacente da Mongólia Interior oriental, e estender seus direitos de arrendamento e ferroviários. O Japão chegou a ponto de exigir, em 1915, a criação de forças policiais conjuntas sino-japonesas na China e a aceitação de consultores japoneses em assuntos políticos, econômicos e militares. Com isso, a China teria sido efetivamente reduzida à condição de colônia japonesa. Com o apoio Aliado à China, isso foi barrado naquela ocasião. Mas deixou um ressentimento e uma animosidade latentes na população chinesa e pressagiou a tentativa do Japão de dominar a China cerca de vinte anos mais tarde.

Em 1917, o Japão firmou um acordo com os Estados Unidos, aceitando o princípio da "Porta Aberta" (estabelecido em 1899 para permitir a todas as nações igual acesso a portos comerciais da China) em troca do reconhecimento americano de seus "interesses especiais" na China. O acordo era ambíguo, mas os japoneses o tomaram como uma aquiescência americana à posição do Japão na Manchúria do Sul. Quando a guerra terminou, o Japão havia estendido sua influência na região — rica em recursos minerais — e saiu fortalecido. Nesse meio-tempo, havia desmoronado toda semelhança com um controle estatal centralizado numa China enfraquecida. O país estava arruinado pela desordem política.

Uma combinação de pressão internacional e oposição interna ao domínio japonês na Coréia e a incursões na China encorajaram, porém, o Japão a adotar uma atitude mais conciliadora nos anos 20. O quadro da ordem internacional no entre-guerras na região do Pacífico foi estabelecido em 1921-2, na Conferência de Washington. Um tratado de nove potências — assinado, além de Japão e China, por Grã-Bretanha, França, Itália, Bélgica, Holanda, Portugal e Estados Unidos — sustentava a independência e a integridade da China.[1] A China, assim se esperava, evoluiria com a cooperação internacional para uma estabilidade que reduziria a tensão na região e seria economicamente vantajosa para as potências ocidentais.

O "sistema de Washington", como ele foi apelidado em geral, funcionou ao longo dos anos 20. O Japão manteve seu ímpeto sob controle. Em 1928, nacionalistas chineses sob o comando de Chiang Kai-shek conseguiram estabelecer um governo central em Nanquim e, com capital estrangeiro (sobretudo americano), começaram a construir redes de transportes e comunicações. A China, apesar das persistentes dificuldades, estava a caminho de ser incorporada numa ordem econômica internacional baseada no princípio da "Porta Aberta" que as potências ocidentais, mais especialmente os Estados Unidos, tinham um interesse incondicional em manter.

No interior do Japão, porém, as vozes dos que viam o "sistema de Washington" como uma ameaça ao futuro do país estavam se tornando mais audíveis e ganhando maior respaldo público. A agitação social crescente em razão dos efeitos da crise econômica mundial, provocada pelo *crash* de Wall Street em outubro de 1929, proporcionava o pano de fundo para um sentimento antiocidental. Idéias de autarquia — maximizar a auto-suficiência econômica para reduzir a dependência do capitalismo ocidental — eram alimentadas.[2] Ao mesmo tempo, boicotes a produtos japoneses instigados pelo regime nacionalista de Chiang Kai-shek na China e violações dos direitos econômicos adquiridos pelo Japão na Manchúria desde 1905 inflamaram a animosidade contra os chineses no Japão. O ódio repercutiu no governo japonês. Vozes radicais exigindo um governo mais forte e uma política externa mais afirmativa conquistaram apoio. Intensificara-se também no meio militar a insatisfação com o que era visto como uma posição complacente em assuntos internacionais, danosa aos interesses japoneses. O descontentamento e a inquietação eram mais evidentes entre a oficialidade jovem e de médio escalão, que o Estado-Maior do Exército em Tóquio estava tendo cada vez mais dificuldade de controlar.

Alguns dos adeptos mais radicais da mudança, desejosos de romper as limitações impostas à política externa do Japão por sua dependência das potências ocidentais e seus princípios liberal-capitalistas, estavam entre os oficiais do Exército de Cantão que, desde sua criação em 1906, havia guardado as possessões manchurianas do Japão. Em 18 de setembro de 1931, em meio a uma tensão acirrada, alguns desses oficiais arquitetaram um ataque por tropas japonesas durante manobras noturnas a forças chinesas locais em Mukden, na Manchúria do Sul.[3] Embora o ataque não tivesse sido ordenado pelo governo japonês, ele rapidamente ganhou uma aprovação retrospectiva em Tóquio, uma primeira indicação não só de como era pequeno o controle do governo civil sobre o Exército mas também de sua disposição de apoiar iniciativas arbitrárias e perigosas e, com isso, aceitar a dinâmica estabelecida pelas ações autônomas dos militares.

O que inicialmente pareceu um incidente menor revelou-se um ponto de virada. Ele encerrou a cooperação do pós-guerra no Extremo Oriente embutida no "sistema de Washington", iniciou o isolamento internacional do Japão e inflamou ainda mais o sentimento antichinês e antiocidental no Japão. Os apelos chineses por uma ajuda internacional contra o Japão caíram em ouvidos surdos. Nas garras da Depressão, os países ocidentais cuidavam de seus próprios interesses. A Liga das Nações fracassou em seu primeiro grande teste. Nenhuma sanção foi imposta ao Japão. Essa foi a primeira manifestação de uma fraqueza que em breve ficaria totalmente exposta, tanto no Leste Asiático como na Europa. Os Estados Unidos, que não faziam parte da Liga, concorreram para isso evitando denunciar o Japão. Encorajado, o Exército de Cantão ampliou sua agressão, retrospectivamente apoiada, como antes, pelo governo de Tóquio e a opinião pública no Japão. O bombardeio de Chinchow no Sudoeste da Manchúria, na fronteira com a China, em 8 de outubro de 1931, finalmente incitou a Liga das Nações à ação — mas só até o ponto de criar uma comissão, encabeçada por lorde Lytton, um nobre do reino britânico, para examinar as causas do conflito e tirar recomendações para um acordo. Quando a Comissão Lytton reportou, em setembro de 1932, condenando a ação japonesa, mas também exortando a China a reconhecer os interesses do Japão na região, um governo títere havia sido instalado na Manchúria. O recém-nomeado Manchukuo era só nominalmente um Estado independente. Na verdade, ele estava sob absoluto domínio japonês.

Em meio a uma condenação generalizada e a recusa internacional a aceitar o status de Manchukuo, o Japão abandonou a Liga das Nações em março de 1933. Isso selou seu isolamento. Em casa, a agressão na Manchúria e a criação de Manchukuo haviam sido recebidas com grande júbilo tanto pela população em geral como pelas elites. O isolamento internacional do Japão alimentava o ressentimento e a desconfiança. A propaganda não teve dificuldade de persuadir o público em geral da justeza da causa do Japão e da injustiça das atitudes ocidentais (embora, ironicamente, os japoneses estivessem moldando suas próprias pretensões imperialistas em grande parte no Império Britânico de que tanto se ressentiam). Politicamente, o país avançava ainda mais para a direita. Ideologias enfatizando "renovação nacional", solidariedade, devoção ao imperador (retratado como um "deus vivo") e à cultura e à mitologia tradicionais japonesas ganharam terreno. O governo parlamentar foi encerrado em maio de 1932, e um gabinete de unidade nacional foi formado principalmente com líderes militares e burocratas. Cada vez mais os militares (apesar de divisões internas importantes no Exército) estavam forçando o ritmo, ao passo que representantes civis do governo, com seu poder real reduzido, quando muito reagiam, em geral de maneira cordata, à pressão.

O Exército de Cantão permaneceu no primeiro plano do impulso radicalizador.[4] O combate contra tropas chinesas continuava. Em maio de 1933, as fronteiras de Manchukuo haviam sido estendidas até a Grande Muralha, a pouco mais de 64 quilômetros de Pequim. Dois anos depois, o governo nacional de Chiang Kai-shek foi obrigado a retirar suas tropas das áreas fronteiriças ao sul da Grande Muralha, incluindo da própria Pequim. Governos títeres comandados por senhores da guerra chineses foram instalados para controlar a região. Nessa conjuntura, a política japonesa estava centrada na consolidação dos ganhos em Manchukuo e na estabilização das relações com o governo nacionalista de Chiang Kai-shek em sua capital, Nanquim. Entretanto, o potencial para novos conflitos permanecia iminente.

Em meados de 1936, o governo japonês estava pronto para definir os "Princípios Fundamentais de Política Nacional", seguindo linhas revistas.[5] A definição carecia de precisão nesse estágio e tentava incorporar, sem resolver suas possíveis tensões e contradições, as aspirações conflitantes do Exército e da Marinha. A consideração subjacente era a necessidade de minar a "política de agressão" das grandes potências no Leste Asiático. Isso seria feito assegurando o poder do Japão no continente Leste asiático, fortificando defesas e a força econômica em Marichukuo para eliminar "a ameaça da União Soviética", e pela expansão nos mares do Sul. Essa era a primeira vez em que a expansão para o sul era expressa como diretriz política. Conquanto ainda não fosse mais que uma vaga manifestação de intenções, refletia a crescente estridência dentro da Marinha, que havia conservado seu alto status desde a guerra com a Rússia nos primeiros anos do século e sido bem-sucedida na pressão que fizera em dezembro de 1934 pela anulação do tratado de limitação de armamentos navais assinado com a Grã-Bretanha e os Estados Unidos em 1922 e renovado em 1930. Os objetivos da política externa, conforme estabelecidos no verão de 1936, deviam ser atingidos pacificamente. Mas em Manchukuo e Coréia as Forças Armadas seriam construídas até um nível que lhes permitisse "desferir um golpe inicial em forças soviéticas no Extremo Oriente ante a eclosão de hostilidades". O rearmamento naval permitiria garantir o domínio do Pacífico ocidental contra a Marinha dos Estados Unidos. A necessidade de boas relações com a Grã-Bretanha era enfatizada enquanto a Grã-Bretanha reconhecesse o interesse vital japonês na China e evitasse se unir aos Estados Unidos, à União Soviética e à China, exercendo pressão sobre o Japão. Ao mesmo tempo, particularmente por conta de sua posição anticomunista, as boas relações com a Alemanha deveriam ser construídas.

Apesar das manifestações de intenções pacíficas, uma possível colisão com Grã-Bretanha e Estados Unidos estava implícita na política japonesa. O Exército, por sua vez, permanecia ligado à necessidade de preparação para uma guerra contra a União Soviética, para eliminar a ameaça do Norte. A essa altura, o Japão tinha virado completamente as costas às restrições do "sistema de Washington" de 1922. Como que para anunciar o fato e indicar claramente seu desejo de manter boas relações com a Alemanha, o país que havia dilacerado a ordem do pós-guerra na Europa, o Japão ingressou no Pacto Anticomintern em novembro de 1936, concordando em que nem ele nem a Alemanha dariam qualquer ajuda à União Soviética se um dos países se envolvesse numa guerra contra ela.

Em 1937, a necessidade de uma frente comum contra o Japão, refletindo o crescimento de um sentimento antijaponês, temporariamente atenuou as ácidas divisões entre nacionalistas e comunistas na China. No Japão, o Exército recuou da perspectiva de guerra com a China, ao passo que o governo civil reverteu, por um curto período, a idéia de resolver os problemas econômicos por meio da expansão territorial, em prol de uma política de promoção da industrialização, do mercado externo e da cooperação internacional. Essas visões não poderiam prevalecer. Elas iam contra o pensamento, agora profundamente enraizado, e não apenas nos meios militares, de que o futuro do Japão estava na autarquia econômica garantida pela força das armas. A interferência do Exército, ou de grupos no seu interior, na gestão do governo havia aumentado desde o "Incidente de Mukden". Uma tentativa de golpe de militantes do Exército que matou vários ministros do governo havia fracassado em fevereiro de 1936, e resultado em punições severas aos envolvidos.[6] Porém a conseqüência foi uma maior instabilidade do governo. A mão do Exército em assuntos internos havia se fortalecido ainda mais.[7] A política para a China estava na raiz dessa influência crescente. Em janeiro de 1937, uma pressão militar obrigou o governo a renunciar. Seu substituto durou apenas alguns meses antes de ceder lugar para a formação, em junho, de um novo Gabinete, agora chefiado por um primeiro-ministro, o príncipe Konoe

Fumimaro, que tinha boas relações com os militares e defendia uma política para o continente asiático que requeria o controle de terra e recursos naturais, vista como justificada por uma nação "sem recursos" lutando pela sua sobrevivência.[8] Esse era o clima em que um incidente menor e não planejado — em si, não mais que uma escaramuça — na noite de 7 de julho de 1937, perto da ponte Marco Polo no sul de Pequim, quando soldados chineses dispararam tiros sobre tropas japonesas, marcou o início do que logo se desenvolveria numa guerra em escala total entre o Japão e a China.[9]

Algumas figuras de proa no Estado-Maior do Exército tentaram conter o incidente. Seu receio era de que qualquer escalada que pudesse levar a um envolvimento japonês prolongado na China tolheria o rearmamento para se contrapor à União Soviética. Em poucas palavras, parecia que o incidente poderia de fato se esgotar sem o risco de se expandir. Mas, naquelas circunstâncias, uma trégua acertada localmente em 11 de julho teria poucas chances de acontecer. Tanto na China como no Japão, os governos foram pressionados a agir pelo sentimento nacionalista que eles próprios haviam instigado e manipulado. Chiang Kai-shek viu a agressão japonesa como uma oportunidade que poderia explorar para ampliar o apoio ocidental a sua causa. Por seu lado, facções poderosas do meio militar japonês retrataram o incidente como uma chance de derrotar e subjugar a China com uma ação rápida e vigorosa. O ministro do Exército, Sugiyama Gen, e o chefe do Estado-Maior Imperial, príncipe Kan'in Kotohito, disseram ao imperador que uma guerra com a China poderia ser concluída com sucesso em dois ou três meses.[10] Essa opinião prevaleceu.

O governo civil apoiou a decisão de ampliar o conflito. No fim de julho, grandes reforços de tropas foram enviados à China. Em dois dias, Pequim e Tientsin, no Norte do país, foram ocupadas. Uma atrocidade horrível em Tungchow, onde tropas chinesas massacraram mais de duzentos civis japoneses e coreanos, muitos deles mulheres e crianças, em 29-30 de julho, desencadeou uma previsível fúria no Japão. O irmão do imperador, príncipe Takamatsu, comentando o estado de espírito no Exército, anotou em seu diário: "Nós vamos realmente esmagar a China de tal maneira que ela levará dez anos para poder se erguer novamente".[11]

Em meados de agosto, a luta havia se espalhado para Xangai, onde tropas, aviões e navios japoneses foram bombardeados pela aviação chinesa. Pesados reforços japoneses foram enviados para a área. O ministro do Exército japonês agora falava de "guerra total". O governo começou a se referir ao conflito com a

China como "guerra santa".[12] Konoe, o primeiro-ministro, falava da mobilização espiritual da nação.[13]

No início de novembro, quando suas tropas desmoralizadas começaram a se retirar de Xangai na direção de Nanquim, a capital nacionalista, quase 250 milhões de civis chineses (incluindo muitas mulheres e crianças) haviam sido mortos na cidade.[14] Os mortos e feridos japoneses chegavam perto de 40 mil. Tropas japonesas perseguiram o Exército chinês em fuga e os refugiados civis até Nanquim. Quando a cidade caiu, em 13 de dezembro, provocando uma grande comemoração nas ruas de Tóquio, soldados japoneses mergulharam na devastação. Pelo menos 200 mil civis e prisioneiros de guerra chineses foram assassinados em seis semanas. Observadores externos situaram o número de estupros de mulheres e meninas de todas as idades em torno de mil por dia.[15]

Relatos sobre a orgia de matança e estupro chocaram o mundo. Enquanto começava o horror de Nanquim, a repulsa ao comportamento japonês já havia sido despertada pelo bombardeio de refugiados chineses e, depois, pelo bombardeio por pilotos japoneses precipitados de uma canhoneira americana, a *Panay*, ancorada no rio Yangtsé ao norte de Nanquim, com diplomatas e jornalistas a bordo. Soldados japoneses chegaram a disparar no último barco salva-vidas que saíra do barco em chamas para a praia. O governo de Tóquio rapidamente se desculpou de um erro tão grave e concordou em pagar reparações substanciais. Mas o dano duradouro já fora feito. A opinião pública no Ocidente, em especial nos Estados Unidos, tornara-se fortemente antijaponesa. Não surpreendentemente, a simpatia para com a China cresceu. Sempre houvera um componente idealista na exploração comercial americana dos mercados chineses com a política de "Porta Aberta". As atrocidades japonesas agora intensificavam o sentimento nos Estados Unidos de que o apoio à China era uma questão moral.[16]

Não que isso se traduzisse nesse estágio em muito mais que gestos simbólicos. A condenação moral do Japão andou de mãos dadas com a inércia política.[17] O presidente Roosevelt associou os Estados Unidos à denúncia da Liga das Nações à agressão japonesa, mas vetou propostas de sanções econômicas contra o Japão. No entanto, ele deu os primeiros passos para coordenar a troca de informações secretas entre as marinhas americana e britânica no Pacífico, um sinal de que a ameaça japonesa era agora vista como séria.

O governo japonês havia mostrado com sua pronta tentativa de reparar o incidente da Panay que estava ansioso, naquele estágio, para evitar um confronto com os Estados Unidos. Isso, porém, não chegou tão longe a ponto de abrandar sua política na China. Termos extremamente duros, impondo um efetivo controle japonês sobre a China, foram oferecidos a Chiang Kai-shek após a queda de Nanquim.[18] Ele não poderia aceitá-los. A posição do Japão endureceu-se ainda mais então. As relações diplomáticas com o governo nacionalista chinês foram rompidas em janeiro de 1938. O primeiro-ministro japonês, príncipe Konoe, anunciou gelidamente a intenção de "erradicar" o regime de Chiang Kai-shek.[19]

Nos meses seguintes, o Exército japonês ampliou muito seu controle na China — e de uma maneira extremamente brutal. Enormes extensões do país estavam agora sob o regime japonês. Mas, no fim de 1938, com 600 mil soldados baseados na China, os recursos japoneses estavam sobrecarregados. As baixas aumentavam. Mais de 62 mil soldados japoneses tinham morrido desde o início do conflito.[20] E Chiang, que havia deslocado sua capital para Chungking, no Oeste da China, estava dobrado, mas nem de longe derrotado. A crueldade do Exército de ocupação propiciou um fortalecimento e não uma diminuição da resistência nacionalista, auxiliado pela ajuda material de Estados Unidos, Grã-Bretanha, França e União Soviética. Para o Japão, o ponto alto da guerra havia sido atingido. Criara-se um impasse.

Em novembro de 1938, o governo japonês havia reformulado suas metas bélicas. Seu objetivo básico era estipulado como a criação de "uma nova ordem assegurando a estabilidade permanente no Leste Asiático".[21] A posição inflexível adotada no mês de janeiro anterior fora parcialmente modificada. A cooperação com nacionalistas chineses era vista então como possível. Mas o preço era o reconhecimento de Manchukuo, a cessação de atividades antijaponesas, a colaboração na defesa contra o comunismo (significando, de fato, a aceitação de tropas japonesas dentro da China) e a admissão da exploração econômica japonesa do Norte da China e da Mongólia Interior. Era uma iniciativa dirigida para rachar o campo nacionalista ganhando o rival de Chiang Kai-shek, Wang Ching-wei, para o lado japonês. Wang, que rompera com Chiang Kai-shek em dezembro de 1938, estava pronto para colaborar, defendendo uma paz com o Japão com base em uma política anticomunista unida e forte. Ele acabaria empossado, em março de 1940, como chefe de um governo fantoche japonês baseado em Nanquim. Mas, como era previsível, Chiang permaneceu irredutível. Os nacionalistas chineses continuaram a apoiá-lo esmagadoramente. Incapaz de alcançar uma vitória completa, e igualmente incapaz de se retirar do conflito, o Japão se viu metido num atoleiro político e militar que ele próprio havia criado.

As relações com os Estados Unidos haviam se deteriorado ainda mais nos últimos tempos. Respondendo, em novembro de 1938, a um protesto pela violação de direitos americanos com base na "Porta Aberta" na China, o governo de Tóquio rejeitou explicitamente os princípios do "sistema de Washington".[22] Pouco tempo depois, um empréstimo — o primeiro de muitos que viriam — de 15 milhões de dólares dos Estados Unidos sinalizou a determinação americana de sustentar o regime nacionalista de Chiang Kai-shek. Em 26 de julho de 1939, depois de numerosos protestos contra as ações japonesas na China, os Estados Unidos anunciaram a anulação de um tratado comercial vital com o Japão, assinado em 1911, e que deveria se extinguir em 1940. Como quase um terço das importações do Japão provinha dos Estados Unidos, a questão era grave.[23] Ela dava um aviso de que sanções econômicas poderiam ser a conseqüência de novas agressões. O Japão dependia especialmente das importações de sucata de metais e petróleo dos Estados Unidos. Se elas fossem cortadas, o esforço de guerra do Japão não poderia ser mantido por mais de seis meses.[24]

As ações japonesas também estavam prejudicando suas relações com as potências européias. A ocupação de bases estratégicas no mar da China do Sul — da ilha Hainan, ao largo da costa meridional da China, em fevereiro de 1939, e, um mês mais tarde, nas desabitadas ilhas Spratly, um arquipélago remoto a muitas centenas de quilômetros mais para o sul — deu uma indicação da intenção do Japão de ampliar sua influência para o sul. As ilhas eram nominalmente possessões chinesas, mas a medida preocupava diretamente a Grã-Bretanha, a França e a Holanda, todas com interesses coloniais na região.[25] O regime colonial holandês nas Índias Orientais respondeu reduzindo importações do Japão. Grã-Bretanha e França foram ainda mais alienadas por um bloqueio japonês de sua concessão em Tientsin em junho. Pouco tempo depois, forças japonesas se envolveram em choques sérios com tropas soviéticas que começaram com escaramuças perto de Nomonhan, no noroeste de Manchukuo, na fronteira com a Mongólia Exterior. O resultado foi um revés militar formidável e uma advertência ao Japão para não subestimar o Exército Vermelho. Quando os combates cessaram, com uma trégua em meados de setembro, o Exército de Cantão havia perdido cerca de 17 mil homens.

Uma maneira possível de sair do crescente isolamento internacional teria sido formar uma aliança com a Alemanha. Influenciado por Ribbentrop, o regime de Hitler havia retirado, no início de 1938, seu apoio anterior à China e manifestado seu apoio ao Japão.[26] A presunção do Japão de que venceria a guerra na China e sua fervorosa oposição à União Soviética foram elementos determinantes na mudança da política. O reconhecimento de Manchukuo, em maio, foi um indício tangível da posição alemã. Mas, receoso de afastar as democracias ocidentais ao apostar sua sorte na Alemanha nazista, o governo japonês evitou aberturas para converter o Pacto Anticomintern numa aliança completa. Como, na prática, o Japão nada fazia para reduzir o antagonismo com o Ocidente, mas evitava cimentar laços mais estreitos com a Alemanha, o isolamento diplomático prosseguia. Ele piorou drasticamente perto do fim de agosto de 1939 com o anúncio do sensacional pacto nazi-soviético. Num instante, o Japão viu seu único amigo poderoso em potencial na Europa em aliança com seu arquiinimigo no Norte. O marquês Kido Koichi, um importante cortesão que logo viria a ser o conselheiro mais íntimo do imperador como guardião do Selo Imperial, registrou em seu diário que ficou "espantado com esse ato extremamente traiçoeiro".[27] Desconcertado com as "condições novas e inexplicáveis" na Europa, o governo japonês renunciou em bloco.[28] Alguns dias depois, a Europa estava em guerra.

A guerra européia inevitavelmente afetou o Japão, apesar de sua neutralidade. Alguns defenderam, tanto no Exército como no governo civil, uma inversão da política anterior buscando um acordo pragmático com a União Soviética, como a Alemanha havia feito. Eles presumiam que chegara o momento para uma nova ordem mundial, derrubando o predomínio anterior das democracias européias e dos Estados Unidos. As principais potências na Europa seriam, provavelmente, Alemanha, Itália e União Soviética. Era do interesse do Japão, eles argumentavam, aliar-se tanto com a Alemanha como com a União Soviética. Quanto à guerra com os chineses, uma aliança com a União Soviética, assim eles sugeriam, poderia eliminar os suprimentos soviéticos para a China.[29]

Os defensores de uma nova política com a União Soviética continuavam em minoria, porém. A opinião dominante no governo preferia uma tentativa de melhorar relações com os Estados Unidos consciente de que a guerra européia poderia ligar mais solidamente os Estados Unidos e a Grã-Bretanha. Mas, como o Japão não estava disposto a fazer nenhuma concessão séria em suas pretensões sobre a China, esse curso tinha poucas chances de sucesso. Aliás, a política americana para o Japão estava endurecendo. O aumento da ajuda à China era visto como uma maneira de enfraquecer o Japão e reduzir a possível ameaça no Pacífico.

A China continuava sendo, portanto, o pivô do caso. Enquanto a guerra com a China continuasse, os recursos naturais e a capacidade humana do Japão seriam exigidos ao máximo. E a deterioração das relações com os Estados Unidos colocava uma séria ameaça ao fornecimento do petróleo e da sucata de metal, necessários para dar continuidade à guerra. Mas, enquanto o Japão permanecesse aferrado a suas conquistas e dominação territoriais, não poderia haver um fim para a guerra e, portanto, nenhuma melhoria nas relações com os Estados Unidos e nenhuma diminuição da ameaça contínua às suas matérias-primas. Com os Estados Unidos apoiando plenamente Chang Kai-shek e o governo japonês apoiando o regime títere de Wang Ching-wei, o impasse só poderia continuar. Era essa a situação quando a conquista da Dinamarca e da Noruega por Hitler, em abril, e, depois, a invasão de Holanda e Bélgica em maio, culminando com a notável vitória sobre a França em junho, transformaram o cenário da Europa. Com apenas a Grã-Bretanha, das grandes potências beligerantes, resistindo ainda a Hitler — e isso, aparentemente, não por muito tempo —, o governo japonês viu novas oportunidades para resolver seus próprios problemas.

II

Em 1940, o Japão não era nem uma democracia nem uma ditadura. Um autoritarismo partidarizado — o que não chega a ser uma contradição como poderia parecer à primeira vista — talvez pudesse servir como um rótulo abstrato. Mas isso transmite pouco a complexidade e o caráter distorcido da governança tal como ela havia se desenvolvido desde o início do regime constitucional de 1889 e se transformado, nos anos 20 e 30, sob o impacto de política de massa, turbulência doméstica, pressões diplomáticas e guerra. A imagem popular de um sistema de governo monolítico sob o comando do imperador distorce fortemente a realidade.[30]

O sistema de governo que havia surgido no fim do século XIX, quando o Japão estava se modernizando rapidamente, conservava fortes traços oligárquicos e burocráticos. A constituição de 1889 se inspirara na Europa (particularmente na Alemanha). Ela estabelecera um Parlamento formado por uma Câmara de Representantes eleitos com trezentas cadeiras e uma Câmara de Pares formada por quinhentas autoridades tituladas de tribunais, governo e forças militares. Ao mesmo tempo, o imperador detinha — ao menos em teoria — um poder pessoal absoluto. Como na Alemanha, os ministros do governo eram nomeados pelo imperador e prestavam contas a ele, não ao Parlamento. Com freqüência, eles não saíam dos partidos políticos. Tem particular significado o fato de que o Estado-Maior Geral militar recebia especificamente um "direito ao comando supremo" independente e prestava contas diretamente ao imperador. O Parlamento, eleito no início por apenas cerca de 1% da população, podia sancionar leis e aprovar ou vetar o orçamento estatal, mas só podia exercer poderes fracos sobre os poderes executivos do governo e dos militares. As velhas famílias oligárquicas, donas da maioria das terras e da riqueza do país, conservavam uma grande influência.[31]

Mesmo assim, uma vez instituídas, a política de massa e a representação constitucional não podiam ser interrompidas. Como na Europa, sua importância cresceu, em especial depois da Primeira Guerra Mundial. Os partidos políticos, o mais conservador Seiyukai e o mais liberal Minseito, vieram a representar a vasta maioria dos eleitores: todos os homens acima de 25 anos, depois de uma reforma eleitoral de 1925. Mas as ideologias, comunista, socialista e fascista, importadas da Europa para um cenário japonês, também encontraram adeptos, pois a crise econômica, a agitação social e a violência política (que incluíram os assassinatos de dois primeiros-ministros e outras figuras dirigentes do governo e dos negócios junto com os de alguns intelectuais importantes no início dos anos 30) afligiam o Japão no entre-guerras.[32] Refletindo a turbulência doméstica, os governos eram instáveis e de curta duração, tendo havido quinze mudanças de primeiro-ministro entre novembro de 1921 e junho de 1937.[33]

O impacto do "Incidente Manchuriano" após 1931 e a rápida recuperação da Depressão, principalmente por um grande estímulo estatal às indústrias siderúrgica, química e de construção, e uma enorme expansão das forças militares (consumindo três quartos dos gastos do governo em 1937),[34] reduziram o papel dos partidos parlamentares e da política pluralista. Agora, a maioria dos membros do Gabinete dos governos não representava nenhum partido político.[35] Acima de tudo, a influência dos militares cresceu fortemente. Quando a guerra com a China havia começado, foi preciso uma melhor coordenação da participação civil e militar nas decisões. No fim de 1937, foram instituídos dois tipos de reuniões para esse fim, as Conferências de Ligação e as Conferências Imperiais.

As Conferências de Ligação eram realizadas com intervalos de alguns dias e, em assuntos externos, suplantavam efetivamente o Gabinete, que agora lidava sobretudo com assuntos domésticos. Membros-chave do Gabinete — o primeiro-ministro, o ministro do Exterior, o ministro da Guerra e o ministro da Marinha e, ocasionalmente, outros ministros cuja *expertise* era especialmente requerida — se juntavam aos chefes de Estado-Maior do Exército e da Marinha e seus vices do Comando Supremo. As reuniões aconteciam numa pequena sala de conferências. Os participantes sentavam-se num círculo de poltronas em torno do primeiro-ministro. Ninguém, contudo, presidia em algum sentido direcionado, e, com freqüência, a discussão tendia a ser dispersa, uma característica de uma maneira especificamente japonesa de usar muitas vezes uma linguagem oblíqua num processo demorado de convergir para uma decisão cuja grande ênfase era atingir a unanimidade.[36] Por algum tempo, as conferências foram interrompidas e substituídas por conferências de quatro ou cinco ministros envolvendo apenas membros importantes do governo. O problema da falta de coordenação voltou. A ausência dos chefes de Estado-Maior se mostrou um obstáculo incontornável, e as Conferências de Ligação foram restabelecidas em 1940.

As decisões importantes alcançadas por uma Conferência de Ligação precisavam ser ratificadas por uma Conferência Imperial. Participavam as mesmas pessoas, mas a elas se juntava o presidente do Conselho Privado, e a reunião acontecia na presença do imperador. Documentos registrando as decisões da Conferência de Ligação eram apresentados à Conferência Imperial. Eles haviam sido preparados por oficiais do Estado-Maior, depois circulavam pelos vários ministros para revisões e emendas antes de ser aprovados pelas figuras principais das Conferências de Ligação. Agora, diante do imperador, o primeiro-ministro e cada um dos outros ministros, e depois os chefes de Gabinete, liam declarações preparadas. O imperador geralmente não dizia uma palavra, embora perguntas em seu nome fossem feitas pelo presidente do Conselho Privado. A Conferência Imperial, conquanto fosse amplamente cerimonial nos procedimentos, era importante. Quando o imperador se sentia capaz de dar sua sanção ao curso de ação proposto, legitimando-a assim, a decisão era considerada impositiva a todos os presentes. Isso tornava extremamente difícil alterá-la.[37]

As decisões, em particular as relacionadas a política externa e guerra, não traziam, pois, uma imposição clara da vontade individual, como no caso das ditaduras alemã, italiana e soviética. Mas o corpo central do governo civil, o Gabinete, tampouco podia decidir, como acontecia nas democracias parlamentares. Como já se observou, o Gabinete, ele próprio nomeado pelo imperador e não dependente do Parlamento, não poderia tomar decisões-chave sem acomodar (e, cada vez mais, acatar) os desejos dos comandos militares. E esses, prestando contas somente ao imperador, tinham ampla autonomia de ação. A inclusão no Gabinete de altas patentes militares na condição de ministros da Guerra e da Marinha não diminuíam essa independência. Eles próprios tinham o direito de reportar diretamente ao imperador se quisessem passar por cima do primeiro-ministro. De todo modo, suas responsabilidades diziam respeito, sobretudo, a aspectos administrativos e de pessoal das Forças Armadas. As áreas cruciais, o planejamento estratégico e operacional, eram prerrogativa do Comando Supremo — comandantes de Estado-Maior do Exército e da Marinha, cuja autoridade emanava somente do imperador.[38]

Na prática, os militares raramente falavam com uma única voz. Seus desejos e demandas refletiam, principalmente, os interesses com freqüência concorrentes e distintos de facções dentro do Exército e da Marinha. Em última instância, portanto, as decisões sobre matérias de peso em política externa surgiam de uma "barganha de grupos" — o resultado de "induzir coalizões em apoio a opções preferidas". Havia extensas discussões, debates e "barganhas" — com o poder de ação mobilizado mais por porta-vozes militares que por outros — antes de surgir uma decisão, num processo quase osmótico.[39] Mas a maior ênfase era dada ao eventual "consenso" por trás da decisão, que, com a aprovação do imperador, era então efetivamente sacramentado.

A despeito das diferenças faccionais, variantes de peso, discordâncias políticas ou estratégias alternativas, em 1940 um grande nível de consenso ideológico viera a prevalecer entre as elites de poder do Japão. Durante os anos 30, emergindo das divisões domésticas e da desunião da década anterior, e contra o pano de fundo do "Incidente Manchuriano" e depois da Guerra da China, um novo nacionalismo se forjara com mais do que uma semelhança passageira, ainda que com roupagens culturais japonesas, do fascismo europeu contemporâneo. Seu foco "espiritual" era o imperador, como personificação da nação japonesa. Seu veículo era o militarismo.

Desde a ascensão do imperador Hirohito ao trono, aos 25 anos, em 1926, e, especialmente, na esteira das celebrações suntuosas e espetaculares de sua entronização ritual e "divinização" dois anos depois, o culto do imperador foi elevado à condição de pedra de toque da nova doutrina. O reinado de Hirohito foi designado como o do imperador "Showa", simbolizando, ironicamente à luz do que se seguiu, a "paz ilustre" da nova era. O reinado de seu pai, o imperador Yoshihito, entre 1912 e 1926 (durante o qual Hirohito agira como regente desde 1920) fora associado à ocidentalização e à democratização. Um sentimento de decadência nacional ganhara corpo com as crises domésticas que afligiam o Japão. Democracia e partidos políticos, como na Alemanha de Weimar, eram vistos por um número crescente de pessoas como indícios de uma nação fraca e dividida. O compromisso com o "sistema de Washington" de política internacional, cujos principais beneficiários eram vistos como as potências imperialistas ocidentais, apenas confirmava a fraqueza. Em seu centro, a fraqueza era exemplificada pela figura frágil e doente do imperador Taisho (Yoshihito). O reinado de Hirohito era retratado como a inauguração de uma era que reverteria — e construiria a partir dela — a era heróica de seu avô, o imperador Meiji, que de 1867 a 1912 havia modernizado o Japão, conseguindo grandes triunfos sobre a China e a Rússia entre 1895 e 1905 e inaugurando o princípio do domínio japonês de além-mar no Leste Asiático.

A essência da nova doutrina nacionalista era a chamada "maneira imperial" (*kodo*), que vislumbrava um Japão retornando aos "valores verdadeiros" da longa (e lendária) história da nação, vencendo a submissão à influência ocidental e cumprindo seu destino e missão como um povo e cultura superiores, para dominar o Leste da Ásia.[40] Ela oferecia a justificativa para a conquista imperialista pura e simples cujo objetivo subjacente, despido de seu dogma, era alçar o Japão à condição de grande potência com um domínio duradouro baseado na garantia de matérias-primas da Manchúria e do Norte da China, e depois de todo o Sudeste Asiático. A manipulação da opinião pública com pesada propaganda, combinada com a supressão implacável da oposição aberta, garantia a transmissão das doutrinas da elite para a população. Não foi difícil instigar o fervor nacionalista e imperialista durante as crises na Manchúria e, depois, na China. O chauvinismo fabricado passou a exercer então sua própria pressão sobre as ações das elites. O mais importante, talvez, foi que os valores do novo nacionalismo permeavam para as patentes inferiores, e dali para os soldados do Exército e da Marinha. Na maioria dos escalões inferiores ao próprio alto comando, criava-se um fermento de militarismo aberto, altamente agressivo e arriscado por baixo do guarda-chuva do "modo imperial". Em 1940, portanto, as idéias nacional-imperialistas haviam se desenvolvido numa ideologia de supremacia e expansão que, tanto nos níveis da elite como popular, na população civil e, mais especialmente, nos escalões militares intermediários, se tornara hegemônica. Isso significa que, a despeito das diferenças táticas ou operacionais, não havia nenhuma outra ideologia seriamente concorrente.

Existiam, é claro, aqueles que se opunham às novas tendências ideológicas e políticas. O antigo conselheiro de confiança do imperador, Saionji Kinmochi, um liberal-conservador culto no velho estilo que já vivera dez anos em Paris, onde estudara direito na Sorbonne, foi um dos que aconselharam veementemente a preservação de laços estreitos com a Grã-Bretanha e os Estados Unidos, defenderam um entendimento com Chiang Kai-shek e abominavam a aproximação crescente da Alemanha e da Itália.[41] Mas Saionji havia nascido em 1849. Ele não só era velho (morreria antes de 1940 terminar), mas, como percebeu, estava fora de sintonia com as correntes ideológicas dominantes. O mesmo acontecia com alguns no Exército e na Marinha — políticos militares como o general Abe Nobuyuki, que serviu durante pouco tempo como primeiro-ministro em 1939-40, e seu sucessor por curto período no cargo, o almirante Yonai Mitsumasa, ou o ministro do Exterior do Gabinete Abe, almirante Nomura Kichisaburo. Cada um deles defendia alguma forma de acomodação com os Estados Unidos e se opunha ao estreitamento de relações com as potências do Eixo, embora cada um deles defendesse também direitos especiais para o Japão na Manchúria e no Norte da China e sua busca por uma "ordem nova" no Leste Asiático.[42] O fato de terem atingido altos postos indica que ainda existiam divisões significativas de opinião sobre o futuro do Japão. O fato de eles terem sido rapidamente destituídos demonstra que não poderiam suportar as forças políticas e ideológicas dominantes, particularmente representadas nos escalões médios do Exército e da Marinha, que estavam conduzindo então a política japonesa.

O principal estadista que emergira — quando menos como primeiro entre iguais — do pântano da política japonesa na época da eclosão da guerra contra a China foi o príncipe Konoe Fumimaro, que se tornou primeiro-ministro pela primeira vez em junho de 1937 e viria a ter um papel central nos acontecimentos fatídicos de 1940-1. Nascido em 1891, Konoe tornou-se, após a morte de seu pai em 1904, o chefe da mais prestigiosa família aristocrática japonesa abaixo da casa imperial, com a qual mantinha relações estreitas. Desde a juventude, ele foi preparado para altos postos e visto como um astro político em ascensão.

Apesar de não ter nem trinta anos, foi incluído na delegação à Conferência de Paz em Paris em 1919, no final da Primeira Guerra Mundial. Meses antes, quando a guerra estava terminando, ele havia expressado publicamente opiniões que permaneceriam basicamente inalteradas e fundamentais. Ele criticara os líderes japoneses da época por terem aceitado sem reservas os pronunciamentos de paz de políticos britânicos e americanos. Ele os acusou de não perceberem "os modos conscientes e inconscientes como a democracia e o humanismo colocados por porta-vozes anglo-americanos fornecem uma máscara para seus próprios interesses". A paz proposta, acrescentou, "não é mais que a manutenção do *status quo*" que servia aos interesses anglo-americanos. Konoe estava apresentando um caso que se disseminaria pelos setores ambiciosos da elite japonesa e também pela oficialidade jovem do Exército e da Marinha, o de que o Japão estava em desvantagem por ser uma nação "sem recursos". A Primeira Guerra Mundial, argumentou Konoe, havia sido "uma luta entre as nações que se beneficiavam de manter o *status quo* e as nações que se beneficiariam com a sua destruição. As primeiras pediam a paz, e as últimas clamavam por guerra. Nesse caso, o pacifismo não coincide necessariamente com justiça e humanidade. Da mesma maneira, o militarismo não transgride necessariamente a justiça e a humanidade". A posição do Japão, prosseguiu, era semelhante à da Alemanha antes da guerra. Ele fustigou o "auge da servidão" com que líderes japoneses estavam prontos a aceitar a Liga das Nações "como se ela fosse uma dádiva dos céus", quando na verdade era um artifício que "permitiria que as nações poderosas dominassem as nações fracas economicamente e condenassem as nações tardias a permanecerem para sempre subordinadas às nações avançadas". Se as políticas das potências anglo-americanas prevalecessem mediante uma Liga das Nações defendendo seus próprios interesses com a manutenção do *status quo*, concluiu, "o Japão, que é pequeno, pobre em recursos naturais e incapaz de consumir seus próprios produtos industriais, não teria outro recurso senão destruir o *status quo* pelo bem da preservação, como a Alemanha".[43]

Konoe repetiu os sentimentos, em parte quase palavra por palavra, num discurso em novembro de 1935, menos de dois anos antes de se tornar primeiro-ministro do Japão. Ele via duas causas básicas para a guerra: a distribuição injusta de territórios e a má distribuição de recursos naturais entre as nações. Uma paz duradoura só poderia resultar de uma retificação do desequilíbrio entre as principais nações. Mas o acordo do pós-guerra havia tentado erradicar a guerra sem fazer nada sobre a injustiça subjacente que a causara. Ele rejeitava o princípio da paz simplesmente para sustentar essa situação. "Nossos líderes", ele declarou, "não podem sair declarando a necessidade de expansão territorial por aquisição, diferentemente de políticos alemães e italianos. Nós sofremos tamanha lavagem cerebral com a idéia anglo-americana virtualmente sagrada de uma estrutura de paz baseada no *status quo* que defendemos nossa ação no Incidente Manchuriano como um acusado diante de um juiz. A paz mundial não pode mais ser garantida por essa estrutura de paz. O Japão e outras nações emergentes deviam ter cobrado um *new deal* mundial há muito tempo."[44] Era uma filosofia política que acabaria conduzindo o Japão, como a Alemanha, para a estrada da perdição.

Em junho de 1937, Konoe tornou-se primeiro-ministro, um cargo que viria a ocupar três vezes. Ele gozava de grande popularidade na época. Tinha uma figura imponente — alto, elegante, suave, urbano e, aos 45 anos de idade, jovem para um primeiro-ministro japonês (embora mais tarde viesse a sofrer de uma hemorróide tão séria que precisava sentar numa câmara de pneu inflada para ter algum conforto).[45] Enormes esperanças estavam depositadas nele. O Exército também saudou a sua nomeação, confiante de que sua popularidade ajudaria a promover seus próprios interesses.[46] Não demorou um mês para começar a guerra na China. Konoe logo se viu presidindo a escalada de um conflito que o Japão não poderia encerrar. Ele provou, na prática, ser um indivíduo fraco e ineficiente, incapaz de oferecer uma direção clara para o Gabinete, dado a torcer as mãos, impotente, a apatias resignadas e a lamentações com sua inabilidade para moldar os acontecimentos.[47] Perto do fim da vida, pouco antes de seu suicídio em dezembro de 1945, Konoe tentaria se retratar como vítima impotente de um Exército fora de controle. Embora tenha certamente expressado em caráter privado alguns receios sobre o imbróglio na China, ele nunca se distanciou nem da política voltada para a dominação japonesa nem da terrível crueldade perpetrada pelo Exército, mais especialmente em Nanquim. E seu próprio governo, como se viu, tentou impor termos extremamente duros à China em dezembro de 1937, pouco antes de romper relações diplomáticas com o regime de Chiang Kai-shek e da expansão da guerra em 1938.[48] No fim daquele ano, Konoe havia arquitetado o acordo com um futuro líder títere da China, Wang Ching-wei. Mas, desanimado, incapaz de concluir a guerra e sentindo-se cada vez mais uma vítima das forças militares cuja mobilização havia sido tão importante, Konoe renunciou em janeiro de 1939.

Num memorando escrito no ano seguinte, Konoe revelou que, embora o curso da guerra na China lhe causasse grande ansiedade, ele aceitara sua necessidade. Seus pontos de vista não eram diferentes dos que expressara em 1918. As políticas das grandes potências, afirmava, estavam ameaçando o Japão com o bloqueio econômico, privando o país de mercados e matérias-primas externos. O "Incidente Manchuriano" havia rompido esse bloqueio, e o "Incidente da China" estava destinado a conduzir, em última instância, à "Esfera de Co-prosperidade do Grande Leste Asiático" — um termo inventado em 1940 significando o domínio japonês em toda a região do Leste Asiático, vista como um necessário *Lebensraum* do Japão.[49]

O inventor da expressão foi Matsuoka Yosuke, nomeado ministro do Exterior no novo Gabinete que Konoe, reassumindo o posto de primeiro-ministro, formara em julho de 1940, um período de alta excitação no Japão depois dos acontecimentos dramáticos na Europa. Pequeno, atarracado, dotado de uma personalidade exuberante com vocação para a expressão verbal que lhe valera o apelido de "a Máquina Falante",[50] como chefe da delegação japonesa Matsuoka havia tirado o Japão da Liga das Nações em março de 1933. Sua dramática hostilidade à Liga o transformou em herói nacional num Japão exultante. Ele também estabeleceu sua reputação como proponente de uma política externa afirmativa. Como ex-presidente da Ferrovia da Manchúria do Sul, Matsuoka era bastante conhecido por sua defesa do revisionismo.[51] Ele era um indivíduo autoritário, dado a explosões de mau humor e à autopromoção, arrogante, ávido para ficar na berlinda. Uma figura proeminente achava que Matsuoka tinha "a qualidade de apresentar idéias esplêndidas, mas [...] a falha de avançar implacavelmente na direção errada".[52] Sua tendência a *prima donna* fazia dele um colega turbulento. Mas ele era um negociador hábil, combinando esperteza com determinação. O secretário de Estado americano, Cordell Hull, achava que ele era "falso como uma cesta de anzóis".[53] Por outro lado, Joseph Grew, que teve encontros pessoais freqüentes com Matsuoka quando era embaixador americano em Tóquio, achava, inicialmente ao menos, que ele era "um tagarela, mas [...] um homem que é patentemente franco e sincero segundo seu conhecimento".[54] Naquela conjuntura crítica, Matsuoka foi a opção do Exército.[55] Um dia antes de tomar posse, ele concedeu uma entrevista pouco notada a um jornalista americano na qual não fez a menor tentativa de esconder suas expectativas futuras e preferências políticas: "Na batalha entre democracia e totalitarismo, o último adversário sem dúvida vencerá e controlará o mundo. A era da democracia terminou e o sistema democrático faliu".[56] Ele achava uma "inevitabilidade histórica" que Japão e Estados Unidos, as duas principais potências do Pacífico, colidissem.[57] Essas certezas determinaram as ações e recomendações políticas de Matsuoka em 1940 e 1941.

Um terceiro membro do segundo Gabinete de Konoe, em julho de 1940, também desempenharia um papel fatídico nos acontecimentos daqueles anos e durante a guerra que se seguiu (quando, na maior parte do tempo, ele serviu como primeiro-ministro). Trata-se do general Tojo Hideki, nascido em 1884, duro como pedra, um administrador militar experiente conhecido como "a navalha", ex-comandante da polícia militar e depois chefe do Estado-Maior do Exército de Cantão, um porta-voz destacado da facção implacavelmente expansionista do Exército, um homem de poucas palavras, mas franco defensor das ambições imperialistas do Japão, e agora com um papel-chave como ministro do Exército.[58]

Além dos cargos ocupados por Konoe, Matsuoka e Tojo, o posto mais importante no Gabinete para a tomada das decisões-chave no verão de 1940 foi o de ministro da Marinha. Em qualquer avanço para o sul, o papel da Marinha seria evidentemente crucial. Mas a anuência da Marinha à estratégia mais ampla em estudo também foi vital. E quando o almirante Yoshida Zengo, nomeado ministro da Marinha em julho de 1940, viu-se, apesar de seu compromisso com a expansão, em descompasso com as forças dominantes ávidas para forjar uma aliança militar com a Alemanha e a Itália, ele logo teve que ceder lugar a um sucessor mais flexível, o almirante Oikawa Koshiro.[59]

III

O Gabinete Konoe, formado em 19 de julho de 1940, não perdeu tempo para responder à situação drasticamente alterada na Europa. Mas, na verdade, o terreno já havia sido preparado pela administração precedente, chefiada pelo almirante Yonai Mitsumasa. O Gabinete de Yonai havia sido mais conciliatório em relação ao Ocidente. Yonai e seu ministro do Exterior, Arita Hachiro, que assumira o posto em 16 de janeiro de 1940, haviam discordado do estreitamento de laços com as potências do Eixo defendido pelo Exército. Arita estava interessado em melhorar as relações com a Grã-Bretanha e os Estados Unidos, uma política que provocou a ira dos grupos dominantes no Exército. Uma contradição fundamental na atitude de Arita era, de todo modo, a forte defesa pela administração Yonai da "ordem nova" no Leste Asiático, que os americanos estavam determinados a bloquear.[60] Arita sugeriu também, mais de uma vez, a disposição do Japão de aproveitar qualquer mudança na situação das Índias Orientais holandesas. Embora não quisesse prejudicar as relações com as potências ocidentais, o governo Yonai estava começando a estudar "o avanço para o sul" que faria precisamente isso.[61] Não havia, pois, nenhum desacordo entre as elites de poder japonesas sobre a necessidade de estabelecer uma "ordem nova", visando assegurar as matérias-primas do Leste Asiático para o Império Japonês e encerrar o domínio de Grã-Bretanha, Estados Unidos, França e Holanda na região. O desacordo era sobre como atingir esses objetivos.

Antes mesmo de Konoe ter formado seu segundo Gabinete, portanto, o impacto da sublevação na Europa estava alterando o pensamento japonês sobre expansão.[62] Abrira-se uma chance para atingir a auto-suficiência pela conquista do Leste Asiático e a destruição do domínio das potências coloniais européias na região. Isso era considerado bom demais para se perder. Excitada pelos acontecimentos na Europa, a mídia de massa pressionou a questão. A imprensa pesadamente censurada "despejava adjetivos em defesa da 'causa justa' do Japão e enterrava as notícias sob montanhas de filosofia mística na tentativa de embelezar o oportunismo básico do programa nacional de Hirohito".[63] O corolário, porém, era a necessidade de regrar as relações do Japão com a velha inimiga, a União Soviética. Uma guerra em duas frentes, enquanto ele ainda estava preso na China, era impensável. Pela primeira vez, então, a idéia de um pacto de não-agressão com a União Soviética começou a ser aceita pelos líderes do Exército. Ao lado disso, crescia rapidamente o sentimento de que uma aliança militar com a nova força na Europa, a Alemanha, era desejável.

Uma virada decisiva na política começou a tomar forma enquanto o Exército de Hitler ainda avançava pelos Países Baixos e o Norte de França. No fim de maio, o governo Yonai já havia pressionado as autoridades das Índias Orientais holandesas para assegurar o fornecimento de estanho, borracha, petróleo, sucata de ferro e outras nove matérias-primas vitais.[64] Então, depois da rendição da França em 17 de junho, os japoneses obrigaram os assediados governos britânico e francês a suspender o fornecimento de uma ajuda vital para os nacionalistas chineses via Indochina, Birmânia (atual Mianmar) e Hong Kong, uma admissão de fraqueza, temporária, mas humilhante, das potências ocidentais.[65] A rendição francesa provocou também debates acalorados no Exército sobre aproveitar a oportunidade da expansão para o sul. Em 25 de junho, o ministro do Exército, Hata Shunroku, disse a membros de seu Estado-Maior: "Agarrem essa oportunidade de ouro! Não permitam que nada se interponha no caminho!". Alguns, cavalgando na onda de uma opinião pública intensamente chauvinista, pediram preparativos imediatos para uma investida para o sul. Um veterano porta-voz, embora fosse uma voz solitária na época, pressionou por um ataque-surpresa em Cingapura. As recomendações mais sábias prevaleceram. Não se chegou a nenhum acordo.[66]

Mas os líderes militares japoneses fizeram jogos de guerra e apresentaram esboços de planos de contingência para estabelecer bases aéreas na Indochina e na Tailândia e realizar um ataque relâmpago às Índias Orientais holandesas.[67] Os jogos de guerra da Marinha levaram à desconcertante conclusão de que um ataque às Índias Orientais holandesas resultaria, em última instância, numa guerra contra os Estados Unidos, Grã-Bretanha e Holanda. Concluíram também que, sem importações de petróleo dos Estados Unidos, e a menos que o petróleo das Índias Orientais holandesas fosse capturado, explorado e transportado com segurança, o Japão só conseguiria sustentar a guerra por quatro meses. Mesmo com o petróleo, "se a guerra se prolongar além de um ano, nossas chances de vencer serão nulas".[68] Não surpreende que a liderança da Marinha ainda estivesse hesitante sobre mergulhar numa iniciativa expansionista de alto risco para o sul, apesar de o planejamento para tal eventualidade remontar a 1936 e apesar ainda de vozes estridentes terem defendido que estavam preparados para ela desde o início da guerra européia em setembro de 1939.[69] Mas os chefes de seção no Estado-Maior Geral naval tinham mais peso na formulação política e, em abril de 1940, antes mesmo da ofensiva alemã na Europa ocidental, eles estavam alegando que "chegara a hora de ocupar as Índias Orientais holandesas". Ordens para que ficasse em estado de alerta foram emitidas para a frota. O chefe do Estado-Maior, príncipe Fushimi Hiroyasu, disse ao imperador que cinco ou seis meses seriam necessários para preparar a Marinha para a guerra.[70] Os acontecimentos na Europa fortaleceram em muito então o otimismo dos que achavam que uma ocupação militar das Índias Orientais holandesas poderia ser possível sem envolver o Japão num conflito, quer fosse com a enfraquecida Grã-Bretanha, quer fosse com os indecisos Estados Unidos. Os "falcões" estavam ganhando terreno.

O mesmo aconteceu no Exército. Nas últimas semanas de junho, as autoridades do Exército — o Estado-Maior da Marinha havia sido previamente informado de seu pensamento —[71] estavam preparando uma declaração política sobre um avanço para o sul. Eles trabalharam rápido, sob a influência excitante das vitórias alemãs na Europa. Estavam confiantes de que a derrota da Grã-Bretanha para a Alemanha era iminente e de que o Japão seria o beneficiário no Sudeste Asiático. Impelidos por essa confiança, eles não empreenderam uma análise cuidadosa da capacidade material do Japão de sustentar uma grande expansão para o sul.[72] O pressuposto era que a conquista militar em si proporcionaria os recursos necessários. Em 3 de julho, o esboço atingira o estágio em que poderia ser adotado pelo Ministério do Exército e o Estado-Maior sob a rubrica: "Esboço dos Princípios Fundamentais para Lidar com a Situação do Mundo em Transformação". Era um documento importante, determinando o ímpeto da política do Exército e, eventualmente, a do governo, para o início da Guerra do Pacífico em dezembro de 1941.[73]

O preâmbulo indicava as prioridades de resolver o "Incidente da China" o mais rapidamente possível e aproveitar o momento mais oportuno "para resolver o problema do sul". Ele sustentava a possibilidade de que a expansão para o Sul ocorreria mesmo que a guerra na China não houvesse terminado. Quer isso ocorresse ou não, "os preparativos para uma guerra deveriam estar em geral concluídos na data alvo do fim de agosto". Em política externa, a ênfase era colocada no "fortalecimento da solidariedade política do Japão com a Alemanha e a Itália" e em "melhorar rapidamente suas relações com a Rússia soviética". O imperativo de fechar as rotas de ajuda a Chiang Kai-shek era sublinhado. Os recursos das Índias Orientais holandesas eram vitais para o Japão e deveriam ser obtidos pela força se a diplomacia falhasse. A seção de conclusão tocava uma nota beligerante. O Japão usaria o momento certo para uma ação militar no Sul. "Ele atacará Hong Kong e a península Malaia, restringindo até onde fosse possível suas operações apenas à Grã-Bretanha." Uma guerra com os Estados Unidos devia ser evitada. Entretanto, a declaração terminava em tom ameaçador, "antecipando que no fim ele recorrerá ao uso da força contra os Estados Unidos se a situação exigir, o Japão fará os preparativos militares necessários".[74]

O esboço foi apresentado a representantes da Marinha no dia seguinte. O porta-voz do Exército defendeu a posição de uma ação sem demora, antes que o conflito europeu terminasse, para livrar o Japão de sua dependência da Grã-Bretanha e dos Estados Unidos com o estabelecimento de "uma esfera econômica auto-suficiente" com seu centro no Japão, Manchúria e China, mas se estendendo do oceano Índico aos mares do Sul e ao Norte da Austrália e da Nova Zelândia. "Nunca em nossa história houve um momento como o presente", dizia a declaração do Exército, "quando é tão urgente planejar para o desenvolvimento de nosso poder nacional... Devemos agarrar a oportunidade favorável que se apresenta agora". Não havia tempo a perder. O Japão não devia perder sua oportunidade de ouro.[75]

A Marinha apresentou algumas emendas, e uma segunda conferência conjunta, em 9 de julho, chegou a um acordo fundamental. Longe de diluir o plano de agressão do Exército, a intervenção da Marinha o reforçava. Embora estivesse consciente, por seus jogos de guerra, que a expansão para o sul levaria a um conflito com os Estados Unidos, a Marinha agora defendia uma atitude mais firme para a possibilidade de guerra com a América. Na seção que tratava de Hong Kong, por exemplo, a Marinha, embora concordasse em que uma ofensiva militar devia ser evitada ao máximo, propunha que "se a situação permitir, uma ofensiva será conduzida com firme resolução para a guerra contra a Grã-Bretanha (ou mesmo contra os Estados Unidos)". E a declaração conclusiva do Exército, ressaltando a necessidade de evitar, se possível, uma guerra com os Estados Unidos, era endurecida com a formulação: "Embora as operações devam ser estruturadas para não resultar em guerra contra os Estados Unidos, cedo ou tarde uma ação militar contra os Estados Unidos pode se tornar inevitável". Mais ainda, o pessimismo anterior sobre as chances do Japão no longo prazo se ele entrasse em guerra com a América agora tinha cedido lugar a uma crescente confiança entre oficiais da Marinha de que, desde que os devidos preparativos fossem feitos, o Japão sairia vitorioso.[76] A visão marcava o triunfo da esperança sobre a razão.

A virada na posição do Exército de seu foco tradicional na Rússia ao norte para a expansão para o sul tinha, portanto, coincidido com o antigo interesse da Marinha numa estratégia sulina que obviamente exigiria uma importante ampliação da frota. Da perspectiva da Marinha, o princípio da nova política de "defesa setentrional e avanço meridional" só poderia ser bem-recebido. O cenário alternativo, evitar uma guerra com os Estados Unidos para visar à União Soviética, teria significado, inevitavelmente, o sacrifício do orçamento naval às necessidades do Exército.[77] De qualquer modo, isso teria deixado a questão decisiva da dependência do Japão de matérias-primas das potências ocidentais sem resolver. Sobre essa questão repousava não só o potencial do Japão para travar uma guerra contra a União Soviética, mas também de um desfecho bem-sucedido para a guerra na China — uma drenagem interminável dos recursos e do moral. O casamento de conveniência, portanto, concluído rapidamente para transcender a rivalidade tradicional entre interesses do Exército e da Marinha, foi mantido por uma aposta massiva de que uma ofensiva japonesa, que muito provavelmente envolveria uma guerra com a América, sairia vitoriosa.

Um primeiro passo no novo acordo entre Exército e Marinha foi acertar um ambiente político mais adequado para o expansionismo de alto risco. O governo

Yonai, com sua persistente ânsia de melhorar as relações com as potências ocidentais, não se coadunava com isso. Então, o Exército se propôs a substituí-lo. A Marinha concordou. Era preciso um primeiro-ministro mais afinado com o novo pensamento. "Agora que uma mudança política pode ser inevitável dentro dos próximos quatro ou cinco dias, e os militares vêm aperfeiçoando preparativos para enfrentar as mudanças bruscas na situação mundial recente, o caráter do Gabinete Yonai não é absolutamente apropriado para fazer negociações com a Alemanha e a Itália e poderia mesmo causar um atraso fatal", reportou o vice-ministro da Guerra, Anami Korechika. "A conclusão é que uma mudança no Gabinete é inevitável para enfrentar essa grave situação. O Exército apoiará unanimemente a candidatura do príncipe Konoye [Konoe]."[78]

A renúncia arquitetada de Yonai aconteceu em 16 de julho de 1940. No dia seguinte, Kido, em completa afinação com o espírito "renovacionista" nacional que havia se estabelecido durante os anos 30, e notório por afinar a corte imperial com o pensamento dominante nos meios militares, presidiu uma reunião de seis ex-primeiros-ministros (incluindo Konoe) e o presidente do Conselho Privado. Sua tarefa de nomear o próximo primeiro-ministro foi realizada em apenas meia hora — um tempo recorde. Previsivelmente, o favorito do Exército, príncipe Konoe, que achava que também tinha apoio público "neste momento em que o fim do Incidente da China está se aproximando gradualmente",[79] foi incumbido da formação de um novo Gabinete,[80] mostrando-se mais uma vez uma ferramenta fraca e vacilante, mas obediente das forças militares expansionistas.

Essas forças agora tinham representantes de destaque no governo. O Exército havia indicado que queria Tojo Hideki como ministro do Exército e Matsuoka Yosuke como ministro do Exterior.[81] Eles ocuparam devidamente seus lugares no novo Gabinete, que assumiu em 21 de julho. No dia seguinte, Konoe disse ao povo japonês num pronunciamento pelo rádio que a velha ordem mundial estava desmoronando. O Japão devia estar pronto para saudar a nova ordem mundial.[82] No mesmo dia, o embaixador alemão em Tóquio reportou a seu Ministério do Exterior que o novo Gabinete Konoe certamente seguiria uma política de buscar um alinhamento mais estreito com o Eixo.[83] O caminho estava aberto então para consolidar a virada política. Não demorou muito para a escolha fatídica ser feita.

IV

Antes mesmo da formação de seu novo Gabinete, Konoe arranjou uma reunião com as figuras-chave — Matsuoka, Tojo e Yoshida (que assumiriam os ministérios do Exterior, do Exército e da Marinha) — em sua mansão em Ogikubo, um subúrbio de Tóquio. Matsuoka, a personalidade mais vigorosa no que Konoe veio a chamar de "Conferência dos Quatro Pilares", preparou um esboço de declaração e desempenhou um papel dominante. Os participantes chegaram a um acordo informal sobre a futura política externa. Eles concordaram em que, para estabelecer a "ordem nova" no Leste Asiático, o Japão fortaleceria laços com as potências do Eixo e firmaria um pacto de não-agressão com a União Soviética para os cinco ou dez anos seguintes (aumentando suas próprias forças militares no Norte a fim de se tornar impermeável a qualquer ataque soviético subseqüente quando o pacto expirasse). Ao mesmo tempo, o Japão "atrairia para a ordem nova" as possessões coloniais ocidentais no Leste Asiático. E, embora o conflito devesse ser evitado, o Japão "resistiria a uma intervenção armada dos Estados Unidos relacionada ao estabelecimento da ordem nova no Leste Asiático".[84] A reunião chegou perto de endossar uma aliança militar com a Alemanha e a Itália. O ministro da Marinha, Yoshida, ainda se opunha a essa medida. O Exército, porém, deixou claro que agora defendia converter a cooperação com as potências do Eixo num pacto militar tripartite formal. "Nós devemos compartilhar nosso destino com Alemanha e Itália", foi como o vice-chefe do Estado-Maior do Exército, Sawada Shigeru, colocou a questão em meados de julho.[85] O recurso ao "destino" evocava o floreio retórico de Matsuoka mais de três anos antes, pouco após a conclusão do Pacto Anticomintern nipo-germânico em novembro de 1936, quando ele havia declarado: "É característico da raça japonesa que, uma vez que tenhamos prometido cooperar, jamais olhamos para trás ou entramos numa aliança com outros. Para nós, trata-se somente de marchar lado a lado, decididos a avançar juntos, mesmo que isso signifique cometer um 'duplo suicídio'".[86]

As deliberações na "Conferência dos Quatro Pilares" em Ogikubo logo seriam formalizadas como política. Notando que o mundo estava em "um importante ponto de virada", o novo Gabinete Konoe estabeleceu o arcabouço de sua política externa em 26 de julho em seu "Esboço de uma Política Nacional Básica" (que havia sido delineado no Ministério do Exército). Ele vislumbrava o Japão construindo "uma ordem nova no grande Leste Asiático", repousando nas "três nações solidamente unidas" de Japão, Manchukuo e China (naturalmente, sob liderança japonesa). Ao mesmo tempo, o Japão se converteria num "estado de defesa nacional" pronto para a guerra.[87]

Ansioso para coordenar as alas civil e militar do governo no interesse de construir um consenso nacional por trás da virada da política externa, Konoe ressuscitou a Conferência de Ligação que havia ficado suspensa dois anos e meio antes. Em 27 de julho, a Conferência de Ligação adotou os "Princípios Fundamentais para Lidar com a Situação do Mundo em Transformação", que de fato consagrava como política de governo a estratégia idealizada nas discussões entre líderes do Exército e da Marinha no começo do mês.[88] Essa decisão agora confirmava, embora os termos permanecessem vagos, as duas viradas cruciais na política: o avanço para o sul e o fortalecimento de relações com as potências do Eixo.[89]

"Uma unidade política com Alemanha e Itália", dizia o documento, "será imediatamente fortalecida numa tentativa de efetuar um reajuste de relações diplomáticas com a Rússia soviética". Os preparativos para o avanço para o sul seriam acelerados, embora o momento dependeria de explorar as circunstâncias em transformação para melhor aproveitamento. Uma deterioração das relações com os Estados Unidos era aceita como inevitável, embora o atrito devesse ser evitado. Seria exercida pressão sobre a Indochina francesa para interromper suprimentos a Chiang Kai-shek e proporcionar suprimentos, o uso de campos de aviação e a passagem de tropas ao Japão. Seriam adotadas medidas "para eliminar imediatamente a atitude antagônica de Hong Kong", e a Birmânia seria bloqueada para impedir que a ajuda chegasse aos nacionalistas chineses. Esforços diplomáticos seriam feitos para obter recursos importantes das Índias Orientais holandesas. Onde a diplomacia fracassasse, deixava-se claro, a força armada seria mobilizada se as circunstâncias exigissem.

A solução do "Incidente da China" pela eliminação da ajuda a Chiang Kai-shek e a "subjugação imediata do regime de Chungking por todos os meios possíveis" ainda sustentavam a estratégia toda. Mas, como os comentários sobre o documento pelo Quartel-General Imperial deixavam claro, a ênfase anterior na solução do "Incidente da China" agora cedera lugar ao avanço para o sul como maior prioridade.[90] Assim, mesmo que se comprovasse impossível terminar a guerra na China, o uso da força armada era contemplado no avanço para o sul, "a depender da situação". Nessas circunstâncias, seriam feitos esforços para restringir os adversários do Japão apenas à Grã-Bretanha. "Entretanto", reconhecia-se, "preparativos completos para o início de hostilidades contra os Estados Unidos serão feitos já que pode se mostrar impossível evitar uma guerra com esse país." Aliás, enquanto a Conferência de Ligação tomava a decisão do avanço para o sul, o governo dos Estados Unidos analisava medidas para limitar o acesso japonês ao petróleo vital das Índias Orientais holandesas.[91] Japão e Estados Unidos estavam agora em rota de colisão.

Em julho, na deliberação sobre os "Princípios Fundamentais para Lidar com a Situação do Mundo em Transformação", oficiais da Marinha japonesa haviam tentado impedir que o Exército desse prosseguimento a planos de invadir as Índias Orientais holandesas. Uma fórmula de conciliação foi alcançada, estipulando que a força armada só seria usada caso surgissem circunstâncias favoráveis, e que "por enquanto, meios diplomáticos" seriam usados. Mas quando os Estados Unidos apertaram o laço, ameaçando o acesso do Japão a recursos cruciais, a posição da Marinha tornou-se mais beligerante. Em 1º de agosto, a Seção de Operações do Estado-Maior Geral da Marinha deixou claro seu apoio ao estacionamento de tropas na Indochina francesa. Ela via isso como um passo para o controle de Tailândia, Birmânia e Malásia no avanço para o sul. Ele asseguraria matérias-primas necessárias — carvão, borracha, minério de ferro e fósforo — para o esforço militar japonês e seria estrategicamente vantajoso numa guerra contra os Estados Unidos e a Grã-Bretanha. A Marinha vislumbrava a América reagindo a uma ocupação japonesa da Indochina francesa com um embargo à sucata de ferro e ao petróleo. Mas um embargo americano, assinalava a análise do Estado-Maior Geral, "seria uma questão de vida ou morte para o Império. Nesse caso, o Império será obrigado a atacar as Índias Orientais holandesas para se assegurar de petróleo". A Marinha concluiu que operações militares contra a Indochina francesa deveriam ocorrer em novembro, se não antes; e que "o Japão deve estar decidido a guerrear contra outras potências". Todos os preparativos deveriam ser feitos para a mobilização da frota. Um ataque às Índias Orientais holandesas era considerado somente se os Estados Unidos impusessem sanções econômicas mais duras. Mas, em sua decisão de "mobilização preparatória" da frota, que para planejadores navais significava um estado de alerta para a mobilização plena para a guerra, o Estado-Maior Geral havia mostrado não só que estava pronto para considerar uma guerra com a América: ele havia dado o primeiro passo nessa direção.[92]

A posição adotada pelo Estado-Maior Geral da Marinha não era universalmente aceita mesmo dentro da Marinha. Vozes de Cassandra começaram a se ouvir. O chefe do Quartel-General do Abastecimento de Navios afirmou categoricamente que se os Estados Unidos cortassem todo o petróleo e os suprimentos de minerais essenciais, "a Marinha mal conseguiria lutar por um ano". O ministro da Marinha, Yoshida, cuja saúde estava começando a piorar seriamente em razão da ansiedade, concordou. "Confio em que o Estado-Maior Geral investigará seriamente a relação entre a extensão de nossos armamentos navais e nossas perspectivas de uma guerra prolongada", declarou. Ele acrescentou que não apoiaria operações militares se elas viessem a resultar num embargo total dos Estados Unidos contra o Japão. O almirante Nomura Kichisaburo, que em 1941 seria enviado a Washington como embaixador japonês, também advertiu que uma guerra contra os Estados Unidos "seria necessariamente longa, e isso seria muito desvantajoso para o Japão". Mesmo os planejadores do Estado-Maior Geral da Marinha aceitaram essa lógica: "Nós não estamos muito confiantes em nossa capacidade de resistência" numa guerra prolongada com os Estados Unidos, eles admitiram. Contudo, baseando todas suas esperanças num golpe decisivo num conflito de curta duração, eles continuaram ponderando e planejando para uma guerra, "para a sobrevivência do Império, gostemos ou não".[93]

O fatalismo presente nos planos da Marinha para um avanço para o sul servia, porém, aos interesses dos líderes navais. A virada de uma política terrestre, para o norte, para um avanço para o sul com a probabilidade de conduzir a um confronto com os Estados Unidos no Pacífico significou uma virada considerável na alocação de recursos de guerra do Exército para a Marinha. A questão sobre se o Japão poderia vencer uma guerra contra a América ficou subordinada aos benefícios de curto prazo para a Marinha com uma grande expansão de seus recursos.[94]

V

Embora a Marinha estivesse fazendo sua escolha fatídica para um provável conflito com um adversário ao qual era duvidoso que pudesse derrotar, os políticos estavam embarcando nos passos que levariam a uma aliança militar completa com as potências do Eixo. Em 30 de julho de 1940, o Ministério do Exterior preparou uma declaração com a marca de Matsuoka, "Sobre o Fortalecimento da Cooperação entre Japão, Alemanha e Itália". O governo Konoe adotou a declaração como guia, endurecendo a posição tomada na Conferência de Ogikubo no início do mês. Agora estava expressamente declarado que o Japão estava pronto para entrar numa aliança militar com Alemanha e Itália contra a Grã-Bretanha, reservando o direito do Japão de uma decisão independente sobre o uso da força. O documento vislumbrava uma aliança militar explicitamente dirigida para a Grã-Bretanha. No entanto, a cooperação iria se estender à eventualidade de Japão ou Alemanha e Itália se envolverem numa guerra com os Estados Unidos, embora o compromisso, nesse caso, só iria até um acordo para "conferir medidas a serem tomadas".[95]

O novo tom da política japonesa foi rapidamente percebido. O embaixador americano já notara em 1º de agosto que o governo Konoe "oferece todos os indícios de estar se inclinando para o Eixo e para o estabelecimento da ordem nova no Leste Asiático". "A máquina e o sistema militar alemão e seus êxitos brilhantes subiram na cabeça dos japoneses como um vinho forte", acrescentou.[96]

Imediatamente, Matsuoka ficou de sobreaviso sobre a atitude da Alemanha com respeito a uma aliança militar prospectiva. A resposta alemã foi inicialmente fria. Em meados de agosto, porém, os alemães haviam mudado de idéia. A revisão da posição foi provocada mais provavelmente por um anúncio de Churchill em 20 de agosto segundo o qual os americanos estavam fornecendo cinqüenta destróieres para ajudar no esforço de guerra britânico. Não era muito mais que uma contribuição simbólica, mas foi tomada como um claro sinal de que os Estados Unidos não estavam mantendo uma neutralidade estrita e estavam preparados para oferecer uma ajuda significativa à assediada Grã-Bretanha, que poderia levar eventualmente a sua entrada na guerra contra as potências do Eixo.[97] Um relacionamento mais estreito com o Japão adquiria, de repente, uma nova importância para os alemães. Em 23 de agosto, o embaixador japonês em Berlim foi informado por Joachim von Ribbentrop, o ministro do Exterior alemão, de que ele estaria mandando um enviado, Heinrich Stahmer, a Tóquio como ministro plenipotenciário. Sua missão era descobrir as intenções japonesas e, se houvesse disposição, abrir negociações para um acordo.[98]

O esboço de Matsuoka de 30 de julho, enquanto isso, havia sido bem recebido pelo Exército. Aliás, o Exército começou a pressionar Matsuoka para concluir negociações rapidamente.[99] Na Marinha, porém, persistiam sérias diferenças de opinião. Os principais líderes da Marinha ainda temiam que relações mais estreitas com as potências do Eixo serviriam para provocar os Estados Unidos. Yoshida, o ministro da Marinha, como já se observou, se opunha particularmente a um pacto. Mas, quando alguns líderes da Marinha vacilaram — sob pressão, ao que parece, não só do Exército, mas também de oficiais navais de médio escalão —, ele foi ficando cada vez mais isolado. Profundamente atormentado, ele sucumbiu a um colapso nervoso, foi levado a um hospital em 3 de setembro e renunciou no dia seguinte.[100]

Matsuoka ajudou a influenciar a escolha do substituto de Yoshida — o reticente, melífluo e mais acomodatício Oikawa Koshiro, que logo se mostrou de acordo com as demandas pelo estreitamento de relações com Alemanha e Itália. Oikawa, de qualquer modo, foi impelido nessa direção por seu imediato inferior, o vice-ministro Toyoda Teijiro, um indivíduo mais assertivo, politicamente astuto e oportunista que emergiu como figura dominante no ministério.[101] Mesmo agora, porém, o temor da guerra contra os Estados Unidos e a Grã-Bretanha parecia ter impedido Oikawa de endossar a ação no sentido de uma aliança militar completa com Alemanha e Itália. Ele estava particularmente preocupado em evitar a obrigatoriedade de entrar automaticamente na guerra, caso as potências do Eixo se envolvessem num conflito com os Estados Unidos. Parecia ser isso que Matsuoka tinha em mente. No início de setembro, o ministro do Exterior havia endurecido a posição que tomara em seu esboço de 30 de maio, voltado para a Grã-Bretanha, incluindo novas formulações num esboço revisado. Agora, afirmava-se explicitamente que "no caso de um perigo de alguma parte contratante entrar em guerra com os Estados Unidos, a outra parte contratante ajudará essa parte de todas as maneiras possíveis". Isso significava uma proposta de aliança militar dirigida agora justamente contra os Estados Unidos e também a Grã-Bretanha. E de um dever de "conferir medidas a serem tomadas", como se afirmava no esboço de 30 de maio, a obrigação seria agora fornecer ajuda "de todas as maneiras possíveis". Provavelmente, a linha mais claramente antiamericana de Matsuoka era uma resposta às medidas do governo americano no sentido de impor o muito temido embargo do petróleo. Ele acreditava na diplomacia pela força. Muito provavelmente ele sentia que a firmeza japonesa serviria como elemento de dissuasão. Em vez disso, ela aumentava as chances de o Japão se ver envolvido numa guerra com os Estados Unidos.[102]

As reservas quanto às implicações de uma tal aliança, particularmente os temores de que o Japão poderia ser arrastado por ações alemãs para uma guerra com a América e também com a Grã-Bretanha, persistiram no lado japonês e foram especificamente manifestadas pelo novo ministro da Marinha, Oikawa. Matsuoka foi obrigado a se curvar a essas visões e por isso abrandou o tom de seu esboço, omitindo a obrigação automática de fornecer ajuda.[103] No entanto, apesar da relutância de Oikawa de abraçar uma aliança militar que era agora endossada pelo governo, pelo Exército e por facções mais radicais dentro da própria Marinha, ele não havia se oposto a dar autorização para Matsuoka negociar um estreitamento de laços com Alemanha e Itália. O ministro do Exterior foi deixado, portanto, com as mãos inteiramente livres para conduzir discussões com Stahmer, quando o plenipotenciário alemão (um diplomata amador que anteriormente chefiara a seção do Extremo Oriente da Dienststelle de Ribbentrop, sua agência para assuntos externos)[104] havia chegado em Tóquio em 7 de setembro de 1940, depois de uma viagem exaustiva de uma quinzena, primeiro por ar de Berlim a Moscou, depois pela ferrovia Trans-Siberiana até a capital japonesa.[105]

Os alemães estavam ansiosos para firmar uma aliança militar completa para dissuadir os Estados Unidos de entrarem na guerra. Eles ficaram pouco satisfeitos, portanto, com o esboço mais brando proposto por Matsuoka. Mas, tendo pavimentado o caminho, o próprio ministro do Exterior japonês estava ansioso para avançar na aliança. "Eu a farei mesmo que isso custe meu emprego", observou, "e o firmarei em uma ou duas semanas."[106] A ruptura ocorreu quando ele se mostrou disposto a aceitar a estipulação de que o Japão conservaria sua independência na decisão de entrar ou não na guerra. Com essa concessão, a hesitação do Ministério da Marinha cedeu. Na Conferência de Ligação de 14 de setembro, Oikawa acatou resignadamente a necessidade da aliança. "Não existe outra maneira", observou.[107] Comentando sobre a guerra, Oikawa indicou que havia sido persuadido pelas compreensões firmes de Matsuoka sobre conservar a autonomia para evitar ser arrastado para um conflito, e sobre a intenção tanto dos alemães como dos japoneses de manter os americanos fora da guerra. Ele observou, também, que a Marinha não poderia conservar sua oposição quando a aliança era tão amplamente apoiada. "A Marinha não tinha mais nenhuma base para se opor à proposta", comentou. "Não só isso, mas me pareceu que a Marinha insistir teimosamente em sua própria visão (desconsiderando a opinião pública, que na época estava virando a favor do Eixo) levaria a um confronto interno violento. Por isso eu disse ao Gabinete que a Marinha não tinha outra alternativa para transpormos a situação crítica atual."[108] Naquela noite, Tojo pôde reportar confidencialmente ao guardião do Selo Imperial, Kido, que o Exército e a Marinha haviam chegado a um acordo sobre a questão das relações do Japão com Alemanha e Itália.[109] A sorte estava lançada.

Um vislumbre do pensamento do Estado-Maior Geral da Marinha, em linhas de longe mais ousadas e arriscadas do que as de Oikawa, foi oferecido por seu vice-chefe, Kondo Nobutake, na Conferência de Ligação em 14 de setembro, e registrado num memorando do primeiro-ministro, o príncipe Konoe:

> A Marinha ainda não está preparada para uma guerra contra os Estados Unidos, mas os preparativos estarão concluídos em abril do próximo ano [1941]. Nessa ocasião, devemos ter equipado os navios já em operação e ter armado 2,5 milhões de toneladas de navios mercantes. Depois de ter completado isso, poderemos derrotar os Estados Unidos, contanto que façamos uma guerra relâmpago. Se não fizermos uma guerra relâmpago e os Estados Unidos optarem por uma guerra prolongada, estaremos em grande dificuldade. Ademais, os Estados Unidos estão construindo rapidamente mais navios, o que significa que a diferença entre a frota americana potencial e a nossa aumentará, e o Japão jamais conseguirá alcançá-la. Desse ponto de vista, este é o momento mais vantajoso para o Japão começar uma guerra.[110]

A intervenção crucial na Conferência de Ligação foi a do próprio Matsuoka. O ministro do Exterior viu o Japão numa encruzilhada. Ele precisava decidir para que lado virar. Devia seguir com Grã-Bretanha e Estados Unidos, ou com Alemanha e Itália? Ele colocou as alternativas. Primeiramente vislumbrou o Japão rejeitando a proposta alemã de uma aliança. A Alemanha, declarou categoricamente, conquistaria a Grã-Bretanha. A Alemanha poderia até estabelecer uma federação européia, chegar a um acordo com os Estados Unidos e "não permitir que o Japão colocasse nem sequer um dedo nas colônias de Grã-Bretanha, Holanda e outras potências da federação". Por outro lado, se o fato de firmar uma aliança levasse à guerra com os Estados Unidos, a economia japonesa seria gravemente afetada. Ele analisou então os custos para o Japão de uma aliança com a Grã-Bretanha e os Estados Unidos. A condição para isso, afirmou, seria "que teríamos que resolver o Incidente da China como os Estados Unidos nos dizem, desistir de nossa esperança de uma ordem nova no Leste Asiático e obedecer às ordens anglo-americanas durante pelo menos o próximo meio século". Isso seria aceitável para o povo japonês?, perguntou. "As centenas de milhares de espíritos de nossos soldados mortos ficariam satisfeitas com isso?", acrescentou, num floreio retórico. De todo modo, argumentou, as dificuldades materiais só seriam evitadas no curto prazo. Ele lembrou seus colegas das desvantagens que o Japão havia enfrentado depois do acordo que se seguiu à Primeira Guerra Mundial. "Quem sabe quais pílulas amargas teremos de engolir desta vez?", perguntou. Sua conclusão foi óbvia: "uma aliança com os Estados Unidos é impensável. O único caminho que sobra é aliar-se a Alemanha e Itália".[111] Depois da atividade lobista, das pressões e bajulações das semanas anteriores, ele estava falando abertamente a conversos. Mesmo assim, foi esse, de fato, o momento que definiu o novo rumo da política externa japonesa.

A decisão de avançar na aliança foi chancelada na Conferência Imperial, na presença do imperador, em 19 de setembro.[112] Mesmo então, expressou-se o receio de que um pacto com a Alemanha poderia incitar os Estados Unidos a intensificar a pressão econômica sobre o Japão e aumentar sua ajuda a Chiang Kai-shek. Entretanto, as preocupações com o abastecimento de petróleo do Japão só reforçaram as visões, tal como expressadas por Tojo, o ministro do Exército, de que "a questão do petróleo pode ser igualada à questão das Índias Orientais holandesas", que a decisão já havia sido tomada de assegurar recursos essenciais dessa região, se possível pela diplomacia, se não, pela força.[113] A expansão para o sul era, em outras palavras, a premissa de ação japonesa. Isso era aceito por todas as seções da elite do poder. Partindo dessa premissa, era difícil, se não impossível, argumentar convincentemente contra um tratado com a Alemanha que, ao dissuadir os Estados Unidos, era visto como um veículo para salvaguardar essa expansão. Depois dos rituais convencionais de questionar Matusoka sobre o pacto, portanto, a Conferência Imperial terminou por dar à aliança formal com a Alemanha o selo de aprovação do imperador.

O próprio Hirohito estava cheio de presságios. Mas ele aceitou a necessidade do pacto. "Nas presentes circunstâncias, este acordo militar com a Alemanha é inevitável", ele observou privadamente a Konoe em 16 de setembro. "Se não há outra maneira de lidar com a América, então é inevitável." Com uma certa tristeza, ele perguntou então a Konoe: "O que acontecerá se o Japão for derrotado? O senhor, primeiro-ministro, carregará o fardo comigo?".[114] Konoe, igualmente comovido, ficou em lágrimas.[115]

Ainda haveria negociações complexas, com momentos difíceis, a realizar.[116] A insistência do Japão em conservar sua liberdade de ação era um ponto de impasse. Os alemães queriam um compromisso mais firme com o envolvimento numa potencial guerra germano-americana. Mas as pressões sobre Matsuoka para resistir a semelhante compromisso eram pesadas. No fim, os alemães cederam, apesar de persistir um elemento de ambigüidade no fraseado final do tratado. Em 26 de setembro, na véspera da assinatura, líderes japoneses reunidos no Conselho Privado ainda expressavam seus receios sobre as implicações do pacto. Havia preocupações sérias sobre a deterioração das relações com os Estados Unidos e sobre o abastecimento de petróleo e aço se tudo piorasse e Japão e Estados Unidos entrassem em guerra. Alcançou-se algum apaziguamento sobre o armazenamento de recursos essenciais. Havia, porém, mais um desejo otimista que um cálculo sério. Tojo observou que equipamentos militares estavam sendo obtidos da Alemanha, passando pela Sibéria com anuência soviética. Ele assinalou, também, a necessidade de melhorar as relações com a União Soviética para que o Japão não se visse diante de um conflito no Norte e também no Sul. Konoe enfatizou que o pensamento subjacente por trás do tratado era evitar um conflito entre o Japão e os Estados Unidos — a idéia de dissuasão — acrescentando, contudo, que "uma atitude humilde só levaria os Estados Unidos a se tornarem arrogantes", por isso "era preciso uma demonstração de força". Essa era a visão de Matsuoka, o principal promotor do tratado. O ministro do Exterior, assinalando a ameaça colocada por uma postura antijaponesa crescente dos Estados Unidos, alegava que "não havia alternativa senão tomar uma atitude resoluta".[117]

O "debate" havia sido em grande parte simbólico. Ele fazia parte do processo elaborado de confirmar uma decisão que já havia sido tomada na Conferência de Ligação e depois ratificada na Conferência Imperial. Foi, contudo, revelador. Os líderes do Japão sentiam que seu país estava num ponto de virada. Estavam diante de uma escolha fatídica. Parecia-lhes que teriam que ceder a uma dominação americana prolongada, ou tomar medidas perigosas e irrevogáveis, com conseqüências imprevisíveis e incalculáveis, de resistir a ela.[118] Optaram por esse último curso. No meio da noite, o Conselho Privado, na presença do imperador, aprovou por unanimidade o tratado. No dia seguinte, 27 de setembro, o Pacto Tripartite foi finalmente assinado em Berlim. Sua cláusula-chave comprometia os signatários "a ajudarem-se mutuamente com todos os meios políticos, econômicos e militares quando uma das três Partes Contratantes for atacada por uma potência no momento não envolvida na guerra européia ou no conflito sino-japonês".[119] Ele se referia nitidamente aos Estados Unidos. Como os Estados Unidos reagiriam?

Logo ficou claro que o cálculo do Japão estava errado. A resposta americana revelou prontamente a loucura da pretensão de Matsuoka — uma presunção, também, do Ministério do Exterior alemão, e aceita em, graus variados, pela elite de poder do Japão — de que o Pacto Tripartite serviria como elemento de dissuasão. Em vez disso, ele meramente confirmou as visões americanas de que o Japão era uma força beligerante, opressora e imperialista no Extremo Oriente, um equivalente asiático da Alemanha nazista, e precisava ser contido.[120] Essas visões pareceram se confirmar com a entrada de tropas japonesas na Indochina francesa em 23 de setembro. A isso, seguiu-se uma intensificação da pressão sobre os franceses para eles concederem direito de trânsito às forças japonesas e o uso de campos de aviação na Indochina, e aconteceu enquanto as negociações ainda prosseguiam. Depois de dois dias de escaramuças entre forças francesas e japonesas, os franceses se renderam. O Norte da Indochina foi então ocupado pelo Japão.[121]

Alguns no governo Roosevelt vinham pressionando havia já algum tempo por uma linha-dura contra o Japão. Os "falcões" mais proeminentes eram o secretário de Guerra, Henry L. Stimson, o secretário da Marinha, Frank Knox, o secretário do Tesouro, Henry Morgenthau, e o secretário do Interior, Harold Ickes. Eles defendiam um embargo total aos suprimentos de petróleo para o Japão. Essa linha-dura sofria a resistência do secretário de Estado, Cordell Hull, e do subsecretário Sumner Welles. Respaldados pelo almirante Harold R. Stark, chefe de Operações Navais, e pelo almirante James O. Richardson, comandante-em-chefe da frota dos Estados Unidos, eles argumentavam que sanções totais ao petróleo simplesmente incitariam a um ataque japonês que a Marinha americana seria incapaz de impedir. As autoridades das Índias Orientais holandesas já haviam informado ao Departamento de Estado que não queriam uma ação americana que as exporia a uma ameaça de invasão japonesa. Entretanto, a notícia de que japoneses e alemães estavam negociando um pacto foi respondida com a imposição, em 19 de setembro (a entrar em vigor em 16 de outubro), de um embargo total à exportação de ferro e sucata metálica.[122] Apesar de as forças dominantes na administração dos Estados Unidos não estarem prontas para encurralar o Japão e levá-lo à guerra, o embargo à sucata metálica era um claro sinal de que os Estados Unidos não iriam se curvar à pressão que o Japão estava tentando exercer via Pacto Tripartite.

Washington concordou em advertir os japoneses sobre a continuidade do compromisso americano com o *status quo* no Extremo Oriente.[123] Isso significava um apoio maior a Chiang Kai-shek, uma vantagem que o líder nacionalista chinês rapidamente percebeu. Para o Japão, significava que o desastroso imbróglio na China teria de continuar indefinidamente. O reconhecimento de Tóquio, em novembro, do governo títere de Nanquim de Wang Ching-wei, quando Chiang, como era previsível, recusou os termos com que o Japão lhe acenara, foi recebido por um anúncio de Roosevelt de que estava estudando um empréstimo enorme de 100 milhões de dólares ao governo nacionalista chinês.[124] No outono de 1940, portanto, as relações entre o Japão e os Estados Unidos haviam se deteriorado ainda mais. Como nenhum recuava, estava ficando cada vez mais evidente que somente um teste de força decidiria o controle sobre o Sudeste Asiático.[125]

Da perspectiva japonesa, o propósito essencial do Pacto Tripartite era dissuadir os Estados Unidos de intervirem para impedir o avanço para o sul visto como necessário para assegurar o controle de matérias-primas pelo Japão e, portanto, seu futuro econômico e sua segurança política. O risco do pacto era evidente por si mesmo. E se os Estados Unidos não considerassem o pacto um fator de dissuasão, mas como uma provocação? E se o efeito fosse reforçar a determinação de impedir a expansão japonesa ameaçando seu abastecimento de petróleo? Mas, de uma perspectiva japonesa na época, o risco precisava ser assumido. Assumi-lo importava grandes perigos, mas também um potencial de recompensas enormes. Não assumi-lo significava uma servidão prolongada às potências anglo-americanas. Significava também que a Guerra da China fora em vão. Segundo essa mentalidade, a necessidade de ousadia, e não de cautela, prevalecia. Os temores profundos pelo futuro não haviam sido superados. Mas eram recebidos com uma resignação fatalista. Num exemplo característico da expressão dessa atitude, o almirante Yamamoto Isoroku, ex-vice-ministro da Marinha e que se tornaria em breve o cérebro planejador por trás de Pearl Harbor, observou em outubro de 1940: "Está fora de questão! Combater os Estados Unidos é como combater o mundo todo. Mas, se foi decidido, lutarei o melhor que puder. Sem dúvida morrerei a bordo do *Nagato* [seu navio capitânia]".[126]

Os que manifestavam receios profundos, porém, foram alijados. No resumo de Matsuoka das questões da Conferência de Ligação, o risco era menos danoso para o futuro do Japão no longo prazo do que não assumi-lo. Era uma receita para o desastre. Mas o pendor de Matsuoka pela retórica bombástica, sua crença na força diplomática e sua temeridade subjacente entraram na equação política num momento em que os militares japoneses e também o governo civil haviam se comprometido com a expansão para o sul, e em que as ameaças americanas à economia do Japão eram reais e crescentes.

O Pacto Tripartite era menos formidável do que de fato parecia.[127] Sua importância simbólica era grande, contudo. Ele confirmava que o Japão via seu futuro moldado pela luta contra a supremacia anglo-americana no Extremo Oriente. Embora o início das hostilidades abertas só viesse a ocorrer mais de um ano depois, a estratégia e a diplomacia japonesas eram agora enquadradas por esse imperativo.[128] A rota de colisão com os Estados Unidos estava se abrindo.

A colisão não era inevitável. Não havia uma mão invisível do destino guiando o Japão no caminho de uma guerra contra o poderio dos Estados Unidos que nem mesmo seus próprios militares tinham confiança de vencer. Esse curso desastroso foi a conseqüência das escolhas fatídicas dos líderes japoneses no verão e outono de 1940. Essas escolhas foram, porém, em grande parte, moldadas por mentalidades forjadas nos últimos vinte anos e pela maneira como essas mentalidades interpretaram as realidades econômicas.

A realidade econômica evidente era que o Japão dependia dos caprichos do comércio mundial para sua prosperidade futura. Como um grupo de ilhas a Leste do continente asiático, o Japão não poderia ser mais auto-suficiente em recursos naturais que a Grã-Bretanha. Mas a Grã-Bretanha governava um Império mundial. Isso era visto como o modelo clássico de uma potência mundial. As filosofias políticas dominantes da época, no momento em que o Japão estava se modernizando e começando a flexionar seus músculos, supunha que conquistar um império proporcionava a base da prosperidade e da segurança nacional futura. Uma versão moderna de mercantilismo pregava que o controle das matérias-primas e dos territórios que as forneciam oferecia o caminho para o poder e a prosperidade. A subordinação de forças mais fracas para estabelecer o domínio imperial, que era a marca de uma grande potência, era inevitável e justificada. O Japão veio a se ver, como a Itália e a Alemanha no contexto europeu, como uma nação "sem recursos", com o direito de se expandir para salvaguardar sua própria sobrevivência e segurança. As grandes potências do Ocidente, sobretudo os Estados Unidos, estavam atravessadas no seu caminho com o controle que exerciam dos recursos no Sudeste Asiático, mais especialmente na própria China, e com o poderio naval americano no Pacífico. A dependência japonesa dos Estados Unidos para suprimentos essenciais de petróleo e metais expunha seu calcanhar-de-aquiles na sua pretensão a grande potência. Ela ressaltava a fraqueza subjacente de sua posição.[129] Daí que os princípios liberais, democráticos, do acordo do pós-guerra podiam ser interpretados cada vez mais como estando a serviço do Ocidente, mas diretamente prejudiciais à nação "sem recurso" que era o Japão.

Com o Japão às voltas com uma crise interna durante os anos 20, as querelas ácidas e divisões profundas na política doméstica pareciam espelhar a subserviência externa do país às potências ocidentais selada pela Conferência de Washington do pós-guerra. Isso forneceu o pano de fundo para a emergência da assertividade nacional-imperialista dos anos 30, alimentada pelo sucesso na Manchúria e, depois, pela perspectiva de um prêmio muito maior na China. Imperativos econômicos impulsionaram a nova ideologia, repousando sobre o "modo imperial" personificado pelo imperador divinizado, que acabou atraindo a política para a sua turbulência. O novo, estridente e agressivo nacionalismo rapidamente se implantou na oficialidade jovem do Exército e da Marinha, penetrando, via treinamento militar, nos soldados rasos mais plebeus. A oficialidade antiga e uma geração mais velha de políticos civis ainda se apegava a idéias menos abrasivas de cooperação internacional. Mas eles perderam gradual e inexoravelmente terreno para as forças que representavam a nova ideologia. Quando começou a guerra na China, em 1937, políticos que defendiam o expansionismo que a mentalidade do "modo imperial" havia gerado estavam em altos postos do Estado. Konoe era um exemplo modelar deles. A essa altura, porém, de qualquer modo, a política era determinada cada vez mais pelas exigências do Exército.

A China detinha a chave. Quanto mais a guerra se arrastava, menos o Japão conseguia reduzir suas perdas e chegar a algum tipo de acordo de paz que seria a premissa básica para melhorar as relações com os Estados Unidos. Quanto mais o Japão se atolava na guerra de expansão, com enormes perdas humanas e materiais, mais os radicais do Exército descartavam qualquer recuo. Depois dos massacres em Xangai e do "estupro de Nanquim", a posição internacional do Japão havia se deteriorado drasticamente. À medida que os Estados Unidos endureciam sua posição, as chances de alguma solução do "Incidente da China" encolhiam. Em 1905, o presidente Theodore Roosevelt havia usado pressão americana para costurar um fim para a guerra entre Japão e Rússia. Trinta anos depois havia a perspectiva de seu xará, o segundo presidente Roosevelt, intervir para arquitetar um acordo para a guerra entre Japão e China. Com as lições do apaziguamento na Europa frescas na mente, os Estados Unidos não tinham o menor apetite para tentar pacificar o Japão. Mas, sem um acordo desses, as relações nipo-americanas só poderiam se agravar. E, com isso, os suprimentos de petróleo para o Japão ficariam inexoravelmente mais comprometidos. Não desejando se dobrar a tal ameaça, a resposta de líderes do Japão foi se voltar para uma política de expansão iminente para o sul. Como a noite sucede ao dia, isso aumentou a perspectiva de guerra com os Estados Unidos, uma guerra que mesmo os "falcões" japoneses achavam que o Japão só poderia vencer se pudesse desferir um rápido golpe de nocaute.

Quando a decisão fatídica de avanço para o sul foi tomada, em julho de 1940, portanto, era impossível apresentar uma estratégia alternativa convincente. Existiam, com certeza, variantes de ênfase, em geral relacionadas aos níveis diferentes de medo da guerra com os Estados Unidos. Mas o imperativo fundamental da expansão para o sul era, então, geralmente aceito por toda a elite de poder do Japão. A mera consideração de uma alternativa significava descartá-la. A premissa mesma não poderia ser questionada. A premissa mesma não poderia ser realizada. Melhores relações com os Estados Unidos — isto é, evitar o risco de guerra — significavam efetivamente capitular sobre a China. Aos olhos dos líderes japoneses, isso provocaria uma colossal perda de prestígio, com conseqüências internas incalculáveis. Isso também seria retratado como um insulto às memórias dos que haviam lutado, sofrido e morrido pelo Japão na guerra na China, e teria deixado o Japão, com sua força internacional solapada, ainda mais dependente dos Estados Unidos no longo prazo do que estivera antes de embarcar na guerra na China.

Depois que a Guerra do Pacífico seguiu seu curso catastrófico para o Japão, o país conseguiu se reconstruir e estabelecer uma prosperidade sem precedente com base, precisamente, na dependência dos Estados Unidos e da incorporação bem-sucedida no comércio mundial apoiada na competição capitalista e nas economias de mercado. Mas as mentalidades de 1940 estavam a anos-luz de distância das que, em condições de derrota total, ajudaram o Japão a se reerguer das cinzas. Essas mentalidades antigas não viam nenhuma alternativa à expansão imperialista para assegurar as matérias-primas que os Estados Unidos, em tons progressivamente mais beligerantes, colocavam em risco.

Com a premissa mesma de uma possível reaproximação dos Estados Unidos descartada (na falta de uma absolutamente improvável mudança de posição americana quanto à China), a política expansionista — repleta de perigos — tinha de ser adotada. As vitórias impressionantes do Exército alemão na Europa na prima-

verão de 1940 pareceram oferecer a chance que o Japão vinha esperando para conseguir seu "lugar ao sol". A oportunidade não podia ser perdida. Com a decisão de expansão tomada em julho, estava estabelecida a plataforma para o Japão romper seu auto-infligido isolamento internacional e redirecionar suas fidelidades externas para as potências vitoriosas do Eixo. Como se viu, aqueles das elites japonesas que se opuseram a uma virada na política perderam rapidamente toda sua influência. Quando a oposição da Marinha se desfez, no início de setembro, estava aberto o caminho para assinatura do Pacto Tripartite no fim do mês.

O Japão havia feito suas escolhas fatídicas. Elas não significavam necessariamente uma guerra no Pacífico. Ainda haveria um longo caminho a percorrer até a decisão de atacar Pearl Harbor. Mas as escolhas fatídicas de 1941 haviam sido prefiguradas pelas do verão e outono anteriores, que haviam levado o Japão a um beco sem saída.[130] Agora que o Japão havia optado por se expandir para o sul e por forjar uma aliança com Alemanha e Itália, Pearl Harbor ficara bem mais perto.

4. Roma, verão-outono de 1940

Mussolini decide agarrar o seu quinhão

Hitler sempre me aparece com um fato consumado. Desta vez eu vou pagar na mesma moeda. Ele descobrirá pelos jornais que eu ocupei a Grécia. Dessa maneira, o equilíbrio será restabelecido.

Mussolini, 12 de outubro de 1940

Às 18 horas de 10 de junho, Mussolini falou do balcão do Palazzo Venezia, seu quartel-general no coração de Roma, para uma grande multidão mobilizada às pressas e formada, sobretudo, por entusiásticos fascistas. Com o discurso bombástico tradicional, ele anunciou que o destino havia determinado a entrada da Itália na guerra. Honra, interesse próprio e o futuro do país exigiam que a Itália lutasse. Haveria de ser uma luta "contra as democracias plutocráticas e reacionárias do Ocidente, que repetidamente haviam bloqueado o avanço e até mesmo ameaçado a existência do povo italiano". Quebrar o domínio das democracias ocidentais que sufocava a oportunidade de expansão e limitava severamente seu poder, mesmo nos estreitos limites do Mediterrâneo, era vital para a liberdade do país, ele alegou. Ele retratou a guerra da Itália como "a luta de um povo pobre contra os que desejam nos matar de fome com sua retenção de todas as riquezas e o ouro da terra".[1]

Parecera uma boa idéia na ocasião. Parecia uma aposta segura de que a Itália se aproveitaria de maneira enorme e barata das espantosas vitórias da Wehrmacht na Europa ocidental. Na verdade, como logo ficaria claro, foi uma aposta enorme que dentro em breve daria errado com resultados catastróficos. Mussolini sentia profundamente que a Itália fascista fora arrastada nos calcanhares da Alemanha por muitos anos. A Itália já havia sido a principal parceira no relacionamento com Hitler, mas os papéis haviam decisivamente se invertido na segunda metade dos anos 30, na esteira dos êxitos de política externa e expansão territorial da Alemanha. Mussolini sofrera ao ser relegado a uma condição de ditador de segunda classe. E agora, mais claramente do que nunca, a Itália tinha de permanecer na sombra de acontecimentos determinados pelo poderio militar alemão. Afirmar a pretensão de poder independente da Itália dentro do Eixo foi um motivo fundamental para a entrada na guerra. Dentro de poucos meses, porém, essa pretensão ficou em ruínas. Longe de ser uma potência autônoma travando sua própria guerra paralela, a Itália logo se veria reduzida a não mais que uma coadjuvante na busca da Alemanha pela hegemonia européia.

A gota d'água para se atingir essa posição degradante foi a segunda escolha fatídica de Mussolini em cinco meses: a decisão, tomada em outubro de 1940, de invadir a Grécia. Às 6 horas da manhã de 28 de outubro, tropas italianas cruzaram a fronteira ocupada da Albânia pelo Norte da Grécia. A expectativa era que o Exército grego não representaria um obstáculo sério. A vitória seria rápida. Mussolini já se via entrando em triunfo em Atenas depois de uma breve campanha, algo parecido com o esmagamento da Polônia pelos alemães no outono de 1939. A destruição da Grécia seria um grande passo rumo ao Império nos Bálcãs e no Mediterrâneo que ele almejava. Em vez disso, a campanha rapidamente se revelou um fiasco. As forças gregas lutaram com bravura, ajudadas por uma boa organização, o conhecimento de um terreno difícil e o moral superior das tropas que repeliam um invasor de seu país. Em uma quinzena, ficou evidente que o suposto triunfo fácil já estava se tornando uma humilhação para o regime de Mussolini.

A decisão de invadir a Grécia havia se revelado uma loucura calamitosa. Foi a primeira derrota das forças aparentemente invencíveis do Eixo. E, crucialmente, ao negligenciar o Norte da África em favor da Grécia, Mussolini havia exposto as tropas italianas a um desastre militar e enfraquecido muito a situação do Eixo na campanha do deserto, o teatro mais vital da guerra na época. Se as debilitadas forças britânicas tivessem sido expulsas do Egito e da região do canal de Suez, a guerra teria tomado um curso diferente. Em vez disso, as muito necessárias tropas italianas foram desviadas para o desastre monstruoso na Grécia. A Itália jamais se recuperaria da dupla humilhação na Grécia e no Norte da África. Na primavera de 1941, a Alemanha seria forçada a intervir militarmente para conter a agitação nos Bálcãs desencadeada pela intervenção de Mussolini. O ditador italiano desejara fervorosamente evitar o domínio alemão nos Bálcãs. Agora, suas próprias ações haviam causado justamente isso. As repercussões da malfadada aventura balcânica de Mussolini foram enormes, não só em seus resultados militares, mas também por minar a autoridade do regime fascista dentro da Itália. Era o começo do fim do ditador italiano, pois o apoio de que gozava — não só nas bases, mas dentro da elite política — enfraqueceu-se rapidamente.

Procurando ganhos fáceis, a Itália havia entrado numa guerra que lhe traria enormes dificuldades, uma destruição pesada e um sofrimento agudo para o país, que levariam à derrubada do regime fascista em 1943, uma guinada da lealdade para o lado dos Aliados no outono daquele ano, e meses duros de uma ocupação alemã brutal nas regiões setentrionais antes da derrota completa do Terceiro Reich acabar com o sofrimento. Para o próprio Mussolini, as decisões de entrar na guerra em junho de 1940 e, poucos meses depois, de invadir a Grécia acabariam levando à sua destituição do poder, e, depois, a seu resgate espetacular da prisão e sua restauração como um líder títere alemão. Ele acabaria pagando o preço no fim de abril de 1945, quando ele e sua amante, Claretta Petacci, foram apanhados e executados por *partisans* nas margens do lago de Como. Seus corpos foram então pendurados na viga de um posto de gasolina de Milão, onde o corpo do antes glorificado líder ficou sendo injuriado por uma multidão zombeteira.

Foi Mussolini em pessoa quem tomou as decisões fatídicas que fizeram a Itália entrar na guerra e depois enveredar pela desastrosa invasão da Grécia. Isso está claro. Mas como foram tomadas as decisões? E até onde foram decisões exclusivamente dele? Em que medida a vontade ditatorial arbitrária sobrepujou os desejos e interesses dentro da elite de poder do Estado fascista, em particular, dos militares? Ou a capacidade de decisão de Mussolini apenas reflete a atitude prevalecente dentro do regime como um todo? As decisões foram basicamente pragmáticas ou ideológicas, o resultado de um oportunismo de curto prazo ou de objetivos de longo prazo, uma ruptura das antigas continuidades nas expectativas italianas ou sua presumida realização? Não menos importante, as decisões de Mussolini teriam sido tomadas em condições tão circunscritas que, de fato, ele não teria outra escolha senão levar a Itália à guerra e ao expansionismo? Ou ele e seu regime, a despeito de quais tenham sido as escolhas favorecidas, tinham opções reais no verão e outono de 1940, opções que rejeitaram em favor da ilusão de colheitas fáceis na esteira dos conquistadores alemães na Europa ocidental?

I

Guerra e expansão estiveram implícitas nas idéias de Mussolini desde o início de sua "carreira" como um arquifascista. Na época, elas se tornaram explícitas. Por digressivas e discursivas que essas idéias pudessem ser, um elemento-chave era bastante claro. Antes mesmo de sua expulsão do Partido Socialista, em novembro de 1914, e de sua estridente defesa da intervenção da Itália na Primeira Guerra Mundial no ano seguinte, Mussolini havia saudado o caráter revolucionário, purificador, da guerra, e sua necessidade para a Itália se livrar de seu passado e assumir seu lugar entre as grandes nações. Em março de 1919, na reunião de fundação do *Fasci di Combattimento* em Milão, ele anunciou que a Itália precisava e merecia mais território para acomodar sua população crescente. Pouco tempo depois, ele sustentou a perspectiva de a Itália se unir à Alemanha se os Aliados não lhe dessem o que lhe cabia, e destruir por fim o poderio naval da Grã-Bretanha no Mediterrâneo. Em meados dos anos 20, ele estava apresentando sua visão de uma nova classe guerreira, "sempre pronta para morrer", a criação da "seleção metódica" e a base das "grandes elites que por sua vez criam impérios". Guerra e revolução moldariam o "homem novo". O objetivo era o "Império".[2]

O objetivo permaneceu sem conseqüências práticas dignas de nota durante os anos em que o fascismo consolidava sua dominação sobre o Estado italiano e sobre a sociedade. Um incidente diplomático envolvendo a Grécia causou uma breve incursão e ocupação militar italiana de Corfu no verão de 1923, até ser resolvido por uma reparação grega. Alguns meses depois, a Iugoslávia cedeu a disputada cidade de Fiume à Itália, dando a Mussolini um novo (e fácil) sucesso em política externa. E, no fim de 1926, a Albânia tornou-se efetivamente um satélite econômico da Itália, de novo não mais que o menor dos triunfos. A Itália estava extremamente despreparada, porém, para o aventureirismo externo em qualquer escala séria. O país estava sobrecarregado por pesadas dívidas como um legado da guerra. A maioria das regiões, particularmente o Sul, era extremamente pobre. A renda nacional era menos de um quarto que a da Grã-Bretanha. A base industrial era pequena, confinada principalmente ao triângulo setentrional formado por Milão, Gênova e Turim. Em 1938-9, a Itália produziu apenas 1 milhão de toneladas de carvão e 2,4 milhões de toneladas de aço. A produção da Grã-Bretanha, em comparação, foi de 230 milhões de toneladas de carvão e 13,4 milhões de toneladas de aço, e a da Alemanha, de 186 milhões de toneladas de carvão e 22,4 milhões de toneladas de aço.[3] O rearmamento avançou pouco antes de meados dos anos 30. E o povo, tão pouco tempo depois das terríveis perdas da Primeira Guerra Mundial, tinha pouco apetite pelos riscos de um novo conflito armado. A Itália, como reconheciam seus líderes (Mussolini entre eles), ainda era, de longe, a mais fraca das "grandes potências"; na realidade, ela era apenas uma candidata a "grande potência".

Mussolini permaneceu sensatamente cauteloso durante algum tempo. A posição da Áustria, na fronteira setentrional da Itália, ainda não colocava nenhum problema sério. Mussolini ainda tinha esperanças, no final dos anos 20, de conquistar o apoio da Hungria e da Áustria para criar uma esfera de influência italiana na região do Danúbio, e estava ansioso para evitar que a Áustria caísse sob a influência e o controle alemão. Mas as esperanças de *Anschluss* com o Reich alemão que tinham se espalhado inicialmente na Áustria depois da guerra haviam enfraquecido nesse meio-tempo, e a direita revisionista dentro da Alemanha, que abrigava objetivos de expansão, ainda estava na periferia da política no fim dos anos 20. A outra dificuldade potencial nas relações com a Alemanha, a questão do Tirol do Sul — parte da Itália, mas com maioria da população de fala alemã —, também não havia se materializado num confronto perigoso. As vozes histéricas da direita radical na Alemanha clamando pela devolução do Tirol do Sul apenas eram ouvidas nos meios políticos dominantes. A figura mais ruidosa na extrema direita, Adolf Hitler, já interessado em boas relações com a Itália, havia até se arriscado a rachar seu ainda pequeno Partido Nazista, indicando uma disposição de renunciar às pretensões ao Tirol do Sul.[4] Ele tinha horizontes mais amplos em mente. E, apesar de ter muito ressentimento com a superioridade do poder britânico e francês, especialmente no Mediterrâneo, Mussolini não arriscou nada em seus entendimentos com as democracias ocidentais (com as quais se reuniu no Pacto de Locarno de 1925, voltado para estabilizar as fronteiras européias ocidentais da Alemanha).

Mussolini foi obrigado então, durante anos, a se arrastar penosamente em política externa. Mas isso em nada alterou seu interesse básico na ampliação territorial, ou sua crença na guerra como um agente de regeneração nacional, o caminho para o prestígio e o status condizentes com uma grande potência.

A perturbação do cenário internacional que se seguiu à tomada de poder de Hitler na Alemanha em 1933 ofereceu novas oportunidades para Mussolini e abriu um papel mais ativo para a Itália fascista nos assuntos europeus. A primeira preocupação de Mussolini foi sustentar a independência austríaca contra pretensões nazistas. As relações entre Itália e Alemanha ficaram tensas durante algum tempo após o assassinato, pelos nazistas, do chanceler austríaco, Engelbert Dollfuss, em julho de 1934. E, quando, no mês de abril seguinte, em Stresa, Mussolini alinhou a Itália fascista com as democracias ocidentais contra o expansionismo alemão, ele tinha principalmente a Áustria em mente. A essa altura, porém, sua atenção começou a se concentrar na Abissínia (Etiópia), um país distante e empobrecido, mas com certa atração pela Itália fascista. Mussolini queria um triunfo externo, um espetáculo do poder italiano, uma demonstração para o mundo e para a própria população italiana do poder fascista e da virilidade nacional. O Mediterrâneo oriental e o Norte da África (onde a Líbia havia sido uma colônia desde 1912) desde havia muito faziam parte dos sonhos de expansão dos imperialistas italianos. O interesse pessoal de Mussolini nessas regiões como o centro de um novo império fascista não era, portanto, uma novidade. Idealmente, Mussolini queria um domínio perto de casa, na região do Mediterrâneo, mais especialmente nos Bálcãs. As Forças Armadas italianas, porém, eram fracas em comparação com as das principais potências européias. Qualquer noção de expansão para os Bálcãs, por mais atraente que a proposta soasse, teria de ser descartada ao menos num futuro próximo. Era demasiadamente arriscada, em especial dado os fortes interesses franceses no Sudeste europeu.[5] A Abissínia, vista como um reino tribal primitivo incapaz de oferecer muita resistência às armas italianas, serviu de substituto.

A humilhante derrota em Adowa em 1896, depois que tropas italianas avançaram pelo interior da Abissínia partindo de sua colônia Eritréia, ainda corroía as entranhas dos nacionalistas. A prova de sangue da nação numa guerra curta, unilateral, de vingança, e um triunfo para os fascistas eram perspectivas tentadoras para o ditador italiano. O sucesso sem custos parecia garantido. Ele teria de superar a hesitação e tibieza do rei, dos líderes do Exército e dos elementos mais conservadores da elite dominante, preocupados com o risco que ele estava assumindo. Mas as democracias ocidentais, ele pensava, não interviriam. Isso se revelou um erro de cálculo — ainda que tenha rapidamente se traduzido em grande vantagem para Mussolini. A condenação da agressão italiana pela Liga das Nações e a imposição de sanções econômicas alimentaram o ódio à Grã-Bretanha e à França dentro da Itália e aumentaram fortemente a popularidade de Mussolini e seu regime. Quando Adis Abeba caiu, no mês de maio seguinte, depois de uma campanha extremamente brutal que inclui o amplo uso da guerra química, Mussolini anunciaria uma vitória completa, a assunção pelo rei da Itália do título de imperador da Abissínia, e a existência de um novo Império Romano.

O culto ao Duce atingiu então o seu auge.[6] O regime estava muito fortalecido, a posição de Mussolini era inatacável. A grandiosidade da imagem que ele tinha de si próprio não conhecia limites. Ele antecipou vivamente o confronto com as democracias ocidentais "decadentes" divididas e enfraquecidas pela resposta que deram à guerra abissínia. O caminho para o futuro grandioso da Itália repousava, parecia evidente (e não apenas para Mussolini), somente num estreitamento dos laços com a Alemanha de Hitler — que já flexionava os músculos, certa de se tornar o poder dominante na Europa central e impondo um grande desafio à França e à Grã-Bretanha. Nesse sentido, Mussolini deu luz verde para a remilitarização alemã da Renânia em março de 1936, aceitou que a Áustria agora deveria cair na órbita alemã como de fato aconteceu depois de um acordo assinado em julho, e em novembro daquele ano formou o Eixo com a Alemanha como um selo simbólico do relacionamento estreito — visto com pouca satisfação pela maioria dos italianos.

O fato é que apesar de toda propaganda espalhafatosa, a relação entre Itália e Alemanha estava, na verdade, longe de ser estreita, e se tornava cada vez mais assimétrica. Mussolini já estivera na condição de mestre e Hitler na de discípulo. Mas seu sentimento de inferioridade em relação a Hitler se aprofundava à medida que seu colega ditador alcançava um triunfo diplomático após outro. E ele não conseguia esconder sua admiração pelo poderio militar alemão. A força militar italiana era, ao contrário da Wehrmacht, quase desanimadora. Uma derrota humilhante em Guadalajara em março de 1937, depois de Mussolini ter desdenhado as advertências de seus comandantes do Exército para envolver a Itália em apoio a Franco durante a Guerra Civil Espanhola, era um claro lembrete disso. A visita de Estado de Mussolini à Alemanha em setembro daquele ano apenas enfatizou o abismo imenso de força militar entre as duas ditaduras e o deixou ainda mais admirado com o poder do Terceiro Reich.

Quando Hitler anexou a Áustria em março de 1938, ele agradeceu efusivamente o apoio de Mussolini. A despeito de qual tivesse sido a situação quatro anos antes, porém, Mussolini agora tinha pouca escolha na questão exceto aquiescer. Ele havia atado seu país ao expansionismo de alto risco da Alemanha nazista. Por isso, apoiou por completo a posição belicosa alemã sobre a Sudetenland naquele verão. E professou sua prontidão para combater do lado da Alemanha, se — como parecia provável — o resultado fosse uma guerra geral européia. Mas isso continha mais que um pequeno blefe. Ele estava perfeitamente ciente de quanto a Itália estava despreparada para uma grande guerra. Quando Hitler por um momento vacilou, Mussolini agarrou a chance, oferecida por Göring, de mediar o acordo em Munique, possibilitado pela presteza das democracias ocidentais em dividir a Tchecoslováquia no interesse do agressivo alemão. Sua recepção eufórica ao voltar para a Itália como um salvador da paz européia não o agradou minimamente. Antes lhe confirmou que o povo italiano era muito amante da paz e estava muito longe de se dispor à guerra. Foi esse, aliás, o veredicto apresentado por toda uma série de relatórios de funcionários do Partido Fascista sobre o estado da opinião pública, enfatizando a hostilidade aos parceiros alemães do Eixo e o pavor de serem arrastados para uma outra guerra.[7]

Mussolini desprezava esses medos. Ele queria a guerra, não a paz. Num discurso de largo alcance — uma versão atualizada de uma posição antiga — ao Grande Conselho fascista em 4 de fevereiro de 1939, ele vislumbrou uma guerra com as potências ocidentais para atingir a versão italiana de *Lebensraum*. A Itália, disse, estava efetivamente cercada pela dominação britânica do Mediterrâneo que bloqueava seu acesso aos oceanos (e à prosperidade) com o controle do estreito de Gibraltar no Oeste e do canal de Suez no Leste. Cercada por países hostis e privada de espaço para expansão, a Itália era "uma prisioneira do Mediterrâneo". A tarefa da política italiana era, portanto, "quebrar as grades da prisão" e "marchar para o oceano". Mas quer essa "marcha" fosse para o oceano Índico ou para o Atlântico, "nos defrontaremos com a oposição anglo-francesa".[8]

Ele logo recebeu outro lembrete de que só poderia dançar conforme a música da Alemanha. A ocupação alemã em 15 de março do que restava da Tchecoslováquia, como sempre sem aviso prévio a sua parceira do Eixo, mostrou onde estava o poder. O acordo de Munique, costurado por Mussolini, havia simplesmente sido rasgado por Hitler. Quando o emissário de Hitler apresentou uma mensagem verbal de explicação e gratidão a Mussolini, um Duce desanimado quis impedir que ela chegasse à mídia. "Os italianos ririam de mim", lamentou. "Toda vez que Hitler ocupa um país, ele me envia uma mensagem."[9] Entretanto, ele não tinha outra escolha senão aceitar de bom grado o *fait accompli* alemão. Ele chegou até a resistir inicialmente à sugestão do conde Galeazzo Ciano, seu ministro do Exterior desde 1936 e casado com sua filha Edda, de anexar a Albânia para dar ao povo italiano alguma "compensação" pela humilhação. A anexação desse pequeno reino corrupto e atrasado, já sob pesada influência italiana, foi, porém, adiada. Ela ocorreu três semanas mais tarde, em 7 de abril de 1939. A Albânia havia se tornado agora pouco menos que um "grão-ducado" de Ciano, como a chamava o ministro do Exterior — jovem, elegante, mas pretensioso, corrupto e pouco importante, preferindo jogar golfe e correr atrás de mulheres ao trabalho duro de uma escrivaninha diplomática.[10] Comparado com os golpes espetaculares de Hitler, era café pequeno com certeza. Mas Mussolini a via como um mero entreposto. Já no mês de maio ele estava estudando como usar a Albânia para um ataque à Grécia para "expulsar os britânicos da bacia do Mediterrâneo".[11] Como Ciano disse a Hitler (que teria escutado com entusiasmo e conseguido manter o rosto sério), o programa italiano era transformar "a Albânia num baluarte para dominar inexoravelmente os Bálcãs".[12]

Mas, de imediato, a garantia britânica a Grécia e Romênia que se seguiu à tomada italiana da Albânia teve o efeito de aproximar ainda mais a Itália da Alemanha via uma aliança militar, o "Pacto de Aço", assinado em 22 de maio de 1939.[13] Os dois países se comprometeram com ajuda e apoio militar mútuo no caso de uma das duas potências se envolver numa guerra. Foi um caso de diplomacia fascista no mais alto grau de improvisação:[14] a Itália se comprometera a um apoio incondicional à Alemanha mesmo numa guerra de criação puramente alemã.

O entendimento italiano, como Mussolini logo depois lembrou a Hitler, era que uma guerra não deveria ser desencadeada antes de 1943, no mínimo, quando os preparativos italianos estariam completos.[15] Mas, já no dia seguinte à assinatura do "Pacto de Aço", Hitler dizia a seus generais para se prepararem para uma guerra contra a Polônia na primeira oportunidade.[16] Em meados de julho, os rumores sobre as intenções alemãs quanto à Polônia haviam se traduzido em relatórios alarmantes do embaixador italiano em Berlim, Bernardo Attolico, de que a Alemanha estava se preparando para atacar Danzig no mês seguinte.[17] Ciano começou a temer que a Itália fosse arrastada para a guerra "nas condições mais desfavoráveis", com reservas de ouro e estoques de metais quase nulos e preparativos militares dolorosamente incompletos. Ele estava convicto de que a guerra devia ser evitada.[18] Mussolini oscilava entre a idéia de outra "Munique" — uma conferência de paz internacional com o objetivo de adiar a guerra por três anos, mais ou menos — e o desejo de lutar ao lado da Alemanha, por honra, e agarrar "sua parte do butim na Croácia e na Dalmácia", como Hitler o tentava a fazer. Quando Ciano se encontrou com Hitler e Ribbentrop na residência alpina do ditador alemão, o Berghof, nas montanhas acima de Berchtesgaden, em 11-13 de agosto de 1939, não lhe restaram dúvidas de que a Alemanha estava decidida à ação militar. A Itália fora mais uma vez negligenciada pelos alemães, e Hitler havia "resolvido atacar, e atacar ele irá". Ciano retornou a Roma "desgostoso com os alemães", que haviam "nos traído e mentido para nós" e agora "nos arrastavam para uma aventura que não queríamos". Ele achava que as mãos da Itália eram livres e recomendou fervorosamente sua permanência fora da guerra.[19] O nervosismo de Mussolini persistia. Mas seu instinto mais forte era combater ao lado dos alemães se o conflito armado ocorresse. Ainda havia uma chance, ele imaginava, de que as democracias ocidentais não marchariam. Nesse caso, ele queria se aproveitar dos ganhos fáceis que viriam. Mas, se a guerra ocorresse, como parecia provável, ele achava que a Itália pareceria covarde aos olhos do mundo se recuasse. Outro ponto considerado por ele, segundo Ciano: seu medo de que Hitler, enfurecido com o não-cumprimento pela Itália do "Pacto de Aço", pudesse "abandonar a questão polonesa para acertar as contas com a Itália".[20]

A espantosa notícia, tarde da noite de 22 de agosto, do iminente pacto de não-agressão da Alemanha com a União Soviética — outra surpresa para a Itália — foi um golpe para as democracias ocidentais que deu um estímulo a Mussolini. Seu ânimo belicoso foi encorajado pelo relatório subserviente (e absolutamente mentiroso) de Alberto Pariani, o subsecretário de Guerra, sobre o bom estado de alerta do Exército. Isso era completamente contradito pela opinião franca do próprio rei Vítor Emanuel III, quando Ciano lhe comunicou, em 24 de agosto, que "não estamos absolutamente em condição de travar uma guerra" e que "o Exército está num estado 'lamentável'". Os oficiais não estavam qualificados, o equipamento era velho e obsoleto e a opinião pública era hostil aos alemães. O rei estava firmemente decidido de que a Itália devia ficar fora da guerra, ao menos naquele momento, e aguardar os acontecimentos. Mais importante, ele insistiu em fazer parte da tomada de quaisquer "decisões supremas".[21] Isso equivalia a um veto a Mussolini levar a Itália à guerra.

No dia seguinte, Ciano transmitiu a opinião do rei a um Mussolini "furiosamente belicoso", que se sentiu devidamente dissuadido de levar o país à guerra e compelido a aceitar a não-intervenção. Ao receber uma carta de Hitler pedindo "compreensão italiana" para uma ação iminente, Mussolini foi obrigado a admitir que "não me será oportuno tomar a iniciativa em operações militares tendo em vista o presente estado dos preparativos de guerra italianos", acrescentando que uma intervenção dependia da entrega imediata de suprimentos militares e matérias-primas para suportar um ataque de Grã-Bretanha e França.[22] Uma lista, extraordinariamente exorbitante em suas demandas, acabou sendo completada em 26 de agosto. Ela foi enfeitada mais ainda por Attolico, que agia por iniciativa pessoal para desencorajar qualquer possível cumprimento alemão dos pedidos solicitando a entrega imediata de todos os suprimentos requeridos para a Itália entrar na guerra. Isso funcionou. Os pedidos eram absolutamente impossíveis de ser atendidos por Hitler. Ele fez saber a Mussolini que compreendia a posição da Itália e pedia apenas uma posição de eterna amizade. Ele se propunha, anotou Ciano, a "aniquilar a Polônia e vencer a França e a Inglaterra sem ajuda". Era um golpe para o prestígio de Mussolini. Hitler havia levado seu país à guerra seis anos depois de alcançar o poder, enquanto ele, o Duce, não estava em condição de levar a Itália à guerra depois de quase dezessete anos no poder. Isso causou ressentimentos. Ele disse a Hitler em 26 de agosto: "Deixo a seu critério imaginar meu estado de espírito ao me ver compelido por forças fora do meu controle a não lhe conceder uma real solidariedade no momento da ação".[23] Seus desejos pessoais eram claros. Mas ele fora obrigado a se curvar à pressão de dentro de seu próprio regime para não envolver o país numa guerra. Por enquanto, ele tinha que engolir a pílula amarga e aceitar o novo status, desconhecido na lei internacional, de "não-beligerância" — menos humilhante, com certeza, que "neutralidade", mas muito longe do que os valores marciais fascistas exigiam.[24]

Dez meses haveriam de transcorrer até surgir a oportunidade de compensar o recuo do fim de agosto de 1939. Dessa vez, a oportunidade era boa demais para ser perdida.

II

O fato de, em agosto de 1939, o desejo de Mussolini de levar a Itália à guerra ter tido que se curvar a pressões contrárias, não menos pela hostilidade do rei à intervenção, demonstra os reais limites do poder do ditador. A contraparte alemã de Mussolini estava numa posição muito mais sólida. Depois de Hitler se tornar chefe de Estado com a morte do presidente Hindenburg, no início de agosto de 1934, momento em que o Exército fez um juramento de obediência a ele, seu poder era absoluto, no sentido de que nenhum indivíduo e nenhum organismo ou instituição poderia oferecer qualquer contestação constitucional e não havia base para lealdades alternativas. Ele intensificou seu controle sobre as Forças Armadas em fevereiro de 1938, numa reorganização da estrutura de controle central sob a sua liderança direta. Na Itália, ao contrário, quase dezessete anos após Mussolini haver tomado o poder depois da "Marcha sobre Roma" em outubro de 1922, esse poder, embora não deva ser subestimado, continuava longe de ser absoluto. Embora o pequenino rei compusesse uma figura pouco expressiva e parecesse um frágil contrapeso à presença dominadora de Mussolini, ele continuava sendo o chefe de Estado e com poderes mais do que meramente protocolares. Por fim, como os acontecimentos de julho de 1943 mostrariam, assim como o rei havia nomeado Mussolini para chefiar o governo em 1922, ele reteve a prerrogativa de removê-lo do cargo. E oferecia um foco alternativo de lealdade. Isso foi particularmente importante no caso das Forças Armadas. O mais notável é que o corpo de oficiais do Exército e da Marinha conservou um forte sentimento de fidelidade à monarquia. Sua principal lealdade, na visão da maioria deles, era para com o rei, o chefe das Forças Armadas. Qualquer que tenha sido a combinação de suborno e intimidação que Mussolini tenha empregado em seu trato com os comandantes das Forças Armadas, ela jamais foi suficiente para vencer a lealdade sem reservas delas. Isso se mostraria uma fraqueza fatal no golpe palaciano de julho de 1943.

Embora não tenha havido sinais abertos durante o inquieto período de não-beligerância em 1939-40 da ruptura posterior entre Mussolini e seus líderes militares, o ditador não poderia simplesmente tratar seus veteranos generais e almirantes com brutalidade.[25] Em mais de uma ocasião, ele apenas lamentou as deficiências que via nas forças militares e sua incapacidade de expurgar o corpo de oficiais, assim como expressou sua intenção de eliminar a monarquia tão logo tivesse oportunidade disso.[26] Nas circunstâncias vigentes, ele teve que tolerar provisoriamente o que tomava como cautela indevida, pusilanimidade, visão pessimista e falta de "espírito de luta" fascista do rei e de seus consultores militares.

O corpo de oficiais permaneceu, para a mágoa de Mussolini, irredutivelmente conservador em pessoal e estrutura. A Itália carecia da cultura militarista que havia se desenvolvido na Alemanha (em especial, na Prússia). Não havia um grande entusiasmo pelos militares na sociedade italiana. O Exército não gozava de alto prestígio, como gozava não só na Alemanha, mas também nas democracias ocidentais, Grã-Bretanha e França. Na Marinha ocorria quase o mesmo, ao passo que a Aeronáutica, como em outros países, estava apenas começando a se estabelecer. A tradição militar que havia na Itália ostentava derrotas humilhantes, em especial Adowa em 1896 e Caporetto em 1917, em vez de vitórias gloriosas. Por isso, a carreira nas Forças Armadas não era muito procurada pelos italianos mais bem-educados e tecnicamente habilitados, que, de todo modo, não eram muito numerosos numa sociedade pobremente educada e industrialmente subdesenvolvida. O resultado foi o baixo calibre e a escassez de talentos no que se resumia praticamente a uma casta militar rígida, em especial no Exército. Se Mussolini tivesse tido poder suficiente para expurgar a liderança do Exército, teria tido dificuldade para substituir os destituídos por homens mais bem qualificados. Na prática, ele não poderia fazer muita mossa nas fileiras cerradas de seus veteranos generais que, apesar das rivalidades pessoais e profissionais, eram respaldados por seus laços estreitos com a monarquia.

De 1926 em diante, Mussolini havia sido o ministro no comando de cada uma das três armas das Forças Armadas. Mas, durante anos, ele permaneceu reservado em seus tratos com as altas autoridades, não querendo provocar antagonismos, e consciente de suas deficiências técnicas em assuntos militares e da necessidade de proteger a própria imagem, esquivando-se de questões que não compreendia inteiramente. Pouca coisa foi feita para criar uma genuína coordenação da liderança das Forças Armadas. Isso continuaria assim, prejudicando seriamente o planejamento estratégico durante toda a guerra.[27] Os poderes do marechal Pietro Badoglio, chefe do Estado-Maior desde 1925, para intervir na direção interna de cada arma das Forças Armadas, e até de coordenar o pensamento estratégico, eram mais nominais que reais. Ele era, sobretudo, não mais que um elemento de ligação de Mussolini com os líderes de Exército, Marinha e Aeronáutica e principal consultor sobre planejamento militar. O papel de Badoglio no planejamento e condução da vitória na Abissínia havia fortalecido sua posição e implicado que Mussolini não poderia facilmente desconsiderar seus conselhos. Mas, por seu tom defensivo, eles raramente eram o que o ditador queria ouvir.

Mussolini tampouco gostava de encarar o evidente despreparo de suas Forças Armadas e sua falta de prontidão para grandes combates.[28] A vitória na Abissínia com a ajuda de artilharia pesada, bombardeiros e gás mostarda contra um inimigo nitidamente inferior (que mesmo assim ofereceu uma resistência tenaz durante alguns meses) foi de pouco proveito à preparação para o engajamento na guerra européia que Mussolini tinha em mente para conquistar um lugar ao sol para a Itália — embora tenha dado ao ditador uma maior ambição de comandar os assuntos militares. Desde o momento em que ele viu o poder aéreo e naval como a chave para o domínio futuro do Mediterrâneo depois de um enfrentamento com a Grã-Bretanha e a França, a Aeronáutica, principalmente, e a Marinha em certa medida receberam prioridade sobre o Exército na alocação de recursos. Apesar do rearmamento substancial da Marinha na segunda metade dos anos 30, a frota no fim da década ainda estava longe de estar pronta para um combate em escala total, com uma liderança fraca em planejamento operacional e um pensamento estratégico com uma mentalidade defensiva e enraizada, em grande parte, nas guerras navais do passado. Também a Aeronáutica havia sido bajulada até o erro na Abissínia e depois na Guerra Civil Espanhola. Apesar da notável expansão no fim dos anos 30, ela continuava técnica e organizativamente fraca em comparação com suas equivalentes britânica e alemã. O Exército estava em desvantagem pela prioridade na alocação de recursos à Marinha e à Aeronáutica, e sofria também com a pequena base industrial da Itália. Além disso, sua liderança se prendia a um pensamento militar ultrapassado, sem vontade, e incapaz até, de quebrar as cadeias do passado. Assim, no fim dos anos 30, o Exército estava penosamente distante dos níveis de modernização requeridos pelas formas novas e mais móveis de guerra. Um oficial experiente, o general Ettore Bastico, advertiu contra a adoração do tanque e desejava "reservar nossa reverência ao soldado de infantaria e à mula", enquanto, no fim dos anos 40, o vice-chefe do Estado-Maior do Exército, general Mario Roatta, fez saber que se opunha à abolição da cavalaria.[29]

No auge de seu poder, portanto, Mussolini se defrontava ainda com uma casta militar particularmente forte na oficialidade do Exército — que estava longe de seu ideal fascista, e, em certos aspectos, era obstrucionista em relação a seus planos de longo alcance de guerra e expansão. E presidia Forças Armadas mal dirigidas, mal coordenadas, insuficientemente modernizadas (em particular, de novo, o Exército) e despreparadas para um combate exigente.

A liderança das Forças Armadas se reduzia a apenas uma — ainda que discutivelmente a mais importante — de algumas bases parcialmente autônomas de poder no regime fascista, que não eram meros veículos do suposto controle e domínio "total" de Mussolini. Seria possível afirmar, com alguma justiça, que o fascismo na Itália, mais do que no caso do regime de Hitler na Alemanha, repousava num "cartel de poder".[30]

A "tomada do poder" de Mussolini na "Marcha sobre Roma" de 1922 foi um mito fascista. Na verdade, o poder lhe fora entregue num acordo com as elites dominantes nacional-conservadoras. O que transpirou "não foi uma revolução, mas um acordo autoritário" estabelecendo "uma ditadura principalmente política que presidia um sistema institucional semipluralista".[31] O grande capital, a Igreja e a burocracia estatal conservaram alguma independência do controle fascista. Na esfera econômica, Mussolini teve de trabalhar ao lado, e não dominando, dos líderes da indústria, do comércio e das finanças num país onde o catolicismo era tão influente — e não havia melhor lembrete disso que a residência do papado dentro da capital italiana — que Mussolini não teve outra escolha senão chegar a um *modus vivendi* com a Igreja, como fez nas concessões significativas dos Pactos Lateranos de 1929 em troca do fim da hostilidade papal ao Estado italiano. E apesar da retórica das ambições totalitárias do fascismo, o partido fez poucas incursões no domínio do aparelho do governo estatal. Pelo contrário, ele viu-se privado de muito poder real e voltado, em grande medida, a uma prática de mobilização de massas, propaganda, tentativas de doutrinação política e aclamação do líder. Diferentemente da União Soviética, o destaque continuava sendo o Estado, não o partido. Mussolini reconheceu isso ao assumir, por algum tempo, na segunda metade dos anos 20, não menos que oito ministérios do Estado. Apesar de isso ter ajudado significativamente a estabelecer sua posição de liderança inconteste, na realidade, como ele não poderia possivelmente supervisionar e dirigir tudo em pessoa, também reforçou o papel da burocracia do Estado.[32] Mesmo dentro do próprio Partido Fascista, a posição de Mussolini inicialmente havia sido de fato a de primeiro entre iguais, de líder partidário reconhecido, decerto, mas compelido a reconhecer as bases de poder independentes dos chefetes locais, os *ras* (um termo etíope) sobre cujo controle da organização do partido local seu próprio poder se apoiava, em última instância.[33] No entanto, no fim dos anos 20, sua dependência mútua inicial havia se transformado na supremacia total do Duce sobre o partido.

A luta inicial de Mussolini, uma vez no poder, havia sido subordinar o próprio Partido Fascista a seu controle absoluto. Um veículo para atingir esse fim foi a instituição do Grande Conselho Fascista, que ele criara inicialmente em 1922 e, seis anos depois, supostamente transformou no "órgão supremo que coordena todas as atividades do regime". Na prática, ele raramente se reunia, não tinha poderes legislativos e, na verdade, era pouco mais que uma agência do controle pessoal de Mussolini.[34] Quando Mussolini tomou suas grandes decisões, em 1940, de entrar na guerra e depois atacar a Grécia, ele nem sequer consultou o Grande Conselho Fascista. Entretanto, como os acontecimentos de 1943 viriam a mostrar, mesmo esse animal aparentemente manco ainda podia escoicear, pois foi o Grande Conselho Fascista que liderou a revolta contra Mussolini que terminou com a sua deposição. Institucionalmente, então, mesmo o Grande Conselho Fascista, por mais emasculado que fosse na prática, colocava um limite potencial ao poder de Mussolini. Na Alemanha, ao contrário, Hitler rejeitou consistentemente as aberturas para estabelecer uma assembléia do Partido Nazista, alerta como sempre à existência de qualquer organismo coletivo que pudesse, em alguma circunstância, estar em posição de desafiar sua autoridade pessoal.[35]

Embora o poder de Mussolini não fosse absoluto, ele mesmo assim se expandiu enormemente entre 1915 e 1940, até se aproximar ao de um "príncipe absolutista" cujas decisões não estavam sujeitas a nenhum controle efetivo.[36] Foram cruciais para esse desenvolvimento a centralização gradualmente aumentada do controle sobre o partido, o crescimento e elaboração do culto extravagante ao Duce e o impacto da guerra abissínia na posição de Mussolini.

De 1925 em diante, a independência dos chefes provinciais fascistas, os *ras*, foi minada pela centralização burocrática implacável da organização do partido. No início dos anos 30, mesmo os chefes regionais mais autônomos, como Roberto Farinacci, o chefe linha-dura de Cremona e secretário do partido por um breve período em meados dos anos 20, tiveram suas asas podadas. Dois secretários-gerais, ultraleais a Mussolini, Augusto Turati e Achille Starace, conseguiram expurgar os elementos mais recalcitrantes do movimento fascista inicial e depois converteram o partido numa organização imensa, extremamente inchada, dedicada, em grande parte, à tentativa de mobilizar as massas por trás do regime, e, em especial, de seu líder, e doutriná-las nos objetivos e princípios do fascismo. Nesses anos, a estética do poder foi cuidadosamente refinada e orquestrada. No fim dos anos 30, o partido era imenso. Às vésperas da guerra européia, quase a metade da população era formalmente membro do partido ou de uma de suas organizações inferiores.[37] Doutrinariamente, porém, o impacto do fascismo era raso. O compromisso ideológico com o regime e o "espírito de luta" do fascismo que Mussolini ansiava inculcar na população continuavam limitados — com certeza eram menos profundos que o impacto do nazismo sobre a população alemã.[38]

O Partido Fascista havia se transformado nos anos 30, em grande parte, num enorme veículo de adulação do Duce. A total excrescência do culto ao Duce acompanhou esse desenvolvimento. Os esforços pseudo-religiosos na crença de que o Duce "estava sempre certo", como a propaganda fascista dizia reiteradamente à população, não precisava de ênfase. E essa crença podia coexistir facilmente — como a quase-divinização de Hitler na Alemanha — com uma obediência limitada ou ao Partido Fascista, ou a suas doutrinas.[39] Mas a fabricação do culto ao Duce claramente produziu um nível de aclamação popular que fortaleceu imensamente a posição de força de Mussolini. No início dos anos 30, ele sentiu-se forte bastante para remover de altos postos quase todas as figuras proeminentes do início do movimento fascista que poderiam colocar algum empecilho a seu crescente domínio. Alguns alimentaram rancores que viriam a se tornar visíveis quando Mussolini mais tarde ficou no auge da vulnerabilidade, na fatídica reunião do Grande Conselho Fascista em julho de 1943. Mas, no futuro próximo, os antigos potentados fascistas, divididos e sem uma voz coletiva, viram seus poderes reduzidos à dependência pessoal de Mussolini.[40] O Duce havia fortalecido sua posição às custas de seus antes poderosos camaradas fascistas. Seus substitutos eram, na maioria, medíocres, acólitos absolutos de Mussolini.

O próprio Mussolini assumiu o controle dos ministérios mais importantes, incluindo, em 1933, o do Exterior (tido como conciliador nas mãos do ex-ministro do Exterior e chefe fascista de Bolonha, Dino Grandi) e os ministérios militares.[41] Era um sinal de que a política externa em breve se tornaria mais assertiva. Em relação aos outros "grandes batalhões" do regime — como a grande empresa, a burocracia estatal, a liderança militar e, não menos, o próprio rei —, a posição popular de Mussolini significava agora que ele era menos fácil de ser desafiado, que o âmbito de seu domínio havia aumentado. O "cartel de poder", em outras palavras, embora continuasse a existir, viu o balanço real de poder pender fortemente a favor de Mussolini no decorrer dos anos 30. Isso significou que o expansionismo agressivo ao qual Mussolini estava ligado, em particular desde que ele próprio havia tombado vítima do culto ao Duce e engolido o mito de sua própria infalibilidade, tornou-se uma parte mais destacada da política fascista, e era menos fácil de bloquear por aqueles que temiam suas conseqüências para o país.

Um grande impulso à dominação inflada do Duce foi proporcionado pela guerra abissínia. Essa foi, num sentido real, uma guerra de Mussolini. Ele a havia planejado desde 1932. Havia pressionado resolutamente por ela e arquitetado sua forma, apesar das tentativas da Liga das Nações de encontrar uma solução diplomática que favorecesse a Itália. Ele levou a cabo a decisão de travar a guerra contra as advertências alarmistas de Badoglio de que ela resultaria numa guerra com a Grã-Bretanha; contra a advertência do *establishment* conservador que detestava o risco e também temia o enredamento numa conflagração mais ampla; e, não menos, contra as apreensões do rei que, como afirmou Mussolini mais tarde, teve que ser obrigado a ir à guerra.[42] Uma vez alcançada a vitória na primavera seguinte, o triunfo de Mussolini, alardeado sem parar numa imensa torrente de propaganda adulatória, foi completo. Sua posição pessoal recebera mais um impulso enorme. Sua imagem "heróica" fora abrilhantada ainda mais. O culto ao Duce atingiu seu apogeu. Em assuntos de guerra e paz, especialmente, Mussolini se alçava acima das outras figuras de seu regime. Seu controle dos assuntos externos não foi diminuído quando Ciano, ultraleal a Mussolini antes da guerra, assumiu o Ministério do Exterior em 1936. A guerra abissínia teve outra conseqüência importante para a estrutura de poder na Itália. As velhas elites, incluindo o rei, não haviam desejado a guerra. Mas elas se regozijaram com a glória que ela trouxe (apesar de Mussolini ter se queixado mais tarde que o rei não a merecia).[43] Mais que isso, eles haviam favorecido as metas expansionistas, que tivera suas raízes nos sonhos imperialistas pré-1914 do *establishment* conservador e dos governos liberais,[44] enquanto temiam as repercussões do conflito nas democracias ocidentais. A iniciativas bárbaras na condução da guerra vieram, em geral, da elite militar e não do próprio Mussolini, embora o Duce certamente tenha dado as ordens para medidas de grande desumanidade.[45]

Depois da guerra na Abissínia, o compromisso com a Alemanha via a formação do Eixo, o envolvimento da Itália na Guerra Civil Espanhola, a parte desempenhada por Mussolini na costura do Acordo de Munique e a anexação da Albânia foram indicadores de que a formulação política em assuntos externos havia se tornado cada vez mais um território direto e pessoal do Duce, ajudado e encorajado por Ciano. Em assuntos de guerra e de paz, a tomada de decisões era, a essa altura, altamente personalizada. Dizia-se que a discussão não fazia parte do "estilo fascista". As decisões abruptas refletiam qualidades "napoleônicas".[46] Em março de 1938, Mussolini reclamava um status igual ao do rei como comandante supremo das Forças Armadas.[47] Os órgãos supostamente representativos do Estado fascista, o Grande Conselho Fascista, o Senado (havia muito reduzido a nomeados por Mussolini) e a Câmara de Fascios e Corporações (sucessora, em 1939, dos restos havia muito moribundos da Câmara de Deputados, o velho Parlamento), não tinham influência nas decisões.[48] Não havia uma congregação institucional ou órgão corporativo para a tomada de decisões coletivas. O Conselho de Ministros tinha uma semelhança apenas superficial com o Gabinete de um sistema de governo democrático. Ele só se reunia quando Mussolini o convocava, invariavelmente apenas para ouvir seus pronunciamentos, e estava sob seu completo domínio; um receptáculo de decisões já tomadas e não uma agência para ajudar a moldar uma política. O próprio Mussolini decidia. Nisso, a posição era diretamente análoga à da Alemanha de Hitler, com a qualificação de que no último caso não havia uma fonte em última instância de possível limitação da ação, ao passo que Mussolini ainda precisava recorrer à aprovação do rei, como chefe do Estado e foco da lealdade do Exército.

Havia somente dois veículos no Estado fascista com o potencial de influenciar o poder de decisão de Mussolini nas questões cruciais de guerra e paz. Um era o Ministério do Exterior, em que a linha de Ciano começou, em 1939, a se afastar significativamente da de seu sogro no afã de evitar uma guerra que ele achava que seria desastrosa. Entretanto, essa não passava de uma oposição tática, nascida do medo das conseqüências do desejo entusiástico de Mussolini de enredar a Itália numa guerra. Ciano, que abrigava esperanças pessoais de suceder Mussolini algum dia, estava igualmente casado com noções de expansão, especialmente nos Bálcãs. E o exercício diletante de seu posto de ministro do Exterior significou que os conselhos que ele dava a Mussolini eram, com freqüência, pessoais e não emanavam da *expertise* dos profissionais do ministério. As nomeações fascistas para os mais altos cargos do funcionalismo público haviam em certa medida radicalizado o pessoal de um ministério já tradicionalmente predisposto à expansão.[49] Além disso, Ciano havia instituído um alto escalão do ministério, integrado por favoritos e acólitos, que reduzia a influência do aparelho tradicional.[50]

A outra esfera de influência possível em Mussolini, como já se observou, era a de seus conselheiros militares (e, por trás deles, o rei). Eles haviam apoiado Mussolini com alguma relutância na decisão de atacar a Abissínia em 1935. Mas Mussolini havia se mostrado certo, o que fortaleceu sua posição. Um servilismo prático gradualmente se estabeleceu mesmo entre os altos conselheiros militares. Generais e almirantes, admitidos numa audiência com o Duce, corriam cerca de vinte metros por seu enorme salão no Palazzo Venezia até pararem para levantar os braços na saudação fascista.[51] O que os líderes militares foram ainda assim capazes de transmitir a Mussolini em 1939 foi a falta de preparo das Forças Armadas para um conflito com as democracias ocidentais. Com extrema relutância, Mussolini se curvou no último minuto à pressão de Ciano e de seus conselheiros militares, e acabou cedendo quando o rei fez saber sua oposição à guerra.

Mussolini tomou a decisão de não marchar ao lado da Alemanha como um grande golpe a seu prestígio (e ao da Itália). Nos meses seguintes, ele foi visto sofrendo sob a tensão entre seu instinto para a guerra e a aceitação de que suas Forças Armadas não estavam em condição de lutar. Tudo que ele podia fazer era esperar oportunidades. Elas logo se apresentariam.

III

Em 4 de setembro de 1939, o dia seguinte ao que a Grã-Bretanha e a França declararam guerra à Alemanha, Mussolini deixou claro a Ciano sua plena solidariedade ao Reich de Hitler. Ele estava convencido de que os franceses não queriam lutar. (Ele não disse nada sobre a Grã-Bretanha, embora a visão de Ciano fosse de que o envolvimento britânico garantia que a guerra seria "longa, incerta e incansável".) O Duce prosseguiu para indicar, segundo Ciano, que "ele ainda sonha com empreitadas heróicas contra a Iugoslávia que lhe trariam o petróleo romeno". Em estado de espírito mais sóbrio, sugeriu Ciano, o Duce estava reconciliado com a neutralidade para construir a força econômica e militar para intervir "no momento apropriado". Mas aí ele subitamente retornava à idéia, ainda atraente para si, de se unir à Alemanha no conflito. Ciano sentiu que precisava continuar dissuadindo Mussolini desse caminho. "Caso contrário", acrescentou profeticamente, "isso significará a ruína do país, a ruína do fascismo e a ruína do próprio Duce."[52]

Os êxitos alemães na Polônia convenceram Mussolini de que ele logo seria capaz de agir como mediador de um novo acordo de paz. Apesar dos lembretes do estado lamentável da preparação militar da Itália — em razão, em boa medida, da ineficiência endêmica, irremediável, dentro da burocracia das Forças Armadas; somente dez das dezessete divisões do país estavam prontas para o combate em meados de setembro e a escassez de suprimentos básicos era extraordinária —[53] e da força do sentimento antialemão na população italiana, ele estava claramente magoado por não poder lutar do lado da Alemanha. Uma "grande nação", ele pensava, não poderia manter uma posição de neutralidade por muito tempo "sem se desmoralizar". Ela precisava se preparar para intervir.[54] Entretanto, preparar-se — e esperar — era tudo o que o frustrado Mussolini podia fazer. Ele também oscilava em sua confiança numa vitória final alemã. Chegou a sugerir que um impasse sangrento entre a Alemanha e as potências ocidentais, deixando a Itália para juntar os pedaços, lhe conviria mais.[55] Na primavera de 1940, vislumbrava que um ataque alemão à França seria sangrento e não decisivo.[56] Enciumado dos êxitos de Hitler, ele não ficaria descontente de ver o ditador alemão "desacelerado".[57]

Mas e se acontecesse o oposto? Hitler havia deixado claro, quando se encontrara com Ciano em Berlim, em 1º de outubro, que os destinos de Alemanha e Itália estavam indissoluvelmente ligados. Uma derrota da Alemanha significaria o fim dos sonhos da Itália de se tornar senhora do Mediterrâneo. E, embora mostrasse compreensão pela posição de não-beligerância, Hitler insinuou que, "em algum momento, a Itália terá de se beneficiar das possibilidades favoráveis que se apresentarão para entrar resolutamente na refrega".[58] Mussolini estava atormentado com a possibilidade de um triunfo alemão chegar cedo demais; que a Itália ainda não estivesse em posição de se aproveitar da oportunidade. Ele sabia que a Itália não poderia estar preparada antes de 1941.[59] E a Itália, como ele disse a Hitler, não poderia se comprometer com uma guerra prolongada.[60] Mas ele "gostaria de fazer alguma coisa que nos pusesse no jogo", observou Ciano naquele outono. "Ele se sente deixado de lado, e isso o faz sofrer."[61]

Pouco depois do início da guerra, Mussolini havia falado sobre uma intervenção da Itália em algum momento após maio de 1940. Seu otimismo logo se desfez, porém. Os relatórios que lhe chegaram perto do fim do ano sobre o estado dos preparativos militares eram deprimentes ao extremo. O Exército e a Marinha não estariam completamente preparados antes de 1943-4, e a Aeronáutica, não antes de meados de 1941. Mesmo essas estimativas se apoiavam mais na esperança que na experiência. Mussolini teve que abandonar as esperanças de lutar em 1940. Ele reprogramou a data provável da intervenção para a segunda metade de 1941.[62]

Uma intervenção, embora mais cedo do que o desejável em termos de preparativos militares, ainda daria à Itália uma chance única, imperdível, de atingir os objetivos que Mussolini havia acalentado por muitos anos: pôr um fim à supremacia britânica e francesa no Mediterrâneo, tornando-o um "lago italiano"; dessa forma, abrir acesso para a Itália aos oceanos, a plataforma necessária para qualquer grande potência; e colocar os Bálcãs sob influência italiana. O conceito era de uma guerra paralela — uma guerra dentro da guerra. Já no outono de 1939, Mussolini, apoiado por Ciano, estava de olho na Iugoslávia como um provável alvo de ataque italiano no futuro previsível, com o objetivo de transformar a Croácia num Estado títere. Os planejadores militares italianos achavam esse projeto dentro da capacidade até mesmo das Forças Armadas italianas, e procuraram ficar preparados para uma ação nessa esfera já na primavera seguinte. A Grécia, contudo, apoiada pela garantia britânica, era outra questão. "A Grécia não está no nosso caminho", havia declarado Mussolini.[63] Ele queria dizer: não por enquanto. Nas circunstâncias, nenhuma medida poderia ser tomada contra a Iugoslávia tampouco. Qualquer perturbação significativa nos Bálcãs era simplesmente arriscada demais naquele estágio. Ela teria que esperar até que a intervenção da Itália num conflito mais amplo oferecesse circunstâncias mais propícias a um ataque nos Bálcãs.

Na primavera de 1940, Mussolini presumia que uma ofensiva alemã contra a França não demoraria a acontecer. Em meados de março de 1940, pouco antes de se reunir com Hitler no Estreito de Brenner, Mussolini previra que seu colega ditador "acenderia o barril de pólvora" em breve e atacaria no Oeste. Nesse caso, a Itália manteria sua solidariedade à Alemanha, mas ainda não entraria na guerra até o momento certo. Ele não pensava em atirar tropas italianas no calor de uma frente de batalha ao lado da Wehrmacht contra o experiente Exército francês. Traçando uma linha fina entre não-beligerância e participação no conflito, ele disse a Ciano que as forças italianas "prenderiam um número igual de soldados inimigos sem lutar, mas prontos, no entanto, para entrar em ação no momento oportuno".[64]

Conversando com Hitler em sua reunião em Brenner, em 18 de março, Mussolini declarou que a entrada da Itália na guerra era "inevitável". Isso não tinha como base a ajuda militar ao esforço de guerra alemão — a Alemanha, disse ele, poderia se ajeitar sozinha — mas "porque a honra e o interesse da Itália exigem sua intervenção na guerra". Entretanto, Mussolini foi compelido a acrescentar que o mais cedo que a Itália poderia intervir seria num prazo em torno de quatro meses, quando quatro novas belonaves estariam prontas e a Aeronáutica também estaria preparada. A situação financeira da Itália (o país, como ele sabia, estava quase falido, embora ele certamente não tenha dito isso a Hitler) tampouco lhe permitia travar uma guerra prolongada. Hitler assinalou que, com a França batida, a Grã-Bretanha seria obrigada a implorar a paz e a Itália seria senhora do Mediterrâneo. No ataque à França, ele vislumbrava tropas italianas avançando ao lado da Wehrmacht pelo vale do Rhône. Se uma investida decisiva dependesse da contribuição da Itália, a Aeronáutica italiana, acrescentou, devia, em coordenação com a Luftwaffe, atacar do sul os aeródromos franceses. Mussolini não respondeu diretamente aos pontos sobre táticas militares. Mas Hitler fora bem-sucedido na sua pressão psicológica sobre Mussolini. Ele o havia impelido na direção que o Duce já estava predisposto a se inclinar. Mussolini confirmou de fato a seu colega ditador que a Itália entraria na guerra do lado da Alemanha. Ele prosseguiu para afirmar que interviria "tão logo a Alemanha houvesse avançado vitoriosamente", e não perderia tempo, caso os Aliados tivessem sido abalados pelo ataque alemão, em desferir um segundo golpe de nocaute. Se o avanço das tropas alemãs fosse lento, ele esperaria, e programaria a intervenção da Itália de modo a ser de uso máximo para a Alemanha.[65]

A reunião só pode ter reforçado o sentimento de inferioridade de Mussolini em relação a Hitler. Ele odiava ter de tocar o segundo violino, mantendo-se em silêncio a maior parte do tempo enquanto Hitler falava. Mas pelo menos seus temores de que Hitler iria atacar imediatamente a França foram aplacados. Ele voltou do Brenner persuadido de que, ao contrário do que havia suposto antes do encontro, a ofensiva alemã não era iminente.[66] Porém, quando ela viesse, ele agora havia comprometido a Itália com uma intervenção direta.

A reunião de Brenner havia deixado sua marca em Mussolini. Alguns dias mais tarde, Ciano observou que o Duce estava "de bom humor esses dias" e "está se tornando a cada dia mais definitivamente pró-alemão". Mussolini agora falava abertamente sobre entrar na guerra do lado da Alemanha e delineava para Ciano o que ele via como um curso de ação da Itália. Ele não operaria ao lado da Wehrmacht na frente meridional francesa, mas manteria uma posição defensiva nas regiões alpinas. Ele faria o mesmo na Líbia, mas assumiria a ofensiva a partir da Abissínia contra o importante porto de Djibuti (na minúscula Somália francesa adjacente a ele) e a possessão britânica do Quênia, ao sul. No Mediterrâneo, o teatro crucial do ponto de vista italiano, ele se engajaria numa ofensiva aérea e naval contra os britânicos e os franceses. Ciano assinalou que, em sua belicosidade, Mussolini estava começando a falar na idéia de alinhar outros líderes fascistas com a intervenção. Alguns, porém, continuavam contrários ao que Ciano chamou de "a aventura". Essa era a posição pessoal de Ciano, embora ele próprio estivesse começando a fraquejar. Como ele observou, a massa do povo italiano ainda não queria saber de guerra.[67] Para Mussolini, a visão dela era irrelevante.

Em 31 de março, Mussolini apresentou seus pensamentos num memorando escrito para o rei, Ciano e seus líderes militares. Embora a Itália viesse a ter um papel importante em qualquer acordo de paz, ele achava que esse desfecho poderia ser excluído. A guerra prosseguiria. A Alemanha, assim ele pensava, não se engajaria numa grande ofensiva terrestre no Oeste a menos que a vitória fosse garantida. Nesse meio-tempo, ela continuaria a "falsa guerra", mas com operações aéreas e navais intensificadas. Ele se voltou, numa passagem crucial, para as opções que se apresentavam para a Itália. A única opção para a Itália, declarou, era intervir ao lado da Alemanha. Era absurdo imaginar que ela pudesse ficar fora da guerra. A neutralidade, em outras palavras, não poderia ser sustentada. Tampouco era viável uma mudança de política e uma guinada para o lado dos Aliados ocidentais. Isso, disse Mussolini, traria um conflito imediato com a Alemanha, no qual a Itália teria de lutar sozinha. A posição da Itália na época havia sido construída sobre a aliança com a Alemanha. Seus próprios objetivos só poderiam ser atingidos mantendo essa aliança, travando uma guerra paralela para conquistar a supremacia no Mediterrâneo. A questão principal era, portanto, não se, mas quando, lutar. Ele retardaria ao máximo a entrada, ciente que estava da fraqueza das Forças Armadas. Uma guerra prolongada não poderia ser travada, com base na economia. Mas a intervenção oferecia oportunidades que não deviam ser desperdiçadas. Ele esboçou então uma estratégia italiana sobre intervenção, parecida com a que havia descrito em particular para Ciano, conquanto um pouco mais elaborada.[68]

Em pronunciamento ao Conselho de Ministros três dias depois, Mussolini manteve sua barragem retórica a favor da guerra. Ele achava que uma ofensiva alemã poderia começar a qualquer momento. De novo, ele ensaiou as opções. Qualquer mudança de curso na direção da Grã-Bretanha e da França faria a Itália "parecer servil às democracias" e a levaria a um conflito com a Alemanha. Permanecendo neutra, a Itália "perderia prestígio entre as nações do mundo por um século como uma Grande Potência e para a eternidade como um regime fascista". Sendo assim, a única escolha era "caminhar com os alemães para promover nossos próprios fins". Ele prosseguiu, de maneira grandiosa, para delinear esses fins: um Império mediterrâneo e acesso ao oceano. Mussolini, observou Ciano, acreditava cegamente na vitória alemã e na palavra de Hitler sobre a participação da Itália no saque. Ele próprio duvidava de ambos.[69]

Os líderes militares também ainda precisavam ser convencidos. O resultado da reunião dos chefes militares com Badoglio em 9 de abril foi pouco animador.

Eles estavam pessimistas até com uma ofensiva limitada, insistiram em evitar uma cooperação militar estreita com os alemães mesmo na eventualidade de um colapso francês, concordaram em que não era possível nenhuma ofensiva a partir da Líbia, estavam céticos sobre as perspectivas de operações aéreas e navais combinadas no Mediterrâneo e expressaram apreensões sobre a posição da Itália na Abissínia. Sintetizando para Mussolini, Badoglio declarou que somente na eventualidade de uma demolição completa de forças inimigas pelos alemães uma intervenção italiana poderia valer a pena.[70] A divisão entre a sede de ação de Mussolini e a passividade da liderança militar do país ainda era profunda. Mas foi nesse ponto que a invasão alemã da Dinamarca e da Noruega começou a causar uma reconsideração das perspectivas italianas, um processo que se completaria com os espantosos sucessos da Wehrmacht na ofensiva ocidental em maio e junho.

A reação imediata de Mussolini à notícia da ocupação alemã da Dinamarca e da Noruega foi uma aprovação total. "É assim que se ganham guerras", declarou. A sós com Ciano, a conversa versou sobre a Croácia. "Suas mãos estão coçando", comentou o ministro do Exterior. O Duce estava ávido para acelerar o ritmo e tirar vantagem da desordem corrente na Europa. Ele estava mais belicoso e mais pró-alemão do que nunca, na avaliação de Ciano, embora dissesse que não se moveria antes do fim de agosto (mas, alguns dias mais tarde, ele mudou essa data para a primavera de 1941). Ele ficou irritado, porém, com uma audiência com o rei, que ainda não estava entusiasmado com a intervenção. "É humilhante ficar de braços cruzados enquanto outros escrevem a história", Ciano recordou de ele ter dito. "Para engrandecer um povo é preciso enviá-lo à batalha mesmo que se tenha que chutar seu traseiro. É isso que eu farei." Entretanto, ainda no fim de maio, não só o rei mas também a liderança militar italiana continuavam em grande parte contrários à entrada da Itália na guerra. E, embora os êxitos de Hitler na Escandinávia tivessem impressionado a opinião pública — Mussolini observou desdenhosamente que o povo italiano era "como uma prostituta... sempre do lado do vencedor" —, ainda não havia uma tendência marcante de sentimento pró-alemão ou pró-guerra entre as massas.[71]

Na véspera da ofensiva ocidental alemã, que começou em 10 de maio de 1940, uma intervenção italiana ainda não era uma certeza. Mussolini, é claro, havia ficado forte e irremissivelmente beligerante, como registram anotações no diário de Ciano. Alguns líderes fascistas haviam seguido sua liderança. A propaganda maciça pró-guerra havia deixado suas marcas e sem dúvida influenciara alguns vacilantes a apoiar uma intervenção antecipada. As forças que apoiavam a guerra tinham, em outras palavras, se fortalecido depois das operações alemãs bem-sucedidas na Escandinávia. As forças contrárias à guerra não eram, porém, desprezíveis. Elas incluíam o conde Ciano, apesar de sua resolução ser menos firme do que havia sido, a liderança militar e nada menos que o rei. A decisão pela guerra, apesar da defesa poderosa e insistente de Mussolini, ainda estava indefinida. Se a vitória sobre a França fosse menos contundente, é até imaginável que uma intervenção poderia ter sido adiada, talvez até um ponto em que o ímpeto de entrar na guerra arrefecesse e a não-beligerância ou neutralidade fossem vistas como menos que uma condição temporária. A cautela poderia ter prevalecido. Sem essa derrota abrangente e calamitosa dos Aliados, Mussolini de qualquer maneira estaria assumindo um risco de forçar à guerra um país cuja elite militar e as amplas massas da população estavam tão pouco entusiasmadas, se não totalmente hostis, a travar uma grande guerra do lado da Alemanha. Ciano havia recebido um indício em março de que "o rei sente que poderá ser necessário intervir em algum momento para dar uma direção diferente às coisas; ele está preparado para fazer isso e para fazê-lo rapidamente".[72] Nem tampouco está fora de cogitação que uma tal medida nas circunstâncias vistas como menos que totalmente favoráveis poderiam ter provocado resistência dentro da elite dominante, possivelmente até um golpe militar, apoiado, se não diretamente iniciado, pela casa real.

Nas circunstâncias, porém, a vitória alemã no Oeste foi rápida, o colapso francês mais dramático do que qualquer um havia previsto. O equilíbrio de poder na Europa estava totalmente alterado. Qualquer que tivesse sido a posição antes de Hitler lançar seu ataque aos Países Baixos e à França, o avanço devastador da Wehrmacht havia agora modificado inteiramente o quadro, e assim como os dirigentes japoneses reformularam por completo sua estratégia depois do espantoso triunfo alemão, o mesmo fez a elite dominante na Itália. Como no Japão, o sentimento era de que a Alemanha seguramente seria vitoriosa. Com a França prostrada numa questão de semanas, e a derrota da Grã-Bretanha uma questão de tempo, poucos na liderança italiana duvidavam agora de que Hitler venceria a guerra. Isso mudou radicalmente as atitudes sobre uma intervenção da Itália.

À luz das circunstâncias alteradas que se seguiram ao colapso da França, qualquer noção de que Mussolini sozinho impeliu uma nação relutante à guerra e ao desastre subseqüente seria equivocada. A chance de se aproveitar da destruição das democracias ocidentais era amplamente vista como boa demais para ser perdida. Durante a segunda metade de maio, portanto, os argumentos a favor de uma intervenção nitidamente ganharam força. A oposição a uma participação na guerra, inversamente, se tornou cada vez mais difícil de articular. Impressionado com os avanços alemães, Dino Grandi, o chefe fascista de Bolonha e até então um adversário da intervenção, disse a Ciano: "Devemos admitir que estávamos errados em tudo e nos preparar para os novos tempos que virão".[73] Um excesso de cautela parecia totalmente equivocado, apenas uma receita para perder uma oportunidade única de se conseguir ganhos baratos. Os céticos e vacilantes agora se alinharam. Pela primeira e única vez, a população italiana se tornou ruidosamente a favor da guerra. Fortalecido por sua recepção entusiástica em alguns dos bairros mais pobres de Roma, Mussolini não teve dúvidas, no início de junho, de que o povo comum havia se "acostumado com a idéia de que sua guerra devia acontecer".[74] O comando das Forças Armadas — e, com ele, o próprio rei — estava conquistado para a perspectiva de ganhos sem dor, de glória com pouco ou nenhum custo. Partes significativas do *establishment* governante italiano haviam desejado, como já se observou, antes mesmo da Primeira Guerra Mundial, uma expansão para estabelecer e consolidar o status de grande potência. O medo das conseqüências, e não a falta de ambição, as havia contido. Mas as aspirações expansionistas tradicionais facilmente se encaixaram na versão fascista bem mais agressiva e dinâmica.[75] Agora, a oportunidade se apresentava como uma dádiva divina. Quando chegou o momento da decisão, portanto, Mussolini estava longe de ser uma figura isolada, pressionando pela intervenção contra um povo relutante. Ele agora estava surfando na onda, e na crista da onda.

Desde os primeiros dias da ofensiva alemã, Mussolini estava certo de que os Aliados haviam perdido a guerra. Não havia tempo a perder, disse ele a Ciano em 13 de maio. "Dentro de um mês, eu declararei guerra. Atacarei a França e a Grã-Bretanha por ar e por mar. Não estou mais pensando em atacar a Iugoslávia porque seria um expediente humilhante." A perspectiva de ação nos Bálcãs havia arrefecido temporariamente, portanto. Havia um prêmio maior em jogo. Afinal, como Ciano lembrou a Mussolini mais tarde naquele mês, "depois que a guerra for ganha, nós poderemos obter o que quisermos de qualquer forma". A firme oposição de Ciano estava cedendo agora. Ele não oferecia nenhuma resposta à beligerância de Mussolini. "Hoje, pela primeira vez, eu não respondi", anotou em seu diário. "Infelizmente agora eu nada posso fazer para conter o Duce. Ele se decidiu a agir, e ele agirá. Somente uma nova virada nos acontecimentos militares pode induzi-lo a rever sua decisão, mas por enquanto as coisas estão tão ruins para os Aliados que não há nenhuma esperança."[76] No dia seguinte, Mussolini disse ao embaixador alemão em Roma, Hans Georg von Mackensen, que ele entraria na luta em breve, não mais dentro de meses, mas de semanas ou mesmo dias. Ciano estava agora resignado à intervenção, embora considerasse que ela seria muito prematura, pois a Itália ainda não estava pronta para a guerra. "Um erro de momento seria fatal para nós", acrescentou.[77] Cerca de uma semana depois, Ciano estava preocupado principalmente com o que a Itália sairia da intervenção. "Se realmente temos que entrar de cabeça na guerra", escreveu, "precisamos firmar um acordo." Ele vislumbrava um encontro com Ribbentrop no início do mês seguinte com uma declaração de qual deveria ser a parte da Itália nos espólios de guerra.[78]

O rei, contudo, ainda era nitidamente antialemão. E continuou fazendo corpo mole sobre a intervenção italiana. Isso desagradava ao Duce. O ódio de Mussolini à casa real era palpável. Ele estava pronto "para explodir" a monarquia — e o papado com ela — "para os céus" quando a guerra terminasse.[79] A ira de Mussolini era provocada não menos pela recusa do rei de lhe conceder o comando único das Forças Armadas na guerra. Num acordo nebuloso, Vítor Emanuel cedeu a condução política e militar da guerra, embora retivesse o comando supremo em suas mãos, uma distinção que entraria em questão em julho de 1943.[80] No entanto, o rei também se sentiu compelido a se curvar às novas circunstâncias de triunfo alemão no Oeste. Em 1º de junho, ele se resignou à entrada da Itália na guerra. Apesar da barragem de propaganda que havia ajudado a promover as primeiras demonstrações a favor da intervenção nas ruas de Roma, ele achava que o país estava indo à guerra sem entusiasmo. E vislumbrava uma guerra prolongada, cujo desfecho talvez determinasse a entrada dos Estados Unidos na arena.[81]

Os líderes militares italianos, para os quais haveria uma resistência francesa mais firme ao ataque alemão, também se curvavam ao inevitável. No fim de maio, segundo Ciano, Badoglio "agora parece aceitar um mau jogo de bom grado e se preparar para a guerra". Badoglio ainda estava cauteloso. A guerra precisava ser curta. Os suprimentos de matérias-primas vitais da Itália estavam desesperadamente baixos.[82] O chefe do Estado-Maior do Exército, marechal Rodolfo Graziani, comentou, no fim de maio, que o Exército não estava em condição de uma ação ofensiva, mesmo contra a Iugoslávia. O comandante da Marinha, almirante Domenico Cavagnari, também visualizava apenas operações defensivas, além de um esforço limitado de submarinos no Mediterrâneo. E a sugestão da Aeronáutica de bombardear bases francesas na Córsega foi descartada por Badoglio, pois o próprio Mussolini não queria uma ofensiva aérea contra a França naquele momento.[83] Isso claramente não indicava um endosso entusiástico da guerra. O esforço militar que a Itália faria pretendia ser breve e em tom menor. O objetivo era fazer uma contribuição mínima para atingir ganhos máximos na conferência de paz que seguramente viria na esteira de uma vitória alemã. Apesar de a posição dos militares se caracterizar mais por uma aceitação resignada que pelo entusiasmo, não havia nenhuma oposição à decisão de ir à guerra.

O mesmo acontecia com a grande empresa. Também aqui os espantosos avanços alemães em maio haviam dissipado a preferência anterior pela não-intervenção. Os líderes empresariais naturalmente queriam o que consideravam melhor para os negócios. Os frutos da intervenção numa campanha curta e bem-sucedida pareciam proporcioná-lo. E grande parte da opinião pública, até onde é possível julgar com exatidão, também havia se alinhado. Uma propaganda incansável pela guerra, orquestrada pelo Estado, e muito intensificada nas semanas anteriores, fizera seus efeitos. Passos foram dados para aclimatizar a população com o início da guerra. O vidro das janelas da catedral de Milão foi retirado e capas de lona foram colocadas no seu lugar. Escolas fecharam no fim de maio para o verão. Salões de baile foram fechados. A música estrangeira foi desestimulada ou italianizada: "St. Louis Blues" devia ser cantado como "Tristezze di San Luigi".[84] Quando a ofensiva alemã avançou através da Bélgica e pela França adentro, estudantes numa manifestação em Roma queimaram bandeiras francesas e britânicas. Manifestações similares ocorreram em Milão, Nápoles e outras cidades grandes.[85] Um relatório policial de Florença, no início de junho, registrava que "os céticos ficaram em silêncio, e os antifascistas estão ultracautelosos [...] a expectativa de uma guerra rápida, fácil e sem derramamento de sangue contra uma França exangue e uma Inglaterra desorganizada e com uma frota dizimada está amadurecendo rapidamente".[86] Mussolini não precisava temer uma oposição popular a sua decisão de intervir.

Em maio, os apelos desesperados da Grã-Bretanha e dos Estados Unidos para a Itália não entrar na guerra foram, como seria previsível, prontamente rejeitados. Cartas pessoais a Mussolini de Churchill e Roosevelt (que estava se oferecendo, como se observou no capítulo 1, para servir de mediador entre a Itália e os Aliados) foram recebidas com peremptória rejeição. Fora-se o tempo em que a pacificação tinha alguma chance. Nos últimos dias de maio, Mussolini tomou a decisão.

Badoglio, segundo seu relato no pós-guerra, tomou conhecimento dela em 26 de maio. Ele estivera na ante-sala, esperando junto com Italo Balbo (um dos mais destacados e dinâmicos líderes dos primeiros tempos fascistas, ex-comandante da Aeronáutica, firmemente antialemão e perfeitamente consciente da falta de preparo de seu país para entrar na guerra, que estava no país por um breve período por ser governador da Líbia) para uma audiência com Mussolini. Assim que entrou no enorme estúdio de Mussolini, Badoglio percebeu que a reunião não seria rotineira. Mussolini estava "de pé atrás de sua escrivaninha, com as mãos nos quadris, parecendo intensamente grave, quase solene". Quando ele falou, foi para anunciar que tinha enviado uma mensagem a Hitler no dia anterior, afirmando que estava pronto para declarar guerra à Grã-Bretanha depois de 5 de junho. A memória de Badoglio estava lhe pregando peças sobre o momento da carta de Mussolini a Hitler e também sobre a data precisa. Ciano anotou em seu diário em 26 de maio que Mussolini estava *planejando* escrever a Hitler para anunciar a intervenção da Itália no fim de junho.[87] A mensagem na verdade só foi enviada ao embaixador italiano, Dino Alfieri, em 30 de maio e entregue a Hitler em seu quartel-general de campo ocidental naquele dia.[88] Mussolini posteriormente antecipou a data de entrada para 5 de junho depois da capitulação da Bélgica.[89] Badoglio recordou que ele e Balbo ficaram pasmos com a notícia, e Mussolini surpreso com a recepção fria. Badoglio, assim ele disse, assinalou em termos firmes que a Itália estava absolutamente despreparada para a guerra. "É suicídio", exclamou, conforme se recorda.[90]

É duvidoso que Badoglio tenha realmente expressado uma oposição tão veemente. Suas memórias foram escritas em causa própria, para ressaltar a exclusiva responsabilidade de Mussolini numa ação insensata. Badoglio afirmou que permaneceu em seu posto por um senso de dever, ciente de que sua renúncia não teria mudado nada e teria sido impopular junto aos italianos, e também por falta de convicção de que seria capaz de impedir erros que Mussolini certamente cometeria por sua ignorância em assuntos militares.[91] Mas o registro da reunião de Mussolini com seus líderes militares em 29 de maio, quando ele anunciou formalmente que a Itália entraria na guerra a qualquer momento a partir de 5 de junho, não contém nenhuma referência a algum protesto de Badoglio ou de outros presentes. Até o rei aquiesceu, apesar de relutante.[92] Mussolini disse a seus chefes militares — em parte recolocando o que havia dito no fim de março — que era impossível evitar a guerra, e que a Itália só poderia combater ao lado da Alemanha, e não dos Aliados. Ele havia antecipado a data de entrada acompanhando a rápida mudança das circunstâncias. Ele estava certo da vitória alemã. E adiar a entrada implicaria mais riscos que uma intervenção prematura. Era importante estar na guerra antes que os alemães a tivessem vencido para que a Itália tivesse participação nas negociações de paz.[93]

No dia seguinte, Ciano anotou: "A sorte está lançada. Hoje Mussolini me comunicou sobre a carta que enviara a Hitler sobre nossa entrada na guerra. A data escolhida é 5 de junho, a menos que Hitler em pessoa considere conveniente adiá-la por alguns dias".[94] Na verdade, a data não convinha a Hitler. Ao promover a remoção de alguns aviões para o Sul da França, ela poderia interferir, assim ele pensava, nos planos alemães de um assalto total a campos de aviação franceses. Mussolini resmungou, mas reprogramou o grande dia da Itália para 11 de junho.[95] Na noite anterior, 10 de junho, ele discursou para uma multidão da sacada do Palazzo Venezia. Um jornalista americano presente descreveu a cena, quando Mussolini "saltava como um boneco de molas sobre a sacada" para berrar sua declaração de guerra às centenas de milhares de pessoas aglomeradas na praça: "Ele foi recebido, provavelmente, com a maior salva de palmas que já recebera desde que anunciara o fim da guerra abissínia... Era como se Mussolini estivesse fazendo uma 'jogada esperta' para concretizar suas pretensões sobre a França com o mínimo derramamento de sangue. Eles achavam que a França já estava vencida e que a Inglaterra ficara numa posição desesperadora. Era dinheiro fácil".[96] O discurso evidentemente não passou de um espetáculo orquestrado de propaganda. Giuseppe Bottai, o ministro da Educação, registrou a dificuldade que as "animadoras de torcidas organizadas" do partido tiveram para entusiasmar a multidão, tirando-a de sua "quase estupidificada disciplina".[97] "Foi um espetáculo lamentável", recordou Badoglio mais tarde. "Arrebanhada como ovelhas entre os funcionários e a ralé do Partido Fascista, a multidão recebeu ordens de aplaudir cada palavra do discurso. Mas, quando esse acabou, as pessoas dispersaram em absoluto silêncio."[98] O relato contemporâneo de Ciano foi menos expressivo, não obstante assinalasse também uma recepção morna por quem não era um rematado fascista. "A notícia da guerra não surpreende ninguém", observou Ciano, "e não provocou muito entusiasmo."[99]

Obviamente, do ponto de vista de Mussolini, a Itália não tinha outra escolha. A única questão para ele não era se, mas quando, a Itália entraria na guerra. Mussolini tem sido freqüentemente retratado como um mero oportunista, um ditador sem motivação ideológica e de olho apenas na chance principal, um foco exclusivo em prestígio, grandeza pessoal e poder. Isso, porém, é subestimá-lo. Para ele, entrar na guerra não significava apenas agarrar a oportunidade, por importante que fosse o momento preciso da intervenção. Era um passo inevitável para se realizarem seus objetivos grandiosos de um *imperium* italiano centrado no Mediterrâneo, erigido sobre as cinzas dos impérios britânico e francês e a base para transformar a Itália numa potência mundial de fato e não apenas em pressuposto. Era o resultado lógico das pretensões que ele havia abrigado — desde sua chegada ao poder quase duas décadas antes. A essa altura, o controle de Mussolini sobre a Itália havia se fortalecido desordenadamente. Em 1940, o sistema político havia se fragmentado e erodido a tal ponto que nenhuma restrição constitucional, salvo o próprio rei, poderia conter a liberdade de ação interna de Mussolini. E nenhum organismo corporativo, como um Gabinete, ajudava a tomar decisões. O governo pessoal, no que se tratava de questões de guerra e paz, viera a significar precisamente isso. Quando ele tomou a decisão de entrar na guerra no fim de maio de 1940, não foi depois de extensas, ou mesmo algumas, consultas a vários conselheiros. É fato que ninguém no *establishment* político tinha então a menor dúvida sobre os desejos do Duce. Mas ninguém tampouco influenciou em sua implementação. A decisão pela guerra foi exclusivamente dele.

Até os dias gloriosos de maio, existiam alternativas para outros segmentos importantes da elite política italiana, e para a massa da população. Fascistas *prominenti* como Ciano e Grandi, magnatas dos negócios como Giovanni Agnelli e Alberto Pirelli, líderes militares incluindo Badoglio e Cavagnari, inclusive o rei, preferiram todos ficar fora do conflito antes de maio. Duas possibilidades além do intervencionismo defendido por Mussolini estavam, ao menos teoricamente, disponíveis.

A primeira era mudar a lealdade da Alemanha para os Aliados. Isso acabou acontecendo, é claro, em setembro de 1943, mas em circunstâncias muito diferentes. Apesar do desapreço generalizado pela Alemanha nazista, que se estendia dos italianos mais comuns ao conde Ciano e ao próprio rei, ninguém na primavera de 1940 considerava seriamente um rompimento com a aliança do Eixo e uma mudança de lado. Isso só poderia ocorrer depois de um golpe a Mussolini — coisa dificilmente factível em 1940 (apesar de o próprio rei parecer ter flertado momentânea e vagamente com a idéia em março). E isso teria envolvido a Itália na guerra de qualquer maneira, mas contra a Alemanha, o que certamente teria provocado a ira de Hitler. Mussolini mais de uma vez expressou o medo de que trair Hitler significaria o poder da Wehrmacht ser virado contra a Itália. É questionável se nessas circunstâncias Hitler poderia ter conservado a Itália e os conflagrados Bálcãs e ainda atacar a União Soviética sem ter conquistado a Grã-Bretanha. Mas a pergunta fica no âmbito da pura especulação contrafactual. Na realidade, a opção de descartar Hitler em favor dos Aliados não existia em 1940.

A segunda alternativa era mais plausível. Era simplesmente manter o status de não-beligerância ou neutralidade. Os que defendiam a não-intervenção na Itália tinham explicitamente, ou por omissão, essa opção em mente. A rejeição de Mussolini a ela, como se viu, era ditada por seus objetivos ideológicos e sua suposição de que a "virilidade" nacional exigia que uma candidata a grande potência devia lutar e não permanecer neutra. Afora a disposição psicológica de Mussolini e as aspirações ao status de grande potência (que ele compartilhava com imperialistas tradicionais na elite nacional conservadora), será que a neutralidade poderia ter se sustentado? Franco a conseguiu para a Espanha (ainda que a neutralidade lhe tenha sido imposta efetivamente quando Hitler não se mostrou disposto a fornecer ajuda maciça à economia espanhola em ruínas após três anos de guerra civil). Mas a posição geográfica da Itália, e sua aliança com a Alemanha, a colocavam numa situação diferente. Uma avaliação posterior, embora numa obra simpática a Mussolini e argumentando que a Itália não tinha outra escolha senão testar a sua sorte com a Alemanha, afirmou que no caso de manutenção da neutralidade, ela "mais cedo ou mais tarde ficaria sujeita a uma pressão crescente de ambos os lados". No fim, sua situação geográfica lhe teria trazido um ultimato de um lado ou do outro para permitir a mobilização de Forças Armadas na Itália. Se recusasse, a Itália "teria sido invadida e devastada pelos vencedores, quaisquer que eles fossem".[100] Isso, porém, não passou de desculpas. Na época em que Mussolini optou pela guerra, sua escolha não foi moldada por algum senso de que não fosse isso a Itália ficaria à mercê da Alemanha, para não falar da Grã-Bretanha.

Um cenário diferente, bem mais otimista, foi posteriormente pintado por Churchill. "Foi certamente apenas prudência comum Mussolini ver como a guerra continuaria antes de comprometer irrevogavelmente a si e a seu país", escreveu Churchill:

> O processo de espera não foi em absoluto inútil. A Itália foi cortejada por ambos os lados, e ganhou muita consideração por seus interesses, muitos contratos lucrativos e tempo para aprimorar seus armamentos. Assim se passaram os meses crepuscula-

> res. Uma especulação interessante é qual teria sido a sorte dos italianos se essa política tivesse sido mantida... Paz, prosperidade e poder crescente teriam sido o prêmio por uma neutralidade persistente. Quando Hitler estivesse enredado com a Rússia esse estado feliz poderia ter se prolongado quase indefinidamente, com benefícios cada vez maiores, e Mussolini poderia se apresentar na paz ou nos anos finais da guerra como o estadista mais sábio que a península ensolarada e seu povo industrioso e prolífico haviam conhecido. Essa era uma situação mais agradável que a que de fato o esperava.[101]

Evidentemente, ninguém pode saber como a decisão de retardar a entrada até uma data que poderia ficar ainda mais distante teria operado na prática. Mas Ciano e outros achavam que a perspectiva tinha uma chance de sucesso. Que a Itália teria ficado sob a pressão de ambos os lados, é óbvio. Isso já estava acontecendo bem antes de sua entrada na guerra. Já em 9 de dezembro, a Grã-Bretanha havia tentado subornar a Itália com uma oferta da maioria dos grandes suprimentos de que ela tão desesperadamente precisava. A Itália pagaria pelo carvão em grande parte com a venda de armas. Ciano foi favorável à idéia. Mas Mussolini não venderia armas aos britânicos. Ele repetiu seu veto quando ocorreu uma nova tentativa de comprar a boa vontade italiana algumas semanas depois, que também naufragou.[102] Hitler não perdeu tempo para oferecer seus próprios incentivos econômicos. O carvão vital, que o bloqueio britânico impedia que chegasse da Alemanha à Itália por mar, seria enviado por ferrovia através do Brenner.[103] Não há dúvida de que essas pressões e agrados teriam continuado e se intensificado se a Itália tivesse permanecido fora da guerra. Porém, com clarividência, a Itália poderia ter continuado jogando um lado contra o outro, conservando as vantagens da neutralidade, parcial como ela era, evitando ser sugada pela voragem. Em maio de 1940, Mussolini foi pressionado à ação por vários lados na Alemanha.[104] Mesmo então, ele não foi *forçado* a entrar no conflito; ele o fez voluntariamente. Se a Itália não tivesse entrado na guerra, é extremamente improvável que os alemães tivessem adotado alguma ação punitiva. Uma neutralidade benevolente no verão e outono de 1940 provavelmente teria servido aos propósitos alemães pelo menos tão bem quanto um envolvimento italiano — em alguns sentidos melhor, do jeito que as coisas aconteceram.[105] E, de um ponto de vista italiano, havia — afora o sentido de urgência de Mussolini — muito a favor de jogar com o tempo. No clima de maio de 1940, porém, esses argumentos se perderam. Todas as facções da elite governante se alinharam à beligerância dogmática de Mussolini. A decisão fatídica de levar a Itália à guerra contra a Grã-Bretanha e a França para qual ela estava tão mal preparada foi tomada. Um alto preço seria pago.

IV

Mal as forças italianas iniciaram as primeiras ações, o novo premiê francês, marechal Pétain, tentou conseguir um armistício de Hitler em 17 de junho. A essa altura, alguns ataques aéreos pouco significativos na Córsega (em que Ciano teve papel destacado como líder de um esquadrão de bombardeiros),[106] no Sul da França e em Malta e uma ofensiva alpina menor, inconseqüente, haviam constituído praticamente a soma total do esforço de guerra inicial da Itália. O pedido de armistício viera cedo demais, e o engajamento italiano havia sido muito insignificante para contentar Mussolini. "O Duce é um extremista", anotou Ciano em 17 de junho. "Ele gostaria de chegar a uma ocupação total do território francês e pedir a rendição da frota francesa. Mas ele está consciente de que sua opinião tem um valor apenas consultivo. A guerra foi vencida por Hitler sem nenhuma participação militar ativa da parte da Itália, e é Hitler quem terá a última palavra. Isso, naturalmente, o perturba e entristece. Suas reflexões sobre o povo italiano e, sobretudo, sobre nossas Forças Armadas estão muito sombrias nesta noite."[107]

O embaraço de Mussolini com a contribuição mínima italiana para a ocupação da França não o impediu de se meter na estrada com Ciano para se encontrar com Hitler em Munique e discutir os termos de armistício, de costurar uma formidável lista de exigências a serem feitas aos franceses, que incluíam uma ocupação da França até o Rhône, junto com a cessão pelos franceses de Nice, Córsega, Tunísia e Djibuti. A frota e a Aeronáutica francesa também ficariam sob possessão italiana. Hitler não manifestou nenhuma objeção à zona de ocupação que Mussolini pedia. Entretanto, ele queria tratar os franceses com leniência para impedir que a frota francesa fosse para os britânicos e o governo francês se transferisse para o Norte da África, e também na esperança de que isso persuadiria a Grã-Bretanha a comparecer à mesa de negociação. E não estava preparado para incluir os italianos no espetáculo particular que ele tinha em mente para acertar um armistício. Ele insistiu para a Itália realizar um armistício em separado depois que os termos alemães tivessem sido estabelecidos. Mussolini "estava muito embaraçado", sentindo "que seu papel era secundário".[108]

Quando viu os termos relativamente moderados do armistício alemão, Mussolini se sentiu compelido a aceitar a exigência mais modesta de uma faixa desmilitarizada de 48 quilômetros dentro das fronteiras francesas e a esperança de colocar suas exigências mais abrangentes no acordo de paz final. Suas exigências limitadas de armistício haviam sido influenciadas por uma nova humilhação militar. Embora os franceses já estivessem prostrados e buscando um armistício com os alemães, Mussolini decidira lançar uma ofensiva alpina. Badoglio se opôs a isso. Ciano achava "muito inglório cair sobre um Exército derrotado". Mas Mussolini insistiu. Em condições de inverno terríveis, o ataque italiano arrefeceu até parar ante a primeira demonstração de resistência francesa. Para aumentar a humilhação, as tropas coloniais líbias haviam sido derrotadas por uma força britânica no Norte da África, e um general italiano fora capturado.[109] Não espanta que, ao contrário do grande significado simbólico que Hitler atribuíra à assinatura do armistício em Compiègne no mesmo vagão de trem que havia abrigado a humilhante capitulação da Alemanha em 1918, Mussolini ordenou que não houvesse publicidade das negociações de armistício italianas que foram conduzidas "quase secretamente". O armistício italiano em separado com os franceses, concluído em Roma, foi assinado em 24 de junho.[110] Mussolini estava "amargo porque quisera chegar ao armistício após uma vitória de nossas Forças Armadas". Ciano tinha certeza de que o povo italiano ficaria muito desiludido com os ganhos limitados que a guerra trouxera.[111] Bottai, aliás, registrou a crítica e o sentimento de decepção popular.[112]

O pensamento de Mussolini e a estratégia de guerra que decorreu desse pensamento nas semanas que se seguiram ao armistício com a França não ficaram muito claros. Por um lado, ele queria uma guerra rápida junto com o butim — e a glória — que se seguiria a um acordo de paz triunfante. A perspectiva de negociações de paz entre Grã-Bretanha e Alemanha sem um sério engajamento da Itália nas batalhas não o atraía. Assim, quando a Grã-Bretanha deixou claro que ia seguir lutando depois do morno encorajamento de Hitler apelando para a paz em seu discurso ao Reichstag de 19 de julho de 1940, Mussolini, de uma maneira perversa, não ficou descontente. Ele havia temido que os britânicos considerariam mesmo um pálido convite como aquele um pretexto para iniciar as negociações. "Isso seria triste para Mussolini", comentou Ciano, "porque agora, mais do que nunca, ele quer a guerra."[113]

Em contrapartida, Mussolini estava perfeitamente ciente de que a Itália não estava em condições adequadas para lutar uma guerra prolongada. Portanto, a vitória teria de chegar rapidamente. Com a Grã-Bretanha determinada a continuar a guerra, apesar dos sensores da paz não oficiais por canais neutros que continuavam lhe dando motivos de preocupação, Mussolini colocou suas esperanças na invasão alemã que, segundo lhe disseram, seria iminente. Ele queria que tropas italianas tomassem parte ao lado da Wehrmacht, porém isso foi polida mas firmemente rejeitado por Hitler. Nisso, enquanto aguardava a invasão, ele esperava que os alemães tivessem uma empreitada difícil numa luta dura e sofressem, talvez, 1 milhão de baixas.[114] Com a Grã-Bretanha e a Alemanha enfraquecidas, a Itália estaria numa posição privilegiada para maximizar seu butim, que era considerável. Afora os extensos ganhos da França, os objetivos territoriais desejados por Ciano incluíam a aquisição de Malta e da Somália britânica da Grã-Bretanha, bem como o controle efetivo sobre países antes controlados pelos britânicos no Oriente Médio e no Norte da África (incluindo o Egito), que conservariam uma independência apenas nominal.[115]

A melhor maneira pela qual a Itália poderia ter infligido seu próprio dano sério à Grã-Bretanha era, de fato, no Norte da África, onde a presença militar britânica ainda era fraca e os italianos eram iguais em armamentos e superiores numericamente. Badoglio ainda esperava grandes ganhos com pouco ou nenhum esforço militar. Mussolini, porém, estava ansioso para acelerar o avanço por 560 quilômetros de deserto da Líbia até Alexandria, para expulsar os britânicos do Egito e tomar Suez, antes que um acordo de paz pudesse ser concluído. Com a bravata característica, ele disse a Hitler em julho que estaria no Egito antes do fim do mês.[116] A iniciativa não foi ajudada na ocasião em que o marechal Balbo, que teria lançado o ataque a partir da Líbia, foi baleado e morto quando seu próprio lado abriu fogo contra seu avião perto de Tobruk no fim de junho. Seu substituto, Graziani, passou o resto do verão procurando desculpas por não aproveitar o que se revelou uma vantagem passageira. Em setembro, ele avançou 96 quilômetros pelo interior do Egito e tomou a base fortificada de Sidi Barrani. Mas não mostrou a menor vontade de avançar sobre Alexandria. Fossem quais fossem as instigações de Mussolini, Graziani sempre encontrava um motivo para a inércia. Mussolini não podia fazer nada a esse respeito. E, de um sentimento deslocado de orgulho e sensibilidade ao prestígio, ansioso para demonstrar que tropas italianas podiam cuidar de seu próprio front, e ao mesmo tempo igualmente ansioso para manter os alemães longe de sua própria esfera de atividade, ele declinou a oferta de Hitler de tropas para ajudar na investida para o Egito. Não querendo afrontar seu colega ditador como em outras ocasiões, Hitler não insistiu. O esforço de guerra do Eixo continuava apoiado em duas estratégias descoordenadas. Enquanto isso, os britânicos reuniram forças consideráveis para enfrentar os italianos. A chance, possível com uma ajuda alemã, fora perdida.[117]

A outra esperança de Mussolini repousava nos Bálcãs. Ele tinha considerado temporariamente uma ação militar prospectiva na região como um mero incidente secundário enquanto o acontecimento principal se desenrolava na França. Agora, porém, instigado por Ciano, começou de novo a lançar os olhos para o que pareciam ser ricas presas no Adriático. E não só a Iugoslávia, mas agora — pela primeira vez para valer — a Grécia, entrou no quadro como um alvo concreto do expansionismo italiano. No outono, a decisão de atacar os gregos veio a ser o erro mais calamitoso que Mussolini cometeu; calamitoso para os gregos, é claro, mas também para ele próprio, para o regime fascista e pela perda fútil de vidas que causou para seu país.

Desde a ocupação da Albânia pelos italianos, em abril de 1939, os gregos olhavam para a Itália com suspeitas, e não sem motivo. Ciano havia anotado em seu diário em 11 de maio daquele ano que o novo programa de obras públicas na Albânia havia começado bem: "As estradas estão todas planejadas de modo a levar à fronteira grega. Esse plano foi ordenado pelo Duce, que está pensando cada vez mais em atacar a Grécia na primeira oportunidade".[118] À medida que a crise aumentava antes da invasão alemã da Polônia, as relações entre a Grécia e a Itália se tornavam mais tensas. Tropas italianas haviam sido deslocadas por algum tempo para a fronteira entre a Albânia e a Grécia, enquanto aviões violavam o espaço aéreo grego. Em 16 de agosto de 1939, Badoglio havia dado ordens de preparar um plano para invadir a Grécia. Mas isso não dera em nada. A tensão diminuiu. Em 11 de setembro, Mussolini disse a seu representante em Atenas, Emanuele Grazzi, que "a Grécia não está em nosso caminho, e não queremos nada dela". Nove dias depois, ele foi igualmente claro ao falar com o general Alfredo Guzzoni, o comandante militar na Albânia, ridicularizado por Ciano por ser "pequeno, barrigudo e tingir o cabelo". Mussolini o informou de que "uma guerra com a Grécia está fora de questão. A Grécia é um osso descarnado e não vale a perda de um único granadeiro sardo". As tropas italianas foram retiradas para uma distância de cerca de 19 quilômetros da fronteira grega. O "estudo" do Estado-

Maior Geral foi engavetado.[119] Tudo ficou calmo até a Itália entrar na guerra em junho de 1940.

Dias depois da entrada da Itália, a temperatura tornou a subir em meio a rumores — negados peremptoriamente por Ioannis Metaxas, o apagado ditador da Grécia, que parecia mais um prefeito de cidadezinha que um chefe de Estado, e que era, ironicamente, um admirador da Itália, onde vivera por alguns anos — de que os britânicos estavam abusando da neutralidade grega e estacionando navios de guerra em águas da Grécia. Ciano jogou lenha na fogueira. Ele havia salientado a Bottai, algumas semanas antes, sua visão de um domínio italiano nos Bálcãs. Ela incluía o estabelecimento de protetorados na Croácia e na Grécia (mas também em Creta), bem como um protetorado norte-africano abarcando Egito, Tunísia, Argélia e Marrocos e a posse da Córsega.[120] Mas Mussolini reconheceu que a realização desses planos grandiosos teria que esperar. Os alemães, ele sabia, não queriam uma expansão da guerra naquela conjuntura.[121] Ele fez Grazzi dizer a Metaxas que a política italiana para a Grécia permanecia a mesma. No entanto, os planos militares de contingência incluíam uma ação contra a Grécia *e* a Iugoslávia, além de medidas possíveis para garantir o Ticino, o enclave de fala italiana na Suíça, se, como diziam os rumores, os alemães invadissem esse país. Não espanta terem ouvido um frustrado Badoglio dizer: "O inimigo muda a cada dia. Espero a ordem para atacar o Iraque!".[122]

Quanto aos Bálcãs, porém, a prioridade continuou sendo a Iugoslávia e não a Grécia. Mussolini estudava uma ação para agosto. Hitler, quando se encontrou com Ciano em 7 de julho, pareceu encorajar as intenções agressivas da Itália nessa direção. Mas o que quer que Hitler tenha querido dizer com isso, não era uma invasão italiana da Iugoslávia no futuro imediato, o que ele achava que poderia colocar todos os Bálcãs em chamas num momento altamente delicado, provocando uma intervenção russa. Apesar de Hitler admitir que o destino da Iugoslávia estaria nas mãos da Itália quando houvesse condições propícias, aquele não era positivamente o momento. Mas ele repetiu que "tudo o que diz respeito ao Mediterrâneo, incluindo o Adriático, é um assunto puramente italiano, no qual ele não pretende interferir" e também indicou sua aprovação a uma ação italiana para impedir que os britânicos ganhassem um pé de apoio nas ilhas gregas.[123]

Os planos militares italianos para um ataque à Iugoslávia continuaram durante todo o mês de julho apesar da advertência de Hitler contra uma ação precipitada (advertência essa que não havia sido transmitida a Mussolini por Ciano com todo vigor).[124] No início de agosto, Mussolini ainda falava de um ataque na segunda metade de setembro.[125] Alguns dias depois, em 11 de agosto, ele ordenou a um reticente Badoglio, que pouco antes havia emitido uma diretriz estipulando que não havia intenção de empreender uma ação militar nos Bálcãs, para estar pronto para agir em 20 de setembro.[126] Nesse mesmo dia, Mussolini dirigiu seu olhar para a Grécia.

Ciano foi o principal instigador. Ele sabia o quanto Mussolini estava irritado com a demora de Graziani em iniciar a ofensiva no Norte da África. Graziani estivera recentemente em Roma e dera a Mussolini a impressão de que o ataque ao Egito seria iniciado dentro de poucos dias. Ela havia dito a Ciano, porém, que os preparativos estavam muito incompletos. A impressão do próprio Ciano era de que o ataque não começaria antes de dois ou três meses, se começasse. Ele reportou isso a Mussolini, que ficou previsivelmente lívido.[127] Aproveitando habilmente o momento, e manipulando com astúcia a psicologia do Duce, Ciano agarrou a oportunidade de pressionar por um ataque à Grécia. Mussolini já defendia uma ação contra a Iugoslávia. Ciano não teve então dificuldade de persuadi-lo de que a Grécia também devia ser incluída nos planos de expansão nos Bálcãs. Privado da chance de glória na França, e enfrentando agora a perspectiva de atrasos no Norte da África, Mussolini viu os atrativos de um triunfo fácil sobre os gregos, uma nação que ele desprezava.

Ciano, por sua parte, via no empreendimento o potencial de ampliar sua própria base de poder. A Albânia já lhe servia efetivamente como um feudo pessoal, dirigido por seu subalterno, Francesco Jacomoni. As perspectivas de ampliar seu domínio, e de glória fácil, atraíam. Em 10 de agosto, Ciano açulou o antagonismo facilmente exaltável de Mussolini contra a Grécia. Jacomoni havia fornecido a Ciano a história do assassinato traiçoeiro por agentes gregos de um combatente pela liberdade albanês, Daut Hodja, que foi então retransmitida a Mussolini como uma indicação da não-confiabilidade da Grécia. Hodja na verdade não passava de um bandido e ladrão de gado local, com uma longa história de extrema violência e criminalidade, que fora apanhado e decapitado por criminosos rivais — albaneses, não gregos — dois meses antes. Mussolini, porém, não precisava ser persuadido. "O Duce está analisando um 'ato de força, porque desde 1923 [o efêmero incidente de Corfu] ele tem umas contas para ajustar, e os gregos se enganam se acham que ele esqueceu'", observou Ciano, depois de seu encontro.[128] Imediatamente, a máquina de propaganda italiana entrou em ação, elogiando as virtudes patrióticas de Hodja e censurando o tratamento dos albaneses pela minoria grega na área fronteiriça de Epiro, encostada na Albânia no Norte de Grécia.[129]

Em 11 de agosto, o dia seguinte ao que havia colocado Mussolini a caminho da agressão contra a Grécia, Ciano anotou que o Duce queria informações sobre Ciamuria (o nome italiano contemporâneo para Epiro, derivado da palavra albanesa para a região). Ele havia começado a agitar sobre a questão e havia chamado Jacomoni e o general conde Sebastiano Visconti Prasca — o incompetente sucessor de Guzzoni como comandante militar da Albânia, orgulhoso de seu físico viril, mas, na verdade, com seu monóculo e suas sobrancelhas tingidas, de aparência um tanto excêntrica — [130] a Roma para discussões. Mussolini "fala de um ataque-surpresa contra a Grécia perto do fim de setembro", registrou Ciano.[131] Ciano tomou parte nas discussões do dia seguinte. Mussolini estabeleceu as diretrizes para a ação contra a Grécia. "Se Ciamuria e Corfu forem submetidos sem desferir um golpe, não pediremos nada mais. Se, pelo contrário, houver qualquer resistência, iremos ao limite", declarou o Duce. Jacomoni e Visconti Prasca acharam que a operação seria fácil e pressionaram para empreendê-la imediatamente. Mussolini preferiu esperar até o fim de setembro.[132]

O ministro do Exterior alemão, enquanto isso, estava ouvindo de seu representante em Atenas, o príncipe Viktor zu Erbach-Schönberg, que a Grécia resistiria a qualquer agressão e se recusava a ser humilhada pela Itália, "mesmo que isso signifique o risco de ser destruída". O sentimento popular contra a Itália estava aumentando.[133] Haveria um forte apoio à resistência a uma intervenção italiana. A conclusão foi de que "se a Itália acredita que esse é o momento certo para realizar suas pretensões territoriais em relação à Grécia, ela está errada".[134]

Para os alemães, manter sob controle as tensões explosivas nos Bálcãs era uma alta prioridade. Hitler havia dito a Ciano em 20 de julho que ele atribuía "a máxima importância à manutenção da paz nas regiões do Danúbio e dos Bálcãs".[135] O interesse soviético na região do Danúbio fora especificamente indicado no fim de junho com a anexação da Bessarábia e do Norte de Bukovina — a antiga região da Romênia que um dia fizera parte da Rússia czarista. A Hungria também tinha disputas acirradas de fronteira com a Romênia. Elas só foram resolvidas no fim de agosto pela "arbitragem" forçada alemã e italiana que truncou grandes partes da Transilvânia, concedendo a melhor parte à Hungria. Os alemães estavam ansiosos para impedir distúrbios na região, tanto para manter seu controle sobre os poços de petróleo romenos em Ploesti como para impedir uma nova invasão soviética. Manter os russos (cuja esfera tradicional de interesses defensivos se estendia até o Bósforo) e os britânicos (garantidores da independência grega desde abril de 1939, vistos como prontos para explorar qualquer insurgência na Grécia e no Egeu) fora dos Bálcãs era vital para os alemães. Uma ação italiana impulsiva contra a Iugoslávia poderia causar uma intervenção soviética. Uma ação contra a Grécia poderia fazer que os britânicos entrassem pela porta dos fundos. Em meados de agosto, portanto, uma mensagem de Berlim a Roma de que uma ação italiana nos Bálcãs era indesejável naquele estágio fora diplomaticamente comunicada. A "paz nos Bálcãs", como Hitler dissera a Ciano em 20 de julho em termos inconfundíveis, continuava sendo uma absoluta prioridade. Como ele havia deixado claro para o ministro do Exterior italiano alguns dias antes, o principal objetivo militar italiano devia continuar sendo o Egito e o canal de Suez.[136]

Ribbentrop repetiu a necessidade de manter os Bálcãs fora do conflito quando se encontrou com o embaixador italiano, Alfieri, em 16 de agosto. Era crucial, declarou o ministro do Exterior alemão, evitar uma ação que perturbaria o *status quo* ali. Os russos não deveriam ter um pretexto para uma intervenção. A derrota da Grã-Bretanha era a prioridade absoluta.[137] Ciano anotou as conseqüências das conversas de Ribbentrop com Alfieri em seu diário no dia seguinte. Era "necessário abandonar qualquer plano de atacar a Iugoslávia", e "uma ação eventual contra a Grécia não é absolutamente bem-vinda em Berlim". Ele resumiu: "É uma ordem expressa interromper tudo nessa linha".[138]

Mussolini se dobrou à pressão, embora Ciano assegurasse que a propaganda antigrega continuasse na imprensa italiana e três divisões do Exército fossem colocadas de prontidão para ser enviadas à Albânia.[139] Após a reafirmação da ansiedade alemã para evitar problemas na região, dita em termos claros por Ribbentrop a Alfieri numa nova reunião em 19 de agosto, Mussolini deu ordens, três dias depois, para desacelerar os preparativos com relação a um ataque à Iugoslávia e à Grécia. O Norte da África voltava a ser a prioridade militar — embora Mussolini continuasse emitindo diretrizes, absolutamente incompatíveis com os limitados recursos da Itália, para preparativos em diferentes teatros de guerra possíveis.[140] Ciano registrou que "as ações contra a Iugoslávia e a Grécia estavam adiadas indefinidamente".[141] No caso da Iugoslávia, isso era exato. A operação foi efetivamente abandonada. As esperanças deveriam repousar no que a Itália ganharia num eventual acordo de paz, quando a Grã-Bretanha fosse derrotada. A Grécia, porém, era uma questão um pouco diferente. Ciano transmitiu devidamente a Jacomoni na Albânia as ordens de "autoridades superiores" para "desacelerar o ritmo de nossas medidas contra a Grécia". Ele o instrui, contudo, a dar os passos necessários para manter "num estado de eficiência potencial todos os dispositivos feitos", evitando uma crise mas "mantendo viva a questão".[142] O desenvolvimento de planos militares para um ataque à Grécia também teve prosseguimento e foi refinado.[143]

Evidentemente Badoglio pensou que, mesmo assim, os planejadores acatariam as medidas. Foi passada mensagem do quartel-general do Comando Supremo ao chefe do Estado-Maior da Aeronáutica, Francesco Pricolo, em setembro, de que "a Grécia está fora".[144] Mussolini não via as coisas assim, contudo. Embora houvesse desistido da Iugoslávia (que só poderia ter sido atacada com a ajuda vinda do Norte, da Alemanha, para evitar perdas graves), ele não estava preparado para descartar a opção de atacar a Grécia tão logo isso fosse factível. Isso seria um triunfo italiano sem se pendurar nas abas dos casacos alemães. Mais que isso: asseguraria que os Bálcãs permaneceriam na esfera de influência da Itália, afastando a possibilidade, que começava a ser comentada, de que apesar de todas as garantias os alemães pretendiam imprimir sua própria marca na região.[145] Entretanto, as visões de Mussolini mudavam conforme seu estado de espírito. A constância não era seu ponto forte. No último dia de agosto, Quirino Armellini, vice de Badoglio no quartel-general do Comando Supremo, comentou em seu diário: "Ciano quer uma guerra com a Grécia para ampliar as fronteiras de seu grão-ducado; Badoglio vê o grande erro que seria incendiar os Bálcãs (essa é a posição alemã) e quer evitá-lo; e o Duce concorda ora com um, ora com o outro".[146] A questão ficou nesse pé por um inquietante mês de setembro.

Quando Ribbentrop visitou Roma entre 19 e 22 de setembro, trazendo uma nova "surpresa" —[147] a aliança militar com o Japão que ele queria que a Itália assinasse junto com a Alemanha nos próximos dias —, as perspectivas de uma invasão alemã iminente da Inglaterra estavam arrefecendo.[148] Uma guerra prolongada era cada vez mais provável. Mussolini não ficou descontente. Ele ainda achava que um fim rápido seria "catastrófico", como disse a Badoglio no dia da partida de Ribbentrop.[149] Ele estava entusiasmado. Achava que, com os alemães atolados no conflito com a Grã-Bretanha, a Itália tinha uma chance ao longo do inverno de avançar através do Egito para Suez, sem ajuda alemã, e destruir a base da força britânica no Oriente Médio. Badoglio estava igualmente ansioso para impedir que os alemães se envolvessem na "guerra paralela" da Itália. Ribbentrop havia indicado novamente que a Alemanha não queria nenhuma perturbação nos Bálcãs no futuro previsível, embora ele de novo reconhecesse que Grécia e Iugoslávia eram uma questão de interesse exclusivamente italiano.[150] Mussolini disse que não agiria contra nenhum dos dois por enquanto, embora aproveitasse a oportunidade para lembrar Ribbentrop de que a Grécia mediterrânea ainda jogava o mesmo papel no apoio à Grã-Bretanha que a Noruega jogara anteriormente no Norte.[151]

Ciano fez o melhor que pôde para assegurar que a questão da Grécia não arrefecesse. Ele ainda estava impaciente por ação.[152] Adulterou a versão italiana das minutas de sua reunião com Ribbentrop para que elas mencionassem a necessidade de realizar a "liquidação da Grécia" — uma expressão que não constava da versão alemã.[153] E mencionou ao núncio papal pouco depois que a Itália, em breve, mas não de imediato, pretendia ocupar toda a Grécia em razão da não-confiabilidade dos gregos.[154] Sua idéia deve ter sido uma rápida conquista militar com pouco custo para adquirir a Grécia como um elemento de barganha num acordo de paz, o resultado mais provável, na sua visão, pela deterioração da situação da guerra.[155]

Entrementes, prosseguiam os planejamentos de contingência do Exército. Mas Badoglio recordou o Estado-Maior de Exército no começo de outubro de que não havia probabilidade de uma ação imediata.[156] Com a prioridade dada ao Norte da África, e mais da metade do Exército da Itália desmobilizada para ajudar na colheita, os recursos humanos, em si limitados, já estavam sobrecarregados ao limite e assim permaneceriam durante todo o inverno.[157] Os planos para um ataque à Grécia foram engavetados.

Eles permaneceram adormecidos durante os primeiros dias de outubro. Quando Ciano estivera em Berlim para assinar o Pacto Tripartirte em 27 de setembro, Hitler havia sugerido uma reunião com Mussolini no Estreito de Brenner. Queria reavaliar a situação toda da guerra e, em particular, a posição no Mediterrâneo, notadamente a questão da intervenção espanhola na guerra e as relações com a França. A reunião teve lugar em 4 de outubro. Mussolini estava em ótima forma. Havia dias que ele estava de bom humor. Ele antevia "que a Itália poderia conquistar no Egito um sucesso que lhe conferiria a glória que ela havia buscado em vão por três séculos" (embora estivesse irritado com Badoglio, a quem atribuía a culpa por retardar a ofensiva).[158] A reunião transcorreu bem. Mussolini recebeu apoio alemão renovado às pretensões territoriais italianas na França: Nice, Córsega, Tunísia e Djibuti.[159] Ele expressou sua confiança no sucesso italiano no Egito. Ele não tivera necessidade, assim disse, de se aproveitar da oferta de Hitler de fornecer forças especializadas para o ataque.[160] Mussolini voltou a Roma radiante, irritado apenas com a lentidão de Badoglio e Graziani sobre o Norte da África e expressando sua aversão ao rei, "o único derrotista do país".[161]

Poucos dias depois, porém, surgiria uma questão que lançaria uma sombra escura sobre o comportamento jubiloso de Mussolini e sobre as relações entre os parceiros do Eixo: o estacionamento de tropas alemãs na Romênia. Os alemães tinham arquitetado um "convite" do novo ditador romeno, general Ion Antonescu, no início de setembro, para enviar uma "missão militar" a seu país. Era crucial, do ponto de vista alemão, proteger os campos de petróleo de Ploesti. Em meados de setembro, antes de Ribbentrop visitar Roma, os italianos souberam dos planos de enviar tropas alemãs à região de Ploesti. Ribbentrop havia se referido a elas quando se encontraram com Ciano em 19 de setembro, mas Ciano evidentemente não havia transmitido esse fato importante a Mussolini.[162] O petróleo de Ploesti também era vital para a Itália. Além disso, Mussolini sempre havia considerado o Danúbio como uma área de interesses específicos italianos. Havia, portanto, uma sensibilidade particular na questão; e também na maneira como a Itália era tratada por sua parceira no Eixo. A sensibilidade explodiu quando Mussolini ficou sabendo por reportagens na imprensa (que, na verdade, anteciparam o fato) que 15 mil soldados alemães haviam chegado à Romênia. Para Mussolini, isso foi um lembrete muito incômodo da maneira como Hitler repetidas vezes só o informara sobre ações alemãs importantes depois de elas terem acontecido.[163] Ele ficou absolutamente enfurecido. Tentou imediatamente, e em vão, conseguir um "convite" semelhante para enviar tropas italianas para a área. "Ele está muito zangado", observou Ciano, "porque somente tropas alemãs estão presentes nas regiões petrolíferas romenas."[164] Ciano disse a Bottai que os italianos precisavam "contrabalançar a ocupação deles da Romênia invadindo a Grécia".[165] Ribbentrop tentou apaziguar Ciano por telefone em 10 de outubro e o lembrou de que ele lhe havia falado sobre a questão em Roma em 19 de setembro. Ciano não fez nenhum comentário. O estrago estava feito.[166]

Dois dias depois, Mussolini havia tomado a decisão de atacar a Grécia assim que os preparativos estivessem terminados. Em 12 de outubro, ao voltar para Roma depois de alguns dias no Norte do país inspecionando organizações fascistas, ele ficou irritado com a notícia de um novo atraso para Graziani iniciar a muito esperada ofensiva no Norte da África. O que ele ouviu sobre a Romênia certamente o deixou ainda mais irascível. Tropas alemãs acabavam de chegar a Bucareste. Não só isso: funcionários do Ministério de Ribbentrop tentaram presunçosamente bloquear qualquer reportagem sobre isso na imprensa italiana; e Antonescu provavelmente só permitiria o estacionamento de tropas italianas na Romênia se os alemães concordassem.[167] A fúria de Mussolini explodiu. Enfurecido com o desrespeito pelo prestígio dele e de seu país, ele estava ansioso para retaliar. "Hitler sempre me aparece com um *fait accompli*", disse ele enfurecido a Ciano. "Desta vez vou pagar na mesma moeda. Ele vai descobrir pelos jornais que eu invadi a Grécia. Dessa maneira será restabelecido o equilíbrio." Mussolini admitiu que ainda não tinha chegado a um acordo com Badoglio sobre as operações militares contra a Grécia. "Mas enviarei a minha renúncia como italiano se alguém fizer objeção a nosso combate aos gregos", acrescentou. "O Duce parece determinado a agir agora", anotou Ciano, muito satisfeito porque a posição que ele havia muito defendia seria enfim posta em prática. O ministro do Exterior achava que a operação militar seria "proveitosa e fácil".[168]

Em seu acesso de extremo ressentimento e orgulho ferido, a decisão fatídica de atacar a Grécia foi tomada. Não apenas um sentimento de humilhação pessoal, mas sua posição perante a população italiana impeliu Mussolini à ação. Até então, ele tivera pouco mais que uma conquista insignificante, em agosto, do árido entreposto da Somália britânica, para exibir ao povo italiano como espólio de guerra.[169] Ele estava preocupado com o impacto sobre a opinião pública da Itália de uma nova iniciativa unilateral alemã. Ela seria vista como um novo e lancinante exemplo da subordinação inexorável da Itália ao rolo compressor alemão. Uma rápida vitória na Grécia restabeleceria o equilíbrio, aumentaria seu prestígio pessoal e traria, por fim, uma parte do espólio para a Itália.[170]

Assim, a decisão foi tomada de maneira impulsiva e arbitrária — característica da personalidade de Mussolini e de seu estilo de governo. Mas sua fúria sobre o estacionamento de tropas alemãs na Romênia constituiu a ocasião, não a razão subjacente, para invadir a Grécia. Ela afetou mais o *quando* do que o *se* um ataque seria lançado. Um ataque à Grécia havia muito fazia parte dos planos de longo prazo de Mussolini para estabelecer um domínio italiano nas regiões do Mediterrâneo e dos Bálcãs. A Alemanha repetidamente admitira que cabia à Itália decidir sobre a Grécia. Além disso, inúmeras advertências tinham sido dadas de que se devia evitar tumultuar os Bálcãs. Os militares italianos colheram a impressão de que, na reunião no Brenner, Hitler havia dado carta branca à Itália na Grécia.[171] Isso foi claramente um mal-entendido. Não há nenhuma referência à Grécia nas minutas oficiais, italianas ou alemãs, de modo que, se uma sugestão nesse sentido foi feita, deve ter sido em alguma discussão privada entre os ditadores. Dado o consistente desejo alemão de manter o incômodo *status quo* nos Bálcãs, é inconcebível que Hitler tenha realmente encorajado Mussolini a atacar a Grécia. A referência misteriosa só pode denotar alguma concessão genérica, compatível com declarações similares anteriores, de que a Grécia era vista no lado alemão como pertencente a um futuro domínio italiano e não um alvo para uma conquista imediata.

O próprio Mussolini até então não vira a Grécia como uma prioridade urgente. O Norte da África parecera o teatro mais importante e estrategicamente valioso. Aliás, alguns dias depois de chegar a sua decisão de lançar um ataque imediato à Grécia, ele vislumbrava que isso ocorreria depois da ofensiva no Egito. Somente em 16 de outubro ele ficou sabendo que esta última não ocorreria nos próximos dois meses ou mais.[172] A Grécia assumiu nessa altura, mas somente então, prioridade absoluta.

Em 13 de outubro, Mussolini informou Badoglio sobre a decisão de atacar a Grécia que havia tomado de maneira unilateral no dia anterior. Ele estabeleceu a data de 26 de outubro. Badoglio não parece ter feito qualquer objeção. No dia seguinte, Mussolini disse a Badoglio e a Roatta, o vice-chefe do Estado-Maior do Exército, que "a operação contra a Grécia não se limitará à Cimuria, mas tomará o país inteiro, que a longo prazo poderia se revelar um incômodo". Ele só informaria Hitler do ataque no último momento.[173] Os primeiros planos de contingência do Exército só haviam previsto uma conquista limitada do Épiro, isto é, das partes setentrionais da Grécia. Era a primeira indicação que Roatta recebia de que o planejamento inicial fora substituído.[174] Ele assinalou que uma ofensiva atingindo Salônica e Atenas requereria uma força muito maior que a inicialmente considerada. Três meses seriam necessários para ter vinte divisões, o número requisitado de tropas, no lugar.[175] Os chefes militares estavam em dúvida sobre a factibilidade da operação grega antes que o avanço de Graziani pelo Egito fosse empreendido. Mas, se Mussolini notou suas dúvidas, ele não as estava ouvindo. A Grécia agora não esperaria.

Mussolini convocou uma reunião com seus chefes militares para o dia seguinte, 15 de outubro, às 12 horas, em seu escritório no Palazzo Venezia "para estabelecer — em linhas gerais — o curso da ação que eu havia decidido empreender contra a Grécia". Ciano, Badoglio, seu vice-chefe do Comando Supremo, Ubaldo Soddu e Roatta, juntamente com Jacomoni e Visconti Prasca, que fora convocado da Albânia, estavam presentes. Roatta chegou atrasado. Ele só fora informado da reunião pouco antes pela secretária particular do Duce. Espantosamente, os chefes dos Estados-Maiores naval e aéreo, Cavagnari e Pricolo, não foram convidados.[176] A reunião durou apenas uma hora e meia. Foi uma das discussões mais superficiais e diletantes de uma estratégia militar de alto risco jamais registrada.

Mussolini começou traçando os objetivos da operação: ocupar toda a costa sul da Albânia e as ilhas jônicas de Zante, Cefalônia e Corfu numa primeira fase, depois a ocupação total da Grécia numa segunda fase para "colocá-la fora de ação". Isso, ele calculou, fortaleceria a posição da Itália no Mediterrâneo em relação à Grã-Bretanha e asseguraria a continuidade da Grécia "dentro de nossa esfera político-econômica". Ele disse que havia decidido a data, 26 de outubro, que "não deve ser adiada nem mesmo em uma hora". Essa parece ter sido a primeira vez em que Roatta ouviu a data.[177] Entretanto, ainda no dia anterior, ele havia insistido em que três meses seriam necessários para preparar uma ação em larga escala como essa.

Mussolini não via complicações da parte de Iugoslávia ou Turquia e planejava fazer da Bulgária "um peão em nosso jogo", oferecendo-lhe ganhos na Macedônia. Em seguida, ele virou-se para Jacomoni. O governador da Albânia afirmou que a operação era aguardada com impaciência em sua província. Ele apontou para possíveis dificuldades de abastecimento se o porto de Durazzo, o ponto-chave de desembarque, fosse bombardeado. O estado das estradas, embora tivesse melhorado, também poderia causar problemas. Ele transmitiu informações de que os gregos resistiram à ação. A escala de resistência dependeria da presteza e determinação da ação italiana. Ele levantou a questão de ajuda para a Grécia da Grã-Bretanha. Uma ocupação parcial poderia permitir ataques aéreos britânicos ao sul da Itália e à Albânia. A aviação grega, porém, não seria problema. Perguntado sobre o moral da população grega, ele avaliou o estado de espírito como "profundamente deprimido".

Visconti Prasca comentou então a situação militar na Albânia. Ele estava extremamente otimista. A primeira fase da operação fora preparada "até os mínimos detalhes e é tão perfeita quanto humanamente possível". Ele julgou que levaria apenas de dez a quinze dias para ocupar o Épiro, muito antes de a estação chuvosa poder causar dificuldades sérias. A data de início da operação poderia ser antecipada, mas não retardada, cortou o Duce. Visconti Prasca foi solicitado a comentar sobre o moral de suas tropas. Era excelente, declarou. Cerca de 70 mil homens estavam prontos, uma superioridade de dois para um na linha de frente.

No que lhe dizia respeito, "a Aeronáutica grega não existe". A única preocupação vinda dos céus era a possibilidade de ajuda da Grã-Bretanha. Ele aludiu com reservas, porém, a estender o avanço a Salônica, em razão da época do ano. Isso levaria tempo. Seria preciso um par de meses. O Duce insistiu na importância de impedir que Salônica se tornasse uma base britânica. Ele perguntou a Visconti Prasca sobre o moral das tropas gregas. "Eles não são pessoas que gostam de lutar", foi a resposta lapidar. Ele organizou a simulação de um incidente, para servir de provocação para o ataque à Grécia. Mussolini o aconselhou a não se preocupar demais com possíveis perdas. Visconti Prasca replicou que sempre ordenara aos batalhões para atacarem, mesmo contra uma divisão.

A essa altura, Badoglio entrou na discussão. Ele achava que os britânicos estariam preocupados com o Egito e que era altamente improvável que tentassem um desembarque naval na Grécia. A única possibilidade de ajuda britânica era pelo ar. Conseqüentemente, ele defendia que uma operação contra a Grécia coincidisse com o avanço sobre Mersa Matruh no Egito, dificultando assim o envio de aviões ingleses para ajudar os gregos. Mussolini, ainda não informado de que Graziani estava prestes a adiar seu avanço, defendeu a tomada de Mersa Matruh antes mesmo do início da operação grega. Um avanço a partir dali tornaria ainda mais difícil para os britânicos oferecerem ajuda à Grécia. E "após a perda do ponto-chave egípcio, mesmo que Londres ainda fosse capaz de continuar, o Império Britânico seria derrotado", acrescentou, com sereno otimismo. Badoglio aprovou o plano operacional de Visconti Prasca para o Épiro, mas parar ali não seria suficiente. Creta e Morea também precisavam ser ocupadas, junto com a Grécia toda. Isso, porém, requereria cerca de vinte divisões (o número que Roatta apresentara no dia anterior) e levaria três meses.

Mussolini calculou que o término da ocupação do Épiro em 10-15 de novembro ofereceria mais um mês para trazer as forças novas necessárias para o resto da operação. Ele perguntou como fora prevista a marcha sobre Atenas, quando o Épiro estivesse ocupado. Visconti Prasca não antevia grandes dificuldades. Cinco ou seis divisões bastariam, ele achava. Badoglio sugeriu que a marcha sobre Atenas precedesse a tomada de Salônica. Roatta concordou com a sugestão de Mussolini de que duas divisões bastariam para isso. Mussolini estava satisfeito por as "coisas estarem clareando". Visconti Prasca acrescentou que a Grécia seria cortada em duas a partir de Atenas, e Salônica seria atacada a partir da capital grega. Entretanto, respondendo a uma pergunta de Mussolini, ele assinalou a dificuldade do terreno entre Épiro e Atenas: cerca de 270 quilômetros de estradas ruins em montanhas íngremes e uma cadeia montanhosa onde as comunicações se reduziam à passagem por trilhas de mulas. Ele achou que três divisões montanhesas seriam necessárias. Imaginou que elas seriam enviadas do porto de Arta, a uma boa distância dali pela costa grega, numa única noite.

A parte final da reunião foi dedicada à questão de usar tropas albanesas no ataque e a mobilização de defesa antiaérea na Albânia. Nessa altura, Mussolini declarou que "agora examinamos todos os aspectos do problema". Ele resumiu: "Ofensiva em Épiro; observação e pressão sobre Salônica; e, como uma segunda fase, a marcha sobre Atenas".[178]

O que passou por determinação ditatorial foi, na verdade, o mais reles verniz de suposições canhestras, observações superficiais, julgamento amadorístico e uma avaliação absolutamente acrítica, tudo baseado no cenário mais positivo. Após anos de autodoutrinação, Mussolini era um crente contumaz na própria infalibilidade. Jacomoni e Visconti Prasca eram criaturas prototípicas do regime, capazes apenas de bajular as avaliações de Mussolini, procurando tirar proveito da oportunidade de autopromoção, ansiosos apenas por agradar dizendo o que o Duce queria ouvir. Ciano ficou em silêncio a maior parte do tempo. Suas preferências eram claras. Ele se contentou em deixar que seus subalternos fizessem as falas, seguro de que Mussolini agora estava exigindo o que ele próprio queria o tempo todo. O silêncio de Soddu significou seu apoio pessoal à operação. Badoglio e Roatta só levantaram objeções da maneira mais oblíqua, apontando para o tamanho e escala da operação necessária para empreender a conquista completa da Grécia, mas não fazendo nenhuma oposição, nem mesmo às suposições mais especulativas.[179] Sua própria subestimação dos gregos, além de suas prolongadas lutas desgastantes dos últimos meses contra os impulsos de Mussolini em assuntos militares, cuja complexidade ele absolutamente não dominava, os deixara ainda mais prontos a se curvar a seu imperativo. Assim Mussolini conseguiu o que queria sem dissensões na reunião. A decisão que ele tomara sozinho agora se tornava uma diretriz operacional, com a plena colaboração de seus chefes militares.

Assim que os chefes militares deixaram a reunião, porém, e começaram a fazer uma avaliação detalhada do planejamento de uma operação cujos objetivos haviam sido traçados com tanto descuido e pressa, surgiram — e rapidamente se multiplicaram — dúvidas sérias. O desembarque em Arta, por exemplo, era praticamente impossível, afirmou o comandante naval Cavagnari. O ataque a Mersa

Matruh, que devia coincidir com, ou mesmo preceder, a operação grega, havia sido, eles ficaram sabendo, adiado por pelo menos dois meses. E temia-se que os britânicos estabelecessem prontamente bases no Sul da Grécia e ficassem em posição de atacar a frota italiana em Taranto, no calcanhar do Sul da Itália. Badoglio levantou essas objeções quando falou com Ciano em 17 de outubro. O pessimismo de Badoglio era evidente. Foram sombrias também as visões dos chefes de Estado-Maior que "se pronunciaram unanimemente contra" a operação.[180] Mas, privados de seu principal argumento logístico, a inacessibilidade ao porto de Arta, quando transpirou que os gregos tinham acabado de dragar um canal de água profunda permitindo que grandes navios aportassem ali, Badoglio foi complacente em sua audiência no dia seguinte com um Mussolini enfurecido, que ficara sabendo das reservas manifestadas por eles. Mussolini havia dito a Ciano que estaria preparado para aceitar a renúncia de Badoglio. Mas Badoglio não a ofereceu. Ele saiu sem chegar a nada, exceto um adiamento de dois dias para o início da operação, reprogramada para começar em 28 de outubro.[181]

Os preparativos militares prosseguiram — de maneira apressada e incoerente.[182] Nem mesmo a desmobilização de soldados dentro da Itália foi interrompida.[183] Os augúrios para a campanha não eram bons. O transporte de tropas motorizadas para a Albânia não poderia ser completado em tempo, pois o porto em Durazzo estava sobrecarregado. O clima também estava ruim, e piorava cada vez mais, dificultando o transporte dos soldados e transformando as estradas da Albânia em atoleiros. Então, o rei Boris da Bulgária, para desgosto de Mussolini, recusou-se a participar do ataque. Por fim, ficara claro que o equilíbrio de forças era muito menos favorável à Itália do que Visconti Prasca sugerira. Longe de superar em dois para um os gregos, as forças eram bastante equilibradas, mesmo antes que a mobilização grega, com amplas reservas à mão, fosse concluída. Os comandantes de campo na Albânia queriam o arbítrio sobre a data de início da ofensiva, mas Mussolini insistiu em que o 28 de outubro era definitivo. A preocupação de que Hitler, amarrado então em suas conversas com Franco e Pétain, pudesse intervir para sustar a operação assim que tivesse notícia dela foi decisiva para o momento escolhido.[184]

Quaisquer que tenham sido as preocupações logísticas, nem a liderança militar em Roma nem os comandantes de campo na Albânia tinham alguma dúvida de que a vitória seria fácil. A subestimação dos gregos era geral. Ciano falava de um "passeio",[185] Soddu mais tarde escreveu sobre a expectativa comum de uma "parada militar". O próprio rei achava que os gregos desmoronariam ao primeiro ataque.[186] Esse tipo de presunção reforçou a complacência com o imperativo idealizado às pressas por Mussolini de destruir a Grécia. Uma vitória rápida era vital. Ele queria, portanto, e esperava, um ataque devastador que "provocaria um colapso completo em poucas horas".[187] Ele estava em excelente estado de espírito quando o ataque começou em 28 de outubro.[188]

Seu colega ditador, ao contrário, ficou bem pouco entusiasmado ao receber a notícia, quando voltava de suas conversações com Franco e Pétain, de que a Itália estava prestes a atacar a Grécia. Hitler, conforme relatos, teria ficado furioso e extremamente preocupado de que a ação italiana pudesse incendiar a região dos Bálcãs e dar aos britânicos a oportunidade de instalar bases aéreas na região. Ele achou que era uma vingança de Mussolini pela França e a Noruega.[189] Na verdade, os alemães tinham recebido muitos avisos indiretos de boas fontes nos últimos dias de que a ação contra a Grécia era iminente.[190] Mas também haviam recebido negativas diretas de líderes militares italianos de que havia algo em curso. Eles preferiram acreditar nas negativas. Hitler não parece ter ficado alarmado antes de 25 de outubro. Só nesse dia uma carta, escrita seis dias antes por Mussolini, chegou a suas mãos, cuidadosamente formulada, mas indicando que o Duce se propunha a agir na Grécia muito em breve. Mesmo então, os dados de inteligência colhidos na Itália permaneciam contraditórios. Uma reunião com Mussolini, já instigado a discutir os acordos recém-feitos por Hitler com os líderes espanhol e francês, fora agora antecipada. Os ditadores se reuniriam em Florença em 28 de outubro. Quando Hitler chegou à reunião, ele já havia recebido a notícia, de um radiante Mussolini, de que tropas italianas haviam cruzado a fronteira grega partindo da Albânia no alvorecer daquela manhã.[191]

Assim Mussolini conseguiu seu próprio *fait accompli*. Mais tarde, censurando Mussolini por sua imprudência quando já estava claro que o ataque italiano fracassara redondamente, Hitler disse que havia esperado, em Florença, impedir que o Duce realizasse uma ação prematura na Grécia, e certamente não fazer uma operação sem uma prévia ocupação de Creta, para a qual ele estava preparado para oferecer ajuda militar.[192] Mas, quando eles se encontraram em Florença, não houve nenhuma censura. Hitler se conteve. Quaisquer que tivessem sido seus sentimentos íntimos, ele dificilmente poderia ter antecipado a escala do desastre militar que Mussolini havia precipitado. Ele ofereceu apoio alemão à operação e divisões de pára-quedistas para ocupar Creta (para impedir uma intervenção britânica).[193] O resto da reunião se resumiu a um relatório de suas reuniões com Pétain, Laval e Franco. Ele estava ansioso para ganhar a anuência de Mussolini para seus acordos com a França de Vichy, que não eram absolutamente do agrado do ditador italiano.[194] A Grécia não tornou a ser mencionada. Mas logo seria.

Longe de ser o esperado passeio militar no parque, o ataque mal planejado e mal coordenado sobre a Grécia se revelou um completo desastre militar. O avanço ocorreu numa condição de tempo atroz. As chuvas torrenciais incessantes e a lama até o joelho faziam atolar a artilharia pesada e os tanques italianos. Os rios estavam cheios depois das chuvas outonais. As trilhas nas montanhas se mostravam, com freqüência, intransitáveis. Aviões eram retidos em terra por densos nevoeiros. Mares encapelados impediam operações navais. A falta de equipamentos, combustível, munições e homens logo se tornou evidente. O fraco treinamento e liderança das tropas italianas também contribuíram significativamente para o crescente fiasco. Mas, além disso, os gregos defenderam seu país com bravura e tenacidade, oferecendo uma dura resistência desde o começo. Seu conhecimento do terreno local era uma grande vantagem, e eles estavam mais bem organizados defensivamente que os italianos no ataque. Em pouco mais de uma semana, os italianos foram obrigados a parar sua ofensiva no Épiro. Uma semana depois, eles já estavam sendo empurrados de volta para a fronteira albanesa por um contra-ataque grego. Quando a frente se estabilizou, com qualquer novo avanço interrompido por condições de tempo abismais, eles já haviam penetrado 45 quilômetros pela Albânia. A ordem brutal de Mussolini de que todas as cidades gregas com mais de 10 mil habitantes fossem arrasadas não pôde ser cumprida.[195] No prazo de seis semanas, a pretensa potência mundial Itália havia se revelado militarmente mais fraca que a força peso-mosca da Grécia. O calcanhar-de-aquiles do Eixo não poderia ter ficado mais claramente exposto.

Para piorar as coisas, a frota italiana, ancorada em Taranto, no Sul da Itália, foi seriamente danificada por um ataque britânico com torpedos em meados de novembro. Metade das belonaves italianas foi posta fora de ação. Os sonhos imperiais fascistas soçobraram com elas. Com esse único golpe, o equilíbrio de poder naval no Mediterrâneo se alterou decisivamente.[196] E, no início de dezembro, Graziani, com sua ofensiva na Líbia ainda empacada, e informado por Mussolini de que a Grécia agora tinha prioridade, sofreu o primeiro de uma série de ataques devastadores no início da ofensiva britânica no Norte da África. As forças italianas foram expulsas do Egito em meados de dezembro. No Ano-Novo, a retirada se transformou numa debandada geral. No fim de janeiro de 1941, os britânicos haviam avançado sobre 320 quilômetros de deserto, capturando 113 mil soldados italianos e mais de setecentas peças de artilharia. Depois disso, como escreveu Churchill mais tarde, "o grandioso Exército italiano que havia invadido e esperava conquistar o Egito mal existia como uma força militar".[197] Aí estava uma importante conseqüência da decisão de invadir a Grécia. O que deveria ter sido um esforço militar vital, a investida através do Egito até Suez contra forças britânicas ainda fracas, havia sido completamente minada por uma desnecessária aventura grega, um fiasco de primeira ordem, com custos calamitosos.

Em dezembro, Badoglio, transformado em bode expiatório do desastre na Grécia, fora destituído. Os líderes militares, não apenas Badoglio, estavam ressentidos com a culpa atribuída a eles por Mussolini por uma catástrofe que ele havia instigado pessoalmente. O próprio prestígio de Mussolini estava então afetado, também, na medida em que sua popularidade caía junto com o moral em casa, a piora dos padrões de vida e os reveses militares. Ciano, conhecido como um dos principais promotores do ataque à Grécia, tornou-se o alvo de grande desprezo, na verdade endereçado a seu sogro. As primeiras fissuras — conquanto ainda não colocassem um perigo direto para Mussolini — também estavam começando a se mostrar na liderança fascista, na medida em que velhos caciques partidários tentavam se distanciar dos desastres e competir por posição.

A decisão de invadir a Grécia prontamente se mostrou um maciço ferimento auto-infligido. Como os acontecimentos rapidamente mostraram, a situação militar só poderia ser remediada com ajuda alemã, precisamente o que Mussolini quisera evitar. Do ponto de vista de Hitler, a Grécia era secundária. Ele tinha um peixe muito maior para fritar. A visita de Molotov a Berlim em meados de novembro havia concentrado seus pensamentos na necessidade de dar andamento ao ataque à União Soviética na primavera seguinte. Em meados de dezembro, o que veio a ser conhecido como Operação Barbarossa foi sacralizado como uma diretriz militar. A Grécia foi uma distração indesejada. Hitler queria que os Bálcãs permanecessem fora do conflito, mas agora não poderia ignorar a ameaça colocada, graças à aventura inoportuna de Mussolini, de uma presença militar britânica num ponto vulnerável. A persistente incompetência italiana e um intenso envolvimento britânico compeliram os estrategistas militares alemães a dar uma grande atenção às operações na Grécia.[198] No fim daquele novembro, planos de contingência haviam sido traçados para a ocupação da Grécia, embora Hitler houvesse informado Ciano de que a Alemanha não interviria antes da primavera.[199] Quando Hitler finalmente decidiu, em março de 1941, que uma grande operação seria necessária para expulsar os britânicos de todo o território grego, o pessoal alemão envolvido era maior que o inicialmente imaginado e só poderia ser fornecido às custas da força pretendida para cuidar do flanco Sul da Barbarossa.[200] Os alemães não tinham imaginado um envolvimento tão custoso na Grécia. Os italianos nem sequer queriam que eles estivessem lá. Mas foi esse o resultado da aventura de Mussolini nos Bálcãs: uma calamidade para a Itália, e conseqüências mais amplas que tiveram uma influência no curso da guerra.

V

Olhando em retrospecto, perto do fim da guerra, quando a derrota inevitável e iminente da Alemanha parecia cada vez mais próxima, Hitler atribuiu uma grande parte da culpa ao fiasco grego de Mussolini como a causa de sua própria catástrofe subseqüente. "Apesar das dificuldades criadas para nós pelos italianos e sua campanha idiota na Grécia", teria comentado em meados de fevereiro de 1945, "eu devia ter atacado a Rússia algumas semanas mais cedo." Ele acreditava que a demora no lançamento da Barbarossa lhe custara a vitória na União Soviética. Alguns dias depois, em termos parecidos, ele lamentou que a "campanha inútil na Grécia", cujas intenções italianas não eram esclarecidas, "nos tenha compelido, ao contrário de nossos planos, a intervir nos Bálcãs, o que por sua vez causou um atraso catastrófico no lançamento de nosso ataque à Rússia. Fomos compelidos a gastar algumas de nossas melhores divisões. E como resultado geral fomos então obrigados a ocupar vastos territórios em que, não fosse por essa exibição estúpida, a presença de qualquer soldado teria sido absolutamente desnecessária". "Não temos sorte com as raças latinas", resmungou algum tempo depois. O único amigo entre os latinos, Mussolini, tirou vantagem de sua preocupação com a Espanha e a França "para colocar em movimento sua desastrosa campanha contra a Grécia".[201]

Como explicação da derrota calamitosa da Alemanha na União Soviética, isso é pouco recomendável.[202] O atraso de cinco semanas no lançamento da Barbarossa não foi em si decisivo. Provavelmente, dadas as condições de tempo invulgarmente úmidas, um lançamento antes de meados de junho não teria sido factível de qualquer forma. As razões para o fracasso da Barbarossa repousam na natureza arrogante dos planos de guerra alemães — tão megalomaníacos quanto bárbaros — e nas falhas de planejamento e limitações de recursos que arruinaram a operação desde o início. A descida alemã sobre a Grécia na primavera de 1941, exigida pelos tropeços italianos, causou um pesado desgaste de tanques e outros veículos necessários para a Barbarossa, e também reduziu as forças no flanco Sul do ataque. Embora a diversão de recursos alemães para a Grécia pouco antes do ataque à União Soviética não tenha ajudado a empreitada posterior, a tolice de Mussolini não minou a Barbarossa antes de a operação começar. No entanto, ela teve as conseqüências mais sérias para o esforço de guerra do Eixo no Norte da África.

No outono de 1940, esse deveria ter sido o teatro principal. A posição da Itália antes de lançar uma ofensiva norte-africana teria sido de fato mais forte se Túnis e, sobretudo, Malta tivessem sido tomados antes de ela entrar na guerra.[203] Os preparativos para esses passos nunca foram feitos. Mesmo assim, os italianos ainda tinham uma superioridade numérica sobre os britânicos na região, embora essa rapidamente viria a se alterar. Graziani retardou seu avanço por várias vezes, ciente de que a força italiana era insuficiente para montar a grande ofensiva através do Egito que Mussolini exigia com insistência e esperava. Os alemães viam a importância do setor e ofereceram tropas e equipamentos. O Comando Supremo militar italiano queria tirar vantagem da oferta. Ela poderia ter feito a diferença. Mas Mussolini recusou.[204] Ele estava ansioso para manter os alemães fora do que via como um teatro de guerra italiano. Além disso, de outubro em diante, pessoal e recursos vitais foram dirigidos, não para o Norte da África, mas para a Grécia. Entre outubro de 1940 e maio de 1941, foram mobilizados para a operação grega, em comparação ao Norte da África, cinco vezes mais homens, uma vez e um terço mais *matériel*, três vezes e meia mais navios mercantes e mais de duas vezes os navios de escolta.[205] As conseqüências desse desvio de recursos, quando a ofensiva britânica começou em dezembro, logo se tornariam mais que evidentes.

As implicações foram imediatamente percebidas pelos estrategistas alemães. Os planejadores operacionais do Estado-Maior naval resumiram a posição já em 14 de novembro de 1940, pouco mais de uma quinzena depois do início da aventura grega: "As condições para a ofensiva italiana líbia contra o Egito se deterioraram. O Estado-Maior Naval é da opinião que a Itália nunca realizará a ofensiva egípcia" — embora isso, é claro, muito mais obviamente que um ataque à Grécia, tenha o potencial de infligir danos sérios ao esforço de guerra britânico, particularmente se o Eixo tivesse tomado posse do canal de Suez. A avaliação continuava:

> A ofensiva italiana contra a Grécia é decididamente um erro estratégico grave; tendo em vista as contra-ações britânicas antecipadas, ela pode ter um efeito adverso em desenvolvimentos posteriores no Mediterrâneo oriental e na área africana, e assim, sobre todo o futuro da guerra [...]. O Estado-Maior Naval está convencido de que o resultado da ofensiva contra a área de Alexandria-Suez e o desenvolvimento da situação no Mediterrâneo, com seus efeitos sobre as áreas africanas e do Oriente Médio, é de importância decisiva para o desfecho da guerra [...]. As Forças Armadas italianas não têm nem a liderança nem a eficiência militar para conduzir as operações necessárias na área do Mediterrâneo a uma conclusão bem-sucedida com a necessária velocidade e decisão. Não se deve esperar um ataque bem-sucedido contra o Egito apenas pelos italianos.[206]

Em meados de dezembro, o caso não era mais da muito esperada ofensiva contra o Egito, mas de reparar as conseqüências do desastroso colapso italiano. Apesar do posterior heroísmo na campanha do deserto de Rommel, com recursos limitados, o fracasso italiano e as prioridades alternativas para a mobilização de pessoal e material alemão implicaram que o teatro norte-africano crucial ficou cada vez mais exposto ao poderio Aliado. Para essa infeliz situação (do ponto de vista do Eixo), a decisão de Mussolini de invadir a Grécia no fim de outubro de 1940 deu uma grande contribuição.

As conseqüências mais diretas da medida fatídica de Mussolini foram sentidas pela Grécia e pela Itália. As baixas imediatas do conflito desencadeado pelo ditador fascista em 28 de outubro giraram em torno de 150 mil do lado italiano e 90 mil do grego.[207] Para os gregos, porém, esse foi apenas o começo da miséria. Três anos e meio de ocupação se seguiram à invasão alemã em abril de 1941. Além da repressão dos conquistadores, a hiperinflação e a desnutrição cobraram um alto preço. Cerca de 100 mil pessoas morreram de fome no inverno de 1941-2. Somente uma pequena fração dos judeus gregos sobreviveu aos arrebanhamentos nazistas e à deportação para os campos de extermínio. Nem mesmo a libertação, em outubro de 1944, pôs fim ao sofrimento grego. A amarga conseqüência de divisões internas profundas e incontornáveis, que surgiram durante a ocupação e afloraram plenamente após a libertação, foi uma feroz guerra civil no país, que eclodiu em 1946 e durou até 1949.[208]

Para a Itália, a malfadada invasão da Grécia (com os desastres decorrentes do afundamento da frota em Taranto e o colapso ignominioso no Norte da África) sinalizou o fim das pretensões a grande potência de uma vez por todas. A idéia de uma "guerra paralela" para construir o *imperium* particular da Itália se revelara uma quimera. Mussolini, é claro, fora o principal ideólogo e líder político na condução dessa causa, mas ele pôde se apoiar em, e explorar, antigas e persistentes ambições italianas de se tornar uma grande potência. Pois embora estivesse preocupado com as conseqüências de expansão e conflito armado, e expressasse reservas estratégias e táticas bem fundamentadas, o *establishment* italiano, até o rei, não tinha nenhuma objeção de princípio à guerra na busca de império e grandeza nacional. Se Mussolini houvesse travado uma guerra bem-sucedida, ele teria encontrado pouca oposição.

Desde meados dos anos 30, a Itália fora instigada pelo despertar da Alemanha. O ataque impulsivamente idealizado à Grécia para pagar Hitler com a mesma moeda pela Romênia e por insultos anteriormente percebidos, quando a Itália fora tratada com condescendência como uma parceira menor, visava recuperar o orgulho da ação independente. Em vez disso, ele arrastou a Itália ainda mais para o fundo de uma subserviência humilhante à Alemanha de Hitler. O fato de Hitler permitir, numa concessão ao prestígio de Mussolini, que os italianos tomassem parte na rendição grega em 23 de abril de 1941, que as armas alemãs haviam forçado, não poderia esconder a escala da degradação da Itália.[209] As rachaduras na estrutura do fascismo italiano começaram então a se alargar rapidamente. A desastrosa invasão da Grécia havia "colocado Mussolini em desacordo com suas Forças Armadas, abalara a frágil unidade da hierarquia fascista, desiludira o público italiano e afastara os italianos de seus aliados alemães".[210] Em 1943, as rachaduras eram abismais. O caminho para a deposição de Mussolini em julho daquele ano, instigada pelo Grande Conselho Fascista que ele próprio havia criado, agora estava aberto. A última e sangrenta fase da guerra, com um Mussolini restaurado como títere alemão chefiando a selvagemente repressiva República de Saló, enquanto a Wehrmacht lutava ferozmente para controlar a parte setentrional ocupada da Itália e conter o avanço dos Aliados investindo para o Sul, foi um *finale* terrível para o drama. A abertura havia sido em duas partes: a decisão de intervir na guerra em junho de 1940; depois, a decisão de atacar a Grécia em outubro de 1940.

Assim como a intervenção na guerra fora uma conclusão prévia para Mussolini, o mesmo aconteceu com o ataque à Grécia. Havia muito que ele se decidira a fazer da Grécia parte do Império Romano mediterrâneo em expansão. Se não houvesse atacado no fim de outubro de 1940, ele provavelmente o teria feito na primeira oportunidade que as circunstâncias permitissem, possivelmente na primavera de 1941.[211] Mesmo assim, a decisão que ele tomou no outono de 1940 foi uma escolha fatídica já que havia opções disponíveis. Por letárgicos e irresolutos que fossem, os consultores militares de Mussolini manifestaram seu desconforto com as implicações logísticas de uma invasão em tão curto prazo e naquela época do ano. O momento não era propício, mesmo no entendimento dos líderes militares italianos. Os alemães ficaram estarrecidos com o que Mussolini fez. O ataque, mesmo que fosse programado para uma data posterior, poderia, portanto, ter sido adiado. Dado o que aconteceu no Norte da África no fim do ano, se tivesse sido adiado poderia nunca ter sido feito. E com a Grécia ainda independente e neutra, os britânicos, com as mãos ocupadas no Norte da África, poderiam ter se esquivado de uma intervenção que só poderia ser vista como uma ameaça pelos alemães, não menos para os campos de petróleo romenos. A Grécia poderia ter escapado então da conquista e ocupação alemãs. A guerra no Mediterrâneo poderia, portanto, ter tomado um rumo completamente diferente se Mussolini não houvesse invadido a Grécia.

Mussolini, é claro, é o principal responsável pelo ataque à Grécia. Afinal, ele tomou a decisão sozinho e sem consulta nem sequer a seu próprio Grande Conselho Fascista. E ele anulou as objeções de Badoglio e dos chefes de Estado-Maior. Em 10 de novembro, quando a magnitude do desastre já estava começando a se desenrolar, Badoglio confrontou Mussolini com a sua responsabilidade. Ele referiu-se à reunião de 15 de outubro. "Em conseqüência das declarações de Ciano e de Visconti Prasca", declarou, "você decidiu atacar em 26 de outubro, uma data que foi posteriormente mudada para 28 de outubro. Nós tentamos fazer todos os preparativos possíveis nesse tempo. Eu repassei esses fatos para mostrar que nem o Estado-Maior Geral nem o Estado-Maior do Exército tiveram nada a ver com os planos que foram adotados, que eram inteiramente contrários a nosso método de procedimento. Esse método se baseia no princípio da preparação completa antes de a ação ser empreendida."[212] Foi uma declaração ousada — mas, em parte, pouco engenhosa — de um homem ciente de que em breve seria transformado em bode expiatório da impetuosidade do Duce. Isso porque Badoglio havia sido menos franco quando a decisão foi tomada. Ele não havia repetido a Mussolini as duras objeções que expressara a Ciano.[213] As objeções dos chefes militares tinham sido, de qualquer forma, mais logísticas que fundamentais. Eles não se opunham a um ataque à Grécia. Apenas tinham preocupações sobre uma preparação inadequada. Ciano e seus ineptos subordinados na Albânia, Jacomoni e Visconti Prasca, nem sequer haviam compartilhado essas preocupações. Eles haviam apoiado a invasão incondicionalmente. Ciano, como já se observou, fora o principal proponente de um ataque durante meses. E a subestimação dos gregos era quase unânime — estendendo-se até mesmo ao rei.

Embora a principal responsabilidade pelo fiasco grego caiba a Mussolini, portanto, o ditador não merece a culpa toda. O pronunciamento de Churchill em dezembro de 1940 de que "um homem e somente um homem" levou a Itália "à beira horrível da ruína" era retórica de tempo de guerra, e não uma análise racional.[214] Outros setores da elite dominante no regime fascista foram, no mínimo, cúmplices da decisão. O regime fascista desenvolvera, afinal, durante muitos anos, um sistema que não só elevava o líder a uma figura cultuada, mas colocara a tomada de decisões inteiramente em suas mãos, renunciando a toda responsabilidade por decisões em qualquer nível inferior.[215] O sistema politicamente corrupto, como no exemplo paralelo da Alemanha nazista, tinha a um só tempo subserviência premiada, servilismo, obsequiosidade e bajulação. Além disso, todas as formas de organização política haviam sido reduzidas a não mais que uma fachada: organismos representativos exclusivamente na aparência externa, mas na verdade meros veículos de propaganda e aclamação do líder. Uma oposição organizada, num sistema que operava na base de dividir para governar, avanço na carreira e gratificação material a critério do ditador, era, portanto, quase impossível de se construir. Diziam repetidamente ao ditador que ele era infalível; e ele acreditou nas bajulações. Outros aceitaram, fosse por subserviência, fosse por cinismo, as regras do jogo político. Enquanto as coisas deram certo, como em 1936 com a vitória barata sobre um inimigo frágil, eles ficaram felizes em se rejubilar e apanhar sua parte do triunfo. Quando as coisas deram errado, como em 1940 e depois, eles tentaram ocultar sua cota de responsabilidade. Eles só podiam fazer isso para si mesmos. A imbecilidade da decisão de Mussolini refletiu as graves limitações pessoais do ditador. Mas a imbecilidade foi também a de um sistema político.

5. Washington, DC, verão de 1940-primavera de 1941

Roosevelt decide dar uma mão

Diremos aos ingleses, nós lhes daremos as armas e os navios de que precisam, contanto que ao fim da guerra vocês nos devolvam em espécie as armas e navios que nós lhes emprestamos... O que acham disso?

Presidente Roosevelt, 17 de dezembro de 1940

Sem a sua liderança , era inútil esperar que o povo tomasse voluntariamente a iniciativa de fazê-lo saber se o seguiria ou não nela.

Henry Stimson, secretário de Guerra, 22 de abril de 1941

Em um pronunciamento em Boston em 30 de outubro de 1940, durante uma campanha eleitoral para um inédito terceiro mandato presidencial, o presidente Franklin Delano Roosevelt fez uma promessa a sua platéia. "E agora que falo a suas mães e seus pais", declarou o presidente, "eu lhes dou mais uma garantia. Eu já disse antes, mas direi de novo, e de novo, e de novo: seus filhos não serão enviados a nenhuma guerra estrangeira."[1] Isso foi considerado o mais explícito compromisso com a neutralidade americana, com a manutenção dos Estados Unidos fora da guerra que incendiava a Europa e colocava a Grã-Bretanha em risco de uma derrota para os alemães.

Roosevelt estava falando o que os ouvintes queriam ouvir. No fim de setembro, 83% dos que responderam a uma pesquisa de opinião haviam se manifestado a favor de ficar fora da guerra contra a Alemanha e a Itália.[2] Ajudar os britânicos, que estavam certamente acuados desde a catastrófica derrota dos Aliados nas mãos da Wehrmacht em maio e junho, tomando medidas que não resultassem numa entrada na guerra, era um assunto completamente diferente. Entretanto, em agosto de 1940 somente 34,2% dos americanos apoiavam que se fizesse mais para ajudar a Grã-Bretanha a combater a Alemanha.[3]

O esforço de guerra britânico, naquele verão desesperado, havia recebido um reforço vital com a esperança de que os Estados Unidos entrariam na guerra contra a Alemanha de Hitler. Winston Churchill estava desesperadamente impaciente para os Estados Unidos abandonarem a neutralidade e apoiarem ativamente a causa da Grã-Bretanha. Todas as suas esperanças estratégicas se apoiavam no pressuposto da entrada da América na guerra em algum momento. Alguns membros do Gabinete de Roosevelt também pressionavam o presidente para uma atitude mais intervencionista. Nessa altura, no outono de 1940, ninguém defendia o envio de uma força expedicionária americana para combater na Europa, mas havia outros passos, excluindo um engajamento completo, que implicariam uma intervenção ativa. Com o transporte naval britânico já ameaçado pelos submarinos alemães, Henry Stimson, o secretário de Guerra, disse ao presidente e ao Gabinete em dezembro de 1940 que "devemos necessariamente parar os submarinos alemães com nossa intervenção". Não saiu nada daí. O presidente respondeu que "ainda não chegara a tal ponto".[4] Ele tampouco chegaria durante alguns meses.

Para Churchill, do outro lado do Atlântico, e para o resto do governo britânico, a hesitação do presidente era objeto de grande preocupação (conquanto isso nunca tenha sido expresso publicamente). Era uma preocupação, também, para os membros de sua administração — e Stimson não estava sozinho nisso — que eram favoráveis a uma atitude mais vigorosamente intervencionista. Roosevelt muitas vezes soava encorajador, mas, depois, sua cautela inata acabava prevalecendo, deixando-os frustrados. Para muitos nos Estados Unidos, porém, Roosevelt já estava indo longe demais. Para esses, ele parecia um instigador de guerra disposto a arrastar o país para um conflito remoto. O lobby isolacionista representava, com sua principal base geográfica de apoio localizada no Meio-Oeste, e com suas raízes políticas sobretudo, mas não inteiramente, nos adversários políticos de Roosevelt no Partido Republicano, a essa altura, apenas uma minoria considerável da opinião. Mas era uma minoria extremamente ruidosa e, em geral, capaz de fazer causa comum com uma fatia muito mais ampla da opinião que não era diretamente isolacionista, mas também estava muito temerosa de entrar num terreno escorregadio que terminaria na guerra.

Roosevelt mostrava-se perfeitamente consciente do caminho perigoso que estava tateando. De um lado, estava ansioso para assegurar o apoio da opinião pública e, mais diretamente, o apoio do Congresso dos Estados Unidos. Isso exigia uma estratégia de cautela. Para os que o cercavam, contudo, ele parecia, com muita freqüência, mais disposto a seguir que a liderar a opinião pública do país. Quando ele tomava a frente era, em geral, mais para aliciar que para dirigir. Harry Hopkins, o consultor mais próximo de Roosevelt, teria pensado, em maio de 1941, que "o presidente está relutando em entrar nessa guerra, e ele preferiria acompanhar a opinião pública a guiá-la".[5] Stimson havia defendido a mesma consideração em termos bem francos ao presidente no mês anterior: "Sem sua liderança, era inútil esperar que o povo tomasse voluntariamente a iniciativa de fazê-lo saber se o seguiria ou não nela".[6]

Em contrapartida, reconhecendo plenamente o perigo que a Alemanha representava para os Estados Unidos, Roosevelt tentou seguir, com o interesse próprio de garantir a segurança nacional da América como legítima prioridade, uma política que apoiava a Grã-Bretanha de um modo cada vez mais direto. Isso envolvia, porém, o risco óbvio de enredar um país relutante precisamente na "guerra estrangeira" da qual ele prometera deixá-lo fora. Esse foi um grave dilema que se colocou para o presidente de 1940 em diante.

No início daquele verão, a Grã-Bretanha estava sozinha na Europa contra a ameaça nazista, e em grande risco, na iminência de ser invadida. Evidentemente, ela tinha o respaldo de seu Império e seus domínios mundiais. A ajuda prática que esses poderiam lhe dar era pequena, porém, no caso de um desembarque alemão. Para muitos americanos, a Grã-Bretanha parecia praticamente perdida.

Uma opção para Roosevelt teria sido se alinhar com o *lobby* isolacionista, que contestava que, com o domínio alemão sobre o continente europeu (incluindo a Grã-Bretanha) praticamente certo no futuro indefinido, era do interesse americano sustentar a mais estrita neutralidade, refreando-se de qualquer envolvimento no conflito que engolfava nações distantes e cuidando exclusivamente das preocupações dos Estados Unidos. Com a relutância testemunhada nas pesquisas de opinião de ver a América envolvida na guerra, o isolacionismo, se Roosevelt houvesse jogado o peso formidável de suas habilidades políticas e de sua retórica nele, ainda conservava o potencial de se tornar muito mais popular do que na realidade era.

Outra opção teria sido adotar o conselho de alguns membros de sua administração de dar passos que teriam comprometido os Estados Unidos com um envolvimento muito maior na guerra européia, chegando ao ponto de entrar nela, talvez. Isso certamente criaria sérias dificuldades com a opinião pública, e os problemas de conduzir a legislação necessária pelas corredeiras políticas do Congresso seriam realmente formidáveis. De qualquer maneira, a escala da preparação militar americana para uma grande guerra no verão de 1940 era tão limitada que qualquer forma aberta de beligerância, mesmo aceitando os riscos políticos, teria sido muito restrita em termos práticos. Mas, de novo, se Roosevelt, político altamente experiente e habilidoso além de um retórico muito bem-dotado, tivesse optado por isso, não é inconcebível que ele tivesse conquistado o país para uma posição bem mais intervencionista. Ele não estava preparado para colocá-la em teste.

No fim de maio de 1941, eram ainda generalizados os receios de que a Alemanha prepararia em breve o ataque à Grã-Bretanha que não se materializara no ano anterior. Esses receios só se desfizeram quando Hitler se voltou para o Leste, com o ataque à União Soviética em 22 de junho de 1941. Nesse ponto, Roosevelt estava muito envolvido num curso de ação que impedia qualquer possibilidade persistente de manter os Estados Unidos longe da guerra na Europa. No fim da primavera de 1941, embora os Estados Unidos ainda estivessem a meses de uma participação direta na guerra, a administração Roosevelt havia dado passos importantes, tanto na Europa como, cada vez mais, no Extremo Oriente também, que tornaram impossível desenredar o país do conflito em expansão. As opções haviam se estreitado.

A escolha de Roosevelt nos meses anteriores havia, de fato, se mostrado um caminho de extrema cautela entre neutralidade e beligerância, um caminho de assistência à Grã-Bretanha por todos "os métodos exceto a guerra" (uma expressão cunhada em janeiro de 1939 pelo próprio presidente).[7] No verão de 1939, era voz corrente que Roosevelt havia apresentado suas opções. Ele achava que existiam quatro: "a) podemos ir à guerra de imediato, enviando uma força expedicionária ao exterior, mas isso está fora de questão, claro; b) podemos ser forçados a entrar mais tarde; c) podemos ir à guerra, agora ou mais tarde, mas fornecer apenas suprimentos de guerra e ajuda aérea e naval a nossos aliados; e d) podemos ficar de fora, seguindo minha política de outros métodos que não a guerra para ajudar as democracias. E isto", querendo dizer a última das opções, "é o que faremos".[8] Essa política, à qual o presidente se aferrou, em vez de afastar aproximou os Estados Unidos do envolvimento na guerra. Mesmo assim, os passos que ele autorizou eram irreversíveis. E, desses, o mais singular e mais importante foi a decisão — uma iniciativa do próprio presidente — de abrir os vastos recursos materiais da América ao combalido esforço de guerra da Grã-Bretanha sem nenhum custo financeiro direto. Com a aprovação da Lei Lend-Lease* em março de 1941, depois de três meses de debates intensos, os isolacionistas haviam perdido sua última grande batalha.[9] Evidentemente, os Estados Unidos ainda não estavam na guerra, e pouca ajuda podia ser enviada diretamente. Mas a América estava agora ligada de maneira mais tangível à Grã-Bretanha, uma força beligerante já engajada numa luta contra Hitler na Europa, e uma importante adversária na ameaça intensificada colocada pelo Japão no Extremo Oriente. A decisão de confiar recursos americanos ao esforço de guerra britânico teve uma importância em grande parte simbólica no futuro imediato, mas com o tempo se tornaria decisiva para a capacidade de a Grã-Bretanha continuar combatendo Hitler. Seu significado foi, portanto, imenso.

E, no entanto, apesar de seu generoso elogio e gratidão públicos por esse "mais respeitável ato na história de alguma nação",[10] Churchill continuava frustrado, ansioso e, às vezes, sombriamente pessimista com a hesitação, cautela e má vontade de Roosevelt de comprometer os Estados Unidos com uma intervenção na guerra.[11] Quando encontrou o presidente pela primeira vez depois do início do conflito, em agosto de 1941, o primeiro-ministro britânico lhe disse: "Eu preferia ter uma declaração de guerra americana agora e nenhum suprimento por seis meses do que o dobro de suprimentos e nenhuma declaração".[12] Alguns no Gabinete de Roosevelt se sentiam quase igualmente frustrados. O período precedente à invasão alemã da União Soviética em junho de 1941 fora rotulado de "um ano de indecisão".[13] Aliás, naqueles meses com freqüência parecia que a principal decisão de Roosevelt era a de esquivar-se da necessidade de decidir.

* A Lei Lend-Lease, aprovada em 11 de março de 1941, permitiu que os Estados Unidos fornecessem materiais bélicos por meio de um programa de empréstimo ou arrendamento às forças Aliadas entre 1941 e 1945. (N. T.)

I

Roosevelt assumira a Presidência em 4 de março de 1933, em meio a uma crise bancária avançada e com cerca de um quarto da força de trabalho — aproximadamente 13 milhões de americanos — desempregado. Seu primeiro mandato foi quase todo tomado por um leque de medidas legislativas, muitas vezes contenciosas, que abarcava o New Deal, o programa de recuperação nacional para reconstruir a economia arruinada e restaurar a confiança.[14] Boa parte de sua energia fora consumida nas lutas políticas internas decorrentes.[15] A popularidade do presidente continuou alta. Ele foi reeleito em 1936 numa vitória esmagadora. Seu controle do Congresso, porém, enfraquecera, especialmente depois que as eleições de novembro de 1938 fortaleceram a oposição.[16] E isso numa época em que os acontecimentos no exterior haviam começado a dominar seu segundo mandato.

O isolacionismo que se apoderara da América desde o fim da Primeira Guerra Mundial — apoiado em antigas tradições — havia se tornado, de fato, ainda mais entranhado durante o primeiro mandato de Roosevelt. O impacto do envolvimento na guerra européia de 1917-8 havia sido profundo na sociedade americana. Cinqüenta mil soldados americanos haviam perdido a vida num conflito que, para muitos cidadãos americanos, absolutamente não dizia respeito a seu país. A maioria dos americanos sentia que isso não deveria, em hipótese nenhuma, acontecer de novo. As experiências do horror das trincheiras se misturavam com o ressentimento com o que era amplamente percebido como uma ingratidão européia quando a América insistiu no pagamento de empréstimos de guerra.[17] Havia também um sentimento generalizado, encorajado pela literatura antibelicista e algumas histórias do que os americanos chamavam de "a guerra européia", mais tarde reforçado pelo relatório de uma comissão do Senado de investigação da indústria de munições, que a América havia sido aliciada enganosamente ao envolvimento por financistas, banqueiros e fabricantes de armas estrangeiros que pretendiam lucrar com uma vitória Aliada.[18]

Os Estados Unidos tinham optado por ficar, em grande medida, distantes dos assuntos europeus, rejeitando a participação na Liga das Nações. Com certeza, a iniciativa americana foi crucial no fornecimento de planos em 1924, e depois, cinco anos mais tarde, para tentar resolver o complicado problema dos pagamentos das reparações alemãs, uma questão que provocou o mais amargo ressentimento na Alemanha. E, em 1932, os Estados Unidos entraram na Conferência de Desarmamento em Genebra, tentando com atraso (e inutilmente) tornar realidade outro dos princípios para um mundo pacífico no pós-guerra do presidente Woodrow Wilson, embora muito depois que qualquer possibilidade nesse sentido tivesse se evaporado. Pouco mais foi feito, porém. Por trás de tarifas protetoras e um boom econômico simbolizado pela explosão da produção de automóveis, a maioria dos americanos estava satisfeita de ignorar o mundo exterior, principalmente a Europa.

Quando, com Hitler no poder, a assertividade alemã começou a se manifestar novamente e, no outro lado do mundo, o imperialismo japonês emitia ruídos agudos, dissonantes, o sentimento americano generalizado, fosse por inclinações pacifistas nobres, ainda que ilusórias, fosse por tendências nacionais unilateralistas, era o de recuar para um isolacionismo ainda maior. "Vamos voltar nossos olhos para dentro", defendia o governador da Pensilvânia, George Earle, um democrata liberal, em 1935. "Se o mundo deve virar um deserto de devastação, ódio e amargura, nós vamos, com toda sinceridade, proteger e preservar nosso próprio oásis de liberdade."[19] Um reflexo das atitudes prevalecentes foi a Lei Johnson, nomeada pelo republicano progressista Hiram Johnson e aprovada em 1934, que proibia a concessão de créditos a países inadimplentes em suas dívidas de guerra com os Estados Unidos.[20] Depois, em 1935, contra o pano de fundo de uma remilitarização alemã aberta e em plena escala e de ameaças italianas agressivas à Abissínia, Roosevelt abriu as portas para uma legislação que asseguraria a neutralidade americana em qualquer guerra futura. A característica principal era um embargo de armas na provisão de armamentos a todos os beligerantes numa guerra "entre, ou envolvendo dois ou mais Estados estrangeiros", independentemente das simpatias americanas. Roosevelt, o Departamento de Estado ainda mais, teria preferido poderes para impor embargos de armas arbitrários, discriminando os agressores. Mas o próprio presidente se declarou satisfeito com a Lei de Neutralidade que sancionou em 31 de agosto de 1935.[21]

A legislação de neutralidade — renovações e emendas implicaram a existência de cinco leis de neutralidade entre 1935 e 1937 —[22] visava impedir qualquer repetição das circunstâncias que haviam levado à intervenção americana na Primeira Guerra Mundial. Junto com a Lei Johnson, a Lei de Neutralidade mais tarde colocaria obstáculos às tentativas de Roosevelt de ajudar a Grã-Bretanha sem se envolver numa segunda guerra européia. Nesse meio-tempo, é claro, ela não ajudou a impedir a agressão pelas potências européias. O petróleo, que não fazia parte da lista dos "insumos de guerra" embargados, continuou sendo embarcado para Mussolini (em maior quantidade, aliás), enquanto o ditador italiano enviava seus bombardeiros contra tribos indígenas etíopes em 1935.[23] Mas a América podia apontar então para os próprios europeus que, divididos e ineptos em sua resposta à crise abissínia, não conseguiam impor um embargo de petróleo à Itália.

Quando, em março de 1936, Hitler aproveitou o desentendimento das democracias ocidentais para remilitarizar a Renânia, o secretário de Estado americano Cordell Hull rejeitou o pedido francês de uma condenação americana à ação com bases morais.[24] Era uma aplicação perversa da neutralidade, um endosso desnecessário, por omissão, à quebra, por Hitler, dos tratados de Versalhes e de Locarno, a base do acordo do pós-guerra. No entanto, o fato era que os britânicos e os franceses haviam simplesmente se omitido e deixado que aquilo acontecesse.

E quando Itália e Alemanha ofereceram ajuda militar a um exército rebelde, apoiado por simpatizantes fascistas, montado para derrubar a combalida democracia na Espanha, o embargo de armas das Leis de Neutralidade foi estendido a ambos os lados do conflito, embora se tratasse de uma guerra civil, e não internacional. De novo, em paralelo ao não-intervencionismo letárgico das democracias européias, o que isso fez foi efetivamente negar armas aos defensores republicanos da democracia enquanto permitia que os agressores fossem apoiados por armas fascistas da Itália e da Alemanha. Entretanto, a Guerra Civil Espanhola era longínqua, sem muita ressonância em casa. É verdade que uma minoria nos Estados Unidos — sobretudo católicos e a esquerda — foi sensibilizada (alinhando-se a forças diferentes no conflito) pela crise na Espanha.[25] Entretanto, em janeiro de 1937, dois terços dos americanos não tinham qualquer opinião sobre os acontecimentos na Espanha que faziam soar o dobre de finados de uma democracia irmã.[26]

Até o fim dos anos 30, Roosevelt havia mostrado pouca inclinação para se opor às tendências isolacionistas e pacifistas prevalecentes nos Estados Unidos. Ele havia testemunhado os horrores da frente ocidental em primeira mão durante uma visita em 1918, e a experiência havia deixado uma aversão duradoura.[27] "Eu odeio a guerra", havia dito numa expressão célebre durante um discurso eleitoral em 1936.[28] Isso ia ao encontro do sentimento popular. "Não somos isolacionistas", declarou, "exceto na medida em que tentamos nos isolar completamente da guerra." Ele disse ao povo americano que preservar a paz dependeria das decisões do dia-a-dia do presidente e do secretário de Estado. "Podemos ficar fora da guerra", declarou, "se os que vigiam e desejam têm uma compreensão suficientemente detalhada dos assuntos internacionais para ter certeza de que as pequenas decisões de hoje não levem à guerra e se, ao mesmo tempo, tiverem a coragem de dizer não aos que egoística e insensatamente nos levariam à guerra."[29] Consultores de campanha disseram ao presidente que sua oposição a uma possível guerra era a plataforma mais eficaz para seu retorno à Casa Branca naquele ano.[30]

A retórica era fácil. Os acontecimentos na Europa pareciam distantes e de pouca importância direta para a maioria dos americanos, preocupada com suas contas pessoais e lidando com os afazeres do cotidiano enquanto o país batalhava pela recuperação econômica. O Atlântico parecia colocar uma barreira suficientemente grande para proteger os americanos dos perigos que de novo ameaçavam o incorrigivelmente belicoso continente europeu. Mas eles não queriam arriscar. No outono de 1937, sete em cada dez americanos acreditavam que o Congresso devia ter a aprovação da população num referendo antes de emitir uma declaração de guerra. Uma emenda constitucional nesse sentido, atando o presidente não só a uma decisão do Congresso, mas ao resultado de um referendo popular, foi derrotada por pequena margem na Câmara dos Deputados.[31]

Enquanto falava de paz, Roosevelt, absorvido por questões domésticas, pouco fez para preparar os Estados Unidos, tanto psicológica como materialmente, para a perspectiva desagradável de engajamento em problemas futuros, na Europa ou no Leste Asiático, que poderiam, na verdade, a despeito das boas intenções, se mostrar inevitáveis. Uma verba mínima foi dirigida nos anos seguintes para rearmar a Marinha americana e quase nada para preparar o Exército. Aliás, uma das primeiras medidas de Roosevelt para cortar o orçamento depois de sua posse em 1933 foi reduzir o tamanho do Exército, já minúsculo com seus meros 140 mil homens.[32] O presidente acalentava ideais de paz, harmonia, cooperação e livre comércio para todo o mundo. Era um sonho nobre, compartilhado por milhões menos capazes que o presidente de fazer alguma coisa para realizá-lo. Mas, nos primeiros anos de sua Presidência, afora reduzir o envolvimento americano na América Latina, manter sua política de "boa vizinhança" e oferecer independência futura às Filipinas, Roosevelt se contentou em deixá-lo como uma aspiração distante.

Em 1938, ele colocou a política externa principalmente nas mãos de seu secretário de Estado, Cordell Hull.[33] Nascido numa cabana montanhesa do Tennessee, alto, elegante com cabelos grisalhos e olhos escuros, inteligente mas pouco imaginativo, altamente experiente, mas, com freqüência, conservador a ponto de ser teimosamente obstinado, moralista e reservado, embora "franco e confortável como um sapato velho",[34] Hull estava profundamente comprometido com os princípios que o presidente Woodrow Wilson, principal arquiteto do acordo europeu no pós-guerra, havia esposado. Ele acreditava firmemente que a paz mundial podia ser conseguida com base em desarmamento, autodeterminação, transformação não violenta e redução da rivalidade comercial.[35] Hull estava atento, mas não indevidamente preocupado, nessa altura, com o Japão, e não via razão para pressionar por uma atitude mais intervencionista nos crescentes problemas da Europa. A Europa não parecia representar, de fato, o maior perigo em potencial. Mas a inércia das democracias ocidentais, França e Grã-Bretanha, que levou às políticas de apaziguamento, teve sua contrapartida do outro lado do Atlântico no distanciamento da administração Roosevelt da ameaça crescente da Alemanha.

Foi um pouco diferente no Leste Asiático. Quando Roosevelt, em resposta ao ataque do Japão à China, fez um importante discurso em Chicago, na pátria do isolacionismo, em 5 de outubro de 1937, ele parecia anunciar uma mudança na política americana. Na verdade, apenas ofereceu um antegozo da frustração que afligiria seus amigos e aliados nos quatro anos posteriores. Roosevelt usou a analogia da comunidade cooperando durante a quarentena de pacientes numa epidemia para implicar que o mesmo devia acontecer em relações internacionais no tratamento dos que então ameaçavam a paz mundial. Entretanto, quando a Grã-Bretanha pediu um esclarecimento do significado das palavras de Roosevelt em termos de ação prática, e pouco tempo depois prosseguiu para sugerir uma demonstração naval conjunta em Cingapura para dissuadir os japoneses, os Estados Unidos recuaram. "Existe uma coisa chamada opinião pública nos Estados Unidos", dizia a mensagem, "e o presidente não pode ser visto acompanhando os britânicos."[36] "É sempre melhor e mais seguro", comentou o primeiro-ministro britânico, Neville Chamberlain, "não contar com *nada* além de palavras dos americanos."[37]

Chamberlain não mudou de opinião. Quando, em janeiro de 1938, Roosevelt propôs uma iniciativa para mobilizar países na Europa e na América Latina para acertar princípios de relações internacionais, na esperança de que um senso renovado de segurança coletiva, apoiado pelos Estados Unidos, persuadiria as potências do Eixo a recuarem de seu curso de agressão, o primeiro-ministro britânico foi cético. Mais tarde, Churchill considerou a iniciativa do presidente como "a última chance frágil de salvar o mundo da tirania que não pela guerra".[38] Na verdade, as chances de uma tal medida demover Hitler eram nulas. Mas a conclusão de Chamberlain foi além de sua iniciativa particular. Ele foi categórico no sentido de que, se a Grã-Bretanha "ficasse em apuros", ela não poderia esperar nenhuma ajuda dos Estados Unidos.[39] Eles preferiam continuar seguindo o caminho do apaziguamento.

Os Estados Unidos viam as medidas expansionistas de Hitler em 1938 de longe, com inquietação, decerto, mas apenas marginalmente. A tomada da Áustria foi registrada com um ar de resignação, mas nenhuma objeção. Roosevelt apelou pela paz na crise dos sudetos desenrolada no verão de 1938. Depois que as democracias ocidentais haviam dividido a Tchecoslováquia durante a Conferência de Munique no fim de setembro, numa vã tentativa de satisfazer as pretensões insaciáveis de Hitler, Roosevelt comparou sua ação à traição de Judas Iscariotes. Ao saber, porém, que Chamberlain participaria da conferência na qual a capitulação de Hitler era um desfecho inevitável, Roosevelt havia telegrafado ao primeiro-ministro britânico: "Bom homem".[40] Com alguma justeza, o presidente americano foi descrito a essa altura como "um espectador impotente em Munique, um líder fraco e sem recursos de um país desarmado, economicamente ferido e diplomaticamente isolado".[41]

Durante 1938, cresceu de fato uma indignação moral com o tratamento alemão aos judeus. Ela extravasou depois dos famosos pogroms de 9-10 de novembro, as agressões nazistas da "Noite dos Cristais" contra judeus na Alemanha. Roosevelt, contudo, não estava preparado para modificar o sistema de cotas para imigrantes para acomodar os desesperados refugiados judeus. E uma grande maioria apoiou o presidente nisso.[42]

Apesar de sua passividade em 1938, quando o expansionismo de Hitler levara a Europa à beira da guerra, Munique havia levado Roosevelt a reconhecer a ilusão de acreditar que os Estados Unidos poderiam permanecer alheios e afastados do que estava acontecendo no outro lado do Atlântico. Suas inquietações sobre Hitler, a quem via como um "homem selvagem" e "um louco", tinham se aguçado.[43] O presidente estava agora muito mais envolvido em política externa, lendo regularmente os telegramas do exterior e discutindo amiúde as questões que surgiram com Cordell Hull e outros do Departamento de Estado. Ele recebia com freqüência Hull e o atilado, urbano e polido, mas pomposo e formal subsecretário de Estado, Sumner Welles — que havia freqüentado a mesma escola preparatória de elite que o presidente, que quando criança usava luvas brancas enquanto brincava no campo e que ainda tinha um "jeito de suspeitar da contaminação à espreita em seus arredores", com seus modos, quando muito, "reservados" —,[44] deitado em sua cama, na Casa Branca, recostado no travesseiro. Eles foram claros em que tudo deveria ser feito para impedir a guerra e, se ela mesmo assim eclodisse, garantir a vitória das democracias ocidentais. Como atingir esses objetivos, era menos evidente.[45]

Quando se deu o Acordo de Munique, a opinião pública americana já estava mudando para considerar provável uma guerra na Europa. Mas ainda não havia nenhuma disposição de saudar a repulsa à legislação de neutralidade, uma questão que o presidente levantou em janeiro de 1939. E os meses seguintes mostrariam o quanto a diplomacia americana era incapaz de refrear Hitler. Surgiu um desdobramento novo e tangível, porém, com a mudança de ênfase no outono de 1938. Foi o compromisso com um rearmamento em larga escala, especialmente na Aeronáutica (embora, claro, isso não pudesse ser alcançado da noite para o dia).[46] Junto com isso foi o compromisso pessoal de Roosevelt com a produção de armas que seriam adquiridas pelas democracias ocidentais para sua própria defesa — embora isso não fosse universalmente compartilhado e encontrasse inclusive uma forte desaprovação de seu secretário de Guerra isolacionista da época, Harry H. Woodring.[47] A despeito da oposição, isso marcou o começo da política de ajuda a democracias européias sem entrar na guerra, uma política que Roosevelt manteve até dezembro de 1941.

Quando Hitler invadiu o que restara da Tchecoslováquia em março de 1939, seguindo logo depois para a Polônia protegida pela Grã-Bretanha, a guerra na Europa era praticamente uma certeza no futuro próximo. Muito mais americanos estavam começando a perceber que ajudar a Grã-Bretanha e a França a se armarem contra a Alemanha de Hitler também podia ser visto como auto-ajuda. A administração, com Cordell Hull à frente, começou então a exercer pressão sobre o Congresso para rejeitar o embargo de armas.[48] Não adiantou. A Câmara dos Deputados em junho, e depois o Senado no mês seguinte, votaram pela sua manutenção. Seis meses de esforços intensos da administração haviam resultado num estrondoso fracasso. Ao deixar que Hull liderasse a luta pela rejeição e manter-se na retaguarda em vez de arriscar seu prestígio, Roosevelt cometeu um grande erro de cálculo.[49]

Quanto à diplomacia, um discurso de Roosevelt em abril de 1939, oferecendo a Hitler e Mussolini conversações para acertar desarmamento e comércio se eles garantissem não atacar trinta países especificados nos dez anos subseqüentes, recebeu uma resposta seca do ditador alemão.[50] A América não figurava com destaque no pensamento alemão da época. Ele não havia contado com nenhuma intervenção séria dos Estados Unidos ao planejar sua agressão. Não sentiu nenhuma necessidade de fazer alguma concessão à diplomacia do desespero do presidente americano na primavera de 1939.

A tentativa de Roosevelt, em meados de agosto de 1939, de persuadir a liderança soviética de que seu melhor interesse era chegar a um "acordo satisfatório contra a agressão" com a Grã-Bretanha e a França não obteve, tampouco, nenhum grande sucesso. Ele pediu ao embaixador soviético em Washington, Konstantin Oumansky, prestes a partir para Moscou, "para dizer a Stálin que se o seu governo se unisse a Hitler, era tão certo quanto a noite suceder ao dia que tão logo Hitler houvesse conquistado a França ele se voltaria contra a Rússia e que os soviéticos seriam os 'próximos da vez'".[51] Se essas palavras proféticas foram realmente transmitidas a Stálin, ele as ignorou. Em menos de uma quinzena havia acertado o infame Pacto de Não-Agressão com Ribbentrop. A guerra na Europa agora era tanto certa como iminente. Enquanto os últimos ritos da paz estavam sendo lidos, Roosevelt apelou para Hitler, o presidente da Polônia e o rei da Itália.[52] Ele sabia que era uma causa perdida. Agora, só lhe restava esperar o inevitável.

II

O início da guerra européia teve, porém, conseqüências óbvias para os Estados Unidos. Os americanos não poderiam enterrar as cabeças na areia e fingir que não eram afetados por um conflito a milhares de quilômetros de distância, embora muitos seguramente gostassem que fosse assim. Roosevelt apontou isso para seus concidadãos numa "conversa ao pé do fogo" (como eram conhecidos seus pronunciamentos por rádio à nação) na noite de 3 de setembro, o dia das declarações de guerra britânica e francesa. "Quando a paz foi quebrada em qualquer parte, a paz de todos os países está em perigo", disse. "Por mais apaixonadamente que desejemos o distanciamento", acrescentou, "somos obrigados a perceber que cada palavra que chega pelo ar, cada navio que navega o mar, cada batalha que é travada, afeta o futuro americano." Ele esperava e acreditava que "os Estados Unidos ficariam fora dessa guerra". Não deveria haver falsas conversas "de a América enviar seu Exército a campos europeus". "Os Estados Unidos permaneceriam neutros", enfatizou. Ele não poderia pedir "que cada americano permanecesse neutro em seus pensamentos também... Mesmo um neutro não pode ser solicitado a ignorar os fatos e fechar-se em sua consciência".[53]

Isso equivalia a uma reafirmação pública da já estabelecida doutrina de apoio às democracias européias com medidas "sem declarar guerra". Roosevelt podia estar confiante no apoio público a essa atitude. Ele tinha consciência de que a opinião pública estava quase toda favorável à Grã-Bretanha e à França no conflito com a Alemanha de Hitler. Mas sabia também que essa atitude tinha limites rígidos. Apoio às democracias não equivalia à participação na guerra em nenhum dos lados. As objeções a qualquer envolvimento direto eram tão veementes como sempre. A única luta que os americanos considerariam era defender o hemisfério ocidental de um ataque não provocado.

As preferências do próprio presidente na verdade coincidiam, em grande medida, com a opinião pública. Antes de o conflito começar, ele tivera várias ocasiões para deixar clara sua posição pessoal a figuras importantes de sua administração. "Enquanto eu estiver na Casa Branca, não espero ver tropas americanas enviadas ao estrangeiro", ele havia declarado.[54] E, na tarde de 1º de setembro (o dia da invasão alemã da Polônia), falando aos membros de seu Gabinete — alguns dos quais haviam voltado às pressas de suas férias —, diante dos retratos de ex-presidentes e de frente para os jardins da Casa Branca, ele repetiu: "Nós não vamos entrar nesta guerra". Ele disse a seus estrategistas do Exército que "aconteça o que acontecer, não enviaremos tropas ao exterior". Os funcionários do Departamento de Guerra haviam colocado diante dele um plano vislumbrando reservas suficientes para equipar uma possível força expedicionária para a Europa, mas o presidente foi inflexível. "Só precisamos pensar em defender este hemisfério", declarou.[55] Ele admitiu, porém, que a tentativa de preservar a neutralidade e mesmo assim oferecer o respaldo de que a Grã-Bretanha e a França necessitariam para enfrentar a Alemanha de Hitler implicava que a corda bamba em que estava andando ficaria enfraquecida se o conflito se prolongasse.

Agora poderiam ser tomadas algumas medidas que, pouco tempo antes, teriam sido altamente delicadas. Roosevelt autorizou o Departamento de Guerra a formar um Exército de 750 mil homens — mais de quatro vezes o tamanho existente (embora ainda ínfimo em relação às vastas legiões armadas na Europa).[56] Ele fizera Sumner Welles preparar os acordos para introduzir um cordão de isolamento em torno das praias do continente americano (exceto o Canadá) como proteção para a navegação Aliada contra a guerra naval e a prevista campanha submarina alemã, e aumentou pessoalmente essa zona de 160 para 480 quilômetros.[57] Junto com Hull, ele achava que, nas circunstâncias alteradas, a rejeição à legislação de embargo, vital para fornecer ajuda à Grã-Bretanha e à França, seria agora uma matéria direta, e resolveu convocar uma sessão especial do Congresso para legislar sobre a mudança.[58] Nesse meio-tempo, porém, não havia como evitar o fato de que a Lei de Neutralidade precisava ser invocada, impondo um embargo imediato à venda de armas e munições a todos os beligerantes — algo deprimente e preocupante para os Aliados ocidentais, que estavam então legalmente impedidos de comprar qualquer armamento dos Estados Unidos.[59]

Na verdade, a rejeição ao embargo de armas foi muito mais contenciosa ainda, provocando enorme hostilidade do lobby isolacionista. Roosevelt fez da rejeição sua causa pessoal. Na primavera ele ainda estivera relutante, ao passo que agora ele levava a questão pessoalmente ao Congresso. Ele disse lamentar que o Congresso tivesse aprovado a Lei de Neutralidade e que ele a houvesse sancionado.[60] A rejeição do embargo de armas, argumentou, significaria uma verdadeira neutralidade, um fim para o tratamento uniforme de agressores e vítimas, e, com isso, uma melhor salvaguarda da paz que a manutenção da lei original. Com a rejeição, declarou, "este governo insistirá clara e definitivamente em que os cidadãos americanos e os navios americanos fiquem longe dos perigos imediatos das zonas de conflito real".[61] A legislação necessária acabaria sendo aprovada nas duas casas do Congresso por ampla maioria no início de novembro, após seis semanas de debates intensos.[62]

Houve um preço, porém, para o alto nível de consenso finalmente atingido. Os isolacionistas conseguiram restaurar as provisões *cash-and-carry* da legislação de 1937 que havia expirado em maio de 1939. As provisões tinham sido introduzidas para capacitar os Estados Unidos a continuarem lucrando com o comércio exterior sem deixar de ser neutros. Os bens, exceto armamentos e outros itens proibidos, poderiam ser vendidos a beligerantes contanto que eles fossem pagos contra a entrega e transportados em navios estrangeiros.[63] Havia uma proibição absoluta de crédito a beligerantes, quer do Tesouro americano quer de banqueiros privados.[64] As provisões *cash-and-carry* eram vantajosas para países com reservas de caixa muito grandes e forte poder naval. Grã-Bretanha e França, e não a Alemanha, se beneficiariam na Europa. No Extremo Oriente, porém, o perverso seria ajudar o Japão em detrimento da China. Apesar da rejeição do embargo de armas, as questões eram se as democracias ocidentais poderiam pagar pelas armas de que precisavam, e se, mesmo que os recursos financeiros pudessem ser encontrados, os americanos estariam dispostos a supri-los nas quantidades necessárias. As duas questões permaneceriam sem solução por mais um ano.

Enquanto a "guerra de mentirinha" — uma expressão sarcástica inventada pelo senador republicano isolacionista William E. Borah — em certa medida emperrara, arrastando-se por 1940 adentro, Roosevelt enviou Sumner Welles a Roma, Berlim, Paris e Londres oficialmente para testar as águas para uma possível negociação de paz. Welles voltou no início de abril desencantado de qualquer chance de uma iniciativa diplomática encerrar o conflito. Mussolini havia dito, de fato, que considerava possível uma paz negociada entre a Alemanha e os Aliados, se fossem atendidas todas as pretensões territoriais alemãs e italianas. Mas Welles havia se conscientizado de que qualquer influência que Mussolini pudesse ter possuído algum dia havia desaparecido, e estava certo de que o Duce levaria a Itália à guerra no momento oportuno. Welles ficara deprimido com a beligerância em Berlim e o baixo moral dos franceses. Somente em Londres, na resistência revelada por Winston Churchill, reconduzido ao Gabinete como primeiro lorde do Tesouro, ele havia encontrado algo que o impressionasse.[65]

Em Washington, não houve conseqüências imediatas do relatório sombrio de Welles. Aliás, poucos dias antes do retorno do subsecretário, a "guerra de mentirinha" chegou a um fim abrupto com o ataque alemão à Dinamarca e à Noruega. Um mês depois, a guerra eclodiu espetacularmente numa nova e altamente perigosa fase quando Hitler lançou sua devastadora ofensiva ocidental. A oferta do presidente a Mussolini para agir como intermediário em qualquer acordo de paz se a Itália concordasse em ficar de fora da guerra foi, conforme se viu, sumariamente rejeitada.[66] Para os jogadores centrais na política externa americana, como Sumner Welles disse mais tarde, maio e junho de 1940 foram "um pesadelo de frustração. Isso porque o governo dos Estados Unidos não tinha nenhum meio, excluindo uma entrada na guerra, ao que, de todo modo, a opinião pública americana se opunha, de desviar ou conter o cataclismo mundial" e, com isso, a ameaça aos próprios Estados Unidos.[67] Ele poderia ter acrescentado que mesmo uma declaração de guerra pelos Estados Unidos, por impensável que fosse na época, não teria representado o menor obstáculo a Hitler, nem tampouco o teria levado a hesitar. Na primavera de 1940, os Estados Unidos não possuíam capacidade militar ou logística para entrar na guerra e bloquear as ambições militares alemãs. Pouca coisa havia sido feita no sentido do rearmamento. Quando o primeiro-ministro francês Paul Reynaud pediu o envio de aviões pelos Estados Unidos, William Bullitt, o embaixador americano em Paris, teve que lhe dizer que não havia nenhum para enviar.[68] Na verdade, os Estados Unidos só dispunham de 1350 aviões na época para sua própria defesa.[69] Foi o mesmo em resposta ao pedido desesperado de Reynaud por navios de guerra velhos. Não havia nenhum sobrando.[70] Roosevelt só poderia se propor a enviar aproximadamente 2 mil canhões, franceses aliás, que tinham sido o modelo-padrão na Primeira Guerra Mundial.[71] O Exército regular americano compreendia 245 mil homens na época, ocupando o vigésimo lugar na classificação mundial, um atrás dos holandeses. Ele possuía apenas cinco divisões completamente equipadas (os alemães mobilizaram 141 divisões só na campanha ocidental), equipadas com armas ainda da safra da Primeira Guerra Mundial.[72] Até mesmo transportar esse Exército insignificante através do Atlântico não poderia ser feito antes de Hitler ter dominado os Países Baixos e a França.

Quando a primavera terminou e os franceses buscavam a paz em 17 de junho e, cinco dias depois, assinavam uma capitulação humilhante, havia poucas bases para otimismo em Washington sobre a capacidade de a Grã-Bretanha permanecer na luta. O novo primeiro-ministro britânico certamente simbolizava a nova determinação na Grã-Bretanha que impressionara Sumner Welles algumas semanas antes. No momento mais desesperador, perto do fim de maio, com o Exército britânico encalhado em Dunquerque, Churchill havia de fato persuadido seus colegas do Gabinete de Guerra de que a única estratégia racional possível à Grã-Bretanha era se sustentar, rejeitar qualquer perspectiva de negociação e esperar por uma ajuda americana. Era uma questão em aberto se, e nesse caso quando, essa ajuda de um tipo significativo viria nessa conjuntura. Churchill só poderia esperar, não contar com ela. Mas, pelo menos, o governo agora mostrava ousadia. E a Força Expedicionária Britânica fora resgatada de Dunquerque. No último dia da evacuação de Dunquerque, 4 de junho, Churchill havia pronunciado uma obra-prima de oratória num discurso à Câmara dos Comuns, expressando o novo espírito. "Defenderemos nossa ilha, a qualquer custo", disse Churchill a seus ouvintes americanos na transmissão transatlântica. "Jamais nos renderemos." Mesmo que a Grã-Bretanha fosse subjugada, o Império e a Armada britânica combateriam de além-mar "até, com a graça de Deus, o Novo Mundo, com todo seu poder e poderio, se apresentar para a salvação e a libertação do Velho".[73]

Era uma retórica poderosa, sem dúvida, e causou algum impacto no outro lado do Atlântico. Contudo, ela não poderia desfazer o pessimismo prevalecente sobre o destino da Grã-Bretanha. O embaixador americano em Londres, Joseph Kennedy, vinha sendo desde havia muito um profeta do destino. Ele achava que, depois de Dunquerque, Hitler faria aos britânicos uma oferta que eles não poderiam recusar.[74] Outros não viam nenhuma base para discordar de que a Grã-Bretanha seria incapaz de se sustentar. Roosevelt foi "comunicado de que as chances de sobrevivência da Grã-Bretanha eram de uma para três".[75] O presidente tinha suas próprias e profundas dúvidas, não menos trágicas sobre o destino da frota britânica no caso de uma rendição.[76]

A administração havia contado, antes de maio de 1940, com um de três cenários: que as democracias venceriam a guerra sem uma ajuda ativa americana; que a guerra se transformaria num impasse prolongado, em que os Estados Unidos poderiam estar eventualmente em posição de costurar uma paz negociada; ou que havia um sério risco de as ditaduras derrotarem as democracias, embora no curso de uma longa guerra. O que não era antecipado era um quarto cenário: uma vitória arrasadora e espantosamente rápida da Alemanha no Oeste, *antes* de qualquer ajuda significativa poder ser fornecida pelos Estados Unidos.[77] Mas foi precisamente isso que aconteceu. As perspectivas sombrias de sobrevivência britânica implicavam que a questão toda de ajuda material à Grã-Bretanha agora se tornara aguda. Uma ajuda à Grã-Bretanha era crucial para ela não sucumbir, mas se a Grã-Bretanha fosse obrigada a se render essa ajuda seria apenas um presente a Hitler. Quando a magnitude da derrota da França se abateu sobre o outro lado do Atlântico, toda a questão crítica e contenciosa da ajuda à Grã-Bretanha estava prestes a entrar numa fase nova e decisiva.

III

Quando começou a enfrentar as questões importantes colocadas pela queda da França, Franklin D. Roosevelt, então com 58 anos, já cumpria seu oitavo ano — e, pela antiga convenção, o último — como presidente dos Estados Unidos. Riqueza e altos cargos políticos haviam moldado seu histórico. Descendente de uma família aristocrática, ele fora criado em Hyde Park, uma grande mansão no estado de Nova York; seu primo em quinto grau, Theodore Roosevelt, fora presidente de 1901 a 1909. Ele inclusive havia se casado com uma Roosevelt — Eleanor, prima distante e sobrinha de Theodore. Ela viria a ser a mãe de seus filhos (um dos quais morreu na infância). Diferentemente de Theodore, Franklin fez sua carreira política como um democrata. Ele fora nomeado secretário adjunto da Marinha no governo de Woodrow Wilson e concorreu como candidato democrata à vice-presidência na campanha mal-sucedida de 1920. Uma tragédia pessoal o atingiu no ano seguinte quando ele contraiu pólio e ficou paraplégico. Eleito governador de Nova York em 1928, Roosevelt se revelou um político astuto e capaz. Ela já havia deixado uma marca ao combater o pior da Depressão em Nova York quando venceu a nomeação democrata para eleição presidencial em 1932.

Seu charme pessoal, estilo aparentemente relaxado, bom humor e modos afáveis o ajudaram a persuadir amigos e aplacar adversários em muitas ocasiões, enquanto ele tecia seu caminho pelos meandros da política. Alguns inimigos políticos o acusaram de desonestidade e falsidade. Os apoiadores, por sua vez, admiravam sua inteligência e capacidade de manobra. Apesar de todos seus anos no poder, ele constituiu uma espécie de enigma. Já disseram que "sua desnorteante complexidade tornou-se a sua característica mais visível. Ele conseguia ser ousado ou cauteloso, informal ou altivo, cruel ou bondoso, intolerante ou tolerante, urbano ou quase rústico, impetuoso ou contemporizador, maquiavélico ou moralista".[78] Seja como for que ele foi visto, não se pode duvidar de que quando enfrentou as questões assustadoras de guerra e paz nos meses críticos de 1940-1, Roosevelt foi o mestre supremo da cena política dos Estados Unidos

A Casa Branca no tempo de Roosevelt foi descrita como "um lar dentro de uma mansão dentro de um escritório executivo".[79] Era um centro de poder, com certeza, mas sem ostentação, mesmo em suas salas oficiais. Roosevelt começava o dia lendo os jornais durante um café-da-manhã na cama, vestindo o roupão azul com o monograma FDR em vermelho por cima do pijama. Seus assessores pessoais chegavam em seguida para discutir a agenda do dia. Depois disso, ele trabalhava, em geral atrás de uma grande escrivaninha forrada de papéis num Salão Oval cheio de livros, estampas e fotos de família, todos os dias, a partir das 10 horas da manhã, olhando pelas altas janelas para o jardim externo. Ele geralmente recebia vários visitantes no fim da manhã e durante a tarde, e o acesso ao santuário interno era controlado por seu amável assessor militar, major general Edwin W. Watson, conhecido por todos como Pa, um virginiano corpulento e bem-humorado com um nítido gosto por loção após-barba que era o alvo de muitas piadas presidenciais. Depois, ele ditava cartas e memorandos para suas secretárias, a antiga, leal e devotada Marguerite "Missy" LeHand e sua assistente, Grace Tully. Representantes parlamentares realizavam suas audiências com o presidente nas segundas e terças-feiras. Roosevelt se reunia com a imprensa nas tardes de terça-feira e manhãs de sexta-feira. E, nas tardes de sexta-feira, presidia a reunião do Gabinete. Às noites, havia com freqüência recepções formais na sala de jantar cerimonial. Do contrário, Roosevelt gostava de passar a noite organizando sua coleção de selos (quando não era distraído por telefonemas e outros assuntos). Mas essa rotina aparentemente organizada podia ser, e com freqüência era, interrompida por algum tipo de crise que estourara. A maneira de Roosevelt operar freqüentemente dava a impressão um pouco enganosa de uma falta de qualquer aplicação sistemática. Na verdade, ela retratava um alto nível de engajamento pessoal baseado na acessibilidade. O "ar de cordialidade de cidade do interior" que caracterizava a Casa Branca desmentia superficialmente o fato de que Roosevelt segurava com muita firmeza as rédeas do poder em suas mãos.[80]

A Constituição americana confere amplos poderes ao presidente, embora imponha também controles e contrapesos a sua autoridade executiva. Mais especialmente, os poderes investidos no Legislativo e no Judiciário visavam a limitar o poder presidencial e conter qualquer abuso dele. A doutrina da separação de poderes antevia os atritos que se formariam nas relações entre o presidente e o Congresso.[81]

O duopólio entre presidente e Congresso, o equilíbrio complexo entre os poderes de cada um, inevitavelmente produzia muitas vezes uma necessidade de entendimento, alcançado por processos exaustivos e demorados e uma intensa atividade lobista. A ausência de uma tomada de decisões rápida, impulsiva talvez, e a aparente falta de eficácia governamental foram geralmente consideradas o preço necessário pela inexistência de um poder autoritário. Em contrapartida, em tempos de crise internacional — e as implicações para os Estados Unidos da guerra na Europa e a crescente ameaça no Extremo Oriente equivaliam a isso —, a necessidade de negociar medidas cruciais num Congresso obstrucionista poderia se revelar não apenas laboriosa, mas debilitante, quando era necessária uma ação urgente. Mas, precisamente em tempos assim, era imperativo que o presidente tivesse um respaldo nacional, e não somente partidário. A cautela de Roosevelt, sua relutância em adotar as medidas ousadas que seus consultores às vezes defendiam, refletia sua pronunciada sensibilidade à necessidade de carregar o país consigo. E ele também estava perfeitamente consciente de que a nação estava dividida sobre a questão decisiva do envolvimento americano na guerra européia — a favor de um apoio material à Grã-Bretanha, decerto, mas contrária numa proporção de quatro para um à entrada no conflito.[82] Roosevelt com freqüência mostrava uma consumada habilidade política em seus tratos com o Congresso. Ele se tornou, porém, cada vez mais disposto a contornar o Congresso usando suas prerrogativas de poder, às vezes engenhosamente justificadas, para empreender ações que, não fosse por isso, poderiam ser bloqueadas ou retardadas por um debate prolongado.[83]

Cada presidente traz seu próprio e inimitável estilo ao exercício do poder. Roosevelt era um homem de idéias ousadas, mas sem uma ideologia coerente. Ele estava preparado para experimentar, depois recuar caso suas iniciativas não se mostrassem funcionais.[84] Ele exsudava confiança, e sua genial afabilidade ajudava a transmitir seu senso de levar aos limites do possível os que o cercavam. Ele se concentrava nos fins, não nos meios. Os detalhes de como fazer as coisas ele deixava para outros.[85] Era impaciente com as burocracias formais, vendo-as freqüentemente como um desafio que ele precisava circunavegar. E seus interesses variavam amplamente por todo o espectro político. Em muitas áreas políticas, ele não se envolvia pessoalmente. Embora pudesse se debruçar sobre assuntos relativos à Marinha, um interesse apaixonado desde seus dias na Primeira Guerra Mundial, dava uma atenção apenas superficial a questões que não capturavam sua imaginação.[86] Sua abordagem discursiva de problemas podia se mostrar irritante para os de seu círculo que defendiam uma análise mais direta, forense. A impaciência por ação de Stimson e a cautela e as improvisações *ad hoc* de Roosevelt levaram o secretário da Guerra a observar, com um tom de frustração, que "isto é literalmente governo de afogadilho" e que conversar com o presidente era "como perseguir um feixe de luz solar errante num quarto vazio".[87] Stimson, como outros, veio a apreciar a astúcia inveterada de Roosevelt para arquitetar, às vezes com paciência, cautela e meios tortuosos, a aprovação das medidas que desejava tomar. E ninguém tomava a cautela de Roosevelt como fraqueza. Na formulação de políticas e na tomada de decisões-chave, ninguém tinha dúvida da absoluta primazia de Roosevelt.

O Gabinete, conselho consultivo do presidente, desempenhava um papel pequeno como órgão coletivo na tomada de decisões. Diferentemente do sistema parlamentar britânico, em que os membros do Gabinete são eleitos para o Parlamento e compartilham uma responsabilidade coletiva pela política, o sistema dos Estados Unidos, explorando a expertise específica de indivíduos trazidos diretamente para o governo e com seu claro divórcio entre o Legislativo e o Executivo, encoraja o presidente a lidar bilateralmente com departamentos individuais de sua administração. Roosevelt intensificou essa tendência inata com a competição e por linhas freqüentemente fluidas e pouco claras de demarcação entre seus funcionários.[88] O Gabinete tinha pouca função como instrumento de coordenação do programa de defesa e no trato de questões críticas da política externa. As decisões, quando não podiam ser adiadas, eram tomadas entre o presidente e membros individuais do Gabinete, ou depois de discussões com os mais diretamente envolvidos.[89]

A crise que se avolumou na primavera de 1940 requeria um governo mais flexível e dinâmico. Depois do triunfo alemão na Europa ocidental em maio e junho de 1940, havia uma necessidade urgente de converter a nação para uma atitude de defesa. Um esforço massivo correlato precisava ser empreendido para mobilizar a economia para a defesa e para rearmar o país a toda pressa. E, como a segurança nacional estava ligada ao destino da Grã-Bretanha e da França, era preciso fazer uma tentativa de impedir a destruição das democracias ocidentais.[90] Roosevelt começou a funcionar então mais como comandante-em-chefe que como presidente de uma administração civil, centralizando a orquestração da defesa nas próprias mãos. Ele teve o cuidado de contornar o Congresso, sem aliená-lo, usando estatutos que datavam da Primeira Guerra Mundial para criar novas agências de defesa e evitar a legislação, fortalecendo sua própria posição no processo. Ele começou "a improvisar um novo governo dentro de um governo".[91]

Em maio de 1940, ele criou o Departamento de Administração de Emergência, visando a coordenar o trabalho de todas as agências governamentais que lidavam com defesa. Pouco tempo depois, perto do fim do mês, ele reviveu o Conselho de Defesa Nacional, um organismo de oficiais de Gabinete que fora deixado dormente desde a Primeira Guerra Mundial, e criou, ao lado dele, uma Comissão Consultiva de Defesa Nacional de sete membros, formada por líderes empresariais e administradores experientes.[92] Mas essas organizações pareciam impressionantes apenas no papel. O Departamento de Administração de Emergência era meramente uma estrutura guarda-chuva que permitia a Roosevelt criar e controlar agências para a produção sem recorrer ao Congresso.[93] O Conselho de Defesa Nacional, em teoria o centro dos esforços de defesa e formado por membros do Gabinete com funções de defesa, não passava de "uma ficção administrativa" e nunca se reuniu.[94] E a Comissão Consultiva foi deixada sem presidente como uma "anomalia administrativa", um grupo de especialistas sem liderança ou poder, todos prestando contas apenas ao presidente. Definir suas responsabilidades, já se disse, "era um problema de metafísica". A confusão e o atrito jurisdicional entre a

Comissão e as burocracias relevantes do governo nos Departamentos de Guerra, Marinha e Tesouro foi a conseqüência inevitável. Nesse meio-tempo, o poder do presidente aumentava.[95] O temperamento combinava com seu senso de responsabilidade constitucional. Ele não estava disposto a delegar autoridade a nenhuma organização que pudesse minar seu próprio controle direto e pessoal; achava que teria sido constitucionalmente irresponsável ter feito isso.[96]

Em junho de 1940, Roosevelt fez mudanças pessoais mais importantes que afetaram a configuração da política de defesa. Ele trouxe Frank Knox para a pasta da Marinha e Henry L. Stimson para a da Guerra. Eram nomeações políticas astutas num ano eleitoral. Tanto Knox como Stimson haviam sido membros seniores de administrações republicanas anteriores. Knox, aliás, havia sido o candidato republicano a vice-presidência em 1936, ao passo que Stimson tivera longas experiências anteriores com presidentes republicanos tanto como secretário de Guerra como, no início dos anos 30, no posto de secretário de Estado. Mas, afora ampliar a representação política de sua administração e dar uma imagem bipartidária numa época de crise nacional, Roosevelt também fortaleceu muito seu controle pessoal nas questões de defesa.[97] O secretário da Marinha anterior, Charles Edison, fora ineficaz, enquanto Harry H. Woodring, que o presidente agora removia de seu cargo de secretário de Guerra, fora singularmente inadequado para o posto, suas tendências isolacionistas absolutamente fora de sintonia com a urgência da situação.[98] Com Knox e Stimson, Roosevelt tinha agora em posição dois homens que defendiam uma política de defesa mais vigorosa — na verdade, eram consideravelmente mais "falcões" que o próprio presidente, e prontos a impeli-lo numa direção que ele freqüentemente parecia relutante em tomar.

Knox, cujos modos afáveis andavam lado a lado com uma visão política firme, havia se tornado o editor do jornal *Daily News* de Chicago em 1931 e propiciara uma voz ao republicanismo moderado, internacionalista, numa região dominada pelo contundente isolacionismo do *Chicago Tribune*.[99] Stimson, agora na faixa dos setenta anos, um advogado, mas com muitos anos no serviço público, logo se tornou o homem forte da administração. Era um homem de princípios firmes baseados em retidão moral e obediência à lei. Sua aparência combinava com o papel: cabelo grisalho partido ao meio, bigode enérgico, um ar de inabalável respeitabilidade. Seus subordinados o chamavam de coronel Stimson, sua patente na Primeira Guerra Mundial. O presidente o chamava de Harry. Stimson detestava visceralmente o nazismo e tinha pouca tolerância com os políticos fracos da Grã-

Bretanha e da França que não tinham conseguido enfrentar Hitler. Ele era um administrador bom e prático, sem papas na língua, com uma tendência para a impaciência, para a brusquidão até — também com o próprio presidente —, quando frustrado por alguma coisa que percebia como falta de direção ou vigor.[100] Stimson trazia então um muito necessário dinamismo e, apesar de sua idade avançada, grande vitalidade para o urgente programa de rearmamento.

Em Knox e Stimson, Roosevelt tinha agora a postos dois homens cujas posições foram cruciais para os aspectos militares da política externa, e preparados para apoiar, em privado e publicamente, tanto a prontidão americana como a ajuda à Grã-Bretanha.[101] Stimson, em especial, tornou-se o mais ardoroso defensor da intervenção na guerra européia. O intenso interesse de Roosevelt por assuntos navais levou a seu envolvimento ativo no planejamento operacional da Marinha. Ele raramente via Knox sozinho, e com freqüência lidava diretamente com o almirante Harold "Betty" Stark, chefe de Operações Navais, invariavelmente obediente às propostas do presidente, e com o inflexível comandante-em-chefe da frota do Atlântico, almirante Ernest J. King. Com o Exército, Roosevelt agia diferente. Ele se encontrava regularmente com Stimson sozinho, e não só sobre assuntos do Exército. E, provavelmente para não ofender as prerrogativas de seu secretário de Guerra na maneira como gostava de gerir seu departamento, ele raramente via o chefe do Exército, o chefe do Estado-Maior, general George C. Marshall, sem a presença de Stimson.[102] O excepcionalmente capaz e impressionante, eminentemente austero Marshall, alto, de cabelos grisalhos e olhos de um azul intenso, tinha um excelente relacionamento profissional com Stimson.[103] Marshall tinha a reputação de falar francamente com seus superiores. Ele havia anunciado sua presença no outono de 1938, discordando completamente de Roosevelt numa reunião importante. A maioria achava que sua promissora carreira estava no fim. Roosevelt fez, porém, uma de suas mais espantosas nomeações alguns meses depois quando deu a Marshall o posto de chefe do Estado-Maior. A estrita formalidade se manteve, porém. Marshall sempre chamava Roosevelt de "sr. presidente". Ele estava determinado a se mostrar alheio ao charme de Roosevelt e nunca rir de suas piadas. E, depois de um primeiro acolhimento ruim, Roosevelt nunca chamou Marshall novamente de George.[104]

Em maio de 1940, depois que Roosevelt havia recusado categoricamente a proposta do Exército de uma verba de 657 milhões de dólares, Marshall abordou o presidente e expôs todos os argumentos a favor do financiamento, encerrando:

"Se o senhor não fizer algo... e não o fizer de imediato, não sei o que vai acontecer com este país". Roosevelt reformulou sua decisão. Marshall falou mais tarde disso como a ação que rompeu o impasse.[105] Marshall continuou se opondo, porém, junto com os estrategistas do Exército, à intervenção armada antes que uma força militar efetiva fosse montada. O chefe do Estado-Maior só veio a defender a guerra no início do outono de 1941. No verão do ano anterior, a posição do Exército era clara. Entrar na guerra resultaria em ataques aos Estados Unidos por Alemanha, Itália e, possivelmente, Japão. "Nosso despreparo para enfrentar essa agressão em sua própria escala é tão grande que, enquanto tivermos a chance, devemos evitar o embate até estarmos adequadamente preparados."[106]

Isso não impediu Stimson e Knox de emergirem como os "falcões" de maior influência sobre Roosevelt, pressionando-o por uma posição inflexível tanto ante as potências do Eixo como o Japão, enquanto apoiavam cada medida de maximização do rearmamento. Eles encontraram um firme apoio do ex-secretário do Tesouro e amigo pessoal do presidente, Henry Morgenthau, que acreditava, como Stimson, que o nazismo só poderia ser derrotado se os Estados Unidos reunissem todo seu poderio material no menor tempo possível. Morgenthau, assoberbado pela grande tarefa de organizar a produção de guerra (que competia tradicionalmente ao Departamento de Guerra), veio a ter um bom relacionamento de trabalho com o secretário de Guerra com base no respeito mútuo e numa cooperação estreita.[107] Um apoio adicional aos "falcões" veio do áspero e desbocado secretário do Interior, Harold L. Ickes, um ex-republicano que havia sido um membro do Gabinete desde 1933 e partilhava com Morgenthau um senso de crise iminente que requeria uma ação decisiva.[108]

O Departamento de Estado, por sua vez, formava uma espécie de contrapeso às tendências de direita dos responsáveis pelos assuntos de defesa e militares. Não que Cordell Hull, secretário de Estado desde 1933, defendesse uma linha branda para com os agressores na Europa e no Extremo Oriente. Um pilar de retidão em assuntos externos, ele detestava o fascismo e adotou uma postura igualmente firme em sua condenação dos japoneses. Mas sua cautela entranhada o deixava pouco à vontade com qualquer ação que pudesse servir de provocação desnecessária.[109] A perspectiva de o Japão se aproveitar, no Pacífico, de algum envolvimento americano na Europa era de fato preocupante para o presidente também. Roosevelt ficou satisfeito de deixar o cauteloso e experiente Hull lidar com o Extremo Oriente com uma interferência mínima e assim conservar a frágil paz no Pacífico, evitando provocar os japoneses enquanto se esquivava de ações que pudessem condenar sua agressão na China. O Atlântico era outra questão muito diferente, e aí Roosevelt jogou um papel mais direto e aberto. Mas, mesmo no Extremo Oriente, a autoridade estava dividida. Hull não influenciava as esferas de dissuasão militar e restrições comerciais.[110] Além disso, Hull podia achar que questões importantes eram delegadas a seu subsecretário, Sumner Welles, um amigo e confidente do presidente, e um rival que ele via com certa animosidade e amargo ressentimento.[111]

O leque de visões oferecidas pelos consultores próximos do presidente, da cautela ardilosa de Hull ao intervencionismo puro e simples de Stimson, permitia a Roosevelt oscilar entre opções enquanto escolhia. Hull era um dos poucos capazes de ver o presidente mais ou menos à vontade. Dada sua posição, isso era crucial. A empatia pessoal era pouca, contudo. O acesso direto não foi muito além disso. Somente Stimson, Welles e, em especial, o consultor de longa data da maior confiança de Roosevelt, Harry Hopkins — seu "Mr Fixit" do New Deal, que fazia parte de seu círculo íntimo desde o começo, recebia sua atenção sobre a maioria das questões, tinha até um apartamento na Casa Branca e era denegrido por seus adversários como uma combinação de Maquiavel, Svengali e Rasputin —, tinham acesso quase automático ao presidente e estavam mais diretamente expostos a suas idéias. Hopkins, um homem magro, fumante inveterado e com a saúde debilitada por uma enfermidade mortal, mas com um gosto persistente por cavalos de corrida e cabarés, era um orador incansável com bossa para entrar no âmago de qualquer assunto, e absolutamente leal a Roosevelt, com uma "percepção extra-sensorial" de seus estados de espírito, o que o tornou um canal indispensável para os do círculo mais íntimo que precisavam conquistar com urgência a atenção do presidente.[112]

Esse grupo — Stimson e Knox, seus chefes uniformizados dos serviços, Stark e Marshall, Hull e Hopkins — começou então a se reunir cada vez mais na Casa Branca. Stimson apelidou o grupo de "Conselho de Guerra". Era a coisa mais próxima do Comitê de Defesa do Gabinete de Guerra britânico, e o mais perto que Roosevelt chegou de uma estrutura institucionalizada para tomar decisões em assuntos de segurança nacional. No entanto, Roosevelt procurou se certificar de que o grupo não se engessasse numa burocracia formal. Ele conservou a flexibilidade de intervir ou supervisionar sempre que quisesse, a depender da questão. "Todos os ramos da política", disseram com justeza, levavam em última instância à Casa Branca.[113]

As dificuldades de Roosevelt não estavam em garantir que a linha escolhida por ele fosse adotada por seus conselheiros. Fossem eles mais linhas-duras ou mais "pombos", eles aquiesciam, ainda que às vezes frustrados, às escolhas políticas com freqüência hesitantes de Roosevelt. As dificuldades do presidente repousavam, como sempre, na recepção de seus atos no Congresso e, além de Capitol Hill, na opinião pública mais ampla e seus lobbies organizados. E nisso Roosevelt permanecia ultracauteloso. O Congresso ainda tinha maioria democrata em ambas as câmaras. Mas as eleições intermediárias de 1938 haviam fortalecido substancialmente a base da oposição a Roosevelt. O alinhamento, em comitês importantes, de democratas conservadores, principalmente de Estados sulistas, com republicanos dificultaria a vida do presidente. Em particular, a minoria isolacionista ruidosa, respaldada por órgãos de imprensa importantes (mais especialmente o influente diário *Chicago Tribune*) e lobbies, conseguia explorar um sentimento mais amplo, simpático ao sofrimento das democracias européias ocidentais, mas contrário a um envolvimento americano na guerra. Grupos lobistas, a favor e contra a intervenção, exploravam o estado de espírito e conquistavam muito respaldo — e apoio financeiro.

Quando a campanha para a eleição presidencial ganhou força durante o verão e o outono, uma organização isolacionista, America First, fundada no início de setembro, muito inclinada aos republicanos e fortemente crítica da política externa de Roosevelt, propiciou o surgimento de grupos locais no Meio-Oeste (tendo Chicago como quartel-general) e no Nordeste. O principal tema de sua vasta propaganda, despejada em enormes reuniões de massa, era que Hitler não representava um perigo para os Estados Unidos e que a ajuda à Grã-Bretanha só poderia resultar numa entrada americana na guerra da Europa.[114] A America First havia sido criada como um contra-lobby ao Comitê para Defender a América Ajudando os Aliados, criado em maio de 1940 e presente em todos os Estados, exceto Dakota do Norte, fazendo ampla publicidade na imprensa e no rádio nacional, levantando um quarto de milhão de dólares em julho e não se restringindo em suas petições ao presidente e ao Congresso. A propaganda de ambos os lados deixou sua marca na opinião pública. Havia uma grande disposição de dar mais apoio material à Grã-Bretanha, mas a maioria ainda se aferrava à neutralidade e ao isolamento.[115] A investida alemã pelos Países Baixos e a posição cada vez mais precária da França e da Grã-Bretanha, em maio de 1940, preocupavam profundamente os americanos. Pesquisas de opinião mostraram que somente 30% ainda acreditavam numa vitória Aliada, ao passo que 78% temiam que uma Alemanha triunfante exerceria influência na América do Sul e 63% achavam que Hitler se apossaria de territórios até mesmo no continente americano.[116] Preocupadas com sua própria segurança, as pessoas estavam extremamente alarmadas com o estado de prontidão americano, mas divididas sobre quanto os Estados Unidos deveriam fazer para ajudar os Aliados, e maciçamente contrárias a qualquer envolvimento direto no conflito europeu.

Esse era o clima na opinião pública que Roosevelt teve que enfrentar no verão e outono de 1940-1. Ele coincidia com uma questão doméstica crucial: Roosevelt deveria tentar a reeleição de um terceiro mandato sem precedente? E constituía o pano de fundo da questão mais crítica e polêmica da política de defesa que surgira até então: os Estados Unidos deveriam atender o pedido de Churchill e apoiar a tentativa desesperada da Grã-Bretanha de resistir à perspectiva de uma invasão alemã de maneira tangível com a venda de cinqüenta destróieres? Era a primeira de duas decisões vitais que Roosevelt tomaria nos meses seguintes. Juntas, essas decisões remodelariam a aliança entre os Estados Unidos e a Grã-Bretanha e pavimentariam o caminho para uma cooperação ainda mais estreita na luta contra a Alemanha de Hitler.

IV

Em 15 de maio de 1940, Winston Churchill enviou sua primeira carta como primeiro-ministro do que viria a ser uma correspondência volumosa e de importância vital com Roosevelt. Os dois haviam se encontrado rapidamente em 1918. O encontro marcou mais Roosevelt que Churchill (que não se lembrava dele): o futuro presidente americano recordava o futuro primeiro-ministro britânico como um "nojento".[117] Ele continuou a ver Churchill durante a Segunda Guerra Mundial como um reacionário social com visões "vitorianas" antiquadas. E criticava sua notória resistência física ao álcool. Ao saber da nomeação de Churchill para primeiro-ministro, ele disse que presumia que fosse o melhor homem disponível, apesar de ficar bêbado a metade do tempo. Churchill, por sua vez, mostrou preocupações com os hábitos de bebida do próprio Roosevelt, embora, neste caso, pelo gosto, abominado pelo primeiro-ministro, de o presidente misturar vermute doce e seco. Mais seriamente, antes da guerra ele havia sido crítico da prolongada recessão econômica nos Estados Unidos, que atribuiu aos embates de Roosevelt com as grandes empresas. Ele ficara satisfeito ao ver o início de um rearmamento americano, por limitado que fosse, mas ainda tinha dúvidas sobre o compromisso de Roosevelt com os interesses britânicos durante a primavera e verão de 1940.[118]

Os dois haviam trocado uma série de cartas pessoais desde o começo da guerra européia, quando Churchill fora nomeado primeiro lorde do Almirantado. Roosevelt havia iniciado a correspondência em 11 de setembro de 1939, com a primeira do que viria a constituir quase 2 mil cartas e memorandos trocados nos cinco anos e meio seguintes.[119] Provavelmente, Roosevelt via essa correspondência inicial como uma maneira de manter aberto um canal pessoal, para além dos canais oficiais, com o governo britânico depois do início da guerra na Europa.[120] O interesse de Churchill era puro e simples: "Era uma boa coisa alimentar [Roosevelt] de tempos em tempos", disse ele ao secretário do Exterior, lorde Halifax.[121] De um começo pouco auspicioso, a correspondência ajudaria a construir uma relação pessoal entre Roosevelt e Churchill que se revelaria de valor inestimável para forjar os laços entre os Estados Unidos e a Grã-Bretanha em 1940-1, transformando-se, enfim, numa aliança de guerra plenamente desenvolvida. Havia ainda um longo caminho a percorrer, porém, quando Churchill enviou sua carta ao presidente americano em 15 de maio de 1940.

Churchill começou pintando uma cena melancólica da Europa ocidental, onde, na esteira do avanço alemão, "os pequenos países são simplesmente esmagados, um a um, como palitos de fósforo". Ele achava que Mussolini se juntaria para "participar do saque da civilização". E vislumbrava um ataque à Grã-Bretanha no futuro próximo. A Grã-Bretanha, disse, lutaria sozinha se necessário. "Mas eu confio em que o senhor perceba, sr. presidente", ele prosseguia, "que a voz e a força dos Estados Unidos poderiam não servir de nada se fossem retidas por demasiado tempo. O senhor poderá ter uma Europa nazificada, completamente subjugada, estabelecida com espantosa rapidez, e o peso pode ser maior do que possamos suportar." Ele chegou então ao motivo de sua carta: sua lista de compras. "Tudo o que lhe peço é que proclame a não-beligerância, o que significaria que o senhor nos ajudaria com tudo menos engajar de fato as Forças Armadas. As necessidades imediatas são, primeiro de tudo, o empréstimo de quarenta ou cinqüenta de seus destróieres antigos para preencher a lacuna entre o que temos agora e a grande construção nova que iniciamos no começo da guerra." Ele acrescentou que a Grã-Bretanha também queria "várias centenas dos tipos mais recentes de aviões", junto com equipamentos e munições antiaéreos, aço e outros materiais. A Grã-Bretanha continuaria pagando em dólares enquanto fosse possível, escreveu, mas "gostaria de me sentir razoavelmente seguro de que, quando não pudermos mais pagar, o senhor nos fornecerá o material mesmo assim".[122]

A carta não perdia nada em franqueza. Ela refletia antes a esperança que a certeza existente na liderança do governo britânico de que os Estados Unidos não deixariam a Grã-Bretanha soçobrar, e que "quando nossos dólares e ouro acabarem, não haverá dificuldade sobre créditos e doações".[123] Não havia ilusão em Whitehall sobre o significado dessa ajuda. Em 25 de maio, delineando seu planejamento de contingência para a eventualidade do colapso da França, os chefes de Estado-Maior britânicos declaram seu pressuposto de que os Estados Unidos "estão dispostos a nos dar pleno apoio econômico e financeiro, *sem o que não achamos que poderemos continuar a guerra com alguma chance de sucesso*".[124] Existiam já esperanças de que a América iria ainda mais longe. Em meados de junho, houve um amplo acordo de que a Grã-Bretanha precisava de uma declaração de guerra imediata dos Estados Unidos. Uma visão minoritária, porém, era a de que o suprimento de materiais excedentes pelos Estados Unidos, incluindo destróieres, provavelmente tornaria desnecessária sua entrada na guerra e o envio de uma Força Expedicionária Americana à Europa.[125]

A ajuda para manter a América fora da guerra européia, e não arrastá-la para ela, era cada vez mais o pressuposto da administração Roosevelt. Mas mesmo essa posição estava à frente da opinião pública da época. Em maio de 1940, somente 35% dos entrevistados em pesquisas de opinião apoiaram uma ajuda à Grã-Bretanha e à França com o risco de um envolvimento americano.[126] Para Roosevelt, o pedido de Churchill de 15 de maio era pedir demais e cedo demais. Atendê-lo era correr um risco, primeiramente junto à opinião púbica e, secundariamente, junto àqueles na administração que defendiam esperar para ver o que ocorreria na batalha da França. A ajuda americana, se viesse a ser dada, chegaria em tempo? Não haveria o grave perigo de que ela simplesmente fosse engolida na derrota prestes a se abater não só sobre a França mas, ao que parecia, mais provavelmente sobre a Grã-Bretanha também? O embaixador americano em Londres, Joseph Kennedy, pessimista a ponto de ser derrotista, recomendou cautela. Em 15 de maio, ele reportou a impressão que colhera de Churchill de que a Grã-Bretanha seria atacada no prazo de um mês. Ele achava que os Estados Unidos estavam sob risco de "segurar a batata quente de uma guerra em que os Aliados esperavam ser vencidos", e recomendou "que se tivermos que lutar para proteger nossas vidas, seria melhor lutarmos no nosso próprio quintal".[127] George Marshall, o chefe do Estado-Maior, argumentou que atender aos britânicos enfraqueceria seriamente a defesa hemisférica americana. De todo modo, só estaria disponível um número limitado de armamentos.[128] E o próprio Roosevelt acreditava no que considerava vir de fonte autorizada que Hitler provavelmente faria à Grã-Bretanha uma oferta de acordo com base na rendição de colônias e — mais importante — da frota britânica.[129]

A resposta imediata do presidente ao pedido de Churchill, recebida em Whitehall em 18 de maio, foi, assim, cordial no tom, mas evasiva no conteúdo. Ele faria o que pudesse para facilitar a provisão de equipamentos (e, de fato, ele tomou prontamente a decisão de reunir todos os aviões de guerra disponíveis para enviar à França, por poucos que fossem),[130] mas o pedido para o empréstimo ou doação de quarenta ou cinqüenta destróieres foi sumariamente rejeitado. Havia obstáculos legais e políticos também. E o Departamento da Marinha se opunha à entrega de qualquer navio num momento em que a segurança nacional tinha uma importância tão grande.[131] A resposta do presidente foi baseada em termos. O empréstimo ou doação, escreveu, exigiria a autorização do Congresso. Ele sinalizou que isso seria improvável naquele momento. Além disso, os destróieres eram necessários para patrulhar águas americanas. De qualquer modo, eles não poderiam ser transferidos em tempo para fazer diferença na batalha na Europa. O pedido de uma declaração de não-beligerância foi sumariamente ignorado.[132]

O assunto dos destróieres ficou nesse pé naquele momento. Mas não por muito tempo. Os acontecimentos na Europa ocidental, desenrolando-se num ritmo tão assustador, estavam consumindo os americanos tanto na Casa Branca como fora dela. Uma oposição forte e dispersa à intervenção americana na guerra ainda era a característica mais profunda da opinião pública no fim de maio de 1940. Segundo uma pesquisa de opinião divulgada em 29 de maio, somente 7,7% da população apoiavam uma entrada imediata na guerra. O número subiu para 19% a favor de uma intervenção se a derrota dos Aliados parecesse inevitável. Mas 40% se opunham a uma participação americana sob qualquer circunstância.[133] Um pedido desesperado do primeiro-ministro francês, Paul Reynaud, para que os Estados Unidos declarassem guerra de imediato e enviassem sua frota atlântica para águas européias, só poderia cair em ouvidos surdos nesse clima, mesmo que o presidente pudesse estar mais inclinado a uma intervenção americana direta do que estava.[134] Muitos meses se passariam até a opinião pública americana ficar mais afinada com a perspectiva do país em uma nova guerra. Mesmo assim, a opinião logo mudaria. Com os americanos colados a seus aparelhos de rádio ouvindo as notícias do desastre diário na Europa, a queda da França e a ameaça iminente à Grã-Bretanha aguçaram a percepção da ameaça aos Estados Unidos de uma dominação alemã do Atlântico. O sentimento isolacionista estava se enfraquecendo, mesmo no interior do Meio-Oeste. Um sinal disso foi o rápido aumento do apoio ao Comitê para Defender a América Ajudando os Aliados, o grupo de pressão recentemente fundado por William Allen White, um editor e ex-apoiador da Lei de Neutralidade, voltado para mobilizar a opinião a favor de uma posição intervencionista.[135] Quando, em 10 de junho de 1940, o dia em que a Itália entrou na guerra, Roosevelt anunciou que os Estados Unidos "estenderiam aos antagonistas da força os recursos materiais desta nação", além de mobilizar a defesa americana, ele não estava apenas articulando o estado de espírito do povo.[136] Quatro em cada cinco americanos pesquisados em junho eram a favor de dar mais apoio material à Grã-Bretanha, e dois terços, reconhecendo ao que isso poderia levar, achavam que os Estados Unidos entrariam na guerra em algum momento futuro.[137]

Registrou-se também, na ocasião, um apoio massivo, que atingia até círculos antes rigidamente isolacionistas, por um rearmamento rápido e geral. O Congresso respaldou os pedidos do presidente; isso implicou um aumento de cinco vezes no orçamento da defesa para 1940, orçando um total de 10,5 bilhões de dólares, cifra impensável apenas um ano antes.[138] Mas a capacidade produtiva ainda era baixa. Os grandes dividendos do rearmamento só apareceriam em 1942. E a questão de quanto e o que enviar à Grã-Bretanha, isolada e ameaçada depois da queda da França, era mais propensa a dividir que a unir os dirigentes políticos. A questão dos destróieres, que o público ainda ignorava, fora engavetada. Mas não desaparecera.

Churchill havia respondido a Roosevelt assim que recebeu sua carta, expressando sua compreensão, e seu lamento, pela decisão de não fornecer os destróieres. A batalha pela França ainda estava sendo travada, e Churchill, numa nota anterior, já havia declarado que, para a ajuda americana desempenhar algum papel na luta, ela teria de chegar logo. Agora ele assinalava em termos sombrios o "pesadelo" que surgiria com a derrota da Grã-Bretanha. "Se os membros da presente administração tiverem terminado", ele escreveu, "e outros vierem conferenciar em meio às ruínas, o senhor não deve ficar cego para o fato de que a única contrabarganha restante com a Alemanha seria a frota, e se este país for abandonado ao seu destino pelos Estados Unidos, ninguém teria o direito de culpar os então responsáveis se eles obtiverem os melhores termos que puderem para seus habitantes sobreviventes."[139] Roosevelt não enviou uma resposta imediata. Mas a flecha atingiu o alvo. Falando pouco tempo depois a líderes empresariais, o presidente assinalou que se a frota britânica e o Exército francês fossem eliminados, "não há nada entre as Américas e essas novas forças na Europa".[140] Não demorou muito para o Exército francês ser efetivamente eliminado da equação. Nos termos do armistício com a Alemanha, a Marinha francesa foi mantida intacta e baseada no Norte da África, para ser "desmobilizada e desarmada sob controle alemão e italiano".[141] O perigo de os alemães a expropriarem era óbvio. Com isso, restava a Marinha britânica. Todo possível tinha de ser feito para impedir que ela caísse em mãos alemãs. Já se faziam conjecturas para escamoteá-la pelo Atlântico, para o Canadá, se a Grã-Bretanha caísse. Mas, num plano mais imediato, a Marinha era vital para as chances de a Grã-Bretanha sobreviver a uma invasão alemã. Nos confins das águas costeiras britânicas, a belonave mais crucial era o destróier. E de cerca de cem destróieres disponíveis em águas domésticas no início da guerra, quase a metade estava perdida ou avariada.[142] Se destróieres americanos pudessem ajudar a manter a Grã-Bretanha na guerra, o valor para os Estados Unidos seria incalculável. Se, porém, eles fossem emprestados à Grã-Bretanha e depois perdidos para os alemães, teriam sido simplesmente um presente desnecessário ao inimigo, aumentando a ameaça à América.[143] Esse era o dilema da administração Roosevelt quando a questão do empréstimo de destróieres à Grã-Bretanha aflorou novamente em julho de 1940.

A essa altura, Roosevelt ficara animado com a firme exibição de determinação britânica na ação implacável empreendida em 3 de julho para destruir a esquadra francesa, ancorada em Mers-el-Kebir na Argélia, com a perda das vidas de 1297 marinheiros da ex-aliada da Grã-Bretanha. O presidente fora notificado previamente da ação pelo embaixador britânico em Washington, lorde Lothian, e havia sinalizado sua aprovação.[144] Mas ele ainda não mostrara nenhuma prontidão para atender ao pedido de destróieres dos britânicos. Quando Harold Ickes, o secretário do Interior, argumentou com ele que a defesa da Grã-Bretanha poderia depender do atendimento do pedido, Roosevelt foi implacável. "Não poderíamos enviar esses destróieres a menos que a Marinha pudesse se certificar de que eles eram inúteis para nós para fins de defesa", contrapôs o presidente. E "seria difícil fazer isso tendo em vista o fato de que estávamos recondicionando mais de uma centena deles para o uso em nossos próprios fins de defesa".[145] Como ele disse a Ickes alguns dias depois, ele também tivera que considerar o destino dos destróieres caso a Grã-Bretanha fosse forçada a capitular para os alemães.[146]

Por mais crítica que fosse a situação, durante boa parte de julho a guerra na Europa tendeu a ser sobrepujada por questões domésticas, pois Roosevelt estava preocupado com a indicação do candidato presidencial, que seria decidida na Convenção democrata em Chicago na metade do mês. Os republicanos já haviam escolhido, algumas semanas antes, seu candidato presidencial, Wendell Willkie, um ex-democrata, personalidade marcante, e, como Roosevelt, solidamente favorável a conceder toda ajuda possível à Grã-Bretanha. Willkie representava uma séria ameaça aos democratas, especialmente desde que o envolvimento na guerra européia se tornou a questão central em 1940. A questão de quem deveria concorrer com Willkie era, portanto, grave. Um nome que ressurgia constantemente na lista de candidatos era o do próprio Roosevelt. Provavelmente, nenhum outro conseguiria vencer Willkie.[147] O presidente permanecera reservado até a própria Convenção sobre se estaria preparado para concorrer a um terceiro mandato, embora suas afirmações anteriores de que não concorreria de novo tivessem se prestado a equívocos. Ele diplomaticamente ficou fora da Convenção. Mas o campo de Roosevelt deu um jeito de conseguir a nomeação de seu herói.

Na segunda noite, 16 de julho, uma declaração preparada foi lida para os delegados, anunciando que Roosevelt "nunca tivera e não tem hoje nenhum desejo ou intenção de continuar no cargo de presidente". Imediatamente, os alto-falantes no salão começaram a trovejar: "A Pensilvânia quer Roosevelt! A Virgínia quer Roosevelt!", e assim com todos os estados. Os delegados começaram a assumir o apelo. Estandartes dos estados foram trazidos e exibidos em parada pelo salão. Transpirou que a voz incorpórea que começara o clamor viera do Comissário de Esgotos de Chicago, localizado embaixo do salão. A organização da "Voz dos Esgotos" fora providenciada pelo prefeito democrata de Chicago, Edward J. Kelly.[148] E Kelly havia discutido acordos para a Convenção com Harry Hopkins, braço direito de Roosevelt.[149] Foi um enigma e, de fato, pouco menos que um escândalo. Mas serviu a seus propósitos. Roosevelt foi devidamente indicado no dia seguinte com ampla maioria sobre todos os demais candidatos.

Terminada a Convenção, lorde Lothian aconselhou Churchill de que aquela era uma boa hora para a questão dos destróieres.[150] Churchill havia reiterado seu pedido em 11 de junho, o dia seguinte à entrada da Itália no conflito, e colocara essa questão mais uma vez três dias depois.[151] Ao ver a carta, Morgenthau havia pedido a Grace Tully, uma das secretárias pessoais de Roosevelt, para informar o presidente de sua crença "de que a menos que ajudemos os britânicos com alguns destróieres é inútil esperar que eles se mantenham".[152] Mas, de novo, o pedido caíra em solo pedregoso. E durante quase dois meses desde a queda da França, a correspondência entre Roosevelt e Churchill permaneceu adormecida. O presidente estava concentrado na sua nomeação para a reeleição. O primeiro-ministro e seus colegas podem ter sentido que seria contraproducente pressionar demais Roosevelt.[153] Mas, em 31 de julho, Churchill abordou novamente a questão dos destróieres. A invasão alemã, ao que parecia, poderia vir a qualquer momento. Reides aéreos e ataques de submarinos a embarcações poderiam ser lançados de toda a costa francesa. Um grande programa de construção de destróieres estava em curso na Grã-Bretanha, mas os navios não estariam disponíveis antes de 1941. Nesse meio-tempo, o nível de desgaste era alto demais, e os três ou quatro meses seguintes seriam cruciais. Churchill sentiu, portanto, que precisava renovar seu pedido por "cinqüenta ou sessenta de seus destróieres mais velhos", e sem demora. "Sr. presidente", ele declarou, "com grande respeito eu devo lhe dizer que na longa história do mundo esta é uma coisa para fazer *agora.*"[154]

A questão já fora levantada no começo do mês pelo Century Group, uma suborganização do Comitê para a Defesa da América, formada por alguns cidadãos influentes de Nova York que se reuniam periodicamente na Century Association dessa cidade. Desde meados de junho, o Century Group estivera engajado numa campanha para enviar todos os recursos militares disponíveis, incluindo navais, aos Aliados, vendo sua luta como um sinônimo da luta da própria América e defendendo a abolição da neutralidade e o reconhecimento de um estado de guerra com a Alemanha.[155] Em 11 de julho, numa reunião em Nova York, o Century Group propôs, como parte de uma estratégia para enfrentar os perigos vindos da Europa, fornecer destróieres à Grã-Bretanha em troca de algumas bases em possessões britânicas próximas de praias americanas. Isso se revelou uma proposta importante, e veio de uma iniciativa privada, e não de dentro da administração.

Em essência, a idéia não era nova. Na verdade, fazia tempo que o isolacionista *Chicago Tribune* insistia para que essas bases fossem oferecidas aos Aliados em troca do cancelamento de dívidas de guerra. Mas a vinculação agora ao fornecimento dos destróieres necessários era uma medida esperta. Ela oferecia, em embrião, a possibilidade de um acordo que serviria aos Estados Unidos. E tinha um certo atrativo mesmo para o isolacionismo. Uma das principais figuras do

Century Group, Joseph Alsop, um conhecido colunista de jornal bem relacionado com figuras da administração, persuadiu então um dos assessores do presidente, Benjamin Cohen, a compor um memorando para Roosevelt, argumentando que não havia nenhum obstáculo a vender os destróieres. Cohen mostrou o memorando a seu chefe, Harold Ickes, que o levou à apreciação do presidente (e em seguida escreveu apoiando com firmeza o fornecimento dos destróieres).[156]

Roosevelt, porém, continuava reticente. Os Estados Unidos possuíam 162 navios de guerra obsoletos, muitos da época da Primeira Guerra Mundial. Fornecer à Grã-Bretanha cerca de cinqüenta deles não teria aleijado a Marinha. Mas, em 7-8 de junho de 1940, o Congresso, mostrando sua desconfiança do presidente, aprovou uma emenda à lei das Apropriações Navais estipulando que nenhum item de material militar poderia ser entregue a um governo estrangeiro a menos que o chefe do Estado-Maior (Marshall) ou o chefe de Operações Navais (Stark) tivessem assegurado que ele era inútil para a defesa dos Estados Unidos. Isso era precisamente difícil para Stark, já que ele recentemente defendera o valor potencial das belonaves perante comitês do Congresso.[157] Roosevelt referiu-se à barreira da nova legislação quando enviou o memorando de Cohen ao secretário da Marinha, Frank Knox, em 21 de julho. "Eu duvido francamente que o memorando de Cohen prevaleça", escreveu o presidente. "Também temo que o Congresso não esteja com ânimo neste momento para permitir qualquer forma de venda." Tudo o que ele poderia sugerir foi que, em algum momento futuro, o Congresso poderia ser persuadido a permitir a venda de destróieres ao Canadá, mas somente com a condição de seu uso se restringir à defesa do hemisfério americano.[158]

O Century Group, porém, continuou a pressionar. Alsop conversou com autoridades civis e militares em Washington e recebeu uma resposta animadora. O embaixador britânico, lorde Lothian, foi previsivelmente receptivo. Em 25 de julho, à luz das pesquisas de Alsop, o Century Group compilou um novo memorando, terminando com a proposta de que os destróieres fossem oferecidos imediatamente em troca de concessões aéreas e navais em possessões britânicas no hemisfério ocidental. Um outro ponto significativo agora incluído era a vinculação do acordo a uma garantia de que a esquadra britânica, no caso de uma invasão bem-sucedida alemã, não fosse nem desmantelada nem entregue, mas removida para bases canadenses e americanas de onde continuaria operando. Como a questão era muito urgente, membros do grupo fariam lobby junto a Roosevelt e insistiriam para ele agir em conjunto com Willkie, o desafiante republicano, para acelerar a questão. Enquanto isso, uma nova campanha de publicidade visaria manter a pressão. Roosevelt reuniu-se com três delegados do grupo em 1º de agosto, ouviu o que eles tinham a dizer, mas continuou reservado. Os delegados saíram desapontados, sentindo que o presidente estava apático sobre a questão.[159]

Eles estavam errados nisso. Em 2 de agosto, Roosevelt levantou a questão numa reunião especialmente importante de seu Gabinete. Frank Knox, o secretário da Marinha, havia conversado demoradamente com Lothian na noite anterior, ouvira um pedido desesperado de ajuda imediata do embaixador para o envio dos destróieres e recebera uma resposta positiva à sugestão de que a Grã-Bretanha transferisse terra para bases navais na costa atlântica dos Estados Unidos. Antes da reunião do Gabinete, Knox havia falado da proposta a Stimson, ganhou o seu apoio, e também o de Harold Ickes.[160] Existia, portanto, uma poderosa falange de apoio à idéia quando o Gabinete se reuniu.

De fato, logo se revelou que havia um apoio unânime a colocar os destróieres à disposição da Grã-Bretanha. Mas a legislação necessária era um obstáculo. Reconheceu-se que se Roosevelt quisesse obtê-la sem preparar plenamente o terreno, o Congresso rejeitaria a proposta ou a sujeitaria a "um adiamento interminável". Uma maneira de contornar o problema era a transferência de possessões britânicas. Com efeito, a discussão do Gabinete começara com o relatório de Knox de uma demorada conversa telefônica com Lothian. Hull, que acabava de voltar da Conferência Pan-Americana em Havana, achava que a transferência de possessões britânicas poderia colidir com o acordo alcançado com as outras repúblicas americanas em favor da política de retenção do status territorial existente no hemisfério ocidental. O próprio Roosevelt, concordando com a objeção de Hull, sugeriu então que o arrendamento de parte do território (como era o caso vigente da base naval em Trinidad) poderia ser a solução, uma idéia que mereceu aprovação geral. Além disso, o Gabinete concordou em buscar garantias da Grã-Bretanha de que a frota não cairia em mãos alemãs em caso de derrota. Isso, assim se pensou, também ajudaria a aplacar a oposição no Congresso. Hull assinalou que a transferência dos destróieres só poderia ser realizada com a revogação da lei proibindo essas vendas. A melhor maneira de abordar a questão, ele sugeriu, seria o presidente e o candidato republicano, Wendell Willkie (já sabidamente simpático), apoiarem em conjunto a proposta, desarmando com isso a oposição republicana no Congresso. O presidente ficou de contatar William Allen White, a principal figura no Comitê para Defesa da América, para pedir sua ajuda para costurar o acordo com Willkie.[161]

Tardiamente, foi um começo. Mas seguiu-se então um período prolongado de consultas e pendengas legais sobre os detalhes do acordo embrionário. Churchill não estava disposto, por razões do moral doméstico, a dar uma garantia pública sobre a armada no caso de uma derrota britânica.[162] A "lista de compras" britânica, quando foi fornecida em 8 de agosto, havia sido substancialmente ampliada e agora se estendia a 96 destróieres, vinte torpedeiros, hidroaviões, bombardeiros de mergulho e 250 mil fuzis. Sobretudo, ainda estava em aberto a questão, apesar do apoio de Willkie (e ele se mostrou cauteloso sobre dar uma aprovação explícita), se a legislação necessária para permitir o fornecimento dos destróieres, aceitando a disposição britânica de transferir bases, poderia passar no Congresso.[163]

Dois desenvolvimentos deram ímpeto a um processo passível de ficar paralisado por questões técnicas legais. O primeiro foi a enorme campanha de agitação lançada pelo Comitê para a Defesa da América. O comitê conseguiu mobilizar o apoio para sua causa do reverenciado líder militar da Primeira Guerra, general John J. Pershing, cuja transmissão por rádio provocou um amplo respaldo público ao fornecimento dos destróieres, misturado com uma certa incredulidade com o que estava se mostrando tão difícil de organizar. Quando a compensação — a transferência das bases — chegou ao conhecimento público, as cobranças de uma ação imediata se tornaram ainda mais ruidosas. O mesmo aconteceu, porém, com as vozes da oposição isolacionista advertindo que "a venda dos navios da Marinha a uma nação em guerra seria um ato de guerra" e que "se quisermos entrar na guerra, os destróieres oferecem uma boa maneira de realizar o propósito". O segundo fator foi uma carta ao *New York Times* de quatro advogados proeminentes, argumentando de maneira persuasiva que o fornecimento dos destróieres poderia ser acomodado no arcabouço geral existente e insistindo para o presidente agir por sua própria autoridade sem demora.[164]

Roosevelt ainda esperou um esclarecimento legal de seu procurador-geral, Robert H. Jackson. Mas, finalmente, em 13 de agosto, depois de consultar Stimson, Knox, Morgenthau e Welles (no lugar de Hull, que estava tirando uma breve e merecida licença para recuperação) e com a Inglaterra já enfrentando um crescimento dos ataques aéreos, Roosevelt decidiu seguir em frente com as negociações. A essa altura, provavelmente, antes de ouvir o procurador-geral, ele ainda pensava em levar o caso ao Congresso em vez de tomar uma medida executiva. Mas, de qualquer modo, uma longa mensagem a Churchill esboçada naquela noite, oferecendo pelo menos cinqüenta destróieres, as torpedeiras e alguns aviões, deixou claro que o presidente aceitaria suas garantias privadas sobre o destino da frota, e delineou as possessões a serem adquiridas por compra ou arrendamento por 99 anos, em Terra Nova, Bermuda, Bahamas, Jamaica, Trinidad e Guiana Inglesa, onde os americanos queriam estabelecer bases navais e aéreas. Churchill respondeu logo em seguida, aceitando todas as condições.[165]

O caminho finalmente parecia desimpedido. Ou não? O presidente ainda se preocupava com a oposição isolacionista. Ele temia que agir sem o respaldo do Congresso pudesse significar a perda da eleição futura. Seus receios provavelmente repousavam na impressão deliberadamente enganosa que ele transmitiu sem necessidade numa coletiva à imprensa em 16 de agosto quando insistiu em que a aquisição de possessões britânicas não estava relacionada à transferência de destróieres à Grã-Bretanha.[166] Dado o sentimento no país, isso refletiu uma indevida sensibilidade.

Sua confiança cresceu ao ouvir a opinião legal do procurador-geral, que havia concluído que os destróieres poderiam ser certificados como não essenciais para a segurança nacional — uma peça evidente de sofisma. Roosevelt disse ao primeiro-ministro canadense, Mackenzie King, em 17 de agosto, que ele não precisava submeter o assunto ao Congresso e que a Grã-Bretanha teria os destróieres no prazo de uma semana. Isso se mostrou otimista demais. Um novo ajuste fino do projeto de acordo foi finalmente terminado no fim do mês. Foi Churchill quem, nesses estágios finais, atrasou a conclusão, insistindo na reformulação dos termos do arrendamento das bases para ofuscar a realidade do acordo para o público britânico: a de que os Estados Unidos seriam favorecidos por ele.[167] Por fim, as dificuldades menores, mas incômodas, foram resolvidas. O presidente deu sua aprovação em 30 de agosto. Na noite de 2 de setembro, Cordell Hull, pelos Estados Unidos, e lorde Lothian, pela Grã-Bretanha, assinaram o acordo. O almirante Stark atestou, no dia seguinte, que os destróieres não eram fundamentais para a segurança nacional à luz das bases adquiridas. Os navios finalmente partiram para Halifax, Nova Scotia, e para a posse britânica.[168]

Depois de meses de hesitações, atrasos, corpo mole, pendengas legais e complicações no esboço, os destróieres se mostraram de pouco valor prático. Somente nove deles foram postos em serviço pela Marinha Real antes do fim do ano para fazer frente à invasão que não aconteceu. E mesmo esses estavam menos prontos para navegar do que se esperava. No fim de maio de 1941, não mais de trinta foram colocados em uso. Ocorreram atrasos também na entrega das torpedeiras e dos fuzis (que, pasmem, haviam sido absolutamente esquecidos no esboço final do acordo).[169] Tampouco houve rapidez na posse americana das bases apesar da atividade frenética na crise do verão. Os acordos precisos para o arrendamento das bases só foram concluídos em março de 1941.[170]

O simbolismo do acordo dos destróieres, entretanto, sobrepujou qualquer benefício tangível em ambos os lados. Em Roma, Berlim e Tóquio, a reação foi suficiente para demonstrá-lo. Mussolini simulou indiferença ao acordo. Porém, ele o interpretou como um aumento da probabilidade de uma intervenção americana na guerra.[171] A reação alemã foi mais forte. A entrega dos destróieres foi vista como "um ato abertamente hostil à Alemanha", marcando uma cooperação mais estreita entre a Grã-Bretanha e os Estados Unidos. A América, dava-se como certo, faria todo o possível para apoiar a Grã-Bretanha e prejudicar a Alemanha. Parte da resposta foi estudar uma medida para ocupar os Açores e as Canárias. O próprio Hitler, porém, não deu importância ao acordo. Ele achava que o rearmamento americano só atingiria o auge em 1945. Mesmo assim, do verão de 1940 em diante, a América passou a ser um fator que precisava ser levado em absoluta consideração na estratégia alemã.[172] Tal consideração, não custa lembrar, jogou seu papel na decisão de atacar e, assim se presumia, destruir rapidamente a União Soviética na primavera seguinte. E o acordo destróieres-bases ajudou a apressar as negociações entre Alemanha e Japão que culminaram no Pacto Tripartite de meados de setembro, designado para dissuadir os Estados Unidos de entrarem na guerra.[173]

Nos Estados Unidos, Roosevelt foi particularmente capaz de enfatizar as enormes vantagens da aquisição das bases no Atlântico para as defesas americanas. A recepção popular foi muito positiva. Os isolacionistas foram flanqueados com a medida do presidente de vincular as bases ao fornecimento dos destróieres. O isolacionismo tradicional estava começando a perder força, apesar de o medo de uma intervenção continuar intenso. O mais importante, porém, como foi amplamente reconhecido, é que os americanos haviam efetivamente abandonado a neutralidade.[174]

Para os britânicos, isso foi o ponto-chave. Os Estados Unidos já não eram neutros no sentido convencional do termo. O aspecto emblemático do acordo dos destróieres, enfatizado pública e privadamente por líderes britânicos, foi a exibição externa de apoio militar americano à Grã-Bretanha. Durante as negociações minuciosas do fim de agosto, o secretário britânico do Exterior, lorde Halifax, havia observado que "a idéia da associação ingleses—Estados Unidos, de certo modo, é mais valiosa que bases ou destróieres".[175] O próprio Churchill havia sugerido o mesmo no clímax de seu discurso de 20 de agosto na Câmara dos Comuns. Ele falou do acordo dos destróieres, àquela altura incompleto, atribuindo-lhe o significado de "que essas duas organizações das democracias de língua inglesa, o Império Britânico e os Estados Unidos, terão de se envolver juntas em alguns assuntos para vantagem mútua e geral". Era um processo, ele acrescentou, num floreio retórico, que ele não poderia parar mesmo que quisesse. "Ninguém pode pará-lo. Como o rio Mississippi, ele simplesmente segue correndo. Que ele corra. Que corra como uma enchente, inexorável, irresistível, benigno, para terras mais vastas e melhores dias."[176] Retórica à parte, era um momento decisivo, como Churchill sugeriu, ao demonstrar a solidariedade americana ao esforço de guerra da Grã-Bretanha. Ele posteriormente o descreveu como "um ato decididamente não neutro dos Estados Unidos", um acontecimento que "trazia definitivamente os Estados Unidos para mais perto de nós e da guerra".[177] E assim era, e assim foi.

Não que essa fosse a intenção de Roosevelt. O que parece, em retrospecto, ter sido parte de um processo inexorável, não tinha essa aparência na época. O fato de haverem transcorrido três meses e meio desde a primeira abertura de Churchill para concretizar o acordo foi primeiro e sobretudo um reflexo da indecisão de Roosevelt no trato da opinião pública em casa e sua relutância em se comprometer tanto. Num ano eleitoral, ele tinha a cautela de não fornecer munição de propaganda futura para seu adversário. E seu medo de indispor o Congresso o deixou ainda mais inclinado a se esconder por trás do legalismo quando uma ação decisiva era necessária. Nas circunstâncias, os alemães não invadiram, e os destróieres não foram necessários. Mas, no verão de 1940, uma invasão *parecia* iminente, e Roosevelt ainda hesitava sobre os destróieres. No fim, ele agiu autorizando algo com o que intimamente concordara o tempo todo. A essa altura, porém, ele não estava assumindo nenhum risco junto à opinião pública. Sensível como sempre a qualquer coisa que pudesse afetar sua popularidade, ele chegara a sugerir que o acordo dos destróieres poderia lhe custar a eleição que se aproximava.[178] Na verdade, ele fora impelido pela opinião pública, espicaçada pela agitação dos lobbies a favor do acordo. "O acordo dos destróieres", nesta avaliação correta, "foi ao menos tanto uma realização de esforço privado como de ação oficial".[179] Com os

Estados Unidos agora efetivamente um não-beligerante não neutro, restava a ver se o presidente assumiria um papel mais ativo do que tivera no verão de 1940 para agilizar o apoio à Grã-Bretanha.

V

A questão subjacente persistia. Os Estados Unidos estavam comprometidos, e com um grande respaldo popular, a fornecer ajuda à Grã-Bretanha sem entrar na guerra. A idéia de que isso era crucial para a defesa hemisférica — no interesse direto dos Estados Unidos, melhor dizendo — era amplamente aceita. Mas as questões práticas de fornecer ajuda à Grã-Bretanha impunham questões polêmicas. O acordo dos destróieres havia surgido com a autoridade executiva do presidente sobre o que muitos viam como um artifício legal do procurador-geral que permitiu contornar a legislação no Congresso. Entretanto, para fornecer uma ajuda em maior escala à Grã-Bretanha, o *imprimatur* do Congresso para selar o respaldo da nação não poderia ser indefinidamente evitado.

Havia pelo menos dois grandes obstáculos para conseguir apoio do Congresso a uma ajuda maciça. Um era a visão, ruidosamente expressada pelo lobby isolacionista embora não restrita a ele, de que não se deveriam enviar armas à Grã-Bretanha quando elas eram direta e obviamente necessárias para fortalecer as defesas militares americanas. Uma preocupação afim era que uma maior quantidade de armas requereria um maior apoio aos navios que transportariam o *matériel* — arrastando inexoravelmente, portanto, os Estados Unidos para mais perto de um envolvimento na guerra. O segundo obstáculo, e certamente desanimador, era legal e financeiro. A Grã-Bretanha estava chegando rapidamente a um ponto em que seria incapaz de pagar pelas armas de que tão desesperadamente precisava. Entretanto, pela Lei Johnson de 1934, ainda em vigor, os Estados Unidos não poderiam conceder empréstimos a nações inadimplentes em suas dívidas da Primeira Guerra Mundial. E pelas provisões sobre pagamento da Lei de Neutralidade, introduzidas em 1937 e renovadas em 1939, só poderiam ser vendidos bens a países beligerantes se o pagamento fosse adiantado.[180] Em contrapartida, uma redução das encomendas britânicas de armas estava fora de questão, e não só pela razão candente de que, sem dispor dos recursos dos Estados Unidos, o esforço de guerra da Grã-Bretanha estaria em breve exaurido. Também por razões domésticas a administração Roosevelt queria aumentar, e não diminuir, os fornecimentos à Grã-Bretanha. Por ocasião de sua reeleição — com uma maioria reduzida, mas ainda confortável — em 5 de novembro de 1940, Roosevelt vira o desemprego cair 3,5 milhões desde a recessão de 1937-8. No fim do ano, o desemprego estava no nível mais baixo em uma década. E isso graças, principalmente, às compras britânicas de armas, no valor aproximado de 5 bilhões de dólares em encomendas no fim de 1940.[181]

O assunto da ajuda à Grã-Bretanha estava chegando ao auge no fim de 1940. A eleição presidencial era coisa do passado, mas não trouxera uma mudança perceptível na política americana que o governo britânico esperava. As vagas ilusões em Whitehall de que os Estados Unidos poderiam até entrar na guerra quando Roosevelt fosse reeleito logo se desfizeram. Havia, aliás, um sentimento de anticlímax também em Washington. Durante algumas semanas, a política parecia serenada. Os esforços da campanha eleitoral provavelmente haviam deixado mais de uma marca no presidente do que era imediatamente visível. De todo modo, Roosevelt "novamente julgou mais vantajoso ficar do lado da opinião pública" do que se arriscar "a um jogo com seus poderes de liderança".[182]

Em Londres, Churchill disse, no início de dezembro, que ficara muito deprimido com a atitude americana desde a eleição. Mas um observador atento da cena de Washington que não ficou surpreso com a falta de dinamismo da administração Roosevelt foi o embaixador britânico, lorde Lothian. Num breve retorno à Inglaterra, em novembro, Lothian assinalou a Churchill a crença, ainda generalizada nos Estados Unidos, de que a Grã-Bretanha estava pedindo mais do que precisava e estava menos pobre do que alegava. Ele aconselhou Churchill a colocar a defesa de uma ajuda muito maior, necessária para a Grã-Bretanha não ser forçada a um acordo de paz em 1941, numa carta pessoal ao presidente.[183] Em sua volta aos Estados Unidos, pousando em Nova York, Lothian havia falado numa linguagem incomumente franca e pouco diplomática a repórteres numa coletiva à imprensa improvisada. "Bem, rapazes, a Grã-Bretanha está quebrada: é o seu dinheiro que nós queremos", disse o embaixador aos repórteres. Ele repetiu a observação, mostrando que não fora um deslize de linguagem, para os cines-jornais posteriormente. Foi bem pouco típico de Lothian. Ele alegou que estava falando em seu próprio nome. Persiste, porém, a suspeita de que Churchill em pessoa havia promovido uma indiscrição calculada.[184]

De todo modo, ele produziu o efeito desejado: colocar a questão dos perigosos recursos em dólares britânicos diretamente à apreciação pública. No entanto, a resposta imediata da administração Roosevelt foi bem pouco positiva. Cordell Hull se mostrou cético sobre a alegação de que a Grã-Bretanha não podia comprar mais. Foi então o encarregado do Tesouro, Morgenthau, que assinalou para Lothian que os adversários da ajuda poderiam extrair capital político da permissão para que um país falido fizesse novas encomendas. Morgenthau estava ciente de que a observação de Lothian não era bem o que parecia. A Grã-Bretanha não estava quebrada. Mas suas divisas em dólares estavam ficando baixas, embora, conjeturou Morgenthau, não tão baixas quanto Lothian afirmara. Mesmo assim, Morgenthau ficou chocado com o pessimismo de Lothian sobre o futuro da Grã-Bretanha se esta não recebesse logo grandes suprimentos de ajuda. Na verdade, o secretário do Tesouro estivera ruminando durante todo o mês de novembro maneiras de atender às necessidades britânicas, não só de armamentos, mas de navios mercantes — vítimas já numa taxa alarmante dos submarinos — para transportarem os alimentos de que a Grã-Bretanha dependia.[185] O próprio Roosevelt, numa reunião do Gabinete em 8 de novembro, havia insinuado uma possível solução. Ele achava que os britânicos ainda dispunham de créditos e propriedades suficientes nos Estados Unidos — cerca de 2,5 bilhões de dólares — que poderiam liquidar para pagar suprimentos de guerra. Mas ele reconheceu que o dinheiro acabaria. "Certamente chegará a hora", observou o presidente, "em que a Grã-Bretanha precisará de empréstimos e créditos." Segundo Ickes, "ele sugeriu que uma maneira de fazer frente à situação seria a de nós fornecermos tudo o que pudéssemos mediante acordos de arrendamento com a Inglaterra. Por exemplo, ele achou que poderia arrendar navios ou qualquer outra propriedade que fosse arrendável, retornável e segurável".[186] Não era a primeira vez, aliás, que isso ocorria com o presidente. Dois anos antes, em novembro de 1938, depois do desastroso Acordo de Munique, Roosevelt havia meditado sobre a diferença que poderia ter feito se ele tivesse podido vender ou emprestar grandes quantidades de aviões de guerra às democracias européias conflagradas.[187] Assim, a idéia que surgira no programa de empréstimo-arrendamento começou a germinar.

A idéia ganhou sua primeira circulação pública por um caminho indireto em 26 de novembro de 1940, quando o Comitê para a Defesa da América de William Allen White emitiu uma declaração vigorosa insistindo numa maior assistência à Grã-Bretanha. A declaração conclamava o Congresso a revisar estatutos que obstruíam essa assistência, e advogava a construção, a todo vapor, do maior número possível de navios mercantes para arrendar ou alugar à Grã-Bretanha. Por trás do pano, o informe à imprensa havia sido feito pelo próprio presidente como um balão de ensaio, um artifício ocasionalmente usado pela Casa Branca para testar a opinião pública. Nesse caso, a declaração não provocou nem uma eclosão de apoio público, nem uma oposição considerável. A opinião pública, como sempre, favorecia em geral uma ajuda à Grã-Bretanha que não incluísse entrar na guerra, mas ainda estava cautelosa sobre o risco de envolvimento americano em hostilidades. O que quer que Roosevelt tenha deduzido do balão de ensaio, se foi mesmo isso, não se seguiu nenhuma ação da Casa Branca. Tudo o que o público ficou sabendo foi que o presidente ia tirar umas férias.[188]

O presidente ia partir no *USS Tuscaloosa* para um cruzeiro de dez dias no Caribe. Oficialmente, ele estava visitando as novas bases nas Índias Ocidentais. Ele levou muitos documentos governamentais consigo e disse que trabalharia num importante discurso à nação sobre a situação internacional quando estivesse fora. Mas não levou consigo nenhum especialista em assuntos externos. Parecendo cansado, ele precisava da viagem para recarregar suas baterias e, sobretudo, passar o tempo pescando, jogando pôquer, assistindo a filmes e relaxando com Harry Hopkins, seu único convidado, e seus assessores, suas únicas companhias.[189]

No dia anterior à sua saída de Washington, Roosevelt havia autorizado um acordo completo para pedidos de Londres no valor de 2 bilhões de dólares para equipar divisões do Exército britânico. A questão era como os britânicos iriam financiar o acordo. Embora Roosevelt ainda insistisse em que "eles não estão quebrados — há muito dinheiro por lá", reconheceu que a maior parte dele estava presa em ativos estrangeiros no Império e não era facilmente acessível em dólares. Todos os recursos disponíveis em dólares, e outros adicionais, seriam usados no acordo de munições e nos meses seguintes. A idéia de emprestar navios cargueiros para a Grã-Bretanha retornou durante a discussão, embora não tenha havido nenhuma sugestão, na ocasião, de empréstimo ou arrendamento de aviões ou armamentos. Pressionado por Morgenthau, Roosevelt concordou em que os pedidos deviam ser feitos e o investimento de capital para construir novas fábricas e ampliar as existentes devia sair de fundos americanos, com os britânicos pagando contra a entrega pelo material produzido e acrescentando uma sobretaxa para contribuir com os custos do capital. Mas o presidente disse a Stimson, "nós simplesmente precisamos decidir o que vamos fazer pela Inglaterra; fazer isso é o mesmo que não fazer nada".[190]

A menos que fossem encontradas novas maneiras, o fim da estrada para as maneiras correntes de cumprir o objetivo de ajuda máxima à Grã-Bretanha exceto entrar na guerra estava claramente se aproximando. Isso foi reconhecido por conselheiros-chave de Roosevelt, reunidos na ausência de Roosevelt pouco depois de sua partida para o cruzeiro no Caribe. Frank Knox foi direto ao ponto e disse a pergunta decisiva, uma pergunta retórica. "Vamos pagar pela guerra de agora em diante, não vamos?" Quando Morgenthau colocou a questão de se os Estados Unidos deveriam permitir que a Grã-Bretanha fizesse os pedidos, Knox foi enfático: "Devem. Sem sombra de dúvida". Mas como isso seria feito? Os presentes estavam de acordo em que a proposta para qualquer tipo de doação ou empréstimo, tal como a Grã-Bretanha em breve solicitaria, teria de passar pelo Congresso e seria provavelmente rejeitada, a menos que ficasse óbvio que não havia outra opção. Até os ativos britânicos serem liquidados, isso era improvável.[191] Dados os maus sentimentos provocados pelo não-pagamento da Grã-Bretanha de suas dívidas da Primeira Guerra Mundial, empréstimos não eram vistos como a solução. Sentia-se que seria melhor se os Estados Unidos fizessem os pedidos, e depois entregassem os produtos à Grã-Bretanha, mas não como um presente puro e simples, já que se esperava que houvesse algum retorno, ou que pelo menos os materiais não utilizados ou não danificados fossem por fim devolvidos.[192] A idéia de um empréstimo em espécie, ventilado inicialmente por Roosevelt, estava sendo agora experimentalmente estendida, em sua ausência, para cobrir não só navios cargueiros, mas, potencialmente, toda a gama de pedidos britânicos de armamentos.

Poucos dias depois, a longa carta de Churchill, que Lothian sugerira que ele escrevesse, estava a caminho de Roosevelt e acabou alcançando o presidente no meio do Caribe em 9 de dezembro, enviada pelo Departamento de Estado e entregue por um hidroavião da Marinha. Ela fora difícil de compor e passou por vários esboços num período não superior a quinze dias até ficar pronta. Churchill posteriormente comentou, com justeza, que foi uma das mais importantes que ele escreveu.[193]

Boa parte da carta apresentava um *tour d'horizon* do estado da guerra, de uma perspectiva britânica. Churchill ressaltou as perdas de navios mercantes no Atlântico, a necessidade urgente de navios, aviões e munições, e a dura luta que emergia em 1941. Ele deu uma forte ênfase à dependência da Grã-Bretanha de uma ajuda dos Estados Unidos. A primeira necessidade para reduzir a perda de tonelagem no Atlântico poderia ser atendida, ele sugeriu com tato, se os Estados Unidos fornecessem escoltas de belonaves a comboios mercantes, uma medida, disse ele, que "constituiria um ato decisivo de não-beligerância construtiva". Churchill tinha consciência da magnitude do que estava pedindo. Levaria meses para o público americano estar pronto para essa medida. Ele expressou outra esperança: "a doação, empréstimo ou fornecimento de um grande número de navios de guerra americanos" para manter a rota atlântica, e a extensão do controle por forças americanas da parte ocidental do oceano.

Somente no fim de sua extensa missiva ele chegou à questão crucial das finanças. Ele assinalou a drenagem de créditos em dólar. "Aproxima-se o momento", escreveu, "em que não poderemos mais pagar em dinheiro por transporte marítimo e outros suprimentos." Ele combinou pressão moral com lógica econômica: "Acredito que o senhor concordará em que seria errado em princípio e mutuamente desvantajoso de fato se, a essa altura da luta, a Grã-Bretanha fosse privada de todos os ativos vendáveis, de modo que depois de a vitória ser ganha com nosso sangue, a civilização salva, e os Estados Unidos ganhassem tempo para se armar plenamente contra todas as eventualidades, nós ficássemos despidos até o osso".

Ele prosseguiu para delinear os problemas econômicos do pós-guerra que isso causaria aos Estados Unidos. As exportações americanas à Grã-Bretanha despencariam. Um desemprego generalizado resultaria. Ele não ofereceu nenhuma solução, mas terminou colocando o futuro da Grã-Bretanha nas mãos dos Estados Unidos. "Além disso", concluiu:

> [...] não acredito que o governo e o povo dos Estados Unidos considerariam de acordo com os princípios que os norteiam limitar a ajuda que eles tão generosamente prometeram somente a munições de guerra e *commodities* que possam ser pagas imediatamente. O senhor pode estar certo de que nos mostraremos prontos a sofrer e nos sacrificar ao máximo pela Causa, e que nos honramos em ser seus campeões. O resto, nós deixamos com confiança ao senhor e a seu povo, estando certos de que serão encontrados meios e maneiras que futuras gerações de ambos os lados do Atlântico aprovarão e admirarão.[194]

Indiretamente, com essas observações finais, Churchill estava sublinhando a mudança nas relações de poder entre a Grã-Bretanha e os Estados Unidos que o primeiro ano da guerra havia desnudado. Morgenthau colocou-o em termos sucintos: "Isso se resume a uma questão de o sr. Churchill se colocar nas mãos do sr. Roosevelt em completa confiança. Então cabe ao sr. Roosevelt dizer o que faremos".[195] Isso soava como o funeral do Império Britânico.

Enquanto Morgenthau e outros líderes da administração continuavam em Washington para lidar com o problema dos pagamentos da Grã-Bretanha pelo material de que necessitava,[196] Roosevelt estava sentado em sua cadeira no convés do *Tuscaloosa* sob a luz balsâmica do sol caribenho, meditando sobre a carta de Churchill. Ele a leu várias vezes e durante dois dias pareceu estar mergulhado em pensamentos profundos, fortemente afetado por seu conteúdo. Hopkins, o único confidente do presidente a bordo, deixou Roosevelt com suas ruminações. "Então, uma noite", relatou Hopkins posteriormente, ele "de repente o apresentou — o programa todo. Ele não parecia ter uma idéia clara de como aquilo poderia ser feito legalmente. Mas não havia dúvida de que ele havia encontrado uma maneira de realizá-lo".[197] Hopkins talvez estivesse sendo modesto sobre o seu papel pessoal; talvez ele e Roosevelt tivessem, de fato, examinado as possibilidades antes de o presidente resolver a questão por conta própria; talvez a decisão tenha sido menos um raio de céu azul do que veio a parecer. Isso, porém, tem uma importância menor. Pois não restam dúvidas de que a maneira de resolver a crise dos dólares da Grã-Bretanha, a decisão importante que abriria recursos ilimitados para o esforço de guerra britânico, foi encontrada pelo próprio Roosevelt.[198]

Tipicamente, Roosevelt não teve pressa em contar sua decisão aos membros de seu Gabinete. Ele lhes disse para evitarem qualquer ação até ele voltar e poder discutir a questão em detalhes.[199] Antes disso, as figuras principais da administração, responsáveis pelas políticas de defesa e externa, tinham se reunido no escritório de Hull no Departamento de Estado para avaliar a situação à luz da carta de Churchill e, em especial, seu apelo por "um ato decisivo de não-beligerância construtiva", para ter uma posição elaborada para quando o presidente retornasse. Ao lado do próprio secretário de Estado estavam Stimson, Knox, o general Marshall, o almirante Stark, Sumner Welles e algumas outras autoridades importantes. Stark foi enfático de que, à taxa corrente de perda de navios mercantes, a Grã-Bretanha não poderia sobreviver por mais de seis meses. Stimson, direto ao ponto como sempre, tirou a conclusão de que a produção americana de defesa não poderia ser elevada aos níveis necessários para a segurança dos Estados Unidos e para impedir a derrota da Grã-Bretanha "até nós mesmos entrarmos na guerra". Quando ele perguntou a Stark que medidas eram necessárias para aliviar os sofrimentos da Grã-Bretanha no Atlântico, o almirante respondeu que a Lei de Neutralidade teria de ser abolida para permitir que navios mercantes americanos carregassem suprimentos para portos britânicos, e que uma medida dessas seguramente levaria a escoltas navais de comboios e, em última instância, com toda probabilidade, à entrada americana na guerra. Era uma perspectiva assustadora. Não surpreende, portanto, que a reunião não tenha chegado a um caminho claro de avanço.[200]

Quando o presidente retornou a Washington na noite de 16 de dezembro, bronzeado, bem-humorado, totalmente "reabastecido" (como Hopkins bem disse) por sua estada a bordo do *Tuscaloosa*, havia uma atmosfera de expectativa na capital americana.[201] No dia seguinte, ele disse a Morgenthau que estivera "pensando intensamente durante essa viagem sobre o que deveríamos fazer pela Inglaterra", e chegara à conclusão "de que a coisa a fazer era se afastar do signo do dólar". Ele não queria nem vendas nem empréstimos de dinheiro. Sugeriu, em lugar disso, que "diremos aos ingleses: nós lhes daremos as armas e os navios de que precisam, contanto que ao fim da guerra vocês nos devolvam em espécie as armas e navios que nós lhes emprestamos". "O que acham disso?", o presidente perguntou. Morgenthau ficou imediatamente entusiasmado.[202] Ele atribuiu isso a um dos "lampejos brilhantes" de Roosevelt.[203] Como se viu, porém, a idéia vinha se formando havia algum tempo na mente do presidente. Originalmente surgiu, como já foi sugerido, quando o Departamento do Tesouro descobriu que velhos estatutos sancionavam o arrendamento de propriedade do Exército por até cinco anos se os bens não fossem necessários para uso público.[204] Mas, se era esse o caso, o Tesouro não fez nada com a descoberta. Isso levou o presidente a reconhecer o pleno potencial da idéia de arrendamento. E, em 17 de dezembro, ele o colocou no domínio público de uma maneira nova, clara e convincente.

Naquela tarde, Roosevelt concedeu uma coletiva à imprensa. Ele começou desarmando os espíritos ao dizer que não havia nenhuma notícia particular. Mas achava que poderia ter uma coisa que merecia menção. Aos poucos ele entrou no tema. Nenhuma guerra importante fora perdida por falta de dinheiro, declarou. Dando a impressão de que estava pensando com seus botões, ele prosseguiu para colocar o caso de uma maior ajuda à Grã-Bretanha. Era, ele disse, "importante de um ponto de vista egoísta da defesa americana, que devêssemos fazer todo o possível para ajudar o Império Britânico a se defender". Ele assinalou que os pedidos britânicos eram "um ativo tremendo para a defesa americana". E descartou a necessidade de uma anulação das Leis de Neutralidade ou de Johnson. Mas achava necessário pensar além dos termos tradicionais sobre finanças de guerra. Ele afirmou, com algum exagero, que a administração vinha trabalhando no assunto havia algumas semanas. Em seguida, adiantou que o que sugeria era apenas um de alguns métodos possíveis. Os Estados Unidos poderiam receber encomendas britânicas e "arrendar ou vender" à Grã-Bretanha parte da produção de munições. O que ele estava tentando fazer, Roosevelt prosseguiu, era "livrar-se do velho, tolo signo do dólar". Ele apresentou uma analogia casual para explicar o que queria dizer. Um homem não diria a um vizinho cuja casa está em chamas: "Vizinho, minha mangueira de jardim custou-me quinze dólares; você tem de me pagar quinze dólares por ela". Ele emprestaria a mangueira ao vizinho e a pegaria de volta mais tarde. Era assim que o problema das munições seria tratado. Os detalhes ainda precisavam ser esclarecidos, disse o presidente, mas o que ele iria fazer era substituir pelo signo do dólar uma "obrigação de cavalheiro de saldar em espécie". "Acho que todos vocês entendem isso", ele acrescentou. Quando jornalistas presentes lhe perguntaram se o seu esquema o aproximaria da guerra, Roosevelt foi evasivo. No entanto, ele aceitou que o Congresso teria que dar sua aprovação, e que propostas para legislação seriam apresentadas no Ano-Novo.[205]

Foi uma performance magistral; Roosevelt foi brilhante. A parábola da mangueira de jardim não era, de fato, uma criação de Roosevelt, como pareceu na época. Ela fora usada pela primeira vez por Harold Ickes quatro meses antes, mas evidentemente havia impressionado o presidente, que a armazenou na memória para usá-la no futuro.[206] Ele a havia usado agora, e com um efeito brilhante. "Pode-se dizer, com segurança, que com essa analogia simpática Roosevelt venceu a luta pela Lend Lease", acreditou Robert Sherwood, um membro da equipe que escrevia discursos para o presidente.[207] Isso ainda estava longe de um programa. Roosevelt não fornecera detalhes; esses, porém, sairiam de um jeito ou de outro na passagem da legislação pelo Congresso. Ele rebateu para longe as questões sobre o aumento da produção necessária para fornecer o material para os britânicos. As implicações de assegurar uma entrega dos bens produzidos para as Forças Armadas britânicas tampouco ficaram claras. E havia uma imperfeição óbvia na analogia, que não passou despercebida para alguns que a ouviram. A "mangueira de jardim", nesse caso, provavelmente não voltaria, ao menos intacta. Mas o que o presidente havia feito com essa parábola foi, sobretudo, reduzir a questão altamente complexa e controversa a uma total simplicidade — a uma história de boa vizinhança que qualquer um compreenderia e seria simpática à maioria. A questão da ajuda à Grã-Bretanha estava agora em pleno domínio público, aberta a um escrutínio rigoroso e ao debate por todos os lados.

Roosevelt respaldou esse gambito de abertura com uma ação executiva imediata e enérgica, aprovando, como assunto de grande urgência, a iniciativa de Stimson para sacudir a reorganização da produção de defesa. A Comissão Consultiva, sem liderança e inapelavelmente ineficaz, criada na primavera, foi agora substituída por um menor e mais dinâmico Departamento de Administração da Produção com apenas quatro membros: Stimson, Knox, o experiente diretor e líder empresarial William Knudsen (chefe da General Motors) e, como co-diretor, assegurando o envolvimento do trabalho organizado, Sidney Hillmann (presidente do Amalgamated Clothing Workers). A fraqueza operacional dessa nova organização logo ficaria plenamente exposta também. Por enquanto, porém, sua instituição era uma clara indicação de que Roosevelt estava ansioso para impulsionar o programa de ajuda com armamentos, embora sobre a questão correlata das escoltas de comboios ele permanecesse evasivo e não se comprometesse.[208]

Doze dias depois de sua decisiva coletiva à imprensa em 29 de dezembro, Roosevelt foi conduzido na sua cadeira de rodas ao salão de recepção diplomática da Casa Branca para fazer sua primeira "conversa ao pé do fogo" com a nação desde a reeleição. Na época e depois, muitos a consideraram uma de suas melhores e mais eficazes. Ela deve ter sido provocada, ao menos em parte, pela resposta hostil à idéia de alugar-arrendar na propaganda estrangeira alemã — uma resposta voltada para reforçar os isolacionistas nos Estados Unidos, mas, de fato, causando o efeito oposto de provocar um inesperado apoio à iniciativa do presidente.[209] Entretanto, o principal impulso foi o desejo de Roosevelt de explicar ao povo americano "a pura verdade sobre a gravidade da situação" em que a guerra havia colocado os Estados Unidos,[210] e promover a necessidade de fornecer toda a ajuda à Grã-Bretanha — uma indução ao esquema de empréstimo-arrendamento.

Roosevelt se furtou a elaborar sobre o perigo da segurança da América. Referindo-se ao Pacto Tripartite assinado no mês de setembro anterior entre Alemanha, Itália e Japão, e dirigido contra os Estados Unidos, ele pintou um quadro puramente ambíguo de povos livres, democráticos em combate mortal contra "as forças do mal" da tirania totalitária, decididas a dominar e escravizar a raça humana. Numa era de poder aéreo, os oceanos, ele prosseguiu, não eram mais uma proteção para os Estados Unidos. Era vital que eles não caíssem nas mãos de potências hostis. Nisso, sustentar o potencial de combate da Grã-Bretanha (as lutas dos gregos e dos chineses também foram mencionadas) era vital. Pois, "se a Grã-Bretanha cair, as potências do Eixo controlarão os continentes de Europa, Ásia, África,

Oceania, e os altos mares — e elas estarão em posição de reunir recursos militares e navais enormes contra este hemisfério". Havia, portanto, um grande perigo à frente, que precisava ser enfrentado. Cercando indiretamente seus adversários isolacionistas, o presidente descartou a ilusão "de que podemos salvar nossas peles fechando nossos olhos ao destino de outras nações". O apaziguamento, a experiência havia mostrado, não era solução. Uma "paz negociada" era "tolice"; não seria absolutamente uma paz.

O presidente se voltou para seu segundo tema: a necessidade de ajudar a Grã-Bretanha. Os britânicos estavam enfrentando uma "aliança perversa". A segurança futura da América dependia do resultado dessa luta. Roosevelt afirmou categoricamente: "Há bem menos chance de os Estados Unidos entraram na guerra se fizermos tudo o que pudermos agora para apoiar as nações que estão se defendendo do ataque do Eixo do que se aquiescermos à sua derrota". Ele aceitou abertamente que havia risco envolvido nos caminhos adotados. Mas o caminho que ele estava defendendo trazia, ele disse, o menor risco. Não havia nenhum pedido de que uma Força Expedicionária Americana fosse enviada ao exterior, e nenhuma intenção de enviá-la. "Vocês podem, portanto, considerar qualquer conversa sobre enviar exércitos à Europa como deliberadamente inverídica." Mas os engajados na luta estavam pedindo "os implementos de guerra", e "enfaticamente precisamos levar essas armas a eles". Ele repetiu que sua política não era dirigida para a guerra, mas para manter a guerra longe dos Estados Unidos. Ele apelou aos trabalhadores e aos líderes da indústria para redobrarem seus esforços. "Precisamos de mais navios, mais canhões, mais aviões — mais tudo." O quanto seria enviado ao exterior ficaria a critério dos especialistas de defesa do governo. Os Estados Unidos haviam fornecido um grande material de apoio aos britânicos e forneceriam mais no futuro. O presidente concluiu seu poderoso discurso com palavras que tiveram um eco duradouro: "Devemos ser o grande arsenal da democracia".[211]

Houve uma resposta avassaladora à "conversa ao pé do fogo". Três quartos dos americanos a haviam escutado, e desses, mais de 60% estavam de acordo. A Casa Branca foi inundada por cartas e telegramas sobre o discurso — 100 para 1 a favor. Roosevelt ficou encantado. A coisa tinha ido muito além de suas expectativas. A desaprovação, como era esperado, veio da força declinante de isolacionistas, mas mesmo estes tinham sido parcialmente desarmados pelo discurso. Algumas das reações mais perceptivas publicadas saudaram a liderança clara e firme mostrada enfim pelo presidente, aplaudindo o fim da incerteza que pairara como uma nuvem sobre a política americana nos meses anteriores, e que Roosevelt havia por fim "esclarecido e cristalizado a escolha dos Estados Unidos, uma escolha realmente feita há muito tempo". O lamento foi apenas de que "essa atitude foi retardada em detrimento de seis meses de preparação vital".[212]

Dezembro de 1940 foi o mês em que a grande decisão — uma das mais importantes da guerra — foi tomada. Foi uma decisão sobre um programa que representava "nada menos que uma declaração de guerra econômica ao Eixo".[213] Pela primeira vez desde bem antes de sua reeleição, Roosevelt havia conduzido, em vez de ir atrás da opinião pública do país. E a opinião estava mudando de acordo com a sua liderança. Agora, até 70% dos entrevistados estavam prontos a ajudar os britânicos a vencer, mesmo com o risco de um envolvimento americano na guerra. Mas uma enorme maioria ainda se opunha à entrada na guerra naquele momento e depois. O povo americano, como disse um comentarista, continuou preferindo "ficar em cima do muro" a ser impelido à guerra.[214]

A "conversa ao pé do fogo" de Roosevelt foi prontamente seguida por seu discurso anual ao Congresso sobre o Estado da União, proferido em 6 de janeiro de 1941. Em outro discurso vigoroso, o presidente delineou as "quatro liberdades humanas essenciais" pelas quais estava lutando. Elas equivaliam a uma declaração de objetivos americanos para um mundo após a guerra: liberdade de expressão, liberdade religiosa, liberdade da penúria e liberdade do medo. Pouco depois, o presidente estipulou suas necessidades orçamentárias para 1942: dos 17,5 bilhões de dólares requisitados, 60% foram alocados à defesa nacional.[215] O "arsenal da democracia" fora encomendado.

Antes mesmo de seu discurso ao Congresso, em 2 de janeiro, o novo sentimento de urgência do presidente o levou a encomendar do Tesouro um anteprojeto da Lei Lend-Lease para encaminhar ao Congresso.[216] Dali em diante, a principal responsabilidade coube a Morgenthau e sua equipe. A lei recebeu o número simbólico de Resolução da Câmara 1776 — a data da Revolução Americana. Em 10 de janeiro, ela foi encaminhada à Câmara dos Deputados. Os debates que se seguiram, num período de dois meses, foram intensos e amplamente noticiados. Havia um enorme interesse nacional. Quase todos os americanos sabiam do projeto de lei, e a maioria deles o apoiava firmemente, apesar de mais de um terço dos entrevistados acharem que, se fosse aprovado, ele deixaria os Estados Unidos mais perto de "entrar na guerra".[217] Para os isolacionistas, a campanha contra o projeto equivaleu a um último suspiro. O America First Committee lançou uma campanha massiva de oposição. O jovem John F. Kennedy foi um dos que contribuíram com seu financiamento.[218] Uma publicidade extensa para a campanha foi garantida nas páginas do *Chicago Tribune*, pertencente ao personagem caricato e isolacionista declarado, coronel Robert R. McCormick.[219]

O complexo processo legislativo tomou seu rumo. No Congresso, a oposição não era poderosa o bastante para derrotar o projeto de lei, mas capaz de forçar algumas emendas. No fim, a lei foi aprovada com uma maioria de 260 a 165 na Câmara dos Deputados e de 60 a 31 no Senado. Nas duas casas, os que se opuseram eram sobretudo republicanos. Roosevelt sancionou a Lei Lend-Lease em 11 de março de 1941. Ela agora lhe conferia autoridade para ordenar a produção ou obtenção de "qualquer artigo de defesa para o governo de qualquer país cuja defesa o presidente julgasse vital para a defesa dos Estados Unidos".[220]

Falando no jantar anual da Associação de Correspondentes da Casa Branca quatro dias depois, o presidente omitiu qualquer recriminação de seus adversários que ele originalmente pensara incluir.[221] Em vez disso, ele se concentrou na unidade nacional que o debate sobre a Lei Lend-Lease trouxera para enfrentar as tarefas futuras. "Que os ditadores da Europa e da Ásia não duvidem de nossa unanimidade agora", proclamou. O país inteiro se engajara num grande debate. "Sim, as decisões de nossa democracia podem ser alcançadas lentamente", concedeu. "Mas, quando essa decisão é tomada, ela é proclamada não com a voz de um homem qualquer, mas com a voz de cento e trinta milhões. Ela é um dever de todos nós. E o mundo não tem mais dúvida." Seguiu-se uma cotovelada em seus oponentes: "Essa decisão é o fim de qualquer tentativa de apaziguamento em nossa terra; o fim de nos conclamarem a nos entender com ditadores; o fim da conciliação com a tirania e as forças da opressão. E a urgência é *agora*". Ele sublinhou o significado da decisão tomada: "Acreditamos firmemente que quando nossa produção estiver a pleno vapor, as democracias do mundo conseguirão provar que as ditaduras não podem vencer".[222]

VI

A Lei Lend-Lease foi uma das decisões políticas mais importantes da guerra e teve conseqüências do maior alcance. Para Churchill, foi uma "decisão maravilhosa", trazendo novas esperanças e convicção pelo conhecimento de que "os

Estados Unidos estão unidos muito firmemente a nós agora".[223] Ele falou dela como um "momento crucial" — um "ponto de virada intenso" — no esforço de guerra da Grã-Bretanha.[224] Ela significava um "compromisso irrevogável" com a aliança dos Estados Unidos com a Grã-Bretanha, um "ponto sem retorno" na política americana contra a Alemanha nazista, um "grande passo rumo à guerra".[225] A reação alemã também falou imensamente sobre o significado do que havia acontecido. A liderança da Wehrmacht o interpretou como uma "declaração de guerra". Goebbels o descreveu da mesma maneira. E Hitler imediatamente decidiu estender a zona de combate no Atlântico Norte mais para Oeste até as águas territoriais da Groenlândia.[226]

Para os críticos de Roosevelt, era precisamente isso que ela pretendia. Quando o arquiisolacionista senador Burton K. Wheeler declarou que a Lei Lend-Lease "enterraria um de cada quatro rapazes americanos", Roosevelt reagiu vigorosamente. "Eu a considero a coisa mais inverídica, mais covardemente impatriótica que já foi dita", ele retorquiu.[227] E quando, na primavera, Charles A. Lindbergh tornou-se o queridinho dos isolacionistas na campanha anti-Roosevelt da America First, o presidente manifestou privadamente sua convicção de que o antigo herói da aviação era um nazista.[228] Entre intervencionistas ardorosos, dentro e fora da administração, a Lend-Lease ofereceu precisamente o que os isolacionistas estavam condenando: a expectativa de que um senso de urgência e dinamismo agora impulsionaria a política americana mais para perto e mais rapidamente ao envolvimento direto na guerra do que eles julgavam necessário e inevitável. Nos meses que se seguiram à aprovação da Lei Lend-Lease, o presidente não agradou nenhum de seus críticos. Para os isolacionistas, ele estava indo longe demais. Para os intervencionistas, estava fazendo muito pouco. Na verdade, ele não estava adotando um caminho intermediário. Suas inclinações eram invariavelmente para os que queriam fazer mais, e não menos, para ajudar os britânicos no que era uma fase tenebrosa da guerra para eles. Mas era sempre "sem entrar na guerra", e suas antenas políticas invariavelmente lhe diziam que a rota da cautela era a correta. O resultado foi que nos meses de primavera a política americana pareceu retroceder para a deriva, a incerteza e a hesitação.

Os benefícios imediatos do programa de empréstimo-arrendamento não foram enormes. Harry Hopkins foi encarregado do programa de empréstimo-arrendamento com algo próximo de um mandato plenipotenciário para fazê-lo funcionar.[229] A administração imediatamente requisitou uma verba de 5 bilhões de dólares. Entre os primeiros suprimentos, e um nítido reflexo da determinante "conversa ao pé do fogo" de Roosevelt, estavam 270 mil metros de mangueira de incêndio. Mas somente 1% das munições realmente usadas pela Grã-Bretanha e o Império em 1941 veio da Lend-Lease. O significado imediato para o esforço de guerra britânico foi, em grande parte, simbólico. O que resultaria do esquema de empréstimo-arrendamento no curso da guerra, porém, não se restringiu de forma alguma ao simbolismo. Mais da metade dos déficits britânicos foi coberta pelo esquema de empréstimo-arrendamento, e ele se tornaria também vital para a máquina de guerra soviética. A lista de países recebedores em potencial fora deliberadamente deixada em aberto quando a legislação fora rascunhada. Ciente por relatórios da inteligência dos sinais crescentes de que Hitler poderia invadir a União Soviética antes de o ano terminar, a administração estava ansiosa para evitar que anticomunistas no Congresso limitassem os países que poderiam, em algum momento, receber empréstimos ou arrendamentos. Isso se revelou uma peça de antecipação crucial. Quando a guerra terminou, o esquema havia fornecido mais 50 bilhões de dólares em escala mundial.

Dentro dos Estados Unidos, o esquema de empréstimo-arrendamento desencadeou aumentos enormes nos gastos com armamentos. Já em 1941, o orçamento de defesa, como proporção do Produto Interno Bruto, foi quase dez vezes superior ao que havia sido em 1939. A captação de empréstimos, e não a tributação, respondeu pela maior parte do aumento de gastos — uma nova e duradoura tendência em financiamento. As técnicas de produção em massa usadas também implicaram que grandes empresas ficaram ainda maiores e seu domínio da produção industrial maior. Em essência, o complexo industrial militar da América do pós-guerra teve seus alicerces no esquema de empréstimo e arrendamento.[230]

A decisão tomada em dezembro e completada com legislação em março havia resolvido a questão da produção. A economia de guerra americana foi colocada em movimento (embora bloqueios e carências de produção e organização implicaram que ela ainda não funcionasse nem suavemente nem a pleno vapor). O problema de como levar bens suficientes para a Grã-Bretanha, considerando as crescentes perdas de navios mercantes no Atlântico, estava, porém, longe de ser resolvido. Além disso, o esquema de empréstimo-arrendamento havia lançado uma forte luz sobre a questão que ninguém estava pronto para enfrentar ainda. Os Estados Unidos poderiam, com sua neutralidade agora completamente comprometida, sua não-beligerância um caso totalmente unilateral, continuar fora de uma guerra estando tão comprometidos com um dos participantes via o suprimento de armas? Stimson, como sempre, acertara na mosca no dezembro anterior. "Não podemos ficar permanentemente na posição de fornecedores de outras nações que lutam", concluiu — embora aceitasse que o país ainda não estava pronto para considerar uma intervenção.[231]

Nessas mesmas semanas, contudo, a guerra se aproximou mais um passo, ainda que somente no nível de um planejamento de contingência. Ainda em novembro de 1940, o almirante Stark havia idealizado uma estratégia de defesa global, conhecida como Plano D (ou, no jargão naval, "Plano Dog"). Sua premissa básica era de que, quando os Estados Unidos se envolvessem numa guerra contra Alemanha, Itália e Japão — e Stark acreditava que, em última instância, seria necessário enviar grandes forças terrestres e aéreas à Europa e à África —,[232] uma forte ofensiva no Atlântico, aliada à Grã-Bretanha, deveria ter precedência sobre o Pacífico, onde seria adotada uma postura defensiva.[233] Embora ele nunca houvesse adotado formalmente o Plano Dog, este estava por trás da conclusão a que Roosevelt chegou, na reunião com seus altos conselheiros de defesa em 17 de janeiro, de que sustentar as linhas de suprimento à Grã-Bretanha era o objetivo principal. Ele ordenou que a Marinha preparasse a escolta de comboios.[234] Isso soou promissor. Mas, como acontecia com freqüência, a cautela prevaleceu. Roosevelt ainda não estava nem de longe pronto para dar esse passo.

Stark havia recomendado ao presidente que autorizasse acordos do Estado-Maior Conjunto com estrategistas militares britânicos sobre uma ação futura possível nos dois oceanos.[235] Em janeiro de 1941, esses diálogos começaram. Em dois meses, altos estrategistas militares americanos e britânicos haviam elaborado um acordo básico sobre estratégia — um documento nomeado ABC-1 — para o caso de os Estados Unidos entrarem na guerra. Evidentemente, ainda não havia nenhum compromisso nesse sentido. Mas, na eventualidade de uma guerra, a estratégia básica — seguindo o Plano Dog — seria Alemanha Primeiro, com uma luta de desgaste de contenção contra o Japão no Pacífico até a Alemanha ter sido derrotada. De fato, o ABC-1 informou o pensamento estratégico em ambos os países nos meses seguintes, e a estratégia real após dezembro de 1941.[236] Como declarou mais tarde Robert Sherwood, que ajudava Roosevelt a escrever seus discursos, uma "aliança de lei comum" se desenvolvera entre os Estados Unidos e a Grã-Bretanha seis meses antes de os Estados Unidos entrarem finalmente na guerra. Ela fora "publicamente introduzida pela lei de empréstimo-arrendamento", depois "privadamente consumada pelas conversações das cúpulas militares anglo-americanas em Washington".[237]

Roosevelt fora mais longe durante o inverno. A hesitação que havia acompanhado o acordo dos destróieres, quando ele havia aquiescido com cautela à pressão de seus conselheiros, havia aberto caminho para a ousadia em dezembro e janeiro, quando instigou a eclosão do esquema de empréstimo-arrendamento. Mas o presidente ainda não estava preparado para acelerar. Na problemática primavera de 1941, sua ousadia novamente o abandonou. Para imensa frustração dos "falcões" acirrados de seu Gabinete, a cautela novamente tomou conta.

A Grã-Bretanha estava agora enfrentando severas dificuldades, e muito antes que a prometida ajuda americana pudesse começar a fazer uma diferença. Os avanços feitos pelo esquema empréstimo-arrendamento e o acordo militar ABC-1 com os americanos ameaçavam ter sido em vão. Em maio, as tropas britânicas haviam sido expulsas da Grécia e perdido Creta. O desvio de curso para a Grécia, na vã tentativa de impedir uma ocupação alemã, havia enfraquecido o frágil controle da Grã-Bretanha no Norte da África, e, sob o novo e ousado general Erwin Rommel, as forças do Eixo estavam agora ameaçando investir, e logo o fariam. O pior de tudo foi que as perdas de navios mercantes no Atlântico haviam alcançado quase o dobro de seu nível no inverno. E agora, o temido encouraçado alemão, *Bismarck*, estava à solta e pronto para causar novos estragos nos comboios britânicos. O panorama era sombrio. A Grã-Bretanha parecia à beira de perder a "batalha do Atlântico". Churchill, privadamente irritado e frustrado com a cautela de Roosevelt, observou que "de maneira muito irresponsável estamos sendo deixados muito ao nosso destino".[238]

Embora os adversários isolacionistas de Roosevelt estivessem em franca retirada com respeito à Lei Lend-Lease, havia sido alegado que o presidente parecia, às vezes, ter "menos medo de que Hitler pudesse atacar subitamente do que da possibilidade de os isolacionistas no Senado o vencerem".[239] Muito especificamente, ele não conseguia tomar uma decisão clara sobre a questão dos comboios. Em abril, ele parecia de início favorável ao plano da Marinha de fornecer escoltas, depois pareceu contra. Apesar da pressão dos "falcões" do Gabinete — Stimson, Knox, Ickes e Morgenthau —, ele continuava resistindo. Sua idéia, segundo Morgenthau, era "que a opinião pública ainda não estava pronta para os Estados Unidos escoltarem navios". Ele preferia esperar e "não estava pronto para seguir em frente com 'toda ajuda possível à Inglaterra'".[240] As indicações eram de que ele poderia ter conduzido a opinião pública sobre essa questão se tivesse tentado.[241] Ele preferiu não arriscar. Por enquanto, ele concordou, em 15 de abril, somente com uma extensão significativa da "zona de segurança" para patrulhas da Marinha no Atlântico, agora ampliadas para Oeste de uma linha aproximadamente a meio caminho entre a África e o Brasil, incluindo a Groenlândia e os Açores. Nesse largo trecho do Atlântico, elas reportariam sobre a localização de submarinos alemães, mas não fariam nada no sentido de atacá-los (a menos que fossem ameaçadas) ou diretamente para defender comboios. Isso logo levaria a uma presença americana na Groenlândia e na Islândia, enganchadas na rota atlântica vital. Por essa época, Roosevelt autorizou também a transferência de um pequeno número de navios de guerra — menor do que a Marinha desejara — do Pacífico para o Atlântico. E foram traçados planos (que não deram em nada) para ocupar os Açores.[242] Roosevelt, porém, não estava disposto a ir além. Escoltar ainda era rejeitado. Ele permaneceu inflexível de que, na batalha pelo controle dos mares, não estava disposto a disparar o primeiro tiro.[243]

Durante abril e maio, uma das fases mais nervosas da guerra e entre as mais preocupantes de sua presidência, Roosevelt pareceu hesitante para o seu círculo — cauteloso quase às raias da imobilização.[244] Quando William Bullitt, ex-embaixador na França, o viu em 23 de abril, o presidente disse "que o problema que mais o estava preocupando era o da opinião pública. Ele acabara de ter uma discussão com Stimson sobre o tema. Stimson achava que nós devíamos ir à guerra agora. Ele, o presidente, sentia que precisávamos esperar um incidente e estava confiante em que os alemães nos dariam um incidente".[245]

Do outro lado do Atlântico, Churchill também estava privadamente deprimido com a inércia e procrastinação do presidente. Sua carta a Roosevelt do início de maio, escrita com uma certa irritação, havia sido atenuada por seus conselheiros.[246] Ele queria uma ação mais ousada. Sugeriu que o que faria a diferença decisiva para inclinar a balança da guerra para a Grã-Bretanha "seria se os Estados Unidos se alinhassem imediatamente conosco como uma potência beligerante".[247] O presidente ignorou o pedido.

Em Washington, num estado de desânimo, Stimson, Knox e o procurador-geral, Robert Jackson, reuniram-se com Ickes em meados de maio para analisar o envio "de alguma representação por escrito ao presidente de que estamos experimentando uma falha de liderança que era um mau presságio para o país". Eles foram unânimes de que "o país estava cansado de palavras e queria fatos". Nem mesmo as palavras estavam saindo, pois Roosevelt havia adiado um discurso importante que pretendia fazer sobre o estado da guerra. Ele havia se recolhido ao leito, doente — embora parecesse perfeitamente bem para os poucos que tiveram permissão de vê-lo naqueles dias. "Missy" Le Hand achou que ele estava sofrendo de "um caso de pura exasperação", constantemente dilacerado entre os isolacionistas e os intervencionistas. Nas circunstâncias, houve pouco entusiasmo pela carta de protesto; mas "nenhum de nós poderia se responsabilizar pela falha de liderança do presidente e todos nós nos sentíamos perturbados pelo fato de que ele está rodeado por um grupo muito pequeno e é, de fato, inacessível à maioria das pessoas, incluindo até membros do Gabinete".[248]

Dado o mal-estar que todos no centro da política de defesa sentiam que havia se abatido sobre a administração, eram altas as expectativas com o discurso iminente do presidente — seu primeiro desde a promulgação da lei de empréstimo-arrendamento. Morgenthau, brincando sobre o que ele poderia dizer, "sentia que a próxima medida era declarar guerra". Ele disse a Harry Hopkins que havia chegado à conclusão, durante os dez dias anteriores, "de que se formos salvar a Inglaterra, teremos que entrar nessa guerra, e que precisávamos da Inglaterra, se não por outra razão, como ponto de apoio para bombardear a Alemanha".[249]

Roosevelt finalmente fez o seu grande discurso na noite de 27 de maio — o dia em que chegaram as notícias do afundamento do *Bismarck*. Várias mãos haviam trabalhado intensamente nos seis rascunhos da "conversa ao pé do fogo", que o presidente queria terminar, dramaticamente, proclamando um estado de emergência. Ele telegrafou a Churchill, algumas horas antes de seu pronunciamento, para informar o primeiro-ministro britânico de que seu texto "ia além do de duas semanas atrás".[250]

O discurso não foi um dos melhores de Roosevelt, contudo. Para a audiência convidada ao Salão Leste insuportavelmente quente da Casa Branca, foi uma decepção, embora os telegramas que chegaram em seguida tenham sido majoritariamente positivos, uma resposta melhor do que o presidente afirmou ter esperado.[251] Boa parte dele seguiu por um terreno semelhante ao de sua "conversa ao pé do fogo" em dezembro anterior. Em sua passagem mais forte, ele prometia "dar toda ajuda possível à Grã-Bretanha e para todos que, como a Grã-Bretanha, estão resistindo ao hitlerismo ou seu equivalente com a força das armas. Nossas patrulhas", acrescentou, "estão ajudando agora a assegurar a entrega dos suprimentos necessários à Grã-Bretanha. Todas as medidas adicionais necessárias para entregar os bens serão tomadas". Ele levou o discurso a um clímax declarando: "Emiti esta noite uma proclamação de que uma emergência nacional ilimitada existe e requer o fortalecimento de nossa defesa ao limite extremo de nosso poder e autoridade nacional".[252]

Soou dramático. Talvez, alguns do seu círculo acharam, o presidente houvesse finalmente interrompido a deriva das semanas precedentes. Talvez a urgência que havia moldado as decisões na virada do ano retornasse agora. Mas o que exatamente a declaração de "emergência nacional ilimitada" significou na prática? Quando jornalistas na coletiva à imprensa pediram detalhes a Roosevelt na manhã seguinte, ele prontamente desfez o bom trabalho da noite anterior. Ele não tinha planos de pedir ao Congresso que revogasse a Lei de Neutralidade, disse. Tampouco ordenaria a escolta naval de embarcações mercantes. Ele desconsiderou com um gesto uma pergunta especulativa sobre a dificuldade de conciliar as diferenças entre trabalho e administração no grande impulso dos armamentos. Por fim, ele admitiu que sua proclamação de emergência nacional ilimitada precisava de ordens executivas baseadas em uma reativação de leis de emergência que remontavam a cinqüenta anos para se tornar efetiva. E ele não tinha planos para emitir essas ordens.[253]

O grupo íntimo do presidente ficou perplexo e irritado. Stimson, que junto com Knox havia pedido, em maio, a introdução imediata da proteção de comboios, ficou estarrecido. Ickes achou que "declarar uma emergência total sem atos para acompanhá-la significa pouco", embora acrescentasse, fazendo justiça, que ela ao menos fornecia um arcabouço para uma ação significativa. Hopkins foi incapaz de prestar contas da "súbita inversão de uma posição de força para uma de aparente fraqueza despreocupada" do presidente. A "irresponsabilidade" do seu caráter foi tudo o que ocorreu a Sherwood como explicação.[254]

Razões mais profundas que a personalidade impenetrável de Roosevelt haviam ditado, porém, a sua cautela. Uma era o problema persistente que o presidente via em tentar moldar a opinião pública no ritmo certo. A pequena maioria nas pesquisas de opinião a favor da escolta de comboios sugeria que Roosevelt poderia ser capaz de passar a questão pelo Congresso se quisesse aplicar a medida. Mas escoltar comboios levaria inevitavelmente a choques armados com embarcações alemãs — a um passo da guerra. Será que uma mera maioria no Congresso ofereceria a unidade nacional necessária numa guerra? E o país já estaria preparado para a guerra? As pesquisas de opinião antes de seu discurso mostravam os traços contraditórios usuais: 68% achavam mais importante ajudar a Grã-Bretanha do que ficar fora da guerra, ao passo que uma porcentagem um pouco maior achava que o presidente tinha ido ou longe demais ou suficientemente longe em seu apoio aos britânicos. E quatro quintos da população ainda se opunham a uma entrada direta na guerra.[255] Isso foi mais do que o suficiente para persuadir o presidente a se esquivar de iniciativas ousadas. Como colocou posteriormente uma das pessoas que o viu na época na Casa Branca, ele sentia que, como chefe da nação, seria mais eficaz se não cruzasse o Rubicão.[256]

Outro fator foi provavelmente decisivo. Roosevelt estava informado desde o início do ano sobre a diretriz de Hitler para atacar a União Soviética na primavera. No início de março, Sumner Welles havia sido instruído a passar a informação ao Kremlin.[257] Agora, tudo apontava para uma invasão iminente.[258] Sobretudo por essa razão, provavelmente, Roosevelt queria evitar qualquer escalada de agressão no Atlântico quando chegaram notícias em 11 de junho de que pela primeira vez um submarino alemão havia afundado um navio americano, o cargueiro *Robin Moor*. A reação americana foi branda.[259] Isso porque Roosevelt sabia que um ataque da União Soviética pela Alemanha daria uma feição inteiramente diferente à guerra no Atlântico. Se a União Soviética conseguisse resistir, novas perspectivas se abririam no Oeste.

Em 22 de junho de 1941, o presidente foi despertado com a notícia de que um ataque alemão massivo à União Soviética havia começado.

VII

Roosevelt e a política americana haviam percorrido uma distância imensa desde que os meses soturnos entre maio e setembro haviam ameaçado precipitar um eclipse total da democracia na Europa. Quando as forças de Hitler invadiram a União Soviética, os Estados Unidos ainda não estavam minimamente prontos para a guerra — nem militar, nem psicológica, nem politicamente. Mas as decisões tomadas por Roosevelt, em particular sobre o acordo de destróieres, depois especialmente sobre o esquema de empréstimo-arrendamento, haviam sido de suma importância para consolidar laços transatlânticos que alguns meses depois se tornariam uma aliança militar completa contra Hitler e, com o tempo, se mostrariam fundamentais para a sua destruição. Daquele momento em diante, como o ditador alemão estava perfeitamente ciente, o tempo e os recursos não estavam do seu lado. Ele tinha que se arriscar mais para ganhar mais. Mas as desvantagens estavam — embora a sorte da guerra ainda não estivesse visível no momento — começando a se acumular contra ele. Para a Grã-Bretanha, era o inverso. Militarmente, ela ainda estava fraca e enfrentando reveses nos Bálcãs, Norte da África e, sobretudo, no Atlântico. Porém, pela primeira vez, havia mais que uma centelha de esperança no horizonte. Desde que as rotas marítimas do Atlântico pudessem ser protegidas, o "arsenal da democracia" americano estaria, em breve, à sua disposição. E as perspectivas de os Estados Unidos efetivamente entrarem na guerra haviam aumentado enormemente. Não espanta que Churchill tenha encerrado sua mensagem mundial radiofônica em 27 de abril de 1941 com um floreio retórico citando um poema do século XIX para ilustrar a nova esperança: "Na frente o sol se ergue muito, muito lentamente! Mas no Oeste, vejam, a terra está brilhando".[260]

Com o acordo dos destróieres, o esquema empréstimo-arrendamento e passos cautelosos subseqüentes, o presidente se deparara com escolhas difíceis. Não lhe faltaram conselhos de todos os lados: vá mais rápido, vá mais devagar; não vá de jeito nenhum. Ele havia vacilado, havia hesitado, fora pressionado por seus conselheiros e pelas pesquisas de opinião. Embora houvesse tateado o caminho para avançar, sua ousadia sobre o esquema de empréstimo-arrendamento se destaca e foi vital. Sem essa decisão, ainda que o fluxo imediato de ajuda dele fosse em pequena escala quando comparado com o que viria depois, a posição da Grã-Bretanha teria se deteriorado, rápida e incomensuravelmente. Como suas reservas em dólares encolhiam e as perdas no Atlântico cresciam, as dificuldades logo teriam começado a se aproximar do desespero. É improvável que a Grã-Bretanha teria sido forçada a buscar, como alguns proponentes do empréstimo-arrendamento alegaram na época, uma paz negociada com Hitler num prazo de seis meses. O governo britânico estava tão informado quanto a administração Roosevelt sobre os planos alemães de invadir a União Soviética e de uma grande concentração de Forças Armadas na frente oriental. A guerra germano-soviética, contanto que durasse, teria trazido um alívio para uma assediada Grã-Bretanha mesmo na ausência do esquema de empréstimo-arrendamento. Por quanto tempo, porém, os recursos da Grã-Bretanha teriam durado sem ele, mesmo nas novas condições da guerra no Leste, ainda é um ponto polêmico.

Mais importante que essa questão irrespondível é que o esquema empréstimo-arrendamento começou um compromisso com conseqüências. Embora o caminho dos Estados Unidos para a guerra ainda não estivesse decidido, os conselheiros de Roosevelt haviam julgado corretamente que, em decorrência do esquema, seria em última instância impossível ficar fora do conflito. Garantir que os bens produzidos não acabassem simplesmente no fundo do Atlântico implicava que os comboios teriam de ser escoltados na travessia do oceano. Isso inevitavelmente provocaria "incidentes"' — afundamentos e tiroteios. Como o próprio Roosevelt havia assinalado, isso soava como guerra e certamente não estava longe dela.[261] Isso o deixou relutante em ordenar as escoltas e ele só chegaria a esse ponto no outono. Alguns membros de seu Gabinete de guerra, seu círculo íntimo para assuntos de defesa, não tinham ilusões sobre a necessidade não simplesmente de se engajar na proteção defensiva de comboios, mas participar ativamente na batalha do Atlântico. A coisa não pararia aí, tampouco. Havia os que tinham pensado que, se a América viesse a se envolver, seria por mar e pelo ar, mas sem a necessidade de enviar tropas terrestres, como na Primeira Guerra Mundial. Mas os conselheiros militares de Roosevelt não se enganavam. Eles estavam cada vez mais certos de que a guerra só seria vencida com o envio de tropas americanas para combater na Europa.

Acompanhamos as razões por que o presidente agiu como o fez. Será que ele poderia ou deveria ter agido de maneira diferente?[262] Se tivesse seguido o caminho que os isolacionistas queriam que trilhasse, as chances de que a Grã-Bretanha fosse obrigada a uma paz negociada, deixando a ela e seu Império fragilizados ao extremo, teriam aumentado enormemente. Mas esse caminho nunca foi de fato conjeturado. Ele tampouco era factível. Desde Munique, pelo menos, a administração toda, e não apenas seus "falcões", havia adotado a visão de que Hitler representava uma ameaça direta aos Estados Unidos, e a todo o hemisfério ocidental. A ameaça emergente do outro lado do Pacífico, do Japão, contribuiu nitidamente para a urgência de aumentar a capacidade de defesa. Quando a guerra na Europa começou, e especialmente quando tropas de Hitler haviam invadido a Escandinávia, os Países Baixos e a França, o povo americano rapidamente começou a captar a enormidade da ameaça que se lhes apresentava. Poucos estavam prontos para entrar na guerra. Entretanto, o apoio à ajuda à Grã-Bretanha (e, até sua derrota, à França) era forte. A linha puramente isolacionista era apoiada por não mais de um terço da população e estava diminuindo. Afora as pesquisas de opinião, a reação avassaladoramente positiva às "conversas ao pé do fogo" de Roosevelt em dezembro de 1940 e, depois, em maio de 1941 indica que havia um respaldo generalizado a uma política de ajuda máxima à Grã-Bretanha que não incluísse uma entrada na guerra, no interesse próprio dos Estados Unidos. Qualquer tentativa, nesse clima de opinião pública (admitidamente influenciado pela administração, e não simplesmente em resposta a ela), de implementar uma política isolacionista seria uma loucura e estaria fadada ao fracasso.

Poderia a intervenção, como Stimson, Knox, Stark, Morgenthau e outros estavam pedindo com insistência em maio de 1941, ter sido uma opção mais sábia que o curso que Roosevelt adotou? Com um Exército menor que o da Holanda e sem aviões e navios de guerra disponíveis, uma intervenção na primavera e verão de 1940 poderia ter tido um valor meramente simbólico. A Marinha estava menos fraca que o Exército. Mas ela era necessária tanto no Pacífico para dissuadir os japoneses como no Atlântico, e isso sobrecarregava seus recursos. A remoção da frota, ou da maior parte dela, para o Atlântico teria enviado um sinal claro a Tóquio. Uma expansão no Sudeste Asiático antes do que realmente ocorreu provavelmente teria sérias conseqüências para a defesa britânica na região. Nesse meio-tempo, tantos navios mercantes americanos como britânicos teriam sido presa de ataques de submarinos alemães no Atlântico. Isso teria feito pouco para ajudar no suprimento de recursos materiais à Grã-Bretanha. E nada disso teria feito qualquer diferença para a situação na Europa. Nada que os Estados Unidos pudessem ter feito teria dificultado ao mínimo a conquista da Europa ocidental por Hitler.

Na primavera de 1941, a situação havia mudado. A força militar americana estava crescendo rapidamente à medida que o esforço de produção de armamentos ganhava fôlego. A ajuda ativa das forças navais americanas teria reduzido significativamente as perdas britânicas no Atlântico (embora a captura fortuita da máquina de código alemã Enigma em maio e a rápida decifração dos códigos de submarinos em si produziram uma forte queda na perda de embarcações mercantes nos seis meses seguintes).[263] Uma guerra naval com a América no Atlântico era algo que, naquela conjuntura, Hitler desejava ansiosamente evitar. Uma beligerância americana teria aumentado fortemente as apreensões em Berlim sobre a abertura de uma segunda frente no Leste. Mas a perspectiva de Hitler ser sugado para o que, com sorte, se tornaria um conflito prolongado e sangrento no leste era precisamente o que os americanos — e os britânicos — esperavam que acontecesse. De todo modo, nada sugere que Hitler teria sido dissuadido de sua intenção de destruir a União Soviética num ataque-surpresa rápido e devastador. Aliás, como ele percebia que teria dois ou três anos antes de ter que se confrontar com o poderio econômico e militar completo dos Estados Unidos, ele provavelmente só sentiria que seu diagnóstico de que um golpe rápido e atordoante na União Soviética, forçando a Grã-Bretanha à mesa de negociações, estava correto.

A intervenção, pois, teria sido de pouco ganho prático nos meses entre a derrota da França e a abertura da Operação Barbarossa para alterar o curso ou a ferocidade da agressão alemã. Quais poderiam ter sido suas conseqüências nos Estados Unidos? Qualquer tentativa de levar o país à guerra teria encontrado uma oposição ampla e acalorada. Como as pesquisas de opinião demonstraram, quatro quintos da população rejeitavam uma intervenção, mesmo em maio de 1941. Então, se Roosevelt houvesse impelido os Estados Unidos à guerra, o resultado teria sido uma intensa desunião e desarmonia, o oposto do que aconteceu após dezembro de 1941.

A questão, porém, é desnecessária. Em nenhum momento Roosevelt considerou levar a América à guerra. Se tivesse tentado, seria lembrado rapidamente e nos termos mais impositivos (e não apenas por isolacionistas) sobre seu compromisso explícito em seu discurso de outubro de 1940 em Boston, durante a campanha pela reeleição, de que não enviaria soldados americanos para lutarem numa guerra estrangeira. De qualquer modo, muito à parte o estado da opinião pública no país, ele sabia muito bem que não tinha a menor chance de persuadir o Congresso a emitir uma declaração de guerra.

Os intervencionistas em casa, mesmo entre os consultores mais próximos de Roosevelt, e, claro, muitos na Grã-Bretanha, estavam impacientes e críticos quanto à relutância americana sobre entrar na guerra. Mas a cautela do presidente, por mais enlouquecedora que fosse, era sábia. Ele foi bem-sucedido, sobretudo, em levar o país consigo em seus passos cuidadosos sobre a corda bamba. Quando a guerra finalmente chegou — como resultado da agressão por forças hostis, não de alguma ação direta do presidente —, isso se provou vital.

6. Moscou, primavera-verão de 1941

Stálin decide fazer do seu jeito

Vocês precisam entender que a Alemanha nunca tomará a iniciativa de atacar a Rússia [...]. *Se provocarem os alemães na fronteira, se movimentarem tropas sem nossa permissão, podem ter certeza de que cabeças vão rolar.*

Comentário de Stálin a seus comandantes militares, meados de maio de 1941

"Lênin deixou-nos um grande legado, mas nós, seus herdeiros, f... com ele."[1] Stálin soltou seu irado desabafo num momento difícil, ao concluir com seus colaboradores mais próximos uma tensa visita ao Comissariado da Defesa, seis dias depois da invasão alemã que, em 22 de junho, apanhara a União Soviética completamente desprevenida. Foi o mais próximo que chegou de admitir qualquer responsabilidade pelo desastroso erro de avaliação que levou o Exército alemão a avançar vertiginosamente por 480 quilômetros do território soviético em questão de dias, capturando ou matando enormes contingentes de soldados soviéticos e destruindo milhares de tanques e aviões na primeira onda de ataque. Não temos como saber se os principais sequazes que o acompanhavam na ocasião — Viatcheslav Mólotov (o duro e inflexível comissário das Relações Exteriores, que, pedante, corrigia os camaradas que o chamavam de "Traseiro de Pedra" dizendo que Lênin na verdade o chamara de "Traseiro de Ferro"),[2] Gueorgi Malenkov (gestor da inextricável burocracia do Partido Comunista), Lavrenti Béria (o implacável chefe da segurança de Estado) e Anastas Mikoian (o grande especialista em comércio exterior)[3] — ficaram satisfeitos de ser englobados na culpa coletiva pelo desastre insinuada no violento ataque de Stálin. Com sua fidelidade a toda prova, Mólotov certamente se dispunha a se enquadrar na responsabilidade coletiva, como continuaria a fazer muito depois da morte do ditador.[4] Ainda que assumissem uma atitude diferente, os outros souberam se manter calados e evitar lembrar o que todos sabiam perfeitamente: que as decisões cruciais que haviam acarretado aquela catástrofe para o país haviam sido tomadas por Stálin e ninguém mais.

Embora muitos ao seu redor, e de diferentes tendências, o advertissem em termos inequívocos da iminência de um ataque alemão, chegando inclusive a mencionar a data da invasão, Stálin insistia em que sabia o que estava fazendo. Cinco dias antes do ataque, o comissário da Segurança de Estado, Vsevolod Merkulov, entregou a Stálin o relatório de um agente soviético, com a advertência de que uma investida militar era iminente. A resposta de Stálin foi a seguinte: "Camarada Merkulov. Pode dizer à sua 'fonte' no quartel-general da Aeronáutica alemã que vá se f... Não se trata de uma 'fonte', mas de alguém que está espalhando *desinformação*. I. St.".[5] Com sua típica rispidez, era mais uma manifestação da certeza de Stálin de que seu tirocínio e sua intuição estavam certos, o que quer que dissessem ao seu redor. Tanto maior seriam, assim, o choque e a perplexidade que sentiu no início da manhã de 22 de junho, considerando-se a convicção que até então manifestava. Mas o raro e espontâneo reconhecimento, seis dias mais tarde, dos graves erros cometidos (mesmo vazado em linguagem chula e remetendo a uma culpa coletiva) redundava no reconhecimento tácito de que havia outras alternativas que poderiam ter evitado o desastre — alternativas que foram ignoradas.

Retrospectivamente, o fato de Stálin se ter convencido de que sabia o que estava fazendo — decidindo não agir, frente a todas as advertências sobre um perigo grave e iminente para o país — parece uma das decisões menos compreensíveis de toda a guerra. É particularmente difícil entender que justamente o mais desconfiado e paranóico dos homens se deixasse enganar quanto às intenções de Hitler. A história certamente teria tomado outro rumo se Stálin tivesse feito outras escolhas. Mas quais poderiam ter sido elas? A um exame mais atento, seriam talvez menos óbvias e mais limitadas que podem parecer hoje. A história da fatídica decisão de Stálin é mais complexa do que permitiria supor uma simples explicação em função de puro capricho pessoal, uma cegueira não muito provável ou mera e obstinada estupidez. É a história que precisamos agora desvendar. Um bom ponto de partida é a maneira como a União Soviética era governada e o modo como eram tomadas as decisões no sistema stalinista.

I

No momento em que a invasão da Polônia por Hitler, em 1º de setembro de 1939, desencadeava a Segunda Guerra Mundial, Ióssif Stálin, a ponto de comemorar seu sexagésimo aniversário,[6] era o ditador da União Soviética havia cerca de dez anos. Se o início da ditadura hitlerista pode ser estabelecido com precisão na sua ascensão ao poder nos dramáticos acontecimentos do fim de janeiro de 1933, não é possível associar o advento da autocracia de Stálin a algum momento ou acontecimento específico. Ela fora surgindo gradual mas inexoravelmente de sua ação num grupo de importantes bolchevistas subordinados a Lênin, até o ponto em que seu controle pessoal do poder se foi revelando incontrastável, sem peias e absolutamente decisivo na maneira como a União Soviética era governada.

Ao contrário da ditadura de Hitler na Alemanha, repousando na premissa da obediência à vontade de um "grande líder" intocável e infalível, a de Stálin ia basicamente ao encontro da teoria sobre a qual se assentava o domínio soviético, a de um governo coletivo. Embora a primazia de Lênin não sofresse contestação, o fato é que ele estava à frente de uma forma de liderança coletiva. Nos primeiros anos após a Revolução Bolchevista, não eram incomuns acaloradas disputas entre os dirigentes partidários a respeito das políticas a serem adotadas, e Lênin as aceitava. Após sua morte, em 1924, a supremacia de Stálin surgira de uma acirrada luta interna pelo poder, na qual se havia revelado crucial seu domínio da secretaria do partido e de seu aparato administrativo. Durante alguns anos, ao longo do primeiro Plano Qüinqüenal, introduzido no fim de 1928 e formalmente adotado na primavera do ano seguinte para acelerar a coletivização da agricultura e o desenvolvimento industrial, sua posição continuou sendo a de *primus inter pares* na liderança soviética. E a liderança coletiva ainda era considerada a melhor forma de governo. No início de 1929, três importantes membros do Politburo criticaram seriamente Stálin por se apropriar de poderes decisórios que, pela tradição bolchevista, deviam incumbir coletivamente ao Comitê Central do partido.

"Somos contrários à substituição do controle coletivo pelo controle de uma só pessoa", afirmaram.[7] Mas era tarde demais. Stálin já controlava as decisões e a maneira como eram encaminhadas. E não se esqueceu daqueles que tentaram se interpor em seu caminho.

Cinco anos depois, o assassinato de Serguei Kírov, o popular líder do partido em Leningrado, representaria mais uma etapa fundamental no caminho para o poder absoluto. Nunca se pôde provar que Stálin estivesse por trás da morte de Kírov. Parece provável que não estivesse envolvido.[8] Mas certamente foi o principal beneficiário da eliminação de um dirigente exponencial do partido, por alguns considerado seu possível rival. O assassinato de Kírov parece ter alimentado ainda mais a já pronunciada desconfiança paranóica de Stálin em relação a todos que o cercavam, assim como seu medo mórbido de eventuais tentativas de afastá-lo. O crime assinalou o início do que viria a se transformar numa investida em regra contra todo e qualquer suspeito de ser um adversário. E talvez tenha funcionado. Pois o fato é que, incrivelmente, em contraste com as tentativas contra a vida de Hitler, Stálin nunca seria alvo de qualquer conspiração de assassinato. Logo, não teriam mais limites as inacreditáveis ondas de terror contra os cidadãos soviéticos. Geralmente sem fundamento, mas incontroláveis, as suspeitas de Stálin levavam a brutais expurgos em massa que devastavam os contingentes de funcionários do partido, não se detendo diante de alguns dos mais destacados dirigentes bolchevistas e antigos camaradas do círculo mais próximo de Lênin, além de dizimar, com conseqüências fatais e prolongadas, o comando do Exército Vermelho. O poder pessoal do próprio Stálin era assim consideravelmente ampliado.

Os expurgos — "o Grande Terror", como ficaram muito justificadamente conhecidos — foram desencadeados no alto da pirâmide do poder. Em 1937-8, Stálin aprovou pessoalmente 383 listas, com os nomes de 44 mil vítimas do partido, do governo, das Forças Armadas, dos serviços de inteligência e de outros organismos do regime.[9] Era apenas uma parte dos que seriam atingidos por esse estarrecedor massacre de seu próprio povo. Entre as primeiras vítimas estavam veteranos e eminentes bolchevistas dos mais altos escalões do partido, um empenho de Stálin em varrer do mapa todos aqueles cuja vivência direta dos "dias gloriosos" sob a liderança de Lênin pudesse criar obstáculos para sua intenção de se apresentar como seu único herdeiro legítimo.[10] Afirma-se que Stálin teria declarado que estava na hora de "acabar com nossos inimigos, pois eles estão no Exército, na equipe e até no Kremlin".[11] Mas os expurgos também tinham o objetivo de promover uma completa renovação dos quadros do partido em todos os níveis e em toda a União Soviética. E não faltavam colaboradores dispostos que, conforme muitos militantes do partido, fosse por oportunismo carreirista, por convicção ideológica ou ambos, denunciavam antigos camaradas e até amigos e parentes, entregando-os aos bons cuidados da polícia secreta, o NKVD (Comissariado do Povo para Questões Internas).

Esse organismo era uma ferramenta vital no controle do regime soviético exercido por Stálin, sendo beneficiado por um regime estatutário especial. Seu chefe devia reportar-se diretamente a Stálin, e os funcionários eram muito bem remunerados e estimulados em sua lealdade por numerosos incentivos materiais, e tembém ameaçados com punições draconianas quando vieram à luz a corrupção e a criminalidade endêmicas na organização.[12] Em julho de 1937, o NKVD expôs ao Politburo seu plano de ação para os expurgos, escorado num generosíssimo orçamento. Previam-se o fuzilamento de 75 mil pessoas e o envio de 225 mil para campos de concentração. Revelou-se posteriormente que o plano, aprovado pelo Politburo, contemplava apenas um número mínimo de vítimas. Uma vez postos em práticas, os expurgos ganharam impulso próprio, valendo-se os militantes da base do partido para eliminar todos os supostos "inimigos" que encontrassem pela frente e com os agentes do NKVD tratando de cumprir suas "cotas". Cerca de 700 mil pessoas foram fuziladas em 1937-8, e mais de 1,5 milhão acabaram detidas.[13]

Os quadros do partido logo conseguiriam recompor-se, agora com elementos absolutamente fiéis a Stálin. Para o Exército Vermelho, contudo, a catástrofe teve conseqüências mais duradouras. No Exército, os expurgos tinham o mesmo objetivo subjacente de descartar todos os adversários reais ou imaginários, transformando as Forças Armadas igualmente numa ferramenta incondicional e ultraleal da liderança política. Entretanto, se era fácil treinar novos funcionários do partido, não havia como substituir da noite para o dia as capacitações técnicas e de liderança perdidas nas Forças Armadas. E as perdas nessas áreas foram em escala maciça. No total, 34 301 oficiais foram detidos ou expulsos das Forças Armadas em 1937-48. Cerca de 30% haviam sido readmitidos no início de 1940. Mas 22 705 foram fuzilados ou tiveram paradeiro desconhecido.[14] Os escalões mais altos foram pesadamente atingidos na "decapitação" do Exército Vermelho.[15] Dos 101 membros do supremo comando militar, 91 foram detidos, dos quais oitenta viriam a ser fuzilados. Entre eles estavam três dos cinco marechais da União Soviética (a patente militar mais alta), três dos quatro comandantes de Exército, todos os comandantes de distritos militares, quase todos os comandantes de divisão, todos os comandantes da Aeronáutica e dois almirantes.[16] Em sua maioria, foram vítimas de acusações absurdas e forjadas de atividades anti-soviéticas.

A vítima mais importante, ao mesmo tempo a mais clássica demonstração do caráter surpreendentemente autodestrutivo dos expurgos militares, foi o marechal Mikhail Tukhachevsky, o mais brilhante estrategista da União Soviética e principal adepto e planejador de uma organização militar modernizada, bem treinada, ampliada e tecnologicamente desenvolvida. Com sua memória de elefante, Stálin certamente se lembrava de que, na qualidade de comissário político da frente sudoeste em 1920, após a captura de Kiev pelos poloneses, deixara de fornecer as tropas de cavalaria solicitadas por Tukhachevsky, com conseqüências desastrosas.[17] Sem papas na língua, Tukhachevsky voltaria a entrar em confronto com Stálin na década de 30, em torno da questão dos níveis de controle político a serem exercidos sobre uma máquina militar profissionalizada. E suas relações com o incompetente comissário da Defesa, o marechal Kliment Vorochílov, colaborador próximo e seguidor fiel de Stálin, eram tensas — sobretudo durante seu breve período como vice-comissário da Defesa, em 1936-7.[18] Em maio de 1937, Tukhachevsky foi detido, torturado para confessar envolvimento numa conspiração para derrubar o regime soviético e executado. Stálin denunciou-o como espião, acusando-o de ter "entregado nosso plano operacional [...] o que tínhamos de mais sagrado — à Reichswehr alemã". Sua mulher, sua filha e outros parentes foram mortos por ordem de Stálin ou confinados em campos de concentração.[19]

Não poderia ser imediata a recuperação de uma sangria tão deliberada do comando das Forças Armadas. No outono de 1938, quando a Europa se preparava para mais uma guerra em futuro próximo, Stálin foi ouvido perguntando a Vorochílov, então encarregado da defesa do país, se ainda havia oficiais capazes de comandar uma divisão.[20] Num plano de reorganização das Forças Armadas traçado no outono anterior, calculava-se que elas só estariam preparadas para uma guerra no fim de 1942.[21] O despreparo do Exército seria com efeito revelado na humilhante campanha da "Guerra do Inverno" com a Finlândia em 1939-40. No verão de 1941, ao ser lançada a Operação Barbarossa, 75% dos oficiais de campo e 70% dos comissários políticos ocupavam seus postos havia menos de um ano.[22] A falta de experiência em áreas vitais do comando militar era uma conseqüência direta dos expurgos.

Incontáveis cidadãos soviéticos, dentro e fora do partido, apoiavam os expurgos (tornando-se cúmplices deles), na crença de que representavam uma caça às bruxas justificada, para erradicar o "inimigo interno". Longe de solapar o apoio a Stálin, eles o reforçaram, embora o fizessem sobretudo graças ao medo frente ao Líder, e não por algum tipo de adulação e apreço.[23] Pois se no regime hitlerista a aclamação das massas constituía um elemento fundamental, no caso de Stálin o poder se fundamentava no terror — pondo potencialmente em risco cada indivíduo, por mais elevada que fosse a posição ocupada — e no medo que vinha em seu rastro. Ele fornecia agora a necessária plataforma para a plena afirmação da ditadura stalinista — não a famosa "ditadura do proletariado", mas a ditadura de um só indivíduo.

Lembrando-se da contestação de que fora alvo em sua caminhada para a supremacia e consciente das teorias de liderança coletiva que seu domínio pessoal rejeitava na prática, Stálin continuou na década de 30 a negar que fosse um ditador, assinando decretos juntamente com outros dirigentes (e não em primeiro lugar) e insistindo em que "as decisões são tomadas pelo partido e executadas pelos organismos por ele designados, o Comitê Central e o Politburo".[24] Ao ter início a Segunda Guerra Mundial, isto havia muito não passava da mais descarada ficção.

Havia anos o Comitê Central, órgão supremo do partido, não passava de uma farsa. O número de membros aumentara consideravelmente desde a época de Lênin (quando tinha 46 membros votantes e sem direito a voto) e diminuíra a freqüência de suas sessões. Tornara-se na verdade um dispositivo totalmente controlado por Stálin, servindo apenas para fazer valer sua vontade e legitimar seu poder. No ambiente febril daquele ano de 1937, em meio aos expurgos, seus membros eram levados até a denunciar uns aos outros em plena sessão do Comitê Central, para agradar a Stálin.[25]

O Politburo, tecnicamente uma subcomissão do Comitê Central e em teoria o organismo decisório do partido, tinha cerca de quinze membros, e na década de 20 se reunia semanalmente. Pelo fim da década de 30, embora mantivesse o número de integrantes, já se reunia com menor freqüência. Houve 153 reuniões entre 1930 e 1934, apenas 69 entre 1934 e 1939 e cerca de metade deste total nos três anos subseqüentes.[26] Algumas de suas tarefas já eram a essa altura acumuladas por comissões e subcomissões.[27] E mesmo antes dos expurgos de 1937 Stálin já tratava de diluir sistematicamente o poder de elementos de destaque do Politburo, enviando alguns deles para postos fora de Moscou e concentrando ainda mais o poder em suas próprias mãos. O Politburo fragmentou-se e se atrofiou. Stálin agia cada vez mais com pequenos grupos arregimentados *ad hoc* e a seu bel-prazer nas fileiras do organismo. No fim da década de 30, diminuiu consideravelmente o número de sessões formais do Politburo. Houve apenas seis em 1938, duas em 1939 e duas em 1940.[28] A essa altura, reuniões informais com participantes diversos realizavam-se freqüentemente na *dacha* de Stálin, ao jantar, em meio a generosas doses de vodca. No início da guerra, as "questões operacionais" — toda e qualquer questão crucial que Stálin quisesse discutir com seus colaboradores mais próximos — e especialmente as de política externa, já agora da maior relevância, eram tratadas por um quinteto (os "Cinco Grandes") formado por Stálin, Mólotov, Malenkov, Béria e Mikoian.[29] Entre os "Cinco Grandes", no entanto, não pairava a menor sombra de dúvida sobre qual a opinião que realmente contava.

Muito mais que sob a liderança de Lênin nos primeiros anos após a Revolução, o governo do país era controlado no período do imediato pré-guerra pelo aparato organizacional cada vez mais complexo do partido. Lênin tivera sua principal base de poder como presidente do Conselho do Comissariado do Povo — na prática, primeiro-ministro do governo. Stálin, embora a partir de 1929, no máximo, fosse efetivamente o principal dirigente soviético, só assumiria este cargo em 1941 (época em que, em tempo de guerra, o papel do Estado se expandiu consideravelmente). Até então, e desde 1930, Mólotov era o primeiro-ministro. O fato de que estivesse subordinado a Stálin e o soubesse sem sombra de dúvida indica quem detinha efetivamente o poder. Por mais entrelaçados que estivessem seus elementos, em todos os níveis, o fato é que o aparato do partido controlava o Estado. E Stálin, puxando as cordinhas da organização, altamente centralizada, por sua vez controlava o partido.

À medida que aumentava o poder de Stálin, passando a posição e mesmo a sobrevivência dos subordinados a depender de seu favor e benevolência, a obsequiosidade e a bajulação até nos mais altos escalões do regime refletiam o crescimento de um forte culto da personalidade que chegaria ao apogeu durante a guerra e nos anos subseqüentes. No início da guerra, já estava bem adiantado o processo de construção da imagem de Stálin como super-homem. O Exército de burocratas e *apparatchiks* — os "pequenos Stálins" e paus-mandados do partido nas províncias —, movido pelo medo das conseqüências de eventuais denúncias, tratava de aplicar sem vacilação os desejos de "nosso Líder, Mestre e Amigo, o Camarada Stálin".[30] E não era diferente nas altas esferas do regime. O medo e a dependência geravam obediência e subserviência. Ardiloso e calculista, Stálin, invariavelmente testando as fraquezas e a resistência dos que o cercavam, exatamente como fazia com os inimigos externos, sabia como ninguém jogar uns contra os outros, explorando pontos vulneráveis de sua personalidade ou seus erros políticos. Os expurgos em massa de 1937 livravam Stálin de qualquer ameaça, isentando seu despotismo de todo questionamento, por maior que fosse sua paranóia. Também debilitaram muito a posição do Estado-Maior do Exército no trato com a liderança política, especialmente com o próprio Stálin. Além disso, o gigantesco expurgo promovido na equipe do Ministério do Exterior quando Mólotov substituiu Maxim Litvinov à frente do Comissariado do Exterior, no início de maio de 1939,[31] significou não só a perda de elementos experientes, mas o predomínio da subserviência sobre os critérios profissionais nessa vertente vital da política governamental, num momento tão crucial. Mas o medo e o servilismo, representando o outro lado da moeda do culto da infalibilidade do Líder, não eram propriamente os melhores conselheiros em matéria de gestão governamental. Stálin — precavido, desconfiado, frio e implacável — cada vez mais ouvia apenas o que seus subordinados, ansiosos e aduladores, achavam que ele queria ouvir. O que contribuiria para o desastre de junho de 1941.

Assim, nos decisivos meses que antecederam o lançamento da Operação Barbarossa, Stálin tomava pessoalmente as decisões em todas as questões importantes que surgiam na União Soviética. Elas eram discutidas, às vezes longamente mas em geral de maneira informal, com grupos variáveis do "círculo íntimo". Mas os que se reuniam regularmente com Stálin consideravam-se uns aos outros como rivais, mostrando-se, conseqüentemente, divididos. Também tinham aguda consciência da instabilidade de sua posição. A dependência em relação a Stálin era total. E por isso mesmo era igualmente total sua lealdade a ele, o que não contribuía propriamente para a livre troca de idéias. Mesmo os colaboradores mais antigos e da confiança de Stálin, na medida em que se possa dizer que o ditador confiava em alguém, mostravam-se extremamente cautelosos ao expressar pontos de vista que ele pudesse considerar críticos. Ele próprio muitas vezes se eximia de externar sua opinião nas reuniões antes que os outros se manifestassem, o que, por sua vez, só aumentava a cautela dos que eram convidados a se exprimir. Era praticamente assegurada, assim, a ratificação dos pontos de vista de Stálin. Essa tendência haveria de se revelar um ponto fraco, e não um esteio, ante o risco da invasão.

Durante a maior parte da década de 30, a liderança da União Soviética estivera voltada sobretudo para a revolução stalinista e suas repercussões internas. As relações internacionais, contudo, mantinham-se constantemente no horizonte das preocupações, especialmente depois que Hitler foi feito chanceler do Reich alemão em janeiro de 1933. Ainda que de maneira indireta, elas influenciavam constantemente a reconstrução interna. A preparação de uma sociedade socialista para uma guerra que Stálin e todos os seus colaboradores anteviam para o futuro próximo constituía um princípio subjacente das políticas públicas. E em 1938, no exato momento em que Stálin se empenhava em dizimar a liderança de seu próprio Exército, essa guerra passou de uma hora para outra a parecer iminente. A União Soviética, como sabia Stálin, mais que ninguém, não estava em absoluto preparada, sobretudo em suas depauperadas Forças Armadas. Mas agora as relações internacionais é que eram a prioridade.

II

O fato de a União Soviética ter sido apanhada tão desprevenida pela investida alemã de junho de 1940 não parece espantoso apenas quando pensamos na personalidade profundamente desconfiada de Stálin. Também parece difícil de entender à luz das duas grandes preocupações — convencionais, não obstante a coloração ideológica de que eram revestidas — que determinavam os rumos da política externa soviética desde a década de 20: o interesse nacional e a segurança nacional. Em seu nome eram justificadas as mais cínicas manobras táticas e todas as manipulações oportunistas. Parece assombroso, assim, que a preservação da segurança soviética tenha fracassado de maneira tão catastrófica em 1941.

O projeto inicial de "exportar" a revolução bolchevista para promover a derrubada do capitalismo mundial fora deixado de lado após o fim da guerra civil russa em 1921. A partir daquele momento, a política externa revolucionária preconizada por Leon Trotski (cuja influência começava a declinar) foi substituída por uma diplomacia mais convencional. Dois princípios centrais pautavam a condução das relações internacionais do Estado soviético nos meados da década de 20. O primeiro era o de que a guerra era inevitável, dada a competição entre as potências imperialistas pelo controle dos recursos materiais do planeta. Essa guerra seria travada entre países imperialistas rivais (como na Primeira Guerra Mundial) e haveria de beneficiar a União Soviética e a causa da revolução socialista. Mas a União Soviética também seria alvo das ambições imperialistas, vendo-se diretamente ameaçada pela guerra. Assim — e é este o segundo princípio —, o socialismo não deveria ser construído, no futuro próximo, mediante uma revolução mundial, mas no interior da própria União Soviética (nome oficialmente adotado em 1924), que desse modo poderia, com o tempo, tornar-se forte e inexpugnável diante da crescente ameaça das forças imperialistas hostis e gananciosas.

Naturalmente, não se abriu mão definitivamente da idéia da disseminação da revolução comunista por outros países. Cabia ao Comintern — a Terceira Internacional Comunista, fundada em 1919 — explorar as crises consideradas intrínsecas ao sistema capitalista, preparando terreno para a eventual revolução. Este, no entanto, seria um processo orgânico a se desenrolar num período indeterminado (embora seja verdade que já em 1925 Stálin contemplava a possibilidade de uma guerra prolongada na Europa, em algum momento, como catalisador de uma grande mudança revolucionária).[32] Enquanto isso, as ações do Comintern em outros países ficavam subordinadas ao objetivo principal de proteger os interesses da União Soviética, o único país em que a revolução socialista já dera origem a uma nova estrutura social. E, num horizonte previsível, era evidente que a União Soviética continuaria numa posição de fraqueza militar e econômica, em comparação com as grandes potências imperialistas. O reconhecimento desse fato impunha a adoção de políticas de rápido e forçado fortalecimento dos recursos econômicos e militares soviéticos, ao mesmo tempo que se conduzia uma política pragmática nas relações internacionais. Partia-se do princípio de que a União Soviética e os países capitalistas, por mais fundamentais que fossem suas divergências ideológicas, teriam, por um longo período, de cooperar na base de uma "coexistência pacífica". Isso permitiria o desenvolvimento e a otimização das relações comerciais e econômicas com os países capitalistas, mesmo em condições de antipatia política recíproca.

O corolário, nas relações diplomáticas, foi que a União Soviética procurou romper o isolamento internacional que se havia seguido à Revolução bolchevista de 1917. Neste sentido, o Estado soviético saiu-se muito bem. Só em 1924-5 foram estabelecidas relações diplomáticas com treze países. Com muitos outros países, inclusive os vizinhos da Rússia, chegou-se a um *modus vivendi*. No fim da década de 20, a única grande potência que ainda se recusava a reconhecer a União Soviética eram os Estados Unidos. Não havia em parte nenhuma qualquer sinal de formação de uma aliança agressiva de Estados capitalistas contra a União

Soviética. Enquanto isso, inúmeros acordos comerciais haviam sido firmados com importantes países europeus.[33]

Um lugar especial nas relações externas da União Soviética no mundo do pós-guerra era reservado à Alemanha. Ele fora estabelecido em 1922 pelo Tratado de Rapallo, remediando o colapso que se havia seguido à Revolução e lançando as bases de uma florescente cooperação econômica e, por baixo do pano, também militar, que durou até a chegada de Hitler ao poder onze anos depois. O Estado bolchevista, recém-saído de uma guerra civil feroz e mesmo bárbara, e a nova democracia liberal alemã, enfrentando uma grave crise inicial, nem de longe pareciam companheiros naturais. Mas foram aproximados pelas circunstâncias, que escoraram um tratado de interesse recíproco. A Rússia queria sair do isolamento internacional em que se encontrava, e a Alemanha desejava mostrar às potências ocidentais vitoriosas — a França e a Grã-Bretanha, pressionando pelo pagamento das indenizações de guerra — que dispunha da alternativa de um novo aliado a Leste. Do ponto de vista soviético, era uma barreira contra uma nova intervenção militar das potências ocidentais na Rússia, como acontecera durante a guerra civil, por mais improvável que isso se tivesse tornado na prática. Da perspectiva alemã, a aproximação descartava a possibilidade de uma reedição da aliança que o país enfrentara na Primeira Guerra Mundial, embora uma tal reativação fosse a essa altura ainda mais improvável.[34] Politicamente, Rapallo tinha um peso mais simbólico que real. Em termos econômicos e militares, o tratado apresentava significado maior. Os dois países se beneficiaram dessa aproximação comercial. No fim da década de 20, a Alemanha se havia tornado o maior parceiro comercial da União Soviética.[35] E no terreno militar os acordos secretos que se seguiram à assinatura do Tratado de Rapallo permitiam aos dois países contornar as restrições decorrentes da ordem do pós-guerra, com o isolamento soviético, por um lado, e, por outro, as severas limitações impostas à Alemanha pelo Tratado de Versalhes. Certos elementos desses acordos — um contrato com a Junkers para a construção de uma fábrica de aviões na União Soviética e um acerto para a produção conjunta de gás venenoso — não chegaram a se materializar. Mas a cooperação em manobras militares, as experiências de guerra química e o intercâmbio no terreno da inteligência efetivamente se concretizaram.[36]

No fim da década de 20, a vertente política do Tratado de Rapallo perdera força. Embora a Alemanha tivesse assinado um tratado de neutralidade com a União Soviética em Berlim, em abril de 1926, o fato de o país também ter firmado o Tratado de Locarno cinco meses antes dera o sinal de uma melhora nas relações com as democracias ocidentais, a França e a Grã-Bretanha. O fim do isolamento internacional da Alemanha, tornado ainda mais claro pela integração do país à Liga das Nações em 1926, diminuía a importância que vinha sendo atribuída aos laços com a União Soviética estabelecidos quatro anos antes. Mas a cooperação militar tinha prosseguimento. Economicamente, enquanto a União Soviética entrava em seu grande movimento de coletivização e a Alemanha, na crise terminal de sua democracia, que acabaria levando Hitler ao poder, os laços comerciais entre os dois países chegaram até a se intensificar. Em 1932, quase a metade das importações soviéticas provinha da Alemanha.[37]

A essa altura, contudo, a tempestade começava a se formar. A Leste e a Oeste, ameaças se manifestavam para a União Soviética. No Extremo Oriente, após o "incidente da Manchúria" em 1931, tornava-se cada vez mais estridente o tom do nacionalismo militarista do velho inimigo, o Japão. Na Alemanha, enquanto isso, Hitler, a voz mais radical da militância antibolchevista, estava na iminência de chegar ao poder.

A ascensão do nazismo na Alemanha modificou completamente o contexto das relações internacionais da União Soviética. O medo de uma guerra se tornou dominante. No fim de 1933, as inclinações anti-soviéticas do novo regime se refletiam numa certa frieza diplomática, diretamente fomentada por Hitler. Rapallo estava enterrado. O tratado de não-agressão da Alemanha com a Polônia, assinado em janeiro de 1934, era a mais clara demonstração de uma importante mudança na política externa alemã e de uma nova atitude em relação à União Soviética. Na Alemanha, muitos, dos conservadores aos comunistas, consideravam que Hitler não passava de um espalha-brasas que logo sairia de cena ou moderaria suas arengas. Pelo dogma oficial do Comintern, continuava estabelecido que o líder alemão representava uma última e desesperada cartada do capitalismo ameaçado. Mas a liderança soviética encarava com absoluta seriedade a ameaça de Hitler. Já em março de 1933, o *Izvestya*, órgão de imprensa do governo central, comentava que "os nacional-socialistas [haviam] desenvolvido um programa de política externa contra a existência da União Soviética".[38] Um mês depois, Serguei Alexandrovsky, assessor político na embaixada em Berlim, informava que a futura política externa de Hitler significaria "aventureirismo militar e, em última análise, guerra e intervenção contra a União Soviética".[39] Os dirigentes soviéticos tinham consciência do que Hitler escrevera em *Mein Kampf* em meados da década de 20 e estavam muito longe de descartar suas efusões como mera retórica radical de um doidivanas. No 17º Congresso do Partido Comunista da União Soviética, em 31 de janeiro de 1934, Nikolai Bukhárin, que mais tarde seria vítima dos expurgos de Stálin, falou da possibilidade de uma "invasão contra-revolucionária" do país, fosse por parte da "Alemanha fascista" ou do Japão imperial. Em seguida, ele citava extensos trechos de *Mein Kampf* nos quais Hitler se referia à necessidade da Alemanha de conquistar terras a Leste pela força, às custas da União Soviética. Bukhárin concluía: "Assim é que Hitler muito francamente propõe a destruição de nosso Estado. Ele afirma abertamente que o povo alemão deve lançar mão da espada para expropriar as terras da União Soviética de que supostamente precisa". Bukhárin via na Alemanha nazista o inimigo que "haverá de se opor a nós em todas as terríveis batalhas que a História nos inflige".[40]

Com toda evidência se fazia necessário um realinhamento da política externa soviética. O comissário das Relações Exteriores, Maxim Litvinov (que seria substituído por Mólotov em 1939), era o principal defensor da necessidade de trabalhar com as democracias ocidentais, a França e a Grã-Bretanha, na construção de um sistema de segurança coletiva na Europa. Em 1934, a União Soviética — já agora também reconhecida, desde novembro do ano anterior, pelos Estados Unidos — integrou-se à Liga das Nações, passando a liderar uma campanha em favor de uma "frente internacional da paz" destinada a combater a ameaça de agressão representada pela Alemanha, a Itália e o Japão.[41] Em maio de 1935, a União Soviética assinou um tratado de assistência recíproca com a França, em seguida fazendo o mesmo com a Tchecoslováquia (embora neste caso o tratado só entrasse em vigor se a França, que já tinha uma aliança de defesa mútua com os tchecos, tomasse a iniciativa). A União Soviética foi a mais ativa adepta de sanções contra Mussolini mais tarde nesse mesmo ano, e em 1936 forneceu armas às forças republicanas na Espanha, ao ter início a guerra civil espanhola, e em 1937, quando o Japão invadiu a China, forneceu ajuda aos nacionalistas de Chiang Kai-shek.

Na concepção soviética, uma nova guerra imperialista só poderia ser adiada, mas não impedida, por medidas de segurança coletiva. Uma grande conflagração haveria naturalmente de envolver a União Soviética, direta ou indiretamente. Na verdade, uma nova guerra, segundo se acreditava, seria uma guerra mundial, muito provavelmente envolvendo um ataque à União Soviética por uma coalizão de países imperialistas, ameaçando-a do Ocidente e do Oriente.[42] E rondava sempre a suspeita de que havia no Ocidente forças ansiosas por aplacar Hitler desviando sua atenção para a União Soviética, ou mesmo considerando a possibilidade de se juntar à Alemanha nazista numa cruzada antibolchevista. A promoção de esquemas de segurança coletiva visava, assim, a ganhar um tempo precioso. Entretanto, quanto mais fracassavam a Liga das Nações e os projetos de segurança coletiva, em meio às tentativas das potências ocidentais de chegar a algum acerto com Hitler, mais aumentavam as suspeitas. O isolamento internacional da União Soviética, que nunca seria superado, ficou mais claro que nunca quando o Ocidente cedeu ao expansionismo de Hitler em 1938. "A Liga das Nações e a segurança coletiva morreram", reconhecia o próprio Litvinov em outubro desse ano. "As relações internacionais estão entrando numa era do mais violento surto de selvageria e força bruta e de uma política de punhos de ferro."[43]

Caracterizada a tibieza das democracias ocidentais, aumentou muito o medo dos soviéticos de se verem arrastados a um conflito inevitável — e de não estarem preparados para ele. Com o desenrolar da crise dos sudetos no verão de 1938, a União Soviética entrou em estado de mobilização parcial e declarou-se disposta a lutar para defender a Tchecoslováquia de uma agressão.[44] A oferta de ajuda podia ser feita na quase certeza de que não teria de ser posta em prática. O envolvimento militar requereria a passagem de tropas pela Polônia (que não a permitiria) e a Romênia (onde só tardiamente foi dada uma autorização limitada, e com severas restrições). De qualquer maneira, e esta não era uma consideração de menos importância, o Exército Vermelho, com seus escalões de comando drasticamente debilitados pelos expurgos do ano anterior, não estava em 1938, como vimos, nem sequer perto das condições necessárias para se engajar num grande conflito. Em seus próprios cálculos, a plena capacidade de mobilização para uma guerra só estaria ao alcance na passagem de 1942 para 1943.[45] Por outro lado, como sabia perfeitamente Stálin, uma intervenção armada soviética na Tchecoslováquia só seria possível se os franceses dessem o primeiro passo para cumprir as obrigações assumidas por tratado. E ao longo do verão, com os franceses atados aos britânicos e Chamberlain mostrando todo empenho em chegar a um acordo com Hitler, não era nem sequer provável — mesmo pondo-se de lado a permanente aversão dos ocidentais à União Soviética — que o Exército Vermelho viesse a ser convocado. Tal como se apresentava, a disposição da Grã-Bretanha e da França de ceder às pressões de Hitler e se mostrar coniventes com a repartição da Tchecoslováquia na Conferência de Munique, em 29-30 de setembro de 1938, tinha um significado óbvio aos olhos dos soviéticos: estava chegando a guerra, e a União Soviética não podia contar com qualquer ajuda do Ocidente.

Do ponto de vista soviético, o horizonte subjacente ao famigerado pacto Hitler-Stálin que deixou o mundo boquiaberto em agosto de 1939 tinha esse pano de fundo. Em seu discurso no 18º Congresso do partido, em 10 de março de 1939, Stálin chamara a atenção para o crescente perigo de uma "nova guerra imperialista", com o colapso do sistema de segurança coletiva decorrente da recusa de britânicos e franceses de assumir uma posição comum e direta contra Hitler. Ele concluía afirmando que a União Soviética não seria "arrastada a um conflito por fomentadores de guerras acostumados a ver os outros tirar suas castanhas da grelha".[46]* Como indicavam as observações de Stálin, a desilusão com uma possível disposição das democracias ocidentais de combater Hitler ia paralela com uma desconfiança ainda maior quanto a suas motivações. A possibilidade de que o Ocidente tivesse interesse numa guerra entre alemães e soviéticos, chegando mesmo a apoiar a Alemanha, era um pensamento constante entre os dirigentes do Kremlin.

Cinco dias depois do discurso de Stálin, Hitler ocupara o que restava do território tcheco. Foi o que finalmente levou britânicos e franceses a agir. Foram dadas então garantias à Polônia, seguidas de garantias semelhantes para a Grécia e a Romênia. Mas a União Soviética rejeitou propostas anglo-francesas de um pacto oferecendo a perspectiva de uma ajuda à União Soviética somente *depois* que ela fornecesse apoio armado para entrar numa guerra contra a Alemanha, a ser desencadeada exclusivamente por iniciativa da Grã-Bretanha e da França.[47] Em vez disso, a União Soviética propôs uma aliança militar de pleno direito — um pacto triplo entre a União Soviética, a França e a Grã-Bretanha para o fornecimento de ajuda recíproca frente a qualquer agressão alemã contra qualquer um deles.[48] Mas a Grã-Bretanha e a França não se mostraram interessadas. Prevaleciam ainda os sentimentos anti-soviéticos e a tendência a subestimar o potencial militar da União Soviética.[49] Em contrapartida, a reação protelatória dos ocidentais podia ser considerada uma confirmação da "inabalável linha política que consiste em jogar a

* A expressão francesa "tirar as castanhas da grelha", indicando ação arriscada de alguém em benefício de outrem, entrou em uso corrente a partir de uma fábula de La Fontaine em que o gato tira do fogo as castanhas que estão tostando para que o macaco não queime as mãos. (N. T.)

Alemanha contra a União Soviética".[50] De modo que nada se concretizou quanto a essa última esperança de conter Hitler sem chegar a uma guerra. As democracias ocidentais continuaram fazendo corpo mole, até que o sensacional pacto Hitler-Stálin de 23 de agosto de 1939 subitamente virou a diplomacia internacional de ponta-cabeça.

Na verdade, o pacto vinha fermentando por trás do pano havia alguns meses.[51] A partida foi dada com os contatos econômicos. Após a chegada de Hitler ao poder, e mesmo com o declínio das trocas comerciais, as relações econômicas germano-soviéticas tinham na verdade prosseguido, não obstante o sério agravamento do clima diplomático e a estridente retórica anti-soviética dos dirigentes nazistas. A União Soviética fizera alguns acenos em 1935-6 para melhorar os laços econômicos com a Alemanha e usá-los como ferramenta para promover um certo grau de distensão política. Mas nada resultou. Como se poderia prever, as tentativas soviéticas de obter armas mediante novas linhas de crédito foram rechaçadas. E logo cairiam por terra as esperanças de que a veemente política anti-soviética de Hitler viesse a ser diluída pelos elementos da elite do regime supostamente menos hostis.[52] No início de 1937, as relações entre a União Soviética e a Alemanha haviam chegado ao ponto máximo de refluxo. E assim permaneceram até a primavera de 1939, quando os contatos econômicos serviram mais uma vez de ponto de partida para uma tentativa de lançar novas bases de relacionamento político, desta vez com resultados surpreendentes.

Pois o fato é que, dessa vez, não só os soviéticos mas especialmente os alemães estavam interessados numa aproximação. Depois de um começo hesitante, o interesse da Alemanha foi se tornando mais urgente à medida que o verão avançava e aumentava a probabilidade de que os planos de atacar a Polônia levassem a uma guerra com as democracias ocidentais. Um acordo com a União Soviética serviria ao mesmo tempo para descartar qualquer possibilidade de uma "grande coalizão" contra a Alemanha (uma repetição da constelação de 1914), impedir que a Grã-Bretanha interviesse no conflito polonês e deixar a Polônia completamente exposta ao poderio militar alemão. Ribbentrop, o ministro do Exterior alemão, por muito tempo esteve à frente da proposta, enquanto Hitler inicialmente hesitava. Do ponto de vista soviético, a melhora das relações políticas com a Alemanha no mínimo serviria para colher vantagens econômicas, de que o país precisava desesperadamente para levar adiante seus planos de industrialização, especialmente no que dizia respeito a um maior preparo das Forças Armadas. As importações de produtos industriais da Alemanha haviam caído de 46% do total das importações soviéticas em 1932 para apenas 4,7% em 1938. O próprio Stálin interessou-se pessoalmente pelos benefícios que a melhora das relações comerciais com a Alemanha representaria em matéria de armamentos para a União Soviética.[53] Mas o interesse soviético por uma aproximação com a Alemanha nazista ia muito além das vantagens econômicas a serem auferidas. A liderança soviética (e não apenas Stálin) sabia perfeitamente que o projeto de um esquema coletivo de segurança estava morto e enterrado, suspeitava fortemente das intenções das potências ocidentais, continuava preocupada com o perigo representado pelo Japão em seu flanco oriental e precisava desesperadamente ganhar tempo frente a uma ameaça alemã que, segundo se acreditava, certamente haveria de se voltar em algum momento contra a União Soviética. Por todos esses motivos, um entendimento político com a Alemanha nazista parecia cada vez mais fazer sentido. Stálin, durante muito tempo cheio de cautela, como Hitler, finalmente comprometeu-se com a idéia naquele mês de agosto.

A essa altura, as sondagens efetuadas durante as negociações comerciais da primavera, acompanhadas de suspeitas recíprocas, já haviam evoluído para alguns passos hesitantes em direção a um acerto político, envolvendo os interesses territoriais mútuos dos dois países. O comportamento protelatório de britânicos e franceses, na primavera e no verão, com relação ao pacto trilateral de assistência mútua proposto pela União Soviética corroborou a opinião de Mólotov de que estava lidando com "velhacos e embusteiros",[54] servindo apenas para alimentar ainda mais as já fortes suspeitas de Stálin. O fato de Londres e Paris terem enviado uma delegação de segundo escalão, que pareceu evasiva e de qualquer maneira não tinha poderes para assumir compromissos, em vez de um ministro do primeiro escalão, com poderes plenipotenciários, também foi considerado humilhante e pouco sério.[55] Em meados de agosto, conforme a crise polonesa chegava ao auge e a intenção de Hitler de atacar a Polônia tornava-se evidente,[56] a liderança soviética chegou à conclusão incontornável de que não podia esperar nada do Ocidente. Restava apenas uma alternativa.

No momento em que as negociações com os representantes britânicos foram formalmente suspensas, Stálin já fizera chegar a Hitler que estava disposto a assinar um pacto de não-agressão com a Alemanha o mais breve possível.[57] Em apenas quatro dias, Ribbentrop chegava a Moscou, em 23 de agosto, sendo rapidamente concluído o mais vergonhoso lance diplomático da história. Eram atendidos os interesses dos dois lados. Em seu retiro alpino, perto de Berchtesgaden, Hitler deu um tapa de satisfação na coxa ao ser informado daquela grande tacada diplomática.[58] Em sua *dacha* nas imediações de Moscou, Stálin não ficou menos satisfeito. Mas ele não se iludia quanto aos alemães. "Naturalmente, tudo não passa de um jogo para ver quem engana quem", comentou então, segundo lembraria Nikita Kruchev, na época chefe do partido em Kiev e membro do Politburo. "Sei o que Hitler pretende. Ele acha que me enganou, mas fui eu que o passei para trás." Naquela noite, ele disse aos companheiros do Politburo, ao jantar, que "por causa daquele tratado a guerra nos haveria de passar ao largo por mais algum tempo. Poderíamos manter-nos neutros e poupar forças".[59]

A União Soviética e a Alemanha, duas potências ideologicamente nos antípodas, e cujos governos (na elegante formulação de Stálin) haviam passado anos "derramando baldes de merda na cabeça um do outro",[60] estavam agora ligadas por um pacto de não-agressão. Um protocolo acrescentado secretamente submetia o Báltico à esfera de influência soviética e cortava a Polônia ao meio, atribuindo a parte ocidental à Alemanha. Os interesses e a segurança soviéticos, como sempre, eram as únicas questões em jogo para o Kremlin. Por mais cínico que fosse o acerto, esses objetivos pareciam garantidos pelo futuro próximo. Stálin sabia ter obtido fronteiras mais seguras no Báltico. Acima de tudo, afastara qualquer ameaça imediata à União Soviética por parte da Alemanha de Hitler e ganhara um tempo precioso. Ele deveria ser empregado para preparar o Exército Vermelho para a guerra. Na iminência de firmar o pacto do demônio com Hitler, Stálin lera partes de *Mein Kampf*, sublinhando os trechos referentes à necessidade da Alemanha de conquistar novos territórios a Leste à custa da Rússia.[61] Ele sabia o que esperar. Mas achava que a União Soviética teria três anos para se preparar para o ataque. E até o fim de 1942 o Exército Vermelho estaria pronto para o confronto. Enquanto isso, a União Soviética poderia extrair vantagens materiais e territoriais de sua nova amizade com o antigo arquiinimigo.

III

Os dirigentes soviéticos tinham motivos para estar satisfeitos com os resultados dos primeiros meses do novo relacionamento de seu país com a Alemanha nazista. Na vigência dos acordos de 19 de agosto de 1939 (pouco antes do pacto), ampliados em fevereiro de 1940 e renegociados em janeiro de 1941 para estabelecer novos prazos de entrega, o comércio entre a União Soviética e a Alemanha rapidamente se recuperou do refluxo do fim da década de 30, retomando níveis equivalentes, *grosso modo*, aos do momento em que Hitler assumiu o poder. A Alemanha importava milhões de toneladas de cereais, madeira e produtos derivados do petróleo, além de dezenas de milhares de toneladas de manganês e cromo. Em troca, a União Soviética recebia maquinaria, equipamentos de construção, produtos químicos e outros manufaturados. Os alemães se beneficiavam mais com esse acerto econômico. A União Soviética entregava suas matérias-primas mais ou menos nos prazos, mas eram freqüentes os atrasos nas entregas recíprocas de produtos manufaturados. E a Alemanha continuava fazendo ouvidos moucos aos pedidos soviéticos de fornecimento de armas.[62] Do ponto de vista soviético, contudo, os acordos comerciais eram secundários em relação ao principal objetivo do pacto: a segurança. Neste sentido, o balanço do primeiro período da cooperação germano-soviética era encorajador. "No que diz respeito à salvaguarda da segurança de nosso país, alcançamos um sucesso considerável", sentenciava Mólotov perante o Soviete Supremo no fim de março de 1940.[63]

Além de manter a União Soviética fora da guerra européia, o pacto (especialmente seu protocolo secreto) abrira a porta para a ampliação territorial, cujo principal objetivo — em contraste com o da Alemanha nazista, embora as conseqüências da ocupação fossem quase igualmente terríveis para os povos subjugados — era melhorar os níveis de segurança. A parte oriental da Polônia fora ocupada em meados de setembro de 1939, numa cínica jogada de *Realpolitik* que assinalava o primeiro passo no estabelecimento de um cordão sanitário ao redor das fronteiras ocidentais da União Soviética. Naquele mesmo mês, Ribbentrop estava de volta a Moscou para a assinatura do Tratado Germano-Soviético de Fronteiras e Amizade, concordando em transferir a Lituânia para a esfera de influência soviética, em troca de extensas regiões do centro da Polônia, que foram entregues à Alemanha. Juntamente com a Lituânia, as outras repúblicas bálticas, a Letônia e a Estônia, seriam igualmente forçadas, nas semanas subseqüentes, a se submeter à União Soviética, sendo compelidas a permitir a presença de tropas soviéticas em seu território. Com a Finlândia, contudo, já se tentava ir um pouco longe demais. As pressões sobre os finlandeses no outono para que fizessem concessões territoriais, destinadas a reforçar as defesas soviéticas do Norte, enfrentaram resistência, levando, no fim de novembro, a uma guerra. Os duros combates travados no rigor do inverno garantiram a independência da Finlândia. Quando os finlandeses propuseram a paz, em março, 200 mil soldados soviéticos haviam morrido. O Exército Vermelho, que enviara mais de 1 milhão de militares para combater na Finlândia, fora humilhado pelas minúsculas forças finlandesas. Os alemães não seriam os únicos a subestimar gravemente a capacidade de combate dos soviéticos em conseqüência do que se vira na Guerra do Inverno.

A expectativa de Stálin na primeira fase da guerra européia era que as democracias ocidentais e a Alemanha nazista se esgotassem no confronto, chegando a um impasse. Sua preocupação era que em algum momento entrassem em acordo, voltando-se juntas contra a União Soviética.[64] A expectativa foi descartada pela rapidez da vitória alemã na frente ocidental em maio e junho de 1940. A preocupação, por outro lado, aumentou.

A rapidez do colapso da França pegou a liderança soviética completamente de surpresa. Todos os cálculos teriam agora de ser revistos. Prostrada a Europa ocidental aos pés de Hitler, à parte a Grã-Bretanha (e por quanto tempo poderia ela resistir até ser conquistada, ou, mais provavelmente, capitular e unir forças com a Alemanha, como há muito se previa?), a União Soviética estava mais exposta que nunca. Foi o que Stálin imediatamente reconheceu. Kruchev estava com Stálin quando chegou a notícia da derrota da França, e mais tarde recordaria a reação do líder máximo. "Era evidente que ele perdera toda a confiança na capacidade de combate de nosso Exército. Era como se tivesse jogado as mãos para cima, em desespero, desistindo completamente depois que Hitler esmagou o Exército francês e ocupou Paris [...]. Soltou algumas pragas russas bem conhecidas e disse que agora Hitler podia estar certo de que ia acabar conosco."[65]

Como ficara cruelmente evidente na Finlândia, o Exército Vermelho nem de longe estava preparado para fazer frente à ameaça. À luz do desastroso desempenho na Guerra do Inverno, foram tomadas medidas para a possível adaptação à nova situação. O ritmo do rearmamento foi acelerado acentuadamente. Para fomentar a produção de armas, os trabalhadores foram submetidos a uma disciplina ainda mais draconiana. As Forças Armadas foram reorganizadas, com a volta de alguns oficiais expurgados e a chegada a postos-chave da nova geração de comandantes (alguns dos quais ganhariam fama nos anos subseqüentes).[66] Sem demora, por outro lado, o que restava da frágil independência das repúblicas bálticas foi cancelado. Em junho, a Letônia, a Estônia e a Lituânia foram anexadas, sob o ridículo pretexto de supostas atividades anti-soviéticas, sendo plenamente incorporadas à União Soviética para reforçar as posições defensivas soviéticas no Norte. Houve até planos contingenciais, traçados em setembro de 1940 mas nunca postos em prática, para uma nova guerra contra a Finlândia.[67]

Também no Sul da Europa os movimentos diplomáticos soviéticos ganhavam nova urgência. Lá, a chave da questão estava com os Bálcãs. Depois da derrota da França, a liderança soviética calculou que em pouco tempo a Grã-Bretanha seria forçada a sentar-se à mesa de negociações. A União Soviética teria de mostrar firmeza na defesa de seus interesses diante do domínio alemão na Europa central e ocidental. A influência soviética nos Bálcãs, no mar Negro e nos estreitos de Bósforo e Dardanelos, na Turquia, regiões em que a Rússia tradicionalmente tentava exercer seu poderio desde a época dos czares, era considerada crucial para rechaçar prováveis ambições alemãs também nessa região vital e proteger-se contra qualquer ameaça de invasão vinda do Sul. Havia também a questão dos interesses estratégicos britânicos nessa região, e do perigo que isso representaria para a União Soviética se a Grã-Bretanha e a Alemanha chegassem a algum "acerto" num acordo de paz. A preocupação de ampliar o controle soviético da bacia do Danúbio e dos Bálcãs estava por trás da anexação, em julho, da Bessarábia, transferida à Romênia em 1919, mas anteriormente integrada ao Império Russo, e do Norte da Bucovina, historicamente um território romeno que nunca havia pertencido à Rússia. Em dado momento, no verão de 1940, a União Soviética chegou a nutrir esperanças de usar os italianos para entrar num acordo de divisão dos Bálcãs em duas esferas de influência atribuídas à União Soviética e às potências do Eixo. Mas isso, como se poderia esperar, não apresentava atrativos para a Alemanha, interessada em manter os soviéticos fora de uma região estrategicamente tão importante e empenhada sobretudo em ganhar ascendência sobre a Romênia, onde o lençol petrolífero de Ploesti era indispensável para as Forças Armadas alemãs.

No fim de agosto, a arbitragem alemã e italiana — à exclusão da União Soviética — da disputa fronteiriça entre a Hungria e a Romênia trouxe a União Soviética diretamente para a órbita alemã. Os soviéticos alegaram que a arbitragem — constituindo, de seu ponto de vista, uma iniciativa abertamente anti-soviética — violava a exigência de consulta em casos de interesse comum estabelecida no pacto do ano anterior. Os alemães, naturalmente, ignoraram a queixa, pondo fim efetivamente às expectativas soviéticas de uma esfera de influência na bacia do Danúbio e nos Bálcãs. Em setembro, quando "missões" militares alemãs entraram "a convite" na Romênia — e um pouco mais tarde na Finlândia, no mesmo mês —, ficava evidente a ameaça aos interesses soviéticos.[68]

Essas questões territoriais opondo interesses soviéticos e alemães inevitavelmente acarretaram um aumento de tensão entre os dois países no verão e no outono. A assinatura, em 27 de setembro, do Pacto Tripartite, unindo a Alemanha (e a Itália) ao Japão, o perigoso inimigo oriental da União Soviética, não contribuía propriamente para melhorar a situação, embora sua motivação fosse antiamericana, e não anti-soviética. Até que, no fim de outubro, a desastrosa invasão da Grécia por Mussolini acendeu o fósforo no barril de pólvora dos Bálcãs, levando à intervenção britânica e configurando a perspectiva de um envolvimento militar alemão na região — o que dificilmente permitiria reverter a grave deterioração das relações entre a União Soviética e a Alemanha que se vinha manifestando nas últimas semanas. Foi nesse clima que Mólotov, a convite de Ribbentrop, chegou a Berlim em 12 de novembro, para conversações com o ministro do Exterior alemão e com Hitler.

As negociações não frutificaram.[69] Ribbentrop estava empenhado sobretudo em convencer a União Soviética a aderir ao Pacto Tripartite, integrando-se a um bloco euro-asiático que, em sua visão, dividiria o mundo em esferas de influência alemã, italiana, japonesa e soviética. Exortou Mólotov a pensar em termos de uma expansão da União Soviética em direção ao golfo Pérsico, ao Oriente Médio e à Índia. Hitler queria acima de tudo inteirar-se mais das intenções soviéticas. Mas a obstinada insistência de Mólotov em questões de detalhe o irritava cada vez mais, lembrando-lhe um professorzinho pedante. Os entendimentos simplesmente confirmaram sua visão negativa da União Soviética — o que, de qualquer maneira, era provavelmente o que no fundo desejava.

A pauta estabelecida por Mólotov em minuciosas consultas com Stálin era mais específica, voltada sobretudo para as questões que haviam levado à deterioração das relações entre a União Soviética e a Alemanha nos últimos meses.[70] A Finlândia, a Romênia e os Bálcãs representavam áreas particularmente sensíveis, onde a União Soviética tinha motivos de queixa. Mas não se conseguiu avançar. As negociações eram comprometidas pela desconfiança mútua e por um antagonismo subjacente, e não levaram a nada. Hitler sentiu-se plenamente justificado em sua convicção de que os interesses conflitantes da Alemanha e da União Soviética jamais poderiam ser resolvidos pacificamente. Era inevitável um confronto. Hitler encarou a visita de Mólotov como uma confirmação de que o ataque planejado desde julho não poderia ser adiado. Em meados de dezembro, como vimos, fora baixada uma diretiva militar programando a invasão para a primavera seguinte.

Do ponto de vista soviético, os entendimentos, sem chegar a qualquer conclusão, nada alteravam. Não tiveram conseqüências dramáticas. Mólotov certamente retornou a Moscou com a sensação de ter conseguido muito pouco. E a liderança soviética se ressentia particularmente de ações alemãs na Romênia e na Finlândia que considerava como graves violações do pacto.[71] Os soviéticos tinham sido passados para trás nos Bálcãs e especialmente na Romênia. E a partir de julho, antes mesmo que Hitler anunciasse a seus generais a intenção de invadir a União Soviética no ano seguinte, informações eram transmitidas pela bem informada rede de inteligência a respeito dos preparativos alemães de uma guerra contra a União Soviética e da transferência e concentração de tropas na Prússia oriental, perto da fronteira russa.[72] Entretanto, quaisquer que fossem suas suspeitas em relação às intenções alemãs de longo prazo, Stálin e Mólotov, as duas figuras centrais na determinação da política externa soviética, não esperavam um conflito militar em futuro próximo. Como sempre preocupados acima de tudo em ganhar tempo, eles continuavam tendo como prioridade a preservação do pacto de 1939. Nesse sentido, não tinham muita escolha. Essa camisa-de-força da ausência de alternativas decorria em certa medida da rapidez com que a Alemanha estendera seu domínio sobre boa parte da Europa desde a primavera. Mas também era em parte da responsabilidade dos próprios soviéticos. Suas alternativas eram limitadas sobretudo pelas más condições do Exército Vermelho, que ainda precisaria de dois anos para estar plenamente preparado para uma guerra. Logo, a responsabilidade incumbia particularmente ao próprio Stálin, pelos expurgos letais a que submetera seus experientes e talentosos comandantes militares três anos antes.

IV

No dia 1º de janeiro de 1938, as Forças Armadas soviéticas contavam 1 605 520 integrantes, pouco menos de três quartos dos quais no Exército. Não era um contingente muito distante do planejado por Stálin para o momento de enfrentar uma guerra, no fim de 1942.[73] O plano, entretanto, foi rapidamente superado pelos acontecimentos, uma vez iniciada a guerra européia. A ocupação soviética da Polônia oriental e especialmente a guerra contra a Finlândia levaram à mobilização de grandes contingentes de reservistas, integrando pouco menos de 2 milhões de novos soldados ao Exército. Curiosamente, no entanto, quase 700 mil reservistas seriam desmobilizados depois do fim da guerra com a Finlândia, determinando o Politburo o restabelecimento em muitas unidades das condições de tempos de paz. Foi necessário o choque da vitória alemã na França para reverter essa tendência, instigando um movimento de drástica e rápida expansão.[74]

Não era possível, todavia, remediar com rapidez as graves deficiências de liderança e experiência no comando militar resultantes dos expurgos. Aproximadamente 4 mil oficiais detidos durante os expurgos foram libertados para assumir postos de comando. Mas os cerca de mil oficiais graduados recém-promovidos não tinham muito tempo para adquirir a experiência necessária antes do início da investida alemã.[75] Também havia problemas organizacionais (revelados na campanha da Finlândia). E as Forças Armadas enfrentavam grave carência de armas modernas. Não obstante a intensificação da produção de equipamentos de guerra que se seguira ao sobressalto causado pela vitória de Hitler na frente ocidental naquele verão, a indústria não estava em condições de atender à demanda urgente de armas. Sérios problemas de escassez ainda persistiam quando Hitler atacou. O problema decorria em parte da liderança de Stálin e da própria natureza do regime.

Como Hitler, Stálin tinha uma mente aguçada (apesar de deturpada) e sua excelente memória lhe dava uma boa percepção dos detalhes. Mas seu entendimento das questões militares era basicamente o de um amador bem informado. Ele carecia do treinamento e dos conhecimentos de um profissional, o que levava a tendências aparentemente contraditórias, ambas nocivas. Por um lado, tendia a interferir em questões de detalhe, como tipos específicos de artilharia, não raro por mero capricho.[76] Por outro, via-se obrigado a se escorar essencialmente na avaliação daqueles em quem confiava — que eram muito poucos — nos altos escalões do comando militar. Uma vez iniciado no verão de 1940 o grande movimento de expansão e reconstrução do Exército Vermelho, ele era freqüentemente informado pelos comandantes militares, geralmente em reuniões tarde da noite em sua *dacha*. Eles também enviavam regularmente relatórios escritos sobre as condições no Exército.[77] E Stálin fiscalizava o comando do Exército através dos relatórios de Béria, o chefe da polícia secreta, e outros.[78] Entretanto, como raramente deixava o Kremlin ou sua *dacha* próxima para efetivamente inspecionar as condições das Forças Armadas, tanto mais dependia do que lhe era dito.

Até ser afastado do cargo de comissário da Defesa, em maio de 1940, em conseqüência do mau desempenho do Exército Vermelho na guerra da Finlândia, o marechal Vorochílov era ouvido por Stálin nas questões militares mais importantes. Mas não fizera por merecer a confiança do líder. Vorochílov mostrara-se negligente, sem iniciativa e incompetente frente à urgente necessidade de fortalecimento das Forças Armadas. As coisas melhoraram muito quando o marechal S. K. Timochenko veio a substituí-lo. Mesmo a essa altura, contudo, Stálin dava ouvidos, em questões militares, a indivíduos como o detestável L. Z. Mekhlis, ex-editor do jornal do partido, o *Pravda*, à frente da Diretoria Política do Exército Vermelho em 1940. Kruchev considerava Mekhlis "um beócio", e não conseguia entender que tivesse tanta ascendência sobre Stálin em questões militares.[79]

Se Stálin ainda alimentava ilusões quanto ao preparo do Exército Vermelho após a *débâcle* na Finlândia, elas não podiam deixar de se esfacelar ante o devastador relatório ultra-secreto apresentado por Timochenko em dezembro de 1940, elencando as graves deficiências das Forças Armadas do país. Esse longo documento, compilado com base numa profunda investigação efetuada após a substituição de Vorochílov por Timochenko no mês de maio anterior, não podia ser uma leitura agradável para Stálin. Ele deixava claro que toda a estrutura de apoio organizacional em matéria de administração e aprovisionamento era inadequada e, sob muitos aspectos, obsoleta. A administração central se havia mostrado tão inepta que nem sequer se dispunha de dados exatos sobre o poderio do Exército Vermelho no momento em que Timoshenko assumira o comando. Não menos espantoso era o fato de se ler no primeiro parágrafo da rubrica "Planejamento Operacional": "No momento da transferência do comando do Comissariado do Povo para a Defesa, não havia qualquer planejamento operacional de guerra; não se dispõe de um plano operacional total nem de planos parciais". Vorochílov e seu Estado-Maior tampouco haviam promovido qualquer programa de treinamento para os comandantes e seus principais subordinados, não tendo sido estabelecidos sistemas de verificação do treinamento operacional nos distritos militares. Era insuficiente o número de campos de pouso nos distritos mais estratégicos. Constatava-se até carência de mapas. Além disso, não havia um plano de mobilização atualizado nem programas de treinamento para 3 milhões de reservistas mal preparados.

Timochenko também criticava a incapacidade das academias militares de formar oficiais para os postos de comando e liderança, carência particularmente acentuada na infantaria. Graves deficiências eram verificadas no treinamento da tropa para a ação em combate. E o arsenal era antiquado, não atendendo às necessidades da guerra moderna. Os aviões de combate ficavam muito atrás dos de outros países, e também se chamava a atenção para a grave carência de pessoal devidamente treinado na Aeronáutica. Uma deficiência equivalente de armas modernas era registrada nas unidades motorizadas e na artilharia. Um dos principais problemas enfatizados no relatório era a ausência de um serviço organizado e sistemático de inteligência sobre as condições das Forças Armadas de outros países. As defesas aéreas não estavam em condições de assegurar a proteção do território. E os preparativos de defesa terrestre por trás das linhas de frente deixavam muito a desejar.[80] Globalmente, o quadro estava longe de ser o de um Exército pronto para enfrentar uma guerra, ou mesmo capaz de defender a União Soviética de uma invasão, quanto mais de se lançar em qualquer operação ofensiva.

Timochenko pode ter exagerado os problemas para se eximir antecipadamente de quaisquer futuras críticas, culpando o antecessor pela magnitude da tarefa com que se defrontava. Ainda assim, era um diagnóstico chocante da situação das Forças Armadas. As carências não poderiam ser remediadas imediatamente. Levaria muito tempo para que o Exército Vermelho ficasse em condições efetivas de combate, o que por si só impunha uma decisiva limitação às alternativas operacionais que se ofereciam a Stálin nos meses subseqüentes. A única saída, no que Mólotov e Stálin concordavam, era fazer o possível, com a máxima urgência, para preparar as Forças Armadas para o inevitável confronto. Enquanto isso, contudo, era crucial evitar qualquer provocação que pudesse dar a Hitler um pretexto para atacar.

Esse duplo horizonte efetivamente enquadrou as decisões soviéticas nos meses que antecederam o lançamento da Operação Barbarossa. E, de fato, um gigantesco passo foi dado em matéria de rearmamento. A fabricação de armas aumentou em um terço em 1940, em relação ao ano anterior. E as Forças Armadas tiveram seu contingente maciçamente ampliado, chegando a 5,4 milhões de soldados em 1941, contra 1,6 milhão no início de 1938.[81] Eles foram mobilizados sobretudo nas fronteiras ocidentais da União Soviética, passando a contar com equipamentos muito melhores. Mas o moral e a disciplina freqüentemente eram baixos.[82] Eram relativamente poucos os tanques e aviões de último modelo, e o fluxo de produção enfrentava numerosos obstáculos.[83] Muito terreno fora perdido, em grande medida em conseqüência dos expurgos, para que fosse possível compensar o atraso tecnológico e o déficit organizacional.[84] Era necessário mais tempo. Stálin achava que poderia ganhá-lo. Estava convencido de que Hitler não atacaria a Leste antes de vencer definitivamente na frente Oeste. Tinha em mente a probabilidade — e sua avaliação era compartilhada por Molotov e o resto da liderança política e militar soviética — de que a invasão só ocorreria quando o Exército Vermelho já estivesse preparado para rechaçá-la. Até então, impunham-se a máxima cautela e, se necessário, medidas para aplacar a Alemanha nazista. O principal era ganhar tempo: o imperativo máximo.

Sob tal pressão, a estratégia militar soviética tinha de ser reavaliada. A teoria estratégica soviética repousava nas idéias desenvolvidas por Tukhachevsky nas décadas de 20 e 30. Elas preconizavam um Exército modernizado e tecnologicamente desenvolvido, capaz de transformar a defesa em ataque, absorvendo a primeira investida do inimigo e rapidamente tratando de transferir a guerra ao território inimigo, nas chamadas "operações profundas". Não se contemplava a possibilidade de uma longa guerra defensiva. Dava-se ênfase à capacidade, uma vez rechaçado o primeiro assalto, de desfechar um golpe imediato e decisivo num ataque maciço de forças aéreas e terrestres, apoiadas por todo o peso das unidades blindadas e mecanizadas.[85] A teoria baseava-se numa concepção da maneira como a guerra começaria: através de um ultimato, uma declaração formal seguida de mobilização total durante alguns dias ou mesmo semanas (como acontecera em 1914), permitindo às batalhas travadas nas fronteiras o desencadeamento das "operações profundas".[86] O ataque-surpresa, o brilho tático e a devastadora rapidez da *blitzkrieg* alemã na frente ocidental lançaram sérias dúvidas sobre essas premissas. Ainda assim, o planejamento estabelecido pelo Estado-Maior soviético em 1940 e 1941 redundava numa simples modificação, e não numa revisão radical, das teorias de Tukhachevsky sobre as "operações profundas". Mesmo quando o general Gueorgi Júkov, que viria a se tornar um herói da guerra, assumiu o comando do Estado-Maior no fim de janeiro de 1941, persistiu a expectativa de que o Exército Vermelho fosse capaz de conter o inimigo na ofensiva inicial, transformando a defesa em ataque, numa devastadora contra-ofensiva.[87] Os planos estratégicos do Estado-Maior baseavam-se nesse raciocínio.

Como já vimos, Timochenko mostrara-se implacável ao criticar a ausência de um plano operacional de guerra quando sucedeu a Vorochílov em maio de 1940. Com efeito, o plano anterior, concebido em 1938 pelo marechal V. M. Shaposhnikov, na época comandante do Estado-Maior, estava superado, tendo em vista as circunstâncias geradas pela guerra européia. Apesar das críticas de Timochenko, contudo, encontravam-se nos planos subseqüentes fortes elementos de continuidade em relação às idéias de Shaposhnikov.

Shaposhnikov enxergava uma ameaça à União Soviética da parte do Japão, a Leste, e uma outra maior ainda, a Oeste, da Alemanha e da Polônia, juntamente com a Itália e os países bálticos. Trabalhando com a teoria da defesa estratégica em profundidade, para conter o inimigo e transformar a defesa em ofensiva, ele postulava duas variantes de um eventual ataque contra a frente ocidental soviética. As defesas soviéticas precisavam estar preparadas para um ataque ao norte do pântano de Pripet, na Polônia, na direção de Vilnius, na Lituânia, e seguindo para Minsk, ou então ao Sul do pântano, atravessando o Sul da Polônia, no caminho para Kiev. Shaposhnikov ainda se apegava a conceitos de mobilização que logo haveriam de revelar-se completamente ultrapassados. Considerava a variante norte mais provável, pois o ataque inimigo poderia ocorrer no vigésimo dia da mobilização, ao passo que no outro caso, o da variante Sul, seriam necessários de 28 a 30 dias. E supunha que uma decisão soviética sobre a mobilização do grosso da defesa na variante norte ou na Sul seria tomada somente por volta do décimo dia de mobilização, quando estivesse clara a direção da ofensiva inimiga.[88]

Em agosto de 1940, quando Shaposhnikov foi substituído no comando do Estado-Maior pelo general K. A. Meretskov, seu plano já carecia de uma revisão geral. A Polônia não existia mais, os Estados balcânicos da Lituânia, da Estônia e da Letônia estavam integrados à União Soviética, a Finlândia caíra na órbita da Alemanha, que estendera seus tentáculos até a bacia do Danúbio, de tal maneira que a Romênia e a Hungria podiam ser consideradas suas aliadas em qualquer futuro conflito. Além disso, a Itália entrara na guerra, reforçando consideravelmente a influência do Eixo no Mediterrâneo e nos Bálcãs. Timochenko e Meretskov inverteram a precedência conferida por Shaposhnikov à variante norte. Em sua reavaliação, apresentada a Stálin no dia 5 de outubro, eles consideravam que o ataque principal viria do Sul. Stálin concordou. "Acho que o mais importante para os alemães são os cereais da Ucrânia e o carvão da bacia de Donbass", observou ele.[89] No meio do mês, o plano revisto, partindo do princípio de um ataque principal alemão proveniente do Sul do pântano de Pripet, foi oficialmente adotado. Nessa hipótese, os Bálcãs desempenhavam um papel central nos planos estratégicos soviéticos. Pelo plano revisto, o Exército Vermelho seria mobilizado "ao Sul de Brest-Litovsk, com o objetivo de, mediante poderosas investidas na direção de Lublin e Cracóvia e mais adiante, rumo a Breslau, isolar a Alemanha dos países balcânicos logo na primeira etapa da guerra, para privá-la de suas bases econômicas mais importantes e influenciar decisivamente os países dos Bálcãs na questão de sua participação na guerra". Essa reavaliação mantinha-se basicamente intacta como base do planejamento operacional de guerra dos soviéticos até as vésperas da Operação Barbarossa.[90]

No fim de dezembro de 1940, encerrando uma conferência dos principais comandantes militares convocada por Stálin depois do deprimente relatório sobre as condições das Forças Armadas apresentado no mês anterior, Timochenko resumiu a situação afirmando que, "embora a guerra com a Alemanha possa ser difícil e prolongada, o país contava com tudo de que poderia precisar para lutar até a vitória completa". A avaliação otimista era provavelmente o que Timochenko julgava que Stálin quisesse ouvir. Mas serviu, pelo contrário, para tirar o sono do ditador soviético naquela noite.[91] E os resultados dos dois exercícios de guerra efetuados no início de janeiro não eram propriamente de natureza a mitigar seu mal-estar.

Os dois haviam sido montados exclusivamente em torno de estratégias de defesa, partindo do princípio de uma agressão proveniente de Oeste: uma invasão da União Soviética. Em ambos os casos, curiosamente, passava-se por cima da vital etapa da defesa, iniciando a avaliação somente na fase — supostamente várias semanas depois do início da guerra — em que o "inimigo" já tivesse penetrado em território soviético. O primeiro dos exercícios postulava um ataque no norte, comandando Júkov as forças "inimigas", enquanto o general D. G. Pavlov assumia o comando do Exército soviético. Pavlov não conseguiu rechaçar o "inimigo", que pôde adiantar-se bem pelo território soviético adentro. No segundo exercício, Júkov e Pavlov trocaram de lado, testando a variante Sul. Júkov trabalhou com a teoria das "operações profundas", conteve o ataque no Sul, destruiu vinte divisões inimigas e conseguiu, por um dos flancos, avançar cerca de 160 quilômetros pela Polônia. Ainda assim, a ofensiva alemã não poderia ser totalmente contida. Os resultados não foram considerados satisfatórios. Em reunião realizada pouco depois no Kremlin, na presença de todos os integrantes do Politburo, Stálin desancou duramente o chefe do Estado-Maior, Meretskov, demitindo-o na hora. Júkov, que se revelara tão eficaz no comando dos exercícios de guerra, foi nomeado o novo comandante do Estado-Maior conjunto.[92]

Em março, ao influxo dos exercícios de guerra e de um recém-concluído esquema de mobilização (que, mais uma vez, na tentativa de agradar a Stálin, arrolava dados absurdamente otimistas e irrealistas sobre a situação dos contingentes e do armamento), foi concluído um novo plano operacional. Ele reafirmava a decisão tomada no outono anterior, e aparentemente justificada pelos exercícios, de que o grosso da defesa soviética fosse voltado para a esperada variante Sul, e não a norte, do ataque alemão. Partia-se do princípio de que o avanço alemão seria em direção à Ucrânia —[93] o que haveria de revelar-se um grande equívoco.

Os frenéticos meses de revisão do planejamento e febril expansão desde o verão anterior — e o ritmo haveria de a acelerar-se ainda mais — geraram resultados ambíguos. Por um lado, muita coisa fora sem dúvida realizada em tempo extraordinariamente curto. Por outro, ainda faltava muito para que as defesas estivessem preparadas para o ataque previsto. O resultado dos exercícios de guerra chamara a atenção para sérias deficiências que subsistiam na estratégia de defesa. E as estimativas e projeções sobre a situação dos contingentes e do armamento tendiam a inflar o poderio efetivo, dourando a pílula da futura capacitação para combate. O plano de mobilização de fevereiro fazia menção de uma impressionante força de 8,7 milhões de soldados em mais de trezentas divisões plenamente equipadas, seiscentas das quais de tanques e outras trinta motorizadas, além de uma Aeronáutica de cerca de 14 mil aviões. Os objetivos do plano deveriam ser alcançados até o fim de 1941. Mas os dados ocultavam boa parte da verdade. Não seria possível fabricar veículos suficientes para equipar plenamente as divisões motorizadas e de tanques nem mesmo até 1943. Mesmo num patamar máximo de produção, ainda haveria até 1º de janeiro de 1942 insuficiência de 75% no vital setor dos tanques de tamanho médio (sobretudo os T-34 que mais tarde ficariam famosos). Os dados sobre a Aeronáutica também eram completamente irrealistas a curto prazo. E quando a guerra efetivamente começou em junho de 1941, um quarto das divisões estipuladas no plano existia apenas no papel[94]

Stálin e seu "círculo íntimo", perfeitamente informados dos planos e de suas limitações práticas, sabiam que qualquer ataque alemão em 1941 representaria um grave perigo para a União Soviética. O Exército Vermelho ainda não estaria preparado para rechaçar a ameaça. As defesas do país seriam, no mínimo, severamente testadas. Em muitas áreas vitais — fabricação de tanques e aviões, fortificação das fronteiras, força humana — as metas haviam sido estabelecidas, na melhor das hipóteses, para o início de 1942.[95] Os problemas tinham sido agravados pela decisão de Stálin, contrariando a oposição de seus assessores militares, de abandonar o sistema de fortificações conhecido como "Linha Stálin", construído a partir da década de 20 e que se estendia ao longo da antiga fronteira da União Soviética, em troca de novas fortificações a serem erguidas em posições mais avançadas da nova fronteira. Esta decisão haveria de se revelar um grave erro em junho de em 1941. Na véspera do ataque alemão, áreas cruciais da defesa ainda careciam de minas, camuflagem ou campos efetivos de tiro, e a maior parte dos pontos de resistência tardiamente estabelecidos por ordem de Júkov não dispunham de artilharia. Enquanto isso, quando Stálin finalmente concordou em que a antiga linha de fortificações fosse pelo menos parcialmente dotada dos necessários contingentes humanos, as tropas a encontraram "coberta de capim e mato crescido", meras cascas de concreto com posições de tiro desequipadas.[96]

De tudo isso, Stálin tirou uma conclusão. Não havia alternativa: o conflito com a Alemanha tinha de qualquer maneira de ser postergado no mínimo até 1942. "Todos nós, inclusive Stálin, sabíamos que o conflito era inevitável", recordaria Mikoian, "mas também estávamos conscientes de nosso despreparo."[97] Mais tarde, Stálin diria a Churchill que sabia que haveria guerra, mas achava que poderia ganhar algo em torno de seis meses.[98] Para isso, seria necessária uma política de apaziguamento da Alemanha, evitando qualquer confronto ou a mais leve provocação que pudesse gerar uma agressão alemã. Nenhum dos assessores mais próximos de Stálin divergia dessa análise. Aferraram-se a ela mesmo ante as crescentes indicações de que Hitler se preparava para atacar em 1941. Stálin encarava esses sinais com serenidade. Julgava-se capaz de adivinhar as intenções de Hitler. Hitler não era burro, pensava. Não arriscaria uma guerra em duas frentes. Pretenderia primeiro que tudo garantir sua retaguarda a Oeste. Os britânicos mostravam-se decididos a resistir, e uma vitória alemã na frente ocidental não parecia iminente. Se os alemães não atacassem no verão de 1941, o implacável inverno russo os impediria de fazê-lo até a primavera do ano seguinte. Stálin estava convencido, assim, de que poderia impedir o avanço de Hitler até 1942, quando o Exército Vermelho estaria pronto para enfrentá-lo.

V

Enquanto isso, excluídas as alternativas militares, todo o possível deveria ser feito na frente diplomática. Nesse terreno, os êxitos foram apenas parciais nos primeiros meses de 1941. Entre os ganhos obtidos estava uma declaração conjunta de neutralidade assinada com a Turquia em março. Ficava, assim, descartado o perigo de que a Turquia aderisse ao Pacto Tripartite, reduzindo-se a ameaça no flanco Sul da União Soviética, onde os estreitos da Turquia tradicionalmente representavam um ponto vulnerável das defesas russas.[99] Mais importante ainda foi o pacto de neutralidade assinado com o Japão em abril, deixando Stálin eufórico com esse decisivo reforço da segurança na frente soviética oriental, em vista da eliminação — ou pelo menos da considerável redução — da perspectiva de que a União Soviética fosse atacada ao mesmo tempo pelo Leste e o Oeste. No terreno das perdas, a esperança de manter a Bulgária — tradicionalmente amistosa em relação à Rússia e de importância estratégica para a segurança soviética nos Bálcãs — fora do alcance das garras alemãs fracassara no fim de fevereiro, quando Sófia aderiu ao Pacto Tripartite, permitindo o estacionamento de tropas alemãs em seu território. No início de abril, os rápidos movimentos no sentido de forjar uma aliança com a Iugoslávia, onde uma revolta popular derrubara o governo que havia decidido aderir ao Eixo, tinham sido postos por terra pela invasão alemã e a rápida ocupação do país. A capitulação da Grécia também às tropas de Hitler significava que, pelo fim de abril, à parte a neutralidade turca, os Bálcãs estariam decididamente sob domínio alemão e a fronteira Sul da União Soviética, exposta à Alemanha e seus aliados. A cada passo do xadrez diplomático, Stálin via-se cercado por Hitler. A vulnerabilidade militar era agravada pelo isolamento diplomático.

A Stálin muito preocupava, igualmente, que a Grã-Bretanha buscasse um acordo com Hitler, pondo fim ao dilema das duas frentes de guerra e permitindo à Alemanha voltar-se para o Leste livre de qualquer ameaça do Oeste. A perspectiva parecia real em vista da fraqueza militar britânica, evidenciada na retirada de 100 mil homens da Grécia quando os alemães invadiram e, no Norte da África, com os impressionantes êxitos de Rommel. A essa altura, Stálin e Mólotov eram advertidos precisamente para esta hipótese por ninguém menos que o embaixador britânico em Moscou, sir Stafford Cripps. "Não estava descartada a hipótese de que a guerra fosse postergada por um longo período", afirmava Cripps em 18 de abril, "e a Grã-Bretanha se sentisse tentada (especialmente certos círculos na Grã-Bretanha) a chegar a algum acordo para pôr fim à guerra, em termos semelhantes aos que têm sido recentemente sugeridos em certos meios alemães."[100] Na época, o governo britânico tentava induzir a União Soviética a jogar seu peso militar na defesa da Iugoslávia e da Grécia, formando uma "frente balcânica" contra Hitler. A ênfase na crescente ameaça representada pela Alemanha para a própria União

Soviética fazia parte dessa ofensiva diplomática. O que Cripps conseguiu, no entanto, foi, pelo contrário, alarmar a liderança soviética quanto à probabilidade de um "acerto" entre a Alemanha e a Grã-Bretanha. Em 21 de abril, quando Stálin recebeu no Kremlin, por intermédio de Cripps, uma mensagem de Winston Churchill advertindo sobre o perigo de um ataque alemão, o impacto foi absolutamente contraproducente. O aviso serviu apenas para acionar os sinais de alarme ainda mais ruidosamente e aumentar a paranóia do dirigente soviético. Ele concluiu que Churchill o tentava induzir a uma guerra contra a Alemanha, preocupado apenas em atender aos interesses britânicos. "Veja só isto", disse ele a Júkov, "estamos sendo ameaçados com o fantasma dos alemães, e os alemães, com o fantasma da União Soviética, e estão nos jogando uns contra os outros. É um jogo político muito sutil."[101]

Mais tarde, Churchill haveria de se referir a Stálin e seus assessores no Kremlin como "simplórios" e "os mais desastrados trapalhões da Segunda Guerra Mundial", considerando que poderia ter impedido, através de contatos diretos com o líder soviético, o desastre que se abateu sobre seu país em 22 de junho de 1941.[102] Nem mesmo a posteriori Churchill foi capaz de perceber como sua bem-intencionada mensagem seria inevitavelmente interpretada em Moscou. Dadas as condições, a reação de Stálin não foi completamente irracional. De qualquer maneira, no momento em que Churchill enviava sua advertência, Stálin já estava coberto de informes dos serviços de inteligência dando conta da crescente ameaça alemã.

Com tantos simpatizantes comunistas espalhados pelo mundo, não faltavam ao regime de Stálin informantes dispostos, não raro correndo sério risco, a fornecer aos órgãos de segurança do Estado informações — de qualidade variável, freqüentemente contraditória, mas às vezes significativas.[103] Resumos dos informes de segurança eram remetidos regularmente por Vsevolod Merkulov, chefe do NKGB (responsável pelas questões externas, tendo sido separado no início de fevereiro de 1941 do NKVD de Béria, que ficou encarregado da segurança interna).[104] Apesar de ter aprovado a nomeação de Merkulov, Stálin não o tinha em alta conta, considerando-o fraco e excessivamente preocupado em agradar. Era, como sabemos, um problema intrínseco ao sistema. Mas talvez não ajudasse o fato de Merkulov escrever peças teatrais e obras de ficção nas horas vagas.[105] De qualquer maneira, Stálin não confiava em seus informes. E tampouco considerava que pudesse confiar nos relatórios da inteligência militar, que às vezes também resumiam informações importantes e lhe eram enviados pelo chefe do GRU (o serviço de inteligência militar soviética), general Filip Golikov. Stálin também recebia informes através de fontes do Ministério do Exterior.[106] Eram igualmente vistos com ceticismo. Desse modo, informações secretas vitais, pelas quais os agentes não raro arriscavam a vida, eram corriqueiramente descartadas por Stálin como "desinformação". Na verdade, uma boa dose de desinformação era mesmo posta em circulação deliberadamente. Boa parte dela era originada pelos próprios alemães (como a história de que o acúmulo de tropas na frente oriental era uma tentativa de lograr a inteligência britânica, acobertando a planejada invasão da Grã-Bretanha).[107] De modo que era até certo ponto justificada a desconfiança em relação a informes de inteligência carentes de confirmação. Mas o profundo cinismo de Stálin ia muito além de um saudável ceticismo, levando-o a descrer de toda informação que fosse de encontro a sua avaliação pessoal das intenções alemãs, por mais convincente que parecesse e por mais digna de crédito que fosse a fonte. E isto, ainda por cima, juntava-se ao fato de os alemães terem conseguido fazer crer, enganosamente, que qualquer ataque seria precedido de um ultimato, dando-lhe tempo para aceitar, mobilizar a tropa ou até adiantar-se.[108] A total falta de confiança nos serviços de inteligência e a certeza de que sua análise estava correta é que explicam, em última instância, por que Stálin foi apanhado de surpresa em 22 de junho de 1941.

Já em 5 de dezembro de 1940, o recém-nomeado embaixador soviético na Alemanha, Vladimir Dekanozov, antigo oficial graduado do NKVD, recebera uma carta anônima advertindo que Hitler atacaria a União Soviética na primavera seguinte.[109] E, com efeito, era esse precisamente o momento em que Hitler confirmava para seus comandantes militares a decisão de se preparar para invadir a União Soviética em maio de 1941, baixando em 18 de dezembro a diretiva daquela que agora passava a se chamar a Operação Barbarossa. Onze dias depois, a inteligência militar soviética em Berlim transmitia a Moscou a informação, recebida dos "mais altos e bem informados círculos militares, de que Hitler deu ordens de preparar para a guerra com a União Soviética. A guerra será declarada em março de 1941". A confirmação da informação foi enviada a Stálin pessoalmente no início de janeiro de 1941.[110]

Dois dos agentes mais bem posicionados, fornecendo um fluxo constante de informações sólidas, eram os simpatizantes comunistas alemães Harro Shulze-Boysen (codinome "Starshina", ou "o Velho") e Arvid Harnack (conhecido como

"Korsicanets", ou "o Corso"). Através de relações de parentesco (seu pai era sobrinho do almirante Alfred von Tirpitz, ex-comandante da Marinha alemã, e sua mãe era parente de Hermann Göring), Shulze-Boysen conseguiu trabalhar como oficial no quartel-general da Luftwaffe em 1941. Lá, teve acesso a material ultrassecreto. Harnack, advogado, tendo estudado por algum tempo nos Estados Unidos, era sobrinho de Adolf von Harnack, eminente teólogo, e desde 1935 trabalhava no Ministério da Economia em Berlim. Como Shulze-Boysen (com o qual entrou em contato depois do início da guerra), tinha acesso a informações privilegiadas. Ambos foram convencidos em 1940 a trabalhar secretamente para a inteligência soviética. Seriam desmascarados e executados em 1942. Em 1941, no entanto, ao terem início os preparativos alemães para atacar a União Soviética, puderam obter informações de fontes próximas do coração do planejamento militar e econômico nazista.

No início de março de 1941, o "Corso" dava conta de sérias discussões na liderança alemã sobre um ataque à União Soviética. Seu informe foi transmitido a Stálin, Mólotov, Timochenko e Béria. Planos contingenciais para a ocupação de regiões ocidentais da União Soviética estavam sendo traçados, informava ele. Repassava também a informação de que o general Franz Halder, comandante do Estado-Maior do Exército alemão, considerava que a ocupação da Ucrânia e do Cáucaso seria fácil e renderia fartos dividendos, informação que se coadunava com a pressuposição soviética de que um eventual ataque seria efetuado sobretudo pelo Sul.[111] Um outro informe, enviado à liderança soviética dois dias depois, assinalava que a mobilização de tropas na fronteira soviética já era tão grande que caracterizava com toda certeza uma invasão. Esse informe, todavia, dava a entender que a União Soviética seria atacada depois de uma investida contra a Turquia; além disso, afirmava que Ribbentrop e até Hitler consideravam que, do ponto de vista econômico, a Alemanha teria mais a ganhar mantendo as trocas comerciais com a União Soviética do que optando por uma invasão seguida de ocupação. Ganhavam alguma sustentação na liderança soviética, assim, as idéias de que talvez houvesse um racha nos altos escalões do regime nazista e até de que Hitler não fizesse parte da facção com intenções mais agressivas em relação à União Soviética.[112]

Dias depois, mais um informe do "Corso" chegava à mesa de Stálin. Nele, eram mencionados aviões espiões alemães fotografando território soviético, especialmente ao redor da base naval de Kronstadt, perto de Leningrado. O relatório também transmitia informações de segunda mão de dois generais alemães, segundo as quais estava planejado para a primavera um ataque à União Soviética. O alto comando alemão, afirmava-se, considerava que as forças soviéticas seriam derrotadas em pouco mais de uma semana. A ocupação da Ucrânia — mais uma vez, o foco no "celeiro" soviético — privaria a União Soviética de sua principal fonte de suprimento alimentar. A Wehrmacht rapidamente avançaria em direção Leste, e em questão de 25 dias teria ultrapassado os Urais.[113] Pelo fim de março, o "Corso" passou informações do Ministério da Aeronáutica alemão, detalhando planos de bombardeio das comunicações na União Soviética, reconhecimento aéreo de cidades soviéticas e a expectativa, entre os oficiais da Luftwaffe, de que as operações tivessem início no fim de abril ou no início de maio. Um dado importante, afirmava-se, era o objetivo alemão de se apoderar das colheitas antes que as forças soviéticas em retirada pudessem destruí-las.[114]

Em abril, aumentou o volume de informes. Eram fornecidos detalhes precisos sobre o ajuntamento de forças alemãs ao longo da fronteira, movimentos de tropas e a construção de fortificações e campos de pouso.[115] O "Velho" ("Starshina") dava conta de um comentário de um oficial que tinha contato com Göring, segundo o qual Hitler considerava necessário desencadear uma guerra preventiva contra a União Soviética. Seguia-se um dado que ficaria alojado na mente de Stálin e outros líderes soviéticos. Antes de declarar guerra, a Alemanha daria um ultimato para que a União Soviética aderisse ao Pacto Tripartite e atendesse a exigências alemãs — essencialmente, presumia-se, uma implacável exploração econômica acompanhada de subordinação política. O ataque seria efetuado se a União Soviética não atendesse ao ultimato.[116] Dias depois, "Starshina" passava a informação de que a maioria dos oficiais alemães se opunha a Hitler, não apoiando a idéia de atacar a União Soviética. Ele considerava que se estava esvaindo a oportunidade de um golpe decisivo por parte da Wehrmacht.[117]

No fim do mês, logo depois de uma reunião secreta de altos funcionários alemães no Ministério da Economia, o "Corso" voltava a dar ênfase às exigências de fornecimento de matérias-primas por parte da União Soviética, a ser obtido pacificamente ou pela força.[118] E no dia 6 de maio um comunicado de outra fonte extremamente bem informada, Richard Sorge (conhecido como "Ramzai"), espião soviético baseado na embaixada alemã em Tóquio, assinalava que, de acordo com o embaixador alemão, general Eugen Ott, Hitler estava decidido a derrotar a União Soviética e se apoderar dos recursos econômicos das regiões ocidentais do país. Uma vez semeados os cereais, a Alemanha poderia atacar a qualquer momento para fazer a colheita. Na visão de Ott, os generais alemães consideravam que uma campanha a Leste não comprometeria a guerra contra a Grã-Bretanha. Segundo eles, as forças soviéticas estavam despreparadas, as defesas eram fracas e o Exército Vermelho poderia ser dizimado em questão de semanas.[119] Esses informes e incontáveis outros das fontes de inteligência eram permanentemente sintetizados por Merkulov, chefe da segurança externa, sendo os resumos enviados aos líderes soviéticos.[120]

Retrospectivamente, parece pura loucura que todas essas informações fossem ignoradas. Mesmo deixando-se de lado os contornos de boato de boa parte delas, a falta de coerência em certos casos e o fato de que a invasão se desse afinal segundo parâmetros diferentes, ficava inequivocamente caracterizada a intenção de um ataque alemão à União Soviética — e num futuro próximo. Do ponto de vista de Stálin, contudo, já não era tão óbvio. Os informes que acabamos de mencionar eram apenas parte de um crescente fluxo de informação, que começava a se transformar em verdadeira torrente. Mas boa parte deles chegava na verdade através de canais britânicos, americanos e de outras procedências estrangeiras.[121] Como vimos, Stálin instintivamente desconfiava de tais informes, e sua desconfiança era estimulada pelos chefes dos próprios serviços de inteligência. No dia 20 de março de 1941, o general Golikov, chefe da inteligência militar, apresentou aos Comissariados da Defesa e do Exterior e ao Comitê Central um relatório com uma longa lista de pontos de vista de uma série de fontes a respeito das intenções alemãs em relação à União Soviética. Ele a fazia anteceder da afirmação de que grande parte das informações dos agentes sobre um ataque à União Soviética na primavera provinha de fontes anglo-americanas, cujo principal objetivo era contribuir para a deterioração das relações entre a Alemanha e a União Soviética. Seu ponto de vista pessoal era de que os alemães só atacariam a União Soviética depois de terem derrotado a Grã-Bretanha. Os persistentes boatos de que o ataque ocorreria na primavera de 1941, dizia, deviam ser considerados desinformação disseminada pelos serviços de inteligência britânicos e também alemães.[122] Nisso, ele estava apenas batendo cabeça para a opinião já formada por Stálin.

Mas Stálin e seus assessores não eram os únicos a interpretar equivocadamente os sinais. Os serviços de inteligência estrangeiros também foram na maioria induzidos ao erro.[123] Para isso, desempenhou papel considerável a estratégia alemã de despistamento: o ajuntamento de tropas a Leste seria uma fachada para encobrir a Operação Sealion (a invasão da Inglaterra), ou então culminaria num ultimato a Stálin, apresentando à União Soviética exigências territoriais e de fornecimento de matérias-primas.[124] A inteligência britânica, às vezes engolindo as mensagens falsas deliberadamente postas em circulação pelos alemães, demorou a se dar conta de que uma invasão efetivamente estava sendo planejada. As primeiras informações sobre as intenções agressivas de Hitler em relação à União Soviética foram descartadas como meros boatos, simples manifestação de um desejo de certas correntes na própria Grã-Bretanha ou medidas preventivas contra um possível ataque soviético. Mais adiante, passou-se a falar de uma "guerra de nervos" promovida pelos alemães para prevenir uma intervenção nos Bálcãs ou obter mais recursos materiais da União Soviética.[125]

A leitura dos hieróglifos da inteligência, portanto, estava longe de ser fácil. Muitos anos depois, Mólotov continuava considerando que não procedia a tese de que o principal erro de Stálin fora ignorar os informes de inteligência. "Somos acusados de ter ignorado os serviços de inteligência", declarou. "Sim, eles nos advertiram. Mas se lhes tivéssemos dado ouvidos, se tivéssemos dado a menor desculpa a Hitler, ele nos teria atacado antes." (Quando isso poderia ter acontecido, Mólotov não dizia. Como os alemães não estavam em condições de atacar no verão de 1940, como era óbvio, e o inverno russo descartava qualquer possibilidade neste sentido nos meses subseqüentes, o momento mais imediato para uma invasão só podia ser a primavera de 1941 — quando Hitler efetivamente pretendia lançá-la, no início.) "Sabíamos que a guerra se aproximava, que éramos mais fracos que a Alemanha, que teríamos de recuar", prosseguia Mólotov. "Fizemos de tudo para adiar a guerra [...]. Stálin calculava antes da guerra que só em 1943 poderíamos enfrentar os alemães em condições de igualdade." O responsável pelo interrogatório conduziu Mólotov novamente à questão dos informes de inteligência. "Não podíamos depender apenas de nossos serviços de inteligência", respondeu ele. "É necessário ouvi-los, mas também verificar suas informações. Os agentes da inteligência podiam nos levar a uma situação tão perigosa que jamais conseguiríamos livrar-nos dela. São incontáveis os agentes provocadores em toda parte [...]. Não se podia confiar nesses informes."[126] O ponto de vista de Mólotov fazia eco ao de Stálin.

No início de maio, contudo, o fluxo de informações preocupantes já não podia ser simplesmente ignorado. Até Stálin deu-se conta de que algo precisava ser feito. O objetivo primordial era uma mensagem à Alemanha, tranqüilizando a opinião pública e elevando o moral da tropa. Ao mesmo tempo, Timochenko e Júkov encaravam as advertências com mais preocupação que Stálin. A essa altura, eram favoráveis a medidas de outra natureza. Estavam trabalhando num plano militar drasticamente alterado, dando ênfase a uma ofensiva soviética.

VI

No dia 5 de maio, Stálin substituiu Mólotov como presidente do Conselho do Comissariado do Povo, cargo equivalente ao de primeiro-ministro. Pela primeira vez ele era agora oficialmente chefe do governo, além de estar à frente do partido (como secretário-geral). Na realidade, a mudança, tornada pública no dia seguinte, era sob muitos aspectos de fachada. Embora Mólotov tivesse anteriormente chefiado o governo, a supremacia de Stálin nunca estivera em dúvida. Ao assumir oficialmente o cargo, contudo, Stálin queria tranqüilizar a opinião pública soviética. Ele estava no controle absoluto. O bem-estar do país estava em boas mãos. Ele sabia o que fazer.

Mas a iniciativa não visava apenas a elevar o moral da nação. A transformação das decisões do Politburo em decretos governamentais, processo necessário para assegurar o domínio do partido, gerara formalidades incômodas. Num momento tão crítico, elas eram agora consideravelmente reduzidas.[127] De importância pelo menos equivalente era a impressão a ser transmitida fora do país e, de maneira crucial, na Alemanha. No terreno das formalidades diplomáticas, o fato de Stálin não ser até então diretamente responsável pelo governo causara complicações. As negociações formais tinham de passar por Mólotov, embora fosse óbvio que as decisões eram tomadas na realidade de Stálin. Essa complicação agora era superada. O objetivo era mostrar aos alemães que poderiam tratar diretamente com o próprio Stálin em negociações destinadas a estabilizar as relações bilaterais. Foi assim que o embaixador alemão em Moscou, o conde Friedrich Werner von der Schulenburg, que secretamente se opunha à invasão, manifestou a Berlim sua convicção "de que Stálin utilizará sua nova posição para participar pessoalmente da manutenção e desenvolvimento de boas relações entre os soviéticos e a Alemanha".[128] Os alemães logo teriam motivos para ficar satisfeitos com Stálin, o primeiro-ministro. Ele negou boatos de concentrações militares na fronteira, restabeleceu relações diplomáticas com o governo pró-alemão do Iraque e fechou as embaixadas da Noruega, da Bélgica e da Iugoslávia em Moscou, tudo para aplacar Hitler.[129]

No dia em que se tornou primeiro-ministro, Stálin pronunciou um importante discurso em Moscou para centenas de formandos da Academia Militar, além da elite do Exército Vermelho, de representantes do Comissariado da Defesa e do Estado-Maior e de destacadas personalidades do governo. Ao contrário de Hitler, Stálin raramente fazia discursos, nem mesmo a portas fechadas. Seu anterior discurso de peso fora pronunciado em março de 1939, no 18º Congresso do partido.[130] Igualmente contrastando com Hitler, seu estilo nesses pronunciamentos era tranqüilo e comedido (chegando a ser monótono), com um conteúdo bem estruturado e organizado. Mas a raridade da ocasião e a gravidade da situação potencializavam o interesse pelo que Stálin estava dizendo, no país e também em Berlim. Tudo parecia incerto. No dia seguinte, os jornais publicavam apenas uma nota lapidar sobre sua fala.[131]

No total, cerca de 1500 pessoas ouviram Stálin falar durante cerca de quarenta minutos sobre os grandes progressos alcançados na modernização e fortalecimento do Exército Vermelho, agora devidamente instalado numa posição de força. Ele enunciava toda uma série de dados impressionantes sobre os enormes avanços promovidos no tamanho e na capacidade de combate das Forças Armadas e de seu arsenal moderno. Falando do Exército alemão, atribuía as grandes vitórias na frente ocidental à capacidade de aprender com os erros do passado e ao despreparo dos franceses. Stálin mostrou-se enfático na convicção de que o Exército alemão não era invencível e, numa analogia com Napoleão, de que seus objetivos de conquista (que haviam tomado o lugar da meta anterior de libertar a Alemanha do Tratado de Versalhes) não seriam alcançados. Na recepção que se seguiu, fez três breves brindes. No terceiro, corrigiu um oficial que pretendia brindar à sua política para a paz. A política da paz servira muito bem às defesas do país, disse Stálin. Fora sustentada até que o Exército pudesse ser reconstruído e dotado de armamentos modernos. Mas agora, prosseguia ele, a União Soviética precisava trocar as ações defensivas pelas ofensivas. "O Exército Vermelho é um Exército moderno", concluiu, "mas um Exército moderno é um Exército no ataque."[132] Houve quem enxergasse nessas palavras o objetivo de lançar um ataque preventivo contra a Alemanha, exatamente o que a propaganda nazista invocava para justificar a invasão da União Soviética.[133] Mas o comentário não passava de uma sucinta reiteração da consagrada estratégia militar de transformação da defesa num ataque devastador, embora seja verdade que desse nova ênfase à posição ofensiva e fosse interpretado exatamente desta maneira. E também foi feito, tal como o discurso a que se seguiram os brindes, com o objetivo explícito de causar efeito. O propósito inequívoco era inspirar confiança na capacidade de combate do Exército Vermelho, elevar o moral pela segurança demonstrada nos mais altos escalões da União Soviética. O fato de o discurso ter dado o tom das novas diretivas de propaganda estabelecidas logo depois para o Exército e a população civil também parece indicar que seu principal objetivo era sustentar o moral da nação.[134]

O discurso tem sido considerado primordialmente uma tentativa de disseminar desinformação no exterior. Se assim fosse, a inteligência soviética se teria empenhado no vazamento de seu conteúdo. Na realidade, contudo, até mesmo os alemães, cujo interesse no que Stálin tinha a dizer era óbvio, tiveram de se contentar com uma versão resumida, transmitida somente um mês depois pelo embaixador em Moscou. Schulenburg, que não conseguira descobrir o teor do discurso no momento em que era pronunciado, fornecia agora uma versão enganosa, dando a entender que Stálin teria enfatizado que o Exército Vermelho continuava despreparado frente à Wehrmacht e pretendera preparar seus ouvintes para um "novo compromisso" com a Alemanha.[135] Não há indicações de que uma versão fidedigna do discurso tenha chegado a Berlim ou qualquer outra capital.[136] E um vazamento proposital dando ênfase ao despreparo do Exército Vermelho não era do interesse soviético. Desse modo, não obstante as especulações, parece mais lógico considerar que o objetivo do discurso fosse antes interno que externo: elevar o moral e a confiança dos comandantes do Exército Vermelho.

O discurso, porém, teve conseqüências imediatas para o planejamento operacional do comando militar, que muito provavelmente também teria sido afetado pela recente avaliação dos serviços militares de inteligência sobre o número de divisões alemãs que estavam sendo mobilizadas nas fronteiras ocidentais da União Soviética.[137] Os planos anteriores, de setembro de 1940 e março de 1941, eram agora rapidamente revistos. No dia 15 de maio, Timochenko e Júkov já podiam apresentar o novo plano a Stálin.[138] Embora derivasse diretamente dos planos anteriores, ele apresentava uma diferença notável. Contemplava-se agora um grande ataque preventivo para se adiantar ao inimigo, como reconheceria mais tarde Júkov, investindo contra o Exército alemão antes que este pudesse lançar sua ofensiva. Como nos casos anteriores, a rota principal da investida passava pelo Sul da Polônia, onde o inimigo seria destruído por um "golpe súbito" por terra e pelo ar. O avanço contemplava a conquista de Varsóvia e, posteriormente, a destruição das forças alemãs no Norte da Polônia e a tomada da Prússia oriental.[139]

O plano tem sido invocado pelos que insistem em sustentar que Hitler lançou a Operação Barbarossa, tal como alegava, para rechaçar um ataque preventivo que estava sendo preparado pelos soviéticos. Mas não existe qualquer elemento de sustentação de uma teoria tão fantasiosa. A liderança nazista sabia, naturalmente, que não estava invadindo a União Soviética para impedir um ataque preventivo. A operação Barbarossa fora concebida meses antes, e por motivos agressivos, não defensivos. E o plano soviético de 15 de maio não fornece qualquer pista em sentido inverso.

É bem verdade que propugnava um ataque preventivo. Nesse sentido, convertia a tradicional ênfase na rápida transição da "defesa profunda" para a mobilização ofensiva num tratamento do ataque como forma de defesa. Ao contrário do fictício ataque soviético inventado pelos alemães, a ameaça das forças de Hitler era evidente para o comando militar soviético, com a chegada de informes diários sobre o ajuntamento de tropas e as violações da fronteira em ações de reconhecimento aéreo. A idéia de um ataque preventivo exposta no plano de 15 de maio decorria diretamente da necessidade de *defender* a União Soviética, tendo sido inspirada pelo discurso de Stálin dez dias antes. Tratava-se, portanto, de um plano ofensivo gerado por uma necessidade defensiva.[140]

Por mais preocupados que estivessem com o constante fluxo de informes de inteligência sobre movimentação de tropas, paralelamente às indicações (nem sempre consistentes, é verdade) de intenções alemãs hostis em relação à União Soviética, é muito provável que Timochenko e Júkov ainda assim considerassem, como Stálin, que o ataque alemão não era iminente. As estimativas do Exército Vermelho indicavam que a aglomeração de tropas alemãs no Leste não fora grande nas últimas semanas, e que uma concentração muito maior de forças seria necessária para um ataque.[141] E, como sabiam perfeitamente os comandantes militares soviéticos, as forças disponíveis ao Exército Vermelho nem de longe se aproximavam das previstas no plano de 15 de maio, e ainda havia importantes deficiências em matéria de transporte e suprimentos. O plano também previa a construção de gigantescas fortificações defensivas, que estavam longe de ser concluídas. Como esquema de ação para o futuro próximo, portanto, o plano era completamente irrealista.[142] O mais provável é que Timochenko e Júkov tivessem em mente uma ofensiva em algum momento em futuro mais distante, provavelmente no verão de 1942, na melhor das hipóteses.

Seja como for, a especulação sobre o possível momento de um ataque preventivo não levou a nada. Quando Timochenko e Júkov apresentaram o plano, ainda em forma de projeto, Stálin o rejeitou liminarmente. "Ele explodiu imediatamente ao ouvir falar de um ataque preventivo contra as forças alemãs", teria comentado Júkov posteriormente. "'Vocês enlouqueceram? Estão querendo provocar os alemães?', rugiu, indignado." Timochenko e Júkov lembraram a Stálin o que ele próprio havia dito no dia 5 de maio. "'Eu disse aquilo para dar ânimo aos que ali se encontravam, para que pensassem na vitória, e não na invencibilidade do Exército alemão, que é o que proclama a imprensa mundial', retrucou Stálin. E assim foi enterrada nossa idéia de um ataque preventivo", concluía Júkov.[143]

Existe um relato sobre o testemunho de Timochenko no pós-guerra, não menos explícito quanto à reação de Stálin. Nessa versão, Stálin acusava Júkov e Timoshenko de serem fomentadores da guerra. Quando Timochenko referiu-se ao discurso de 5 de maio, Stálin retrucou: "Vejam todos [...] Timochenko é saudável e tem uma cabeça grande, mas seu cérebro evidentemente é minúsculo [...]. O que eu disse [no dia 5 de maio] foi para o povo. Ele precisa intensificar a vigilância. Vocês precisam entender que a Alemanha nunca tomará a iniciativa de atacar a Rússia [...]. Se provocarem os alemães na fronteira, se movimentarem tropas sem nossa permissão, podem ter certeza de que cabeças vão rolar". Stálin em seguida retirou-se, batendo a porta.[144]

Stálin aferrou-se a sua política de não-provocação e de ganhar tempo. Estava tão preocupado em evitar qualquer provocação aos alemães que as entregas de matérias-primas à Alemanha, de acordo com os acordos comerciais anteriores, ainda estavam sendo cumpridas plenamente seis dias antes do ataque da Wehrmacht. Na própria manhã da invasão, produtos soviéticos eram desembarcados em estações na fronteira polonesa.[145] Mais ou menos na mesma época, o general-de-brigada Kirponos, comandante do Exército Vermelho em Kiev, que escrevera a Stálin informando que uma ofensiva alemã em futuro próximo era mais que provável e mobilizara algumas unidades em posições defensivas mais favoráveis na fronteira, teve suas ordens anuladas.[146] Stálin continuava inabalável em sua convicção de que os alemães não invadiriam antes de alcançar a vitória ou algum acerto na frente ocidental. "Hitler e seus generais não são estúpidos a ponto de combater em duas frentes ao mesmo tempo", lembrava-se Júkov de ter ouvido Stálin dizer em sua furiosa reação ao plano. "Foi o que quebrou o pescoço dos alemães na Primeira Guerra Mundial." Stálin insistia mais uma vez em que Hitler não tinha condições de combater em duas frentes, acrescentando — numa avaliação completamente equivocada do inimigo — que "ele não está aí para aventuras".[147]

Terá Stálin perdido uma oportunidade ao dar as costas ao plano militar de 15 de maio oferecido por Timochenko e Júkov? Não é a conclusão a que chegaria mais tarde o próprio Júkov. Rememorando sua experiência na época como comandante do Estado-Maior (posição que não pleiteara, consciente de que sua principal contribuição era como comandante de campo), ele reconheceria que estava errado, e que a avaliação de Stálin sobre o plano era correta. Se tivéssemos tentado um ataque preventivo, ponderava Júkov, teriam sido ainda mais catastróficas as conseqüências para a União Soviética. Com toda probabilidade, concluía, a União Soviética rapidamente teria sido derrotada, Moscou e Leningrado teriam caído em 1941 e as forças de Hitler estariam em condições de sair vitoriosas da guerra.[148]

Enquanto Timochenko e Júkov tentavam sem êxito convencer Stálin a adotar seu plano operacional alterado, e paralelamente ao frenético esforço de fortalecimento do Exército Vermelho, tinham prosseguimento movimentos diplomáticos urgentes para evitar ou pelo menos adiar uma guerra. Eles giravam eminentemente em torno do embaixador alemão em Moscou, Schulenburg, que pouco mais de três anos depois seria executado pelo regime nazista por envolvimento na conspiração para assassinar Hitler. Em maio de 1941, Schulenburg continuava acreditando que seria possível evitar uma guerra se a União Soviética atendesse às exigências territoriais e materiais alemãs. Ele transmitia a Berlim sua convicção de que Stálin assumira o cargo de primeiro-ministro por ter fixado para si mesmo a meta de "preservar a União Soviética de um conflito com a Alemanha".[149] E escorava essa convicção com a transmissão da oferta soviética de 5 milhões de toneladas de cereais a serem entregues à Alemanha no ano seguinte.[150] Naturalmente, informes dessa natureza não impressionavam Hitler, se é que jamais chegavam ao seu conhecimento. Mas Schulenburg, por sua vez, recebia de Berlim informações propositalmente enganosas. Era instruído, por exemplo, a debelar boatos deliberadamente espalhados pelos britânicos, segundo se alegava, para fomentar um conflito entre a União Soviética e a Alemanha. Era informado de que os boatos de concentração de tropas alemãs e de uma guerra iminente eram "muito prejudiciais ao desenvolvimento pacífico das relações germano-russas".[151] E numa audiência com o próprio Hitler em Berlim, no fim de abril, ouvira explicitamente do ditador alemão: "Não pretendo entrar em guerra contra a Rússia".[152] Schulenburg estava convencido de que Hitler mentira. Ainda assim, nas semanas subseqüentes, transmitiria a Stálin e Mólotov sua própria convicção de que a guerra não era inevitável, reforçando aos olhos deles a idéia de que ainda seria possível uma solução diplomática e promovendo uma desconfiança ainda maior das intenções britânicas.[153]

A desconfiança seria consideravelmente agravada com a captura de Rudolf Hess pelos britânicos em 10 de maio. O governo britânico, por sua vez induzido pelos informes de inteligência a acreditar, até o início de junho, que os movimentos de tropas alemãs destinavam-se a forçar a liderança soviética a entrar em negociações,[154] tentou usar a misteriosa chegada de Hess para fomentar a resistência, incutindo em Stálin o medo de ser "deixado sozinho para enfrentar a banda" e encorajando-o a forjar uma aliança entre a União Soviética e a Grã-Bretanha.[155] A tentativa fracassou redondamente, tendo servido apenas para aumentar a paranóia de Stálin. Segundo Kruchev, sua reação imediata ao receber a notícia do vôo de Hess e de sua captura foi presumir que ele estava em missão secreta, em nome de Hitler, para negociar com os britânicos o fim da guerra e liberar a Alemanha para a investida a Leste.[156] Mas logo essa convicção cairia por terra. Outras possibilidades começaram a passar por sua cabeça. Os serviços soviéticos de inteligência davam conta de boatos abrindo para interpretações diferentes. Ivan Maisky, o perspicaz embaixador soviético em Londres, no posto havia muito tempo, contribuiu para o clima de incerteza com seus informes, pois também encontrava dificuldade para chegar a uma conclusão clara quanto ao objetivo da missão de Hess. Tudo isso contribuía para o mal-estar de Stálin. Sem saber ao certo se o governo de Churchill tentava induzi-lo a uma guerra com a Alemanha, se os britânicos e os alemães estariam a ponto de entrar em acordo para juntar forças contra o bolchevismo (como previra desde sempre) ou se Hess representava uma facção oposta a um Hitler considerado favorável a negociações com a União Soviética, Stálin tinha confirmação apenas de sua radical desconfiança dos britânicos, considerando como pura e simples desinformação qualquer advertência procedente de Londres.[157]

Os boatos e contra-boatos que alimentavam os incontáveis informes de inteligência abriam-se a diferentes interpretações, servindo alguns para corroborar diretamente as idéias preconcebidas de Stálin. Dekanozov, por exemplo, o embaixador soviético em Berlim, enviava a Moscou a seguinte mensagem no início de junho: "Paralelamente aos boatos sobre uma iminente guerra entre a Alemanha e a União Soviética, circularam na Alemanha boatos de uma reaproximação entre a Alemanha e a União Soviética, seja com base em amplas 'concessões' da parte da União Soviética" — mencionava-se com freqüência um arrendamento da Ucrânia a longo prazo — "ou com base na 'divisão de esferas de influência' e no compromisso da União Soviética de não interferir em questões européias".[158] Na verdade, o embaixador soviético estava involuntariamente transmitindo desinformação posta em circulação pelos alemães.

Abrir caminho no emaranhado de informes de inteligência e boatos em sentido inverso não era nada fácil. Timochenko e Júkov certamente iam ficando cada vez mais preocupados à medida que chegavam informes bastante específicos de concentração de tropas alemãs. Entretanto, na noite de 11 para 12 de junho, quando preconizaram que as tropas fossem postas em estado de guerra, com a movimentação de forças para posições mais avançadas, visando a reforçar a capacidade de defesa, Stálin foi cortante: "Estou convencido de que Hitler não se arriscaria a criar uma segunda frente atacando a União Soviética", afirmou. "Hitler não é nenhum imbecil e sabe que a União Soviética não é a Polônia, nem a França, nem mesmo a Inglaterra." Sua indignação explodia. Ele rejeitou a idéia da mobilização e de um movimento de tropas em direção às fronteiras ocidentais: "Isso significaria guerra". Medidas encobertas de reforço das fronteiras já eram efetivamente tomadas a essa altura, mas com limites impostos por Stálin para assegurar que não houvesse qualquer sinal de provocação.[159] Improvisada à última hora, a mobilização foi na verdade limitada em seu alcance e deficiente em sua execução.[160] No dia 13 de junho, Timochenko e Júkov deram ordens ao distrito militar de Kiev para que o quartel-general e algumas divisões fossem transferidos à noite, em absoluto segredo, para áreas mais próximas da fronteira soviética. A providência deveria ser tomada até o início de julho. Em meados de junho, de acordo com informações transmitidas a Stálin pelo Estado-Maior, 187 divisões estavam mobilizadas na frente ocidental, mais de metade a sudoeste. Em sua maioria, haviam sido secretamente transferidas do interior do país para lá nas semanas anteriores.[161] Mas só no dia 19 de junho seriam dadas ordens para começar a camuflar os campos de pouso e outras instalações vitais, dispersando os aviões pelos aeródromos. Mesmo então, Stálin fazia questão de preservar o segredo, para evitar qualquer provocação.[162]

É difícil imaginar que a essa altura o próprio Stálin já não vacilasse intimamente em suas convicções. Em seus momentos solitários, devia se perguntar se não vinha sendo enganado havia meses por Hitler. Nas últimas semanas antes da invasão, ele parecia inquieto e preocupado, e começou a beber mais, buscando companhia para se distrair e substituindo compromissos de trabalho no Kremlin por longos jantares em sua *dacha*.[163] Por mais certo que estivesse de sua avaliação — e não deixava transparecer qualquer vacilação aos que se encontravam com ele regularmente nessa época —, seria realmente extraordinário se não identificasse motivos de preocupação nas informações que chegavam de todos os lados.

Em 2 de junho, Béria entregou-lhe um resumo dos informes de inteligência dando conta da localização exata das tropas alemãs e de seus quartéis-generais, muito embora, tipicamente, amortecesse o impacto do relatório concluindo que se a Alemanha desse início a uma guerra contra a União Soviética, seria apenas depois de chegar a um acordo com a Grã-Bretanha.[164] Outros informes não apresentavam o mesmo grau de ambigüidade, adquirindo já, para todos os efeitos, contornos nitidamente preocupantes.

Um dia antes da entrega do resumo de Béria, Richard Sorge ("Ramzai") despachara de Tóquio dois relatórios com base em informações procedentes de Berlim. O embaixador Ott fora informado de que o ataque alemão à União Soviética teria início na segunda quinzena de junho, indicava Sorge, e estava 95% convencido de que a guerra estava para começar.[165] Num segundo relatório, também de 1º de junho, "Ramzai" transmitia informações recebidas de um conhecido, o tenente-coronel Erwin Scholl, que passava por Tóquio a caminho da embaixada alemã em Bangcoc, onde assumiria novo cargo. Scholl dissera-lhe que a guerra começaria em 15 de junho. Mencionara também que as reduzidas linhas soviéticas de defesa (concentradas, como vimos, no Sul) constituíam uma séria vulnerabilidade, já que o principal ataque alemão seria lançado por seu flanco esquerdo (vale dizer, pelo norte).[166] Quando o telegrama de Sorge foi decodificado e traduzido para o russo, seus superiores acrescentaram um comentário depreciativo: "Suspeito. A incluir entre os telegramas mandados como provocação".[167] Havia muito Stálin menosprezava Sorge, chamando de "merdinha" o homem que arriscava a vida pela inteligência soviética.[168] O sistema stalinista era programado, em todos os níveis, para confirmar o ditador soviético em seus prejulgamentos.

No dia 12 de junho, Stálin, Mólotov e Béria receberam de "Starshina" (Schulze-Boysen) informações sobre conversas nos mais altos escalões da Luftwaffe e do Ministério da Aeronáutica dando conta de que fora tomada a decisão de atacar a União Soviética. Não se sabia se seriam anteriormente apresentadas exigências à União Soviética ou se haveria um ataque-surpresa.[169] No mesmo dia, chegava ao Ministério do Exterior e ao Comitê Central um informe assinalando um total de 2080 violações da fronteira soviética por aviões alemães entre 1º de janeiro e 10 de junho, alguns chegando a avançar até aproximadamente cem quilômetros em distritos com fortificações de defesa e grandes concentrações de tropas. Noventa e um aviões tinham violado as fronteiras nos dez primeiros dias de junho. Um desses aviões militares, tendo adentrado 190 quilômetros em território soviético, acabou forçado a aterrissar, e trazia a bordo mapas e fotografias aéreas de uma região da Ucrânia.[170] Em 17 de junho, outro despacho de "Starshina", baseado em quartéis-generais da Luftwaffe, informava a Stálin, Mólotov e Béria que estavam concluídas todas as medidas militares alemãs para um ataque à União Soviética e que o golpe poderia ser desferido a qualquer momento. Eram fornecidos uma lista de alvos imediatos de bombardeio e os nomes dos oficiais alemães que assumiriam o comando nos territórios a serem ocupados.[171] Dois dias depois, um agente soviético em Roma passava a informação, que seria procedente do embaixador italiano em Berlim, Augusto Rosso, de que a Alemanha atacaria a União Soviética em algum momento entre 20 e 25 de junho.[172] Em meados de junho, era enviada por "Lucy" (um editor antifascista alemão emigrado, chamado Rudolf Rössler), agente soviético baseado em Lucerna, na Suíça, informação estipulando a data do ataque (22 de junho) e fornecendo detalhes do plano operacional alemão.[173] De Tóquio, "Ramzai" relatava em 20 de junho a convicção do embaixador Ott de que a guerra era inevitável e de que os militares alemães acreditavam que as defesas soviéticas eram mais frágeis que as da Polônia.[174] No mesmo dia, o agente soviético em Sófia informava a Moscou que o ataque ocorreria em 21 ou 22 de junho.[175] E os sinais de perigo não provinham apenas dos informes de inteligência. A essa altura, a maior parte da equipe da embaixada alemã deixara Moscou em clima de grande nervosismo. Logo haveriam de seguir-se as equipes das embaixadas italiana, romena e húngara.[176]

Mantinha-se inabalável, todavia, a desconfiança soviética em relação aos informes de agentes e dos serviços estrangeiros de inteligência. Como sempre, a desconfiança era particularmente pronunciada em relação à Grã-Bretanha — em certa medida, talvez, um velado reflexo da convicção de Stálin de que os britânicos agiriam com duplicidade equivalente à de sua própria manipulação em duas frentes em 1939. Em 14 de junho, o órgão noticioso oficial soviético, a agência *Tass*, publicava um comunicado denunciando boatos de uma guerra iminente entre a Alemanha e a União Soviética na imprensa britânica. Mólotov alegaria mais tarde que o comunicado da *Tass* fora "um último recurso. Se conseguíssemos impedir que a guerra começasse no verão, teria sido muito difícil iniciá-la no outono".[177] Informes sobre esses boatos haviam sido transmitidos a Moscou pelo embaixador soviético em Londres, Ivan Maisky, que continuava acreditando que a movimentação de tropas alemãs na fronteira soviética não passava de um elemento na "guerra de nervos" promovida por Hitler.[178] Publicando esse comunicado, Stálin esperava que o lado alemão viesse a público com uma denúncia equivalente dos boatos. Mas não foi o que aconteceu.[179]

Na verdade, a inteligência britânica, havia muito convencida de que a movimentação de tropas alemãs destinava-se a fazer pressão sobre a União Soviética, mudava agora de orientação, acreditando — tardiamente — que era iminente uma invasão da União Soviética.[180] À frente do Ministério das Relações Exteriores, sir Alexander Cadogan, não conseguindo acreditar que Hitler preferisse invadir a União Soviética a explorar suas conquistas nos Bálcãs para atacar os britânicos no Norte da África e no Oriente Médio, ainda assim convocou Maisky a seu gabinete, em 16 de junho, transmitindo-lhe provas precisas e detalhadas da iminência da ameaça. Maisky, por sua vez muito impressionado com os informes, transmitiu a informação a Moscou, mas com as habituais ressalvas para atender às expectativas de seus superiores.[181]

Em Moscou, a informação, como acontecera com outras advertências britânicas, foi recebida com grande ceticismo. Mas uma das últimas advertências recebidas antes da investida alemã partiu de um amigo certo, o dirigente comunista chinês Mao Tse-tung. No dia 21 de junho, Gueorgi Dimitrov, secretário-geral do comitê executivo do Comintern, anotava em seu diário ter recebido um telegrama de Mao afirmando que a Alemanha atacaria naquele mesmo dia. Dimitrov observava que boatos a respeito de um ataque aumentavam de todos os lados. Telefonou então a Mólotov para consultar sobre a posição a ser adotada pelos partidos comunistas. A resposta de Mólotov foi que tudo "não passava de um jogo".[182] Ele dizia que conversaria a respeito com o camarada Stálin.[183]

Mas Mólotov sabia que resposta esperar. Stálin persistia no estado de total negação. O tempo todo, sua posição fora a mesma: sabia o que estava fazendo. Considerando-se a estrutura de liderança e o processo decisório que prevaleciam na União Soviética, paralelamente ao medo de recriminação subjacente a qualquer atitude percebida como de oposição, era difícil até sustentar algum argumento contrário, quanto mais convencer Stálin de que estava errado. Desse modo, os outros dirigentes soviéticos, fosse por convicção ou conveniência, mostravam-se condescendentes. Na véspera da invasão alemã, Béria ainda escrevia a Stálin criticando as advertências cada vez mais urgentes de um de seus próprios acólitos, o embaixador soviético em Berlim, Dekanozov. Manifestava a Stálin a convicção de que Dekanozov devia ser afastado e punido "porque está constantemente me bombardeando com desinformação. Hitler estaria supostamente preparando uma invasão da União Soviética. Agora, ele [Dekanozov] me diz que essa invasão começará amanhã".[184] O comentário obsceno do próprio Stálin sobre a suposta desinformação foi reproduzido no início deste capítulo. Com toda probabilidade, no entanto, a veemência de sua reação era um sinal de sua própria dúvida de que estivesse efetivamente com a razão o tempo todo. O problema era que sua posição havia determinado as políticas adotadas a cada passo. E agora, Stálin, reduzido à inação por sua própria análise da situação, não tinha alternativas a apresentar. Às oito horas da noite de 21 de junho, quando um desertor alemão, ex-comunista, apareceu num posto da fronteira ucraniana, dizendo que as forças de Hitler invadiriam na manhã seguinte, Stálin pelo menos se preocupou em apoiar a diretiva de Júkov para que todos os distritos militares fossem advertidos de um possível ataque-surpresa ao alvorecer, ordenando que todas as unidades se preparassem para combate. Mas era muito pouco, tarde demais. E ainda assim Stálin continuava achando que "talvez a questão possa ser resolvida pacificamente".[185]

Por mais que começasse intimamente a se questionar, a inabalável convicção, por tanto tempo, de que estava certo, apesar das crescentes evidências em contrário, deixara a Stálin apenas a alternativa de acreditar — ou talvez apenas esperar — que não estivesse errado.

Mas estava. Suas ilusões ruíram definitivamente com um telefonema de Júkov às 3h40 da manhã de 22 de junho. Tivera início um maciço ataque alemão em todas as regiões da frente ocidental. A guerra começara.

VII

Stálin ficou sem fala ao receber a notícia. Júkov ouvia apenas sua respiração pesada pelo telefone. Stálin não deu qualquer ordem imediata de contramedidas a serem adotadas. Disse a Júkov e Timochenko que fossem imediatamente para o Kremlin. Também foram convocados membros do Politburo. A reunião, nas mais terríveis condições imagináveis, finalmente teve início às 5h45, hora de Moscou, pouco mais de uma hora depois de iniciado o ataque. Surpreendentemente, Stálin considerou que o ataque poderia ter sido desencadeado como provocação, por iniciativa de oficiais alemães agindo por conta própria. "Hitler simplesmente não está informado a respeito", afirmou, preferindo despejar sua bile em Ribbentrop. Durante algum tempo, Stálin não descartou a possibilidade de que o ataque se destinasse a intimidar a União Soviética e submetê-la politicamente. E não daria qualquer ordem para que o Exército Vermelho entrasse em ação até ter notícias de Berlim.

Schulenburg foi contatado e convocado a comparecer imediatamente. Ele efetivamente estivera tentando conseguir uma audiência com Mólotov. Ao chegar, Schulenburg leu um telegrama que havia chegado às 3 horas da manhã, hora de Berlim, afirmando que a Alemanha fora forçada a tomar medidas em resposta à concentração de forças soviéticas. O embaixador falava de seu "desânimo, causado pela inesperada e indesculpável iniciativa de seu próprio governo". Chocado e furioso, Mólotov redargüiu que se tratava de "uma quebra de confiança sem precedente na história". E retornou ao gabinete de Stálin para anunciar que a Alemanha declarara guerra à União Soviética.[186]

Stálin recebeu a notícia em silêncio. Parecia chocado, cansado e deprimido. Mas logo se recompôs. "O inimigo será derrotado em todas as frentes", declarou.[187] A essa altura, Stálin não tinha consciência de todo o alcance do desastre. Ainda achava que o Exército Vermelho poderia rapidamente virar a mesa contra o inimigo e infligir esmagadora derrota aos invasores alemães. A diretiva redigida por Timochenko (embora levasse a marca de Stálin) e despachada para todos os distritos militares às 7h45 ordenava às unidades do Exército Vermelho "fazer uso de toda a sua força e todos os seus recursos para investir contra as forças do inimigo e destruí-las onde houverem violado a fronteira soviética". Mas não era ordenada ainda uma ofensiva soviética. "Até ordens em contrário, as tropas terrestres não devem cruzar a fronteira", afirmava a diretiva. Enquanto isso, os aviões inimigos seriam destruídos em terra, sendo efetuados bombardeios até 160 quilômetros adentro do território alemão.[188] Na verdade, a maior parte da Aeronáutica soviética já fora posta fora de ação a essa altura. O irrealismo da diretiva era agravado, catorze horas depois, por uma outra, falando ainda da tomada da área de Lublin — 88 quilômetros adentro do território da Polônia ocupada pelos alemães.[189]

Ao longo do dia, no entanto, os dirigentes soviéticos começaram a tomar consciência do alcance da calamidade. Ao meio-dia, Mólotov — e não Stálin (abatido e incapaz de anunciar o início da guerra)[190] — dirigiu-se ao povo soviético. Com uma leve gagueira nervosa, falou de "um ato de traição sem equivalente na história dos países civilizados", mencionando a perda de duzentos homens.[191] A alocução, ouvida com medo e incredulidade pelos cidadãos, sintonizados com o rádio nas áreas de fronteira enquanto choviam bombas do céu, concluía com palavras redigidas por Stálin: "Nossa causa é justa, o inimigo será esmagado, alcançaremos a vitória".[192] O próprio Stálin, enquanto isso, passava de uma reunião a outra, emitindo decretos e diretivas e tentando avaliar a gravidade da invasão. Só naquela tarde, ao se reunir o Politburo, às 4h, ficou evidente todo o alcance do que acontecera. Timochenko informava que a violência do ataque alemão superava todas as expectativas. A Aeronáutica soviética e as tropas de fronteira tinham sofrido pesadas baixas. Cerca de 1200 aviões haviam sido perdidos, oitocentos deles destruídos em solo. As forças alemãs avançavam rapidamente em direção ao coração do país. Parecia quase inacreditável, mas Minsk, a capital da Bielo-Rússia, estava sob ameaça. Stálin considerou isso "inconcebível", caracterizou a invasão como "crime monstruoso" e anunciou, furioso, que cabeças haveriam de rolar.[193] Entre as primeiras estaria a do general Pavlov, comandante-em-chefe da frente ocidental, que seria executado um mês depois, juntamente com três outros comandantes da frente. O próprio Stálin considerava absurdas as acusações de "conspiração militar antissoviética". Mas confirmou as sentenças, fazendo questão de que as frentes de guerra fossem informadas, "para que saibam que os derrotistas serão punidos sem contemplação". Oito generais seriam fuzilados, bodes expiatórios da *débâcle*.[194]

As notícias da frente pioravam a cada dia. Em 28 de junho, aquilo que Stálin considerava "inconcebível" — a queda de Minsk, abrindo caminho para Smolensk e a própria Moscou — acontecera. Nada menos que 400 mil militares soviéticos haviam sido apanhados na armadilha do cerco alemão. Em não mais que uma semana, a Wehrmacht avançara cerca de 480 quilômetros em território soviético. Foi então que Stálin sofreu o choque psicológico do que acontecera. Durante dois dias, ele não apareceu no Kremlin. Ninguém conseguia contatá-lo. Confinado em sua *dacha*, ele aparentemente ficou por breve período à beira de um colapso nervoso. Finalmente, os membros de seu círculo mais próximo tomaram coragem para se dirigir à *dacha*. Encontraram-no deprimido e perplexo, aparentemente nervoso à chegada de seus homens de confiança. Se é verdade, como se alegaria mais tarde (provavelmente com certo grau de exagero), que ele achava que vinham para responsabilizá-lo por seus erros e depô-lo, o fato é que não tinha nada a temer. Ele foi convencido a retornar ao Kremlin, já agora como presidente de um novo Comitê de Defesa do Estado, um pequeno mas todo-poderoso Gabinete de guerra, dotado de amplos poderes. No dia seguinte, 1º de julho, ele estava de volta ao Kremlin, reassumindo o pleno controle. Dois dias depois, fez um impressionante discurso à nação, combinando retórica patriótica e ameaças de implacável represália "contra os covardes, os fomentadores do pânico e os desertores".[195] Passara o pior momento da acomodação pessoal de Stálin ao desastre que se abatera sobre a União Soviética.

Ainda a essa altura, no entanto, Stálin, juntamente com Mólotov e Béria, aparentemente contemplava secretamente a possibilidade de fazer sondagens junto a Hitler, para ver quais seriam suas condições para suspender o ataque. A idéia era ganhar mais tempo para que a União Soviética recompusesse seu poderio militar. Foi aventada a possibilidade de cessão à Alemanha de considerável extensão territorial, abarcando as repúblicas do Báltico, a Ucrânia e a Bessarábia. Molotov aparentemente falou de um segundo tratado de Brest-Litovsk, referindo-se à amputação do território russo que pôs fim à participação da Rússia na Primeira Guerra Mundial. Se Lênin pudera fazê-lo, deduzia-se, seria possível fazê-lo de novo — um mal menor, para diminuir as perdas e preparar-se militarmente para o momento em que fosse possível recuperar as terras perdidas. Em depoimento prestado depois da guerra, o general Pavel Sudoplatov, então vice-chefe da sessão da inteligência do NKVD, afirmou ter sido incumbido de apresentar as propostas, sob o mais estrito segredo, a um intermediário de confiança, o embaixador búlgaro em Moscou, Ivan Stamenov, num restaurante moscovita. O encontro efetivamente ocorreu. Mas aparentemente Stamenov considerou que o interlocutor tentava obter suas impressões pessoais sobre a conveniência de passar a informação a Berlim. Seu ponto de vista, talvez determinado pelo que julgava que o outro quisesse ouvir, era que a superioridade soviética acabaria prevalecendo. A Alemanha seria derrotada na guerra. Tivesse ou não interpretado erradamente o que se esperava dele, Stamenov não levou adiante qualquer mensagem. O próprio Sudoplatov reportou-se novamente a Béria e a idéia foi discretamente arquivada.[196]

Segundo Júkov, Stálin ainda tentou uma segunda vez fazer sondagens de paz.[197] Foi em outubro de 1941, pouco depois de o Exército alemão em avanço ter esmagado a linha de frente soviética nos grandes cercos de Brjansk e Viaz'ma, onde foram capturados nada menos que 673 mil soldados do Exército Vermelho. Se surgiam tais idéias, só podia ser em desespero de causa. Mas a segunda história de possíveis sondagens de paz parece implausível. As chances de que Hitler se detivesse, tendo Moscou aparentemente à sua mercê, seriam remotas. De qualquer maneira, não foi feita nenhuma proposta.

Mas a essa altura Moscou efetivamente já estava à vista da Wehrmacht. Para a população da capital soviética, cada vez mais mergulhada no pânico, aproximava-se a mais profunda crise dos últimos anos. Quando os alemães romperam a principal defesa estratégica da capital na noite de 14 para 15 de outubro, estava em questão não só a sobrevivência de Moscou, mas do próprio Estado soviético. O Comitê de Defesa do Estado determinou a evacuação de quase todo o governo para Kuibyshev, à beira do Volga, 650 quilômetros a sudeste. Fábricas e instalações industriais foram preparadas para a detonação, assim como o metrô de Moscou. As medidas refletiam a convicção dos dirigentes soviéticos de que Moscou logo cairia nas mãos dos alemães.[198] Para os moscovitas comuns, tinha início aquela que ficaria conhecida como "a grande fuga", com o êxodo às pressas de centenas de milhares de habitantes da cidade.[199] É possível que um quinto da população tenha fugido em meio ao pânico.[200] O corpo embalsamado de Lênin foi retirado do mausoléu no Kremlin e embarcado para Leste, sendo secretamente acomodado numa antiga escola czarista.[201] Fizeram-se preparativos para que também Stálin deixasse Moscou. Sua *dacha* perto da cidade foi minada. Gabinetes e um abrigo contra bombas foram preparados para ele em Kuibyshev. Um avião ficou a postos para transportá-lo de Moscou, assim como um trem especial.[202] Béria estimulava a completa transferência do governo para Kuibyshev. Stálin enfrentava uma outra decisão vital. Segundo depoimento — bem mais tardio, é verdade — de Nikolai Vasilievich Ponomariov, que em 1941 era oficial de ligação das comunicações no círculo mais próximo de Stálin, ele foi instruído na noite 16 de outubro a se preparar para uma evacuação imediata, sendo conduzido à estação ferroviária. Os guarda-costas de Stálin estavam na plataforma. O trem estava pronto para a partida, mas Stálin não apareceu. Ao que parece, Júkov o convencera de que era possível manter o controle de Moscou.[203] Stálin ficou. Mais tarde, quando se perguntou a Mólotov o que teria acontecido se Stálin tivesse tomado a decisão contrária, de deixar a cidade e transferir-se para Kuibyshev, ele respondeu: "Moscou teria ardido em chamas". Ele acrescentou que os alemães teriam tomado a cidade, a União Soviética teria entrado em colapso e isso teria levado ao esfacelamento da coalizão contra Hitler.[204] Era talvez uma avaliação excessivamente dramática. Mas a decisão de Stálin de ficar foi inquestionavelmente fundamental para elevar o moral na cidade de Moscou e na União Soviética de maneira geral. A notícia logo se espalhou. O grande Líder continuava no leme e ficaria com seu povo na capital. A crise imediata cedeu. O pânico dissipou-se com a mesma rapidez com que surgira. Mas o perigo ainda não chegara ao fim.

A força da investida alemã só seria contida na primeira contra-ofensiva bem-sucedida do Exército Vermelho, em dezembro de 1941, com a ponta de lança da Wehrmacht nas imediações de Moscou. Foi um momento de efetiva virada. A ameaça nunca mais voltaria a ter a mesma gravidade. Para a Wehrmacht, até então absoluta em seu avanço, a crise do inverno diante de Moscou foi um momento decisivo. Retrospectivamente, não parece muito fantasista distinguir aí o início do fim para o Terceiro Reich. Para a União Soviética, ainda havia pela frente muitos dias sombrios até a vitória. Quando ela chegou, em 8 de maio de 1945, enormes extensões do país estavam arruinadas e cerca de 25 milhões de cidadãos soviéticos haviam morrido. O custo da convicção de Stálin de que sabia o que estava fazendo fora colossal.

VIII

Uma catástrofe dessa magnitude não tinha antecedente na história. E ela se seguia ao que ainda hoje pode ser considerado um dos mais extraordinários erros de cálculo de todos os tempos. Como vimos, Stálin reiteradamente chegara às conclusões erradas quanto às intenções alemãs, ainda mesmo na véspera da invasão. As tentativas de atender a exigências econômicas da Alemanha prosseguiram até o último momento. Advertências de todas as partes eram ignoradas. Os que tentavam insistir em argumentos contrários eram tratados com desprezo. Stálin batia o pé: sabia o que Hitler tinha em mente. O ditador alemão haveria de atacar, mas não já. A maior prioridade de Hitler, estava convencido, era a exploração econômica da União Soviética. A insistência na tentativa de conciliação econômica baseava-se neste desastroso equívoco.[205] Sem resolver seus problemas a Oeste, a prioridade inicial de Hitler só podia ser a submissão soviética, e não uma guerra declarada. Isto acarretaria vantagens para uma Alemanha que enfrentava problemas econômicos, aumentando a pressão a Oeste. Enquanto isso, teria prosseguimento o furioso esforço soviético de rearmamento. Se houvesse negociações de paz, a União Soviética teria de estar envolvida, e de uma posição de força. Apesar

1. Soldados franceses se rendem em maio de 1940, conforme a Wehrmacht avança pelo Norte do país. A rapidez da vitória alemã teve efeitos dramáticos no planejamento da guerra, não só na Europa como também no Oriente Médio.

2. Tropas aliadas nas praias de Dunquerque, à espera do resgate no final de maio de 1940. O sucesso da evacuação superou todas as expectativas do governo e dos líderes das Forças Armadas.

3. Olhares soturnos na Downing Street, em 1940: de 25 a 28 de maio, os desentendimentos entre Winston Churchill e lorde Halifax dominaram a discussão do Gabinete de Guerra sobre a possibilidade de se negociar a paz com a Alemanha. A decisão de continuar lutando afetou de maneira decisiva a estratégia alemã.

4. *O grande-almirante Erich Raeder, comandante-em-chefe da Marinha alemã, cujas preferências estratégicas divergiam das de Adolf Hitler.*

5. *Hitler e o general Francisco Franco, ditador da Espanha, inspecionam a guarda de honra durante o encontro em Hendaye, em outubro de 1940, que revelou os obstáculos insuperáveis de uma "estratégia periférica" envolvendo a Espanha.*

6. *O comissário para Assuntos Externos, Viatcheslav Mólotov (com Joachim von Ribbentrop, ministro do Exterior do Reich, à sua direita), durante a visita a Berlim, em novembro de 1940, em que Hitler ficou convencido de que o ataque à União Soviética deveria começar o mais rápido possível.*

7. Tanques japoneses percorrem o Sul da China, durante a terrível guerra que começou no verão de 1937, e que acabou se tornando uma barreira intransponível para qualquer possibilidade de um acordo de paz no Oriente Médio.

8. O príncipe Konoe Fumimaro, três vezes primeiro-ministro do Japão, apoiou a guerra contra a China, mas renunciou em 1941, quando sua tentativa de dar uma solução diplomática para a crise com os Estados Unidos fracassou.

9. *O embaixador japonês em Berlim, Kurusu Saburo, fala durante a assinatura do Pacto Tripartite entre Japão, Alemanha e Itália, em 27 de setembro de 1940. À sua esquerda estão o ministro do Exterior italiano, conde Galeazzo Ciano, e Hitler.*

10. *Reações diversas nos rostos dos manifestantes após a entrada da Itália na guerra, em 10 de junho de 1940.*

11. (Da esquerda para a direita) *Benito Mussolini, Hitler, Ciano e Ribbentrop se encontram no Palazzo Vecchio em Florença, em 28 de outubro de 1940, dia em que a Itália iniciou seu ataque à Grécia.*

12. *Artilharia italiana ataca posições gregas na fronteira da Albânia, após o fiasco da invasão à Grécia.*

13. O presidente americano Franklin Delano Roosevelt discute política internacional com Cordell Hull, seu secretário de Estado de muitos anos, uma voz cautelosa na administração, embora por fim inflexível em face à crescente ameaça japonesa.

14. O general George C. Marshall, um líder extremamente competente, discute estratégia com o experiente e determinado secretário de Guerra, Henry L. Stimson, um dos "falcões" que influenciavam o presidente.

15. Stálin com Mólotov, que aceitou de maneira subserviente a atitude omissa do líder diante da ameaça iminente de uma invasão alemã em 1941.

16. Alguns das centenas de milhares de jovens soldados soviéticos capturados pelos alemães durante as primeiras semanas da invasão, em junho de 1941. Mais de 3 milhões de soviéticos morreriam como prisioneiros de guerra dos alemães.

17. Tanques soviéticos atolados em terreno pantanoso no verão de 1941, durante o devastador avanço alemão.

18. *Roosevelt e Churchill a bordo do* HMS Princ- of Wales *na reunião de agosto de 1941 na baía de Placentia, que deu origem à Carta do Atlântico*

19. General Tojo Hideki, o belicoso ministro do Exército japonês nomeado primeiro-ministro em outubro de 1941, retratado um mês depois, por volta da época em que conduzia discussões ministeriais a favor de um ataque aos Estados Unidos.

20. O imperador Hirohito lidera uma revista militar em Tóquio em 6 de dezembro de 1941, um dia antes do ataque a Pearl Harbor.

21. As defesas norte-americanas são apanhadas de surpresa por uma chuva de bombas durante o ataque a Pearl Harbor, em 7 de dezembro de 1941.

22. Soldados alemães atacados quando o ritmo do avanço rumo a Moscou começa a diminuir, durante o outono de 1941.

23. Tanque alemão da 2ª Divisão Panzer SS, não muito longe de Moscou, onde as forças alemãs enfrentaram a primeira grande crise da guerra durante a contra-ofensiva soviética iniciada em 5 de dezembro de 1941.

24. Hitler anuncia no Reichstag a declaração de guerra da Alemanha aos Estados Unidos, em 11 de dezembro de 1941.

25. Heinrich Himmler, chefe da SS, responsável pela execução da "solução final" junto a Hitler.

26. Reinhard Heydrich, chefe da Polícia de Segurança, responsável por formular "uma solução completa da questão judaica" e encarregado de seu planejamento e organização.

27. O terrível massacre de Babi Yar, perto de Kiev, onde, no final de setembro de 1941, unidades da Polícia de Segurança assassinaram em dois dias 33 771 judeus, incluindo mulheres e crianças. As vítimas na foto estão esperando para morrer na beira de uma cova coletiva contendo os corpos de alguns dos já fuzilados.

28. Reações de desespero ante o massacre de judeus em Lemberg, julho de 1941, enquanto os moradores locais examinam as vítimas à procura de parentes entre os mortos.

do aumento dos sinais de perigo, Stálin estava convencido de que poderia postergar o conflito com a Alemanha pela primavera e o verão de 1941. A essa altura, já seria tarde demais para invadir nesse mesmo ano. E em 1942 a União Soviética estaria preparada para enfrentar Hitler. O raciocínio de Stálin era mais ou menos este. Sua convicção de que estava certo e de que todas as advertências em contrário não passavam de desinformação ou leituras radicalmente equivocadas da situação tornava-se cada vez mais arraigada. A mistura de medo, subserviência e admiração subjacente à autocracia do ditador soviético fazia com que dificilmente pudessem ser propostas e muito menos adotadas alternativas sérias. Mas quais poderiam ter sido as alternativas? Que opções havia para evitar a catástrofe?

Mólotov, por todo o tempo a mão direita de Stálin, insistiria na visão de que os erros que acaso tivessem sido cometidos eram inevitáveis.[206] Kruchev, em contraste, criticou duramente os erros de cálculo e de liderança de Stálin em sua denúncia, em 1956, do ditador morto, atribuindo-os aos atos arbitrários daquele que detinha sozinho todo o poder.[207] Essa maciça personalização da responsabilidade muito convenientemente exonerava aqueles, inclusive o próprio Kruchev, que haviam aplaudido Stálin e apoiado suas políticas. Também isentava em grande medida o comando militar, embora seus próprios erros não pudessem ser inteiramente atribuídos a Stálin. Pesquisas mais recentes têm relativizado essa avaliação. Apesar disso, o fulminante veredicto de Kruchev ainda tem ampla aceitação. As escolhas realistas com que se defrontava Stálin raramente são expostas. E no entanto, uma importante autoridade na questão, tendo avaliado detidamente os elementos concretos envolvidos, concluiu que "a incapacidade de Stálin de se preparar para a investida alemã refletia primordialmente as alternativas políticas nada atraentes com que a União Soviética se defrontava antes do início da Segunda Guerra Mundial", acrescentando que, "mesmo retrospectivamente, é difícil imaginar alternativas que Stálin pudesse ter adotado com segurança".[208]

O que efetivamente parece óbvio é que, quaisquer que fossem, as opções de Stálin reduziram-se consideravelmente com o tempo. As decisões anteriormente tomadas e o tipo de raciocínio que estava em sua base significavam necessariamente que, às vésperas da invasão alemã, sua margem de manobra se restringira grandemente. Alguns anos antes, contudo, suas mãos não estavam tão amarradas. Foi então que ele cometeu um erro catastrófico que limitaria posteriormente suas alternativas.

Sem qualquer pressão externa, ele instigaria em 1937, como já vimos, a dizimação da liderança de seu Exército, com conseqüências incomensuravelmente prejudiciais para a reconstrução de uma força militar profissional capaz de fazer frente ao perigo da Alemanha de Hitler, então em processo de rápido crescimento. À parte os fantasmas na mente de Stálin e de seus acólitos, os expurgos careciam de qualquer justificação. Eram perfeitamente desnecessários. Stálin não foi compelido a promover os expurgos: escolheu essa alternativa. Mas eles não causaram apenas danos incalculáveis à futura construção do poderio militar soviético; também incutiram indelevelmente em Hitler e seus assessores a idéia de uma essencial fraqueza do Exército Vermelho. Para Hitler, essa fraqueza era um convite para atacar antes que fosse possível construir uma poderosa máquina militar. A seus olhos, portanto, os expurgos promovidos por Stálin é que lhe davam essa chance. Ele achava que Stálin devia estar louco. Já em 1937, observava: "A Rússia não conhece nada além do bolchevismo. É este o perigo que teremos de abater em algum momento".[209] Optando por destruir o comando de seu Exército, Stálin eliminava a espinha dorsal do poderio de que precisaria mais tarde, ao se declarar a crise. Um gigantesco esforço foi empreendido em 1940 e 1941 para montar um programa de choque de rearmamento e militarização. Mas já perdera muito terreno. O programa não pôde ser concluído antes que a ameaça alemã se tornasse avassaladora. Desse modo, o fato de Stálin ter ficado com muito pouca margem de manobra em 1940-1 decorria em grande medida da decisão que tomara em 1937-8 de minar sua própria capacidade militar. E isso exatamente no momento em que a Europa era sacudida pela incorporação à Alemanha da Áustria e de boa parte da Tchecoslováquia, com a cumplicidade das infelizes democracias ocidentais.

Em 1939, aproximando-se a Europa de uma guerra, Stálin enfrentava uma segunda decisão nada invejável. Deveria aliar-se às democracias ocidentais, das quais desconfiava profundamente, ou à Alemanha nazista, seu arquiinimigo ideológico? Essa é que se tornou efetivamente uma decisão fatal. Já vimos o raciocínio perfeitamente plausível que, em agosto de 1939, levou Stálin a optar por um pacto com Hitler. A Grã-Bretanha e a França não se haviam mostrado muito interessadas numa aliança com a União Soviética. Stálin e outros dirigentes soviéticos consideravam que as motivações ocidentais não eram muito menos cínicas que as de Hitler. Um pacto com a Alemanha pelo menos daria algum tempo para respirar. E abria a perspectiva de que a Alemanha e as potências ocidentais chegassem a um impasse em seu confronto, beneficiando em última análise a União Soviética.

As eventuais conseqüências de uma improvável junção de forças de Stálin com o Ocidente são matéria de pura especulação. Nessa eventualidade, o ataque de Hitler à Polônia teria sido mais arriscado. E os elementos mais influentes na própria Alemanha, temerosos das conseqüências de um envolvimento numa guerra geral européia contra inimigos poderosos, teriam sua posição fortalecida. Hitler adiou uma vez a mobilização contra a Polônia, no último momento, e poderia ter sido contido ainda mais se tivesse de enfrentar uma tríplice aliança da União Soviética com potências ocidentais, numa reconstituição da coalizão antialemã de 1914. Mas poderia ter ido em frente de qualquer maneira, invadindo a Polônia.[210] As democracias ocidentais provavelmente não teriam de qualquer maneira feito algo em termos militares para ajudar a Polônia.[211] Em tais circunstâncias, a União Soviética muito provavelmente também se teria eximido de entrar diretamente num conflito, mas uma Alemanha vitoriosa na Polônia já não seria para ela um aliado, e sim um inimigo às suas portas. É possível, então, que um ataque alemão à União Soviética tivesse ocorrido ainda mais cedo. Em contrapartida, a grande ofensiva ocidental de Hitler na primavera de 1940 (que perturbou consideravelmente os cálculos de Stálin) teria sido muito mais arriscada com uma União Soviética hostil a Leste. Quem poderia dizer aonde teria levado? Esse jogo de adivinhações não faz sentido. As variáveis da equação são simplesmente demasiado numerosas para que a especulação seja frutífera.

O que parece evidente, todavia, é que Stálin tinha sua visão por demais tolhida por predisposições ideológicas para que a União Soviética pudesse desempenhar mais que um papel passivo nos entendimentos com o Ocidente no verão de 1939.[212] É bem verdade que a Grã-Bretanha e a França pouco fizeram naqueles meses para facilitar a "grande aliança" que talvez fosse a última esperança de barrar o caminho a Hitler. Não tinham grande interesse em unir forças com a detestada e suspeita União Soviética. À medida que se aproximava a guerra européia, as negociações se arrastavam, como era fácil prever. Mas a União Soviética também estava reduzida à passividade. Uma diplomacia mais decidida e urgente da parte de Stálin poderia ter aberto caminho, não obstante as hesitações britânicas e francesas, para uma nova tríplice aliança com o Ocidente. No mínimo, faria Hitler e as elites governantes alemãs parar para pensar. Stálin, entretanto, limitou-se a permitir que as negociações com as democracias ocidentais ficassem à deriva, enquanto se aproximavam ameaçadoramente as nuvens da guerra. O resultado foi que a inação do lado soviético, e não só do ocidental, acabou levando à opção por aquilo que fazia mais sentido na época do ponto de vista da segurança da União Soviética: o pacto com a Alemanha de Hitler.

Stálin considerava esse pacto como um grande golpe diplomático soviético. Mas na prática ele funcionava mais a favor da Alemanha que da União Soviética. É verdade que a União Soviética podia fazer avançar suas fronteiras defensivas na direção Oeste, mediante conquistas territoriais. E a eliminação de uma ameaça iminente por parte da Alemanha permitia ganhar tempo para reconstruir o Exército Vermelho e preparar as defesas. Com toda evidência, contudo, o tempo era insuficiente. A reconstrução era insuficiente e inadequada. E os alemães também ganharam tempo para se preparar, não só militarmente, mas também do ponto de vista da ascendência diplomática. Em 1940, depois da completa transformação do equilíbrio de poder na Europa com a vitória da Alemanha sobre a França, Hitler passou a exercer crescente influência sobre os países da bacia do Danúbio. O domínio alemão na Romênia, especialmente, e as vãs tentativas de Stálin e Mólotov de impedir que os Bálcãs e, mais ao norte, a Finlândia caíssem na órbita alemã levaram à crescente tensão que ficou tão manifesta na visita de Mólotov a Berlim em novembro de 1940. A aventura balcânica de Mussolini, enquanto isso, desestabilizara ainda mais a região. Na primavera seguinte, a intervenção alemã na Iugoslávia e na Grécia lançou por terra definitivamente qualquer esperança de influência soviética no Sudeste europeu (além de contribuir para disfarçar o preparo da Operação Barbarossa, já que, para Stálin, não fazia muito sentido que Hitler atacasse a Leste naquele ano, imediatamente depois de suas conquistas nos Bálcãs).[213] A União Soviética estava agora totalmente isolada. A Turquia, porta de entrada do mar Negro, mantinha-se neutra, apesar de relativamente bem disposta em relação à Grã-Bretanha. À parte isso, a União Soviética estava mais ou menos cercada a Oeste por países sob influência alemã. O pacto gerara vantagens de curto prazo para a União Soviética, mas a longo prazo o perigo representado pela Alemanha tornara-se muito maior. Caberia questionar, assim, se Stálin fez a escolha certa em 1939.

Entre agosto de 1939 e junho de 1941, Stálin, como vimos, preocupou-se constantemente em rearmar a toda velocidade, ao mesmo tempo aplacando a Alemanha tanto quanto possível. Não era ingênuo a ponto de acreditar que fosse possível evitar um conflito com a Alemanha. Havia lido e digerido as partes de *Mein Kampf* que preconizavam a conquista de "espaço vital" a Leste. Mas considerava possível postergar qualquer tipo de problema até 1942, e se julgava capaz de "ler" as intenções de Hitler: forçar a União Soviética a se submeter politicamente para em seguida chegar a um acordo com a Grã-Bretanha e só então voltar em direção Leste sua política de agressão. Stálin pensava que Hitler agiria de acordo com a mesma racionalidade fria e brutal que ele teria adotado. Certo de que Hitler apresentaria um ultimato antes de qualquer ataque (um logro alemão que Stálin engoliu direitinho), ele se julgava perfeitamente capaz de ganhar tempo. Enquanto isso, seria preciso evitar a menor provocação. Do ponto de vista de Stálin, isto era duplamente importante, pois a União Soviética enfrentava a Leste a ameaça adicional, ainda que menor, do Japão. Mas ele se mostrava, assim, excessivamente cauteloso.[214] Haveria uma alternativa a essa política?

A política de evitar a guerra a qualquer custo adotada por Stálin seria fortemente criticada, muitos anos depois, pelo marechal Alexander Mikhailovich Vasilevsky, vice-chefe da administração operacional do Estado-Maior em 1941 e, entre 1942 e 1945, comandante do Estado-Maior e vice-comissário da Defesa.[215] Vasilevsky sustentaria que:

> Stálin não se deu conta do limiar a partir do qual essa linha tornava-se não só desnecessária como perigosa. Esse limiar deveria ter sido corretamente estabelecido, levando-se as Forças Armadas a uma plena prontidão para o combate com a maior rapidez possível, promovendo-se uma mobilização acelerada e transformando-se o país inteiro num grande campo armado. Ao mesmo tempo em que se tentava adiar um conflito armado, o esforço secreto que fosse possível deveria ter sido efetuado e concluído mais cedo. Eram mais que claros os sinais de que a Alemanha planejava um ataque militar a nosso país [...]. Em virtude de circunstâncias fora de nosso controle, havíamos chegado ao Rubicão da guerra, e era necessário dar decisivamente um passo à frente.[216]

Como já vimos, o rearmamento e a militarização eram efetivamente tocados a passo frenético em 1940 e 1941. Mas Vasilevsky frisava enfaticamente que muito mais deveria ter sido feito: uma rápida e completa mobilização das Forças Armadas para a prontidão de combate. A essência dessa argumentação é que a política de não-provocação chegara a um ponto em que se tornava altamente perigosa. Era o momento de promover uma completa mobilização. Não se podia descartar o risco de um ataque alemão mais cedo. E era um risco que valia a pena. Como sabiam os assessores militares de Stálin, o momento mais próximo em que os alemães poderiam ter invadido era de fato aquele em que acabaram atacando, na primavera de 1941. Em outras palavras, o pior que qualquer "provocação" poderia ter desencadeado era o que afinal aconteceu de qualquer maneira (embora Stálin quisesse evitar a possibilidade, que provavelmente contemplou por muito tempo, de uma ação alemã limitada, e não necessariamente uma guerra total, para capturar território fronteiriço e forçar uma maior dependência econômica).[217]

Eles também sabiam que no verão de 1940 a liderança japonesa optara pelo avanço para o Sul. Um anterior ataque por parte do Japão, a Leste, podia praticamente ser descartado.[218] Uma demonstração dissuasória, em vez de permitir que a escalada alemã ocorresse sem freios ao longo de tantos meses, poderia, assim, ter conseguido impedir o ataque pelos poucos e preciosos meses do verão de 1941. Além disso, a exibição do poderio soviético teria compensado a impressão de fraqueza do Exército Vermelho que prevalecia entre os líderes alemães. Em vez disso, Stálin, paralisado ante o medo de incorrer em qualquer provocação, permitia que reiterados vôos alemães de reconhecimento fotografassem detalhes das instalações militares e do posicionamento das tropas soviéticas, imagens que confirmavam a impressão de que a Wehrmacht passaria com facilidade pelas fileiras do Exército Vermelho.[219] Stálin inquestionavelmente não estava numa posição invejável. Mas a preferência pela não-provocação sobre a dissuasão foi outra decisão fatal.

Em junho de 1941, as alternativas se haviam reduzido drasticamente. Como vimos, Júkov reconheceria mais tarde que fora correta a recusa, por parte de Stálin, do plano de ataque preventivo de 15 de maio de 1941. A aplicação desse plano teria propiciado um desastre ainda maior. Tal como se apresentava a situação, as defesas de fronteira estavam desesperadoramente expostas, as divisões, mal posicionadas, as fortificações, incompletas.[220] Para agravar a situação, o planejamento militar soviético previa em 1940 e 1941 que o principal avanço alemão em qualquer ataque viria pelo Sul da Polônia, ao Sul dos pântanos de Pripet. E foi ali que se concentrou o grosso das forças soviéticas em junho de 1941. De maneira totalmente inesperada para o comando do Exército Vermelho, contudo, o esmagador avanço alemão se deu através da área central da frente, ao norte dos pântanos de Pripet, na direção de Minsk, Smolensk e Moscou.[221] Coletivamente, e logo corroborada por Stálin, a liderança militar soviética optara desastrosamente pela alternativa errada.

Em última análise, as falhas foram as de um sistema de governo altamente personalizado. "Stálin era a maior autoridade para nós, e nunca ocorreu a ninguém questionar sua opinião e avaliação da situação", comentaria Júkov mais tarde.[222] Num clima de medo e bajulação, transformando-se as fobias paranóicas de um indivíduo, sua convicção de ser infalível, suas limitações em matéria de estratégia militar e seu caráter imprevisível em componentes estruturais do sistema soviético, não podia haver compensações para as alternativas escolhidas por Stálin. A adulação era endêmica, em todos os níveis. O Politburo limitava-se a bater cabeça. Os militares em geral não eram diferentes, e quando manifestavam reservas acabavam sendo intimidados a se submeter. A recusa do ditador soviético de atender às solicitações de seus comandantes, uma semana mais ou menos antes da invasão, para que as tropas fossem mobilizadas em prontidão de combate, em posições defensivas mais favoráveis, era sintomática de um sistema em que a razão já não prevalecia.

A obscenidade de Stálin no arroubo desesperado com que iniciamos este capítulo, dias depois da invasão, é fácil de entender. Ela refletia a consciência de que a liderança soviética, coletivamente, e também ele, pessoalmente, haviam cometido um catastrófico erro de cálculo. No fim das contas, não obstante as imposturas e a vontade de se iludir, suas alternativas podiam resumir-se numa única escolha: seria o caso de fazer o possível e o imaginável para preparar a União Soviética para a guerra com a Alemanha em 1941 (que não podia ser objetivamente descartada) ou persistir na crença (com os correspondentes riscos) de que o conflito podia ser adiado até 1942? Em outras palavras, preferia ele agir com base na melhor ou na pior das hipóteses? A resposta é óbvia. Foi, com efeito, uma escolha fatal. Mas o fato é que o caminho até essa decisão não fora nem de longe reto. Ainda hoje, é impossível ter certeza sobre qual teria sido o rumo mais vantajoso a seguir nas encruzilhadas decisivas. O que parece evidente é que as escolhas feitas por Stálin cortejavam o desastre. A espantosa recuperação desse desastre é uma outra história.

7. Washington, DC, verão-outono de 1941

Roosevelt decide travar uma guerra não declarada

Se levasse a questão da paz e da guerra ao Congresso, o debate entre os congressistas duraria meses. O presidente tinha dito que iria à guerra, mas sem declarar guerra, e que se tornaria cada vez mais provocador... Tentaria encontrar um "incidente" que justificasse sua decisão de lutar abertamente.

Relato de Churchill sobre comentários do presidente Roosevelt, 19 de agosto de 1941

A invasão da União Soviética pela Alemanha em 22 de junho de 1941 elevou o nascente conflito mundial a um novo patamar. Novas esperanças surgiram para os aliados ocidentais, Grã-Bretanha e Estados Unidos, mas também novas incertezas passaram a fazer parte do cenário. O governo do presidente Franklin D. Roosevelt precisava rever suas opções estratégicas.

A Alemanha metera-se numa guerra em duas frentes. Quando o maior temor da Grã-Bretanha e dos Estados Unidos era uma grande investida no Norte da África e no Oriente Médio, depois que a Alemanha se impôs nos Bálcãs na primavera de 1941, Hitler resolvera atacar a União Soviética. A queda da Grã-Bretanha por uma invasão armada, que no verão de 1940 se afigurava como um grande perigo — também para a defesa dos Estados Unidos — e que parecia uma clara possibilidade ainda na primavera de 1941, agora estava afastada (embora não completamente). E um aliado novo, potencialmente poderoso, apesar de um tanto incômodo para os parceiros ocidentais, fora forçado a participar do esforço de defesa contra a Alemanha de Hitler. Tudo isso era motivo de otimismo num momento em que os rumos da guerra pareciam desoladores.

Mas havia também grandes incertezas. Antes de tudo, será que a União Soviética resistiria ao furioso ataque de Hitler? O Departamento de Guerra dos Estados Unidos avisou ao presidente Roosevelt que as forças de Hitler levariam de um a três meses para conquistar a União Soviética. Autoridades militares britânicas tinham opinião parecida. Achavam que a campanha de Hitler no Oriente estaria concluída em seis ou oito semanas Depois disso, Hitler transferiria suas forças para o Ocidente. A invasão do Reino Unido só poderia ser vista como uma ação temporariamente adiada.[1] Com a Alemanha efetivamente senhora de todo o continente europeu, depois de derrotar a União Soviética, uma invasão talvez nem fosse necessária para forçar a Grã-Bretanha a negociar. De qualquer maneira, a questão de saber como os Estados Unidos deveriam reagir nesse novo quadro permitia mais de uma resposta.

Na Grã-Bretanha, eufórico com os novos rumos, Churchill não perdeu tempo: fez o país assumir imediatamente o compromisso de ajudar a União Soviética, dando um passo a mais em direção à plena aliança militar. Diferenças ideológicas cederam a vez, completamente, às necessidades práticas (muito embora Churchill, por trás dos gestos públicos, estivesse pensando apenas em medidas limitadas de apoio, destinadas a manter a União Soviética na guerra).[2] A Grã-Bretanha nada tinha a perder e tinha tudo a ganhar com essa aliança na luta contra Hitler. Para os Estados Unidos a situação era menos definida. O combate ao comunismo era ao mesmo tempo comum e entranhado. Muitos achavam — e não só os isolacionistas — que não seria má idéia se nazistas e bolcheviques se engalfinhassem, destruindo-se reciprocamente para evitar qualquer envolvimento americano no conflito. Como nenhum dos dois representava ameaça imediata, não havia, como na Grã-Bretanha, nenhum sentimento de urgência em juntar-se a Stálin. De qualquer maneira, se a vitória no Oriente fosse de Hitler, e viesse em questão de semanas, não havia muita razão para despachar para a União Soviética armas e equipamento, muito necessários às defesas americanas. Não chegariam a tempo de fazer qualquer diferença no conflito, e, diante da esperada derrota soviética, iam fatalmente parar nas mãos dos nazistas. Seria estrategicamente mais sensato reforçar as possibilidades da Grã-Bretanha na luta que viria quando Hitler mais uma vez se voltasse para o Ocidente, como parte da própria defesa dos Estados Unidos.[3] Uma opção seria, portanto, simplesmente aguardar e ver como a guerra com a União Soviética acabaria, antes de tomar qualquer medida.

Outro motivo de incerteza era a reação do Japão a essas dramáticas reviravoltas. Graças à habilidade de ler mensagens de Tóquio para a embaixada japonesa em Washington, o governo Roosevelt (interceptando mensagens de inteligência com um sistema adequadamente chamado de MAGIC) conhecia as intenções dos governantes japoneses, uma vantagem inestimável.[4] Os conselheiros presidenciais estavam a par das acentuadas diferenças de opinião em Tóquio sobre se o país deveria agir rapidamente para tirar proveito da invasão alemã atacando a União Soviética pelo Leste (política essa ardentemente defendida pelo ministro do Exterior, Matsuoka Yosuke), ou seguir à risca a estratégia previamente combinada de avançar pelo Sul. Rechaçar um ataque do Leste e a penetração das tropas de Hitler no Oeste sem dúvida diminuiria as possibilidades de resistência da União Soviética. Isso, por sua vez, imporia uma política de extrema cautela na oferta de ajuda a Stálin. No começo de julho, entretanto, estrategistas políticos em Washington descobriram, por intermédio do MAGIC, que os governantes do Japão tinham homologado o avanço pelo Sul e não atacariam a União Soviética, pelo menos até terem certeza de que Hitler estava, inequivocamente, vencendo. Isso claramente aumentava as possibilidades de sobrevivência de Stálin.

Em contrapartida, o iminente impulso expansionista no Sudeste Asiático empurrava o Japão inexoravelmente para um confronto com os Estados Unidos. Apesar de o presidente Roosevelt continuar a ter esperanças de manter o Japão quieto, a fim de lidar com o que ainda era visto como a maior ameaça de Hitler do outro lado do Atlântico, a questão do que fazer no Pacífico tornara-se urgente. Em 1º de julho, ainda incerto do rumo que os japoneses tomariam, Roosevelt disse a Harold Ickes, seu secretário do Interior, ser "tremendamente importante para o controle do Atlântico que ajudemos a preservar a paz no Pacífico". E disse mais: "Eu simplesmente não tenho Marinha suficiente para tudo isso, e cada pequeno episódio no Pacífico significa menos navios no Atlântico".[5]

Um dia depois, a decisão japonesa de não mudar de política para favorecer a opção de atacar pelo norte e fazê-lo pelo Sul mesmo foi tomada. A par dos planos de Tóquio graças às informações obtidas por intermédio do MAGIC, o presidente passou a sofrer pressões cada vez mais intensas, da ala mais belicosa do governo, para conter o impulso beligerante do Japão. Em 10 de julho informou aos britânicos que "imporia imediatamente diversos embargos, econômicos e financeiros", caso o Japão desse "qualquer passo decisivo" no Sudeste Asiático.[6] A invasão japonesa da Indochina meridional, iniciada em 24 de julho, logo se mostraria o "passo decisivo". Antes do fim do mês todos os bens japoneses nos Estados Unidos foram congelados e o fornecimento de petróleo ao Japão, essencial para a construção da "Grande Esfera de Co-Prosperidade do Leste da Ásia", foi interditado. Com essas medidas, o confronto no Pacífico tornou-se mais próximo.

Por ora, no entanto, afastemo-nos do Japão para examinar as formas adotadas pelo governo Roosevelt para enfrentar a ameaça maior, no seu entender, da guerra na Europa no novo cenário que se formaria depois da invasão alemã da União Soviética. E nesse ponto, apesar de a situação ter mudado, o dilema básico de Roosevelt era o mesmo. A questão que ainda tinha diante de si era como fornecer a maior ajuda possível à Grã-Bretanha (e à União Soviética, que agora também lhe parecia fundamental), política apoiada pela maioria da população, sem envolver os Estados Unidos diretamente na guerra, o que a maioria esmagadora do povo americano rechaçava.

Uma questão imediata, já mencionada, era o fornecimento de ajuda material à União Soviética pela ampliação do programa de Lend-Lease. Apesar de nenhuma decisão imediata ter sido tomada nesse sentido, medidas preliminares foram adotadas para atender às encomendas soviéticas de produtos, e em novembro a União Soviética acabou se qualificando para receber os benefícios do programa de Lend-Lease.[7] Uma segunda e muito mais arriscada questão era que atitude tomar, do ponto de vista da neutralidade, diante da batalha travada no Atlântico. Aqui, o dilema de Roosevelt adquiriu contornos mais graves. Fazia pouco sentido fornecer à Grã-Bretanha produtos que iam acabar no fundo do Atlântico. Mas ajudar a proteger o trânsito de material vital contra as incursões dos submarinos alemães implicava o óbvio e crescente risco de arrastar os Estados Unidos para a guerra. Diante do contínuo lobby isolacionista, da estridente propaganda contra a intervenção desenvolvida pela organização América Antes de Tudo, e da força da oposição (por diversos motivos) que certamente encontraria no Congresso a medidas vistas como passíveis de conduzir ao envolvimento na guerra européia, Roosevelt sentiu-se à vontade para continuar o difícil ato de equilibrismo de aplacar a opinião pública enquanto corria riscos cada vez maiores de confronto armado numa "guerra não declarada".

Em mais de uma ocasião, o presidente deixaria implícito que procurava um pretexto para resolver o dilema. Ainda assim, quando incidentes surgiram nos meses de outono, ele não os explorou plenamente, a ponto de levar os Estados Unidos diretamente para a guerra. Apesar de seus detratores estarem convencidos, naquela época e posteriormente, de que o presidente se esforçava para levar o país à guerra, suas ações sugerem que ele pretendia adiar o máximo possível esse momento, enquanto, simultaneamente, reconhecia que o envolvimento dos Estados Unidos seria inevitável. Ele sabia, de qualquer maneira, que suas possibilidades, mesmo quando a tensão aumentava no decorrer do outono, de arrancar uma declaração de guerra do Congresso eram praticamente nulas. Apesar de apenas o Congresso ter a prerrogativa de declarar guerra, a Constituição dos Estados Unidos, como Roosevelt sabia muito bem, concede ao presidente amplos poderes como comandante-em-chefe para *guerrear*, mesmo sem uma declaração formal. Presidentes anteriores tinham se aproveitado desses poderes. Presidentes que vieram depois também o fariam. Roosevelt buscou a confirmação legal de seus poderes constitucionais para mobilizar a Marinha "da forma que lhe parecesse apropriada" em defesa do interesse nacional — ou seja, para travar a "guerra não declarada" com os submarinos de Hitler no Atlântico.[8]

Enquanto a guerra se ampliava nos últimos doze meses, as opções de Roosevelt, na realidade, diminuíram. Depois da invasão da União Soviética pelos alemães, o presidente viu-se às voltas com a lógica inexorável das decisões que tomara anteriormente para ajudar a Grã-Bretanha. É verdade que poderia ter resistido à ampliação do programa de Lend-Lease à União Soviética. Não sofria pressão da opinião pública para ajudar Stálin. E, certamente, nas primeiras semanas depois da invasão alemã, havia opiniões divergentes entre seus conselheiros sobre as vantagens de oferecer ajuda. Neste ponto, o presidente assumiu a liderença. Insistiu na ajuda à Rússia, iniciativa não apenas lógica, mas também de importância vital, que com o tempo se revelaria significativa para a vitória dos Aliados. No que diz respeito à ajuda à Grã-Bretanha, o presidente, mesmo que quisesse fazê-lo (e não quis), não se teria livrado facilmente das conseqüências da decisão sobre o Lend-Lease tomada no começo do ano. Só se a Grã-Bretanha tivesse sido invadida pelas tropas de Hitler e forçada a capitular depois de uma rápida vitória alemã no Leste, Roosevelt poderia ter acabado com o programa Lend-Lease e recuado do comprometimento com o esforço de guerra britânico. Mas visto que mais sinais otimistas de uma demorada defesa soviética logo se tornaram visíveis, só havia a ganhar com o aumento da ajuda à Grã-Bretanha (assim como com o fornecimento de provisões à União Soviética).

As conseqüências inevitáveis, como já se disse, foram o aumento da tensão entre os Estados Unidos e a Alemanha no Atlântico e o sério problema interno para o presidente de decidir o que fazer com relação às escoltas armadas para a navegação. Como, fossem quais fossem as medidas tomadas, Roosevelt decidira não pedir ao Congresso uma declaração de guerra, nem correr o risco de uma quase certa derrota política que dividiria completamente a população e destruiria qualquer esperança de unidade nacional, só lhe restou a opção de seguir adiante com a política iniciada no ano anterior: tomar todas as providências na luta contra Hitler "exceto a guerra". Mas "exceto a guerra" agora queria dizer "guerra não declarada", incluindo até mesmo choques armados no Atlântico que, apesar do estado de não-beligerância que tecnicamente prevalecia nas relações americano-alemãs, ameaçavam explodir em conflito total. A margem de escolha de Roosevelt no verão e outono de 1941 reduzira-se, portanto, a uma opção forçada pelas decisões que tomara anteriormente e pela constelação estratégica que surgira. Isso queria dizer chegar o mais perto possível do limite, sem ultrapassá-lo.

I

Em seu firme discurso na tarde de 22 de junho de 1941 — ouvido por milhões de americanos que sintonizavam seus rádios do outro lado do Atlântico —, Winston Churchill tinha especificamente unido num só destino a União Soviética, a Grã-Bretanha e os Estados Unidos na luta contra a Alemanha de Hitler. A invasão da União Soviética por Hitler, declarara ele, "nada mais é do que o prelúdio de uma tentativa de invadir as Ilhas Britânicas". Indubitavelmente Hitler esperava, acrescentou Churchill, "que tudo isso seja realizado antes que a Marinha e a Aeronáutica dos Estados Unidos possam intervir". Se a invasão da Grã-Bretanha se realizasse, advertiu ele, a cena estaria preparada para o ato final, "a submissão do hemisfério ocidental à sua vontade e ao seu sistema". A conclusão era evidente: "O perigo para os russos é, portanto, o perigo para nós, e o perigo para os Estados Unidos, assim como qualquer luta russa por sua família e por sua terra, é a luta dos homens livres e dos povos livres de todos os quadrantes do globo".[9]

O presidente Roosevelt também pensava assim, embora fosse menos decisivo nas ações. Uma declaração cuidadosa (apesar de evasiva), feita em 23 de junho por Sumner Welles (secretário de Estado interino, na ausência temporária de Cordell Hull por motivo de doença), que o presidente aprovara, indicava que "qualquer congregação de forças contrárias ao hitlerismo, de qualquer origem", beneficiaria a defesa e a segurança dos Estados Unidos, e terminava reafirmando a já entranhada opinião do governo de que "os Exércitos de Hitler são hoje o maior perigo para as Américas".[10] Mas a declaração nada oferecia de concreto. No dia seguinte, comentando a declaração de Welles numa entrevista coletiva, Roosevelt foi mais direto: "É claro que vamos dar toda a ajuda possível à Rússia".[11] O presidente liberou fundos soviéticos nos Estados Unidos — num total de cerca de 40 milhões de dólares — previamente congelados, e indicou que estava pronto para fornecer ajuda, ressaltando, entretanto, sua ignorância sobre as necessidades soviéticas. De maneira mais significativa, a Casa Branca anunciou em 26 de junho que o presidente não invocaria a Lei de Neutralidade contra a União Soviética. Isso significava que o porto de Vladivostok, na borda extremo-oriental da União Soviética, continuaria sendo, e isso era crucial, um cordão de segurança para a entrega de suprimentos pelos navios americanos.[12]

Tudo apontava para a direção certa. Mas não passava de um início modesto. Os conselheiros militares do presidente defendiam um procedimento mais arrojado. Henry Stimson, secretário de Guerra, enviara um memorando a Roosevelt em 23 de junho, apenas um dia depois da invasão da União Soviética pela Alemanha, esquematizando o pensamento dos principais estrategistas militares do Departamento de Guerra, incluindo o do chefe do Estado-Maior, George Marshall. Stimson descrevia os ataques alemães como "um acontecimento quase providencial", que dava aos Estados Unidos uma breve pausa para "impulsionar, com o máximo vigor, nossos movimentos no cenário do Atlântico", a melhor maneira "de ajudar a Grã-Bretanha, desencorajar a Alemanha e fortalecer nossa posição de defesa contra o perigo mais iminente para nós". O descanso, afirmava Stimson, duraria de um a três meses. Com esse prazo não havia margem para vacilar na tomada de uma iniciativa.[13] Frank Knox, secretário da Marinha, concordou. Em mensagem escrita ao presidente no mesmo dia, ele dizia ver uma oportunidade, que não poderia ser desperdiçada, de "atacar efetivamente a Alemanha" — "quanto antes melhor". O presidente, afirmou ele, deveria sem demora aproveitar a oportunidade psicológica e introduzir o plano de escoltar navios. O almirante Harold Stark, chefe das Operações Navais, juntou-se ao coro. Com a aprovação de

Knox, propôs que a escolta de comboios navais no Atlântico começasse imediatamente, ciente de que isso "quase certamente nos envolveria na guerra" e considerando "nossa demora em entrar na guerra mais perigosa cada dia que passa".[14]

Mas o presidente continuou com sua política de "apressar-se devagar".[15] Stimson, frustrado como sempre pelo que via como relutância de Roosevelt em lidar com as dificuldades, achava que, enquanto as forças de Hitler faziam conquistas espetaculares em seu ataque oriental, os Estados Unidos tinham perdido o rumo. Mostrou-se atipicamente pessimista na nota que escreveu em 2 de julho no seu diário: "No geral, esta noite me sinto mais contrariado do que nunca. O problema é saber se o país tem condições de enfrentar uma emergência como esta. A questão de saber se somos fortes, sinceros e dedicados o bastante para enfrentar os alemães torna-se, cada vez mais, um problema real".[16]

Igualmente aguerrido, como sempre, era Harold Ickes, secretário do Interior. Em carta de 23 de junho ao presidente, escreveu ele: "Talvez seja difícil entrar nesta guerra da forma correta, mas se não o fizermos agora, não poderemos contar, quando chegar a nossa vez, com aliado algum no mundo".[17] Ickes sugeriu que um embargo de petróleo contra o Japão, medida sem dúvida de grande repercussão popular, tornaria possível "entrar nesta guerra de modo eficaz. E se fôssemos arrastados para ela dessa maneira indireta, evitaríamos a crítica de que entramos como aliados da Rússia comunista".[18] Mas a provável oposição, nos Estados Unidos, a fornecer ainda que fosse apenas ajuda à "Rússia comunista" tornava Roosevelt cauteloso. Antes de se decidir, ele queria testar a opinião pública.

Como era de esperar, a opinião pública estava dividida. Os isolacionistas tiveram seu dia de glória. Um senador isolacionista expressou a opinião de muitos ao declarar: "É cachorro comendo cachorro. Stálin tem as mãos tão sujas de sangue quanto Hitler. Acho que não devemos ajudar nenhum deles. Devemos cuidar dos nossos interesses próprios, como fizemos até agora. Todo esse negócio só mostra a instabilidade das alianças européias e a necessidade de ficarmos longe delas".[19] Católicos anticomunistas também vociferaram contra qualquer apoio ao regime ateísta de Stálin. Mesmo assim pesquisas de opinião revelaram que poucos americanos eram favoráveis a uma vitória nazista na dura luta que grassava na Europa oriental. E importantes organizações jornalísticas reconheciam que, apesar da aversão ao comunismo, as injunções da vida prática recomendavam todo o apoio possível à União Soviética.[20]

Roosevelt também precisava saber o que a União Soviética queria, se o que ela queria poderia ser feito e se, depois disso, não seria desperdiçado numa rápida derrota diante das forças de Hitler.[21] Nesse último caso, o presidente alinhara-se desde o início entre os otimistas — muito mais do que seus conselheiros militares — no que dizia respeito às possibilidades de resistência do Exército Vermelho. Um dos que estimulavam esse otimismo — que diante das devastadoras vitórias alemãs iniciais parecia basear-se em pouco mais do que esperanças infundadas — era o ex-embaixador americano em Moscou, Joseph E. Davies, que trabalhava no Departamento de Estado como assistente especial de Cordell Hull para Problemas e Políticas de Emergência de Guerra. Desde o início Davies tinha sido um resoluto defensor da ajuda à União Soviética. "Esse ataque de Hitler", escrevera ele em seu diário em 7 de julho, "foi uma trégua dada por Deus aos países não agressores, e a resistência soviética precisa ser encorajada de todas as maneiras possíveis."[22] Num memorando preparado poucos dias depois, Davies afirmava, com base em sua ampla experiência de União Soviética, que, mesmo que Hitler ocupasse a Rússia Branca e a Ucrânia, era provável que Stálin se retirasse para além dos Urais e continuasse a lutar "por tempo considerável". Fazia sentido, portanto, também para evitar qualquer possibilidade de Stálin sentir-se forçado a negociar um acordo com Hitler, deixar claro para ele que "nossa atitude é de derrotar Hitler 'totalmente', e que nossa histórica política de amizade com a Rússia ainda existe".[23]

Com relação às necessidades da União Soviética, sondagens iniciais foram feitas em Moscou uma semana depois de a Alemanha invadir o país. Em Washington, um comitê especial foi imediatamente formado para cuidar das encomendas soviéticas. A oferta de Lend-Lease não foi examinada naquela fase. Dava-se por certo que suprimentos seriam vendidos e não doados, apesar de ter sido levada em conta a possibilidade de ampliar o crédito por cinco anos ou trocar equipamento americano por matéria-prima soviética. De fato, quando a "lista de compras" soviética foi apresentada ao ministério em 18 de julho, viu-se que era enorme. Incluía um pedido de 6 mil aviões, 20 mil canhões antiaéreos e equipamento e instalações industriais no valor de aproximadamente 50 milhões de dólares. Não era apenas uma lista formidável; a máquina administrativa para despachar qualquer parte dela estava longe de ser tão eficiente como fizera supor a criação do comitê para atender os pedidos soviéticos. Postergação e falta de coordenação na meia-dúzia de agências envolvidas significavam irritante ineficiência. O próprio presidente interveio de forma peremptória no começo de agosto, salientando que em quase seis semanas pouco tinha sido feito para atender os pedidos soviéticos, e "os russos acham que foram ludibriados pelos Estados Unidos".[24] De acordo com Ickes, a intervenção de Roosevelt — visando, acima de tudo, ao Departamento de Estado e ao Departamento de Guerra — foi "uma das mais devastadoras repreensões que já testemunhei". O presidente tinha perfeita ciência de que, se era para tentar ajudar o Exército Vermelho a resistir até que o começo das chuvas e neves do outono em outubro pudesse dar uma trégua no ataque alemão, os atrasos precisariam ser contornados e a remessa de suprimentos acelerada. "Era hora de correr riscos", achava ele.[25]

No dia seguinte ao acesso de raiva presidencial, 2 de agosto, o Departamento de Estado registrou "que o governo dos Estados Unidos decidiu dar toda a assistência econômica possível para fortalecer a União Soviética em sua luta contra a agressão armada".[26] Na realidade, entretanto, inicialmente os suprimentos foram enviados numa escala muito modesta. Produtos no valor de apenas 6,5 milhões de dólares foram despachados para a União Soviética em julho. Estimativas com relação ao começo de outubro totalizavam não mais de 29 milhões de dólares. A realidade imediata era que a luta soviética pela sobrevivência contra os invasores alemães até o outono de 1941 teria de ser sustentada com pouco mais do que uma ajuda marginal dos Estados Unidos.[27]

A questão da ajuda à União Soviética recebeu novo alento com a visita a Moscou no fim de julho de 1941 de Harry Hopkins, administrador do programa Lend-Lease de Roosevelt, confidente e mensageiro pessoal, posteriormente descrita como "uma das missões mais extraordinariamente importantes e valiosas de toda a guerra".[28] A missão nasceu de uma iniciativa pessoal de Hopkins, rapidamente respaldada por Roosevelt (e com a aprovação de Sumner Welles, do Departamento de Estado). Na realidade, Hopkins sugerira uma missão apenas três dias depois da Operação Barbarossa, e o presidente tinha dado o seu consentimento dentro de 24 horas. Roosevelt preferia mil vezes mandar ajuda à Rússia a ter que enviar tropas americanas para lutar na Europa. Nada se materializara àquela altura.[29] Pouco mais de um mês depois, entretanto, a idéia foi ressuscitada. O resultado foi crucial não apenas pelo necessário estímulo que deu às remessas de provisões materiais para a União Soviética, mas também porque estabeleceu uma ligação direta e pessoal, contornando canais diplomáticos formais, entre Roosevelt e Stálin. A missão de Hopkins ajudou a lançar os alicerces de uma possível "grande aliança" entre União Soviética, Grã-Bretanha e Estados Unidos.

A idéia de Hopkins ir a Moscou surgiu de sua visita a Londres em julho para discutir o encontro de Churchill e Roosevelt, planejado para ocorrer no mar, perto da Terra Nova, no mês seguinte, além de questões relativas ao Lend-Lease e à estratégia geral de guerra. Os militares americanos tinham criticado o desvio, pelos britânicos, de navios e equipamento para a campanha no Oriente Médio, e recomendavam com insistência a concentração no Atlântico e a defesa das Ilhas Britânicas. Em sua reunião com Hopkins e representantes militares britânicos e americanos, Churchill resolutamente reiterou a necessidade de reforço no Oriente Médio e alertou sobre o crescente perigo no Extremo Oriente. Hopkins percebeu que faltavam informações sobre uma peça essencial do quebra-cabeça estratégico — durante quanto tempo a União Soviética seria capaz de resistir. Churchill e Roosevelt, em sua reunião planejada para o mês seguinte, estariam operando no vazio se informações melhores do que as disponíveis naquele momento não fossem colhidas. Hopkins propôs tomar o avião diretamente para Moscou e tentar obter algumas respostas do próprio Stálin. Roosevelt transmitiu por telegrama sua imediata aprovação e enviou a Stálin uma carta pessoal de apresentação de Hopkins. Churchill forneceu o transporte, e Hopkins — cansado, frágil e abatido pelas dores de sua longa batalha contra o câncer — em 24 horas estava no avião para seu longo, perigoso e altamente desconfortável vôo pela rota ártica até Archangel, e de lá para Moscou.[30]

Hopkins chegou à capital soviética na manhã de 30 de julho de 1941. Usando um chapéu de feltro que Churchill lhe emprestara (com as iniciais WSC na aba) — perdera o seu chapéu em Londres —, já no início da noite estava a caminho do Kremlin para um encontro com Stálin.[31] Logo começaram a discutir a ajuda soviética — quais eram as necessidades imediatas e o que não poderia faltar numa guerra prolongada. Stálin falou sobre a necessidade imediata de canhões antiaéreos e metralhadoras em grande escala para defender cidades russas. Ele precisava também urgentemente de 1 milhão de fuzis. A longo prazo, requisitou gasolina de alta octanagem para aviação e alumínio para a fabricação de aeronaves, além dos itens da longa lista já apresentada em Washington. "Se nos derem canhões antiaéreos e alumínio lutaremos por três ou quatro anos", declarou ele.[32] Esse foi um dos muitos comentários de Stálin que encorajaram Hopkins. Diferentemente das opiniões de especialistas militares americanos, parecia haver distintas esperanças de que a União Soviética resistiria à invasão alemã e sustentaria a luta numa guerra prolongada.

A segunda longa conversa de Hopkins com Stálin no anoitecer do dia seguinte foi ainda mais instrutiva. O dirigente soviético reconheceu que o Exército Vermelho tinha sido apanhado desprevenido num ataque-surpresa e achava que Hitler não invadiria.[33] Mas, sem subestimar o Exército alemão — capaz, julgava ele, de realizar uma campanha de inverno na Rússia —, supunha que as tropas soviéticas resistiriam. (Na realidade, suas previsões sobre onde o avanço alemão seria contido acabaram se revelando altamente otimistas. As perdas territoriais logo se tornaram muito mais severas do que ele imaginara.) E quando as chuvas de outono começassem, ele tinha certeza de que os alemães seriam obrigados a adotar posição defensiva. Deu a Hopkins detalhes sobre armamentos soviéticos e índices de produção, numa demonstração de franqueza que surpreendeu Laurenca Steinhardt, o embaixador americano em Moscou. Quando Hopkins lhe perguntou sobre a localização das fábricas de munição, Stálin respondeu que muitas fábricas maiores tinham sido espalhadas pelo Leste. Rabiscando num pedaço de papel reiterou um pedido urgente de armas — canhões antiaéreos, metralhadoras e fuzis — e alumínio. E aceitou imediatamente a sugestão de Hopkins para uma conferência tripartite dos aliados incipientes — a União Soviética, a Grã-Bretanha e os Estados Unidos — em Moscou, quando a situação na frente de batalha se estabilizasse, o que, supunha ele, se daria em outubro, para explorar os interesses estratégicos relativos dos três países, e a melhor maneira de satisfazer as necessidades soviéticas.[34]

Finalmente, depois de avaliar a situação militar, Stálin pediu a Hopkins que transmitisse um recado a Roosevelt, insistindo com os Estados Unidos que entrassem na guerra contra Hitler. Achava que a Grã-Bretanha e a União Soviética, sem a ajuda dos Estados Unidos, teriam dificuldade para esmagar a máquina militar alemã. Era inevitável, em sua opinião, o enfrentamento entre Estados Unidos e Alemanha. De modo notável, estava até preparado — sem dúvida um sinal de seu desespero — a aceitar tropas americanas em qualquer parte da frente russa e inteiramente sob comando americano. Encerrou a conversa dizendo acreditar que o Exército Vermelho seria capaz de resistir, mas acrescentou que "o problema dos suprimentos, quando vier a primavera, será muito sério e precisa de ajuda". Essa parte do relato de Hopkins foi marcada com a frase EXCLUSIVO PARA O PRESIDENTE e em cópia única.[35]

Hopkins partiu de Moscou em 1º de agosto, muito impressionado com Stálin e com o que ouvira sobre a determinação soviética de resistir ao ataque alemão. Na pressa da despedida da capital soviética, acabara esquecendo sua sacola de remédios essenciais, e estava doente, exausto e sentia muito desconforto, num turbulento e interminável vôo de volta, nos ventos contrários de Archangel para Scapa Flow, nas Ilhas Orkney, no Norte da Escócia. Aparentemente acabado, mais morto que vivo, Hopkins foi autorizado a tirar dois dias de descanso, antes de juntar-se a Churchill a bordo do navio de guerra *Prince of Wales* para a travessia do Atlântico a caminho do encontro com o presidente Roosevelt na costa da Terra Nova.[36]

A viagem de Hopkins a Moscou foi um momento crítico na discussão sobre a concessão de ajuda — que com o tempo se mostraria indispensável — ao esforço de guerra soviético. Uma imagem mais positiva de Stálin e da União Soviética começou a circular em influentes jornais americanos. Pesquisas de opinião revelaram que a maioria dos americanos era a favor da ajuda à União Soviética. Uma razão para isso era a crença de que, se os russos fossem ajudados, Hitler poderia ser derrotado na Europa sem a intervenção americana.[37] O ânimo positivo da opinião pública ajudou Roosevelt a ignorar a oposição de isolacionistas à ajuda soviética, agora planejada numa escala mais ampla. Mais importante ainda, o otimismo de Hopkins com relação à capacidade soviética de resistir à invasão parecia mais realista a cada semana que passava. Sem dúvida os alemães tinham feito avanços enormes, maiores do que Stálin previra em suas conversas com Hopkins. Mas a estimativa de especialistas militares nos Estados Unidos e na Grã-Bretanha, de um rápido triunfo alemão, revelara-se falsa. E enquanto o tempo se arrastava e aproximava-se a chegada do severo inverno russo, começou a parecer possível, até provável, que Hitler fora longe demais.

Em setembro, apesar de novos e importantes reveses soviéticos, incluindo a devastadora perda de Kiev aquele mês, não havia dúvida de que o avanço alemão perdera velocidade. Roosevelt e Churchill puderam entregar-se ao planejamento de uma ajuda de longo prazo coordenada e substancial.[38] A reunião de representantes britânicos, americanos e soviéticos, iniciada com a visita de Hopkins, teve lugar em Moscou no começo do mês, e os Estados Unidos e a Grã-Bretanha (com seu Império) concordaram em atender o máximo possível os pedidos de Stálin, oferecendo aeronaves (1800 nos nove meses seguintes), tanques, alumínio, 90 mil jipes e caminhões e muito mais.[39] O primeiro acordo para entregas foi assinado em 1º de outubro.[40]

O transporte e o pagamento ainda eram problemas. Roosevelt, ciente da opinião pública, que, apesar de majoritariamente favorável à concessão da ajuda (à exceção da ruidosa oposição do lobby isolacionista), achava que os soviéticos deveriam pagar por ela, e sem ampliação de crédito, ainda tentava convencer os soviéticos a usarem suas reservas de ouro para fazer os pagamentos. Quando o intragável embaixador soviético, Konstantin Oumansky, se mostrou teimoso, briguento e incapaz de aceitar que as reservas de ouro fossem usadas para esse fim, Roosevelt, raivoso e frustrado, descreveu-o numa reunião ministerial como "imundo mentiroso".[41] Mas o presidente já se preparava para conceder a ajuda, estendendo o programa Lend-Lease a Stálin. Estimulado pela reação pública positiva aos relatos provenientes da recente conferência em Moscou, que davam conta da firme resistência soviética, ele estava pronto para submeter o assunto ao Congresso, apesar dos isolacionistas vociferantes. Para ter certeza de que sua proposta não seria derrubada, ele a incluiu num projeto de lei sobre verbas em grande escala para as Forças Armadas, tornando muito difícil que congressistas patriotas votassem contra.[42]

Em 10 de outubro uma emenda dos isolacionistas, destinada a impedir que a União Soviética se beneficiasse do programa Lend-Lease, foi derrotada na Câmara dos Deputados e, quase duas semanas depois, no Senado. Com isso, o presidente sabia que nada tinha a temer. Perto do fim do mês, ele informou a Stálin que a União Soviética receberia até 1 bilhão de dólares de ajuda dentro do programa Lend-Lease, a serem pagos sem juros num período de dez anos, a contar do quinto ano depois de terminada a guerra. Em 1º de novembro, Roosevelt recebeu a aprovação do Congresso. A oferta americana foi tornada pública cinco dias depois e em 7 de novembro a União Soviética foi considerada apta a receber ajuda nos termos do Lend-Lease. Naquela altura, os alemães estavam a menos de cinqüenta quilômetros de Moscou. Mas a opinião pública americana era esmagadoramente favorável à União Soviética, estimulando o Exército Vermelho, disposta a apoiar sua luta heróica, e sentindo que, mesmo nesse momento sombrio, e ainda que Moscou caísse, a capacidade de resistência soviética no fim prevaleceria.[43]

Nesse meio-tempo, quanto mais o Exército Vermelho resistisse, maiores as possibilidades de que o poderoso arsenal dos Estados Unidos começasse a fazer efeito. Apenas 65 milhões de dólares em equipamento tinham chegado à União Soviética quando os japoneses atacaram Pearl Harbor. O rechaço soviético à incursão alemã em dezembro, quase nos portões de Moscou, praticamente nada deveu à ajuda ocidental. Ninguém àquela altura previa que os americanos acabariam fornecendo mais de 10 bilhões de dólares por intermédio do programa Lend-Lease.[44]

Mas, com o tempo, essa ajuda representaria indispensável contribuição ao esforço de guerra soviético.

De imediato, a extensão da ajuda à União Soviética, medida na qual a intervenção pessoal de Roosevelt fora ao mesmo tempo visível e decisiva, pôs os Estados Unidos mais perto do envolvimento direto na guerra européia. Roosevelt fizera uma escolha. Seus conselheiros militares tinham duvidado da conveniência de fornecer ajuda a uma causa que, em sua opinião, já estava perdida. Isolacionistas e católicos tinham constituído um grupo volúvel de opinião oposicionista dentro do país. Outros à sua volta, entretanto, tinham insistido na concessão da ajuda. Apesar de cauteloso no início, como sempre, Roosevelt tinha sido desde sempre mais otimista do que a maioria dos seus conselheiros sobre a capacidade de resistência soviética. E percebera imediatamente que a abertura de uma frente oriental por Hitler era uma questão-chave para toda a guerra. Em carta a seu embaixador na França de Vichy, datada de 26 de junho, escrevera: "Agora vem essa manobra russa para distrair a atenção. Se for mais que isso, significará a libertação de toda a Europa do jugo nazista".[45] Significava, também, que os Estados Unidos deveriam dar todo o apoio possível à defesa soviética. Ele tinha respaldado, portanto, de imediato, a missão de Hopkins, e resolvera levar a ampliação do programa Leand-Lease ao Congresso, apesar da conhecida e continuada oposição.

Recuar do compromisso de fornecer ajuda à União Soviética a despeito dessa oposição nunca foi uma atitude provável. Seria como apoiar a opinião da minoria contra a maioria favorável à ajuda. E teria invertido o rumo da ação consistentemente adotada por Roosevelt, de "tudo exceto guerra", fossem quais fossem suas ocasionais hesitações táticas. Além disso, diferentemente dos isolacionistas, Roosevelt nunca vira a guerra de Hitler na Rússia com a visão estreita que recomendava deixar dois ditadores sanguinários se engalfinharem, na esperança de que os Estados Unidos não precisassem lutar. Estava perfeitamente ciente de que a entrada dos Estados Unidos na guerra era só questão de tempo. Isso significaria, apesar de sua promessa eleitoral do ano anterior, mandar grande número de soldados americanos para combater na Europa, se quisesse alcançar o objetivo de derrotar o nazismo.

No recado pessoal que enviara por intermédio de Hopkins, Stálin declarara francamente que o Exército de Hitler só seria esmagado se os Estados Unidos entrassem na briga. Isso era exatamente o que diziam a Roosevelt seus próprios conselheiros militares. Em julho a Divisão de Planos de Guerra do Exército começara a trabalhar na preparação de um amplo Programa de Vitória (que seria divulgado pelo presidente em setembro), examinando as necessidades projetadas em todas as prováveis frentes militares. A divisão concluíra que a derrota militar completa da Alemanha só seria possível se os Estados Unidos entrassem na guerra e mandassem uma grande força — provavelmente 5 milhões de homens — para lutar na Europa. Imaginava um Exército de quase 9 milhões de homens a ser equipado, treinado e mobilizado para operação até 1º de julho de 1943, requisito que exigia a multiplicação por dois dos planos de produção.[46]

Roosevelt sempre vira Hitler, não Stálin, como ameaça à segurança dos Estados Unidos. "Não acho que devamos nos preocupar com a possibilidade de um domínio russo", escrevera ele logo depois de iniciada a invasão alemã.[47] O domínio de uma Alemanha vitoriosa, entretanto, era uma hipótese que não poderia ser afastada. Apoiar Stálin era, portanto, a atitude política lógica e necessária. Apesar disso, ainda não era a participação direta, para a qual nem o presidente nem seu povo estavam preparados. E a luta encarniçada na União Soviética era uma realidade distante. Se houvesse algo capaz de levar os Estados Unidos a entrar no meio do tiroteio, esse algo teria de surgir mais perto de casa. Era altamente provável que fosse o conflito no Atlântico — cada vez mais intenso.

II

Em carta a Mackenzie King, primeiro-ministro do Canadá, em 1º de julho, Roosevelt manifestara a opinião de "que se os russos não conseguirem resistir até o verão, poderá haver um esforço redobrado contra a própria Grã-Bretanha, especialmente pelo controle do Atlântico. Talvez possamos ajudar bem mais do que hoje imaginamos", prosseguiu ele.[48] Era uma alusão críptica à questão do fornecimento de escoltas para a navegação. Para Stimson, Knox e outros, o ataque de Hitler à União Soviética criara o momento propício para tomar a iniciativa no Atlântico. Eles queriam que Roosevelt aproveitasse a oportunidade, enquanto ela existisse, de introduzir a escolta de comboios por navios de guerra americanos. Por um momento, o presidente pareceu aceitar os argumentos e concordou com a compilação de planos para escoltar navios de qualquer nacionalidade no Atlântico ocidental, a entrar em vigor em 11 de julho de 1941. Parecia que tinha dado um passo decisivo, envolvendo a proteção de comboios britânicos por navios americanos. Era uma medida que seus conselheiros militares havia muito tempo defendiam. Mas em poucos dias mudou de idéia, muito provavelmente preocupado com as ansiedades públicas sobre as escoltas e como isso seria explorado por seus adversários no Congresso. As incertezas sobre o Japão significavam que ele não permitiria a Knox transferir mais navios de guerra do Pacífico para o Atlântico. E Knox teve trabalho para convencer o presidente a aprovar planos de escolta mesmo para navios americanos até a Islândia.[49] Aos falcões do seu ministério, mais uma vez ele parecia retroceder quando o momento recomendava ousadia.[50]

No começo de julho, apesar disso, Roosevelt deu outro passo rumo à beira do abismo — e nesse caso um passo indubitavelmente ousado. Em 7 de julho, uma brigada de 4400 fuzileiros navais americanos desembarcou para começar a ocupação da Islândia. Com isso Roosevelt de fato aproveitava a "ação diversionária" de Hitler no Leste para garantir a segurança do hemisfério ocidental.[51]

A medida tinha uma pré-história que remontava a maio de 1940, quando Churchill, ansioso por evitar a súbita ocupação alemã de uma posição estratégica vital escarranchada nas linhas de navegação do Atlântico, enviara à ilha uma brigada de infantaria. Reforços de tropas britânicas e canadenses tinham sido mandados em junho e julho. Mas Churchill estava ansioso para transferir as tropas para outra parte, sem contar que gostaria também de envolver os Estados Unidos mais diretamente na guerra. Queria que tropas americanas substituíssem a força britânica na primeira oportunidade. Os militares britânicos e americanos tinham concordado, enfim, no começo de 1941, em que a defesa da ilha, em caso de guerra, ficaria a cargo dos Estados Unidos. Em meados de junho, o almirante Stark dera instruções para o envio de tropas americanas, que àquela altura se tencionava pôr sob comando britânico. "Sei que isto é praticamente um ato de guerra", escreveu ele num bilhete a Harry Hopkins que, esperava Stark, ajudaria a aprovar suas instruções operacionais com o presidente.[52] Ele obteve a aprovação de Roosevelt. Mas o presidente não queria agir sem um convite formal ao governo da Islândia, que não estaria disponível até 1º de julho.[53] Seis dias depois, Roosevelt anunciou o envio de tropas à Islândia, "para apoiar e talvez substituir a força britânica", em suas palavras, apesar de a substituição de tropas britânicas por um número equivalente de soldados americanos ter começado de imediato.[54] O envio de fuzileiros navais, no lugar de soldados do Exército, permitiu ao presidente contornar as restrições — altamente melindrosas para a opinião pública — da Lei de Serviço Seletivo, que impedia recrutas de servir fora do hemisfério ocidental. Os fuzileiros navais eram voluntários, combatentes profissionais, segundo a imagem que tinham de si próprios, e não os "rapazes", que poucos meses antes Roosevelt prometera não envolver em guerras alheias.[55]

Foi um ato distintamente engajado. Eufórico, Churchill disse à Câmara dos Comuns que era "um acontecimento de importância política e estratégica do mais alto nível; na realidade, é um dos acontecimentos mais importantes desde o início da guerra".[56] Em particular, adotou a opinião (partilhada pelo embaixador britânico em Washington, lorde Halifax) de que essa medida significava acelerar a entrada americana na guerra do lado da Grã-Bretanha.[57] De fato, com isso os Estados Unidos chegaram mais perto dos combates no Atlântico. Talvez, como tem sido dito, "se houve um ponto em que Roosevelt conscientemente cruzou uma fronteira, entre ajudar a Grã-Bretanha para se manter fora da guerra e ajudar a Grã-Bretanha entrando na guerra, esse momento foi provavelmente julho de 1941".[58]

Oito dias depois do desembarque das tropas americanas, decidiu-se que o hemisfério ocidental incluía a Islândia, muito embora "todo mundo admita que ela pertence ao hemisfério oriental, e está, portanto, logicamente anexada ao continente europeu".[59] Na Islândia, a zona de defesa americana e a zona de combate alemã se cruzavam. As perspectivas de "incidentes", envolvendo submarinos alemães e a Marinha dos Estados Unidos empenhada na defesa da Islândia e encarregada de escoltar comboios americanos até a ilha, eram agora maiores do que nunca. Mas a ocupação da Islândia foi aprovada por 61% dos americanos que responderam a uma pesquisa de opinião, e apenas 20% se manifestaram contra.[60] Apesar dos temores de uma "explosão rancorosa" contra a medida,[61] o presidente conduzia o povo, passo a passo, até à beira do precipício. Mas ainda assim continuava cauteloso, evitando ir longe e rápido demais para não abusar da opinião pública. Muito embora a oportunidade parecesse propícia à adoção das escoltas para comboios não americanos, Roosevelt não a aproveitou.

A sensibilidade do presidente à opinião pública mostrou que tinha fundamento nos debates acalorados que irromperam em julho e agosto em torno da questão das emendas à Lei de Serviço Seletivo de 1940. Estava em jogo nada menos do que o que o general Marshall chamou de "desintegração do Exército".[62] Se o governo não tivesse conseguido impor no Congresso as emendas que propunha, o grande Exército imaginado sob o Programa da Vitória (ainda em preparação) para futuros combates na Europa teria sido impossível. A força do sentimento público no país, juntamente com a acirrada batalha no Congresso, era um vívido lembrete para Roosevelt de que, fosse qual fosse a disposição para apoiar a Grã-Bretanha, e agora também a União Soviética, a oposição a qualquer idéia de mandar soldados americanos para combater no exterior era tão veemente quanto sempre fora.

A Lei de Serviço Seletivo de agosto de 1940 tinha permitido ao Exército recrutar 900 mil homens, mas só pelo período de um ano, salvo se o Congresso (não o presidente) declarasse que a segurança nacional corria perigo. Também ficou estipulado que os homens recrutados não poderiam servir fora do hemisfério ocidental (condição que Roosevelt contornou na ocupação da Islândia mandando fuzileiros navais). A declaração do presidente em maio sobre um estado de ilimitada emergência nacional não teve impacto na lei; líderes do Congresso disseram a Roosevelt que não conseguiriam reunir votos para emendá-la; e aproximava-se o fim do prazo para os primeiros homens convocados no outono anterior. Além disso, em todo o país famílias queriam seus "rapazes" de volta, enquanto no Exército o moral entre os recrutas era tão baixo que muitos pareciam a ponto de desertar, se não fossem libertados como prometido. Era, de qualquer ponto de vista, uma situação difícil, na verdade crítica, para o presidente. Seu primeiro impulso, como sempre, era de precaução. Queria evitar a luta no Congresso. Stimson, Knox e especialmente Marshall trabalharam dias seguidos para convencer Roosevelt a enfrentar o Congresso. Estava claro que o assunto não poderia ser evitado por muito tempo. Ele acabou concordando em encarar a inevitável e ampla oposição.

Três resoluções de emendas à lei original foram apresentadas em 10 de julho: manter os recrutas no serviço enquanto durasse a emergência nacional; permitir que fossem expulsos do hemisfério ocidental; e acabar com o limite de 900 mil homens para o tamanho do Exército. A oposição foi virulenta e basicamente em torno da linha político-partidária. Os ataques mais ferozes, como era de esperar, vieram dos republicanos. Mas muitos democratas, que tinham apoiado medidas anteriores, também estavam profundamente preocupados com as implicações resultantes da concessão ao presidente do poder de enviar tropas ao exterior. Os isolacionistas que sempre constituíram o âmago da oposição poderiam, portanto, nessa ocasião, contar com um apoio mais amplo e ansioso — com congressistas não menos apreensivos com a reação dos eleitores, se votassem pela manutenção de "seus rapazes" no serviço militar. Finalmente, o projeto foi aprovado no Senado em 7 de agosto com uma confortável margem de 45 a 30. O maior drama, entretanto, estava reservado ao debate na Câmara dos Deputados. Quando aquele terminou, em 12 de agosto, o projeto obteve aprovação por um único voto de diferença: 203 a 202.[63]

A votação foi descrita posteriormente, com compreensível hipérbole, como "uma das batalhas decisivas da guerra".[64] Sem dúvida, se o resultado tivesse sido outro, o governo seria obrigado a adotar novas medidas para garantir que seu planejamento militar não fosse invalidado. Mas tempo precioso teria sido desperdiçado. O ataque a Pearl Harbor, quatro meses depois, teria atingido um país com seu Exército em processo de dissolução.[65] Mais significativo ainda, com a possibilidade de conflito mundial cada vez mais concreta, a votação continha para Roosevelt o aviso, como disse o papa do isolacionismo, senador Burton K. Wheeler, "de que o governo não poderia obter do Congresso uma resolução para declarar guerra".[66]

Enquanto os tórridos debates preocupavam o Congresso e a maior parte do país, Roosevelt e Churchill se encontravam pela primeira vez desde que assumiram o cargo. O encontro deu expressão tangível às palavras ditas por Churchill um ano antes, de que a Grã-Bretanha, com seu Império, e os Estados Unidos tornavam-se "um tanto misturados".[67] Para Churchill, um encontro pessoal com Roosevelt tinha imensa importância. "Nada deve atrapalhar sua amizade com o presidente, da qual tanta coisa depende", comentara um assessor do primeiro-ministro. O fato de Roosevelt ter proposto o encontro era significativo, pensava Churchill. Ele não teria feito isso "se não contemplasse a possibilidade de tomar outras medidas".[68] Mas nada significativo constava da agenda de Roosevelt. Ele queria, tanto quanto possível, coordenar a política relativa a muitas questões vitais, aplainar as diferenças e conhecer Churchill. Mas não tinha em mente o que Churchill esperava: a decisão de fazer os Estados Unidos entrarem na guerra.[69]

Planos para um encontro tinham sido iniciados já na primavera. Finalmente, as conversas cruciais tiveram lugar em segredo, entre 9 e 12 de agosto, a bordo do cruzador americano *Augusta* e do navio de guerra britânico *Prince of Wales*, que trouxera Harry Hopkins com Churchill pelo Atlântico à baía de Placentia, perto da mina de prata desativada de Argentia, na Terra Nova. Acompanharam Roosevelt e Churchill altas patentes militares e importantes funcionários diplomáticos, nas discussões realizadas nos dois navios de guerra, ancorados um ao lado do outro.[70]

As conversas ampliaram-se bastante, incluindo ajuda à União Soviética, comboios no Atlântico, a ameaça japonesa no Sudeste Asiático e a ordem mundial no pós-guerra. Estranhamente, talvez, a Conferência do Atlântico concentrou-se menos no Atlântico do que no Pacífico. Com Hitler preocupado com o progresso da Wehrmacht na Rússia, o perigo no Ocidente diminuíra, pelo menos temporariamente. A ocupação americana da Islândia transcorrera sem percalços. Uma espécie de impasse incômodo impusera-se no Atlântico. No Extremo Oriente, em contrapartida, a tensão aumentara drasticamente desde a invasão japonesa na Indochina meridional e a imposição do embargo de petróleo pelos americanos. A ameaça mais imediata parecia vir dessa direção. Pouco resultou de concreto das conversações. Churchill insistiu em que os Estados Unidos adotassem uma atitude forte diante de qualquer nova expansão japonesa, dando uma espécie de ultimato. Roosevelt concordou em usar "linguagem dura" ao advertir o embaixador japonês em Washington quando voltasse, embora na ocasião, por insistência do Departamento de Estado, ele tenha baixado o tom. Apesar do embargo do petróleo, mantinha-se a política de dissuasão, e não de provocação. O objetivo era deixar o Pacífico tão sossegado quanto possível.[71]

Em relação ao Atlântico, embora ele figurasse com menos destaque nas conversas, havia motivo de encorajamento para os britânicos. Roosevelt, frustrando as esperanças de Churchill, afastara rapidamente qualquer expectativa de participação imediata dos Estados Unidos na guerra. Mas duas medidas adotadas pareciam ter o potencial de aproximar o momento de intervenção.

Roosevelt estava seriamente preocupado com agentes nazistas que penetravam na África e abriam caminho para Hitler montar um rápido ataque pela península Ibérica ao Norte da África.[72] A distância relativamente curta, pelo Atlântico, entre a parte saliente da África e o Brasil havia muito preocupava os estrategistas americanos, que viam ali a maneira mais simples de as tropas alemãs botarem o pé no continente americano. Para afastar o perigo, Roosevelt estava disposto a prometer a Churchill (que descrevera resumidamente o perigo de uma investida alemã para tomar Gibraltar, porto das rotas de navegação para o Atlântico Sul, assim como ponto de controle de entrada no Mediterrâneo) que enviaria forças de ocupação para Açores, desde que a Grã-Bretanha conseguisse um convite de Portugal (análogo ao do caso da Islândia).[73] Nada resultou disso. Ao que se revelou, não houve tomada alemã de Gibraltar, nem necessidade (pelo menos naquela fase) de um convite de Portugal, nem ocupação de Açores por tropas americanas.

Um segundo ponto de acordo deu a Churchill motivo de satisfação. Roosevelt finalmente consentiu em fornecer escolta armada a todos os navios, não apenas americanos ou islandeses, no Atlântico ocidental, até a Islândia. Navios britânicos poderiam afinal contar com proteção americana. Era o que os "falcões" do ministério vinham havia meses aconselhando o presidente a fazer. O almirante Stark mandou instruções da baía de Placentia, que entrariam em vigor em 16 de setembro.[74] O presidente tomara uma importante (e, no entender dos britânicos, atrasada) medida, que equivalia à "abertura de atos hostis não declarados contra a Alemanha".[75] Pelo menos foi essa a interpretação de Churchill. A rigor, apenas os planos relativos à possibilidade de fornecer escoltas foram acertados. Já a aplicação dessa medida ainda dependia da ordem do presidente. De volta a Washington, ele nada fez para apressar as providências.[76] Problemas técnicos e logísticos — organizar as vias de comunicação com o serviço de inteligência naval britânico e certificar-se de que os navios estariam no lugar certo na hora certa, por exemplo — representavam obstáculos a qualquer início imediato.[77] Mas a real dificuldade do presidente era política. Ele ainda não sabia como dizer ao público americano nem como levantar o assunto no Congresso.[78] De acordo com o relato de Churchill ao Gabinete britânico sobre a conversa, o presidente lhe dissera que "patinava em gelo finíssimo em suas relações com o Congresso". Pedir ao Congresso uma declaração de guerra, dissera Roosevelt, provocaria um debate de três meses de duração. (Sua verdadeira crença, na realidade, era de que um pedido de declaração de guerra seria derrotado no Congresso por dois ou três a um.[79]) Em vez disso, disse que "iria à guerra, mas sem declarar guerra, e que se tornaria cada vez mais provocador [...] Tentaria provocar um 'incidente' que justificasse sua decisão de lutar abertamente".[80]

A conferência teve poucos resultados práticos. Foi importante, sem dúvida. Produziria a Carta do Atlântico, uma declaração de princípios, basicamente de inspiração americana, sobre o mundo do pós-guerra tal como imaginado por Estados Unidos e Grã-Bretanha. Apesar de nem todos os oito pontos da carta, que equivaliam de fato a uma declaração de metas democráticas, terem parto fácil, chegou-se a um acordo final sobre a redação em 12 de agosto, e o texto foi publicado dois dias depois. A carta proclamava que os Estados Unidos e o Reino Unido não buscavam ampliação territorial ou qualquer outro tipo de expansionismo, não desejavam qualquer mudança territorial além da vontade dos povos envolvidos, esforçar-se-iam para assegurar acesso igual ao comércio e a matérias-primas, trabalhariam pelo progresso econômico e pela previdência social para todos e lutariam pela paz mundial e pelo desarmamento.[81]

A carta, cuja intenção inicial fora acima de tudo propagandística, acabou adquirindo significado histórico, de lista de direitos e princípios democráticos que seriam entronizados nos objetivos das Nações Unidas. Mas o valor real da Conferência do Atlântico naquela época estava menos em sua declaração de abstratos objetivos de guerra — que, apesar de nobres, não foram vistos, dos dois lados do oceano, como substituto válido de uma firme declaração política conjunta — do que em cimentar relações pessoais entre Roosevelt e Churchill.[82] Estabeleceu-se um entendimento de profunda importância, e numa base direta e pessoal, entre os dois líderes. O sentimento de confiança criado na conferência sobreviveria aos caprichos da guerra.

O encontro marcou os dois homens. Para Churchill, lembrou os objetivos comuns dos dois países, simbolizados, de forma comovente para ele, no serviço religioso a que assistiram juntos na manhã de 10 de agosto, no tombadilho do *Prince of Wales*, quando marinheiros britânicos e americanos cantaram hinos que ele escolhera debaixo dos grandes canhões do navio, enquanto as bandeiras de ambos os países cobriam o púlpito, lado a lado. Ele posteriormente descreveria "o simples fato de os Estados Unidos, ainda tecnicamente neutros, se juntarem a uma potência beligerante" na preparação da Carta do Atlântico como "impressionante".[83] Para Roosevelt, também, o encontro fora significativo, e não apenas por causa da declaração conjunta de objetivos de guerra expressos na carta. Como Churchill, ele se comovera profundamente com o simbolismo do serviço religioso comum no *Prince of Wales*, "momento central" de toda a conferência, como ele registrou. "Se nada mais tivesse acontecido enquanto estávamos aqui, isso nos teria aproximado definitivamente", disse ele, de acordo com o filho Elliott, também a bordo naquele dia.[84] Ele criara um vínculo pessoal com Churchill. Mas também ficou satisfeito com o tom da conferência, que implicitamente reconheceu a liderança americana na aliança informal com a Grã-Bretanha e seu Império.[85] E apesar de ter firmado acordos de pouca substância durante a conferência, adquirira uma compreensão mais aguda do pensamento estratégico britânico e de como, com ajuda americana, a guerra contra Hitler poderia ser ganha.[86] Começava a ver mais claramente a frente oriental como o principal ganho da guerra, e sua determinação de ajudar a União Soviética expressou-se na cálida mensagem a Stálin que ele e Churchill enviaram em 12 de agosto, último dia da conferência, propondo uma reunião em Moscou (sugerida por Hopkins durante sua visita) para trabalharem juntos nos preparativos de ajuda de longo prazo.[87] Também estava preparado agora para abandonar a posição de neutralidade e adotar um papel mais ativamente combativo na "batalha do Atlântico" que equivalia a uma guerra limitada e não declarada contra a Alemanha, guerra que corria o risco de arrastar os Estados Unidos definitivamente para o conflito.[88]

Não se chegou mais perto, entretanto, de uma resposta à questão crucial de quando os Estados Unidos entrariam na guerra. Certamente, o comentário de Roosevelt a respeito de provocar um incidente parecia sugerir que era apenas questão de tempo. Mas quando? De uma perspectiva britânica, a questão não poderia ser adiada indefinidamente. Mesmo assim, não havia muita esperança de que a entrada dos Estados Unidos fosse iminente. Notícias de uma votação assustadoramente apertada sobre a renovação da Lei do Serviço Seletivo, que chegara à baía de Placentia no último dia da conferência, eram pouco animadoras.[89] E o otimismo inicial de Churchill à saída do encontro dissipara-se com a reação na Grã-Bretanha.[90] Não só a reação ao encontro foi surda (como nos Estados Unidos); o Gabinete nem de longe parecia encorajado, pelas conversações, a acreditar que os Estados Unidos entrariam logo na guerra do lado da Grã-Bretanha. Lorde Beaverbrook, ministro de Suprimento de Churchill, viajara a Washington da baía da Placentia e voltara dizendo que não havia possibilidade de os Estados Unidos entrarem na guerra, a não ser que um ataque direto a seu território os forçassem a entrar. E supunha-se que isso era altamente improvável, antes que a Grã-Bretanha e a Rússia fossem derrotadas.[91] A resposta de Roosevelt às críticas de isolacionistas apavorados, assegurando que a Conferência do Atlântico não pusera os Estados Unidos mais perto da guerra, em nada contribuiu para fortalecer o murcha disposição de ânimo na Grã-Bretanha.[92] Perto do fim de agosto, Churchill, deprimido, expediu a Harry Hopkins "uma das mensagens mais tristes já enviadas à Casa Branca pelo normalmente confiante e entusiasmado primeiro-ministro". Churchill chamou a atenção para as pesadas perdas de navios britânicos atacados por submarinos alemães no Atlântico — 50 mil toneladas nos dois dias anteriores. "Não sei o que acontecerá até 1942 se a Inglaterra continuar lutando sozinha", prosseguiu. Ele notou que os submarinos de Hitler se mantinham ao largo da zona definida como parte do hemisfério ocidental, de modo que "é reduzida a possibilidade de um 'incidente' sério o suficiente para fazer os Estados Unidos entrarem na guerra".[93]

Menos de uma semana depois da desanimada mensagem de Churchill a Hopkins, entretanto, um incidente deu a Roosevelt a oportunidade de tornar pública sua política de escoltas, e empurrou os Estados Unidos para mais perto da borda do precipício.

III

Nas primeiras horas da manhã de 4 de setembro, um submarino alemão, o U-652, foi localizado por um bombardeiro britânico que patrulhava a cerca de 265 quilômetros ao Sul da Islândia, num ponto onde a área de combate alemã se sobrepunha à zona de segurança americana. O submarino imergiu para evitar o perigo imediato. Mas sua localização foi transmitida para um destróier americano nas imediações, o *USS Greer*, que transportava o correio e alguns passageiros militares para a Islândia. Não sendo navio de escolta americano, o *Greer* não tinha autoridade para atacar, e oficialmente estava obrigado apenas a informar a posição do submarino. Apesar disso, o *Greer* aproximou-se e seguiu o submarino por mais de uma hora, verificando sua posição com o sonar e transmitindo as informações ao bombardeiro britânico, que lançou quatro cargas de profundidade. Essas erraram o alvo e o bombardeiro retornou à base. Mas a perseguição continuou, e uma hora e meia depois, seguindo o sinal de rádio do *Greer*, outro avião britânico apareceu para caçar o submarino. A perseguição já durava quatro horas quando o comandante do submarino, provavelmente temendo que as baterias falhassem e o obrigassem a emergir, decidiu virar o jogo. Disparou dois torpedos contra o *Greer*, que passaram sem provocar danos. O *Greer* retaliou disparando oito cargas de profundidade, mas produziu apenas danos insignificantes no U-652. Um destróier britânico chegou à cena uma hora depois, aproximadamente, e também lançou explosivos de profundidade, sem efeito algum. O *Greer* fez uma última tentativa de destruir o submarino no meio da tarde, lançando mais onze cargas, dessa vez errando o alvo por grande margem. Só no começo da noite, cerca de dez horas depois de iniciar a caça, o *Greer* desistiu e seguiu para a Islândia.[94]

Um informe sobre o incidente foi rapidamente transmitido pelo rádio a Washington e entregue ao presidente. Sem demora, o Departamento da Marinha divulgou um press-release sobre um ataque submarino ao *Greer*.[95] Em sua entrevista coletiva do dia seguinte, 5 de setembro, Roosevelt ressaltou a natureza deliberada do ataque do submarino alemão, à luz do dia, contra um navio com número de identificação, navegando sob bandeira americana e dentro da zona de segurança dos Estados Unidos. Também declarou que tinha dado ordem para "eliminar" o submarino, caso fosse encontrado.[96]

A essa altura, o presidente talvez não tivesse pleno conhecimento dos fatos. Nenhuma menção foi feita ao persistente assédio do *Greer*. Em tais circunstâncias, podia-se dizer que o U-652 disparara torpedos em legítima defesa. Nem era certo que tinha reconhecido o destróier como americano. Estivera sob ataque de aviões de combate britânicos, dentro da área de combate alemã, e apenas entrevira pelo periscópio um destróier de quatro chaminés parecido com os que tinham sido transferidos para a Grã-Bretanha no outono anterior.[97] Mas era improvável que considerações desse tipo pudessem deter Roosevelt, que agora tinha diante de si a esperada oportunidade.

Naquele dia, 5 de setembro, durante o almoço, o presidente resumiu para Harry Hopkins e Cordell Hull as linhas gerais de um discurso à nação, longamente planejado, que, à luz do incidente do *Greer*, ele resolvera proferir na semana seguinte. Sua intenção era falar tudo. Hull, aparentemente não menos furioso com o que acontecera, também falou resolutamente. Mas, ao resumir suas opiniões por escrito para enviá-las à Casa Branca, o secretário de Estado teve dúvidas e não recomendou ação alguma. Na ausência do presidente (que fora a Hyde Park assistir ao funeral da mãe), Hopkins e o juiz Samuel Rosenman, outro importante redator de discursos de Roosevelt, trabalharam no discurso, sem colaboração do Departamento de Estado. Incorporaram passagens redigidas pelo próprio presidente (com quem mantinham contato por telefone enquanto preparavam o rascunho), e quando Roosevelt voltou a Washington o discurso estava praticamente pronto. Aquela noite, 10 de setembro, ele fez um teste lendo-o para Stimson, Knox e Hull, que o aprovaram com entusiasmo. Pequenos ajustes foram feitos na redação. Na manhã seguinte, Roosevelt leu-o para um grupo de líderes do Congresso. Só um deles, um isolacionista republicano, não gostou. O secretário de Estado, entretanto, apesar de ter se manifestado de acordo na noite anterior, agora tinha dúvidas. Ele disse a Hopkins que "o discurso é forte demais", e queria que fossem retiradas "todas as referências a atirar primeiro, ou a atirar, simplesmente". Disse isso ao próprio Roosevelt. Mas nenhuma mudança seria feita para enfraquecer o teor do discurso.[98] Foi um dos de maior impacto que o presidente pronunciou.

Roosevelt começou na mesma veia de sua entrevista coletiva seis dias antes.

O ataque ao *Greer* ocorrera na zona de defesa americana, à luz do dia, e com o navio perfeitamente identificado. "Digo-lhes sem rodeios", declarou, "que o submarino alemão disparou primeiro contra esse destróier americano, sem avisar, e com o propósito deliberado de afundá-lo." Descreveu o fato como "pirataria, legal e moralmente" e citou diversos incidentes, incluindo o do afundamento do navio mercante *Robin Moor*, em julho, que não provocara nenhuma ação retaliatória, para mostrar que o *Greer* não era caso isolado, mas "parte de um plano geral". O objetivo nazista, prosseguiu ele, era assumir o controle total dos mares, como primeira etapa do domínio do hemisfério ocidental pela força das armas. Seguiu-se uma cotovelada nos isolacionistas. Os americanos não poderiam continuar se iludindo com a "noção romântica" de que era possível "prosseguir vivendo feliz e pacificamente num mundo dominado pelos nazistas". Não era possível o apaziguamento. Uma linha limítrofe fora traçada. Rotas de suprimento para os inimigos de Hitler precisavam continuar abertas, e a liberdade dos mares mantida. Roosevelt usou uma metáfora reveladora (adaptando o comentário feito por um convidado durante um almoço algo mais cedo)[99] para fazer compreender a necessidade de um ataque preventivo no Atlântico. "Quando vemos uma cascavel preparada para atacar, não esperamos que ela desfira o golpe para esmagá-la. Esses submarinos e atacantes nazistas são as cascavéis do Atlântico." Era uma imagem forte. Ele falou das implicações políticas, e da crucial — muito tardia, segundo alguns — adoção das escoltas de comboios. "Cai sobre nossa patrulha naval e aérea — que opera com grande número de unidades numa vasta extensão do oceano Atlântico — a obrigação de manter a política americana de liberdade dos mares — agora. Isso significa, simples e claramente, que nossos navios e aviões de patrulha protegerão todos os navios mercantes — não apenas americanos, mas de qualquer nacionalidade — dedicados ao comércio em nossas águas defensivas." O objetivo, ressaltou, era apenas defensivo. Mas logo veio uma advertência explícita ao Eixo: "De agora em diante, se barcos de guerra alemães ou italianos entrarem nessas águas, cuja proteção é necessária para a defesa americana, fá-lo-ão por sua própria conta e risco".[100]

Quando o presidente acabou de falar, a execução do hino nacional fez a platéia — família, amigos, conselheiros e um grande contingente de jornalistas — reunida no Salão de Recepção Diplomática da Casa Branca para ouvir o discurso (transmitido ao mundo pelo rádio) levantar-se num *finale* emocionado.[101] O presidente fora mais esperto do que seus adversários. Isolou os isolacionistas. A escolta de comboios fora adotada. As ordens oficiais foram emitidas dois dias depois. As escoltas começaram em 16 de setembro.[102] "Dessa maneira a velha questão das escoltas navais americanas foi resolvida pela declaração da guerra quente", é uma descrição que vai de encontro ao que de fato ocorrera.[103]

Muito embora não tivesse usado a frase, o que ele inquestionavelmente pôs em prática foi uma política de "ver e atirar". A manchete do *New York Times* no dia seguinte dizia: "Roosevelt Manda a Marinha Atirar Primeiro".[104] Os isolacionistas protestaram vigorosamente, como era previsto.[105] Mas a opinião pública era favorável a "ver e atirar", por 62% contra 28%. Isso mostrava o impacto do incidente do *Greer* e de sua exploração pelo presidente. Dois dias antes do episódio, uma maioria de apenas 52% favorecia a "escolta" oferecida pela Marinha dos Estados Unidos para material de guerra destinado à Grã-Bretanha.[106] O povo americano fora convencido a apoiar uma política que praticamente arrastava os Estados Unidos a futuros choques armados com embarcações alemãs no Atlântico. A guerra aberta estava a um passo de distância. Como disse o almirante Stark, chefe das Operações Navais, em 22 de setembro: "No que toca ao Atlântico, estamos perto, talvez dentro, do conflito".[107]

Os detratores de Roosevelt, naquela época e até hoje, o acusam de enganar o povo americano "numa gigantesca conspiração para levá-lo à guerra" (como se alegou no furiosamente isolacionista *Chicago Tribune*).[108] Seu discurso sobre o *Greer* certamente fora parcimonioso com a verdade sobre o incidente. Ele não mencionara as circunstâncias de longa perseguição e assédio, antes que o U-652 disparasse uma salva de torpedos. Apesar de ser verdade que o submarino fora o primeiro a atirar, ele não agira sem provocação. Disso o povo americano não foi informado. A afirmação de Roosevelt de que o incidente com o *Greer* era parte de um sistemático ataque americano a navios americanos também era distorcida. Em certo sentido, o surpreendente é que tivesse havido tão poucos, e não tantos, incidentes. O presidente e seus conselheiros militares estavam cientes, no entanto, de que Hitler não buscava um conflito aberto no Atlântico antes de esmagar a União Soviética. (Na realidade, muito embora Roosevelt não pudesse sabê-lo, Hitler proibira expressamente provocações no Atlântico enquanto tivesse as mãos ocupadas no Leste.[109]) Defensores do presidente afirmavam que ele não fora plenamente informado dos fatos do incidente. Mas, se em sua entrevista de 5 de setembro o presidente ainda não tinha perfeito conhecimento do que se passara, é improvável que isso ainda ocorresse seis dias depois. (A reticência de Hull com relação à declaração talvez se devesse, justamente, ao fato de que, em termos legais, a razão no incidente não estava, de forma alguma, inequivocamente do lado americano.) Quase não há dúvida, portanto, de que Roosevelt lançou mão de um passe de mágica em seu discurso. Estaria desculpado?

Ele próprio justificou a ação como uma defesa dos interesses nacionais, para ele uma clara e incontornável obrigação de presidente.[110] Não é fácil alegar que estivesse errado, em vista da ameaça de longo prazo que o regime de Hitler representava.[111] Restaria outra escolha? Àquela altura suas opções, na realidade, tinham sido severamente restringidas. Se usara certa dose de hipérbole para tornar a adoção da política de escoltas mais palatável ao povo americano, a política, em si, estava bem de acordo com as medidas cautelosas, mas consistentes, tomadas nos meses anteriores. Stimson foi apenas um dos que chamaram a atenção, desde o início, para a lógica do programa Lend-Lease — aprovado pelo Congresso — que exigia proteção do *matériel* a ser transportado através do Atlântico. Assim, a única possibilidade real de escolha dada a Roosevelt em setembro de 1941 era agir como agiu, assumir o risco de postergar mais ainda, com violentos debates e possível derrota no Congresso, ou ignorar o incidente do *Greer* e retardar a adoção das escoltas.

Todas essas alternativas agradariam indevidamente ao sentimento de minorias isolacionistas. E, como resultado, o problema estratégico de combater a ameaça alemã (exacerbada pela crescente tensão no Pacífico) não desapareceria e nem sequer diminuiria. E perder a oportunidade de adotar as escoltas teria sido contrariar frontalmente o conselho que recebia de seus especialistas militares. Significaria também quebrar a promessa que fizera a Churchill na baía de Placentia, algo potencialmente danoso para a aliança atlântica, na qual parecia repousar a possibilidade de derrota definitiva de Hitler. Isso, por sua vez, equivaleria a assumir o imenso risco de contar com a capacidade britânica de prosseguir lutando. Como os especialistas militares de Roosevelt disseram no dia do discurso, 11 de setembro, "o reforço imediato e numeroso de forças britânicas no Atlântico por contingentes navais e aéreos dos Estados Unidos, completado por uma grande tonelagem adicional de navios, será necessário se o Reino Unido continuar em guerra".[112] E, como Roosevelt percebera desde sempre, os interesses de defesa dos Estados Unidos seriam irremediavelmente prejudicados se a Grã-Bretanha capitulasse ou fosse obrigada a negociar um acordo desfavorável, e Hitler assumisse o comando do continente europeu e o domínio do Atlântico. Noções isolacionistas de que se os Estados Unidos enfiassem a cabeça no chão, como o avestruz da metáfora,

Hitler deixaria o país em paz, eram, como Roosevelt não se cansava de repetir, uma perigosa ilusão. Em 1941, os Estados Unidos não tinham condição, em seu próprio interesse, de permanecer à margem da "batalha do Atlântico".

Roosevelt seguiu a única linha de ação possível. A exploração que fez do incidente com o *Greer* foi um gesto de esperteza política, não de abuso de poder. Com isso obteve o apoio da maioria do público para a política de escoltas, de um modo que antes provavelmente teria sido impossível. Lorde Halifax, o embaixador britânico em Washington, descreveu para Churchill o dilema do presidente, da forma como o via: seguir uma rota entre "(1) o desejo manifestado por 70% dos americanos de ficar fora da guerra; [e] (2) o desejo manifestado por 70% dos americanos de fazer o possível para vencer Hitler, mesmo que isso significasse ir à guerra".[113] Mais uma vez o jeito do presidente de "apressar-se devagar" dera bons resultados e, ao mesmo tempo, estava justificado. Mas que ninguém se iludisse: ele de fato arrastara os Estados Unidos para a beira de um conflito aberto com a Alemanha nazista. Essas escaramuças esporádicas poderiam continuar indefinidamente? Ou agora seria preciso muito pouco para transformar a "guerra não declarada" numa conflagração aberta, que obrigaria os rapazes americanos a lutarem no estrangeiro — hipótese que o presidente afastara durante a campanha eleitoral menos de um ano antes?

Essa última hipótese pareceu mais provável com o passar do tempo, quando novos incidentes ocorreram no Atlântico no outono. Apontavam para a mesma direção as notícias surgidas logo depois da "conversa ao pé do fogo" de 11 de setembro, de que o presidente discutira com líderes do Congresso medidas para revogar a Lei de Neutralidade de 1939.[114] Mas enquanto o outono se arrastava, e os choques no Atlântico não provocaram nenhum incêndio, a primeira possibilidade de guerra não declarada por tempo indefinido começou a parecer uma possibilidade. A essa altura, de qualquer maneira, o perigo de guerra no Pacífico era pelo menos tão grande quanto o de um conflito aberto com a Alemanha. E isso era algo que o presidente precisava levar cuidadosamente em conta quando reagisse a incidentes no Atlântico.

IV

Esses incidentes não demoraram a materializar-se. Quando em 19 de setembro o *Pink Star*, cargueiro dinamarquês registrado no Panamá mas requisitado pela Comissão Marítima dos Estados Unidos, foi torpedeado, surgiram perguntas sobre a necessidade de armar navios mercantes, algo não permitido pela Lei de Neutralidade de 1939.[115] O afundamento de vários outros navios cargueiros com bandeira panamenha, embora de propriedade americana — estratagema usado para evitar conflito com a Lei de Neutralidade —, levantou a mesma questão.[116]

Foi um ataque de torpedo a outro destróier americano, o *USS Kearney*, no Sul da Islândia em 17 de outubro, que deu a Roosevelt sua melhor oportunidade de chamar a atenção para as deficiências da Lei de Neutralidade nas novas circunstâncias. O *Kearney* era um dos quatro destróieres americanos que respondiam a um pedido de ajuda de um comboio com escolta canadense sob ataque de uma "alcatéia" de submarinos alemães. Diversos navios foram a pique numa batalha noturna com os saqueadores. Os destróieres lançaram uma saraivada de bombas de profundidade, mas no melê o *Kearney* foi atingido por um torpedo. Avariado, não afundou, e pôde avançar com dificuldade até a Islândia. Mas onze tripulantes morreram, e 24 foram feridos.[117] Foi um momento doloroso para um país não oficialmente em guerra. Roosevelt não desperdiçou a oportunidade. O Dia da Marinha e da Defesa Total, 27 de outubro, forneceu a ocasião para um discurso extraordinariamente feroz do presidente, o mais franco que proferiu antes de Pearl Harbor.

"Quisemos evitar disparos. Mas os disparos tinham começado. E a história registrou quem fez o primeiro disparo", começou ele. "Os Estados Unidos foram atacados." Prosseguindo nesse tom, afirmou: "O torpedo de Hitler foi destinado a todos os americanos." Foi uma tentativa "de afugentar o povo americano de alto-mar — de forçar-nos a bater em trêmula retirada". Ele mencionou mapas secretos, em seu poder, de planos alemães para dominar a América do Sul, e o projeto nazista de erradicar a religião — falsidades britânicas engolidas por um presidente ingênuo[118] que usava "essas verdades macabras" para desmoralizar os isolacionistas (embora não tenha feito referências diretas a eles) que ofereciam um presente aos nazistas ao expor uma aparente desunião entre os americanos. Postulou, como em discursos anteriores, a escolha absoluta, num mundo futuro, entre a liberdade americana e a tirania nazista, e mais uma vez jurou empenhar-se na completa destruição do hitlerismo. Cada vez mais, prosseguiu ele, os Estados Unidos produziam armas para os envolvidos nos combates reais, "e é desejo do país que tais armas e suprimentos de todos os tipos, de vital importância, não fiquem trancados em portos americanos, nem sejam mandados para o fundo do mar". Tinha sido em desacato a essa vontade que navios americanos foram afundados e marinheiros, mortos. "Digo que não pretendemos agüentar passivamente", declarou. "Nossa determinação de não sofrer passivamente foi manifestada em ordens emitidas à Marinha americana para atirar imediatamente. Essas ordens estão de pé." Ele abordou a relevância dessa atitude para a Lei de Neutralidade: "Nossos navios mercantes precisam ser armados, para se defenderem das cascavéis do mar. Nossos navios mercantes precisam ter a liberdade de transportar produtos americanos para os portos dos países amigos. Nossos navios mercantes precisam ser protegidos pela Marinha americana". Isso significava "completa defesa nacional". Concluiu sua peroração com uma nota emotiva: "Hoje, em face do mais novo e maior de todos os desafios, nós, americanos, limpamos nossas docas e tomamos nossas posições de batalha. Estamos prontos para defender nosso país e, pela fé de nossos pais, para fazer o que Deus nos permite entender como nossa obrigação".[119] Parecia o prefácio de uma declaração de guerra. Mas o pedido ao Congresso não veio.

De acordo com comentário posterior de Samuel Rosenman, redator de discursos de Roosevelt, o presidente acreditava, quando a guerra européia começou em setembro de 1939, que os Estados Unidos seriam capazes de ficar à margem, e essa foi sua opinião ao longo de 1940. Embora não tivesse havido um incidente decisivo que o fizesse mudar de idéia, em 1941 ele gradualmente chegou à conclusão de que o envolvimento americano era inevitável.[120] Essa convicção ia de encontro, entretanto, a realidades políticas nacionais. Falando com lorde Halifax depois do caso *Greer*, Roosevelt, segundo consta, disse que "se pedisse uma declaração de guerra não a obteria, e a opinião pública se voltaria contra ele".[121] Essa continuou sendo sua posição. Em outras palavras, era uma política que consistia em esperar que as coisas acontecessem.

Enquanto o outono avançava, Roosevelt sentia que tinha as mãos atadas por três considerações. Internamente, o clamor isolacionista fora novamente despertado pelas revisões da legislação de neutralidade propostas no Congresso e pela escalada do conflito no Atlântico. Em termos de produção e rearmamento, os Estados Unidos ainda não estavam preparados para a guerra. E, com o caldeirão começando a ferver no Extremo Oriente, era questão de saber quanto tempo Roosevelt conseguiria manter a tampa na fervura. Como dissera no começo do ano, ele não tinha "Marinha suficiente" e uma guerra no Pacífico significaria desviar navios do Atlântico.[122] Talvez uma combinação dessas considerações tenha levado Roosevelt a adotar uma linha de ação surpreendentemente branda, em comparação com sua resposta aos incidentes com o *Greer* e o *Kearny*, quando outro destróier americano, o *USS Reuben James*, foi atacado por um submarino alemão, 950 quilômetros a Oeste da Irlanda, em 31 de outubro. Nesse incidente, o pior dos três conflitos envolvendo navios de guerra americanos, um torpedo atingiu o pente de munição do destróier, que afundou em cinco minutos, com a perda de 150 homens. Em razão do tom inflamado com que Roosevelt falara depois dos ataques anteriores, em que os danos e as baixas foram menores, seu comedimento, nesse caso, foi surpreendente. Indicava que, apesar das aguerridas declarações anteriores, ele ainda não estava de forma alguma pronto para aproveitar um confronto na "guerra não declarada" do Atlântico e levar os Estados Unidos à guerra aberta.

Se pensou em pedir uma declaração de guerra — e não há o mais leve indício de que isso passasse por sua cabeça naqueles meses —, o problema das revisões da Lei de Neutralidade tê-lo-ia dissuadido.

A razão para repelir pelo menos algumas seções da lei de 1939 estava na decretação do programa de Lend-Lease. Se era para transportar armas e mercadorias pelo Atlântico, fazia sentido armar os navios mercantes e deixar navios americanos levarem seus carregamentos até a Grã-Bretanha. A questão de pedir ao Congresso para revogar as seções relevantes da lei foi levantada publicamente na primavera de 1941. Mas Cordell Hull tinha aconselhado que não o fosse, devido à força da oposição isolacionista.[123] Ele parecia ter mudado de idéia no fim de junho, quando recomendou ao presidente que discutisse a emenda da lei com líderes congressistas, em regime de urgência. Roosevelt discutiu o assunto, mas não se sentiu confiante a ponto de levá-lo adiante, até que o incidente com o *Greer* no começo de setembro lhe ofereceu a oportunidade.[124] Na última semana do mês Hull propôs modificações, em vez da revogação imediata de toda a lei (o governo tinha interesse em continuar controlando certas partes dela, como a coleta de fundos para os países beligerantes).[125]

O presidente recebeu grande número de conselhos contraditórios de importantes figuras de sua administração, sobre a conveniência de correr o risco de um veredicto desfavorável do Congresso.[126] Uma pesquisa Gallup de 5 de outubro indicou que 70% dos consultados achavam que derrotar Hitler era mais importante do que manter o país fora da guerra.[127] Mas as opiniões no Congresso eram assunto completamente diferente. O sentimento isolacionista foi mais uma vez estimulado. A aprovação da emenda no Congresso não poderia ser tida como favas contadas.

Pesquisas informais no Senado, no começo de outubro, sugeriram que o presidente foi sábio ao decidir avançar com cautela. Roosevelt resolvera sondar as águas, com a revogação inicial apenas da seção da lei que proibia armar os navios mercantes (Seção IV), na qual se poderia esperar o mais alto nível de consenso. Apresentou a proposta ao Congresso em 9 de outubro. Foi o começo de outro debate acirrado. Já perto do fim, veio a notícia do ataque ao *Kearny*. Isso provavelmente teve impacto. A revogação da Seção VI foi aprovada pela Câmera dos Deputados em 17 de outubro, com maioria considerável (259 a 138). Apesar disso, 113 republicanos tinham rejeitado até mesmo essa medida.[128]

Seguiu-se outra boa dose de rancor quando a resolução para revogar as Seções II e III (excluindo a navegação americana de zonas de combate designadas) foi apresentada ao Senado. O aguerrido discurso de Roosevelt depois do ataque ao *Kearney*, e do afundamento do *Reuben James*, inflamou a oposição isolacionista.[129] Um arquiisolacionista propôs publicamente que Roosevelt pedisse ao Congresso que votasse sobre se os Estados Unidos deveriam ou não entrar na guerra. Não havia perigo algum de que o presidente caísse numa armadilha tão óbvia. A mera sugestão foi suficiente para mostrar a Roosevelt que sua cautela era justificada; se fosse por esse caminho, "sofreria derrota certa e desastrosa".[130] Finalmente, em 7 de novembro, a resolução foi aprovada no Senado, mas apenas pela margem inconfortável de 50 votos a 37. Mais uma vez, a maioria dos republicanos se opôs. Foi a diferença mais apertada obtida por qualquer questão de política externa no Senado desde que a guerra começara na Europa.[131] Na Câmera dos Deputados foi ainda pior. As emendas foram aprovadas por uma magra diferença de apenas 18 votos, 212 a favor, 194 contra.[132] Roosevelt conseguiu o que queria. Mas a luta em torno dessas conseqüências tão lógicas do que fora acertado meses antes, quando o projeto de lei do Lend-Lease entrou em vigor, mostrou mais uma vez, nos termos mais claros, que qualquer tentativa de obter uma declaração de guerra no Congresso teria resultado em fracasso retumbante.

V

A aprovação apertada das emendas à legislação de neutralidade mostrou que confrontos no Atlântico, como os que envolveram o *Greer*, o *Kearney* e o *Reuben James* nem de longe foram suficientes para convencer o Congresso de que os Estados Unidos deveriam entrar formalmente na guerra.[133] Mas, eliminada a probabilidade de obter uma declaração de guerra, Roosevelt ficou sem opção — exceto a de continuar a "guerra não declarada".

Era assim, de qualquer forma, que Roosevelt preferia. "Não queremos uma guerra declarada com a Alemanha", disse ele numa entrevista coletiva no começo de novembro, "porque estamos agindo em defesa — em autodefesa — em cada caso."[134] Sua política inteira, por mais de um ano, concentrara-se em dar a máxima ajuda à Grã-Bretanha (e, mais recentemente, à União Soviética) como parte da defesa americana, na — cada vez menor — esperança de que os Estados Unidos não entrassem diretamente na luta. Apesar das acusações de seus detratores, de que ele recorreu a meios tortuosos para levar o país à guerra, os indícios sugerem que o presidente fora genuíno em suas primeiras manifestações de aversão à guerra, mas que gradual e relutantemente chegara à conclusão de que a participação americana era inevitável e necessária, se se quisesse derrotar Hitler.[135]

Havia, entretanto, boas razões para adiar, tanto quanto possível, esse momento.[136] Quanto mais tempo os Estados Unidos ficassem fora dos combates formais, mais vantajoso seria para a preparação militar e a mobilização de uma economia de armas. Além disso, uma declaração de guerra teria, sem dúvida, resultado em clamor interno para utilizar as armas e o equipamento que eram enviados para a Grã-Bretanha e a União Soviética pelas Forças Armadas dos Estados Unidos, levando a um enfraquecimento, e não fortalecimento, da resistência a Hitler na frente de combate européia a curto prazo — talvez com conseqüências desastrosas. As perdas da navegação americana para submarinos predatórios no Atlântico teriam, como conseqüência imediata, provavelmente aumentado drasticamente. Havia também o temor real de que uma declaração de guerra contra a Alemanha conduzisse o Japão — aliado de Hitler nos termos do Pacto Tripartite — à guerra. A necessidade de lutar no Pacífico certamente tornaria mais complicado lidar com Hitler, consistentemente visto como o inimigo principal.[137] No outono aumentaram os sinais de que a entrada do Japão era simplesmente questão de tempo. Ainda assim, a política americana consistia em retardar esse momento o máximo possível.

Além dessas considerações, havia, como sempre, o problema da opinião pública — não só da oposição no Congresso — a ser levado em conta. A opinião pública estava, a julgar pelos resultados das pesquisas, mais favoravelmente disposta a apoiar Roosevelt e sua política na guerra do que o Congresso, onde renitentes isolacionistas podiam sempre contar com o respaldo adicional daqueles que tinham suas próprias e variadas razões para querer deixar o presidente com sangue no nariz. Mas grande percentagem do público que se opunha à entrada na guerra não poderia ser ignorada. Talvez parte desse setor da opinião pública pudesse ser conquistada. Entretanto, poderosos discursos de Roosevelt não a tinham afetado significativamente. Era preciso encarar os fatos: a não ser que os Estados Unidos fossem atacados, uma declaração de guerra — mesmo no caso improvável de que pudesse passar no Congresso — deixaria o país penosamente dividido.

Parece que Roosevelt se conformara no outono de 1941 com um período tão longo quanto possível de guerra não declarada com a Alemanha. Talvez como justificativa para evitar o que Churchill há muito tempo pressionava para conseguir, o presidente disse a lorde Halifax que, de qualquer maneira, "declarações de guerra estavam saindo de moda".[138] Sua forma limitada e não provocadora de introduzir as escoltas em todo o Atlântico até a Grã-Bretanha (e também até a Rússia) no fim de novembro e começo de dezembro sugere que ele não tinha pressa para superar o impasse nas relações com a Alemanha. Na hipótese que Roosevelt considerava ideal, isso continuaria por meses a fio.[139] Essa estratégia, não obstante, tinha prazo limitado. O Programa da Vitória, finalmente apresentado ao presidente em setembro (provocando enorme furor quando um nocivo vazamento permitiu que o principal órgão isolacionista, o *Chicago Tribune*, publicasse os detalhes do programa na primeira semana de dezembro),[140] tinha concluído que Hitler só poderia ser derrotado com o envio de milhões de homens para lutar na Europa em 1943.[141] Em seu prognóstico o plano previa a derrota da União Soviética antes daquela data. Mas mesmo com o Exército Vermelho resistindo mais firmemente do que os estrategistas militares americanos tinham imaginado, destruir Hitler queria dizer soldados americanos travando uma guerra terrestre na Europa. O documento era explícito: "Se é para derrotar nossos inimigos europeus, os Estados Unidos precisam entrar na guerra".[142] Esse dia, esperava Roosevelt, poderia ser adiado. Mas, se quisessem esmagar o nazismo, não poderia ser retardado indefinidamente.[143]

O Programa da Vitória recomendava "manter o Japão sob controle, no aguardo de futuros desdobramentos".[144] No fim de novembro de 1941 futuros desdobramentos estavam, de fato, pendentes. Mensagens da inteligência diplomática japonesa interceptadas pelos americanos diziam à Casa Branca que um ataque do Japão era iminente. Roosevelt esperara levar os Estados Unidos o mais perto possível da guerra, mas não além, no Atlântico, e manter o Japão acuado. Mas essas esperanças explodiram com as bombas que desabaram sobre navios americanos ancorados longe dali, no Pacífico Sul, na clara manhã de domingo de 7 de dezembro de 1941.

Os acontecimentos daquela manhã foram medonhos, sem dúvida, de uma perspectiva americana. Mas Roosevelt, que se empenhara em evitar a participação direta na crescente conflagração mundial ao mesmo tempo que se preparava para isso, finalmente dispunha de um incidente capaz de levar um povo unido à guerra.

8. Tóquio, outono de 1941

O Japão decide entrar na guerra

Se perdermos a oportunidade atual de entrar na guerra, teremos de nos submeter aos ditames americanos. Reconheço, portanto, que é inevitável que tomemos a decisão de iniciar uma guerra contra os Estados Unidos.

Hara Yoshimichi, presidente do Conselho Privado,
5 de novembro de 1941

Daqui a dois anos, não teremos petróleo para utilização militar. Os navios deixarão de navegar. Quando penso no fortalecimento das defesas americanas no sudoeste do Pacífico, na expansão da esquadra americana, no Incidente Chinês inconcluso e assim por diante, não consigo ver o fim das dificuldades. Podemos falar de austeridade e sofrimento, mas será que nosso povo pode suportar uma vida assim por muito tempo?

Tojo Hideki, primeiro-ministro japonês,
5 de novembro de 1941

No verão de 1941, os dirigentes japoneses subitamente se viam diante de novas alternativas. Elas vinham enquadradas, como acontecera no ano anterior, pelas conseqüências globais imediatas de acontecimentos muito distantes. Tal como anteriormente, o passo decisivo fora dado por Hitler. A invasão alemã da União Soviética em 22 de junho de 1941, assim como a vitória sobre a França quase exatamente um ano antes, apanhara de surpresa a elite no poder no Japão, não obstante as claras advertências que havia recebido. O ataque alemão destruiu de um só golpe as esperanças japonesas de formar uma coalizão de forças com a Alemanha, a Itália e a União Soviética para dissuadir as potências ocidentais de entrarem em conflito no Extremo Oriente contra o Japão, enquanto o país estabelecia seu domínio numa "Esfera de Co-Prosperidade do Grande Leste Asiático". A força propulsora por trás dessa estratégia vinha sendo o ministro do Exterior, Matsuoka Yosuke, que obtivera em abril, depois de visitas a Berlim e Roma, um espetacular êxito diplomático, com a assinatura em Moscou do Pacto Soviético-Japonês de Neutralidade. Agora, a estratégia estava em ruínas. Descortinava-se, pelo contrário, a perspectiva de que a União Soviética fosse compelida, apesar das divergências ideológicas, a se voltar para a Grã-Bretanha e a América em busca de apoio no confronto com a Alemanha nazista. O Japão parecia fadado a ficar mais isolado, diplomaticamente, que nunca. E ainda não conseguira encontrar a saída do atoleiro em que se encontrava na China.

Havia entre os dirigentes japoneses profundas divergências quanto às oportunidades e os riscos que se manifestavam. Estava claro, entretanto, que surgira da noite para o dia a questão de uma estratégia alternativa. Deveria o Japão postergar, pelo menos temporariamente, a política de expansão para o Sul decidida no verão anterior, em favor de um avanço em direção norte para atacar a União Soviética pelo Leste, enquanto o regime stalinista ainda tentava se recuperar da devastadora investida alemã a Oeste? Parecia haver muitos indícios em favor de agarrar a oportunidade que se apresentava. Havia poderosos adeptos dessa drástica redefinição de prioridades, sendo o mais enfático deles o próprio Matsuoka. Com sua típica exuberância, ele simplesmente descartou a estratégia que vinha defendendo havia meses. "Os grandes homens são capazes de mudar de idéia", declarou. "Antes, eu defendia que fôssemos para o Sul, mas agora acho melhor o norte."[1]

Também havia no comando do Exército quem se deleitasse ante a perspectiva de desferir um golpe fatal contra o tradicional inimigo ao norte. Mas os comandantes militares mostravam-se mais cautelosos que Matsuoka. O Japão, afinal, perdera cerca de 17 mil homens, mortos ou feridos em duros combates com tropas soviéticas no verão de 1939 — o "Incidente Nomonhan" — por um território em disputa na fronteira entre a Manchúria e a Mongólia. Não tinham tanta certeza quanto Matsuoka de que a Alemanha sairia vitoriosa na União Soviética. E sabiam perfeitamente que as forças soviéticas eram muito mais numerosas que o contingente de tropas japonesas no Norte. A escalada militar necessária para uma ofensiva ao norte não poderia ser efetuada da noite para o dia. Eles preferiam, portanto, ver como se desenrolaria a guerra germano-soviética, para só então se comprometer com um ataque ao norte, que a essa altura seria uma empreitada arriscada. A Marinha, naturalmente, continuava de qualquer maneira comprometida com o avanço para o Sul.[2]

Assim foi que Matsuoka ficou cada vez mais isolado. Logo se deparou com a oposição dos representantes do Exército e da Marinha. Numa série de reuniões no fim de junho, seus planos foram completamente descartados. A alternativa norte acabou engavetada — ou pelo menos adiada até que a Alemanha obtivesse completa vitória na guerra contra a União Soviética. Derrotado e sem apoio nos altos escalões, Matsuoka foi obrigado a deixar o Ministério do Exterior em meados de julho, sendo substituído pelo almirante Toyoda Teijiro, mais flexível.

Pouco depois, o Japão deu um passo crucial no pretendido avanço em direção ao Sul. Por pressão da França de Vichy, 40 mil soldados japoneses (que mais tarde chegariam a 185 mil) entraram na Indochina francesa no dia 28 de julho.[3] O Japão estava agora em condições de bloquear o abastecimento para Chiang Kai-shek que passava pela rodovia da Birmânia. E estava aberto o caminho para o petróleo das Índias Orientais holandesas. Antecipadamente informado dessa iniciativa por interceptações dos serviços de inteligência, o governo americano já começara a tomar medidas de retaliação. No dia 23 de julho, o secretário de Estado americano, Cordell Hull, comunicou ao embaixador japonês em Washington, Nomura Kichisaburo, que chegavam ao fim os entendimentos diplomáticos que havia meses tinham lugar, quase sempre em caráter extra-oficial, na esperança de melhorar as relações entre o Japão e os Estados Unidos, que vinham se deteriorando. Três dias depois, todos os ativos japoneses nos Estados Unidos foram congelados (seguindo-se, nos dias subseqüentes, medidas idênticas na Grã-Bretanha, no Canadá, nas Filipinas, na Nova Zelândia e na Holanda).[4] O Japão já não poderia comprar petróleo da América. Para não provocar uma invasão japonesa das Índias Orientais holandesas, o presidente Roosevelt eximiu-se de impor um embargo total de petróleo. Pequenas quantidades de petróleo de qualidade inferior, imprestável para o uso em aviões, continuariam sendo exportadas. Aparentemente, o presidente tinha em mente a essa altura restrições temporárias que pudessem ter efeito dissuasório, em vez de uma interrupção completa. Mas ele foi apanhado de surpresa pelos falcões do Tesouro e do recém-criado Comitê de Defesa Econômica, que não liberavam verbas nem mesmo para o fornecimento de qualidades inferiores de petróleo. Só no início de setembro Roosevelt descobriu que o Japão não recebera nenhum barril de petróleo desde 25 de julho.[5] Na prática, portanto, um embargo total de petróleo fora imposto ao Japão.[6] Os militares japoneses haviam cometido um sério erro de cálculo, continuando a acreditar que a América não imporia um embargo total de petróleo.[7] O governo de Konoe quase entrou em pânico.[8] Sem petróleo, estava fadada ao fracasso a busca de poder e prosperidade empreendida pelo Japão. E o país tinha menos de dois anos de reservas petrolíferas, além de consumir rapidamente os estoques remanescentes.[9] Começara a contagem regressiva.[10]

O avanço para o Sul não podia esperar. Era preciso garantir para o Japão o petróleo das Índias Orientais holandesas. Mas isso significava, com toda certeza, um confronto não só com as autoridades holandesas como também com a Grã-Bretanha, e, o que era mais ameaçador para o Japão, com os Estados Unidos. A América, a Grã-Bretanha e a Holanda não estavam apenas ligadas por uma aliança: seus interesses também convergiam no destino da China, onde há mais de quatro anos os nacionalistas de Chiang Kai-shek estavam engajados (com apoio ocidental) no mais feroz e brutal dos conflitos com os japoneses — um conflito sem fim à vista, que já tinha custado centenas de milhares de vidas. O Japão, assim, podia estar se encaminhando para um gigantesco confronto com as potências conhecidas como as do ABCD (americanos, britânicos, chineses e holandeses). A própria América (insuflada pela Grã-Bretanha) endurecera consideravelmente sua posição no verão, o que contribuíra para acuar ainda mais o Japão na posição a que tinha sido conduzido por suas próprias políticas. Em agosto de 1941, portanto, as perspectivas eram sombrias. Ambos os lados se encastelavam em posições de intransigência. A guerra começava a parecer inevitável. A única dúvida, aparentemente, era: quando? Os dados haviam sido jogados. Mas seria mesmo?

Retrospectivamente, o caminho para a guerra do Pacífico parece certo e constante. Na época, contudo, ainda no outono os dirigentes japoneses continuavam achando que havia possibilidades de evitar o conflito; que as alternativas continuavam abertas, ainda que reduzidas. E era efetivamente o que acontecia. No outono de 1941, ainda havia figuras de peso opostas à guerra, entre elas o primeiro-ministro Konoe, o ministro do Exterior, Toyoda, e o próprio imperador Hirohito. Mesmo no comando do Exército e da Marinha havia hesitação, além de grande ansiedade quanto às conseqüências de uma guerra. As elites estavam divididas. Alguns, especialmente entre os militares (apoiados pelo chauvinismo de uma opinião pública cuja beligerância vinha sendo fomentada havia anos pela manipulação dos meios de comunicação), queriam passar logo à ação. Outros mostravam-se temerosos. Estavam convencidos de que uma guerra prolongada (o mais provável) não poderia ser vencida. Suas conseqüências para o Japão seriam incalculavelmente calamitosas. Muitos outros cultivavam um fatalismo de samurai. Haveria guerra. Ela poderia significar até a destruição do Japão. Mas era inevitável. Não havia como recuar. Era melhor a destruição honrosa que a sobrevivência na vergonha.

Eram estas, *grosso modo*, as mentalidades que determinavam a maneira como eram encaradas as alternativas oferecidas ao Japão no outono de 1941. No fim de novembro, a decisão fatídica fora tomada. Haveria guerra. A esquadra já rumava para Pearl Harbor. Como se havia chegado a esta grave decisão?

I

Em agosto de 1941, após a imposição do embargo americano de petróleo, as nuvens da tempestade começaram a se juntar rapidamente no céu do Pacífico. Alguns dos dirigentes japoneses, até então adeptos da política de firmeza que levara ao presente impasse, eram tomados agora de ansiedade e maus pressentimentos.

O novo ministro do Exterior, Toyoda Teijiro, tentou transpor o crescente abismo entre os interesses americanos e japoneses com propostas formuladas em 5 de agosto e apresentadas a Washington no dia seguinte. Ele declarava que o Japão não tinha intenção de estacionar tropas no sudoeste do Pacífico, além da Indochina francesa. E que o país estava disposto a assegurar a neutralidade das Filipinas (uma possessão americana). Estas concessões mínimas eram tudo o que os japoneses tinham a oferecer. Em troca, os Estados Unidos teriam de suspender as medidas militares contra o Japão no sudoeste do Pacífico, exortando a Grã-Bretanha e a Holanda a fazer o mesmo. Os Estados Unidos também deveriam cooperar com o Japão na aquisição de recursos naturais nas Índias Orientais holandesas, restabelecer relações comerciais normais, atuar como mediadores para pôr fim à guerra na China e aceitar a posição especial do Japão na Indochina francesa, mesmo depois da retirada das tropas.[11] Não era propriamente um pacote tentador do ponto de vista americano, e permaneceu letra morta.

Outra iniciativa partiu de escalão ainda mais alto. Embora tivesse apoiado plenamente o programa expansionista do Japão e a guerra na China, o primeiro-ministro, o príncipe Konoe Fumimaro, estava agora tão preocupado com os novos desdobramentos que contemplava uma última e desesperada tentativa de evitar o que já se afigurava cada vez mais como uma inexorável rota de colisão com a América. Propôs então um encontro pessoal com o presidente Roosevelt, em Honolulu ou no mar, em pleno Pacífico.[12] Uma proposta dessa natureza não tinha antecedente na história japonesa. E configurava certos riscos para o primeiro-ministro, tanto políticos quanto físicos. Falando a comandantes militares, ele não justificou a iniciativa pelo desejo de superar as divergências com os Estados Unidos a qualquer custo, mas pela necessidade de mostrar ao mundo que o Japão fizera o possível para evitar uma guerra. "Se houver uma guerra depois de termos oferecido tudo o que podia ser oferecido, não há o que fazer", declarou. "Nesse caso, teremos de chegar a uma resolução, e o povo também estará plenamente preparado. Além disso, o mundo inteiro poderá ver claramente que demonstramos boa-fé chegando até esse ponto."[13] Em caráter pessoal, ele estava aparentemente disposto a oferecer algumas concessões limitadas, como a retirada de tropas da Indochina. Segundo depoimentos posteriores de seus colaboradores próximos, Konoe teria pedido a aprovação do imperador por telegrama, se necessário, fazendo as concessões para levar a melhor sobre o Exército e salvar a paz.[14] Temos motivos para duvidar se Konoe teria dado um passo tão ousado, considerando-se sua habitual fraqueza e indecisão. E se tivesse feito concessões capazes de convencer os americanos, elas quase certamente encontrariam oposição por parte dos militares japoneses e de uma opinião pública violentamente antiamericana. Pelo menos duas conspirações de nacionalistas radicais loucos para assassinar Konoe foram descobertas.[15] Poucos anos antes, mais de uma vez haviam ocorrido mudanças de governo no Japão por assassinato. Konoe, como advertiam vozes amigas, provavelmente não teria sobrevivido. Se achava efetivamente que poderia passar a perna no Exército com sua manobra, estava subestimando gravemente o controle que os líderes militares adquiriram a essa altura, tanto no Exército quanto na Marinha, sobre as estruturas do poder no Japão.

O imperador endossou a idéia de uma reunião de cúpula com o presidente

Roosevelt durante audiência com Konoe em 4 de agosto, exortando-o a agir sem demora.[16] O ministro do Exterior, Toyoda, também apoiou o esquema, como última esperança de evitar o desastre. Oikawa Koshiro, o ministro da Marinha — freqüentemente hesitante, ambíguo e vacilante em seus pontos de vista —, dispunha-se a acatar a sugestão. Achava, possivelmente, que eram poucas as chances de êxito. Certamente tinha conhecimento de que os preparativos da Marinha iam bem adiantados e de que sua força expedicionária estaria praticamente pronta para a ação no início de setembro.[17] Mais decidido, o ministro do Exército, Tojo Hideki, deu apenas uma aprovação condicional. Não se oporia à iniciativa, mas desde que Konoe se dispusesse a sustentar os princípios básicos e não negociáveis da política japonesa e a mobilizar o país numa guerra contra os Estados Unidos se Roosevelt não cedesse.[18]

Abaixo do patamar ministerial, outros elementos militares mostravam-se ainda menos favoráveis à iniciativa de Konoe. O comandante do Estado-Maior da Marinha, Nagano Osami, sustentava dogmaticamente que as negociações diplomáticas com os Estados Unidos deviam ser suspensas e que o Japão devia entrar em guerra. Entre os estrategistas navais, o ponto de vista era que a pretendida reunião de cúpula não passava de um "estranho artifício". E a situação não parecia muito mais favorável no Exército. O chefe do Estado-Maior do Exército, Sugiyama Gen, e o chefe da Divisão de Operações, o "falcão" Tanaka Shin'ichi, dispunham-se a reconhecer na iniciativa de Konoe "uma última tentativa", já que, "se Roosevelt interpreta mal as verdadeiras intenções de nosso Império e persiste na promoção das mesmas velhas políticas, não poderiam ser levantadas objeções para impedir que enfrentemos essa situação com a forte determinação de oferecer combate aos Estados Unidos". Em outras palavras, o provável fracasso serviria para legitimar a guerra. E havia uma outra vantagem: "Não podemos dizer que Konoe não deve ir aos Estados Unidos. Achamos que há 80% de chances de que sua viagem resulte em fracasso, mas ainda que ele efetivamente fracasse, teremos obrigado o primeiro-ministro a voltar atrás em sua promessa de não renunciar". A manobra provavelmente suscitaria, assim, a mudança de liderança política que muitos militares japoneses já achavam necessária havia muito tempo. Ainda assim, Sugiyama e Tanaka demonstravam certa cautela. Obrigar o escorregadio Konoe a fazer alguma coisa "pode ser como tentar pregar geléia na parede".[19]

O embaixador japonês em Washington, Nomura Kichisaburo — um alto e afável almirante reformado de um olho só, não muito fluente em inglês, dado a mesuras e relativamente pró-americano em seus pontos de vista —, foi instruído em 7 de agosto a tentar organizar a reunião de cúpula entre Konoe e Roosevelt.[20] Mas o secretário de Estado americano, Cordell Hull, instruído por resumos de interceptações das mensagens japonesas de inteligência, reagiu com frieza. A iniciativa no Sul da Indochina confirmara suas suposições. "Nada poderá detê-los, senão a força", afirmara ele em 2 de agosto.[21] Seis dias depois, diria sem rodeios a Nomura: "Só poderemos iniciar negociações quando o Japão parar de recorrer à força". Hull demonstrou muito pouco interesse pela idéia de uma reunião de cúpula, observando que não se sentia à vontade para levá-la a Roosevelt sem provas de uma mudança na política japonesa.[22]

Enquanto isso, Roosevelt estava preocupado com outra reunião de cúpula — que *já estava* acontecendo. Entre 9 e 12 de agosto de 1941, ele participou de uma reunião com Winston Churchill na baía de Placentia, Terra Nova. Para as potências ocidentais, a confirmação do compromisso com a liberdade, a paz, o liberalismo econômico e a rejeição da força nas questões internacionais enunciada na Carta do Atlântico, assinada no fim de sua histórica conferência, era uma importante declaração de princípios nobres. Da perspectiva japonesa, contudo, a declaração conjunta de Roosevelt e Churchill parecia algo muito diferente. Seus próprios princípios soavam ameaçadores. No dizer do principal diário de Tóquio, *Asahi*, eles pareciam simplesmente reiterar a determinação das potências ocidentais de manter "um sistema de dominação mundial com base na visão de mundo anglo-americana".[23] Só a submissão do Japão a esse objetivo, concluía-se, poderia evitar a guerra. Em Tóquio como em Washington, não eram muito promissoras as perspectivas quanto ao tipo de concessões para afastar o risco de guerra que poderiam sair de uma reunião de cúpula entre Konoe e Roosevelt.

No cruzador americano *Augusta*, durante os diálogos da baía de Placentia, Churchill exortara Roosevelt a se mostrar duro com os japoneses. Roosevelt, entretanto, estava mais preocupado em ganhar tempo. Não se iludia quanto às intenções japonesas, pois havia meses os americanos vinham interceptando os sinais de seus serviços de inteligência. Mas o adiamento do início das hostilidades até mesmo por algumas semanas apenas ajudaria os preparativos militares americanos, permitindo também aos britânicos, segundo argumentava, fortalecer as defesas ao redor de Cingapura. "Acho que consigo embromá-los por três meses", disse ele a Churchill.[24]

Ao se encontrar com Nomura no dia 17 de agosto, de volta da baía de Placentia, Roosevelt entregou-lhe uma advertência (redigida em seu encontro com Churchill e baseada num esboço deste) segundo a qual novos avanços japoneses no sudoeste do Pacífico acarretariam contramedidas americanas, levando talvez à guerra. Entretanto, recuando da linha-dura que aparentemente propusera a Churchill, o presidente entregou em seguida ao embaixador japonês uma segunda nota, mais conciliatória. Se o Japão se dispusesse a abrir mão de seu expansionismo e "adotar um programa de paz para o Pacífico", ele aceitaria reiniciar as conversações. Sugeria um encontro em meados de outubro em Juneau, no Alasca. Nomura estava convencido de que Roosevelt era sincero. "Devemos dar uma resposta para não perder esta oportunidade", telegrafou a Tóquio. Seu governo deveria "decidir com urgência sobre esta questão".[25]

O embaixador americano em Tóquio, Joseph C. Grew, de grande experiência em questões japonesas e sensível à mentalidade do país, continuava acreditando firmemente que a habilidade diplomática permitiria superar o impasse. Ao ser informado pelo ministro do Exterior japonês, Toyoda, em 18 de agosto, da pretendida reunião de cúpula entre Roosevelt e Konoe, ele imediatamente enviou uma mensagem a Washington, recomendando, "com toda a autoridade de que dispunha, visando contornar a possibilidade evidentemente crescente de uma guerra absolutamente inútil entre o Japão e os Estados Unidos, que essa proposta japonesa não seja descartada sem a mais piedosa consideração". Ele estava convencido, segundo acrescentava em posteriores despachos, de que o governo japonês se dispunha a fazer grandes concessões. Não recomendava uma tentativa imediata de gerar um plano de reconstrução do Extremo Oriente, mas o abandono gradual das sanções americanas, paralelamente a iniciativas japonesas de cumprimento dos compromissos assumidos.[26]

A reação japonesa à advertência de Roosevelt e à nota que a acompanhava — uma mensagem cordial de Konoe e uma resposta formal — foi decidida na Conferência de Ligação de 26 de agosto.[27] Nomura entregou-as ao presidente americano dois dias depois.[28] Na mensagem pessoal, vazada em termos de boa vontade e lamentando os desentendimentos passados, Konoe propunha uma reunião o mais breve possível, de preferência no Havaí, para "explorar a possibilidade de solucionar a situação". A discussão dos problemas no Pacífico deveria ter caráter genérico. Os detalhes poderiam ser examinados posteriormente pelos funcionários. A resposta formal frisava que as iniciativas japonesas tinham sido necessárias para a defesa nacional, enfatizando a ameaça representada pelas contramedidas americanas. Mas também tinha um tom de conciliação. O Japão estava disposto, prosseguia, a retirar suas tropas da Indochina assim que fosse estabelecida uma paz justa no Leste Asiático. Não havia intenção de avançar sobre países vizinhos, nem de atacar a União Soviética. "Numa palavra", dizia a nota, "o governo japonês não tem intenção, na ausência de provocação, de recorrer à força militar contra qualquer país vizinho."[29]

Roosevelt mostrou-se devidamente cordial e mesmo afável ao receber Nomura. Estava, segundo disse, na expectativa de passar três ou quatro dias com o príncipe Konoe, e ficou feliz de saber que o primeiro-ministro era fluente em inglês. Voltou, então, a sugerir que o encontro se desse em Juneau. Mas não propôs uma data. Na verdade, ainda estava "embromando" o Japão. Seja como for, o secretário de Estado Hull jogou água fria na expectativa de uma reunião de cúpula ao se encontrar com Nomura naquela mesma noite. Menos influenciado pelo embaixador Grew do que pelo chefe da Divisão de Extremo Oriente do Departamento de Estado, o "falcão" Stanley K. Hornbeck, e ainda mais pelas interceptações do MAGIC, Hull não podia deixar de desconfiar de uma reunião de cúpula sem uma agenda antecipadamente estabelecida com precisão. "Parecia-nos que o Japão tentava nos compelir a uma conferência destinada a produzir declarações genéricas", escreveria ele mais tarde, "para que pudesse então interpretar e aplicar essas declarações de acordo com seus propósitos", chegando inclusive a citar o endosso do presidente. "Era difícil acreditar que o governo Konoye [Konoe] ousasse concordar com as propostas que poderíamos aceitar", acrescentava ele. "Havia no Japão uma considerável oposição a qualquer tentativa de melhorar as relações com os Estados Unidos."[30]

Enquanto isso, a oposição estivera ativamente empenhada em preparar o terreno. Abrangia, *grosso modo*, facções divergentes, cada uma delas com seus propósitos específicos, tanto no Exército quanto na Marinha, especialmente entre oficiais de escalão intermediário. Como a oposição, quaisquer que fossem suas divergências internas, sempre poderia recorrer ao caráter imutável dos objetivos expansionistas japoneses e à necessidade de assegurar que não tivessem sido em vão os sacrifícios no "Incidente da China", seriam de qualquer maneira grandes suas chances de bloquear qualquer iniciativa que pudesse levar a concessões importantes. Na primeira semana de setembro, ficou estabelecida a posição quanto à proposta de uma reunião de cúpula com Roosevelt feita por Konoe, sendo confirmada como política oficial do país na presença do imperador. Ela redundava na decisão de que o Japão entraria em guerra se não se chegasse a um acordo com os Estados Unidos em período extremamente reduzido — menos de seis semanas.

II

Já em 16 de agosto, na véspera do encontro em que Roosevelt e Nomura falariam em Washington da possibilidade de uma reunião entre o presidente e o príncipe Konoe, os chefes de escritório e divisão da equipe de planejamento do Exército e da Marinha se reuniam em Tóquio para debater um "Plano de Aplicação das Políticas do Império". A essência do plano, proposto pela Marinha, era que o Japão deveria ao mesmo tempo preparar-se para a guerra e dar prosseguimento às negociações diplomáticas, o que configurava uma solução intermediária. A Marinha considerava que uma decisão em favor da guerra poderia ser tomada após a mobilização; o Exército queria que as coisas se dessem em sentido inverso. Na solução de compromisso, contudo, era dada uma oportunidade sumária à diplomacia. Já ficava estipulada a contagem regressiva para as hostilidades. A Marinha informara na véspera ao Exército que gostaria que um acordo operacional entre as duas forças fosse alcançado até 20 de setembro, sendo os preparativos de guerra concluídos até 15 de outubro. A primeira quinzena de outubro era o prazo final dado à diplomacia. Se não se chegasse a um acordo até então, o Japão recorreria à força. A redação do plano foi retocada em reuniões quase diárias das equipes do Exército e da Marinha ao longo das duas semanas subseqüentes. As longas deliberações sobre pequenos acertos no texto refletiam as nuances dos diferentes interesses e facções. Mas nada foi alterado na essência. O básico não estava em discussão. Em 30 de agosto, o documento foi concluído e intitulado "Medidas Essenciais para a Consecução das Políticas do Império".[31] Sua cláusula fundamental era: "Na eventualidade de que não haja até o início de outubro perspectivas de atendimento de nossas exigências através de negociações diplomáticas, decidiremos imediatamente entrar em guerra com os Estados Unidos (Grã-Bretanha, Holanda)".[32]

As exigências não ofereciam grandes perspectivas de êxito diplomático. Os Estados Unidos e a Grã-Bretanha deveriam suspender sua ajuda militar e econômica a Chiang Kai-shek; eximir-se de ampliar sua presença militar no Extremo Oriente; e fornecer ao Japão os recursos econômicos de que necessitava. Em troca, o Japão concordaria em não avançar da Indochina para regiões vizinhas, à parte a China, retiraria suas tropas da Indochina uma vez alcançada uma paz justa no Extremo Oriente e se disporia a garantir a neutralidade das Filipinas.[33] Na verdade, na véspera da Conferência de Ligação de 3 de setembro, convocada para debater as "medidas essenciais", Sugiyama, o chefe do Estado-Maior do Exército, enviou a Konoe uma advertência cheirando a pólvora, para o caso de se sentir inclinado a dar qualquer sinal de fraqueza. Não poderia haver qualquer vacilação, enfatizava Sugiyama, nos três princípios fundamentais: a aliança com as potências do Eixo, a consecução da Esfera de Co-Prosperidade do Grande Leste Asiático e o estacionamento de tropas na China.[34] Eram estas as bases do entendimento entre o Exército e a Marinha. Sem apoio dos militares, nenhum governo civil sobreviveria. Mas com exigências tão inflexíveis da parte dos militares (apoiadas muito mais amplamente, tanto nas elites quanto na opinião pública), nenhuma iniciativa diplomática tinha grande chance de sucesso. Era em parte por suas próprias escolhas que Konoe estava agora numa enrascada. Não podia recuar do compromisso com os princípios básicos para cujo estabelecimento ele próprio contribuíra desde o início da guerra na China. Entretanto, se esses princípios não fossem abrandados, teria pouco ou nada a oferecer a Roosevelt na reunião de cúpula que ainda tentava promover.

É bem provável que a posição extremamente difícil de Konoe tenha sido o principal motivo — juntamente com sua fraqueza e seu temperamento passivo — de ele não ter levantado objeções nas sete horas de duração da Conferência de Ligação do dia 3 de setembro, quando foram debatidas e adotadas as "Medidas Essenciais para a Consecução das Políticas do Império". O outro principal defensor de um acordo diplomático presente na reunião, o ministro do Exterior, Toyoda, também se mostrou condescendente. O tom da reunião foi estabelecido pelos belicosos chefes de Estado-Maior, Nagano e Sugiyama. Ficava evidente que, embora ambos se dispusessem a tolerar um breve período de sondagens diplomáticas, sua principal preocupação eram os urgentes preparativos para a guerra, considerada altamente provável. Nenhum dos dois aceitava a menor perda de tempo na mobilização. A guerra, se acontecesse — e os dois a consideravam praticamente inevitável —, teria de vir logo. "Embora esteja convencido de que no momento temos chances de vencer uma guerra", afirmava Nagano, "receio que essa oportunidade desapareça com o passar do tempo." Seu prognóstico deveria ter gerado as mais sérias dúvidas quanto à conveniência do rumo que propunha. Sua expectativa era de um rápido confronto numa batalha decisiva com o inimigo em águas japonesas. Isto por si só não poria fim à guerra, mas poderia dotar o Japão dos recursos necessários para enfrentar uma guerra longa. "Se, pelo contrário, entrarmos numa guerra prolongada sem uma batalha decisiva", assinalava Nagano com franqueza, "enfrentaremos dificuldades, especialmente em decorrência do esgotamento de nossas fontes de abastecimento. Se não tivermos como obter esses recursos, não será possível sustentar uma guerra prolongada." Sua conclusão era que as Forças Armadas não tinham alternativa "senão ir em frente". Sugiyama concordava. O prazo final para os preparativos de guerra não poderia ser posterior aos dez últimos dias de outubro. Os objetivos diplomáticos teriam de ser alcançados nos dez primeiros dias do mês. "Caso contrário", prosseguia ele, "teremos de ir em frente. Não podemos permitir que as coisas se arrastem." O principal motivo que dava para isso era a necessidade de estar em condições de entrar em ação no Norte na primavera seguinte — uma prioridade do Exército, mas não da Marinha.

O resto da conferência serviu basicamente para debater a redação de emendas às pretendidas "medidas essenciais". Curiosamente, contudo, não se manifestou qualquer oposição mais arraigada. Apesar de longa, a reunião fluiu bem. O documento principal, estabelecendo prazo para uma decisão a respeito da guerra, foi aceito sem maiores dificuldades. Ainda mais digno de nota foi o fato de que o prognóstico de Nagano — por mais impreciso, especulativo e desencorajador — não fosse seriamente questionado, e muito menos criticado. Até os estrategistas da Marinha achavam que as chances eram fortemente contrárias ao Japão se a guerra se prolongasse, o que era provável. Nagano tinha conhecimento dessa corrente de opinião. Mas o fato de não oferecer nada além da determinação de entrar em guerra, com base na aparente ausência de alternativa e contando com a sorte, não suscitou resistência da parte de Konoe, Toyoda e demais participantes da Conferência de Ligação.[35]

Esse documento vital, propondo medidas de comprometimento do Japão com a guerra, foi burocraticamente aprovado pelo Gabinete no fim do dia seguinte. A última e mais formal das etapas de aprovação seria sua apresentação à Conferência Imperial, reunida em 6 de setembro na presença do imperador. Feito isso, ele seria oficialmente adotado como política nacional e, com o *imprimátur* do imperador, não poderia mais ser mudado.

Na noite anterior, Konoe foi ao palácio informar oficialmente o imperador das "Medidas Essenciais para a Consecução das Políticas do Império" (embora Hirohito estivesse, como sempre, atualizado nos desdobramentos e soubesse que provavelmente teria em breve de tomar "uma decisão realmente grave").[36] O imperador ficou alarmado com as implicações do documento endossado pela Conferência de Ligação. Considerou que dava primazia à guerra sobre a diplomacia e queria que Konoe alterasse o prazo extremamente perigoso — outubro — estabelecido para as negociações. O primeiro-ministro podia oferecer apenas o consolo de que faria o que estivesse a seu alcance para ter êxito nas negociações, mas disse que era difícil alterar uma decisão tomada pela Conferência de Ligação. E sugeriu que o imperador se dirigisse aos chefes de Estado-Maior.[37]

Pouco depois, Nagano e Sugiyama chegaram ao palácio, onde ainda se encontrava Konoe. Hirohito perguntou sobre a probabilidade de vitória em caso de guerra com os Estados Unidos. Quando Sugiyama respondeu que era provável uma vitória em três meses, o imperador se zangou — fato dos mais raros. "Na época do Incidente da China, fui informado pelo Exército de que poderíamos alcançar a paz imediatamente depois de lhes desferir um golpe com três divisões", objetou Hirohito, acrescentando: "Sugiyama, você era ministro do Exército na época". Sugiyama respondeu sem muita convicção que a China era um vasto território e o Japão encontrara dificuldades inesperadas. "E o oceano Pacífico não é ainda mais vasto?", retorquiu o imperador. Lembrou então ao chefe do Estado-Maior suas advertências da época, e perguntou, direto: "Sugiyama, está mentindo para mim?". Nagano interveio para tirar o colega da situação embaraçosa. Concordou em que não se podia garantir completamente a vitória. Era o que acontecia em qualquer conflito. E fez uma analogia médica. Quando um médico afirma que há 70% de chances de salvar um doente com uma operação, e que, sem ela, a morte seria certa, acaba-se optando pela cirurgia. "E se, depois da cirurgia, o paciente morre, deve-se reconhecer que tinha de ser assim. É esta, com efeito, a situação que enfrentamos hoje", prosseguiu, com uma lógica das mais dúbias. "Se perdermos tempo, se deixarmos passarem os dias, sendo obrigados a combater quando já for tarde demais, não teremos absolutamente nada o que fazer." Era uma estranha argumentação. Mas pareceu acalmar o imperador. Konoe perguntou se deveria alterar os planos para a Conferência Imperial marcada para o dia seguinte. O imperador respondeu: "Não é preciso mudar nada".[38]

Teria o imperador, nesse momento crucial, alguma alternativa senão aceitar com resignação precisamente aquilo que questionava? Tinha alguma escolha?

Poderia ter optado por jogar todo o seu apoio na diplomacia, rejeitando a contagem regressiva para uma decisão em favor da guerra? Pelo menos um de seus assessores considerou que ele tinha outras alternativas. Shigemitsu Mamoru, ex-embaixador na Grã-Bretanha, ponderou-lhe que a melhor maneira de o Japão preservar sua posição de grande potência e influenciar a política no pós-guerra seria manter-se fora do conflito europeu e reavaliar suas políticas.[39] Em termos concretos, isso significaria desvincular-se da aliança com as potências do Eixo e fazer concessões suficientes a respeito da China e do Sudeste Asiático para impressionar os americanos em negociações. Acontece que a maior parte da elite detentora do poder se opunha a maiores concessões, embora sem elas tivesse prosseguimento a contagem regressiva dos estoques de petróleo. De qualquer maneira, o poder do imperador era mais limitado na prática que na teoria. Constitucionalmente, ele continuava detendo o poder Executivo. Na teoria, as Forças Armadas agiam de acordo com sua vontade. E os dirigentes governamentais, assim como as Forças Armadas, certamente se sentiam comprometidos com ele por vínculos de honra e obediência. Entretanto, à parte a personalidade não propriamente vigorosa de Hirohito, tentar fazer valer o poder Executivo sobrepondo-se a uma decisão tomada numa Conferência de Ligação do alto comando do Exército e da Marinha, em entendimento com a liderança do governo civil, teria sido um grande risco para o prestígio do trono imperial. Na prática, era inimaginável. Hirohito certamente preferia a paz aos riscos de uma guerra com a América. Mas não deixara de apoiar, tanto externamente como em seu foro íntimo, os passos de busca de poder e glória para o Japão que haviam levado o país ao presente impasse. Não poderia obrigar os militares a recuar de uma posição que, aos olhos da maior parte da opinião pública, assim como de importantes setores das elites, estava já agora associada à honra nacional. Entrar em confronto com os líderes militares em tais circunstâncias poderia significar uma ameaça para a própria monarquia.

Vinte minutos antes do início da Conferência Imperial, marcada para as 10 horas da manhã de 6 de setembro, Hirohito convocou seu principal assessor, o guardião do Selo Imperial, Kido Koichi, informando-lhe que pretendia levantar certas questões na reunião, o que ia de encontro ao convencionado. O papel tradicional do imperador consistia em manter-se calado, enquanto o presidente de seu Conselho Privado, Hara Yoshimichi, fazia perguntas em seu nome aos ministros e comandantes das Forças Armadas. Kido recomendou que a tradição não deixasse de ser observada nessa oportunidade, mas que seria adequado se o imperador fizesse uma advertência no fim da reunião, estimulando uma ativa cooperação pelo êxito das negociações que estavam por acontecer.[40]

Aquela decisiva Conferência Imperial começou com uma declaração do primeiro-ministro, o príncipe Konoe, sobre as crescentes tensões internacionais.[41] Uma frente unida dos Estados Unidos, da Grã-Bretanha e da Holanda se opunha ao Império. A União Soviética poderia juntar-se a ela. Se esta situação persistisse, o Japão estaria na impossibilidade, com o tempo, de sustentar seu poderio nacional. Konoe enfatizava as medidas diplomáticas para prevenir o desastre de uma guerra. Entretanto, se elas fracassassem em determinado prazo, prosseguiu, "quero crer que não teremos alternativa senão dar o supremo passo para nos defender". Não era propriamente uma confirmação categórica da insuperável necessidade (expressa por Konoe em caráter privado) de fazer sérios sacrifícios em nome da paz.

Seguiu-se Nagano, o chefe do Estado-Maior da Marinha, ensaiando os mesmos argumentos que adiantara na Conferência de Ligação três dias antes. O tempo era o fator-chave. Qualquer postergação reduziria o Japão "à paralisia". Ele assinalou que os estoques de petróleo "se reduzem a cada dia. Isto acarretará um gradual enfraquecimento de nossa defesa nacional, levando a uma situação na qual, se mantivermos o *status quo*, a capacidade de agir de nosso Império será reduzida", paralelamente ao reforço do preparo militar americano e britânico. Tal como acontecera na Conferência de Ligação, seu prognóstico para o caso de uma guerra baseava-se numa hipótese otimista. *Se* o Japão conseguisse derrotar rapidamente as forças navais americanas e britânicas "nas regiões do oceano que temos em mente" (referência ao Extremo Oriente) e *se*, numa guerra que provavelmente haveria de se prolongar, fosse possível conquistar áreas estratégicas e obter matérias-primas para deixar o Japão em posição inexpugnável, haveria uma boa *chance* de vitória. Ainda assim o resultado dependeria de um grande poderio nacional e de desdobramentos imprevisíveis na situação mundial. Entretanto — e era esta a essência de sua declaração —, a maior chance do Japão estava no futuro imediato. O país não podia dar-se ao luxo de esperar. Era necessário dar uma oportunidade à diplomacia. Mas estabelecendo prazos rigorosos. E os resultados a serem alcançados deveriam assegurar que o Japão não fosse compelido a entrar em combate posteriormente — em circunstâncias mais desvantajosas. Era uma avaliação preocupante, irracional no caso de um país com probabilidade de entrar numa guerra contra um adversário dotado de esmagadora vantagem em matéria de força e recursos. O raciocínio era com toda evidência viciado, cheio de falhas e pressuposições sem fundamentação concreta. Mas não foi seriamente questionado.

E tampouco Sugiyama, o chefe do Estado-Maior do Exército, foi interrogado com rigor, tendo começado por manifestar sua completa concordância com a declaração de Nagano. Sugiyama expôs a pressão do tempo, que havia determinado o prazo de conclusão dos preparativos de guerra até o fim de outubro. Concordava, naturalmente, com a necessidade de esgotar as possibilidades diplomáticas, mas era evidente que tinham para ele importância secundária. A principal preocupação era estar preparado para a guerra no futuro próximo. E ele acrescentava — em outro prognóstico otimista — que "se conseguirmos tirar vantagem do inverno e concluir rapidamente nossas operações militares no Sul, considero que estaremos em condições de enfrentar quaisquer mudanças que venham a ocorrer na situação no Norte na próxima primavera ou depois". (Esta avaliação baseava-se na estimativa altamente otimista do Exército, preparada para a Conferência Imperial: "É praticamente certo que a Alemanha atravessará a maior parte da Europa soviética ainda este ano e que o regime de Stálin fugirá para o Leste dos Urais [...]. Está claro que o regime de Stálin, tendo perdido a Europa soviética, se enfraquecerá com a passagem do tempo, perdendo sua capacidade de dar prosseguimento à guerra."[42])

Tendo Toyoda feito uma longa descrição dos entendimentos diplomáticos com os Estados Unidos desde a primavera, o diretor do Comitê de Planejamento, general Suzuki Teiichi, abordou a questão dos recursos materiais. Em conseqüência do embargo econômico imposto pelas potências ocidentais, "o poderio nacional de nosso Império declina dia a dia", informava ele. "Nosso estoque de combustível líquido, que é o mais importante, chegará ao fim em junho ou julho do próximo ano, ainda que imponhamos estritos controles de tempo de guerra à demanda civil." Sua conclusão era óbvia: "É de vital importância para a sobrevivência do nosso Império que nos decidamos a estabelecer e estabilizar uma firme base econômica". O que significava ação militar.

O presidente do Conselho Privado, Hara, aproveitou então a oportunidade para fazer perguntas em nome do imperador. Em contraste com os comandantes militares, deu absoluta ênfase à diplomacia. Os esforços convencionais não seriam suficientes. Era necessário tentar todos os meios possíveis. Ele apoiava a iniciativa de Konoe de se encontrar com o presidente Roosevelt. Concordava em que era necessário fazer preparativos militares para a eventualidade de que a diplomacia viesse afinal a fracassar. Mas estava preocupado com a redação das "Medidas Essenciais para a Consecução das Políticas do Império" apresentadas à Conferência, implicando a primazia da guerra, e não da diplomacia. O ministro da Marinha, Oikawa, tentou tranqüilizá-lo. Não havia uma prioridade para a guerra. Ela seria apenas um último recurso, caso fracassassem os mais sérios esforços diplomáticos. Hara pareceu satisfeito, depreendendo que, em caso de fracasso das tentativas de Konoe, uma decisão de entrar em guerra seria objeto de cuidadosa deliberação. Desde que as negociações diplomáticas fossem empreendidas e levadas às últimas conseqüências, ele estava satisfeito. Mas antes que a proposta apresentada à conferência recebesse a aprovação imperial, Hara solicitou que fosse dado total apoio à próxima visita de Konoe aos Estados Unidos, assim como ao empenho de evitar "a pior situação possível entre o Japão e os Estados Unidos". Nesse momento, fez-se um embaraçoso silêncio. E algo extraordinário aconteceu. O próprio imperador, em sua vozinha estridente, perguntou: "Por que não respondem?". Passados um ou dois minutos, Oikawa declarou que, embora preparativos de guerra devessem ser iniciados, seriam empreendidos todos os esforços no sentido de negociar. Outro silêncio incômodo. Nagano e Sugiyama não fizeram qualquer comentário. O imperador voltou a se manifestar. "Por que o alto comando não responde?" Foi então que Hirohito tirou do bolso um pedaço de papel e leu uma breve — e profética — reflexão feita por seu avô, o imperador Meiji, no início da guerra com a Rússia em 1904:

> Através dos quatro mares
> Todos são irmãos.
> Num mundo assim,
> Por que bramem as ondas
> E estrugem os ventos?

Ele disse que lia com freqüência essa composição para se lembrar do "espírito amante da paz" do imperador Meiji.[43] Nagano e Sugiyama, apanhados de surpresa, levantaram-se sucessivamente, contritos, para frisar sua concordância com a ênfase de Hara na importância vital das negociações de paz como prioridade. Com isso, a tensa e inusitada Conferência Imperial chegou ao fim.

A inesperada intervenção do imperador e as evidentes discordâncias quanto à importância relativa das negociações diplomáticas e dos preparativos militares não podiam ocultar o grave alcance daquilo que acabava de receber a aprovação imperial, tornando-se, portanto, política oficial do país: que o Japão estava praticamente comprometido com a guerra. Em questão de poucas semanas, se as negociações diplomáticas — que ainda nem haviam sido agendadas e já eram consideradas com poucas chances de sucesso — se revelassem desfavoráveis, como se podia prever, seria confirmada a decisão de entrar em guerra. Apesar da seriedade da situação, não podia deixar de causar espécie a falta de qualquer oposição mais séria a este provável e fatídico desfecho, na Conferência Imperial como na Conferência de Ligação que a havia antecedido. Não tinha fundamento o compromisso a que chegavam os adeptos de uma pronta ação militar, sobretudo os comandantes das Forças Armadas, e os que davam ênfase à urgência da diplomacia. Enquanto os comandantes militares forçavam a aceitação de sua tese, rendendo preito à diplomacia da boca para fora, os adeptos das negociações eram fracos, estavam na defensiva e se mostravam dispostos a aceitar em última análise a lógica de uma guerra contra os Estados Unidos antes do inverno. Além disso, nenhuma voz se levantava para desafiar a lógica militar, expondo as limitações do material e dos contingentes japoneses numa guerra longa e a própria inflexibilidade da posição negociadora em relação à China e ao avanço em direção Sul para o estabelecimento da "Esfera de Co-Prosperidade do Grande Leste Asiático". Embora fosse evidente o desconforto ante a preocupante perspectiva da guerra e não faltassem divergências nas fileiras das elites governantes japonesas, não se verificava uma divisão entre "pombas" e "falcões". A linha divisória passava, antes, entre os desencorajados e os fatalistas.

Estes, mais numerosos nas fileiras militares, adotavam o ponto de vista de que a guerra, qualquer que fosse seu resultado, era inevitável. Seu raciocínio se refletia numa resposta preparada pelo Estado-Maior do Exército para possível utilização na Conferência Imperial. Dizia ela, respondendo a uma pergunta sobre a inevitabilidade de uma guerra com a Grã-Bretanha e os Estados Unidos:

> A construção de uma nova ordem no Leste Asiático, centrada no ordenamento que o Império conferir ao Incidente da China, é uma inamovível política nacional. Entretanto, a política dos Estados Unidos em relação ao Japão escora-se numa visão de mundo que, baseada no *status quo*, impediria a ascensão e a expansão do Império no Leste Asiático, para dominar o mundo e defender a democracia. A política do Japão está em fundamental contradição com isto. Os atritos entre os dois acabarão por

levar a uma guerra, depois de períodos de tensão e relaxamento. Pode-se considerar que há aí um caráter de inevitabilidade histórica. Enquanto os Estados Unidos não modificarem suas políticas em relação ao Japão, as realidades da situação confinarão o Império a um ponto-limite no qual não poderá deixar de lançar mão da guerra como recurso final de autopreservação e legítima defesa. Se, em nome de uma paz temporária, déssemos agora um passo atrás com relação aos Estados Unidos, recuando parcialmente em nossa política de Estado, o fortalecimento da posição militar da América a levará a exigir novos recuos de dez passos e depois uma centena. Em última análise, o Império acabará tendo de fazer o que quer que os Estados Unidos quiserem que faça.[44]

Era este, e não o endosso sem convicção das manobras de paz de Konoe, o verdadeiro pensamento não só do Exército, mas também da Marinha. Redundava numa aceitação fatalista de que o Japão só seria capaz de romper as amarras da dependência em relação à América mediante uma aposta militar que poderia perfeitamente acabar em desastre. Considerando-se o predomínio dessa maneira de pensar na elite japonesa, já eram efetivamente escassas as chances de evitar uma guerra.

III

Sem perder tempo após o encerramento da Conferência Imperial, Konoe dirigiu-se a um encontro extra-oficial — e altamente secreto — com o embaixador americano, Joseph Grew, na residência do conde Bunkichi Ito, chefe de uma das grandes famílias nobres do Japão. As únicas outras pessoas presentes eram o secretário particular do primeiro-ministro, Ushiba Tomohiko, o conselheiro da embaixada americana, Eugene H. Dooman (nascido no Japão e profundo conhecedor do país, onde vivia havia 23 anos), e a amante de Konoe, contatada por ele por telefone quando estava no cabeleireiro. Um carro iria apanhá-la para o encontro secreto. Dispensados os empregados por aquela noite, para que fosse observado segredo absoluto, caberia a ela servir os convidados. Ela foi apresentada como a "filha da casa". Usando Ushiba e Dooman como intérpretes, Konoe e Grew conversaram francamente durante três horas. Konoe enfatizou o quanto estava ansioso pelo encontro com Roosevelt e que o tempo urgia. Ele considerava que, em entendimentos diretos com o presidente, poderia resolver os problemas imediatos e evitar uma guerra. Era esta a prioridade absoluta. Um acordo mais detalhado seria desenvolvido posteriormente pelos funcionários. Ele admitiu sua própria responsabilidade pelo "Incidente da China", o Pacto Tripartite e a deterioração das relações com os Estados Unidos. Disse inclusive que estaria disposto a aceitar os "Quatro Princípios" enunciados em abril por Cordell Hull como base inegociável da política americana: inviolabilidade da soberania territorial, não-interferência nas questões internas de outros países, igualdade das oportunidades comerciais e manutenção do *status quo* no Pacífico. Konoe considerava que poderia convencer o povo japonês. Tinha consciência do risco de vida que corria — quatro dias antes, uma tentativa de assassinato por quatro fanáticos nacionalistas armados fora frustrada por seus guardas-costas —,[45] mas encarava isso como um dado de menor importância no contexto do objetivo maior de salvar a paz. Grew e Dooman saíram convencidos da sinceridade de Konoe. No "mais importante telegrama" de sua carreira, segundo disse a Konoe, Grew exortou Washington a aprovar o encontro com o presidente. Mas Cordell Hull guardava séria desconfiança. E Stanley Hornbeck, seu principal assessor, mantinha-se como sempre hostil.[46]

O próprio Roosevelt já evidenciara um tom diferente, mais duro, com Nomura, ao receber mais uma vez o embaixador japonês, na presença de Hull, em 3 de setembro, o mesmo dia em que transcorria em Tóquio a importante Conferência de Ligação. Dessa vez, o presidente não deu a Nomura qualquer incentivo. Disse-lhe que, tal como o príncipe Konoe, tinha de levar em conta a opinião pública. E ela se mostrava enfática na exigência "de que não haja mudanças em nossa política para atender ao Japão". Roosevelt afirmou que continuava querendo encontrar-se com Konoe. Mas uma reunião de cúpula, frisou, não poderia ter lugar sem entendimentos preliminares. Ainda havia importantes divergências a esclarecer previamente. Os "Quatro Princípios" de Hull foram mais uma vez enfatizados. Basicamente, Roosevelt estava dizendo mais uma vez que só seria possível um acordo se o Japão previamente atendesse às exigências americanas sobre a China e o Pacto Tripartite, abrindo mão de seus planos de domínio da "nova ordem" no Extremo Oriente e pondo fim à discriminação no comércio internacional. As limitadas concessões que, destinadas a abrir caminho para a reunião de cúpula, foram apresentadas por Toyoda em despacho transmitido em 4 de setembro, antes que tomasse conhecimento do relatório sobre o encontro de Nomura com Roosevelt, não eram suficientes para alterar a posição americana.[47]

Ainda assim, Nomura enviou a Tóquio, em 11 de setembro, um telegrama com seu ponto de vista de que uma iniciativa significativa do Japão na China abriria caminho para que Konoe se encontrasse com Roosevelt. Havia naquele telegrama sinais de um crescente desespero. Ele propunha, já agora esperando mais que acreditando, que se dissesse aos americanos que o Japão concordaria em retirar suas tropas da China dois anos depois do fim das hostilidades. Considerava que isso poderia representar pelo menos um ponto de partida para discussões numa reunião de cúpula. Um tanto quanto cinicamente, calculava que as negociações para um cessar-fogo e uma subseqüente conferência de paz se prolongariam mais, de tal maneira que a efetiva retirada só ocorreria em alguns anos, dando tempo para que muita coisa viesse alterar as circunstâncias. Ele pedia uma decisão firme sobre a retirada de tropas.[48]

A decisão foi tomada pela Conferência de Ligação em 13 de setembro, sendo oficialmente adotada como política do governo uma semana depois. Mas era improvável que seus termos se revelassem interessantes para os americanos como base de negociações de paz. O Exército, enfurecido até mesmo com o moderado abrandamento das exigências japonesas consentido por Toyoda em 4 de setembro, voltou a endurecê-las. Os "Termos Básicos da Paz entre o Japão e a China" propostos à Conferência de Ligação insistiam no estacionamento de forças japonesas no Norte da China e na Mongólia Interior, em nome da defesa contra o comunismo. Outras tropas seriam retiradas assim que o "Incidente da China" fosse resolvido. Mas isso seria alcançado pela fusão do governo de Chiang Kai-shek em Chongqing com o regime-fantoche japonês liderado por Wang Ching-wei em Nanquim — o que os nacionalistas chineses com toda evidência nunca aceitariam. A China e o Japão cooperariam economicamente. Mandchukuo,* naturalmente, seria reconhecida.[49] A posição do Exército era que, se essas condições fossem rejeitadas, o Japão deveria estar preparado para entrar em guerra.[50]

Toyoda, o ministro do Exterior, relutava em apresentar essas exigências mais duras aos americanos, convencido de que seriam liminarmente rejeitadas. Foi o que confirmou o embaixador Nomura em 27 de setembro, quando finalmente recebeu o novo "Esboço de Entendimento". A essa altura, as Forças Armadas rapidamente perdiam confiança em Toyoda, assim como em Konoe. Começava a

* Nome da Manchúria sob dominação japonesa (1932-45). (N. T.)

romper-se a frágil aliança que temporariamente unira as facções da elite que pressionavam pela guerra sem demora e as que esperavam impedir uma guerra através de negociações. Em 25 de setembro, Sugiyama e Nagano, os chefes de Estado-Maior do Exército e da Marinha, tinham conseguido impor o dia 15 de outubro como prazo final para as negociações com os Estados Unidos. Nessa data, teria de ser tomada a decisão pela paz ou pela guerra. Konoe ficou chocado. Ameaçou renunciar. Mas foi lembrado por Kido de que estivera presente na Conferência Imperial de 6 de setembro, quando ficou acertado que o "início de outubro" seria o prazo final para se tomar alguma decisão.[51] Konoe recuou. Incapaz de se eximir da responsabilidade por acontecimentos que considerava desastrosos ou de mudar seu curso, o primeiro-ministro deixou Tóquio e se recolheu, cansado e deprimido, a sua casa no balneário marítimo de Kamakura.[52]

A previsível resposta americana às condições japonesas não demorou. Por trás da linguagem diplomática, no encontro de Hull com Nomura em 2 de outubro, estava a pura e simples rejeição das propostas japonesas e a firme reiteração das exigências americanas, por sua vez já agora inflexíveis e completamente inaceitáveis para o Japão. Hull também manifestava suas dúvidas quanto ao interesse de um encontro entre Konoe e Roosevelt sem que o Japão se dispusesse a mudar sua posição.[53] A China era o ponto crucial, como sempre. Parecia claro, agora, que só seria possível evitar a guerra se Konoe convencesse o comando do Exército japonês a se comprometer com retiradas de tropas da China. E não havia a menor chance de que isso acontecesse. No dia 4 de outubro, ao manifestar a intenção de responder à intransigente nota de Hull, Toyoda fora derrotado pelos representantes militares na Conferência de Ligação. Os comandantes do Exército e da Marinha tinham perdido a paciência com as táticas dilatórias dos americanos. Queriam que se suspendesse qualquer nova tentativa de negociação.[54]

Apesar disso, a Marinha não se mostrava perfeitamente unida em sua posição. O ministro da Marinha, Oikawa — um hesitante de nascença, ao contrário do ministro do Exército, Tojo —, foi ao encontro de Konoe em Kamakura e disse que "devemos estar preparados para simplesmente engolir a proposta dos Estados Unidos", prometendo apoio da Marinha e presumindo que o Exército também acabaria concordando.[55] Era apenas, muito longe da verdade, o que ele desejaria. Estavam fadadas ao fracasso as expectativas de Konoe e Oikawa, alinhadas com as de Toyoda, de derrubar a decisão tomada em 6 de setembro na Conferência Imperial. Oikawa não podia contar sequer com o apoio coeso da Marinha, muito menos com o do Exército. O chefe do Estado-Maior, Nagano, era o mais categórico dos que insistiam numa pronta decisão, e também no compromisso com uma política de opção pela guerra caso as negociações não fossem levadas a bom termo — o que significava a aceitação das exigências japonesas — até meados de outubro. Ao lado de Oikawa e Nagano, outros comandantes da Marinha manifestavam sua preocupação com as conseqüências de uma guerra com os Estados Unidos, recomendando cautela e dando a entender que o Exército teria de abrandar sua posição se a Marinha optasse pelo prosseguimento das negociações, mas em última análise dando mostra de ambigüidade e se recusando a falar franca e enfaticamente em favor da paz, e não da guerra. O chefe da Divisão de Operações da Marinha, Fukudome Shigeru, resumiu as preocupações dos mais hesitantes ao declarar em 6 de outubro, numa reunião dos chefes de planejamento do Exército e da Marinha: "Não sinto confiança em operações nos mares do Sul. Em matéria de perda de embarcações, 1,4 milhão de toneladas serão afundadas no primeiro ano da guerra. O que se depreendeu dos novos exercícios de guerra realizados pela Marinha Imperial foi que não haverá disponibilidade de embarcações para fins civis no terceiro ano da guerra. Não sinto confiança".[56] Mas o fato é que dúvidas tão graves expressas no próprio centro do planejamento naval não tiveram conseqüências concretas. Subsistiam as divisões internas. E foi antes Oikawa que Nagano que se viu cada vez mais isolado na liderança da Marinha.

O Exército, enquanto isso, mostrava-se muito mais unido, assumindo uma posição mais inequívoca que a da Marinha. Avaliou-se que as negociações não teriam qualquer chance de êxito (embora pudessem prosseguir até 15 de outubro). Mais precisamente, não seriam aceitas quaisquer mudanças, nem mesmo pequenas alterações no enunciado dos acordos, a respeito do estacionamento de tropas na China. Todavia, a declaração de Fukudome preocupara os comandantes do Exército. Caso tivesse fundamento, eles concordavam em que os ministros do Exército e da Marinha e seus chefes de Estado-Maior teriam de renunciar por terem levado a Conferência Imperial a endossar uma guerra que o Japão não tinha condições de vencer. Aquela afirmação teria de ser esclarecida. Quando Tojo e Oikawa se encontraram na manhã de 7 de outubro, contudo, o que se viu foi um confronto da firmeza com a ambigüidade. Tojo fincou pé em que aceitar os "Quatro Princípios" de Hull significaria retornar à posição da década de 20, na vigência do Tratado das Nove Potências, e à impotência do Japão antes do "Incidente da Manchúria". Seria uma completa transformação de toda a política japonesa desde

1931, solapando o objetivo da "Esfera de Co-Prosperidade do Grande Leste Asiático". Outro ponto em que não estava disposto a qualquer compromisso era o estacionamento de tropas. Essa era a "exigência absolutamente mínima". A retirada das tropas do Norte da China e da Mongólia poria em risco a própria existência de Mandchukuo. Mais uma vez, significaria a volta do país à situação de fraqueza e vulnerabilidade ante o domínio americano. Ante uma posição tão clara e inflexível, Oikawa só podia responder que as negociações deviam ter prosseguimento, mas que não pretendia alterar a decisão da Conferência Imperial nem opor objeções a uma resolução em favor da guerra.[57]

Com os dias contados até o prazo de 15 de outubro, e na ausência de uma posição clara e coesa na alternativa entre a paz e a guerra, Konoe convocou uma reunião dos cinco ministros-chave do governo (Exterior, Exército e Marinha, além do general Suzuki, do Comitê de Planejamento do Gabinete, e dele próprio), a ser realizada em sua residência em Ogikubo, nas imediações de Tóquio, no domingo, 12 de outubro. A reunião não daria a Konoe muitos motivos de comemoração em seu qüinquagésimo aniversário. Tojo declarou logo de entrada, em seu habitual tom contundente, que as negociações não tinham futuro. Oikawa podia ter aproveitado a oportunidade para avisar que a Marinha não se dispunha a arriscar uma guerra que, na avaliação de alguns de seus principais estrategistas, como afirmara Fukudome dias antes, não poderia ser vencida. Mesmo a essa altura, um posicionamento claro da Marinha poderia ter potencializado as chances da paz. Em vez disso, Oikawa limitou-se a reiterar o dilema entre negociações e ação militar. Acrescentou, todavia, que, na hipótese de se optar pelo caminho das negociações, estaria sendo tomada uma decisão de "não recorrer à guerra talvez por vários anos", política que iria de encontro à adotada na Conferência Imperial de 6 de setembro. Oikawa eximiu-se então de fazer qualquer recomendação, deixando a decisão ao primeiro-ministro. Konoe perguntou como o ministro do Exterior, Toyoda, avaliava as perspectivas de negociação. Posto na berlinda, Toyoda tergiversou. Não poderia afirmar com convicção que teriam êxito. Dependeria do que o outro lado tivesse a dizer. Tojo imediatamente se agarrou a esta resposta, verdadeira mas, no contexto, completamente sem propósito. "Uma posição tão vacilante me deixa de mãos atadas. Não poderei convencer o alto comando a nos seguir", exclamou o ministro do Exército. "Precisamos contar com uma base muito mais sólida de confiança." Oikawa reconheceu que o Japão poderia ser "enganado" e, em última análise, arrastado de qualquer maneira à guerra. Konoe declarou que, entre as duas alternativas, escolhia as negociações diplomáticas. Mas Tojo retrucou que era apenas um ponto de vista subjetivo. Não poderia convencer o alto comando exclusivamente com base nisso. A reunião terminou sem que se chegasse a uma conclusão. Mas a posição do Exército era já agora dominante. Não fora categoricamente apoiada na reunião, mas tampouco qualquer dos quatro outros participantes havia rejeitado a atitude de Tojo.[58] Agravava-se a crise do governo Konoe.

Em 14 de outubro, ela mergulhou fundo, sem mais possibilidade de retorno. Konoe providenciara um encontro com Tojo imediatamente antes da reunião do Gabinete marcada para aquele dia. O encontro serviu apenas para revelar o quanto se aprofundara o abismo entre os dois. Konoe se disse convencido de que a abertura de negociações com alguma chance de defender a paz dependia da questão das tropas japonesas na China. Disse a Tojo que o Japão "deveria ceder uma vez", concordando com "a formalidade da retirada de tropas para nos salvar da crise de uma guerra americano-japonesa". Era necessário, sustentava, "pôr fim ao Incidente da China". O ministro do Exército caiu das nuvens com o que lhe parecia uma quebra de confiança da parte de Konoe, voltando atrás de um acordo formal alcançado na Conferência Imperial, e rechaçou liminarmente a proposta. "Se a essa altura cedermos aos Estados Unidos", lembraria Konoe ter ouvido de Tojo, "eles tomarão medidas cada vez mais arbitrárias, e provavelmente não pararão mais. O problema da retirada de tropas, segundo diz, é esquecer a honra para aproveitar os resultados, mas nesse ponto considero difícil concordar, do ponto de vista da preservação do espírito de luta do Exército." Konoe respondeu que, em vista da superioridade americana em recursos materiais, o Japão tinha de avançar com muita cautela. O desprezo de Tojo por Konoe fez com que perdesse o bom senso momentaneamente. "Há momentos em que precisamos ter a coragem de fazer coisas extraordinárias, como pular de olhos fechados da varanda do Templo de Kiyomizu" (santuário budista em Kyoto, à beira de um precipício), retrucou. A diferença entre ele e o primeiro-ministro, dizia Tojo, encerrando seu inusitado desabafo, resumia-se numa questão de personalidade. Era evidente o que queria dizer: naquela situação crítica, impunha-se uma liderança mais audaciosa que a de Konoe.[59]

Tojo também se expressou apaixonadamente na reunião do Gabinete que se seguiu. "Se nos submetermos completamente às alegações dos Estados Unidos", bradou ele, "estaremos aniquilando as conquistas do Incidente da China, pondo em risco, por extensão, a existência de Mandchukuo e até mesmo afetando o domínio do Japão sobre a Coréia e Formosa." O que se depreendia, obviamente, era que o Japão seria reduzido a um estado de impotência que não conhecia desde antes da época do grande imperador Meiji. Tojo relembrou os milhões de militares japoneses que haviam combatido em condições de privação, as centenas de milhares de baixas da guerra, os bilhões gastos na luta pelo futuro da nação. "Naturalmente, se quisermos voltar a ser o pequeno Japão da época anterior ao Incidente da Manchúria, não é preciso dizer mais nada, não é verdade?", perguntou, retoricamente. Não podia haver discussão. O Japão simplesmente tinha de insistir no estacionamento de tropas na China, o cerne de suas exigências. Ceder agora aos Estados Unidos seria pôr em risco esse futuro. Seria adotar uma política externa de mera submissão.[60] O Gabinete ouviu em silêncio, subjugado pela eloqüência do ministro do Exército, lembrando que todos ali presentes estavam comprometidos com a política acertada na Conferência Imperial em 6 de setembro: se não se chegasse a um acordo diplomático até o início de outubro, haveria guerra. Os preparativos militares vinham sendo adiantados em função dessa decisão. Só poderiam ser suspensos, agora, se houvesse acordo com os Estados Unidos na questão das tropas na China.[61] A lógica era simples: somente um novo Gabinete, livre do compromisso com a decisão de 6 de setembro, poderia reverter a dinâmica da guerra.

Konoe entendeu. Naquela noite, foi jantar na companhia de dois colegas vestindo um traje tradicional japonês, para indicar que estava ali apenas para desfrutar da hospitalidade. As discussões que haviam planejado já não eram necessárias. O Gabinete estava para cair.[62] No início da manhã de 16 de outubro, Konoe foi ao palácio apresentar sua renúncia.

Na carta ao imperador, Konoe reiterava sua convicção de que, "dispondo-se de tempo, a possibilidade de chegar a um acordo com os Estados Unidos não está perdida". O cerne do problema continuava sendo a retirada de tropas da China. Tal como fizera na conversa com Tojo, Konoe dizia agora ao imperador que a questão poderia "ser resolvida se nos dispusermos a sacrificar em certa medida a honra e concordar com a fórmula proposta pela América". De qualquer maneira, ele não poderia concordar com uma decisão de mergulhar o país numa grande guerra sem que tivesse sido resolvido o Incidente da China, especialmente considerando sua grande responsabilidade nos acontecimentos verificados desde 1937. "Chegou a hora", escrevia ele, "de sacrificarmos o presente em nome do futuro." Konoe reconhecia, entretanto, que não fora capaz de convencer Tojo nesse sentido, e que o ministro da Guerra mantinha-se intransigente no ponto de vista de que o Japão deveria "agarrar a atual oportunidade e preparar-se de uma vez para a guerra".

Dava-se conta, portanto, de que suas idéias não prevaleceriam, e de que não teria como continuar assumindo as responsabilidades da chefia do governo.[63]

Apesar de sua posição intransigente nos dias anteriores, o próprio Tojo acabou por se dar conta, surpreendentemente, antes mesmo que Konoe tivesse renunciado, de que, ante a hesitação e a incerteza da Marinha, seria necessário rever a decisão da Conferência Imperial de 6 de setembro. Só um novo governo, sem compromisso com a decisão, poderia abraçar essa missão. Sondado a respeito de um possível substituto de Konoe, Tojo sugeriu o príncipe Higashikuni, oficial do Exército e parente próximo do imperador, como o único capaz de manter coesos o Exército e a Marinha e preservar a unidade nacional nesse empenho de abrir mão do prazo estabelecido para uma decisão a respeito da guerra e promover uma completa reavaliação das políticas a serem seguidas. Depois de uma noite sem dormir, Konoe concordou em que Higashikuni seria a melhor escolha. Entretanto, por expressa recomendação de Kido, preocupado em não comprometer o prestígio da casa imperial numa tentativa de controlar a crise, Hirohito rejeitou a proposta. Foi decisivo o argumento, levantado por Kido, de que um Gabinete liderado por um príncipe real poderia "fazer com que a Casa Imperial se tornasse alvo do ódio popular". Estupefato, Tojo foi convocado ao palácio e convidado pelo imperador a servir como primeiro-ministro. As tardias dúvidas de Tojo quanto ao rumo que estava sendo dado à questão da guerra, sua inquestionável lealdade ao imperador, sua falta de ambição política e sua capacidade de trazer o Exército sob controle levaram Kido a lhe dar preferência sobre o único outro candidato contemplado a essa altura, o indeciso ministro da Marinha, Oikawa.[64] Isso, entretanto, não disfarçava o fato de que o mais radical opositor da retirada de tropas da China, o homem que assumira a posição mais dura nas negociações, aquele que, mais que qualquer outro, determinara a presente crise em torno da decisão pela guerra ou pela paz, o general Tojo Hideki, estava agora à frente do governo japonês.

IV

Tojo era um militar até a raiz dos cabelos, oficial de carreira que percorrera um constante caminho ascendente nas fileiras do Exército. Já fazia parte de sua natureza olhar apenas pelos interesses militares. Sua recusa de arredar pé na questão do estacionamento de tropas na China — a possibilidade de abertura para negociações de paz que derrubara o governo Konoe — dava testemunho da rigidez de sua posição na defesa prioritária dos interesses do Exército. Era um homem de visão limitada, com um inabalável senso de obediência e serviço ao imperador. "Nós somos apenas humanos ainda, mas o imperador é divino", observou. "Haverei sempre de inclinar a cabeça ante a divindade e a grandeza de Sua Excelência."[65] Pois agora, convocado para uma função que nem em seus mais delirantes sonhos imaginara desempenhar jamais, ele se via ao mesmo tempo, e pela primeira vez em sua carreira, compelido a enxergar além do Exército, contemplando os interesses gerais da nação num momento de grave crise.

Ironicamente, sua nomeação como primeiro-ministro representava um último vislumbre de esperança de evitar a guerra. Ao defender sua escolha, Kido superara as resistências na reunião dos estadistas veteranos — os sete antigos chefes de governo em cuja opinião Hirohito se baseava para designar um novo primeiro-ministro —, argumentando que Tojo não iniciaria uma guerra se o imperador conversasse com ele e que estaria em condições de negociar com os Estados Unidos.[66] Tojo deixara a audiência com o imperador pedindo tempo para refletir sobre a responsabilidade de que seria investido. O imperador pedira-lhe que promovesse mais estreita cooperação entre o Exército e a Marinha — querendo dizer, ainda que de forma enigmática, que as Forças Armadas tinham de ser levadas a se unir na busca de uma solução negociada — e convocara Oikawa para dizer-lhe o mesmo. Pouco depois, a Tojo e Oikawa juntava-se Kido, que expôs o desejo do imperador em termos mais explícitos. Por ordem do imperador, explicou Kido, o novo Gabinete deveria reexaminar a política oficial "sem ficar obcecado com a decisão tomada em 6 de setembro na Conferência Imperial". Era um passo considerável. Não se tinha notícia de que o imperador tivesse alguma vez ordenado que fosse ignorada uma decisão tomada em sua presença numa Conferência Imperial. Tojo era convidado a "retomar uma folha em branco" — vale dizer, recomeçar do zero.[67]

Tojo formou seu Gabinete com grande rapidez. Desse modo, logo deixou claro que sabia o que queria; não aceitaria interferências. Rejeitou a sugestão de Oikawa de nomear Toyoda Soemu para o seu lugar no Ministério da Marinha, considerando que isso geraria problemas com o Exército, por saber da antipatia de Toyoda em relação a sua liderança. Oikawa cedeu, concordando em ser substituído por Shimada Shigetaro, comandante-em-chefe da estação naval de Yokosuka. Tojo também descartou rispidamente as tentativas do Exército de influenciar a escolha dos ministros.[68] De particular importância era o cargo de ministro do Exterior. Neste ponto, o fato de Tojo ter recusado sugestões para que restabelecesse no cargo Matsuoka, ruidosamente antiamericano e favorável ao Eixo, era uma indicação de sua disposição de seguir as instruções do imperador e encontrar uma maneira de evitar a guerra, ainda que tão tardiamente. Preferiu nomear como ministro do Exterior Togo Shigenori, diplomata de grande experiência, ex-embaixador em Berlim e Moscou. Togo aceitou o cargo com a condição de que houvesse real intenção de trabalhar pelo êxito das negociações com a América. Recebeu garantias de que assim seria e de que o Exército teria de concordar com as concessões a serem feitas para torná-lo possível. O próprio Tojo manteve-se à frente do Ministério do Exército, na tentativa de fazer com que acatasse sua política. Também assumiu o Ministério do Interior, com o objetivo de reprimir possíveis manifestações de inconformismo interno, caso se chegasse a um acordo com os Estados Unidos.[69]

Na verdade, não estavam totalmente descartadas do lado americano as possibilidades de um acordo dessa natureza, pelo menos algum arranjo para impedir um mergulho de cabeça em direção à guerra e ganhar tempo por alguns meses. A nomeação de Tojo fizera soar sinais de alarme em Londres e Chongqing. Tanto o Ministério das Relações Exteriores britânico quanto os nacionalistas chineses temiam que o Japão logo tratasse de cortar suprimentos para a China, deixando Chiang Kai-shek de joelhos em sua luta. E pressionaram por apoio dos americanos.[70] Washington também encarava com certa desconfiança a designação de Tojo. De uma hora para a outra, a guerra parecia muito mais próxima. No Departamento de Estado, Cordell Hull considerava que Tojo devia ser um "típico funcionário japonês, de mente acanhada, estrita e sistemática", além de "bastante obtuso". E temia o pior.[71] O presidente Roosevelt, entretanto, também era aconselhado pela Comissão Conjunta Exército-Marinha, sendo informado de que a Marinha americana ainda não estava em condições de enfrentar o Japão no Pacífico sem comprometer gravemente, e talvez irremediavelmente, o apoio que dava à Grã-Bretanha no Atlântico, ainda considerado prioritário.[72] De modo que não estavam ainda totalmente eliminadas as possibilidades de evitar uma guerra, fosse do lado americano ou do japonês.

Mas o fato é que por muito tempo Tojo se havia mostrado um "falcão" intransigente demais em seus posicionamentos para convencer numa mudança em cima do laço. E embora efetivamente apresentasse indícios de estar no comando da situação no Japão, ao contrário do fraco e vacilante Konoe, não tinha ascendência real sobre as forças militares que contribuíra para desencadear. Apesar de vir do meio militar e de se manter no cargo de ministro do Exército, ele não exercia controle direto sobre a equipe operacional do Exército, e muito menos da Marinha. Elas não haviam sido alteradas. E os dois ramos das Forças Armadas tinham ido longe demais, estavam por demais comprometidos com os preparativos de guerra para se dispor agora a recuar. A pressão que haviam exercido sobre Konoe, levando ao estabelecimento do prazo para uma decisão em favor da guerra até meados de outubro e, afinal, à queda do governo, baseara-se na pressuposição de que o Japão não poderia assumir militarmente uma atitude de espera, sem se enfraquecer e perder sua posição de vantagem no Pacífico. Muito embora o imperador tivesse instruído Tojo a ignorar a decisão de estabelecimento do prazo confirmada na Conferência Imperial de 6 de setembro, a premissa em que ela se baseava não podia ser simplesmente descartada. Além disso, a ordem do imperador não fora oficialmente transmitida ao alto comando. Os chefes de Estado-Maior do Exército e da Marinha, Sugiyama e Nagano, assim como seus subordinados, não se sentiam, portanto, compelidos a acatá-la.[73] Em outras palavras, Tojo continuava na mesma situação precária que derrubara Konoe. Sua margem de manobra era extremamente limitada. Ele teria de sair bem-sucedido com extrema rapidez de negociações para impedir uma guerra, pelo menos temporariamente, ou então entrar em guerra.

Mas, para negociar, seria necessário fazer concessões substanciais. Elas não se haviam materializado com Konoe, e parecia difícil entender como poderiam viabilizar-se com Tojo. Na verdade, a primeira declaração de seu Gabinete preocupou-se em proclamar fidelidade à "inabalável política nacional do Império". O objetivo, prosseguia o documento, era "conduzir o Incidente da China a uma conclusão satisfatória, estabelecer firmemente a Esfera de Co-Prosperidade do Grande Leste Asiático e contribuir para a paz mundial".[74] Entretanto, como tinham demonstrado os meses anteriores, precisamente essa política é que havia levado o Japão às portas da guerra. Ela não parecia muito promissora no sentido das importantes concessões de que dependia a paz.

A alternativa era seguir a lógica militar, o que significava uma guerra antes do fim do ano. A decisão, tendo sido postergada em meados de outubro, não poderia ser adiada indefinidamente. Na verdade, teria de ser tomada em mais ou menos duas semanas. Era este o clima de febril agitação que se instaurou na primeira quinzena do governo Tojo.

As dificuldades do novo primeiro-ministro no trato com o alto comando manifestaram-se imediatamente. Sua primeira reunião de gabinete, em 18 de outubro, dia da formação de seu governo, tinha em pauta uma série de perguntas sobre o encaminhamento da guerra e as perspectivas de que o Japão visse atendidas em futuro imediato, em negociações com os Estados Unidos, até mesmo suas exigências mínimas. As perguntas deveriam servir de base a uma reavaliação da decisão de 6 de setembro.[75] A resposta do alto comando ao recebê-las, contudo, foi que "não existem condições para uma reavaliação". Nagano, o chefe do Estado-Maior da Marinha, não teve meias palavras: "A decisão da Conferência Imperial não é passível de mudança".[76] Seus subordinados argumentaram enfaticamente que uma solução diplomática a essa altura só poderia decorrer de uma total reviravolta, significando "juntar forças com o campo anglo-americano" e incorrendo "no desprezo dos chineses e numa grande perda de prestígio nacional".[77] O Estado-Maior do Exército também assumiu uma posição truculenta. Era liminarmente rechaçada a possibilidade de retirada de tropas da China, considerando-se que comprometeria qualquer expectativa de êxito nas negociações. A resistência à idéia de uma reavaliação da política oficial levou até a se falar de derrubada do novo Gabinete, mal havia ele assumido. A atitude inalterável do alto comando causou dificuldades insuperáveis a Tojo desde o início. Ele se sentia inseguro, dizendo ao ministro da Marinha, Shimada, que estava "realmente no escuro sobre o que fazer".[78]

A Conferência de Ligação, reunindo-se diariamente durante uma semana, entre 23 de outubro e 1º de novembro (exceto no dia 26), em sessão quase permanente, enfrentava o mesmo dilema. As perguntas sobre o hipotético encaminhamento da guerra e as perspectivas de negociação constituíam a base de discussões que, não obstante as pressões de Nagano e Sugiyama por uma decisão rápida, freqüentemente se arrastavam em tergiversações. Uma das questões centrais era a capacidade do Japão de sustentar uma guerra se as hostilidades se prolongassem. Ela girava basicamente em torno da disponibilidade de matérias-primas, em especial petróleo e aço, e da capacitação do país em matéria de transporte marítimo e construção naval. Surpreendentemente, mesmo nessa conjuntura crítica o chefe da Comissão de Planejamento, general Suzuki Teiichi, e o recém-nomeado ministro das Finanças, Kaya Okinori, não dispunham de todas as informações necessárias. Kaya queixava-se da impossibilidade de chegar a "uma avaliação precisa, e não um enunciado de generalidades".[79] O novo ministro do Exterior, Togo, relataria mais tarde sua perplexidade ante a inexistência dos dados estatísticos necessários para se chegar a estimativas bem fundamentadas, pois o alto comando não se dispunha a divulgar detalhes operacionais nem os totais dos contingentes.[80] Ainda assim, as informações disponíveis não deixavam margem a dúvida: o Japão contava com matérias-primas insuficientes e capacidade de navegação e construção naval para combater por mais que dois anos, até que o poderio esmagadoramente superior dos Estados Unidos começasse a se impor inexoravelmente. "Poderemos de alguma forma ir em frente em 1942 e 1943", observava o próprio Tojo, comentando a dotação do Exército. "Não sabemos o que acontecerá depois de 1944."[81] O petróleo duraria apenas dois anos e meio, mesmo levando-se em conta o que seria extraído das Índias Orientais holandesas. A produção de petróleo sintético ainda levaria três anos para compensar a escassez, mesmo assim dependendo da disponibilidade de 1 milhão de toneladas de aço e grande quantidade de outros insumos, para a construção da fábrica. Nas condições que se apresentavam, em vista da escassez de aço, a capacidade de construção naval cairia drasticamente no terceiro ano de guerra. A pressão sobre as finanças de Estado, enquanto isso, era colossal.[82] Por mais que se puxasse pela imaginação, o prognóstico era sombrio. Diante das inegáveis dificuldades que se apresentavam a longo prazo, os comandantes militares só podiam invocar as incertezas da guerra, a necessidade de uma estratégia inteligente e de sorte e o imperativo de maximizar as vantagens numa primeira etapa para preparar terreno para uma luta mais prolongada. Tratava-se de planejar tendo em mente a hipótese mais favorável, e não de se preparar para o pior.

Dada a pressão do tempo, as deliberações eram terrivelmente lentas, para grande irritação dos chefes de Estado-Maior. A certa altura, alguém observou que "o primeiro-ministro levou cerca de trinta minutos para explicar por que cada minuto era importante".[83] A questão das perspectivas nas negociações com os americanos só veio a ser tratada em 30 de outubro. Reconheceu-se que não havia esperança de sucesso imediato. Ao serem abordadas as possíveis concessões japonesas, não pareceu aceitável qualquer alteração substancial no que fora estipulado no início de setembro, à parte o reconhecimento, no que dizia respeito ao comércio na China, de que "o princípio das oportunidades iguais em todo o mundo" poderia ser admitido — algo que, no dizer de Nagano, demonstraria a generosidade do Japão.[84] Abriu-se então um acalorado debate sobre a questão do estacionamento de tropas na China. Decidira-se que, "a título de gesto diplomático", o prazo poderia ser de aproximadamente 25 anos. Nem assim foi possível evitar veementes protestos do Exército. Por outro lado, Togo, o ministro do Exterior, "esquecendo a realidade" (na formulação das minutas da conferência), era favorável a uma retirada imediata das tropas. No fim das contas, Tojo — que se mostrara o mais intransigente adversário de qualquer concessão sobre estacionamento de tropas quando ministro do Exército no governo Konoe — propôs "que fosse mencionado um certo número de anos 'próximo da eternidade'". Prevalecia, no entanto, o sentimento de que, qualquer que fosse o número de anos sugerido, a proposta seria recusada pelos Estados Unidos. No momento de avaliar o impacto das condições americanas, caso fossem aceitas, todos exceto Togo ("que causou uma estranha impressão" ao afirmar que tudo poderia acabar bem) se mostraram de acordo em que o Japão "seria transformado num país de terceira categoria".

O primeiro-ministro tentou encaminhar uma conclusão declarando que uma decisão teria de ser tomada até 1º de novembro, ainda que a reunião atravessasse a noite. Apresentou então três possibilidades. A primeira era que o Japão evitasse a guerra, preparando-se para enfrentar sérias dificuldades. A segunda seria uma decisão imediata em favor da guerra. A terceira consistiria em decidir pela guerra, mas promovendo paralelamente preparativos militares e negociações diplomáticas.[85] Embora ainda houvesse alguma expectativa, manifestada na conferência, de que neste último caso ainda se pudesse chegar a alguma solução de compromisso, mesmo a essa altura, não era este o desejo nem a expectativa dos representantes militares.

A Conferência de Ligação realizada no palácio imperial em 1º de novembro de 1941 — a sexagésima sexta desde a criação dessas reuniões em 1937 — teve caráter propriamente histórico.[86] Durou dezessete horas, em meio a grande tensão e alguns debates acalorados. Ao terminar, a guerra era uma certeza.

V

Tojo não tivera êxito em sua tentativa, antes da reunião, de formar consenso em favor da proposta — a terceira das alternativas por ele apresentadas em 30 de outubro — de dar prosseguimento às negociações paralelamente ao encaminhamento dos preparativos para as operações militares. Embora o ministro do Exército a apoiasse, o mesmo não se deu com o Estado-Maior (que se reportava diretamente ao imperador nas questões de planejamento estratégico). Sugiyama mostrava-se enfático: as negociações chegavam ao fim; estava em jogo o moral da tropa; não podia haver recuo; a única solução era a guerra. Sua posição, portanto, não podia ser mais clara — e mais diferente da posição do primeiro-ministro. Em sua opinião, a Conferência de Ligação devia adotar a segunda das três propostas: decidir pela imediata entrada em guerra. Em reunião no fim da noite anterior, Tojo convencera Kaya, o ministro das Finanças, e Suzuki, diretor da Comissão de Planejamento, a apoiar sua terceira alternativa. Mas o ministro do Exterior, Togo, saía sozinho em defesa da primeira proposta: evitar a guerra, mesmo ao custo de prolongada privação. Shimada, o novo ministro da Marinha, também presente na reunião do fim da noite, tinha suas próprias idéias. Na véspera de uma decisão tão crucial, condicionava a aprovação da guerra a um importante aumento no suprimento de aço para a Marinha, em detrimento do Exército e das necessidades civis. Esta questão, na verdade, ocuparia toda a primeira metade da Conferência de Ligação, prolongando-se por várias horas até ser finalmente resolvida em favor da exigência de Shimada. Feito isso, a Marinha, tal como o Exército, estava comprometida com a guerra.[87]

Resolvida a questão do fornecimento de aço, a conferência passou a debater as três alternativas propostas por Tojo. As divisões que não haviam sido resolvidas nos debates anteriores voltaram a se manifestar. As deliberações centraram-se inicialmente na primeira proposta: não entrar em guerra. Kaya tentou várias vezes pressionar a Marinha sobre a questão das chances de sucesso a longo prazo. "Se prosseguirmos evitando a guerra, como agora, e daqui a três anos a frota americana nos atacar, a Marinha terá chances de sair vitoriosa ou não?", perguntou. "Ninguém sabe", respondeu Nagano. Kaya voltou a perguntar se o Japão poderia vencer uma guerra no mar. Nagano limitou-se a reiterar sua opinião de que "seria mais fácil entrar em guerra agora", quando estavam lançadas as bases, do que dentro de três anos. Kaya não se deu por satisfeito. "Se houver chances de vitória no terceiro ano da guerra, não haveria problema em entrar em guerra", declarou. "Segundo a explicação da Nagano, no entanto, isto não é certo. Além disso, eu diria que são pequenas as chances de que os Estados Unidos entrem em guerra contra nós, de modo que só posso concluir que não seria uma boa idéia declarar guerra agora." Togo apoiou o ministro das Finanças. Nagano chamou a atenção para o futuro incerto. Dentro de três anos, a América seria ainda mais poderosa. "Quando é, então, que poderemos entrar em guerra e vencer?", retrucou Kaya. Era a pergunta que Nagano esperava. "Agora!", respondeu, veemente. "Não teremos mais tarde [um melhor] momento para a guerra!" Sua avaliação mereceu o apoio de Suzuki. Kaya não se mostrou convencido, mas deixou de defender a primeira alternativa. Com isto, estava engavetada a proposta de evitar a guerra a qualquer preço. Como esta proposta partia do pressuposto de que sua aceitação condenaria o Japão a muitos anos de dificuldades e privação, não era propriamente uma recomendação atraente. Era praticamente uma mera formalidade que viesse a ser descartada. A posição assumida por Kaya fora eminentemente retórica, pois já no encontro da noite anterior com Tojo ele havia se comprometido com a terceira proposta.

A conferência passou então a tratar da segunda proposta, entrar em guerra imediatamente. Sugiyama enunciou a posição do Exército: fim das expectativas de êxito nas negociações; decisão de entrar em guerra contra os Estados Unidos, a Grã-Bretanha e a Holanda no início de dezembro; prosseguimento até então das negociações com os Estados Unidos, mas apenas como pretexto para dar ao Japão uma vantagem inicial na guerra; e, finalmente, fortalecimento dos laços com a Alemanha e a Itália. Kaya e Togo logo se opuseram. Seria uma virada decisiva na longa história do Japão. Estava em jogo o destino da nação. "É um absurdo induzir-nos a recorrer a trapaças diplomáticas", disseram. "Não podemos fazê-lo." Ambos enfatizaram a necessidade de uma última tentativa de negociação. Homem rude e decidido, Tsukada Osamu, subchefe do Estado-Maior do Exército, nada afeito a sutilezas e refinamentos intelectuais, não se agüentava mais. Estava impaciente com as exortações a novas negociações. Queria uma decisão de entrar em guerra imediatamente, especificando a data de 1º de dezembro, para que só então fosse examinada a questão da diplomacia. O vice de Nagano, o subcomandante do Estado-Maior da Marinha, Ito Seiichi, de repente pôs em debate uma nova data. "Do ponto de vista da Marinha", interrompeu, "é possível negociar até 20 de novembro." Tsukada imediatamente pegou o mote: "Para o Exército, tudo bem que sejam conduzidas negociações até 13 de novembro, mas não depois". Desse modo, os comandantes militares começavam a propor datas que ainda não haviam sido debatidas, impondo às negociações um prazo ainda mais estrito que o contemplado até então. Togo ficou apavorado. "Não posso aceitar prazos ou condições que tornem improvável o êxito das negociações diplomáticas", objetou. "É evidente que os senhores precisam abrir mão da idéia de entrar em guerra."

Agora já era impossível separar a discussão da segunda proposta (uma decisão imediata de entrar em guerra) da terceira (negociações e preparativos de guerra simultaneamente). Tojo e seu ministro do Exterior queriam garantias do Exército de que, "se a diplomacia for bem-sucedida, desistiremos de entrar em guerra". "Impossível", revidou Tsukada. Os chefes de Estado-Maior concordaram em que isso semearia a confusão nos preparativos militares. Como Shimada sugerisse, num aparte a seu vice, que as negociações poderiam continuar até dois dias antes do início da guerra, Tsukada disse-lhe rispidamente: "Por favor, cale-se. O que acaba de dizer não faz sentido". Os ânimos se exaltavam. Tojo propôs um intervalo de vinte minutos. Nesse meio-tempo, os chefes de planejamento operacional do Exército e da Marinha, Tanaka e Fukudome, foram convocados. Acertou-se afinal que as negociações poderiam ser levadas até cinco dias antes do início da guerra, marcado para 30 de novembro. Novamente pressionado, Tsukada concordou em que o prazo venceria à meia-noite desse dia. Estava, então, fixado o prazo final para que se tomasse uma decisão. Se fosse alcançado êxito diplomático até essa data, não haveria guerra. Mas se a diplomacia fracassasse nesse exíguo período, o Japão entraria em guerra.

Já eram 10h da noite, e a conferência estava reunida havia onze horas. Restava ainda a questão dos termos de negociação. Os participantes tinham à sua frente o plano acertado dois dias antes em suas linhas gerais. Ele postulava uma ampla resolução das questões que dividiam o Japão e os Estados Unidos. A única concessão na questão do estacionamento de tropas na China era a previsão de que duraria 25 anos. Sobre as tropas na Indochina, concordava-se em que fossem evacuadas uma vez solucionado o "Incidente da China" e alcançada uma "paz justa" no Extremo Oriente. O princípio da não-discriminação comercial era aceito, desde que aplicado em todo o mundo (o que era perfeitamente impossível na prática). Sobre o Pacto Tripartite, reiterava-se caber ao Japão a decisão de tomar alguma iniciativa ou não. Finalmente, o Japão continuava recusando a inclusão dos "Quatro Princípios" americanos em qualquer acordo formal.[88] O plano representava um ajuste meramente marginal da posição já rejeitada pelos Estados Unidos. Tinha, portanto, poucas chances de sucesso a essa altura. Mas Togo surpreendeu os participantes da conferência ao designá-lo como o Plano A e introduzir um Plano B, que não fora objeto de qualquer consulta prévia com os comandantes militares. Antes do início da conferência, Sugiyama obtivera de Tojo garantias de que não haveria recuo nos termos propostos naquele que agora passava a ser conhecido como o Plano A. Mas era exatamente o que estava agora em pauta, na forma do Plano B.

O que Togo tinha em mente — e ele dera uma olhada no documento com os embaixadores americano e britânico em Tóquio — era simplesmente um dispositivo para impedir a guerra a curto prazo, uma indicação das condições absolutamente mínimas aceitáveis pelo Japão. Togo achava que não havia qualquer esperança de fazer valer o Plano A, e que ficaria numa posição insustentável se tivesse de tentar negociar nessas bases. O Plano B, um documento sucinto, deixava de lado a questão da China, concentrando-se no Sul. Não objetivava um acordo final ou abrangente — que seria impossível naquele prazo —, mas impedir uma deterioração ainda maior das relações com os Estados Unidos. Aceitava a imediata retirada de tropas japonesas para o Norte da Indochina francesa e eventualmente, depois de uma resolução do "Incidente da China", de toda a Indochina. Enquanto isso, o Japão e os Estados Unidos assumiam o compromisso de não fazer avanços militares no Sudeste Asiático, à parte a Indochina. Cooperariam na garantia de fornecimento dos recursos necessários das Índias Orientais holandesas, e os Estados Unidos forneceriam ao Japão o petróleo de que precisava, restabelecendo-se os níveis de relacionamento comercial que prevaleciam antes do congelamento dos ativos. Finalmente, os Estados Unidos não interporiam obstáculos aos esforços de pacificação entre o Japão e a China.[89]

Os representantes militares ficaram estupefatos com o alcance das concessões. Sugiyama e Tsukada rejeitaram liminarmente a retirada de tropas da Indochina. Ambos se mostraram inflexíveis: Togo deveria trabalhar exclusivamente com o Plano A. Nagano concordou. Tsukada, resumindo as posições assumidas a respeito dos méritos respectivos da guerra e das negociações por aqueles que tinham manifestado opinião, expressou seu ponto de vista, para que ninguém mais tivesse dúvida, e no seu estilo inimitável: "De maneira geral", começou, "não são brilhantes as perspectivas caso entremos em guerra. Todos estamos nos perguntando se não haveria alguma maneira de preservar a paz". Todavia, prosseguiu, "não é possível manter o *status quo*". Com uma lógica algo capenga, acrescentou então: "Inevitavelmente, chegamos à conclusão de que temos de entrar em guerra". Mas Tsukada estava apenas aquecendo os motores. Tendo começado por concordar em que não eram boas as chances do Japão numa guerra contra os Estados Unidos, ele recorria agora ao fatalismo nacional. "Eu, Tsukada", continuou, "acredito que não se pode evitar a guerra. Chegou a hora. Ainda que não entremos em guerra agora, teremos de fazê-lo no ano que vem, ou no seguinte. Chegou a hora. A grandeza moral do Japão, Terra dos Deuses, haverá de brilhar nesse momento." Passou em seguida do fatalismo a um delirante otimismo militar. "É grande a probabilidade de que o avanço do Japão em direção ao Sul permita à Alemanha e à Itália derrotar a Grã-Bretanha, e a probabilidade de obrigar a China a capitular será ainda maior que agora. Nesse caso, poderíamos até forçar a Rússia a capitular. Se tomarmos o Sul, poderemos desferir um poderoso golpe contra os recursos americanos de defesa nacional. Ou seja, construiremos um muro de ferro, e em seu interior destruiremos um a um os países inimigos da Ásia; além disso, derrotaremos a América e a Grã-Bretanha." Assim pensava um dos mais altos representantes da elite militar. Pura alucinação.

Ante semelhante manifestação de irracionalismo, Togo manteve-se firme. O debate tornou-se novamente acalorado. A renúncia de Togo parecia possível. Mas isso causaria a queda do governo. Um novo Gabinete poderia opor-se à guerra. Foi a hipótese que se aventou em conversa com os comandantes do Exército em mais um breve recesso, o que serviu para focar seu raciocínio. Foram efetuados pequenos ajustes na redação, especialmente no que dizia respeito ao restabelecimento das relações comerciais, ao suprimento de petróleo e à não-interferência na solução da guerra com a China. Todos se destinavam a endurecer os termos o máximo possível sem provocar uma mudança de governo. Com essas mudanças limitadas, eles tinham de aceitar a proposta de Togo, por mais que lhes desagradasse. Ao ser suspensa à 1h30 da manhã de 2 de novembro, a conferência decidira, "para resolver a crítica situação atual, garantir a autopreservação e a autodefesa [do Japão] e estabelecer uma nova ordem no Grande Leste Asiático [...] entrar em guerra contra os Estados Unidos, a Grã-Bretanha e a Holanda", estabelecendo o início de dezembro como prazo para desencadear ações militares. Elas só não seriam empreendidas se as negociações fossem bem-sucedidas até "zero hora de 1º de dezembro".[90]

Togo e Kaya tinham pedido algumas horas para pensar nas conseqüências, antes de dar sua aprovação. No início da tarde, deram seu consentimento. A decisão da Conferência de Ligação foi unânime. Ao ser informado por Tojo do resultado da conferência, o imperador exortou o primeiro-ministro "a fazer tudo que estiver ao seu alcance para negociar um acordo". Sempre muito deferente, Tojo estava realmente ansioso por atender ao desejo do imperador. Considerava que havia 50% de chances de êxito nas negociações. Mais realista, seu ministro do Exterior, Togo, avaliava que não passavam de 10%.[91]

No dia 5 de novembro, às 10h30, os dirigentes japoneses reuniram-se no palácio, na presença do imperador, para a Conferência Imperial — que dessa vez não era noticiada na imprensa —[92] para ratificar a decisão tomada três dias antes. Em contraste com o ambiente acalorado da Conferência de Ligação, dessa vez não houve divergências. Mas prevalecia entre os presentes, inclusive o imperador, um clima de desânimo e ansiedade.[93]

Tojo começou por lembrar aos presentes o contexto da revisão das "Medidas Essenciais para a Consecução das Políticas do Império" decidida no dia 6 de setembro. Em conseqüência das deliberações então corridas, disse ele, "chegamos à conclusão de que precisamos decidir agora entrar em guerra, estabelecer como prazo para a ação militar o início de dezembro, concentrar todos os nossos esforços na conclusão dos preparativos para a guerra e ao mesmo tempo tentar romper o impasse através da diplomacia". Togo assinalou que não restava muito espaço para manobras diplomáticas. Suzuki e Kaya fizeram longas exposições sobre as matérias-primas e a situação financeira. O argumento de Suzuki era que, no que dizia respeito aos recursos materiais, era preferível entrar em guerra a "ficar imobilizado, esperando que o inimigo nos pressione". Kaya observou que "durante algum tempo não poderemos dar muita atenção às condições de vida da população" dos territórios ocupados, "e por algum tempo também teremos de promover uma política, por assim dizer, de exploração". Os chefes de Estado-Maior fizeram então seus comentários sobre os preparativos de guerra. Sugiyama enfatizou mais uma vez que o tempo conspiraria contra o Japão se a guerra tivesse de ser adiada.

Hara, o presidente do Conselho Privado, passou então a fazer perguntas em nome do imperador, como mandava a tradição. Tojo respondeu sobre a questão do estacionamento de tropas na China. Mais uma vez enfatizou os sacrifícios feitos pelo Japão desde o início da guerra nesse país. A retirada de tropas deixaria o Japão em situação pior que a que enfrentava antes da guerra. A China estaria mais poderosa que antes e "tentaria inclusive dominar a Manchúria, a Coréia e Formosa", acrescentou. "Só podemos contar com a expansão de nosso país se mantivermos as tropas estacionadas. Isto os Estados Unidos não aceitam." Hara passou a examinar os detalhes dos Planos A e B estabelecidos por Togo. Este reconhecia que o Plano A não deixava esperança de um acordo. E até mesmo o Plano B encontraria sérios obstáculos. Restavam apenas duas semanas para negociar. "Lamento muito", disse Togo, "mas existem poucas esperanças de sucesso." Hara também lastimava profundamente, mais uma vez frisando a importância de um acordo negociado, embora concluísse que, "do ponto de vista de nossa política interna e de nossa autopreservação, é impossível aceitar todas as exigências americanas. Precisamos nos ater a nossa posição". Com razão, via na guerra na China a raiz do problema. Mas não enxergava nenhuma saída imediata. O Japão não podia permitir que aquela situação persistisse. "Se perdermos esta oportunidade de entrar em guerra, teremos de nos submeter aos ditames americanos. Desse modo, reconheço que é inevitável que decidamos dar início a uma guerra contra os Estados Unidos." O imperador manteve-se calado. Não resta dúvida de que Hara traduzia os sentimentos de Hirohito.

Tojo deu por encerrada a conferência. Reconheceu as graves dificuldades que seriam geradas pela guerra. Mais uma vez, delineou uma alternativa ainda menos atraente. "Daqui a dois anos, não teremos mais petróleo para uso militar. Os navios ficarão paralisados. Quando penso no fortalecimento das defesas americanas no sudoeste do Pacífico, na expansão da frota americana, no interminável Incidente da China e assim por diante, não vejo saída para as dificuldades. Podemos falar de austeridade e sofrimento, mas será que nosso povo suportaria uma vida assim por muito tempo?" Ele temia que o Japão se transformasse num "país de terceira categoria, passados dois ou três anos, se ficarmos de braços cruzados".[94]

Foi o derradeiro argumento em favor da guerra. As alternativas eram paz com austeridade num mundo dominado pela América ou guerra com provável derrota em nome dos brios nacionais.[95] Preferiu-se a guerra. No dizer do embaixador americano em Tóquio, Joseph Grew, o Japão preferia arriscar um "haraquiri nacional" para não "ceder a pressões estrangeiras". E ele acrescentava, enigmático: "A sanidade mental dos japoneses não pode ser avaliada pelos padrões americanos de lógica".[96] Chegava ao fim aquela fatídica Conferência Imperial. A decisão era que, salvo um milagre diplomático, o Japão entraria em guerra. Ninguém levantou objeções. O imperador apôs o seu selo de aprovação.

VI

Tudo agora pendia de um frágil fio diplomático. Numa tentativa de última hora, e também para ajudar o atribulado Nomura, Togo enviou um diplomata de grande experiência, Kurusu Saburo, como emissário especial a Washington, com a missão de chegar a um acordo de paz se ainda fosse possível. Baixo, muito ativo, Kurusu servira como embaixador na Alemanha e assinara o Pacto Tripartite, mas também era familiarizado com os Estados Unidos através de sua mulher, uma americana descendente de britânicos.[97] Os prognósticos não eram bons; Hull "sentiu desde o início que ele não merecia confiança".[98] Em Tóquio, Tojo já avaliava as chances de sucesso em 30% — recuando dos 50% de dias antes. Pediu a Kurusu que fizesse o possível.[99]

Enquanto isso, iam bem adiantados os preparativos para a guerra. Um ataque a Pearl Harbor fora proposto pelo almirante Yamamoto Isoroku (que acabaria comandando a ofensiva) em maio de 1941, sendo testado em manobras de guerra em setembro e adotado por Nagano em 20 de outubro.[100] Este seria um dos braços da ofensiva. Paralelamente a essa audaciosa ação ocorreria uma ampla investida contra a Malásia e as Filipinas, levando a um ataque contra as Índias Orientais holandesas. Num prazo de quatro a oito meses, o Japão teria conquistado no Sudeste Asiático e no Pacífico ocidental o domínio necessário para oferecer combate aos Estados Unidos por período mais prolongado ou forçar negociações de paz de uma posição vantajosa. Era este o objetivo estratégico. Simultaneamente, presumia-se que o corte de qualquer ajuda à China em conseqüência da expansão privaria do próprio sangue vital a luta de Chiang Kai-shek. Finalmente, esperava-se, embora não dependesse do controle direto do Japão, que os êxitos militares alemães contra a Grã-Bretanha e a União Soviética fossem acompanhados de uma declaração de guerra das potências do Eixo aos Estados Unidos, que assim se enfraqueceriam num prolongado envolvimento no conflito europeu.[101] No início de novembro, o plano estratégico japonês já se aproximava, assim, de uma configuração definitiva. No dia 3 de novembro, Yamamoto, na qualidade de comandante-em-chefe da Esquadra Conjunta, aprovou a ordem de operações secretas, que começava afirmando que "o Império Japonês está na expectativa do início de uma guerra com os Estados Unidos, a Grã-Bretanha e a Holanda".[102]

Informado diariamente pelos chefes de Estado-Maior, o imperador estava plenamente ciente dos acontecimentos, evidenciando aguçado interesse pelos procedimentos táticos. No dia 4 de novembro, em caráter excepcional, ele compareceu a uma longa reunião do Supremo Conselho de Guerra, na qual os chefes de Estado-Maior e o primeiro-ministro foram interrogados.[103] Hirohito ainda era assaltado por dúvidas e inquietações. Temia as conseqüências da guerra. Mostrava-se preocupado com detalhes importantes das operações militares. E tinha motivos para isso. Pois o fato é que, por mais preciso que fosse o planejamento da ofensiva, a estratégia geral era falha. Muita coisa dependia de fatores sobre os quais o Japão não podia influir. E se contava demasiadamente com as melhores probabilidades. Quaisquer que fossem seus motivos de preocupação, todavia, o imperador confirmou o plano estratégico em meados do mês.[104]

A missão com que se defrontavam Nomura e Kurusu era sumariamente desafiadora. E não ajudava o fato de que as instruções secretas de Togo para Nomura que acompanhavam o texto transmitido dos Planos A e B — imediatamente interceptadas pela inteligência americana, como todas as mensagens secretas provenientes de Tóquio, e decodificadas para serem encaminhadas a Hull — fossem distorcidas por uma tradução deficiente, de maneira que aumentavam as suspeitas de jogo duplo da parte dos japoneses.[105] Com ou sem distorções, no entanto, a mensagem interceptada não deixava margem a dúvida: o Japão se preparava para uma guerra em futuro muito próximo.[106] No Departamento de Estado, Stanley Hornbeck recomendava a Hull que ignorasse os apelos do embaixador Grew, em Tóquio, para que levasse a sério o desejo japonês de evitar uma guerra. O fato de se saber, pelas interceptações da inteligência, que o Japão falava de paz mas se preparava para a guerra em nada ajudava a convencer o frio e determinado Hornbeck, que considerava Grew por demais inclinado a confiar nas intenções japonesas. E era Hornbeck, mais que Grew, que contava com a confiança do secretário de Estado americano.[107]

Ainda assim, pareceu inicialmente que a débil esperança dos que ainda trabalhavam por uma solução de compromisso poderia ser justificada. Em 15 de novembro, como se poderia prever, o Plano A foi rejeitado.[108] Mas o governo americano ainda estava tentando ganhar tempo, e não se expressava com uma voz clara e coesa. Enquanto Hull e o Departamento de Estado tentavam enterrar qualquer perspectiva de acomodação, o próprio presidente ainda parecia aberto a essa possibilidade. Exortado por seus assessores militares a agir com cautela em relação ao Japão e se concentrar na derrota da Alemanha, Roosevelt disse a Hull e a Henry Stimson, o secretário de Guerra, nada satisfeito com a perspectiva, que contemplava a possibilidade de propor uma trégua de seis meses, durante a qual não haveria movimentação de tropas. Ao receber o embaixador japonês no dia 10 de novembro, o presidente deu a entender a possibilidade de um *modus vivendi*. Quando voltaram a se encontrar uma semana depois, dessa vez na presença de Kurusu (que chegara em 10 de novembro), Roosevelt pareceu descortinar a perspectiva de um avanço na crítica questão da China. Disse que os Estados Unidos não queriam intervir ou mediar na disputa sino-japonesa. De acordo com o despacho de Nomura, o presidente cunhou a palavra "introdutor" ao se referir ao papel que via a América desempenhando na promoção de um acerto. Kurusu informava a Tóquio que Roosevelt manifestava "considerável entusiasmo por um acordo nipo-americano". Nomura ficou tão entusiasmado que, por iniciativa própria, sugeriu que os Estados Unidos suspendessem o congelamento de ativos japoneses, em troca da retirada das tropas japonesas. Para Tóquio, era ir longe demais. Nomura foi chamado à ordem por Togo e instruído a reapresentar o Plano B (o qual, segundo Kurusu já dissera a Tóquio, provavelmente seria inaceitável em sua totalidade).[109] Nomura desincumbiu-se em 20 de novembro da missão de apresentar a Hull o Plano B. Foi o que desencadeou o último episódio do drama diplomático.

A fria reação de Hull deixou consternados Nomura e Kurusu. Ele declarou que a opinião pública americana considerava que o Japão e a Alemanha nazista haviam formado uma parceria para dividir o mundo. O Pacto Tripartite, acrescentou, corroborara este sentimento. Em seu foro íntimo, Hull não podia ter em pior conta as propostas em pauta. Encarava-as como um ultimato, e diria mais tarde que seus dispositivos eram "tão despropositados que nenhum funcionário americano poderia jamais sequer sonhar em aceitá-los".[110]

Qualquer que fosse sua opinião pessoal, o fato é que Hull não descartou liminarmente o Plano B. Na verdade, a resposta americana, na redação final de 25 de novembro, era surpreendentemente conciliatória.[111] Ela levava em conta anotações a lápis enviadas por Roosevelt a Hull uma semana antes, propondo um *modus vivendi* — expressão que o presidente utilizara no início de novembro, nos entendimentos com Nomura — por um período de seis meses. Na sucinta formulação de Roosevelt, o Japão suspenderia a movimentação de tropas e concordaria em não invocar o Pacto Tripartite, ainda que a América se envolvesse na guerra na Europa. De sua parte, os Estados Unidos restabeleceriam relações econômicas com o Japão, intermediando o início de conversações entre o Japão e a China.[112] A idéia contou com o apoio das altas patentes militares, desejosas de ganhar tempo para reforçar as defesas nas Filipinas. Ficou parecendo, a essa altura, que talvez ainda fosse possível encontrar algum terreno comum entre o Plano B japonês e a proposta do Departamento de Estado incorporando a idéia de um *modus vivendi* temporário lançada pelo presidente.[113] Pelo fim da noite, contudo, Hull desistira da possibilidade. Como se poderia prever, os chineses mostraram-se veementemente hostis a quaisquer concessões ao Japão. Os governos britânico, holandês e australiano não mostraram entusiasmo.[114] De qualquer maneira, a relutância do secretário de Estado em chegar a um acordo com os japoneses, senão nos rígidos termos americanos, não chegara em momento algum a arrefecer. Fora, na verdade, reforçada pela interceptação, em 22 de novembro, de uma mensagem de Tóquio a Nomura, ampliando o prazo de negociações de 25 para 29 de novembro, mas enfatizando que "este prazo final não poderá absolutamente ser mudado. Depois disso, as coisas acontecerão automaticamente". Qualquer esperança de encontrar um *modus vivendi* que ainda houvesse no Departamento de Estado foi em grande parte dissipada pela raiva provocada por essa mensagem.[115]

O que muito especificamente mudara a atitude de Hull, no entanto, fora a intransigente reação de Chiang Kai-shek à proposta do *modus vivendi*, temeroso de que o acordo americano se desse em prejuízo da China.[116] Uma mensagem de Churchill a Roosevelt, apoiando Chiang e manifestando a preocupação britânica com um eventual colapso da China, corroborou a rejeição do *modus vivendi* por parte de Hull.[117] "A leve perspectiva de que o Japão concordasse com o *modus vivendi*", concluiu o secretário de Estado, "não justificava que assumíssemos os riscos decorrentes da sua instauração, especialmente o do colapso do moral e da resistência chineses, e mesmo da desintegração da China".[118] Roosevelt, por sua vez, ainda na manhã seguinte, 26 de novembro, parecia presumir que o *modus vivendi* poderia ser salvo, afirmando que seria capaz de convencer os chineses. Mas o estado de espírito do presidente arrefeceu visivelmente pouco depois, ao receber informações sobre um comboio japonês transportando cerca de 50 mil soldados, avistado ao Sul de Formosa. Roosevelt ficou indignado com aquela que lhe parecia uma prova da má-fé dos japoneses. Declarou que aquilo "mudava toda a situação". Pouco depois, Hull chegou à Casa Branca, propondo que a idéia do *modus vivendi* fosse descartada. Ele sugeria que se oferecesse aos japoneses uma nova e "abrangente proposta básica de um acordo geral de paz". Roosevelt concordou.[119]

A proposta de Hull, elaborada sem consulta aos comandantes militares ou aos representantes da Grã-Bretanha ou de outros aliados não oficiais, foi apresentada a Kurusu e Nomura no fim daquela mesma tarde. Seus dez pontos eram uma intransigente reiteração dos princípios básicos que haviam levado ao fracasso todas as anteriores tentativas americanas de negociação. E apresentavam novas exigências, em tom ainda mais duro que o de qualquer proposta americana anterior.[120] Exigiam sem rodeios que o Japão retirasse suas tropas da China e também da Indochina, renunciasse a direitos e concessões extraterritoriais que remontavam à virada do século, depois da rebelião dos Boxers, reconhecesse como governo chinês exclusivamente o de Chiang Kai-shek e denunciasse o Pacto Tripartite. Em troca, os Estados Unidos descongelariam os ativos japoneses e começariam a negociar um novo acordo comercial, como ponto de partida para o restabelecimento das relações econômicas. Hull afirmou que a proposta poderia abrir caminho para longas negociações pela paz no Pacífico, com evidente má-fé. Ele tinha perfeita consciência de que as negociações haviam chegado a um impasse.[121] "Não podemos ir mais longe que isto", disse ele aos desalentados emissários japoneses que, cientes de que a proposta seria categoricamente rejeitada em Tóquio, queriam discuti-la informalmente, na tentativa de abrandar suas exigências antes que fosse enviada.[122] Hull reconheceria mais tarde que "não considerávamos seriamente que o Japão pudesse aceitar nossa proposta".[123]

Como se poderia prever, à chegada do cabograma em Tóquio, em 27 de novembro, os "Dez Pontos" foram vistos como um ultimato — praticamente um insulto.[124] Além de consternação, os dirigentes japoneses manifestaram raiva. Enfureceu-os mais que tudo a exigência de retirada das tropas de toda a China. Entenderam que isso se aplicava também à Manchúria, o que significaria uma volta à situação anterior a 1931, configurando um sério golpe para a economia japonesa. Na verdade, Hull não tinha em mente isto especificamente. Para ele, a Manchúria não era uma preocupação imediata.[125] O equívoco derivava da redação apressada do texto. Era um considerável motivo de irritação. Mas provavelmente não fez grande diferença na reação japonesa.

Aqueles que vinham pressionando pelo prosseguimento das negociações, na esperança de evitar uma guerra, viam agora o tapete ser puxado sob seus pés. Já para os que preconizavam a guerra, sobretudo nos estados-maiores do Exército e da Marinha, a "Nota Hull" (como ficaria conhecida) era um presente dos céus. O Exército, especialmente, temera o tempo todo que o Plano B abrisse caminho para um acordo. Insistira para que novas e duras condições sobre o abastecimento petrolífero do Japão fossem inseridas nas exigências, o que, na prática, teria sabotado qualquer possibilidade de aceitação do plano.[126] A reação do Estado-Maior, agora, era de alívio e até euforia: "Deve ter sido a graça divina; agora será fácil para o Império atravessar o Rubicão e decidir a entrada na guerra. Excelente, muito bom!", foi uma das reações.[127]

Entre as últimas tentativas, baseadas no temor das conseqüências do conflito militar, no sentido de dar prosseguimento às negociações e evitar uma guerra, ainda que isso significasse pobreza e privações prolongadas para o Japão, estavam as de certos "grandes estadistas", os ex-primeiros-ministros que se encontraram com Tojo e quatro membros de seu Gabinete na manhã de 29 de novembro. Mas a essa altura até mesmo Togo reconhecia que as negociações haviam chegado ao fim da linha. O próprio Tojo manifestava-se agora enfaticamente em favor da ação militar. Quaisquer que fossem suas dúvidas, nenhum dos presentes se opôs essencialmente.[128] Depois da guerra, Tojo recordaria a opinião geral expressa na reunião: a de que, "se aquela guerra era de autopreservação, devíamos estar preparados para entrar em guerra, ainda que descortinando a possibilidade de uma derrota".[129]

O imperador também ainda tinha suas dúvidas. Seu irmão, o príncipe Takamatsu, tentou em 30 de novembro convencê-lo a não levar o Império à guerra. Naquele mesmo dia, contudo, quando Hirohito convocou os comandantes da Marinha para se inteirar dos preparativos para a guerra, o ministro da Marinha, Shimada, manifestou confiança na vitória. Nagano informou que a grande força-tarefa da Marinha, da qual faziam parte seis porta-aviões, já estava no mar, a caminho de Pearl Harbor. Com ordens secretas, partira da baía de Hitokappu, nas distantes ilhas Kuriles, ao Sul, às 6h do dia 26 de novembro, e já se encontrava a meio caminho no Pacífico, a cerca de 3300 quilômetros do Havaí.[130] Na noite anterior, Nagano já revelara à Conferência de Ligação, com certa relutância, em voz baixa, que "zero hora é 8 de dezembro". O próprio primeiro-ministro só agora ficava sabendo disso. A surpresa era geral. As negociações teriam de continuar, mas apenas como fachada para ocultar o iminente ataque.[131]

Restava apenas a aprovação do imperador para o início das hostilidades. Kido dissera a Hirohito que "a decisão desta vez será de enorme importância. Uma vez dada a aprovação imperial, não poderá haver recuo. Se ainda tiver a mais remota dúvida, pense bem até estar absolutamente convencido".[132]

A Conferência Imperial foi convocada para a tarde do dia 1º de dezembro. Dezenove dirigentes governamentais e o comando militar reunidos perante o imperador, sentado, como sempre, num estrado em frente a um biombo dourado na extremidade do salão.[133] Tojo, inicialmente, e então o ministro do Exterior, Togo, que se prolongou muito, ensaiaram a história do rompimento das negociações diplomáticas com os Estados Unidos. Outros ministros fizeram o relato dos preparativos de guerra em suas respectivas esferas. A declaração mais importante foi a de Nagano, falando em nome dos estados-maiores da Marinha e do Exército.

Os preparativos para as operações militares estavam concluídos, informou. "Estamos em condições de dar início a essas operações, obedecendo a planos predeterminados, assim que recebermos a ordem imperial de recorrer à força."[134] Hara começou sua habitual intervenção para o interrogatório observando que, embora estivessem tratando de um assunto da maior gravidade, "cada passo que tinha de ser dado já o foi", de maneira que ele não tinha "nada em particular a acrescentar".[135] Concluiu — falando, como sempre, em nome do imperador — com a afirmação de que o Japão não podia tolerar a atitude "extremamente presumida, obstinada e desrespeitosa" dos Estados Unidos:

> Se acabássemos por ceder, estaríamos abrindo mão, de um só golpe, não só de nossas conquistas nas guerras sino-japonesa e russo-japonesa, mas também dos benefícios do Incidente da Manchúria. E isto não podemos fazer. Relutamos em forçar nosso povo a passar por dificuldades ainda maiores, além do que já sofreu nesses quatro anos transcorridos desde o Incidente da China. Mas é evidente que a própria existência de nosso país está sendo ameaçada, que as grandes realizações do imperador Meiji seriam todas aniquiladas e que não há nada mais a fazer. Desse modo, [concluiu] creio que, se não há mais esperança nas negociações com os Estados Unidos, o início de uma guerra, de acordo com a decisão da anterior Conferência Imperial, é inevitável.

Seu comentário final consistiu em exortar o governo a buscar o mais breve possível um acerto para aquela que prometia ser uma longa guerra, fazendo o que estivesse a seu alcance para impedir a agitação interna.[136] Tojo assegurou-lhe que isso seria feito e suspendeu a reunião com expressões de lealdade ao imperador. Sugiyama observou que "Sua Majestade anuía com a cabeça a cada manifestação, sem dar sinais de preocupação. Parecia em excelente estado de ânimo, inspirando-nos profundo respeito".[137] Os presentes se inclinaram em mesura quando o imperador se retirou, sem qualquer expressão no rosto. Pouco depois, a proposta de guerra, assinada por todos os presentes, seria entregue a Hirohito. Depois de refletir por breve momento sobre a gravidade de sua decisão, observando que aceitar as exigências de Hull teria sido humilhante, o imperador apôs o seu selo nos documentos. Com isso, aprovava oficialmente a guerra.[138]

No dia seguinte, ele foi plenamente informado dos planos militares de Sugiyama e Nagano, que explicaram os detalhes do ataque a Pearl Harbor no dia 8 de dezembro (horário japonês, 7 de dezembro no Havaí). Nagano explicou que o dia, um domingo, era ideal, pois os navios de guerra americanos estariam ancorados. Pediu, então, a aprovação do imperador, que lhe foi dada sem hesitação. Yamamoto, no comando da Esquadra Conjunta, foi imediatamente informado. Às 17h30 daquele dia, ele telegrafaria à força-tarefa: "Início das hostilidades marcado para 8 de dezembro. Efetuar ataque como planejado".[139]

A tentativa de manter a aparência de negociações diplomáticas prosseguindo até o último momento, para assim preservar o elemento-surpresa na ação militar, exigia extremo cuidado em cada passo. Foi elaborado um longo documento em catorze pontos. Ele terminava afirmando que finalmente se perdera qualquer esperança de cooperação com os Estados Unidos e que não seria possível chegar a um acordo, ainda que essas negociações tivessem prosseguimento.[140] O documento deveria ser apresentado ao governo americano às 13h em Washington (7h30 no Havaí), meia hora antes do início do ataque a Pearl Harbor.[141] O que sem dúvida parecia em cima do laço — na verdade, em cima demais. Por incompetência na embaixada japonesa em Washington, a decodificação da mensagem vital sofreu indesculpável atraso. Além disso, o décimo quarto e último ponto foi deliberadamente retido o máximo possível em Tóquio. Esta parte só seria afinal decodificada às 12h30, e o texto inteiro só estaria disponível definitivamente às 13h50.[142]

Mas o governo americano interceptara o cabograma japonês. Roosevelt recebeu as treze primeiras partes às 21h30 do dia 6 de dezembro, observando: "Isto significa guerra".[143] (O presidente enviara uma mensagem pessoal a Hirohito mais cedo naquela noite, tentando obter a retirada das tropas japonesas da Indochina para preservar a paz na região. Mas tinha plena consciência da inutilidade da tentativa. Ela foi liminarmente descartada por Tojo, sem sequer se dar ao trabalho de apresentá-la oficialmente ao imperador, que teria se irritado com ela.[144]) Hull, Stimson e Knox puderam ler o texto decodificado uma hora antes. Acertaram, então, uma reunião para a manhã seguinte. Não julgaram necessário encontrar-se antes nem enviar advertências especiais às bases militares, pois advertências de que era iminente uma guerra com o Japão já haviam sido despachadas para os comandantes americanos em todo o Pacífico, inclusive no Havaí e nas Filipinas.[145] Um ataque japonês era já agora esperado a qualquer momento — embora ninguém imaginasse que ele ocorreria em Pearl Harbor.[146] Em 5 de dezembro (horário de Washington) foram avistados três comboios japoneses ao largo da extremidade Sul da Indochina, rumando para o golfo de Sião, o que parecia indicar a probabilidade de um ataque, em futuro muito próximo, contra a Malásia ou o Sião — ou, de qualquer maneira, em algum ponto do Sudeste Asiático e do Sul do Pacífico. Considerava-se menos provável um ataque direto contra possessões americanas (embora, ao serem recebidas as primeiras notícias sobre Pearl Harbor, uma das reações imediatas foi de que se tratava de um erro, e de que as Filipinas é que haviam sido atacadas).[147]

Mas a incompetência não prevalecia apenas na embaixada japonesa. O Gabinete do almirante Stark, comandante das operações navais americanas, estava de posse da última parte do texto decodificado já às 11h30 (hora de Washington; 6h no Havaí) de 7 de dezembro. George Marshall, o chefe do Estado-Maior do Exército, também dispunha a essa altura da mensagem decodificada. Ele e Stark falaram duas vezes pelo telefone. Os dois acabaram decidindo enviar uma advertência, que chegou aos comandantes em San Francisco, no canal do Panamá e nas Filipinas ao meio-dia, hora de Washington. Mas as condições atmosféricas impediram a comunicação com o Havaí. Não foi usado o precário telefone direto nem o sistema naval de comunicações por rádio. Curiosamente, a mensagem foi enviada pelo serviço telegráfico comercial da Western Union, que não tinha linha direta para Honolulu. Ela ainda não havia chegado ao Havaí quando teve início o ataque japonês.[148]

Num claro céu azul, a primeira onda de bombardeiros japoneses de mergulho começou seu ataque à frota americana ancorada em Pearl Harbor às 7h50, hora do Havaí (1h20 em Washington).[149] Quando o ataque terminou, às 9h45, e a coluna de fumaça sobre a grande base naval finalmente se desfez, os poderosos navios de guerra *Arizona, Oklahoma* e *California* haviam soçobrado, o *West Virginia* afundava em chamas, o *Nevada* estava encalhado e três outros navios tinham sido danificados. Ao todo, dezoito navios foram afundados ou danificados; 188 aviões haviam sido destruídos, sendo danificados outros 159. O número de baixas mortais de militares americanos chegou a 2403; outros 1178 foram feridos.[150] Entretanto, os porta-aviões estavam no mar, o que foi decisivo. Os submarinos também escaparam do bombardeio. E na verdade a maior parte dos navios danificados pôde sofrer reparos, retornando posteriormente à ação. Foi, portanto, um golpe poderoso, mas não arrasador, contra a máquina de guerra americana.

Tampouco houve um prosseguimento do ataque a Pearl Harbor, uma indicação do precário preparo estratégico dos japoneses em sua tentativa de infligir uma derrota decisiva aos Estados Unidos. Yamamoto, na verdade, previra essa limitação crítica numa carta particular escrita no anterior mês de janeiro. "Caso tenham início hostilidades entre o Japão e os Estados Unidos", escrevera ele, "não será suficiente que tomemos Guam e as Filipinas, nem mesmo o Havaí e San Francisco. Teremos de marchar sobre Washington e assinar o tratado (ou seja, ditar os termos da paz) na Casa Branca".[151]

Ainda assim, Pearl Harbor fora um enorme choque.[152] Também tivera início a ofensiva japonesa geral. Por um erro de coordenação, o ataque à península da Malásia começara antes mesmo do bombardeio de Pearl Harbor. Logo estariam ocorrendo os desembarques, assim como nas Filipinas. Ao amanhecer, Cingapura foi bombardeada. Hong Kong seria atacada algumas horas depois. Na manhã de 8 de dezembro, os passantes aplaudiam nas ruas de Tóquio ao ser transmitido pelo rádio o anúncio dos sucessos militares japoneses.[153] O Japão ainda não estava oficialmente em guerra. Às 11h da manhã, sete horas e meia depois de a notícia sobre a investida em Pearl Harbor ter chegado ao palácio imperial, o imperador Hirohito apôs o seu selo na declaração de guerra. Afirma-se que estava naquele dia "de excelente humor".[154]

Em Washington, Cordell Hull recebeu a notícia sobre Pearl Harbor do presidente pouco depois das duas horas. Estava para receber Nomura e Kurusu. Um quarto de hora depois, os emissários japoneses entraram na sala. O secretário de Estado recusou-se ao aperto de mãos e os deixou de pé. Examinou a nota final japonesa. "Em meus cinqüenta anos de serviço público", declarou então, cortante, "nunca vi um documento mais cheio de mentiras e distorções infames — mentiras e distorções infames de tal magnitude que jamais imaginei que algum governo fosse capaz de enunciá-las." Limitou-se em seguida a apontar com a cabeça em direção à porta. Nomura e Kurusu foram sumariamente dispensados.[155]

À uma da tarde do dia seguinte, o presidente Roosevelt falava ao Congresso. Perante a Câmara dos Deputados lotada, ele declarou: "Ontem, 7 de dezembro de 1941 — uma data que será lembrada pela infâmia —, os Estados Unidos da América foram repentina e deliberadamente atacados por forças navais e aéreas do Império do Japão". Seu discurso foi repetidamente interrompido por aplausos, e concluiu com o pedido de que o Congresso declarasse que, "desde o ataque covarde e injustificado do Japão no domingo, 7 de dezembro de 1941, prevalece o estado de guerra entre os Estados Unidos e o Império japonês". Estas palavras foram recebidas com um clamor de aprovação. Ao se passar à votação, uma única deputada, Jeannette Rankin, de Montana, opôs-se à guerra, como já fizera em 1917. Todos os outros 388 membros da Câmara dos Deputados e todos os membros do Senado votaram a favor.[156] O ataque japonês a Pearl Harbor mostrava que os Estados Unidos nunca haviam estado tão unidos. Sem o ataque japonês, cabe duvidar que Roosevelt conseguisse obter do Congresso uma declaração de guerra no Pacífico. Pearl Harbor descartara a necessidade de testar essa possibilidade. O presidente assinou a declaração de guerra às 16h10. Logo seguiram o exemplo a Grã-Bretanha e os governos da Comunidade Britânica. Começara a Guerra do Pacífico.[157]

VIII

Menos de quatro anos depois, o Japão estava de joelhos, com duas de suas cidades arrasadas pelas únicas bombas nucleares lançadas na guerra, sua população derrotada e desmoralizada, a economia devastada, o país ocupado pelo inimigo. Eram as terríveis conseqüências das escolhas fatídicas feitas pelos dirigentes japoneses. Até que ponto haviam sido escolhas livres? E em que momento, se é que ele houve, as alternativas se reduziram a ponto de efetivamente desaparecer, sem deixar opções concretas? Quais eram então, ou mesmo antes, as efetivas limitações na liberdade de escolha do Japão? E seria possível distinguir entre os empecilhos objetivos às decisões e os fatores psicológicos e subjetivos?

São questões mais fáceis de levantar que de responder. Mas parece possível chamar a atenção para certos passos cruciais que, dados pelos líderes civis e militares japoneses com o apoio de uma opinião pública manipulada, tiveram como resultado diminuir consideravelmente o leque de alternativas, até que elas tivessem praticamente desaparecido no outono de 1941.

O primeiro movimento de redução das alternativas começara já em 1931, com o "Incidente de Mukden", que levou à efetiva anexação da Manchúria. Uma crescente agitação no Japão acompanhara o aumento da animosidade em relação aos concorrentes industrializados ocidentais, especialmente os Estados Unidos e a Grã-Bretanha, em parte por causa da imposição de tarifas elevadas sobre produtos japoneses importados. A hostilidade em relação àquelas que eram consideradas as desvantagens do "sistema de Washington" no pós-guerra gerou um clima que fomentava tendências nacionalistas e militaristas. Ganharam terreno certas tendências neomercantilistas, voltadas para os benefícios autárquicos a serem extraídos de um sistema colonial, ou pelo menos de territórios dependentes do Japão.[15] Era este o pano de fundo do apoio do governo japonês à iniciativa independente tomada pelo Exército de Kwantung na Manchúria. O Japão tinha interesses na Manchúria desde a guerra com a China em 1894-5. O controle da região permitiria ao país fortalecer-se economicamente. E também reforçaria as defesas japonesas diante da União Soviética, vista como uma ameaça cada vez mais séria. São evidentes, assim, as razões — econômicas, militares e de política interna — para o apoio à agressão iniciada de maneira independente pelo Exército de Kwantung. Mas essas razões não tornavam esse apoio *incontornável*. O governo japonês tinha como escolher. Ao decidir apoiar a agressão, deu um considerável impulso aos militares japoneses, que estavam nesse momento recuperando boa parte da influência que haviam tido na política interna na década de 20, e começavam a arregaçar as mangas. E também fomentou a retórica nacionalista populista que se tornava cada vez mais estridente. Nos anos subseqüentes, a Manchúria haveria de se transformar numa espécie de totem: o retorno ao "sistema de Washington" que prevalecera antes de 1931, com a implícita idéia da exploração do Japão pelas potências ocidentais, era invariavelmente apresentado como perspectiva que não podia ser contemplada. Desse modo, a Manchúria contribuiu para as decisões posteriores.

A invasão japonesa da Manchúria foi um divisor de águas. Não havia qualquer ligação intrínseca com o "Incidente da China" de seis anos depois. Mas as forças que o incidente contribuiu para liberar se haviam fortalecido nesse ínterim. E o Japão ficara mais isolado no panorama internacional. Em 1937, o clamor populista e o expansionismo militarista transformaram o "Incidente da China" numa guerra sem fim que drenava recursos e energias humanas com um retorno cada vez menor, transformando-se ao mesmo tempo no mais sério obstáculo para qualquer acordo com os Estados Unidos. Mas a idéia de uma "guerra santa" contra a China não estava limitada a certas facções militares do governo japonês. Entre os políticos mais destacados, não havia praticamente uma voz que se levantasse contra a guerra. O príncipe Konoe, primeiro-ministro pela primeira vez e, quatro anos depois, um desesperado defensor de um acordo de última hora para evitar uma guerra no Pacífico, era apenas um de seus ardorosos adeptos. Também aqui, o governo de Tóquio tinha uma escolha. Poderia ter decidido não expandir o pequeno incidente inicial, transformando-o num grande conflito. Mas preferiu tentar destruir a China. Isso, paralelamente às atrocidades que então chocaram o Ocidente, acuou o Japão muito mais numa posição da qual se tornou cada vez mais difícil livrar-se.

Acompanhamos detalhadamente a tomada de decisões cruciais em 1940 e 1941. Embora nuances fossem freqüentemente propostas nas políticas a serem seguidas, pela própria natureza facciosa do governo japonês, apresentando-se o processo decisório como algo complexo e não raro laborioso, em 1940 nenhum indivíduo ou facção fazia frente efetivamente ao imperativo da expansão para o Sudeste Asiático, num futuro próximo, para criar um *imperium* econômico japonês. A essa altura, o expansionismo já se tornara uma ideologia universalmente aceita nas elites governantes. E era mais ardorosamente defendida nos setores mais fortes dessas elites: nos líderes e nos escalões médios do Exército e da Marinha. No verão de 1940, depois do verão e, finalmente, no outono de 1941, havia algumas alternativas nas políticas a serem adotadas. Mas elas se tornavam cada vez mais acanhadas.

Uma vez tomada, no verão de 1940 (aproveitando a confusão na Grã-Bretanha após a ofensiva ocidental de Hitler), a decisão de avançar em direção ao sul, ela veio a tornar-se mais um ponto não negociável na busca de qualquer acordo diplomático. O Japão prendeu-se ainda mais a uma posição antiamericana, além de antibritânica, com a conseqüente decisão, tomada mais tarde naquele mesmo verão, de constituir uma aliança militar com as potências do Eixo. A essa altura, tornava-se cada vez mais evidente a rota de colisão com os Estados Unidos. O governo japonês tinha consciência de que estava seguindo esse caminho, assim como dos riscos que acarretava. Mas optou por persistir nele. Foi liminarmente descartada a alternativa, que ainda estava a seu alcance, de recuar da expansão, com a crescente perspectiva de um conflito militar com um inimigo poderoso, em favor da reintegração ao comércio internacional, com sua conseqüente situação de concorrência (considerada desfavorável ao Japão).

No verão de 1941, os deuses aparentemente favoreciam mais uma vez o Japão. O súbito ataque alemão à União Soviética e a rápida penetração no país, acompanhada de golpes devastadores contra o Exército Vermelho, representavam uma possibilidade de atacar o tradicional inimigo, num momento desfavorável, pelo Leste. Essa eventualidade foi ativamente analisada durante mais ou menos seis semanas. Mas se optou por dar continuidade aos preparativos para o avanço em direção Sul. Já agora o Japão estava completamente atado a seus imperativos econômicos e ideológicos. Entrelaçados, eles ficaram ainda mais evidentes quando os americanos fecharam a torneira do petróleo, depois do envio de tropas japonesas para a Indochina francesa em julho. A partir de então, a guerra era inevitável, a menos que se tomasse a decisão de evitá-la.

Vozes importantes entre os líderes japoneses efetivamente se levantaram no outono de 1941 em favor de uma decisão pela guerra. A essa altura, contudo, uma forte apreensão quanto às conseqüências para o Japão de uma guerra com a América já começava a se transformar em puro e simples medo. O próprio imperador queria evitar a guerra. E assim também o príncipe Konoe, pela terceira vez servindo como primeiro-ministro e tentando desesperadamente conseguir um encontro pessoal com o presidente Roosevelt para evitar o conflito — empenho que acabou derrubando o seu governo. Quando caiu o Gabinete de Konoe, até mesmo o novo primeiro-ministro, Tojo, até então um dos mais radicais "falcões", tornou-se um convicto adepto da negociação de algum acordo com os Estados Unidos. Seu ministro do Exterior, Togo, foi escolhido na expectativa de encaminhar esse tipo de solução. O envio de Kurusu como emissário para ajudar Nomura, o embaixador em Washington, em suas dificuldades era mais um sinal da seriedade da tentativa do Japão, à última hora, de encontrar uma saída para o impasse. Ainda em 29 de novembro de 1941, na véspera da Conferência Imperial que confirmou a decisão de entrar em guerra, a maioria dos integrantes do *jushin* — o grupo dos estadistas veteranos, ex-primeiros-ministros — ainda queria impedir a conflagração que tanto temia.

Se personalidades de tanto peso se manifestavam em favor da paz, por que se acabou tomando a decisão pela guerra? A resposta, naturalmente, está em parte no endurecimento da posição dos Estados Unidos, que empurrou o Japão ainda mais para um beco sem saída. Muito se especulou desde então sobre o rumo provável ou possível que os acontecimentos teriam tomado se o governo americano, e sobretudo o secretário de Estado, Cordell Hull, se tivessem mostrado menos intransigentes, mais abertos à negociação, especialmente no outono de 1941. Não seria do interesse da própria América, pelo menos a curto prazo, enfraquecer um pouco seu compromisso com a China em favor de um acerto com o Japão, no lugar de uma rígida insistência na retirada japonesa de um país no qual os Estados

Unidos não tinham interesse primordial?[159] A paz no Pacífico não poderia ter sido salva se Roosevelt tivesse consentido em se encontrar com Konoe?[160] E não se poderia ter evitado a guerra no último minuto se os Estados Unidos, em vez de fecharem as portas no fim de novembro, com os peremptórios Dez Pontos de Hull, se tivessem disposto a seguir em frente com a proposta presidencial de encontrar um *modus vivendi*? Alguns dos participantes do tortuoso processo que levou, em Tóquio, à decisão de entrar em guerra alegariam mais tarde que se a proposta de um *modus vivendi* feita por Roosevelt tivesse sido recebida pelo governo japonês, ou mesmo se a "Nota" de Hull tivesse excluído Mandchukuo da exigência de retirada de tropas da China, em vez de permitir a equivocada pressuposição de que era incluída, novos compromissos e propostas poderiam ter surgido. Possivelmente, prosseguia essa linha de raciocínio, o governo de Tojo teria caído, sendo substituído por um Gabinete favorável à paz. E o subseqüente debate na Conferência de Ligação, acarretado pela idéia do *modus vivendi*, teria de qualquer maneira imposto um adiamento da mobilização para a guerra.[161] Uma vez parada a máquina de guerra, ainda que temporariamente, não poderia ser reativada até a primavera. Uma trégua teria sido alcançada, levando talvez à consolidação de uma nova base nas relações de poder no Extremo Oriente.

Tudo isso parece mera confusão dos desejos com a realidade. É bem verdade que o governo Roosevelt se havia tornado mais intransigente. Mas os americanos haviam endurecido sua posição precisamente porque o Japão, desde 1937, se recusava a abrir mão da incansável busca de expansão e domínio no Extremo Oriente. E à medida que se aproximava a guerra, as interceptações das mensagens da inteligência confirmavam que a expansão, com vistas ao estabelecimento de uma "nova ordem" na região, era questão inegociável para os japoneses. A questão da retirada do território chinês era igualmente tabu. Nem só por razões idealistas a China se havia tornado motivo de impasse em todas as tentativas de negociação, embora o país efetivamente se tivesse transformado numa questão moral na América, e a reação antijaponesa suscitada nos Estados Unidos pelos relatos de atrocidades cometidas pelo Exército japonês contra civis chineses certamente fizera da opinião pública americana um fator que não podia ser ignorado pelo governo Roosevelt em sua política para o Extremo Oriente.[162] Os interesses econômicos tampouco eram o fator mais determinante na adesão americana à causa dos nacionalistas chineses. O Pacífico, e não o continente asiático, era primordial para os interesses americanos na região. A principal preocupação, que ganhava cada vez mais importância, era a necessidade de manter unida a coalizão já então conhecida como a do ABCD — a aliança mais ou menos informal entre dirigentes da América, da Grã-Bretanha, da China e das Índias Orientais holandesas. Abandonar a China teria as mais graves conseqüências para a posição da Grã-Bretanha no Extremo Oriente. As relações entre os Estados Unidos e a Grã-Bretanha sofreriam forte tensão, num momento crucial da guerra no Atlântico, assim como na luta contra a Alemanha nazista — que também ainda era vista na América como a prioridade —, especialmente considerando-se que o Japão firmara uma aliança formal com as potências do Eixo. Por esta razão, acima de tudo, é que a China continuava sendo o pivô. Os Estados Unidos não podiam contemplar a possibilidade de solapar a posição de Chiang Kai-shek em troca de ganhos de curto prazo na tentativa de impedir uma guerra no Pacífico, quando mais não fosse por estarem certos de que os planos de poderio do Japão na região significavam que essa guerra estaria sendo simplesmente adiada, e não evitada.[163]

Os principais motivos do estreitamento das alternativas do Japão, até o ponto em que o país ficou apenas com a guerra como rumo possível, não serão encontrados em Washington, mas em Tóquio. É verdade que o desejo de evitar uma guerra foi manifestado em importantes setores no outono de 1941. Mas os mesmos indivíduos que agora queriam a paz vinham a cada etapa apoiando as medidas que tinham levado ao ponto em que o Japão se encontrava à beira do abismo da guerra. Konoe é um exemplo destacado, mas nem de longe isolado, desses dirigentes japoneses que vinham avidamente apoiando um expansionismo agressivo, até ficarem sem saída frente ao desastre iminente. Mas o *medo* da guerra não significava necessariamente *oposição* às decisões políticas que levaram o Japão àquela situação-limite. Em momento algum se manifestou uma firme e coesa rejeição das decisões que pareciam cortejar o perigo. Nenhuma das facções das elites considerava que pudesse haver recuo em relação às metas de um acordo vitorioso na China e expansão para o estabelecimento da "Esfera de Co-Prosperidade do Grande Leste Asiático" — ou, em outras palavras, a dominação japonesa do Extremo Oriente. Esses objetivos não se haviam tornado apenas um imperativo econômico. Refletiam questões de honra e orgulho nacional, o prestígio e a posição de uma grande potência. Considerava-se que as alternativas não significariam apenas pobreza, mas derrota, humilhação, desonra e o fim da posição de grande potência, em permanente subordinação aos Estados Unidos.

Essa visão se havia generalizado no Japão na década anterior, num momento em que a Depressão desestabilizara a política e a sociedade, desacreditando as virtudes de uma economia internacional dominada pela esfera anglo-americana. Ela permeava tanto a elite do poder quanto a massa da população, cujo estridente chauvinismo vinha sendo deliberadamente estimulado, quando não diretamente manufaturado, desde o "Incidente da Manchúria" pelos meios de comunicação a reboque do governo. Acima de tudo, permitia que a influência da facção mais poderosa, os militares, se tornasse absolutamente decisiva. Embora o Exército e a Marinha tivessem interesses e projetos diferentes, a combinação da busca de domínio na China (paralelamente ao fortalecimento das defesas no Norte, contra a União Soviética) e a perspectiva de expansão para o Sul eram mais que suficientes para mantê-los unidos. Além disso, os militares sempre detiveram os trunfos no debate político: a retirada da China significaria aceitar que os enormes sacrifícios feitos desde 1937 tinham sido em vão; desistir do avanço em direção ao Sul seria abrir mão da prosperidade e da segurança, em troca da pobreza e da privação; retirar-se do Eixo significaria submeter-se longamente aos Estados Unidos; e a recusa de entrar em guerra no outono de 1941 seria adiar um conflito inevitável para um momento em que o equilíbrio de poder estaria menos favorável ao Japão. A cada etapa, à medida que diminuíam as alternativas políticas, os chefes de Estado-Maior das duas armas, pressionados por oficiais beligerantes de suas sessões de planejamento e operações, mostravam-se os mais articulados e insistentes adeptos da guerra. No fim do verão de 1941, tinham conseguido impor, sem enfrentar grande oposição, o compromisso de ação militar até o fim do ano. A última decisão política séria tomada pelos líderes japoneses foi concordar com uma programação militar que significava que a diplomacia, apesar de contar com débeis perspectivas de êxito, seria forçada a correr contra o relógio. A fraqueza das outras facções da elite japonesa permitira que os estados-maiores do Exército e da Marinha ditassem cada vez mais as alternativas de política oficial, até o ponto em que essas alternativas cederam ante o imperativo militar: a guerra.

Ironicamente, quando chegou ao fim essa guerra terrível, o Japão se viu mais dependente dos Estados Unidos, do ponto de vista econômico, que se pudera prever antes do conflito, privado da condição de grande potência, destituído de toda capacidade militar, mas, com o tempo, passando a desfrutar de uma prosperidade inimaginável para os cidadãos do país no conturbado e turbulento período entreguerras.

9. Berlim, outono de 1941

Hitler decide declarar guerra aos Estados Unidos

> *Ele destaca a extraordinária relevância da entrada do Japão na guerra, sobretudo no que diz respeito à nossa guerra de submarinos [...]. O Führer está convencido de que, mesmo sem o Japão ter entrado na guerra, ele teria sido obrigado, mais cedo ou mais tarde, a declarar guerra aos norte-americanos. Agora o conflito no Leste da Ásia cai como um presente no nosso colo.*
>
> Reprodução dos comentários de Hitler aos líderes de seu partido,
> 12 de dezembro de 1941

Essa já foi descrita como a "mais intrigante" das decisões de Hitler durante a Segunda Guerra Mundial.[1] No auge de seu longo discurso no Reichstag, na tarde de 11 de dezembro de 1941, Hitler anunciou que a tentativa alemã e italiana de evitar o alastramento da guerra e manter relações com os Estados Unidos da América, apesar de anos de "provocações intoleráveis do presidente Roosevelt", havia fracassado. Conseqüentemente, segundo os termos do Pacto Tripartite de 27 de setembro de 1940, Alemanha e Itália viram-se compelidas, juntamente com o Japão, "a travar uma luta conjunta pela defesa, e portanto pela manutenção da paz e independência de seus povos e impérios diante dos Estados Unidos da

América e da Inglaterra".[2] Mais cedo na mesma tarde, a declaração formal de guerra fora lida em tom grave para o *chargé d'affaires* norte-americano em Berlim por Joachim von Ribbentrop, ministro das Relações Exteriores do Reich, cuja rápida mesura ao final da audiência pusera o ponto final nas relações entre Alemanha e Estados Unidos.[3]

Quatro dias depois, o resumo periódico de pesquisas de opinião feitas junto à população alemã, compilado pelo Serviço de Segurança (*Sicherheitsdienst*, SD), que iniciara sua existência como órgão de vigilância do Partido Nazista e mais tarde tornara-se parte da imensa e cada vez mais abrangente rede da polícia SS, afirmava que "a declaração de guerra aos Estados Unidos não constituiu nenhuma surpresa, e foi interpretada de forma geral como uma confirmação oficial do que já existia na prática". Pairam dúvidas quanto à exatidão dessa descrição lapidar da opinião pública. O mesmo relatório registrava mais adiante que "comentários de surpresa muito ocasionais, e uma certa preocupação com o acréscimo de mais um inimigo" podiam ser ouvidos na zona rural. E estava claro que, conforme indicava o relatório, havia especulações quanto ao que esse fato significava, com a expectativa de uma guerra prolongada nos mares que poderia durar muitos anos.[4] Mesmo antes da declaração de guerra aos Estados Unidos, era possível ouvir vozes pessimistas fora do alcance dos ouvidos dos informantes da polícia, vozes que previam que a guerra iria durar cinco anos, que a ajuda norte-americana havia salvado a Grã-Bretanha, que talvez a Alemanha não vencesse, e que, no final das contas, chegar-se-ia a um acordo que representaria um meio-termo.[5] Um soldado comum, confiante de que a Alemanha acabaria se mostrando vitoriosa, confidenciou entretanto ao seu diário, no dia do discurso de Hitler no Reichstag, que aquilo significava "guerra enquanto durar nossas vidas". "Coitados dos meus pais", acrescentou.[6]

Os que estavam preocupados e horrorizados com o fato de a guerra agora se estender muito longe no futuro, e incluir um novo inimigo com acesso a recursos inimagináveis, tinham a sensatez de não alardear suas opiniões. Na vida íntima, porém, essas ansiedades eram muito freqüentes. Lembranças vívidas da Primeira Guerra Mundial ainda perduravam. Segundo relatórios que vazavam de fontes socialistas clandestinas, muitos alemães ainda não "haviam se esquecido de que fora a participação norte-americana na última guerra mundial que selara o seu desfecho e o destino da Alemanha".[7] Em uma carta escrita à mulher no dia seguinte à declaração de guerra, um oficial alemão baseado em Varsóvia afirmava ter recebido a notícia "com horror". "Provavelmente o que todos os alemães temiam tornou-se realidade", acrescentou.[8] Esses temores vinham se somar à imensa preocupação com parentes e amigos que combatiam em um Exército atualmente atolado nos confins gelados da Rússia, e que enfrentava a primeira crise militar alemã séria desde o início da guerra, dois anos antes.

Até mesmo Joseph Goebbels, ministro da Propaganda hitlerista e uma das pessoas mais próximas do Führer, seu confidente, aludiu de forma oblíqua à sua apreensão quanto a trazer um novo e poderoso inimigo diretamente para dentro do conflito. Ao anotar rapidamente o conteúdo essencial de uma conversa telefônica com Hitler, logo depois de a notícia do ataque japonês a Pearl Harbor chegar a Berlim, Goebbels comentou que a Alemanha, "com base no Pacto Tripartite", "provavelmente não poderia evitar uma declaração de guerra aos Estados Unidos". Em seguida, seu diário inclui uma expressão reveladora. "Mas isso agora não é tão ruim assim", uma vez que ele imaginava que os suprimentos norte-americanos à Grã-Bretanha teriam de ser desviados para a guerra no Pacífico.[9] Trata-se de uma leve e inconsciente sugestão de que Goebbels também via a guerra contra os Estados Unidos como um desdobramento preocupante. Mas é claro que a dúvida subconsciente logo foi soterrada pelas habituais demonstrações de confiança.

Os líderes militares, que já conheciam muito bem a dimensão da crise na frente de combate oriental, mostraram-se menos enfáticos, pelo menos se pudermos confiar em seus relatos do pós-guerra. O ajudante-de-ordens da Luftwaffe junto a Hitler, Nicolaus von Below, que acabava de voltar de uma licença de um mês, foi informado de que Pearl Harbor fora um sinal para a Alemanha declarar guerra aos Estados Unidos. Ficou chocado, conforme escreveu mais tarde, com a "falta de noção" de Hitler em relação ao "potencial" norte-americano, a seu poderio econômico e militar que já se mostrara decisivo uma vez, durante a Primeira Guerra Mundial. Ele via isso como uma manifestação da abordagem "amadora" de Hitler e de seu conhecimento limitado sobre países estrangeiros.[10]

O contra-almirante (sua patente na época) Karl Dönitz, comandante-em-chefe da frota de submarinos alemã e leal partidário de Hitler entre os oficiais graduados, também ficou espantado com a notícia de que a Alemanha estava em guerra com os Estados Unidos. Em setembro, ele dissera a Hitler que, se os Estados Unidos fossem ser incluídos na guerra, ele desejava ser avisado de modo a posicionar seus submarinos de forma adequada, para tirar a maior vantagem possível do elemento-surpresa e infligir um golpe importante enquanto as defesas antisubmarino ainda estavam fracas. "No entanto", escreveu mais tarde, "o que aconteceu foi diferente. O próprio alto comando alemão foi pego de surpresa pelo ataque japonês a Pearl Harbor em 7 de dezembro de 1941; e nessa época não havia um único submarino alemão em águas norte-americanas."[11]

O general Walter Warlimont, diretamente subordinado ao general Alfred Jodl, principal conselheiro de planejamento operacional de Hitler, corroborou o veredicto de estratégia amadorística e malconcebida, imposta por decisões espontâneas tomadas sem consulta ou reflexão. Ele próprio acabara de receber a notícia da declaração da guerra no quartel-general de Hitler na frente da Prússia Oriental, onde estava justamente conversando sobre as implicações com oficiais do Estado-Maior quando Jodl lhe telefonou de Berlim na tarde de 11 de dezembro. "Já ficaram sabendo que o Führer acabou de declarar guerra aos Estados Unidos?", perguntou Jodl. "Já, e não poderíamos estar mais surpresos", respondeu Warlimont. Jodl ressaltou que agora era urgentemente necessário pensar em onde os Estados Unidos poderiam atacar. Warlimont concordou, acrescentando que "até agora, nós nunca sequer consideramos a possibilidade de uma guerra contra os Estados Unidos, então não temos dados que possam servir de base para essa avaliação".[12]

A decisão de declarar guerra aos Estados Unidos, recordou Warlimont, "era mais uma decisão inteiramente independente em relação à qual a opinião da Wehrmacht não fora solicitada nem dada; conseqüentemente, víamo-nos agora confrontados a uma guerra em duas frentes da forma mais séria que se poderia conceber. Até então, o plano de guerra de Hitler tivera por objetivo a rápida eliminação da Rússia como 'fator de importância militar', de modo a poder subseqüentemente usar a força concentrada da Wehrmacht para pôr fim à guerra na frente ocidental. Agora, o melhor que se poderia esperar era não ser esmagado entre dois inimigos, um a Leste e outro a Oeste, cujo potencial bélico somado era muito superior ao nosso".[13] Segundo Warlimont, Hitler estava "literalmente fascinado pelo seu próprio conceito da situação política e não levou em conta de forma adequada as implicações militares".[14]

Hitler, portanto, havia declarado guerra a um país poderoso como os Estados Unidos de forma abrupta, sem consultar seus estrategistas militares (com exceção, talvez, do ultraleal Jodl e do chefe do alto comando da Wehrmacht, o servil marechal-de-campo Wilhelm Keitel), sem qualquer coisa que se assemelhasse a uma preparação adequada para um conflito dessa magnitude e, conforme recordou Dönitz, sem levar em consideração as implicações logísticas imediatas. A declaração de guerra tampouco era necessária ou sob qualquer aspecto obrigatória para a Alemanha. Em seu discurso no Reichstag, Hitler afirmou que a declaração estava de acordo com os termos do Pacto Tripartite. Mas isso não era verdade. Ribbentrop (segundo seu relato subseqüente, em tom de autopromoção) lembrara a Hitler que o pacto obrigava a Alemanha a ajudar o Japão caso este fosse atacado por terceiros.[15] Como fora o Japão que atacara os Estados Unidos, e não o contrário, a Alemanha não estava obrigada a intervir. O principal oficial do Ministério de Relações Exteriores alemão, secretário de Estado Ernst von Weizsäcker, revelou posteriormente grande surpresa diante da afirmação de Hitler, em seu discurso, de que a Alemanha fora obrigada pelo Pacto Tripartite a declarar guerra aos Estados Unidos. Ele via isso como "um equívoco jurídico e um erro político".[16]

A surpresa e o temor diante da declaração de guerra aos Estados Unidos, não somente entre alemães comuns, mas também no *entourage* de Hitler e nos mais altos círculos do governo e das Forças Armadas, fornecem uma indicação clara de que o início das hostilidades com os Estados Unidos não era visto nem como um desdobramento inevitável, nem como uma necessidade imediata. Mesmo aos olhos dos líderes militares e diplomáticos alemães, houvera uma alternativa. Hitler tinha outras opções, e escolheu a guerra com os Estados Unidos. Na sua opinião, é claro, um estado de guerra já existia na prática no Atlântico, e no fato de os Estados Unidos apoiarem diretamente a Grã-Bretanha e também a União Soviética. Mas há motivos para supor que, do ponto de vista de Roosevelt, a "guerra não declarada" no Atlântico poderia ter se prolongado indefinidamente, mesmo depois do ataque japonês a Pearl Harbor. Hitler conhecia bem as dificuldades de Roosevelt com a opinião pública norte-americana, e ainda melhor seus problemas com o Congresso. Sabia que o presidente dos Estados Unidos só tinha conseguido apoio para a extensão da Lei de Serviço Seletivo em agosto de 1941 pela mais estreita das margens, e sabia que ele não se atrevera a solicitar uma declaração de guerra ao Congresso até o inequívoco ato de agressão japonês no bombardeio a Pearl Harbor, em 7 de dezembro. Mesmo depois da declaração de guerra ao Japão, não havia nenhuma garantia de que Roosevelt teria obtido aprovação do Congresso para entrar em guerra contra a Alemanha. Hitler poupou Roosevelt de tomar essa difícil e nada invejável decisão no dia 11 de dezembro.

No entanto, Hitler dispunha da distração que queria no Pacífico mesmo sem uma declaração de guerra aos Estados Unidos. E, a essa altura, não conhecia nenhuma forma de derrotar esse inimigo. Os seus submarinos certamente poderiam atacar carregamentos norte-americanos no Atlântico. Mas ele não tinha como atacar o território norte-americano, bombardear cidades norte-americanas ou prejudicar o funcionamento de sua máquina militar. Agora, com a declaração de guerra, a pressão do tempo — a urgência de obter uma vitória completa na Europa e reunir força e contingente militar capazes de derrotar, ou pelo menos repelir os Estados Unidos — havia se intensificado ainda mais. O tempo jogava menos do que nunca a favor da Alemanha. Como Hitler bem sabia, dali a uns dois anos os norte-americanos esperavam dispor de um imenso Exército em terra pronto para combater no continente europeu. Na realidade, essa "segunda frente", tão ansiada por Stálin, levou um pouco mais de tempo para se materializar (embora o desembarque no Norte da África, e em seguida o avanço no Sul da Itália, tenham começado em 1943), e a invasão da Europa ocidental ocupada pelos nazistas, que a Grã-Bretanha jamais poderia ter realizado sem ajuda norte-americana, só começou em 1944. Porém, com a decisão de 11 de dezembro de 1941, Hitler deu um grande passo no sentido de selar a futura sorte da Alemanha. Esse parece ser justamente o movimento que ele deveria ter evitado a todo custo. Mesmo depois de tanto tempo, a decisão parece uma loucura. Por que, independentemente de conselhos, e em um momento crítico da acirrada luta pela supremacia na frente oriental, ele optou por uma guerra contra um inimigo novo e extremamente poderoso no Oeste, um inimigo que não sabia como derrotar? Quão intrigante foi de fato essa decisão?

I

Em termos da política de poder internacional, até o final dos anos 30 os Estados Unidos ocupavam apenas a periferia dos pensamentos de Hitler. Ele estava totalmente concentrado na Europa. Os Estados Unidos, situados em outro hemisfério e aparentemente determinados a seguir o caminho político do isolacionismo, eram em grande parte irrelevantes para a visão que Hitler tinha do futuro da política internacional alemã.

No entanto, o potencial econômico e a composição racial dos Estados Unidos tinham implicações para a sua ideologia — para a forma como ele via os atuais problemas e as futuras esperanças da Alemanha. Tipicamente, suas idéias centrais de "espaço vital" e raça eram a chave da imagem que ele tinha dos Estados Unidos.

Naquele vasto país, com um núcleo racial dominante branco e "nórdico", ao qual ele atribuía seu sucesso econômico e alto padrão de vida, Hitler via um modelo para a sua visão de um "espaço vital" alemão na Europa.[17] Na sua opinião, o avanço econômico norte-americano tinha sido possibilitado não apenas pela inovação tecnológica e pela racionalização da administração e da produção (como em geral se supunha), mas também pela expansão territorial de modo a se adaptar a uma população cada vez maior: pela conquista do Oeste "depois de o homem branco abater os milhões de peles-vermelha e reduzi-los a poucas centenas de milhares".[18] Isso correspondia à sua visão de como a prosperidade alemã e sua dominação na Europa só poderiam ser alcançadas por meio da expansão — e esta, por sua vez, "pela espada". No início da década de 30, Hitler considerava os Estados Unidos, em termos econômicos, o "rival mais difícil que poderia haver".[19] Ele não alardeava em público as implicações mais abrangentes desse fato, embora a essa altura já houvesse pensado a respeito em particular. Em algum futuro incerto e distante, uma Europa dominada pela Alemanha teria de enfrentar os Estados Unidos em uma batalha pela supremacia. Essa implicação era reforçada — embora isso não tenha sido verbalizado — por outro aspecto arraigado da imagem que Hitler tinha dos Estados Unidos: que o país, apesar de um contingente importante de brancos, era dominado pelo capital judaico e controlado política e culturalmente pelos judeus.[20]

Durante a década de 20, a imagem que Hitler tinha dos Estados Unidos (exceto no que diz respeito a seu conteúdo anti-semita veemente e a uma pesada insistência adicional na franco-maçonaria) correspondia em linhas gerais aos estereótipos vigentes nos círculos de direita da Alemanha. Sem nenhuma surpresa, nos primeiros anos de sua carreira "política", o papel dos Estados Unidos na Primeira Guerra Mundial — que ele considerava ditado pelos interesses do capital financeiro judaico e da franco-maçonaria — era o ponto de referência. Juntamente com isso vinham manifestações de ódio em relação ao presidente Woodrow Wilson, amplamente condenado pela direita alemã pelo que se considerava seu papel na "revolução de novembro" de 1918, e depois na humilhação nacional do Tratado de Versalhes, em junho do ano seguinte.[21] Durante um de seus primeiros discursos, em dezembro de 1919, Hitler incluiu os Estados Unidos ao lado da Grã-Bretanha como "inimigos absolutos" da Alemanha, visão convencional tão pouco tempo depois da Primeira Guerra Mundial. Para os Estados Unidos, imaginava ele, o dinheiro era tudo o que importava, mesmo que encharcado de sangue. A sua associação dos Estados Unidos com o poder dos judeus não demorou a aparecer: "Para o judeu, a bolsa de dinheiro é o mais sagrado dos objetos". Os Estados Unidos, concluía, estavam fadados a entrar na guerra e a ficar com a melhor parte dos despojos.[22] Sentimentos parecidos tornaram a aparecer em muitos de seus discursos nos anos anteriores ao *putsch* de 1923, sem nunca se tornarem um tema dominante.

Tampouco os Estados Unidos ocupavam uma posição proeminente na avaliação que Hitler fazia da política externa alemã na segunda parte de seu tratado *Mein Kampf*, que começou a escrever em 1924, na prisão, após a tentativa fracassada de *putsch*, e concluiu no verão de 1926, mais de um ano depois de ser solto. Apenas um trecho curto próximo do fim fazia alusão à posição norte-americana nas questões internacionais: um país controlado por judeus, futuro rival e eventual herdeiro do condenado Império Britânico. "São os judeus quem governam as forças de mercado da União Norte-Americana", escreveu Hitler. "Cada ano os transforma um pouco mais nos mestres que controlam a produção em uma nação de 120 milhões de pessoas." A ameaça velada era à Grã-Bretanha. "Nenhum vínculo de afinidade pode impedir, na Inglaterra, um certo sentimento de preocupação invejosa com o crescimento da União Norte-Americana em todos os campos da política internacional, econômica e de poder", alertava ele. "A ex-colônia, filha da grande mãe, parece estar se transformando em um novo senhor do mundo."[23] A ameaça que uma grande potência emergente liderada por judeus constituía para a Alemanha estava implícita na visão de mundo distorcida de Hitler, mas pertencia a um futuro distante. Ele não se demorou refletindo a respeito.

Em 1928, quando escreveu seu "Segundo Livro" — em grande parte um tratado sobre o Tirol do Sul, questão sensível na época e provavelmente motivo de o tratado ter permanecido sem publicação até sua descoberta bem depois da guerra —, a perpectiva de um confronto com os Estados Unidos em algum momento no futuro distante havia tomado forma na mente de Hitler, nem que fosse de maneira difusa. Idéias sobre uma ameaça à Europa representada pelo poderio econômico cada vez maior dos Estados Unidos eram tão comuns na Alemanha no final dos anos 20 quanto um preconceito antiamericano generalizado.[24] Mesmo assim, a visão de mundo racista de Hitler, ligada às suas pressuposições geopolíticas, dava-lhes um toque diferente.

Na segunda metade da década de 20, ele já havia passado a se preocupar muito mais com problemas geopolíticos, com a "questão do espaço", como geralmente a chamava, do que nos anos anteriores ao *putsch*. Basicamente, isso significava justificar sua visão de que a Alemanha precisava se expandir para sobreviver, e de que essa expansão precisava ser feita às custas da União Soviética. Significava também, como corolário dessa visão, já exposta em *Mein Kampf*, que a Alemanha deveria virar as costas às alianças anteriores de política externa e buscar uma aliança com Grã-Bretanha e Itália. Segundo esse raciocínio, a posição dos distantes e isolacionistas Estados Unidos não tinha papel nenhum. No entanto, a imagem já resumida de forma sucinta de um colosso econômico em expansão, com potencial para se tornar uma grande potência mundial — e uma potência com um "núcleo racial saudável", embora controlada por judeus e franco-maçons —, agora tinha relevância. Hitler passou a incorporar essa imagem em sua visão do futuro estatuto da Alemanha como potência mundial, e a imaginar suas conseqüências.

Tipicamente, era de um ponto de vista racial que ele considerava essas conseqüências. Impressionado (como muitos na época)[25] pela legislação norte-americana de imigração racialmente restritiva, e pelas idéias disseminadas sobre saúde pública e eugenia, Hitler pintou o retrato de uma população branca jovem, racialmente viril, que representava uma seleção dos "melhores" migrantes europeus, por oposição a um contigente racial decadente e declinante do velho continente. "Surge o perigo", escreveu, "de que o peso da Europa racialmente inferior conduza gradualmente a uma nova determinação do destino do mundo pela população do continente norte-americano." A única forma de deter essa ameaça era por meio de um renascimento racial da Europa.[26] "No futuro", portanto, "o único Estado capaz de fazer frente à América do Norte será aquele que houver compreendido como — graças ao caráter de sua vida interna, bem como à solidez de sua política externa — aumentar o valor racial de seu povo e conduzi-lo à forma nacional mais prática para esse fim." Esse era o dever atribuído ao movimento nazista. A implicação estava clara. "É insensato acreditar que o conflito entre Europa" — dominada, é claro, por uma Alemanha racialmente purificada — "e Estados Unidos sempre vá ser de natureza econômica e pacífica." Os Estados Unidos acabariam por se voltar para fora. O conflito com a Europa para determinar a hegemonia definitiva não poderia ser evitado.[27]

No início da década de 30, Hitler tinha menos a dizer sobre os Estados Unidos.[28] Alinhado com muitos contemporâneos e com a abordagem adotada pela imprensa nazista, ele considerava que os Estados Unidos haviam sido significativamente enfraquecidos pela crise econômica desencadeada pela quebra da bolsa de Wall Street, no final de outubro de 1929. Segundo seu associado, Ernst Hanfstaengl, ele próprio em parte descendente de norte-americanos, Hitler observou que um país que enfrentava seus próprios problemas domésticos não poderia esperar participar de questões internacionais.[29] Provavelmente, a crise também veio sustentar sua opinião de que o livre mercado e o capitalismo liberal eram incapazes de oferecer a segurança que a sobrevivência a longo prazo exigia. Na verdade, porém, ele pouco se pronunciava em público sobre a depressão norte-americana, reservando seu poder de fogo retórico a ataques ao sistema democrático enfraquecido de seu próprio país. E uma fraqueza temporária em razão da crise econômica ainda era compatível com a visão de longo prazo de Hitler de um eventual confronto entre Estados Unidos e Europa, visão que ele continuou a defender na década de 40.[30]

No entanto, não existe nenhuma conexão direta entre essas vagas reflexões sobre o futuro distante e as decisões políticas posteriores sobre os Estados Unidos. Em conformidade com a pouca atenção que Hitler dedicara aos Estados Unidos durante sua ascensão ao poder, depois de ele assumir o cargo de chanceler do Reich, os Estados Unidos passaram a representar pouco mais do que uma distração. Durante seus primeros anos no poder, ele não demonstrou qualquer interesse pelos Estados Unidos, e estes mal apareciam em sua formulação de política externa. Mesmo assim, com a aprovação tácita de Hitler, houve um declínio inexorável nas relações entre Alemanha e Estados Unidos antes do início da guerra na Europa. Ele certamente nada fez para tentar deter essa deterioração. Tampouco poderia tê-lo feito sem reverter o racismo e o militarismo que constituíam a base do seu regime.

Antes de 1933, as relações entre Alemanha e Estados Unidos eram boas e estavam melhorando. Sob o novo regime nazista, isso logo mudou. Disputas em relação a tarifas comerciais e à disposição alemã de deixar de pagar créditos devidos aos Estados Unidos contribuíram para a rápida deterioração das relações entre os dois países. Mas outras questões foram ainda mais importantes. A perseguição aos judeus, e as primeiras agressões importantes, já totalmente evidentes na primavera de 1933, causaram repulsa nos Estados Unidos e estimularam o aumento do antigermanismo. O mesmo aconteceu com os ataques às igrejas cristãs, a queima de livros de autores racial ou politicamente "indesejáveis", e o brutal terror policial infligido aos oponentes políticos. Além da repulsa crescente pela barbárie nazista, o militarismo exacerbado do regime hitlerista e os sinais óbvios e logo aparentes de que a Alemanha estava começando a se rearmar (com todas as implicações que isso tinha para a futura paz da Europa) eram vistos do outro lado do Atlântico com cada vez mais temor.[31]

A deterioração das relações, como não era de surpreender, também encontrou eco na imagem que a Alemanha tinha dos Estados Unidos. Preocupações sobre comércio exterior com os Estados Unidos, e em seguida a realização dos Jogos Olímpicos de 1936, fizeram com que o antiamericanismo da propaganda alemã nos primeiros anos do regime nazista permanecesse relativamente controlado, em franco contraste com seu tom exaltado do final dos anos 30. Ainda assim, críticas ao suposto papel dos judeus nos Estados Unidos eram freqüentes e foram aumentando de intensidade. A partir de meados da década de 30, o mesmo aconteceu com os comentários negativos sobre o New Deal, o declínio cultural e racial norte-americano e o próprio presidente Roosevelt.[32]

O aumento do antagonismo em relação à Alemanha do outro lado do Atlântico não tirou o sono de Hitler. Apesar de, do ponto de vista alemão, a antipatia ser inevitável devido às prioridades ideológicas do regime nazista, que não tolerava a postura liberal norte-americana, ela dava pouca margem a preocupação. Afinal de contas, os Estados Unidos ainda estavam assolados por uma depressão econômica duradoura; continuavam dominados pelo isolacionismo; e sua capacidade militar era muito baixa. Hitler, portanto, podia se sentir confiante de que os interesses domésticos norte-americanos manteriam o país afastado dos assuntos europeus no futuro previsível. Essa interpretação foi corroborada logo no início do governo de Hitler por seu ministro das Relações Exteriores, Konstantin von Neurath. Embora não se pudesse esperar que Washington fosse apoiar as demandas e desejos da Alemanha, sugeriu Neurath, "a falta de interesse dos Estados Unidos pelas questões européias provavelmente não iria se alterar no governo do presidente Roosevelt".[33] Hitler devia estar convencido de que a reorganização da Europa permaneceria uma questão de pouca importância direta para os Estados Unidos. Do ponto de vista de Hitler e da liderança nazista, parecia que os Estados Unidos podiam ser em grande parte ignorados como fator de influência na política externa alemã.

Pouca coisa sugere que Hitler tenha mudado de idéia nos últimos anos antes da guerra. Quando, em 5 de novembro de 1937, o Führer expôs para seus líderes militares as idéias que tinha em relação à expansão para Áustria e Tchecoslováquia, e postulou uma série de cenários diferentes quanto ao envolvimento da Alemanha na guerra por "espaço vital" até 1943-5, no máximo, nem sequer mencionou os Estados Unidos.[34] O país continuou irrelevante para Hitler no ano seguinte, quando as ambições alemãs se tornaram realidade, e a Áustria, seguida pelos Sudetos, foi engolida pelo Reich.

Mesmo assim, a essa altura já havia mais do que uma indicação de que as coisas estavam mudando. O "discurso de quarentena" de Roosevelt, em 5 de outubro de 1937, no qual o presidente norte-americano defendia o isolamento internacional dos países que ameaçavam a paz mundial — a saber, Alemanha, Itália e Japão —, foi interpretado pelo embaixador alemão em Washington, Hans Heinrich Dieckhoff, como uma indicação de que os Estados Unidos poderiam estar saindo do isolacionismo. No início de dezembro, Dieckhoff relatou que, embora por ora a política externa dos Estados Unidos provavelmente fosse continuar passiva, essa situação iria se reverter, mesmo que houvesse oposição interna, caso os próprios interesses do país estivessem em jogo ou ele sofresse algma provocação intolerável; além disso, "em um conflito em que a existência da Grã-Bretanha estiver ameaçada, os Estados Unidos colocarão seu peso na balança do lado dos britânicos".[35] O antagonismo mútuo entre Estados Unidos e Alemanha começou a se tornar cada vez mais aparente. O volume de propaganda antiamericana na Alemanha foi aumentado drasticamente, enquanto do outro lado do Atlântico uma hostilidade crescente pelo nazismo se misturava a uma preocupação cada vez maior de que a agressão hitlerista levasse a Europa à beira da guerra. A repulsa pela barbárie nazista chegou ao auge nas reações aos horrendos pogroms contra os judeus em toda a Alemanha, em 9-10 de novembro de 1938, a chamada *Reichskristallnacht* (Noite de Cristal do Reich).[36] Uma maré de indignação varreu os Estados Unidos. O embaixador norte-americano em Berlim foi chamado de volta "para relatório e deliberação" (embora, na verdade, nunca mais fosse voltar). Pouco depois, como retaliação, o embaixador alemão em Washington foi convocado de volta a Berlim.[37] Não houve uma ruptura total de relações diplomáticas, mas o Ministério das Relações Exteriores alemão estava preocupado com a possibilidade de sanções econômicas.[38] A preocupação era justificada. Prestes a aplicar tarifas punitivas sobre as importações alemãs, o Tesouro norte-americano recuou no último minuto graças à intervenção do secretário de Estado Cordell Hull.[39]

Dirigindo-se a representantes da imprensa alemã no dia seguinte à *Reichskristallnacht* (embora sem usar a palavra pogrom nem sequer uma vez), Hitler, ao contrário das opiniões de uma década antes, mostrou desprezo pela qualidade racial inferior que via na população eticamente mista dos Estados Unidos.[40] No entanto, ele e outros líderes nazistas estavam agora começando a levar a sério a possibilidade de o país ser um futuro inimigo em potencial. Em janeiro de 1939, Hitler citou os Estados Unidos dizendo que estavam "gerando agitação" contra a

Alemanha. Pura e simplesmente, o país agora fazia parte dos "inimigos do Reich".[41] Sua raiva diante das reações norte-americanas à *Reichskristallnacht* e a paranóia em relação ao poder dos judeus nos Estados Unidos combinaram-se para produzir ataques mais veementes do que nunca a Roosevelt e aos instigadores judeus da guerra que supostamente agiam nas coxias.

Isso constituiu parte do contexto do importante discurso feito por Hitler no Reichstag em 30 de janeiro de 1939, sexto aniversário de sua "tomada do poder". No centro do discurso estava o suposto poder dos judeus, que Hitler sempre vira como a força motriz do governo e do poderio econômico norte-americanos. O discurso trazia um ataque à ameaça que, segundo ele, as finanças judaicas na Grã-Bretanha e Estados Unidos constituíam para a economia e segurança nacional alemãs. Pintava os judeus como instigadores da guerra, forçando a Alemanha a entrar em um conflito que ela não queria. A Alemanha, porém, estava disposta a enfrentar o desafio e preparada para lutar até a morte. E, caso a guerra de fato acontecesse — nesse ponto, Hitler fez a sua própria e terrível ameaça —, então aqueles que a haviam causado, os judeus, iriam perecer. O resultado seria "a aniquilação da raça judaica na Europa".[42]

Quando, no dia seguinte ao discurso pernicioso de Hitler, Roosevelt deu a entender que a sua ameaça significava que as fronteiras norte-americanas agora estavam localizadas no Reno (figura de linguagem que o presidente norte-americano usara para justificar a entrega de aviões à França), suas palavras produziram uma verdadeira torrente de insultos na impresa alemã.[43] Esta serviu de prelúdio ao ataque frontal de Hitler a Roosevelt durante o discurso no Reichstag, no final de abril.

Conforme já foi visto, porém, Roosevelt, tolhido em seu raio de ação pela opinião pública e pelos protestos isolacionistas contrários a qualquer movimento que sequer sugerisse arrastar os Estados Unidos para o meio dos problemas europeus, passara desde Munique, no outono anterior, a se preocupar cada vez mais com a probabilidade de uma guerra, e com o fracasso nocivo da política de apaziguamento de Grã-Bretanha e França. Os horrores da *Reichskristallnacht* haviam então exposto toda a barbárie do regime nazista. Em seguida, em meados de março, viera a ocupação do que restava da Tchecoslováquia pela Wehrmacht de Hitler, e logo depois, no início de abril, a invasão da Albânia pelas tropas do outro "cachorro louco", Mussolini. Nos dias que se seguiram, Roosevelt cogitou emitir um pronunciamento que, na realidade, consistia em um apelo pessoal a Hitler e Mussolini para recuarem do caminho da agressão e da guerra e demonstrarem seu compromisso sincero com a paz na Europa. Depois de numerosas versões, a mensagem foi publicada em 15 de abril de 1939. Seu tema principal era a proposta de Roosevelt de que os ditadores do Eixo garantissem que, durante um período de pelo menos dez anos, não atacariam nenhuma nação independente de uma lista de trinta nações, sobretudo européias, mas que também incluía algumas no Oriente Médio. Por sua parte, Roosevelt se comprometia a fazer os Estados Unidos participarem de discussões com o objetivo de reduzir armamentos e abrir o comércio internacional em termos iguais para todos os países.[44]

Hitler ficou enfurecido e insultado pelo que considerou a arrogância de Roosevelt em uma mensagem publicada antes mesmo de ter sido oficialmente recebida em Berlim.[45] No início, considerou que a dignidade não lhe permitia responder a "criatura tão desprezível", mas, provavelmente devido ao fato evidente de o discurso de Roosevelt ter produzido reações em grande parte favoráveis na opinião internacional, sentiu depois de algum tempo que precisava reagir.[46] Quando o fez, em um discurso no Reichstag em 28 de abril, sua resposta foi cheia de desprezo.[47] Ele perguntara aos trinta países citados, dizia, e nenhum deles sentia-se ameaçado pela Alemanha. Alguns, no entanto (Hitler mencionou a Síria como exemplo), não haviam conseguido responder porque a sua liberdade de ação fora tolhida pelos Estados democráticos. E a Palestina não estava ocupada por tropas britânicas, não alemãs? A República da Irlanda também temia agressões da Grã-Bretanha, não da Alemanha. O apelo ao desarmamento feito por Roosevelt também foi distorcido por Hitler, já que o ditador alemão não teve dificuldade em tirar partido da forma como as potências vitoriosas haviam privado a Alemanha de defesas armadas após a Primeira Guerra Mundial, ao mesmo tempo que encontravam mil motivos para evitar o próprio desarmamento.

Os ataques sarcásticos de Hitler provocaram acessos de riso nos dóceis deputados do Reichstag. Foi um de seus discursos mais eficientes. Goebbels ficou extático. "Que tremenda surra em Roosevelt. Foi mesmo um tapa na orelha. A casa está curvada de tanto rir. Dá prazer escutar. O sucesso entre o público é imenso. Qualquer um que ataque o Führer em público sem dúvida recebe o troco... Ele é um gênio da tática e da estratégia política. Ninguém sabe fazer melhor do que ele. Em comparação, um homem como Roosevelt parece um pigmeu."[48] Não eram somente os nazistas que reconheciam a eficácia da retórica de Hitler. William Shirer, jornalista norte-americano que morava em Berlim na época e ouviu o discurso, considerou a resposta de Hitler a Roosevelt "bastante astuta" ao apelar para as simpatias de apaziguadores e isolacionistas nos Estados Unidos e na Europa.[49]

Mesmo assim, fora desses círculos, o "acerto de contas" de Hitler com Roosevelt pouco valeu. Pelo contrário: muitos consideravam que Roosevelt estava reafirmando seu compromisso com a moral, pedindo racionalidade e paz diante de intenções agressivas comprovadas. De toda forma, o impacto do discurso e da intervenção de Roosevelt por trás dele foi passageiro. O importante foi que o abismo entre Estados Unidos e Alemanha havia sido exposto da forma mais clara possível. A postura dos Estados Unidos no conflito entre as democracias e as potências do Eixo estava clara.

Do ponto de vista alemão, quaisquer que fossem as aparências de neutralidade, os Estados Unidos precisavam ser considerados essencialmente uma potência hostil. Isso significava que, depois de anos de quase irrelevância na formação das políticas alemãs, o país agora precisava ser analisado de um ponto de vista estratégico, não apenas ideológico. Na eventualidade — cada vez mais provável — de guerra na Europa em um futuro próximo, o mais importante era garantir que os Estados Unidos não entrassem no conflito. No raciocínio alemão, porém, isso não era provável; não havia por que se preocupar. No outono de 1940, haveria uma eleição presidencial nos Estados Unidos. Antes disso, não se correria nenhum risco com a opinião pública. De toda forma, a força do isolacionismo nos Estados Unidos impedia qualquer intervenção. E, além do mais, a fraqueza militar norte-americana era evidente, e o rearmamento e a produção industrial de guerra estavam apenas começando. Na realidade, o planejamento alemão estava contando com uma guerra longa, ou com uma série de guerras. Mas supunha-se que a vitória nos primeiros estágios fosse ser rápida, e que os Estados Unidos ainda não estariam em condições de intervir. Hitler tinha certeza de que a guerra contra a Polônia, quando acontecesse, seria decidida rapidamente pela força militar alemã. Ele esperava que as democracias ocidentais fossem ficar de fora de qualquer ação militar contra a Polônia. Porém, caso elas interviessem, ele novamente não tinha dúvidas de que a Alemanha venceria. As democracias ocidentais, tanto Grã-Bretanha quanto França, seriam derrotadas, ou então, diante da arrasadora supremacia militar alemã, aceitariam um acordo negociado. Os norte-americanos se manteriam afastados. O confronto futuro com o "judeu-bolchevismo" iria ocorrer em algum momento, com o apoio, ou pelo menos a aceitação, das potências ocidentais européias. E isso também terminaria depressa. Quando ocorresse um conflito com os Estados Unidos em algum momento do futuro — não antes de meados da década de 40 —, a Alemanha já dominaria todo o continente europeu e, a essa altura, com uma poderosa frota de navios de guerra, estaria pronta para disputar o domínio dos oceanos.

Isso tudo não passava de vagas elucubrações. No verão de 1939, porém, à medida que a guerra chegava cada vez mais perto, a suposição central era, de modo geral — e essa idéia ainda era incipiente, faltando elaborá-la de forma concisa —, que a Alemanha teria garantido um domínio da Europa antes de os Estados Unidos se transformarem em um fator de significado estratégico importante.

II

Ainda assim, nada podia ser considerado certo. Quando a guerra na Europa começou, em setembro de 1939, Hitler sabia muito bem que só tinha um período de tempo limitado para alcançar a supremacia no continente antes de o potencial militar e industrial norte-americano começar a pesar no conflito. Agora, cada vez mais, os Estados Unidos precisavam ser levados em conta. A rapidez era mais fundamental do que nunca. A Alemanha precisava ser vitoriosa antes de a intervenção norte-americana conseguir desequilibrar a balança.

Embora convencido de que havia poucas chances de os Estados Unidos entrarem cedo na guerra, Hitler não queria se arriscar. Não seria feito nada que pudesse constituir uma provocação indevida. Os ataques ao presidente Roosevelt na imprensa alemã, freqüentes e ferinos nos meses anteriores à guerra, cessaram por ordem no Ministério da Propaganda de Goebbels. A imprensa foi instruída a ter grande rigor ao abordar assuntos norte-americanos.[50] Hitler também conteve a entusiasmada liderança naval, ansiosa para soltar seus submarinos mesmo correndo o risco de afundar navios norte-americanos neutros. Mais de uma vez durante o outono, Hitler insistiu com o comandante-em-chefe da Marinha, grande almirante Erich Raeder, que tudo deveria ser feito para evitar incidentes navais com os Estados Unidos. Em 23 de fevereiro de 1940, ele recusou categoricamente permissão a Raeder para que dois submarinos patrulhassem as águas ao largo da costa do Canadá, perto de Halifax, Nova Escócia, importante porto de comboios britânicos, por causa do "efeito psicológico que qualquer ação desse tipo possa ter nos Estados Unidos". No início de março, a Marinha recebeu ordens explícitas proibindo interceptar, capturar ou afundar qualquer navio norte-americano, onde quer que estivesse.[51]

Os prognósticos militares alemães no outono de 1939 supunham que fosse haver um período de clemência de não mais de um ano e meio antes de o potencial industrial e militar dos Estados Unidos começar a se fazer sentir. Uma análise feita pelo alto comando da Wehrmacht concluiu que, por ora, os Estados Unidos só conseguiam suprir as demandas de suas próprias Forças Armadas e precisariam de mais ou menos um ano para começar a produzir aviões, tanques e outros veículos militares em grande quantidade. Passado um ano a um ano e meio, porém, haveria "em todas as esferas de armamentos um nível de produtividade muito superior ao de todos os outros países".[52] Essa avaliação ia no mesmo sentido do parecer do adido militar alemão em Washington, segundo o qual o estado de preparação militar dos Estados Unidos eliminava qualquer possibilidade de intervenção antes do final do verão de 1940, mas que, depois disso, uma participação integral dos Estados Unidos na guerra era possível.[53] A embaixada alemã em Washington era da opinião de que a administração Roosevelt previa uma guerra longa, não esperava uma derrota rápida da Grã-Bretanha e da França e interviria caso as democracias estivessem à beira do colapso, ou então próximas da vitória. Presumia-se que o apoio popular necessário à intervenção fosse ser criado.[54]

A sensação de urgência de Hitler para concluir a derrota militar da França e forçar os britânicos a negociarem um acordo em posição de desvantagem torna-se ainda mais compreensível à luz desses relatórios. No início da guerra, ele havia expressado a confiança de que teria "resolvido todos os problemas na Europa" muito antes de os norte-americanos intervirem. Em particular, porém, acrescentara: "Se não tivermos terminado, será a nossa ruína".[55] Poucas semanas depois, com a Polônia subjugada, Hitler instigou um ataque imediato à França com a justificativa de que o tempo da Alemanha estava se esgotando militar e economicamente.[56] E, logo antes do início da ofensiva ocidental, em maio de 1940, ele justificou seu ato para o amigo Mussolini com uma referência ao "teor recorrente de ameaça dos telegramas, bilhetes e perguntas do sr. Roosevelt", que forneciam "motivos de sobra para pôr fim a esta guerra o mais rápido possível".[57]

No dia exato em que a Itália declarou guerra, 10 de junho de 1940, o presidente Roosevelt jurara publicamente "compartilhar com os opositores da força" os recursos materiais dos Estados Unidos.[58] Pouco mais de um mês depois, uma análise recebida por Hitler de um discurso de Roosevelt feito em 19 de julho (quando este aceitou a nomeação democrata para a futura eleição presidencial) deixou claro que o presidente norte-americano mostrava-se resolutamente oposto à Alemanha e disposto a apoiar a Grã-Bretanha no longo prazo.[59] As implicações para a guerra travada pela Alemanha eram evidentes: esta precisava ser vencida depressa, e de forma definitiva, antes que os recursos — e possivelmente a intervenção direta — dos Estados Unidos pudessem ter impacto. Hitler tirou suas próprias conclusões. Os sinais do outro lado do Atlântico influenciaram a decisão anunciada no final do mês a seus generais: preparar-se para atacar e derrotar a União Soviética em uma "guerra-relâmpago" de poucos meses. O conflito que ele sempre estivera ideologicamente determinado a travar tinha agora um objetivo estratégico vital: pôr fim às esperanças britânicas de ter qualquer aliado no continente, forçando assim a Grã-Bretanha a aceitar o inevitável e se render; e, com isso, eliminar a ameaça da intervenção norte-americana. Era como se Londres e Washington tivessem de ser derrotadas via Moscou.

A estratégia de Hitler havia adquirido uma dimensão global. Ela agora incluía o papel do Japão no Extremo Oriente. Uma derrota da União Soviética pela Wehrmacht liberaria o Japão de qualquer ameaça de sua velha inimiga mais ao norte. Além disso, abriria o caminho que o Japão já cogitava seguir: uma movimentação rumo ao Sul, que incluiria um ataque aos territórios britânicos no Extremo Oriente, com o efeito adicional e desejado de manter os norte-americanos ocupados no Pacífico. Em poucas semanas, o recente interesse no Japão conduzira às movimentações que acabaram culminando no Pacto Tripartite de 27 de setembro de 1940, e solidificara as breves esperanças de Ribbentrop de construir uma nova ordem mundial destinada a minar o poder mundial britânico e a força internacional dos Estados Unidos.[60]

Enquanto isso, o acordo de transferência de destróieres, concluído entre Churchill e Roosevelt no início de setembro, dera a Hitler a indicação mais tangível do apoio cada vez maior dos Estados Unidos a uma Grã-Bretanha que não se deixava derrotar. O agressivo almirante Raeder agora imaginava que a entrada dos Estados Unidos na guerra fosse certa.[61] Mas a aliança atlântica nascente que o acordo dos destróieres simbolizava, assim como o viés visivelmente antigermânico da administração norte-americana, tiveram de ser engolidos. Ainda assim, Hitler continuava não querendo provocações. A imprensa na Alemanha seguia submetida a fortes restrições.[62]

O fim da contenção à propaganda antiamericana veio no rastro da coletiva de imprensa de Roosevelt em 17 de dezembro (na qual ele usou a metáfora de emprestar a mangueira para o vizinho apagar um incêndio, para apresentar o que logo iria se concretizar na forma da política de Lend-Lease) e de seu discurso sobre o "arsenal da democracia", mais para o final do mês.[63] A exacerbação da guerra de propaganda era um reflexo de como o regime nazista considerava séria a introdução da política de empréstimos e arrendamentos. Mais disposto do que nunca a explorar os últimos desdobramentos para fazer pressão no sentido de uma agressão naval mais forte no Atlântico, o almirante Raeder enfatizou as implicações de tal política para Hitler em 27 de dezembro. Sua conclusão, de que "um apoio muito grande só chegará [para a Grã-Bretanha] no final de 1941 ou início de 1942",[64] sublinhava o que o próprio Hitler dissera a Jodl apenas dez dias antes: que a Alemanha precisava firmar seu domínio continental antes do final de 1941, antes que os Estados Unidos pudessem intervir. Um memorando redigido em 9 de janeiro por Hans Dieckhoff, ex-embaixador nos Estados Unidos que passara a ser considerado um especialista no país dentro do Ministério das Relações Exteriores alemão, enfatizava a seriedade de tais implicações. Dieckhoff afirmava que seria um erro pensar que a entrada dos Estados Unidos na guerra não fosse mudar a situação. Caso isso acontecesse, a produção industrial aumentaria muito, permitindo um maior fornecimento de armas, munições e aviões que seriam postos à disposição da Grã-Bretanha. Sem a intervenção norte-americana, um colapso britânico oferecia a possibilidade de um acordo de paz e do fim da guerra. "Se, contudo, os Estados Unidos também estiverem na guerra", acrescentou Dieckhoff, "nesse caso, mesmo que a Grã-Bretanha caia, a guerra contra os Estados Unidos irá continuar, e será difícil alcançar a paz."[65] Era o máximo que um diplomata graduado podia fazer para sugerir que o envolvimento norte-americano na guerra — visto como cada vez mais provável, e agora mais ainda devido à política de empréstimos e arrendamentos — significaria a impossibilidade de uma vitória alemã. Um mês depois, essa sugestão foi reforçada por um relatório do adido militar alemão na embaixada de Washington, general Friedrich von Bötticher, que estimou que a produção norte-americana de aviões iria triplicar no decorrer de 1941. A essa altura, a produtividade já teria ultrapassado a da própria Alemanha.[66]

Publicamente, Hitler recorria a ameaças, mecanismo que usava com freqüência, embora nessa ocasião, quem sabe pela primeira vez, elas estivessem sendo feitas de uma posição próxima da fraqueza, pelo menos no que dizia respeito aos Estados Unidos. Ao discursar no Reichstag em 30 de janeiro de 1941, oitavo aniversário de sua "tomada do poder", ele declarou: "Ninguém pode acalentar nenhuma ilusão. Qualquer um que se acredite capaz de ajudar a Inglaterra deve agora ter uma coisa em mente acima de tudo: todos os navios que passarem ao alcance de nossos torpedos, com ou sem escolta, serão torpedeados!".[67] Por medo de provocar exatamente o que até então desejava a todo custo evitar, ele ainda não se atrevia a implementar essa ameaça. Mais importante do que essa ameaça ainda vazia foi a conclusão estratégica que Hitler tirou do movimento em direção à política de empréstimos e arrendamentos.

Em primeiro lugar, essa conclusão confirmou sua idéia de que a chance de vitória total da Alemanha — ou seja, a chance de manter os Estados Unidos fora da guerra — dependia da rápida destruição da União Soviética. Em segundo lugar, fez Hitler avançar mais ainda na direção de uma política ativa com o Japão, coisa que não havia progredido desde a conclusão do Pacto Tripartite, em setembro último. "A aniquilação da Rússia também permitiria ao Japão voltar-se com todas as forças contra os Estados Unidos", disse ele a seus líderes militares em 9 de janeiro. E isso impediria os Estados Unidos de entrarem na guerra.[68] O relatório da Marinha sobre a reunião expunha claramente o pensamento estratégico e as conseqüências que advinham do discurso de Hitler. "Se Estados Unidos e Rússia entrassem em guerra contra a Alemanha", dizia o relatório sobre os comentários de Hitler, "a situação iria ficar muito complicada. Portanto, qualquer possibilidade de essa ameaça vir a se tornar realidade precisa ser eliminada logo no início. Se a ameaça russa não existisse, deveríamos prolongar indefinidamente a guerra com a Grã-Bretanha. Se a Rússia se rendesse, o Japão ficaria muito aliviado; isso, por sua vez, aumentaria o perigo para os Estados Unidos." Hitler então acrescentava uma última ponderação, que indicava como estava começando a depositar esperanças no Japão: "Com relação ao interesse japonês em Cingapura, o Führer acha que os japoneses deveriam ser deixados livres para agir, mesmo que isso possa acarretar o risco de os Estados Unidos serem forçados a tomar medidas drásticas".[69] A expansão japonesa no Extremo Oriente, em outras palavras, estava agora começando a se tornar parte intrínseca da estratégia alemã para a vitória final na Europa. A derrota rápida da União Soviética era a chave para ambas.

Com a aprovação em 11 de março de 1941 do Lend-Lease, os líderes alemães concluíram, como afirmou um artigo no *Völkischer Beobachter* (principal diário de notícias nazista), que os Estados Unidos agora estavam irremediavelmente comprometidos com o apoio aos inimigos da Alemanha. "Agora sabemos contra que e contra quem estamos lutando", declarava o artigo. "O embate final começou."[70] Segundo um relatório sobre as reações, no alto comando da Wehrmacht, ao discurso de Roosevelt anunciando a implementação do Lend-Lease, a opinião geral era que esta "podia ser considerada uma declaração de guerra à Alemanha".[71] O próprio Hitler, em meio a insultos proferidos contra o presidente Roosevelt, concordou em que os norte-americanos haviam lhe dado um motivo para declarar guerra. Ainda não estava pronto para ela, mas "isto vai acabar, de uma forma ou de outra, em guerra contra os Estados Unidos", observou. Roosevelt e os financistas judeus que o apoiavam, preocupados com as perdas que teriam caso a Alemanha ganhasse a guerra, garantiriam que essa previsão se cumprisse. Seu único motivo de arrependimento, continuava Hitler, era ainda não ter aeronaves capazes de bombardear cidades norte-americanas. Ele ficaria feliz em ensinar essa lição aos judeus dos Estados Unidos. O Lend-Lease trazia problemas adicionais, mas estes poderiam ser eliminados "com uma guerra naval implacável". Era importante aumentar a quantidade de navios afundados por submarinos alemães. Mas os próprios norte-americanos ainda estavam, por enquanto, cerceados pelas limitações de sua própria capacidade armamentista.[72]

Foi como "medida de contenção aos efeitos esperados da lei norte-americana de ajuda à Grã-Bretanha" que, em 25 de março de 1941, Hitler ampliou a zona de combate alemã para as águas em torno da Islândia e os limites da zona de neutralidade norte-americana. Isso seguiu-se a boatos que chegaram a Berlim segundo os quais a administração dos Estados Unidos estava pensando em fornecer escoltas navais para comboios até a Islândia.[73] Como já foi visto, ainda faltavam alguns meses para Roosevelt finalmente concordar com a escolta de comboios que os membros mais exaltados de sua administração já defendiam. Do ponto de vista alemão, porém, a escolta era uma das inúmeras questões na primavera de 1941 que davam a impressão de que Roosevelt estava exacerbando deliberadamente o conflito no Atlântico, em busca de uma provocação que lhe permitisse fazer os Estados Unidos entrar na guerra.

A permissão, concedida em final de março, de os britânicos repararem seus navios de guerra em estaleiros norte-americanos, seguida pela captura de embarcações do Eixo em portos norte-americanos no final do mês e pelo acordo com a Groenlândia para criar uma base militar no país foram todos vistos como atos claramente hostis em relação à Alemanha. Foram acompanhados por boatos sobre planos dos Estados Unidos para ocupar os Açores (que, durante algum tempo, os alemães haviam cogitado dominar para se adiantar aos norte-americanos — ação que Hitler ainda defendia, de modo a fornecer uma base para que bombardeiros de longo alcance pudessem atacar os Estados Unidos).[74] E, embora o governo Roosevelt tenha introduzido patrulhas (para alertar os comboios britânicos quanto à presença de submarinos norte-americanos) em vez de escoltas ostensivas, esse gesto também previa problemas futuros.

O primeiro confronto aparente de um destróier norte-amerincano, o *USS Niblack*, com uma embarcação identificada — equivocadamente, conforme se saberia mais tarde — como um submarino alemão em abril parecia um sinal do que estava por vir, e que só poderia apressar a eclosão de um conflito em grande escala. O afundamento do *Robin Moor*, em 21 de maio, proporcionou um estopim ainda mais perigoso, e foi seguido, seis dias depois, pelo grande discurso de Roosevelt declarando a intenção de sua administração de fazer tudo para impedir o domínio alemão do Atlântico, e instaurando um estado de "emergência ilimitada".[75] A inesperada atitude norte-americana de atenuar o afundamento do *Robin Moor* foi um grande alívio para Berlim, assim como o fato de nenhuma ação de vulto ter sucedido ao alarde anterior ao importante discurso de Roosevelt. Um período de tensão crescente durante a primavera havia arrefecido até se transformar em um impasse instável. Preocupado como estava com a ação militar nos Bálcãs, e principalmente com a preparação da Operação Barbarossa, a última coisa que Hitler queria era que os Estados Unidos entrassem na guerra como resultado de algum incidente no Atlântico.

Na verdade, o Führer dera ao apressado almirante Raeder, homem de frente de uma liderança naval alemã ansiosa para entrar em um conflito frontal com a ameaça norte-americana cada vez mais presente no Atlântico, repetidas instruções no sentido de evitar qualquer incidente que pudesse ser visto como provocação. O afundamento do *Robin Moor* fora conduzido à revelia das ordens explícitas de Hitler, mas, até o outono, permaneceu um acontecimento isolado. A rígida proibição de submarinos alemães tomarem qualquer atitude em relação a carregamentos norte-americanos foi reiterada conforme a Operação Barbarossa se aproximava. No início de junho, Hitler informou a Raeder que "a questão da revista de navios mercantes norte-americanos deverá ser adiada até todas as unidades da frota serem enviadas para combater no Atlântico", o que claramente constituía uma proibição temporária até a guerra naval finalmente poder ser travada sem qualquer restrição.[76]

No dia 21 de junho, véspera da invasão da União Soviética, a questão da ação naval alemã contra navios norte-americanos no Atlântico foi novamente levantada pelo almirante Raeder. Ele citou um quase-incidente na véspera, quando um submarino deparara com um velho navio de guerra dos Estados Unidos, o *Texas*, escoltado por destróieres, dez milhas para dentro da área declarada de combate da Alemanha. O submarino perseguira o navio, mas o *Texas* acabara escapando ileso e sem saber do perigo.[77] Raeder recebeu com alegria a notícia do incidente, assim como recebera a do *Robin Moor*, e transmitiu a Hitler a opinião de que, "no que diz respeito aos Estados Unidos, medidas rígidas são sempre mais eficientes do que uma aparente capitulação". Mas Hitler fincou pé. "Por ora", dizia o relatório de sua reunião com Raeder, "o Führer deseja evitar a todo custo incidentes com navios de guerra e navios mercantes norte-americanos fora da área restrita. Com relação à área restrita, serão necessárias ordens claras que não envolvam submarinos em condições confusas ou perigosas e que possam ser executadas."

O próprio Raeder, que entendeu o recado, propôs uma faixa de cinqüenta a cem milhas para dentro da fronteira da zona de combate, dentro da qual ataques a navios norte-americanos deveriam ser evitados. Hitler não queria mal-entendidos. "O Führer declara explicitamente", prosseguia o relatório, "que, até a Operação Barbarossa estar bem adiantada, deseja evitar qualquer incidente com os Estados Unidos. Depois de algumas semanas, a situação ficará mais clara, e pode-se esperar que tenha efeitos favoráveis em relação a Estados Unidos e Japão; os Estados Unidos irão se mostrar menos inclinados a entrar na guerra, devido ao fato de a ameaça representada pelo Japão aumentar."[78] Com isso, não apenas a natureza temporária da proibição de atacar embarcações norte-americanas ficava clara, mas os objetivos estratégicos globais do ataque à União Soviética também se tornavam evidentes. Em vista desses objetivos, a posição do Japão era fundamental.

Preocupada e em dúvida quanto às intenções japonesas após a assinatura do Pacto Tripartite, os líderes nazistas buscaram ativamente convencer o Japão a atacar Cingapura. A diretriz de guerra de Hitler de 5 de março de 1941, intitulada "Cooperação com o Japão", começava assim: "O objetivo da cooperação com base no Pacto Tripartite deve ser levar o Japão a realizar, assim que possível, operações ativas no Extremo Oriente. Isso resultará no comprometimento de muitas forças inglesas, e o principal interesse dos Estados Unidos da América será desviado para o Pacífico".[79] Alguns dias antes, Ribbentrop tentou convencer Oshima Hiroshi, recém-nomeado embaixador japonês em Berlim e claro defensor do Eixo, a atacar Cingapura.[80] Reconhecia-se que tal atitude corria o risco de fazer os Estados Unidos se envolverem na guerra, algo que a política alemã estava, paralelamente, esforçando-se a todo custo para evitar. A aparente contradição, porém, era meramente superficial. Pensava-se que o envolvimento norte-americano no Pacífico fosse desencorajar, em vez de incentivar, uma participação na Europa. Porém, tirando essa consideração, pensava-se que um ataque rápido contra Cingapura, bastião dos territórios britânicos no Extremo Oriente, ao mesmo tempo que evitava uma agressão contra a base norte-americana nas Filipinas, poderia ser realizado sem nenhuma declaração de guerra por parte dos Estados Unidos, e ainda assim deixar o país preocupado com a defesa do Pacífico às custas do Atlântico. Uma outra preocupação movia as tentativas cada vez mais fortes dos alemães de convencer os japoneses a atacar Cingapura. Se, e quando, a Alemanha entrasse em guerra contra os Estados Unidos, queria desesperadamente que o Japão estivesse ao seu lado no conflito. E, em meio a apreensões residuais quanto às intenções japonesas, havia ainda o temor de que pudesse haver alguma reaproximação do Japão com os Estados Unidos, deixando a Alemanha sozinha para enfrentar a eventual investida do poderio norte-americano.[81]

Essa preocupação perdurou durante o verão de 1941, realçada pela consciência alemã das ações japonesas no sentido de atenuar a tensão crescente entre Japão e Estados Unidos, desdobramento que parecia em conflito com a impressão dada por Oshima, defensor da política alemã, e com as mensagens interceptadas por Berlim, via embaixada alemã em Tóquio, sobre a posição antiamericana e pró-Eixo do ministro das Relações Exteriores japonês, Matsuoka. Quando Matsuoka visitou Berlim, no final de março de 1941, todos os esforços foram feitos por Ribbentrop e pelo próprio Hitler para pressioná-lo a se comprometer com um ataque a curto prazo a Cingapura. "A conquista de Cingapura", disse Ribbentrop, "seria talvez o ato com maior probabilidade de manter os Estados Unidos fora da guerra, pois o país não iria se arriscar a enviar sua frota para águas japonesas. Se hoje, em uma guerra contra a Inglaterra, o Japão obtivesse vitória com uma única ação, como o ataque a Cingapura, Roosevelt ficaria em uma posição muito difícil. Seria complicado para ele tomar qualquer atitude eficaz contra o Japão."[82] Hitler, em sua audiência com o ministro das Relações Exteriores japonês, lançou mão de todos os argumentos retóricos. Segundo ele, a Alemanha levara em conta a possibilidade de os Estados Unidos ajudarem a Grã-Bretanha. Mas isso não poderia ter nenhum efeito digno de nota antes de 1942. E o Japão não precisava mais temer a União Soviética no caso de uma ação contra Cingapura, graças às divisões alemãs junto à fronteira oriental, prontas para serem mobilizadas em caso de necessidade (embora Hitler não tenha divulgado nada em relação aos verdadeiros planos de invasão). Ele clamava por uma "ação conjunta" imediata dos poderes do Pacto Tripartite. Não poderia haver momento mais propício para os japoneses agirem. Porém, para decepção de Hitler, Matsuoka desconversou. O ataque a Cingapura, comentou, era uma questão de tempo e, na sua opinião pessoal, o quanto antes ocorresse, melhor. Mas, segundo ele, outras opiniões prevaleciam em Tóquio. Ele não podia se comprometer.[83]

No encontro seguinte entre os dois, depois da breve visita de cortesia do ministro das Relações Exteriores japonês a Mussolini, Hitler novamente deixou transparecer uma confiança em contradição com a ansiedade que no fundo sentia. Caso os Estados Unidos entrassem na guerra, a Alemanha sairia vitoriosa, afirmou. Ela travaria a guerra com seus navios e com a Luftwaffe e tomaria precauções para assegurar que não houvesse desembarque norte-americano na Europa. De toda forma, os soldados norte-americanos não eram páreo para os alemães. Em seguida, Hitler fez uma promessa espontânea e significativa. Se o Japão entrasse em conflito com os Estados Unidos, a Alemanha imediatamente "agiria em conseqüência". Os Estados Unidos tentariam enfrentar seus inimigos um a um. "Portanto", declarou Hitler, "no caso de um conflito entre Japão e Estados Unidos, a Alemanha tomaria partido imediatamente, pois a força dos aliados do Pacto Tripartite estava em sua ação conjunta. A fraqueza deles seria permitir que fossem derrotados separadamente."[84] Esses comentários espontâneos fornecem uma pista dos motivos de Hitler para declarar guerra aos Estados Unidos, oito meses mais tarde. Por ora, porém, ele precisava aceitar o fato de que as intenções dos japoneses não eram claras, e de que nada que ele pudesse fazer conseguiria forçar o Japão a adotar no Extremo Oriente a postura agressiva que ele desejava.

Conforme se aproximava a data da ofensiva total de Hitler contra a União Soviética, os planos japoneses continuavam nebulosos. Os alemães tentaram incentivar uma posição mais claramente antiamericana.[85] No entanto, nada vingou. Em 6 de junho, o embaixador alemão em Tóquio, general Eugen Ott, informou que o Japão estava tentando melhorar as relações com os Estados Unidos de modo a evitar que estes entrassem na guerra. Conseqüentemente, o ataque japonês a Cingapura fora por enquanto engavetado, uma vez que se supunha que isso "faria os Estados Unidos entrarem na guerra imediatamente". Ott tinha certeza de que os japoneses honrariam sua promessa de lutar caso os Estados Unidos tomassem a iniciativa de entrar na guerra. Mas, se os norte-americanos entrassem na guerra como resultado de um conflito entre Alemanha e Rússia, o Japão não se sentiria de forma alguma obrigado a combater por causa do Pacto Tripartite.[86]

Assim, quando as tropas alemãs atacaram a União Soviética, em 22 de junho, seria difícil imaginar riscos maiores do ponto de vista de Hitler. Uma vitória rápida na União Soviética era uma necessidade absoluta. O triunfo total da Alemanha dependia de um golpe certeiro e mortal contra as forças de Stálin, auxiliado, se possível, por um ataque japonês no Extremo Oriente, tendo como alvo Grã-Bretanha e Estados Unidos. As ações do Japão, que Hitler não conseguia controlar, eram agora um componente fundamental da estratégia alemã, pois por trás de toda a estratégia pairava o espectro da intervenção norte-americana. Uma vez que os Estados Unidos entrassem na guerra, algo que parecia inevitável caso os combates se alongassem, as chances da Alemanha diminuiriam rapidamente. A situação se resumia ao que Hitler dissera a Jodl em 17 de dezembro de 1940: "Precisamos resolver todos os problemas na Europa continental até 1941, pois, de 1942 em diante, os Estados Unidos estarão em condições de intervir".[87]

III

Compreensivelmente, os Estados Unidos estavam longe de ocupar o lugar de honra nos pensamentos de Hitler nas semanas que se seguiram ao ataque contra a União Soviética. Porém, embora o problema norte-americano estivesse escondido no fundo da mente de Hitler, não estava ausente dela. O mais crucial de tudo nessa fase, até a vitória ser obtida, era que nenhum incidente envolvendo carregamentos navais norte-americanos perturbasse a frente do Atlântico nem servisse de pretexto possível que Roosevelt pudesse explorar para fazer os Estados Unidos entrar na guerra. Com o almirante Raeder e seus colegas ainda fazendo pressão para atacar, Hitler não podia fazer outra coisa a não ser continuar a insistir na mesma política, já adotada antes da Operação Barbarossa, de manter seus submarinos sob controle, apesar da intensificação da "guerra não declarada" de Roosevelt no Atlântico. "A atitude da Alemanha em relação aos Estados Unidos", informou a liderança naval em 8 de julho, era "permanecer como antes: não se deixar provocar."[88]

Na véspera, tropas norte-americanas haviam desembarcado na Islândia. Esse distanciamento ainda maior da neutralidade por parte dos Estados Unidos sem dúvida tornou a guerra no Atlântico mais difícil para a Alemanha, com sua conseqüência evidente de facilitar a passagem de comboios britânicos pela mesma rota dos navios norte-americanos que reabasteciam os soldados na Islândia. Mas Hitler não estava preparado para tomar nenhuma medida de retaliação. Os comandantes de submarinos no Atlântico Norte, de fato, logo solicitaram permissão para atacar em águas islandesas. Mas a política permaneceu a mesma: evitar qualquer provocação.

Raeder estava infeliz. Em 9 de julho, na "Toca do Lobo", o "Quartel-General do Führer" montado na Prússia Oriental, ele tentou obter de Hitler uma decisão quanto a se "a ocupação da Islândia pelos Estados Unidos deve ser considerada uma entrada na guerra, ou um ato de provocação que deve ser ignorado". A resposta dá uma pista sobre o que ia na mente de Hitler. "O Führer", diziam as anotações de Raeder sobre a reunião, "explicou detalhadamente que está muito ansioso para adiar a entrada dos Estados Unidos na guerra por mais um ou dois meses. Por um lado, a campanha oriental deve ser realizada com a Aeronáutica inteira, que está pronta para essa tarefa e que ele não deseja desviar, nem mesmo de forma parcial; por outro, uma campanha vitoriosa na frente oriental terá um efeito tremendo na situação como um todo, e provavelmente também na atitude dos Estados Unidos. Portanto, por ora, ele não deseja que as atuais instruções sejam modificadas; pelo contrário, quer ter certeza de que qualquer incidente será evitado."[89]

Não fica claro se a idéia era que o adiamento do conflito com os Estados Unidos por cerca de dois meses conduziria, após um desfecho triunfante para a campanha oriental, à abertura de hostilidades por parte da Alemanha, ou a uma suposta movimentação de Roosevelt para entrar na guerra. Mas o teor das observações de Hitler sugere que, nessa eventualidade, a Alemanha teria se movimentado. Tal fato foi reforçado por seus comentários a Raeder pouco mais de duas semanas depois, em 25 de julho. Hitler repetiu que queria evitar que os Estados Unidos declarassem guerra enquanto a campanha oriental ainda não houvesse terminado. Porém, "depois da campanha oriental, ele se reserva o direito de adotar ações severas também contra os Estados Unidos".[90] No auge do verão de 1941, Hitler cogitava uma guerra com os Estados Unidos em um futuro próximo — mas somente depois de a União Soviética ser esmagada.

Nessa época, a vitória no Leste parecia quase uma realidade. O chefe do

Estado-Maior do Exército, general Franz Halder, já concluíra, em 3 de julho, que não era exagero afirmar que a campanha oriental fora vencida em apenas duas semanas.[91] Essa arrogante suposição logo iria se reverter de forma drástica. Mas era nessa atmosfera de euforia que Hitler refletia sobre uma guerra contra os Estados Unidos, uma vez liberado da frente oriental.

Em meados de julho, ele expôs para Oshima, embaixador japonês em Berlim, a possibilidade inebriante de um esforço conjunto de Alemanha e Japão para demolir primeiro a ameaça da União Soviética, depois a dos Estados Unidos. "Não conseguiremos evitar o confronto com os Estados Unidos", disse-lhe Hitler. Não era certo supor, por não estar fazendo nada atualmente, que ele aceitava a ocupação norte-americana da Islândia. Ele não temia os Estados Unidos. A indústria armamentista européia era muito maior do que a norte-americana. E ele tivera experiências com soldados norte-americanos durante a Primeira Guerra Mundial: os alemães eram muito superiores. Assim que a campanha oriental terminasse, ele iria transferir seus esforços em terra para o fortalecimento da Marinha e da Aeronáutica. (De fato, uma diretriz de guerra mencionando justamente isso fora emitida na véspera. A ênfase suplementar em submarinos, e não em navios, fora claramente formulada pensando na Grã-Bretanha e nos Estados Unidos.[92] E vale lembrar que, já em maio, Hitler cogitava criar bases nos Açores para bombardeiros de longo alcance que pudessem atacar os Estados Unidos.[93]) Depois de cobrir a Wehrmacht de elogios, Hitler disse a Oshima que a destruição da Rússia era o principal interesse tanto da Alemanha quanto do Japão. A Rússia sempre seria aliada de seus inimigos. A Alemanha, declarou, estava ameaçada a Leste pela União Soviética e a Oeste pelos Estados Unidos. A situação do Japão era inversa. Portanto, continuou, na sua opinião, "nós deveríamos destruí-los juntos".

Hitler deu a entender que as condições vigentes para a intervenção japonesa eram excelentes. "A guerra contra a Rússia está vencida", declarou ele com todas as letras. A resistência soviética logo seria debelada. Em setembro, o combate oriental já estaria terminado. Ele não precisava de nenhuma ajuda. Podia continuar a luta sozinho. Porém, disse, a aniquilação da União Soviética significava também uma oportunidade para o Japão. Ele e Ribbentrop (também presente) já haviam incentivado o Japão a avançar sobre a Sibéria. Um ataque a Vladivostok tornara-se o substituto temporário de Cingapura.[94] O objetivo estratégico de Hitler tornou-se aparente. "O que os Estados Unidos fariam então? Como iriam conduzir a guerra?", indagou. "A destruição da Rússia deve se transformar no principal objetivo político da Alemanha e do Japão. E poderíamos facilitar a tarefa para nós mesmos agindo ao mesmo tempo, cortando o fornecimento de suprimentos da Rússia ao mesmo tempo." Isso significava uma chance — e uma esperança. "Se quisermos manter os Estados Unidos fora da guerra", concluiu, "seria somente pela destruição da Rússia, se Japão e Alemanha agirem de forma clínica [*eiskalt*] e definitiva."[95]

Mais uma vez, Hitler hesitava entre a idéia de destruir a União Soviética para manter os Estados Unidos fora da guerra ou como plataforma para uma agressão contra os Estados Unidos. De qualquer forma, a conversa com Oshima, com a guerra na frente oriental supostamente ganha, indicava que os Estados Unidos tinham um papel central na concepção de Hitler quanto à obtenção da vitória final. O domínio da Europa precisava ser considerado em termos de suas implicações globais (ou seja, uma volta às idéias explicitadas em 1928 no "Segundo Livro"). Essa era a premissa para o confronto com os Estados Unidos que Hitler mais uma vez considerava inevitável. E, embora estivesse com certeza fazendo um discurso de efeito, esperando impressionar os japoneses e assim fazê-los agir como ele queria, a posição do Japão na visão estratégica de Hitler nesse momento era obviamente crucial. Mas ele nada podia fazer a não ser esperar que os líderes japoneses vissem a questão da mesma forma. Na realidade, pouco sabia sobre as intenções japonesas, e continuaria a saber muito pouco. Um mês depois, continuava convencido de que o Japão atacaria a União Soviética.[96] Sem que Hitler soubesse, em 2 de julho, quase duas semanas antes da conversa com Oshima, os japoneses já haviam decidido não adotar a "opção norte" de atacar a União Soviética. Os líderes japoneses não tinham tanta certeza quanto Hitler que a guerra no Leste já estava ganha.

Um mês depois do retrato cor-de-rosa pintado por Hitler para Oshima, o clima no quartel-general da Prússia Oriental estava claramente mais sombrio. Apesar de avanços alemães regulares, já estava óbvio que a aniquilação rápida não fora bem-sucedida. As dificuldades de logística aumentavam juntamente com o número crescente de baixas. Acima de tudo, as defesas soviéticas estavam se mostrando mais sólidas do que o previsto. Em 11 de agosto, o general Halder reconheceu que "nós subestimamos o colosso russo".[97] Estava mais claro do que nunca que a guerra iria se arrastar inverno adentro. Em meados de agosto, Hitler, sofrendo de disenteria e muito tenso, já estava às voltas com o primeiro de muitos conflitos desgastantes com seus principais conselheiros militares. O objetivo principal deveria ser Moscou, como sugeriam seus generais, ou, conforme previsto na Operação

Barbarossa e como Hitler insistia, o avanço para conquistar as importantes regiões industriais e petrolíferas do Sul da União Soviética, e o domínio do Báltico pela conquista de Leningrado, ao norte?[98] Com a decisão em suspenso — mas que iria culminar, dali a poucas semanas, na desesperada marcha outonal rumo a Moscou antes de a neve do inverno começar a cair —, e os generais de Hitler acovardados diante de seus ataques esbravejantes, chegaram notícias da Carta do Atlântico, resultado do encontro de Churchill com Roosevelt na baía de Placentia, Terra Nova.

Com cinismo e alguma exatidão, Goebbels imediatamente resumiu a Carta do Atlântico como "típico produto de propaganda" — assunto sobre o qual ele tinha grande conhecimento. "É evidente que Churchill está decidido a arrastar os Estados Unidos para a guerra", comentou. "Nisso ele fracassou. No momento, Roosevelt não pode fazer os Estados Unidos entrar na guerra por causa da opinião pública norte-americana. Então os dois obviamente combinaram esse grande blefe propagandístico." Goebbels instruiu a imprensa alemã a destilar todo seu fel em relação aos oito pontos da carta. Reconheceu que, por meio desta, Roosevelt havia se aliado de forma inequívoca com os objetivos dos beligerantes britânicos. Porém, de modo algum se poderia afirmar "que por meio dessa declaração tenha ocorrido uma transformação da situação geral da guerra".[99] A expressão de que a Carta do Atlântico era "um grande e enorme blefe" foi retomada por Ribbentrop em um memorando redigido para Hitler em 17 de agosto.[100]

No dia seguinte, Goebbels foi visitar um Hitler adoentado e irritadiço em seu quartel-general de campanha. De forma pouco surpreendente, o ditador alemão menosprezou a importância da Carta do Atlântico, assim como o próprio Goebbels previra. Nessa ocasião, como em muitas outras, as opiniões de Hitler sobre os Estados Unidos estavam baseadas, pelo menos em parte, nos despachos transmitidos pelo adido militar alemão em Washington, Bötticher, que enviara por cabo a mensagem de que a Conferência do Atlântico não tinha importância. Havia algum tempo, Bötticher acreditava (equivocadamente) que os Estados Unidos estavam tão preocupados com o Japão que o Pacífico era sua prioridade. Paralelamente, o adido minimizava a ameaça à Alemanha. E insuflava ainda mais os preconceitos de Hitler ao relatar com freqüência que os judeus governavam os Estados Unidos.[101] Bötticher agora havia sinalizado que o encontro entre Churchill e Roosevelt em nada iria alterar o rumo dos acontecimentos ou o equilíbrio de forças. Os Estados Unidos ainda não podiam entrar na guerra, quaisquer que fossem as declarações, já que as suas preparações militares estavam incompletas e eles temiam a guerra em duas frentes. Ele via as diferenças internas nos Estados Unidos como reflexo do "conflito entre a concepção judaica do mundo e o verdadeiro americanismo", este último contrário à intervenção.[102]

Tendo por base essas informações, era evidente que Hitler não se deixaria impressionar pela Carta do Atlântico. Superestimando absurdamente algumas críticas parlamentares recentes a Churchill, ele achava que as dificuldades domésticas do primeiro-ministro britânico fossem o motivo de sua tentativa de convencer Roosevelt a entrar na guerra.[103] O presidente norte-americano não pôde fazer isso, embora de fato quisesse, porque precisava tomar cuidado com a situação doméstica dos Estados Unidos. (Hitler conhecia bem os debates acalorados no Congresso norte-americano em relação à extensão da Lei de Serviço Seletivo.) Na sua opinião, Roosevelt e Churchill haviam assinado a Declaração da Carta do Atlântico porque não estavam em condições de tomar nenhuma atitude prática. A carta, concluiu Hitler, "não pode nos fazer nenhum mal".[104]

As intenções japonesas ainda eram alvo de muitas especulações. "O Führer está convencido de que o Japão levará adiante o ataque a Vladivostok assim que as forças tiverem sido agrupadas", anotou Raeder depois de uma reunião com Hitler em 22 de agosto. "O alheamento atual pode ser explicado pelo fato de que o agrupamento das forças deve ser realizado sem perturbações, e que o ataque será feito de surpresa."[105] O otimismo de Hitler não tinha fundamento e estava equivocado. Na verdade, o Ministério das Relações Exteriores alemão estava muito menos convencido do que Hitler quanto às intenções japonesas. A substituição, em meados de julho, do ministro das Relações Exteriores japonês pró-Eixo Matsuoka pelo almirante Toyoda, conhecido por ser mais conciliatório em relação aos Estados Unidos, não foi vista como um sinal positivo. Ela gerou preocupações de que, diante do congelamento de ativos japoneses nos Estados Unidos em 26 de julho em reação à ocupação do Sul da Indochina, o Japão pudesse estar ansioso para se reaproximar dos norte-americanos. O nervosismo aumentou ainda mais devido à informação, colhida no final de agosto, de que uma mensagem importante do premiê japonês, príncipe Konoe, havia sido transmitida ao presidente Roosevelt. Isso foi interpretado como um movimento para evitar o conflito, justamente o oposto do que a Alemanha queria. Os alemães não sabiam o que pensar. Mas não podiam evitar a suspeita de que os japoneses não estivessem nem de longe ansiosos para realizar qualquer ação que fosse acarretar um confronto com os Estados Unidos.[106]

Foi nessa altura que o incidente do *Greer* deu novo rumo aos acontecimentos no Atlântico. Inicialmente, Goebbels estava inclinado a não lhe dar muita importância. Chegou até a pensar, no início, que o responsável fora provavelmente um submarino inglês tentando deliberadamente criar uma provocação para fazer os norte-americanos entrar na guerra. Ele ainda pensava que a posição de Roosevelt não era forte o suficiente para arriscar uma guerra. Mostrou-se surpreso com a forma como a imprensa norte-americana explorou o caso. De sua parte, estava disposto a deixar a imprensa alemã atacar Roosevelt pessoalmente, mas não a ligar esses ataques ao incidente no Atlântico e fazer qualquer provocação. "Por enquanto, a nossa posição é estremamente difícil", observou. "Precisamos agir com grande sensibilidade e o máximo de tato possível."[107] No entanto, quando Roosevelt fez seu discurso de "atirem sem avisar", em 11 de setembro, Goebbels disse à imprensa para disparar uma saraivada em grande escala contra o presidente. Ele interpretou o discurso como o início de uma guerra não oficial por parte de Roosevelt. Somente a opinião pública norte-americana, supunha, impedia uma guerra oficialmente declarada. E não havia por que duvidar, pensava, que no caso de uma série de confrontos armados Roosevelt pudesse ganhar a opinião pública com facilidade para sustentar uma declaração oficial. Goebbels deixou claro que isso não seria bem-vindo para a Alemanha naquele estágio. "A entrada dos Estados Unidos na guerra provavelmente seria desagradável nem tanto materialmente, mas psicologicamente", comentou. "Mas isso também deverá ser suportado."[108] Um dia depois, ele resumiu os próprios sentimentos (que sem dúvida eram também os do Führer). "Quanto mais uma declaração formal de guerra puder ser adiada, melhor para nós. Se, como estamos todos esperando e ansiando, pudermos conduzir a campanha oriental a uma conclusão vitoriosa, então essa declaração não poderá nos prejudicar muito mais."[109]

A cautela demonstrada por Goebbels não era compartilhada por Raeder nem pela liderança naval. Como antes, eles estavam ansiosos para se lançar por completo na batalha do Atlântico, e não queriam aceitar de braços cruzados a exacerbação norte-americana relativa ao caso *Greer*. No dia 17 de setembro, Raeder e o líder dos submarinos, contra-almirante Dönitz, apresentaram a Hitler uma série de propostas para modificar as instruções de combate a submarinos no Atlântico. Deixando de lado suas intenções em maximizar os interesses setoriais da Marinha, ambos sentiam que a melhor chance de vitória da Alemanha estava em cortar o abastecimento dos britânicos pelos Estados Unidos. Fazer isso significava expandir a guerra naval para abarcar navios norte-americanos que estivessem escoltando comboios britânicos. Hesitar nesse quesito, segundo eles, era um erro grave. Os dois queriam sinal verde para atacar escoltas de comboios sem levar em conta a área de bloqueio. E também para atacar embarcações norte-americanas que estivessem auxiliando o inimigo ou realizando algum ataque ou perseguição. Também tentavam obter o reconhecimento de uma zona de neutralidade de apenas vinte milhas ao largo da costa norte-americana. Essas propostas significavam praticamente uma autorização irrestrita para os submarinos operarem no Atlântico. Mas, nesse momento crucial da campanha oriental, elas eram excessivas para Hitler. "Com base em uma discussão detalhada da situação como um todo", escreveu Raeder, "na qual ficou aparente que o final de setembro trará a grande decisão na campanha oriental, o Führer exige que se tome cuidado para evitar qualquer incidente na guerra contra navios mercantes até mais ou menos meados de outubro."[110] Mas é claro que o final de setembro não trouxe a vitória na União Soviética. E os meados de outubro chegaram e passaram sem qualquer mudança nas ordens de Hitler aos submarinos no Atlântico.

Enquanto isso, a atenção do Führer e a de seus principais generais estava concentrada no drama que se desenrolava na frente oriental. Embora o avanço em direção a Moscou houvesse começado no início de outubro, as chances de se conquistar a cidade antes do inverno estavam diminuindo. A essa altura, o cronograma já havia desandado. O grandioso esquema tático por trás da Operação Barbarossa estava à beira do colapso. Mas a ameaça dos Estados Unidos, que se rearmavam depressa, não havia diminuído. Para a liderança alemã, Roosevelt — pressionado por defensores judeus da guerra — estava determinado a fazer os Estados Unidos entrar na guerra.

Do ponto de vista de Berlim, uma ação do Japão no Extremo Oriente era cada vez mais fundamental. Mas a expectativa alemã em relação aos japoneses havia se modificado de forma sutil. Quando Hitler conversou com Oshima, em julho, ele esperava, supunha até, que os japoneses fossem cooperar com a destruição da União Soviética para depois lidar com os Estados Unidos. Agora, começavam a aumentar as esperanças de que a tensão crescente entre Japão e Estados Unidos não fosse esfriar para produzir uma instável aproximação, mas sim culminar em uma guerra em grande escala no Pacífico. A essa altura, Hitler queria evitar fazer pressão sobre o Japão. Não desejava dar a entender que a Alemanha precisava dos japoneses.[111] Mesmo assim, em 13 de setembro, Ribbentrop, avisando que a agressão de Roosevelt certamente conduziria a uma guerra entre as potências do Eixo e os Estados Unidos, foi buscar em Tóquio garantias de que o Japão cumpriria seus compromissos decorrentes do Pacto Tripartite. Ele queria fazer um alerta a Washington nessa linha.[112]

A mudança de governo em Tóquio em 18 de outubro trouxe novas esperanças. O fim do governo Konoe e o novo Gabinete constituído sob a liderança do general Tojo, conhecido por sua personalidade belicosa, foram corretamente interpretados como um sinal de que a base de negociações com Washington havia fracassado. Hitler continuou cético. Não via correspondência entre as palavras exaltadas e as ações do novo Gabinete japonês. Não confiava em Tojo, achava que a formação do novo Gabinete fosse um blefe tático para forçar concessões norte-americanas e tinha mais dificuldade do que nunca em interpretar as intenções japonesas, que permaneciam totalmente opacas. Até o próprio Oshima era mantido na ignorância em relação aos objetivos de seu governo.[113] Mas, segundo Goebbels supunha, "agora a intervenção japonesa vai começar, pelo menos de forma gradual".[114] Isso, por sua vez, deixaria os norte-americanos preocupados, distraídos do Atlântico e da guerra na Europa, e daria tempo aos alemães para acabar com os soviéticos. Enquanto a campanha oriental permanecesse sem solução, porém, a proibição de incidentes que pudessem servir de perigosos estopins nas relações com os Estados Unidos precisava ser mantida.

Assim, apesar do fato de tais incidentes terem realmente se multiplicado, eles receberam atenção apenas passageira da impresa alemã, e considerou-se que o seu significado fora domesticamente deturpado por Roosevelt. Assim, o ataque ao *Kearny*, em 17 de outubro, foi pintado como uma invenção do presidente norte-americano para ajudar a aprovar no Congresso a controversa proposta de lei que rejeitava seções importantes da Lei de Neutralidade.[115] E, quando o *Reuben James* foi afundado, em 31 de outubro, a imprensa alemã contentou-se com uma denúncia veemente das alegações de Roosevelt quanto aos documentos secretos supostamente em seu poder que revelavam as intenções nazistas em relação à América do Sul. Quanto às conseqüências do afundamento em si, Goebbels resumiu, com bastante perspicácia: "Por enquanto, a guerra provavelmente não tem utilidade para Roosevelt. Primeiro ele precisa ver como andam as coisas com o Japão, e depois disso ainda tem pela frente o obstáculo da opinião pública norte-americana. De toda forma, não acho que por enquanto haja motivo para preocupações".[116] Em um discurso para a "velha guarda" do Partido Nazista, em 8 de novembro de

1941, aniversário do *putsch* fracassado de 1923, Hitler enfatizou sua moderação no Atlântico, em contraste com as ações agressivas dos norte-americanos e com as provocações de Roosevelt, e tornou a desprezar as supostas provas do presidente dos Estados Unidos em relação aos planos nazistas na América do Sul.[117] Em uma conversa com Raeder, cinco dias depois, Hitler confirmou que as ordens à Marinha permaneceriam as mesmas ainda que o Congresso dos Estados Unidos rejeitasse a Lei de Neutralidade. Concordou que a política naval deveria seguir sendo "minimizar as possibilidades de incidentes com as forças norte-americanas".[118] Mesmo assim, como Hitler deve ter visto, essa política (que, como vimos, os líderes navais havia muito vinham lutando para modificar) não poderia continuar de forma indefinida, uma vez retificadas as Leis de Neutralidade norte-americanas, sem que isso significasse a perda da batalha do Atlântico e, com ela, o fortalecimento da vital linha de abastecimento para a Grã-Bretanha, que permitia a manutenção do esforço de guerra da ilha.[119] Assim, a política de tolerância alemã tinha necessariamente limites temporais — limites indefinidos, porém reais.

Durante o outono, com seu estilo habitualmente arrebatado, porém vago, Hitler havia se referido mais de uma vez ao grande confronto com os Estados Unidos como uma obrigação para a geração seguinte. Tratava-se de uma volta (ou de uma repetição) ao que ele previra na década de 20. Mas é difícil julgar o quanto ele acreditava no que estava dizendo. Como sempre, o que contava para ele era o efeito sobre quem o escutava.[120] Pois a essa altura Hitler sabia melhor do que a maioria que o confronto iria acontecer antes disso. A verdade era que a guerra com os Estados Unidos já não podia mais ser evitada, nem sequer adiada por muito mais tempo.

No entanto, como nem os alemães nem os norte-americanos estavam preparados para cruzar a fronteira e lançar-se na guerra no Atlântico, seriam os acontecimentos no Pacífico, fora do controle do Reich de Hitler, que acabariam por precipitar a fatídica decisão que levou a Alemanha a abrir hostilidades contra os Estados Unidos.

IV

O pedido de Ribbentrop, em 13 de setembro, tentando obter garantias japonesas, nos termos do Pacto Tripartite, em caso de guerra entre Alemanha e Estados Unidos, passou o mês de outubro inteiro sem ser atendido. Vista de fora, a mudança de governo do Japão em meados do mês, quando o linha-dura general Tojo substituíra Konoe como primeiro-ministro, não trouxera nenhuma alteração de política significativa. Segundo relatórios do Ministério das Relações Exteriores, Hitler esperava pouco do novo Gabinete. Desde o verão, ele aparentemente havia mudado de idéia com relação ao Japão entrar na guerra contra a União Soviética, e agora estava um pouco preocupado que isso pudesse estar sendo cogitado por Tojo. Não era mais o que ele queria. A essa altura, do seu ponto de vista, um conflito entre Japão e Estados Unidos no Pacífico era muito mais desejável. Ele ainda tinha alguma esperança de conseguir forçar a Grã-Bretanha a se sentar na mesa de negociações graças a uma derrota da União Soviética. "Se a Rússia cair agora, e a Inglaterra quiser selar a paz conosco, o Japão poderia constituir um obstáculo para nós", disse, segundo relatos.[121] Os líderes alemães não sabiam ao certo que impacto a subida ao poder de Tojo tivera nas relações entre Tóquio e Washington. A impressão dada pelo embaixador alemão em Tóquio, general Ott, era que as relações entre Japão e Estados Unidos haviam se deteriorado. Mas havia poucos sinais de alguma ação clara. Por volta do fim do mês, Goebbels notou um aumento de tensão, mas que não ultrapassou o nível da propaganda. "É muito questionável", observou, "se Tojo irá partir para alguma ação decisiva. Talvez o Führer tenha razão de se mostrar cético. De toda forma, não devemos nutrir falsas esperanças."[122] No final do mês, Ott relatou que os japoneses ainda não haviam tomado uma decisão quanto ao alerta aos Estados Unidos, decisão solicitada pela Alemanha seis semanas antes, em 13 de setembro.[123] A situação não era nada animadora.

Influenciado por Hitler, Goebbels agora se mostrava cético em relação aos japoneses. Tojo "fala grosso, mas não atira", foi o veredicto do ministro da Propaganda em 6 de novembro. "É óbvio que os japoneses ainda não estão inclinados a intervir no conflito de forma ativa", acrescentou. "Felizmente nós não estávamos contando com o apoio militar ativo do Japão, de modo que esse fato não afeta nossos cálculos de forma significativa."[124] Mas Goebbels não sabia de tudo.

A essa altura, a situação estava começando a mudar. E a iniciativa partira de Tóquio, não de Berlim. O primeiro sinal foi uma mensagem de Ott, em 5 de novembro, sobre uma sondagem preliminar da Marinha japonesa "relativa a uma garantia alemã de não selar paz ou armistício em separado no caso de uma guerra entre Japão e Estados Unidos".[125] Ainda mais promissora — e na origem de uma profusão de comunicações — foi uma informação preliminar transmitida pelo general Okamoto Kio Puku, chefe da seção de Exércitos estrangeiros no Estado-

Maior japonês, em 18 de novembro. Okamoto informava que, na visão do Estado-Maior japonês, uma solução pacífica para os problemas entre Japão e Estados Unidos era improvável. Caso as relações se deteriorassem, os japoneses recorreriam à "auto-ajuda", que seria seguida pela entrada dos Estados Unidos na guerra. O que Okamoto queria, em nome do Estado-Maior, era que ambas as nações, Alemanha e Japão, "assumissem a obrigação de não concluir nenhum armistício ou paz em separado, mas somente juntas".[126] A resposta de Ribbentrop foi rápida. Em 21 de novembro, ele mandou Ott transmitir a seguinte mensagem: em Berlim, partia-se do princípio de que, em caso de guerra entre Japão ou Alemanha e Estados Unidos, qualquer armistício ou paz só seria acordado de forma conjunta, e que isso poderia ser considerado um acordo formal.[127]

Os japoneses não perderam tempo. Dali a dois dias, em 23 de novembro, Ott transmitia a resposta de Okamoto, que deixava evidente que o próprio Tojo fora consultado. A engrenagem diplomática foi então elevada mais um nível. Okamoto queria ouvir de Ott, relatou o embaixador, se na sua opinião "a Alemanha também se consideraria em guerra com os Estados Unidos caso o Japão abrisse hostilidades".[128] O Pacto Tripartite, vale lembrar, estipulava como condição para qualquer ação conjunta a agressão de uma força externa. Mas se quem disparasse o primeiro tiro fosse o Japão? Nesse caso, nada fora acordado. Estranhamente, a demonstração verbal de prontidão de Hitler, na reunião com Matsuoka em abril anterior, de oferecer apoio imediato no caso de o Japão se envolver em um conflito com os Estados Unidos, sem qualquer qualificação relativa ao agressor, havia desde então sido esquecida ou ignorada.[129] Não fica claro se essa demonstração foi relatada de forma inexata em Tóquio na época, se não foi tratada como um compromisso sério e obrigatório por Hitler, ou se foi simplesmente ignorada. De toda forma, ela não chegara a constituir um acordo formal. Assim, o que Okamoto buscava agora era uma garantia formal de que a Alemanha iria oferecer apoio militar em uma guerra que o próprio Japão houvesse iniciado — algo que o pacto não previa. Uma garantia dessas comprometeria o Reich alemão a entrar em guerra contra os Estados Unidos — eventualidade para a qual tudo fora feito para evitar até então. A iniciativa de tomar a decisão quanto à guerra da Alemanha contra os Estados Unidos teria sido transferida para o Japão. Em troca dessa garantia, Okamoto não estava oferecendo absolutamente nada. E, embora Hitler e Ribbentrop não soubessem, o governo japonês, ao mesmo tempo que buscava um acordo com a Alemanha para impedir uma paz em separado com os Estados

Unidos, estava preparado para responder com uma firme recusa a um pedido alemão para declarar guerra à União Soviética. Caso para a Alemanha essa se tornasse uma condição para o apoio à guerra japonesa contra os Estados Unidos, não haveria acordo possível.[130] Mas isso não iria deter os preparativos japoneses, que agora entravam em sua fase final.

A Alemanha nada sabia sobre esses preparativos. Ernst von Weizsäcker, secretário de Estado do Ministério das Relações Exteriores alemão, anotara em seu diário no dia 23 de novembro que seria difícil eliminar o abismo entre as demandas japonesas e norte-americanas, mas que Tóquio dava poucas informações sobre o progresso das negociações com Washington.[131] Goebbels seguia lamentando a aparente falta de agressividade de Tojo. "Atualmente não se pode falar em qualquer intenção japonesa de intervir na guerra", concluiu ele em meados de novembro.[132] Na verdade, os japoneses já haviam marcado o dia 25 de novembro como prazo final para chegar a um acordo com os norte-americanos. Caso nada fosse resolvido até essa data, seria guerra. Nada se resolveu; e no dia seguinte a força-tarefa naval partiu em segredo rumo a Pearl Harbor.

A pergunta-chave de Okamoto, feita em 23 de novembro, passou cinco dias sem obter resposta.[133] Porém, quando Ribbentrop descobriu, em 27 de novembro, que os norte-americanos haviam apresentado ao Japão um ultimato que quase certamente resultaria no fim das negociações e na ruptura de relações entre os dois países, ele agiu depressa, sem dúvida depois de se consultar com Hitler.[134] No dia seguinte, disse ao embaixador japonês Oshima que, na sua opinião, o Japão agora não podia mais evitar um confronto com os Estados Unidos. A situação, segundo ele, nunca ficaria mais favorável do que agora. Ele instou veementemente o Japão a declarar guerra sem demora, tanto aos Estados Unidos quanto à Grã-Bretanha. Segundo um despacho de Oshima para Tóquio, o ministro das Relações Exteriores alemão então afirmou: "Se o Japão entrar em guerra contra os Estados Unidos, então é claro que a Alemanha entraria no conflito imediatamente. Nessas circunstâncias, não existe nenhuma possibilidade de a Alemanha selar um acordo de paz em separado com os Estados Unidos. O Führer não abre mão desse ponto".[135]

No dia 30 de novembro, em Tóquio, Ott garantiu ao ministro das Relações Exteriores japonês, Tojo, que a Alemanha ficaria ao lado do Japão.[136] Uma resposta urgente foi enviada para Oshima por cabo. Este deveria avisar Hitler e Ribbentrop em segredo de que "existe um risco extremo de a guerra entre as nações anglo-saxãs e o Japão estourar de repente por meio de algum embate de armas". Ele deveria acrescentar que "a guerra talvez venha mais depressa do que qualquer um possa sonhar".[137] Ele deveria cuidar para que a promessa verbal de Ribbentrop fosse traduzida em um acordo por escrito. Mais tarde, na noite de 1º de dezembro, ou nas primeiras horas do dia 2, Oshima comunicou o acordo de Tóquio com Ribbentrop. Antes que um acordo formal pudesse ser redigido, porém, Ribbentrop precisava da aprovação final de Hitler.[138]

Mesmo no início da década de 40, os chefes de Estado raramente saíam do telefone ou do rádio. Porém, ao longo dos três dias seguintes, parece de fato que Hitler ficou incomunicável, isolado após uma visita à frente do Leste e incapacitado de voltar a seu quartel-general na Prússia Oriental até 4 de dezembro. Somente então Ribbentrop conseguiu falar com ele para tomar uma decisão final, que conduziu à redação apressada de um novo acordo que, na realidade, superava o Pacto Tripartite do ano anterior, e que foi apresentado a Oshima nessa mesma noite.[139] Com a aprovação de Hitler, a sorte que levaria a Alemanha à guerra com os Estados Unidos agora estava efetivamente lançada.

Roma foi contactada imediatamente por um Ribbentrop impaciente, e uniu-se na mesma hora aos dois aliados. Mussolini ficou satisfeito com a iniciativa japonesa. "Assim, chegamos à guerra entre continentes, que eu venho prevendo desde setembro de 1939", declarou.[140] Nos dois primeiros e vitais artigos, todos os signatários se comprometiam a entrar no conflito caso estourasse uma guerra entre qualquer um deles e os Estados Unidos, e a não concluir nenhum armistício ou paz com Estados Unidos ou Grã-Bretanha a não ser por consenso mútuo total.[141] Só restava assinar. Weizsäcker esperava que tudo estivesse concluído em 6 de dezembro.[142] Mas não foi assim. Os detalhes ainda precisavam ser esmiuçados. Isso levava tempo.

Já havia alguns dias que os líderes alemães sentiam que a crise nas relações entre Japão e Estados Unidos estava chegando ao auge. Com os soldados alemães atolados nas vastas terras russas, e uma crise militar importante se precipitando na aproximação de Moscou, essa era uma notícia muito bem-vinda. O mesmo valia para a possibilidade de um ataque japonês a Cingapura no futuro próximo com a qual Oshima acenava.[143] A urgência de acomodar as exigências japonesas de uma revisão do Pacto Tripartite refletia esse sentimento de que um momento-chave do conflito estava se aproximando, para vantagem da Alemanha.

Nem todos compartilhavam o otimismo de Hitler (e de Ribbentrop) em relação aos japoneses. No Ministério das Relações Exteriores, Weizsäcker comentou que já fazia alguns dias que os japoneses consideravam inevitável um embate com os Estados Unidos. Do ponto de vista alemão, os efeitos militares da entrada do Japão na guerra pareciam-lhe bastante equilibrados. No geral, porém, racional e pessimista quanto às chances alemãs a longo prazo, ele não acolhia com bons olhos a participação japonesa.[144] A essa altura, notícias do Ministério das Relações Exteriores já chegavam ao quartel-general do Estado-Maior informando que a tormenta iria estourar em breve. Em 6 de dezembro, o general Halder ouviu dizer que o conflito entre Japão e Estados Unidos era "possivelmente iminente".[145] Goebbels, que estava fora do círculo de informações sobre o vaivém diplomático entre Tóquio e Berlim, registrou repetidas vezes a tensão crescente. No dia 6 de dezembro, ele escreveu: "A briga entre Washington e Tóquio continua em nível crítico. Não tenho mais a impressão de que as coisas possam ser consertadas. Em algum momento, a bomba desse conflito vai estourar".[146]

Ele não fazia idéia de como estava próximo da verdade. Na manhã seguinte bem cedo, horário do Havaí, os japoneses bombardearam Pearl Harbor. Já era noite do dia 7 de dezembro na Europa central quando a chocante notícia chegou ao quartel-general de Hitler.

V

Os líderes alemães não foram avisados previamente sobre o ataque japonês. Na verdade, eles pareciam esperar que o primeiro ataque partisse dos norte-americanos.[147] Durante a primeira semana de dezembro, "não acreditávamos que haveria um ataque direto do Japão aos Estados Unidos", recordou Weizsäcker mais tarde. Quando recebeu a notícia sobre Pearl Harbor, o Ministério das Relações Exteriores inicialmente pensou se tratar de uma informação falsa.[148] Essa foi a primeira reação irada de Ribbentrop. Segundo ele, aquilo era provavelmente um truque propagandístico dos inimigos da Alemanha, e o seu departamento de imprensa havia acreditado. Pediu que fossem feitas mais investigações e que lhe entregassem um relatório na manhã seguinte.[149] A confirmação veio antes disso. Em Roma, o ministro das Relações Exteriores italiano, conde Ciano, recebeu nessa mesma noite o telefonema de um Ribbentrop exaltado. "Ele está alegre com o ataque japonês aos Estados Unidos", escreveu Ciano. Ele deu os parabéns a

Ribbentrop, mas duvidava das vantagens que esse novo desdobramento poderia trazer. "Uma coisa agora é certa", pensava. "Os Estados Unidos vão entrar no conflito, e o conflito terá duração suficiente para que o país possa lançar mão de toda sua força potencial."[150] No fundo, Weizsäcker também não tinha certeza quanto aos benefícios para a Alemanha. Segundo seu raciocínio, o Japão agora havia se alinhado com os "agressores". "O efeito militar teria de ser muito grande para justificar tal fato. Agora, nossas relações com os Estados Unidos também serão esclarecidas legalmente muito depressa", avaliou.[151]

Embora acompanhasse com atenção a tensão crescente nas relações entre Japão e Estados Unidos, Goebbels também ficou surpreso com a notícia sobre Pearl Harbor. "De repente, do nada, recebemos a notícia de que o Japão atacou os Estados Unidos", escreveu em seu diário. "A guerra chegou." Era aquilo que, durante as semanas anteriores, ele esperava, mas duvidava que fosse acontecer. Ainda não tinha certeza de onde o ataque ocorrera; "em algum lugar do Pacífico", era tudo que sabia. Mais notícias chegaram durante a noite. Roosevelt convocara o Congresso, e a guerra ao Japão fora declarada às seis horas daquela manhã. Logo depois, Hitler telefonou. Estava "extraordinariamente feliz" com os novos desdobramentos. Queria que o Reichstag fosse convocado para quarta-feira (10 de dezembro) — eram então as primeiras horas de segunda-feira — para esclarecer a posição alemã. Como sempre, Hitler pensou imediatamente no efeito propagandístico. Não iria perder tempo. Goebbels agora supunha (reproduzimos seu comentário no início do capítulo), provavelmente com base na conversa com Hitler, que a Alemanha fosse declarar guerra aos Estados Unidos conforme previa o Pacto Tripartite. Mas ele via uma vantagem notável na acentuada redução dos armamentos fornecidos pelos Estados Unidos para auxiliar a Grã-Bretanha, e via também que a Alemanha agora estava, de certa forma, "protegida nos flancos", uma vez que os Estados Unidos ficariam distraídos com os acontecimentos no Pacífico. "Para o Führer, assim como para todo o quartel-general, o sentimento é de pura alegria com a notícia. Pelo menos por enquanto uma ameaça séria foi tirada das nossas costas", registrou, e suas opiniões eram um eco inquestionável, quando não uma citação direta, das de Hitler. "Roosevelt não poderá ser tão ousado em sua aproximação quanto vem se mostrando nas últimas semanas e meses", acrescentou. "Esta guerra se transformou em uma guerra mundial, no sentido mais verdadeiro da palavra. De início pequenas, suas ondas agora abarcam todo o globo." Uma vez superada a crise atual, essa era a grande oportunidade da Alemanha. "Se ganharmos esse confronto, então nada mais estará no caminho da realização do sonho de um poder alemão mundial", resumiu.[152]

Para Hitler, mergulhado na crise cada vez mais profunda da frente oriental, onde a ofensiva soviética contra os soldados alemães congelados e exaustos não muito longe de Moscou começara dois dias antes de Pearl Harbor, a animação diante dos acontecimentos do longínquo Pacífico não teve limites. "Não há como perdermos a guerra", foi a sua avaliação aliviada da situação. "Agora temos um aliado que nunca foi conquistado em três mil anos."[153] Na sua opinião, tratava-se de nada menos do que "um alívio".[154] Quando ele irrompeu sala adentro, segurando o telegrama com a notícia da guerra entre Japão e Estados Unidos, o espantado Keitel teve a sensação de que Hitler fora libertado de um pesadelo.[155] Conforme a notícia se espalhava rapidamente, todo o quartel-general foi "contagiado por comemorações extáticas".[156] Se Hitler houvesse percebido que, uma vez assentada a poeira em Pearl Harbor, os danos infligidos pelo ataque japonês iriam se revelar substancialmente menores do que o golpe certeiro de que Tóquio precisava, seu humor talvez tivesse se mostrado menos exuberante. No entanto, ele tinha certeza de que a suposição que acalentava havia muito tempo iria se revelar correta: os Estados Unidos ficariam presos na guerra no Pacífico; e a posição da Grã-Bretanha seria enfraquecida tanto pela diminuição de suprimentos vindos pelo Atlântico quanto por ataques japoneses a seus territórios no Extremo Oriente. O prognóstico das chances alemãs havia melhorado de uma hora para a outra. Não era de espantar que, ao chegar a Berlim em 9 de dezembro, Hitler ainda estivesse radiante de otimismo.[157]

Em vista dessas opiniões, nunca houve a menor dúvida de que Hitler aproveitaria a ocasião para conduzir a Alemanha à guerra contra os Estados Unidos. Esse fato, como se viu, não foi apenas uma reação espontânea e emocional ao ataque a Pearl Harbor em si. Durante as semanas anteriores, as negociações com os japoneses partiam do princípio da entrada da Alemanha em uma guerra contra os Estados Unidos que pudesse ser causada por acontecimentos externos ao controle alemão. Quando ouviu a notícia de Pearl Harbor, Hitler não hesitou um só segundo. Goebbels dava como certo, depois de sua conversa telefônica com Hitler, que a Alemanha agora iria declarar guerra aos Estados Unidos. Quando o ajudante-de-ordens da Luftwaffe junto a Hitler, Nicolaus von Below, depois de um período de licença, voltou ao quartel-general do Führer na manhã de 9 de dezembro, teve a impressão imediata de que Pearl Harbor era visto como um sinal para declarar guerra aos Estados Unidos.[158] E Wolfgang Brocke, então jovem oficial ligado ao quartel-general de Hitler, recordou, embora muito depois dos acontecimentos em si, que a reação imediata de Hitler ao receber a notícia sobre Pearl Harbor foi que já podia declarar guerra aos Estados Unidos.[159]

É inquestionável que a batalha do Atlântico constituiu o imperativo por trás da vital decisão de Hitler. Keitel relacionou a empolgação de Hitler ao saber da notícia sobre Pearl Harbor ao sentimento de que isso atenuava as conseqüências da "guerra não declarada", que tinham sido negativas para a Alemanha.[160] E, sem esperar a declaração de guerra, Hitler soltou seus submarinos entre 8 e 9 de dezembro. De agora em diante, eles tinham total liberdade para atacar carregamentos norte-americanos.[161] Isso, observou Goebbels, foi um tremendo alívio para os comandantes dos submarinos. Era impossível travar uma "guerra de torpedos" quando o comandante precisava estudar meia dúzia de manuais de instruções para descobrir se tinha permissão para disparar. Grande parte do fracasso da guerra no mar podia ser atribuída à forma como os submarinos haviam sido tolhidos. "Isso agora terminou. Não serão mais reconhecidas zonas livres, e a bandeira norte-americana não será mais respeitada. Qualquer embarcação surpreendida a caminho da Grã-Bretanha terá de considerar a possibilidade de ser torpedeada por nossos submarinos."[162] Isso refletia o pensamento de Hitler.

Quando Ribbentrop o encontrou, na manhã de 9 de dezembro — antes da declaração de guerra, mas depois de sua "licença para matar" ter sido transmitida aos submarinos —, Hitler afirmou que a principal razão para a Alemanha agora entrar na guerra era "que os Estados Unidos já estão atirando em nossos navios. O país tem sido um fator de pressão nesta guerra e, por meio de suas ações, já criou uma situação que é praticamente, digamos assim, de guerra".[163] Durante meses, ele havia contido as ações de seus líderes navais enquanto estes se mostravam indóceis por causa das restrições a suas operações no Atlântico. E, durante esse tempo todo, os norte-americanos vinham intensificando gradualmente a "guerra não declarada". As provocações haviam aumentado de tom, e ainda assim Hitler fora forçado a se conter. Mas que ninguém o acusasse de deixar passar barato as suas antipatias. Ele mal podia esperar pelo momento em que finalmente estaria livre para retaliar. A veemência com a qual, no discurso diante do Reichstag em 11 de dezembro, ele despejou suas queixas em relação ao que pintava como um catálogo quase interminável de transgressões norte-americanas no Atlântico, ao longo de vários meses, não tinha apenas efeito propagandístico.[164] Ela refletia também seu intenso desejo interno de dar o troco ao presidente Roosevelt. Ainda mais importante, os submarinos eram sua única forma de atacar os Estados Unidos. E, sem forçar os Estados Unidos a recuarem, ou pelo menos a se disporem a fazer concessões, a guerra agora não poderia chegar ao fim.

A indicação mais clara possível do pensamento de Hitler pode ser constatada em seus comentários confidenciais aos líderes do Partido Nazista, na tarde seguinte. Eles deixam claro que, em sua decisão crucial, o fator que ele considerava mais importante era a guerra no Atlântico.

Goebbels recapitulou o que Hitler tinha a dizer:

> Ele ressalta a extraordinária relevância da entrada do Japão na guerra, sobretudo no que diz respeito a nossa guerra de submarinos. Os comandantes dos nossos submarinos haviam chegado ao ponto de não saber mais se deviam ou não disparar seus torpedos. Uma guerra de submarinos não pode ser vencida a longo prazo se os submarinos não tiverem liberdade para atirar. O Führer está convencido de que, mesmo sem o Japão ter entrado na guerra, ele teria sido obrigado, mais cedo ou mais tarde, a declarar guerra aos norte-americanos. Agora o conflito no Leste da Ásia cai como um presente no nosso colo. De fato, todas as agências alemãs trabalharam para isso, mas mesmo assim tudo aconteceu tão depressa que foi em parte inesperado. Psicologicamente, também, esse fato tem valor inestimável para nós. Uma declaração de guerra nossa contra os norte-americanos sem a contrapartida do conflito asiático teria sido difícil de suportar para o povo alemão. Nem todos aceitam essa evolução quase como um fato natural. Durante as últimas semanas e meses, o Führer passou por um embate interno extraordinariamente difícil em relação a essa questão. Sabia que, das duas, uma: ou a guerra de submarinos seria condenada à total ineficácia, ou então ele teria de dar o passo decisivo de declarar guerra contra os Estados Unidos. Esse pesado fardo foi tirado de suas costas. Ele agora considera o combate no Atlântico de forma muito mais positiva do que antes. Acha que o número de navios afundados vai aumentar depressa. Considera o problema da tonelagem um fator decisivo no esforço de guerra. Aquele que solucionar esse problema provavelmente ganhará a guerra.[165]

Para Hitler, como deixam claro seus comentários, o estado unilateral da "guerra não declarada" foi o principal motivo de sua decisão. Ele agora tinha a justificativa de que precisava para iniciar uma guerra total no Atlântico e impedir os submarinos de serem tão "inúteis" quanto haviam se mostrado em 1915-6.[166] Também na declaração de guerra contra os Estados Unidos os ecos da Primeira Guerra Mundial, que haviam deixado em Hitler uma marca tão indelével, ainda podiam ser sentidos.

Pearl Harbor serviu de oportunidade. Sem o ataque japonês aos Estados Unidos, Hitler obviamente não teria se sentido seguro para dar um passo tão grande. A diplomacia apressada, conduzida desde as primeiras iniciativas japonesas no início de novembro, relativa a compromissos militares mais firmes do que aqueles estipulados no Pacto Tripartite, provavelmente fora conduzida de olho na probabilidade cada vez maior de a Alemanha, assim como o Japão, se envolverem em hostilidades com os Estados Unidos em um futuro próximo. As negociações haviam alcançado o estágio em que a Alemanha estava disposta a assinar um acordo formal obrigando-a a entrar na guerra mesmo no caso de o ataque ser iniciado pelo Japão, e não pelos Estados Unidos. Mais por sorte do que por sensatez, esse acordo ainda não havia sido assinado quando as bombas caíram sobre Pearl Harbor. Hitler, portanto, não estava obrigado pelo Pacto Tripartite nem por qualquer outro tratado a fazer o que quer que fosse. Ele já conseguira o que queria: o Japão em guerra contra os Estados Unidos no Pacífico. Ele poderia ter se contentado com a suposição de que, graças ao presente de Pearl Harbor, os Estados Unidos teriam tido suas energias desviadas para o Pacífico. Poderia simplesmente ter mantido as desgastadas relações existentes com os Estados Unidos. Ou poderia ter alterado as ordens a seus submarinos (algo por que Raeder vinha implorando nos últimos meses) sem declarar guerra — coisa que de fato fez, dois dias antes do discurso no Reichstag. Mas ele não decidiu nem continuar passivo, nem simplesmente intensificar o confronto no Atlântico (o que teria tido o provável efeito de aumentar a pressão sobre Roosevelt para que este arriscasse uma declaração de guerra ou desmoralização). Em vez disso, ele optou (de forma desnecessária, portanto, considerando seus compromissos internacionais existentes) por uma declaração integral de guerra contra os Estados Unidos. E essa foi evidentemente uma decisão que ele tomou muito rápido e sem consultar ninguém.

Mesmo assim, apesar da pressão de Tóquio, houve uma demora antes de Hitler fazer a declaração. Ele sabia que seu discurso era vital. Seria ouvido no mundo inteiro, principalmente no Japão e Estados Unidos, e precisava ter grande impacto doméstico. Havia semanas que ele prometia a Goebbels fazer um pronunciamento para o povo alemão. Mas as coisas na campanha oriental não haviam corrido conforme o esperado. Agora, finalmente, ele tinha algum material para um discurso, algo que poderia usar para efeito propagandístico. Em 9 de dezembro, Ribbentrop disse a Oshima que Hitler estava avaliando o melhor caminho, do ponto de vista psicológico, para declarar guerra aos Estados Unidos.[167] Em 10 de dezembro, porém, a data inicialmente prevista para a reunião do Reichstag teve de ser adiada. Hitler ficara preso em uma série interminável de reuniões e nem sequer conseguira preparar seu discurso.[168] Queria elaborá-lo com um cuidado especial. Assim, a reunião do Reichstag foi adiada em um dia.[169] E os motivos para o atraso em se chegar à declaração de guerra foram banais. Mas havia outro motivo, menos banal. Tratava-se da minuta ainda não assinada do acordo com o Japão.

Quando se encontrou com Hitler na manhã de 9 de dezembro, Ribbentrop transmitiu o pedido de Oshima de uma declaração imediata de guerra aos Estados Unidos. Quer estivesse sofrendo de um acesso tardio de hesitação, ou simplesmente lembrando a Hitler as obrigações estritas da Alemanha em uma decisão tão crucial, o ministro das Relações Exteriores assinalou que não havia obrigação de declarar guerra pelas cláusulas do Pacto Tripartite. Estas só obrigavam a Alemanha a prestar auxílio militar ao Japão no caso de um ataque a seu aliado. Mas quem iniciara o conflito fora o Japão, não os Estados Unidos. A resposta de Hitler, porém, foi que "se não ficarmos do lado do Japão, o pacto está politicamente morto".[170]

Mais tarde, Ribbentrop alegaria que tentou dissuadir Hitler de uma declaração de guerra. "Eu nunca quis que os Estados Unidos fossem levados a entrar na guerra", afirmou, "mas os japoneses pensavam de forma diferente naquela ocasião, assim como o fariam mais tarde."[171] O seu comportamento na época dá pouca credibilidade à subseqüente justificativa. Ele não mostrara hesitação quanto ao acordo mais exigente com o Japão, discutido durante mais de duas semanas; demonstrara grande entusiasmo para Ciano após Pearl Harbor; e, conversando com o embaixador italiano Dino Alfieri em 9 de dezembro, referira-se ao envolvimento do Japão ao lado do Eixo como "o acontecimento mais importante desde o início da guerra".[172] No dia 8 de dezembro, véspera do encontro com Hitler, Ribbentrop entregara a Oshima uma minuta do novo acordo proposto com o Japão, e enviara-o na mesma noite para Ott. Pedia que fosse aprovada sem demora, porque "poderia ser anunciado aqui de maneira especial", referência evidente ao futuro discurso de Hitler no Reichstag.[173]

O fato era que ainda havia pequenos pontos a respeito dos quais os japoneses queriam esclarecimentos. A autorização final só veio na quarta-feira, dia 10, e o importante acordo finalmente foi assinado por Ribbentrop, Alfieri e Oshima na quinta, logo antes da declaração de guerra. Em seu discurso dessa tarde, 11 de dezembro, Hitler leu o acordo inteiro.[174] Era uma indicação do valor que ele atribuía ao documento. A cláusula-chave era a segunda: o compromisso de não concluir tratado de armistício ou paz com Estados Unidos ou Grã-Bretanha sem consentimento total e mútuo.

O acordo agora parecia a Hitler ser à prova de falhas. Ele havia assinado um entendimento formal com um aliado que se mostrara historicamente invencível. O acordo impedia o Japão de concluir uma paz antecipada com os Estados Unidos, da mesma forma que fizera com a Rússia em 1905. Na Primeira Guerra Mundial, a entrada dos Estados Unidos desequilibrara a balança. Com Japão e Estados Unidos agora envolvidos em um conflito no Pacífico, e sem "cláusula de escape" para os japoneses a menos que a Alemanha concordasse, as chances de isso se repetir pareciam, se não de todo erradicadas, pelo menos muito reduzidas.[175] Sem um acordo assim, havia sempre a possibilidade, na mente de Hitler, de que Japão e Estados Unidos pudessem chegar a algum tipo de paz de compromisso que deixaria a Alemanha sozinha para enfrentar o poderio dos Estados Unidos.[176] Assim, com a guerra na frente oriental parecendo fadada a se estender indefinidamente, o que passou a ser conhecido como "tratado antipaz-separada"[177] parecia um bom fundamento para a declaração de guerra aos Estados Unidos, à qual Hitler, de toda forma, já estava inclinado por disposição. Isso garantiria que os Estados Unidos ficassem ocupados no Pacífico. Mais ainda, o país não poderia se concentrar totalmente nesse teatro de operações, mas teria de travar uma guerra em duas frentes. Assim, o peso das armas norte-americanas, que Hitler previa fosse se manifestar no decorrer de 1942, não poderia ser dirigido em sua totalidade nem ao Japão, forçando possivelmente os Estados Unidos a tentarem obter a paz, nem à Alemanha antes de a guerra na frente oriental ser vencida e de a Europa estar à sua mercê.[178]

Um outro fator, sempre importante para Hitler, também teve seu papel: o prestígio. "Uma grande potência não deixa que lhe declarem guerra, ela declara guerra pessoalmente", disse Ribbentrop a Weizsäcker, sem dúvida reproduzindo as palavras de seu mestre.[179] Weizsäcker achava melhor que a declaração viesse dos Estados Unidos do que da Alemanha. Não via a importância desse gesto de apoio ao Japão. Mas essa argumentação era inútil.[180] Para Hitler, os Estados Unidos eram um dos principais inimigos da Alemanha, sobretudo durante os dezoito meses anteriores, e acima de tudo com a inútil intensificação de suas agressões no decorrer do outono. Apesar do conflito agora iniciado no Pacífico, não pairavam dúvidas em sua mente de que era apenas uma questão de tempo — e ele imaginava que isso fosse acontecer mais cedo, e não mais tarde — para que os Estados Unidos declarassem guerra à Alemanha. Apenas três dias antes de Pearl Harbor, a sensacional publicação no jornal isolacionista *Chicago Tribune* do Programa da Vitória, prevendo um poderoso Exército para combater na Europa — informação que não foi negada pela administração Roosevelt —, constituiu para os líderes nazistas em Berlim uma revelação dos objetivos bélicos norte-americanos.[181] Parecia provável que uma declaração de guerra dos Estados Unidos ao Japão fosse ser logo seguida por uma declaração semelhante contra seus aliados do Pacto Tripartite. Hitler deve ter calculado que isso teria sido mais difícil de "vender" em casa do que uma declaração, por motivos que ele era capaz de justificar, feita pela própria Alemanha aos Estados Unidos.

Conforme Goebbels admitia, um golpe de sorte fizera o Japão entrar no conflito.[182] Da noite para o dia, isso dera grande fôlego às perpectivas da Alemanha, sobretudo na crítica batalha do Atlântico. Como de hábito, Hitler tentou imediatamente aproveitar a oportunidade para retomar as rédeas de uma guerra que ele corria o risco de perder. A esperança extraordinariamente exagerada depositada por Hitler no aliado japonês levou-o à fatídica decisão de 11 de dezembro: guerra total contra um inimigo que, conforme reconheceu para Oshima no início de janeiro de 1942, ele não fazia idéia de como derrotar.[183]

VI

Teria a decisão de Hitler de declarar guerra aos Estados Unidos em 11 de dezembro de 1941 sido, portanto, um enigma, um instante grandioso de loucura megalomaníaca? Do ponto de vista de Hitler, tratava-se apenas de antecipar o inevitável. Longe de parecer inexplicável ou incompreensível, sua decisão estava de acordo com as opiniões que tinha sobre os Estados Unidos desde a década de 20 e sobretudo com seu pensamento estratégico de 1940-1 em relação aos Estados Unidos, ao Japão e aos rumos futuros da guerra. Também estava de acordo com seu medo implícito de que o tempo não estava do lado da Alemanha, de que os Estados Unidos precisavam ser derrotados, ou pelo menos contidos, antes de o seu poderio econômico desequilibrar o conflito, como acontecera na Primeira Guerra Mundial. Levando em conta essas premissas, a decisão foi bastante racional.

Isso não significa que foi sensata. Mas a loucura do projeto hitleriano era a imensa aposta para conquistar o poder mundial, não apenas essa parte específica dele. Hitler certamente sentiu uma onda de exaltação depois de Pearl Harbor. Nem ele nem qualquer outro membro da liderança nazista previra um ataque tão ousado. A própria audácia do ataque japonês o agradou. Era o tipo de coisa que *ele* faria. E, superestimando imensamente o potencial bélico do Japão, ele julgou que seu efeito tivesse sido muito maior do que de fato se revelou. Nesses dias, ainda atordoado por causa dos obstáculos encontrados na frente oriental (a primeira e devastadora contra-ofensiva soviética acabara de começar), ele não poderia ter desejado uma notícia melhor do que um ataque japonês à frota norte-americana atracada. Uma guerra entre Japão e Estados Unidos era exatamente o que ele queria. As decisões que se seguiram foram tomadas nesse estado de euforia. Mas não foram movidas por nenhuma emoção espontânea ou irracional. A primeira coisa a fazer era soltar os submarinos contra embarcações norte-americanas. Ele com certeza vinha se coçando para tomar essa atitude desde o outono. Agora não precisava mais se conter. Por si só, imaginava, isso daria à Alemanha uma vantagem na batalha do Atlântico (e, de fato, um pequeno número de submarinos nazistas, agindo na costa norte dos Estados Unidos, conseguiu semear o caos na navegação aliada no início de 1942).[184] Essa decisão precedia outra, a maior de todas: declarar guerra aos Estados Unidos. Considerações de prestígio e propaganda ditaram que tal iniciativa devesse partir da Alemanha, e que Hitler não deveria esperar passivamente uma declaração norte-americana. Mas a sua decisão — e, como se viu, a decisão foi *sua*, tomada sem consultar ninguém, exceto o subserviente Ribbentrop, e provavelmente também Keitel e Jodl — fora precedida por movimentações, racionais do seu ponto de vista, e que já vinham ocorrendo havia várias semanas, para impedir que o Japão, uma vez na guerra, se retirasse dela em um momento que não conviesse à Alemanha. Somente depois de concluído o que de fato equivalia a um novo pacto tripartite foi que Hitler declarou guerra.

Assim, será que as alternativas de Hitler em dezembro de 1941 estavam tão abertas quanto parece indicar a sugestão de que sua decisão foi intrigante? Precisamos retornar por um instante ao papel dos Estados Unidos na estratégia de guerra desenvolvida por ele em 1940-1. Hitler vinha recebendo do general Bötticher, seu bem-informado adido militar em Washington, muitas informações confiáveis sobre o ritmo do rearmamento norte-americano. Mas Bötticher conduziu Hitler em uma direção equivocada sob dois aspectos. Em primeiro lugar, o general superestimou a importância do Pacífico na estratégia global norte-americana, menosprezando a importância do compromisso do país com a guerra na Europa. Em segundo lugar, embora não deixasse dúvidas quanto ao progresso rápido que vinha ocorrendo no rearmamento dos Estados Unidos, ele insistiu em afirmar que o país não estaria pronto para a guerra antes de a Alemanha tê-la vencido. Essa foi a mensagem que transmitiu a Berlim.[185] O erro de cálculo de inteligência encaixou-se com os prognósticos do próprio Hitler. Consciente do perigo iminente do outro lado do Atlântico, para o qual não tinha resposta a curto prazo em termos de armamento, o objetivo de Hitler, desde a vitória sobre a França até o enfraquecimento do avanço da Wehrmacht na União Soviética, foi manter os Estados Unidos fora da guerra até que a hegemonia alemã na Europa finalmente se consolidasse. Essa fora a idéia estratégica por trás da Operação Barbarossa. Com a Grã-Bretanha forçada a se sentar à mesa de negociações depois de a Alemanha ter esmagado a União Soviética, os Estados Unidos seriam forçados a voltar para o seu hemisfério. Em algum momento, haveria um confronto final entre uma Europa de domínio alemão e os Estados Unidos — cenário que Hitler previra na década de 20 —, mas ele não estaria mais vivo quando isso acontecesse.

Em meio ao turbilhão dos primeiros sucessos alemães na União Soviética, em junho e julho de 1941, Hitler havia se desviado temporariamente desse panorama grandioso e distante no tempo. Uma empreitada conjunta com os japoneses para destruir a União Soviética, e em seguida voltar-se contra os Estados Unidos em um futuro próximo, pareceu durante algum tempo uma proposta atraente. Mas os japoneses, cujo pensamento, de toda forma, Hitler não conseguia penetrar, não avançaram contra a Sibéria, da mesma forma que antes não haviam respondido ao convite da Alemanha para realizar um ataque precoce contra Cingapura. Enquanto isso, o avanço alemão na União Soviética começou a enfrentar problemas. Contrariando todos os prognósticos, a campanha oriental não seria vencida com facilidade — nem naquele ano. Seria uma empreitada de fôlego. E Hitler tinha a impressão de que, aproveitando-se das circunstâncias, Roosevelt agora o estava provocando abertamente por meio de uma intensificação das agressões no Atlântico, fato contra o qual, na atual situação, ele nada podia fazer.

As intenções do Japão ainda não estavam claras. O país se mostrava bastante agressivo, mas ao mesmo tempo aparentemente disposto a negociar com Washington. No entanto, com a chegada do outono, a situação já havia se tornado mais clara. As relações entre Japão e Estados Unidos estavam irremediavelmente prejudicadas. Uma guerra era agora altamente provável. Com circunstâncias agora diferentes na frente oriental, Hitler precisava considerar o papel do Japão sob uma nova ótica no que dizia respeito ao lugar dos Estados Unidos em sua própria estratégia. Agora estava óbvio que os Estados Unidos *não* poderiam ser mantidos fora da guerra indefinidamente. A questão era apenas quando iriam entrar nela. Ele já dissera mais de uma vez que esperava que o país estivesse pronto para a guerra em 1942. Mas estava ficando cada vez mais claro que os Estados Unidos teriam de ser enfrentados *antes*, e não depois, de terminada a guerra contra a União Soviética — a "verdadeira" guerra de Hitler. O papel do Japão nesse raciocínio, portanto, era agora deter os norte-americanos pelo máximo de tempo e da forma mais completa possível no Pacífico, e enfraquecer bastante os britânicos no Extremo Oriente, tomando seus territórios, minando seus bastiões e, no devido tempo, destruindo o coração de seu Império, a Índia.[186] O papel da Alemanha, ao apoiar o Japão entrando em uma guerra contra os Estados Unidos que, para Hitler, seria de toda forma inevitável, era impedir os norte-americanos de derrotar ou forçar os japoneses a fazer um acordo antes de se voltarem contra a Alemanha. Com a intervenção alemã, os Estados Unidos seriam forçados a travar uma guerra em dois oceanos.[187]

Tal fato, calculou Hitler, iria lhe dar tempo para derrotar a inesperada resistência soviética, ou pelo menos chegar a um ponto satisfatório em que pudesse concluir a campanha oriental, talvez por meio de algum acordo com Stálin, mas que cumprisse as suas próprias exigências. Do seu ponto de vista, a entrada no Japão na guerra em dezembro de 1941 deu-lhe essa chance; daí sua empolgação com a notícia de Pearl Harbor. Segundo essa perspectiva, portanto, a declaração de guerra contra os Estados Unidos nesse momento não foi uma aposta demasiado arriscada e muito menos uma decisão intrigante. Ele sentia que não lhe restava outra alternativa. A decisão lhe parecia abrir o caminho para a vitória que, no outono de 1941, estava começando a sumir de vista. Para ele, portanto, era a única decisão possível.

Apesar de ter imaginado as diversas possibilidades, será que Hitler tinha objetivamente a alternativa de evitar uma declaração de guerra, decisão que poderia ter proporcionado à Alemanha novas chances no conflito? Objetivamente, é claro, ele não estava inclinado a conduzir a Alemanha a uma guerra contra os Estados Unidos. O ataque a Pearl Harbor não precisava ser seguido por uma declaração de guerra alemã. Até mesmo Ribbentrop, como já se comentou, assinalou que nenhum tratado o obrigava a fazê-lo. Mas o que poderia ter acontecido se ele houvesse decidido não declarar guerra aos Estados Unidos? Se Hitler não houvesse sido tão precipitado em sua declaração de guerra, seria provável que os Estados Unidos tivessem se retirado do teatro do Atlântico, deixado de ajudar a Grã-Bretanha e a União Soviética, largado a Europa sozinha e se concentrado no Pacífico, permitindo ao líder nazista prosseguir sua guerra contra o bolchevismo? Será que, por medo de uma derrota no Congresso, Roosevelt teria evitado fazer pressão a favor de sua própria declaração de guerra? Em outras palavras, será que a guerra teria tomado um rumo inteiramente diferente caso Hitler houvesse se mostrado menos apressado, correndo para ajudar o Japão quando não precisava fazê-lo? Em um jogo de adivinhações, as possibilidades são muitas. Mas as probabilidades são muito menos numerosas. E as ações, bem como os comentários daqueles que acompanharam de perto as decisões da época, fornecem poucas indicações de que um cenário inteiramente diferente pudesse ter surgido.

É claro que cabeças mais frescas poderiam ter optado por outras alternativas. Weizsäcker, por exemplo, do Ministério das Relações Exteriores, pensava que seria melhor aguardar uma declaração de guerra norte-americana. Essa com certeza teria sido uma atitude mais sensata. Roosevelt teria ficado na difícil situação de tentar convencer tanto o Congresso quanto a opinião pública, preocupados da noite para o dia com a guerra no Pacífico e desejosos de se vingar do Japão, de que a Alemanha ainda era o inimigo principal, e também de que uma declaração de guerra às potências européias do Eixo era necessária. Caso os Estados Unidos houvessem de fato declarado guerra, a esperta propaganda alemã poderia ter tirado vantagem disso: uma guerra que a Alemanha não queria, e que fizera tudo para evitar, estava sendo forçada pela plutocracia norte-americana, e agora o país não podia fazer nada senão lutar. Esse tipo de propaganda se perdeu por causa da insistência de Hitler no prestígio de uma declaração alemã.

Mas vale observar que Weizsäcker não imaginava que a difícil situação da Alemanha teria se alterado de forma drástica caso Hitler não tivesse sido tão temerário ao aproveitar a oportunidade para se lançar em uma declaração desnecessária. Weizsäcker não parece ter duvidado de que agora haveria uma guerra contra os Estados Unidos. A sua diferença em relação a Hitler era que ele preferia ser o alvo da declaração, em vez de tomar essa iniciativa como um gesto desnecessário em relação ao Japão. Mas isso não significava supor que, não declararando guerra aos Estados Unidos, a Alemanha fosse conseguir evitar o conflito. Tanto quanto

Hitler, Weizsäcker esperava que agora a Alemanha fosse entrar em guerra contra os Estados Unidos.

O pensamento do outro lado do Atlântico era parecido. Com efeito, já na noite seguinte aos dramáticos acontecimentos de Pearl Harbor, o presidente Roosevelt jantou com membros do Gabinete e seus principais conselheiros militares para discutir que ações se faziam necessárias. Uma declaração de guerra contra o Japão na manhã seguinte já fora decidida, e no meio-tempo os japoneses haviam apresentado sua própria declaração tardia e formal contra os Estados Unidos. Roosevelt e seus conselheiros discutiram se deveriam agora declarar guerra aos outros membros do Eixo. "Supusemos, porém, que fosse inevitável a Alemanha declarar guerra contra nós", recordou o secretário de Estado Cordell Hull. "As mensagens japonesas interceptadas entre Berlim e Tóquio" — lidas pelos norte-americanos graças ao seu sistema MAGIC de quebra de códigos — "haviam nos levado a crer que os dois governos definitivamente estavam se movendo nessa direção. Portanto, decidimos aguardar e deixar Hitler e Mussolini emitir suas declarações primeiro. Enquanto isso, não corríamos riscos, e agiríamos, no Atlântico por exemplo, partindo da suposição de que estávamos em guerra também com a parte européia do Eixo."[188]

Na ausência de uma ação precipitada da Alemanha, será que os Estados Unidos poderiam ter sustentado o *status quo* no Atlântico e evitado emitir uma declaração? Caso tivesse procurado o Congresso para tentar obter uma declaração de guerra contra a Alemanha, quando fora o Japão quem agredira os Estados Unidos, Roosevelt sem dúvida teria encontrado forte oposição.[189] Isso, por si só, já era um empecilho para que tentasse. O presidente era devidamente cauteloso e já resistira à pressão de Henry Stimson, secretário de Guerra, para incluir a Alemanha, a Itália e o Japão no pedido ao Congresso imediatamente após Pearl Harbor.[190] De forma conveniente, Hitler eliminou esse problema para ele.

Porém, mesmo que ele não houvesse feito isso, a movimentação dos Estados Unidos na direção de um envolvimento total na guerra em um futuro próximo teria sido provável. A administração Roosevelt havia muito vinha citando Alemanha e Itália ao lado do Japão como ameaça conjunta ao mundo livre. E o Atlântico sempre fora a prioridade máxima. Depois de apresentar sua mensagem ao Congresso solicitando uma declaração de guerra ao Japão, Roosevelt imediatamente lembrou a seus conselheiros que o alvo principal continuava sendo a Alemanha.[191] Conseqüentemente, a guerra não poderia se restringir ao Pacífico, apesar da preferência da Marinha por uma concentração nesse teatro. Embora isso não passe de especulação, o teor das observações de Hull faz parecer pelo menos possível que, caso não soubesse o que estava acontecendo em Berlim, Roosevelt tivesse explorado o ambiente pós-Pearl Harbor para fazer os Estados Unidos entrarem em guerra total também contra Alemanha e Itália. Além disso, a lógica do Programa da Vitória, que vazara em dezembro, significava que, dentro de pouco tempo, os Estados Unidos enviariam uma força terrestre importante para combater na Europa. Os conselheiros militares de Roosevelt sempre haviam insistido em que essa era a única maneira de se livrar de Hitler.

Por sua vez, Roosevelt nunca arredara pé de que só a eliminação de Hitler garantiria a futura segurança e a liberdade dos Estados Unidos. Recuar da batalha do Atlântico, cessar os empréstimos e arrendamentos à Grã-Bretanha e deixar Hitler livre no continente europeu para se concentrar no Pacífico teria contradito não somente os objetivos confessos e ideais de política internacional de Roosevelt, conforme ele os vinha enunciando desde meados dos anos 30, mas teria também contrariado os repetidos conselhos que o presidente vinha recebendo havia meses de seus conselheiros militares, e o planejamento concreto e extenso por eles gerado. É bem verdade que, ainda assim, Roosevelt talvez não tivesse querido se arriscar a propor uma declaração formal ao Congresso em dezembro de 1941, embora, depois de Pearl Harbor, as circunstâncias provavelmente fossem as mais propícias possíveis. No entanto, é difícil imaginar que a batalha de fantoches no Atlântico pudesse ter prosseguido indefinidamente no mesmo nível do outono de 1941, mesmo que a Alemanha não houvesse declarado guerra.

Por si só, a decisão de Hitler de reverter a política anterior e avançar seus submarinos contra embarcações norte-americanas, anterior à declaração de guerra e independente desta, alterou o impasse nervoso que reinava no Atlântico. Nos meses subseqüentes, a intensificação da guerra de submarinos pela Alemanha levou as hostilidades até bem perto das águas costeiras norte-americanas e causou aos carregamentos aliados problemas sérios e crescentes.[192] Estes haviam aumentado devido às demandas do Pacífico — logo depois de Pearl Harbor, Roosevelt fora forçado a transferir alguns navios de guerra do Atlântico para resistir à ameaça japonesa —[193] e claramente precisavam ser repelidos com toda força e urgência. Em outras palavras, a guerra norte-americana contra a Alemanha, mesmo que houvesse permanecido "não declarada", não poderia ter continuado no nível do outono de 1941. A passagem dos Estados Unidos para um conflito total e irrestrito em algum momento dos meses seguintes, quando não imediatamente, teria sido praticamente inevitável.[194] É razoável supor que, dali a pouco tempo, Roosevelt teria posto os Estados Unidos em situação de hostilidade direta com a Alemanha, fosse por meio de uma declaração formal ou, na falta desta, pela extensão da prerrogativa presidencial até o ponto em que uma declaração formal teria apenas confirmado uma realidade já existente. De toda forma, Alemanha e Estados Unidos logo teriam entrado em guerra.

Portanto, de forma um tanto perversa, a decisão de Hitler de declarar guerra aos Estados Unidos em 11 de dezembro de 1941, muitas vezes vista não somente como espantosa, mas como uma decisão totalmente temerária, foi provavelmente menos fatídica do que muitas das decisões políticas aqui consideradas. Em outras palavras, não foi um movimento decisivo que lançou a Alemanha no caminho da catástrofe, enquanto o triunfo poderia ter estado ao alcance de Hitler caso uma declaração de guerra houvesse sido evitada. Um líder diferente, menos teimoso, poderia de fato ter hesitado enquanto aguardava novos desdobramentos e, em especial, para ver como reagiriam os Estados Unidos. Porém, supondo que tal líder houvesse levado a Alemanha até aquele ponto e não estivesse disposto a encerrar a guerra àquela altura com algum tipo de acordo de compromisso, uma decisão alternativa dessas muito provavelmente não teria alterado a história de forma significativa.

A Alemanha, de fato, recuperou-se de forma notável da crise invernal às portas de Moscou e seguiu obtendo vitórias militares novas e por vezes surpreendentes durante a primeira metade de 1942. Outra grande ofensiva para capturar os poços de petróleo do Cáucaso foi lançada no verão daquele ano, embora com um contingente menor do que o da Operação Barbarossa em 1941. Só no outono ficou claro que o Reich de Hitler estava à beira de uma derrota catastrófica, quando o desfecho da terrível batalha de Stalingrado, aliado a importantes reveses no Norte da África (onde um desembarque liderado pelos Estados Unidos, a Operação Tocha, ocorrera no início de novembro), revelou-se inconfundivelmente o momento de virada da guerra. A essa altura, no distante Pacífico, a decisiva batalha de Midway já destruíra o poderio naval japonês em junho de 1942. Juntamente com a sofrida vitória norte-americana em Guadalcanal, nas Ilhas Salomão, por fim obtida em janeiro de 1943, Midway mudou o rumo da guerra do Pacífico.[195] Ainda havia um caminho muito longo pela frente, tanto no Extremo Oriente quanto na Europa. Mas nem a Alemanha nem o Japão tinham como recuar. Ambos agora estavam cada vez mais expostos às reservas aparentemente ilimitadas de homens e armas dos Estados Unidos.

Como havia acontecido em 1917, a entrada dos Estados Unidos na guerra no final de 1941 desequilibrou a balança de forma brutal. O poderio norte-americano, aliado às forças britânicas no Oeste, e somado ao incansável rolo compressor do Exército Vermelho do Leste, acabou por aniquilar a Alemanha. No entanto, já em dezembro de 1941, a aposta da Alemanha para obter o poder mundial estava fundamentalmente perdida. Churchill com certeza pensava assim — pelo menos foi o que afirmou retrospectivamente.[196] E, no outono de 1941, o próprio Hitler parece ter cogitado pela primeira vez, por um breve instante, a possibilidade da derrota, quando observou (como tornaria a fazer diante da catástrofe do início de 1945) que, se no final de tudo o povo alemão não se mostrasse forte o suficiente, então a Alemanha merecia afundar e ser destruída pelo poder mais forte.[197] Foi apenas um vislumbre momentâneo, mas ainda assim revelador. Por trás da fachada, Hitler parece ter reconhecido que as suas chances de uma vitória total já haviam praticamente evaporado. O plano para a campanha oriental fracassara. E a guerra com os Estados Unidos era agora quase inevitável.

Hitler antecipou essa inevitabilidade declarando ele próprio a guerra. Era uma tentativa característica de recuperar a iniciativa por meio de uma atitude ousada. Mas, pela primeira vez, uma atitude fadada desde o início ao fracasso.

10. Berlim / Prússia Oriental, verão-outono de 1941

Hitler decide exterminar os judeus

Em Berlim, perguntaram-nos: por que estão nos dando todo esse trabalho? Não podemos fazer nada com eles na Ostland, nem tampouco no Comissariado do Reich [Ucrânia]. Acabem com eles vocês mesmos! [...] Precisamos destruir os judeus onde quer que os encontremos e sempre que possível.

Hans Frank, governador-geral da Polônia,
16 de dezembro de 1941

Em 12 de dezembro de 1941, um dia após anunciar a declaração de guerra da Alemanha aos Estados Unidos da América, Hitler dirigiu-se aos líderes de seu partido na chancelaria do Reich em Berlim. Depois de um relatório demorado sobre o estado da guerra, voltou-se para a questão dos judeus. Seu ministro da Propaganda, Joseph Goebbels, registrou o que ele tinha a dizer: "Com relação à Questão Judaica, o Führer está determinado a realizar uma limpeza completa. Ele profetizou que, caso os judeus viessem a causar outra guerra mundial, iriam ter de enfrentar a própria aniquilação. Não eram ameaças vãs. A guerra mundial é uma realidade. A conseqüência necessária deve ser a aniquilação dos judeus. Essa questão deve ser encarada sem sentimentalismo. Não devemos nutrir simpatia pelos judeus, mas somente simpatia por nosso povo alemão. Se o povo alemão agora tornou a sacrificar cerca de 160 mil soldados na campanha oriental, os instigadores desse sangrento conflito terão de pagar com as próprias vidas".[1]

A essa altura, os judeus já vinham "pagando com as próprias vidas", para usar as palavras de Hitler, há quase seis meses. Durante todo o verão, desde a invasão da União Soviética em 22 de junho, esquadrões da morte da Polícia de Segurança alemã haviam matado dezenas de milhares de judeus, começando principalmente pelos homens, mas em pouco tempo incluindo também mulheres e crianças. No final do ano, um único dos quatro *Einsatzgruppen*, ou forças-tarefa, enviados logo atrás da Wehrmacht que avançava depressa para eliminar "elementos subversivos" pela região do Báltico, havia assassinado precisamente 229 052 judeus.[2] Essa foi a primeira e horrenda fase do genocídio. No outono, porém, este já havia se estendido para além das partes ocupadas da União Soviética, e adentrava rapidamente uma segunda fase, cuja abrangência crescente acabaria se tornando total. O objetivo dessa nova fase era nada menos do que o extermínio físico de todos os judeus da Europa ocupada pelos alemães — que os nazistas iriam batizar de "Solução Final da Questão Judaica".

A implementação integral do programa de extermínio só começaria na primavera e verão de 1942, quando as fábricas da morte da Polônia ocupada começassem as operações em escala industrial de envenenamento por gás e a rede se estendesse gradualmente por toda a Europa, de Leste a Oeste, de norte a Sul. O último e aterrador estágio dos transportes em massa e das imensas linhas de produção de envenenamento por gás só iria ocorrer no verão de 1944, quando, à medida que a Alemanha era forçada cada vez mais na direção de uma derrota inexorável, quase meio milhão de judeus húngaros foram mortos nas câmaras de gás de Auschwitz-Birkenau. Mesmo então, o tormento dos judeus estava longe de terminar. Dezenas de milhares ainda morreriam durante as terríveis "marchas da morte" de Leste a Oeste, à medida que os campos da morte da Polônia ocupada eram fechados devido ao rápido avanço do Exército Vermelho, e os prisioneiros sobreviventes eram forçados a voltar para campos de trabalho ou de concentração já dramaticamente superlotados (tais como Bergen-Belsen) dentro do próprio Reich.

Esses tormentos, sofrimentos e mortes inimagináveis decorreram de duas decisões fundamentais — ou melhor, de dois conjuntos de decisões — tomadas em 1941. A primeira delas, no verão, foi a decisão de matar os judeus soviéticos. A segunda, no outono, foi de ampliar a matança para toda a Europa ocupada pelos nazistas. Quando o Reich de Hitler ruiu, o número de mortos, segundo os relatos mais confiáveis, estava entre 5,29 milhões e 6 milhões de judeus.[3] O alvo, no entanto, era quase o dobro desse número. Conforme estabelecido em janeiro de 1942, previa-se que um total de nada menos de 11 milhões de judeus fosse eliminado com a "Solução Final".[4]

A decisão de matar os judeus da Europa era sem precedentes. Foi uma decisão como nenhuma outra na história. O paralelo mais próximo tinha sido o assassinato de 1 milhão a 1,5 milhão de armênios pelos turcos em 1915 (cerca de dois terços dos quais viviam na Turquia na época). Os dois acontecimentos apresentavam algumas semelhanças. Os turcos tinham um longo histórico de hostilidade em relação aos armênios, pontuado por terríveis episódios de violência e massacre. Havia imperativos ideológicos por trás da radicalização. E o surgimento de um genocídio em larga escala ocorreu no contexto de uma guerra de tremenda brutalidade. O programa assassino foi então executado com o apoio do governo turco.[5] Mas havia também diferenças importantes.[6] O genocídio turco não foi motivado por racismo biológico. Possivelmente, cerca de 200 mil armênios escaparam da morte convertendo-se ao islamismo.[7] Na Alemanha nazista, em contraste, é claro que a conversão ao cristianismo não poderia oferecer nenhuma proteção aos judeus. Por trás do primeiro genocídio não existia nenhuma política preexistente de destruição física da comunidade armênia; ele não fora planejado de forma burocrática, e mostrou-se inicialmente desorganizado, originando-se em reações cada vez mais violentas e cruéis a crises imprevistas em 1914-5.[8] O genocídio nazista, por sua vez, embora só tenha sido iniciado em 1941, era um desdobramento lógico — na verdade, sob determinados aspectos, inexorável — dos fundamentos do poder nazista. De 1933 em diante, o seu embasamento quase intelectual em um ferrenho anti-semitismo biológico passou a fazer parte da ideologia do Estado (personificada pela autoridade suprema do regime). Isso, por sua vez, impulsionou uma perseguição sistemática, cada vez mais radical, implementada de forma eficiente por uma máquina burocrática moderna, e que culminou em um extermínio meticulosamente planejado e executado por meio de uma tecnologia nova de tipo industrial, cujo objetivo era erradicar por completo todos os judeus da Europa.

A natureza dessa decisão foi também inteiramente diferente das que temos acompanhado nos capítulos precedentes. Estas, incluindo as tomadas por Hitler, exibiam (em graus variados) uma racionalidade reconhecível — dadas as premissas iniciais — em termos da política por trás da estratégia militar. Do ponto de vista de quem tomava as decisões, esse certamente era o caso. E é possível identificar até hoje uma certa lógica — mesmo que às vezes distorcida — por trás delas, por mais desastrosas que tenham se revelado. A decisão de matar os judeus foi de um tipo inteiramente diferente. Por mais lógico que pudesse ter sido o caminho rumo ao genocídio, em vista da natureza da perseguição nazista aos judeus, a patologia do anti-semitismo demoníaco que lhe servia de base é um desafio à racionalidade. No entanto, essa decisão foi também, de uma forma diferente, mas muito fundamental, uma decisão de guerra. No pensamento dos nazistas, a decisão de combater os judeus até a morte era uma parte intrínseca, e não separada, da imensa guerra militar que estavam travando.

I

O discurso de Hitler feito aos membros de seu partido em 12 de dezembro de 1941 deixou isso bem claro. Ele acreditava que os judeus tivessem causado a guerra. Agora, teriam de pagar por ela com as próprias vidas. Hitler, segundo afirmou, já previra isso. Era uma referência ao trecho de seu discurso no Reichstag em 30 de janeiro de 1939, sexto aniversário da "tomada de poder", no qual ele havia declarado: "No curso da minha vida, eu muitas vezes fui um profeta, o que em geral me levou a ser ridicularizado... Hoje, serei novamente um profeta: se os financistas judeus internacionais dentro e fora da Europa tiverem êxito em mergulhar as nações mais uma vez em uma guerra mundial, então o resultado não será a bolchevização da Terra, e portanto a vitória dos judeus, mas sim a aniquilação da raça judaica na Europa!".[9] Não se tratava da inauguração de um programa de extermínio. Era, isso sim, o reflexo de uma mentalidade genocida, uma certeza na mente de Hitler de que os judeus seriam culpados por mais uma guerra — assim como, em sua psicologia deturpada, haviam sido responsáveis pela Primeira Guerra Mundial — e que, conseqüentemente, deveriam *de alguma forma* ser aniquilados.

Essa "profecia" nunca o abandonou. Ele se referiu a ela mais de uma dúzia de vezes, tanto em particular quanto em público, exatamente durante os anos em que a "solução final" estava a todo vapor. E sempre datava erroneamente essa sua "profecia" em 10 de setembro de 1939, dia do início da guerra na Europa com a invasão da Polônia — quando, na verdade, em seu discurso no Reichstag nesse dia ele nem sequer mencionou os judeus. A ligação entre os judeus e a guerra, portanto, estava plantada em sua mente desde o início do conflito. E ainda continuava lá bem no final, quando, ao ditar seu "Testamento Político" na véspera de seu suicídio no bunker de Berlim, ele tornou a responsabilizar os judeus pela guerra, mas afirmou que, dessa vez, o "verdadeiro culpado" havia sido forçado a "expiar sua culpa".[10]

Essa era a mentalidade de Hitler: a guerra nunca poderia ser ganha a menos que os judeus fossem destruídos. Essa idéia o acompanhava desde que a Primeira Guerra Mundial terminara com o que lhe parecia uma catástrofe jamais vista, uma capitulação covarde, uma revolução detestada e uma humilhação nacional. Como muitos outros membros da direita alemã da época, ele culpava os judeus por tudo isso. Conforme a infelicidade, o sofrimento e as perdas aumentavam, o holofote na busca pelos culpados fora virado de forma incansável — e inteiramente injustificável — para os judeus, em meio a uma enxurrada incessante de propaganda feita pelos lobbies pró-guerra. Eles eram acusados de se beneficiarem com a guerra, de serem desertores que fugiam do serviço militar e de fomentarem uma inquietação interna que minava o esforço militar. O anti-semitismo muito arraigado do próprio Hitler se alimentava dessas calúnias ordinárias. O papel representado por personagens-chave como Leon Trotski na Revolução Russa, e o fato de líderes proeminentes dos odiados distúrbios socialistas na Alemanha — sobretudo no curto experimento bávaro com um governo de tipo soviético, em abril de 1919 — serem judeus deram nova e sólida sustentação ao cruel ódio aos judeus que agora grassava na direita nacionalista. Hitler absorveu tudo isso, e seus próprios profundos preconceitos se solidificaram em uma fixação que jamais iria abandoná-lo: de que os judeus eram responsáveis pelos males da Alemanha.

Para Hitler, era preciso travar uma segunda guerra para desfazer a calamidade da primeira, para reverter o curso da história. E vingar as causas daquela catástrofe que permitira o surgimento da república "judaica" de Weimar, regime criado pelos "criminosos" de 1918 que haviam arruinado a Alemanha, significava destruir os judeus. "A completa remoção dos judeus" tinha de ser o "objetivo final" de qualquer governo nacional na Alemanha, escrevera ele em sua primeira declaração política, em setembro de 1919.[11] "O sacrifício de milhões na frente de batalha", declarara ele em um trecho terrível perto do final de *Mein Kampf* alguns anos antes, não precisava ter acontecido "se 12 ou 15 mil daqueles corruptores hebraicos do povo houvessem sido sufocados com gás venenoso" no início da guerra.[12] Não era ainda um plano de genocídio. Mas a ligação entre a guerra e os judeus, idéia que, uma vez instalada na mente de Hitler, nunca mais a deixou, tinha conotações inquestionavelmente genocidas. E, de 1933 em diante, o homem com essa idéia na cabeça passou a governar a Alemanha.

A idéia não era exclusiva à mente de Hitler. Logo depois do pogrom da *Reichskritallnacht*, em 9-10 de novembro de 1938, Hermann Göring, principal defensor de Hitler, mencionou nos círculos nazistas mais fechados "um grande confronto com os judeus" no caso de outra guerra.[13] Duas semanas depois, em 24 de novembro, o principal jornal SS, *Das Schwarze Korps*, falou em erradicar os criminosos judeus "com o fogo e a espada", o que resultaria "no verdadeiro e definitivo fim dos judeus na Alemanha, em sua completa aniquilação". A essa altura, esses sentimentos já eram compartilhados, em sua totalidade ou em boa parte, por outros nazistas proeminentes. E, fato de crucial importância, eles haviam sido institucionalizados no segmento ideologicamente mais dinâmico do regime nazista — o Império nascente que atuava sob a égide da Polícia de Segurança administrada pela SS. Nele, carreiras podiam ser construídas graças à especialização na "Questão Judaica". Adolf Eichmann, que mais tarde seria o orquestrador da "solução final", era o exemplo paradigmático disso.[14] Mas o carreirismo e a ideologia caminhavam de mãos dadas. Em sua maioria, aqueles cujo estímulo era um trabalho incessante para encontrar maneiras de "solucionar" o "problema judaico" eram em sua maioria verdadeiros fiéis à causa. Há muito tempo já haviam incorporado a doutrina de que o judeu era a raiz de todo mal e de que um Reich forte e dominante precisava ser expurgado de "elementos impuros", em especial dos judeus.[15]

Líder supremo do regime, Hitler personificava a crença básica de que a salvação da Alemanha dependia da eliminação dos judeus. Outros lutavam, de formas diferentes, para implementar esse imperativo ideológico. Na Polícia de Segurança, a "missão" adquirira uma forma institucional, e fora incorporada ao objetivo maior da guerra e da conquista. A conexão explícita feita por Hitler entre os judeus e a guerra não conseguira somente utilizar e explorar um profundo preconceito anti-semita já existente: ela também proporcionara a este último um objetivo dinâmico e messiânico. Quando a guerra começou, a liderança nazista já havia tomado a forma de uma elite protogenocida.

Na base da mentalidade genocida estava uma demonização do judeu que havia se transformado no principal invento da imaginação nazista. Ela transcendia qualquer consideração prática. Os judeus formavam uma pequeníssima minoria da população alemã — meros 0,76% em 1933 —, e obviamente não estavam em posição de brigar pelo poder no Estado, fazer exigências competindo por territórios ou recursos escassos, ou representar de qualquer forma — que não em devaneios — o tipo de suposta ameaça que serviu de pretexto para diversos episódios de "limpeza étnica" no século XX. A imagem nazista do judeu ia muito além dos ódios convencionais. Ela pressupunha o judeu como nada menos do que o supremo perigo *existencial*. No interior da Alemanha, considerava-se que os judeus "envenenavam" a cultura alemã. A "verdadeira" essência do que supostamente constituía a Alemanha era contraposta às correntes subversivas do materialismo e da corrupção "judaicos". Mas pensava-se que o perigo fosse ainda mais longe. No imaginário nazista, o judeu, que dominava tanto o capitalismo por trás de seus inimigos "plutocráticos", Grã-Bretanha e Estados Unidos, quanto o bolchevismo por trás do inimigo soviético, constituía a suprema ameaça à própria existência da Alemanha. Na verdade, o judeu representava um mundo que era um total anátema para o nazismo, um conjunto de valores morais vindos tanto do judaísmo quanto do cristianismo para formar as bases da civilização que Hitler, conforme deixou claro repetidas vezes, desejava erradicar. Nesse sentido, o nazismo equivalia a uma visão apocalíptica de uma nação e de uma sociedade renovadas, que surgiriam da destruição e da erradicação dos valores corrosivos simbolizados pelo judeu. Essa visão era nada menos do que uma tentativa de alterar o curso da história, de obter a redenção nacional por meio da eliminação não somente de toda influência judaica, mas dos próprios judeus.[16]

Fundamentada nessa premissa, a decisão de matar os judeus da Europa, embora surgida em circunstâncias bastante específicas em 1941, seguia uma lógica inexorável, assustadora. Ao examinar outras decisões fatídicas tomadas por líderes políticos em 1940 e 1941, consideramos que, dada a sua visão da situação na época, eles tinham escolhas alternativas à sua disposição. No entanto, se examinarmos a decisão de matar os judeus, nenhuma alternativa semelhante se apresentava; ou melhor, as alternativas só se apresentavam como métodos alternativos de destruição.

Outro aspecto também destaca a decisão de matar os judeus das outras aqui examinadas. Não foi uma decisão convencional, como a de entrar ou não em guerra, tomada depois de conversas confidenciais com um pequeno número de ministros, generais ou outros associados, mas depois divulgada publicamente. Foi um segredo de Estado do mais alto grau, que não podia ser discutido nem mesmo pelos iniciados. As ordens mais incriminatórias eram dadas verbalmente. Uma linguagem camuflada era usada nas conversas de mais alto nível. O próprio Hitler nunca se referiu diretamente à matança dos judeus, nem mesmo em seu círculo mais íntimo. Heinrich Himmler, por sua vez, chefe da SS, que respondia apenas a Hitler pela implementação do programa de extermínio, referiu-se explicitamente à matança dos judeus. Mas isso aconteceu em um estágio já avançado, quando ele se dirigiu a homens da SS e depois a líderes do partido em outubro de 1943. Com a perspectiva de uma derrota cada vez mais presente, isso foi uma demonstração de franqueza de um bando de conspiradores jurados, que haviam queimado seus navios e estavam juntos naquela empreitada. Himmler insistiu em que suas ações haviam sido movidas por um direito moral e um dever "de destruir esse povo que quis nos destruir". Descreveu o "extermínio do povo judeu" como "uma página gloriosa de nossa história que jamais foi escrita e jamais será escrita".[17] Seus comentários mesclavam um orgulho perverso pelo cumprimento de um dever histórico e a noção implícita de que um crime de enormes proporções fora cometido, um crime necessário, mas que jamais poderia ser divulgado.

Em vista desse segredo, até mesmo nos mais altos escalões do regime, outra diferença em relação às decisões exploradas até agora fica evidente. A decisão de matar os judeus só pode ser reconstituída com base em provas circunstanciais. Na verdade, a questão de exatamente onde e quando a decisão foi tomada não pode ser respondida com certeza. De fato, a própria menção da palavra "decisão" pode passar a impressão errada, uma vez que supõe um momento específico em que foi feito um pronunciamento preciso. Provavelmente uma forma mais adequada de imaginar o que aconteceu seja pensar em uma série de autorizações, cada qual vindo somar-se à anterior. Porém, mesmo que isso tenha acontecido dessa forma, as autorizações somadas equivaleram a uma decisão de que os judeus da Europa deveriam deixar de existir. Ou seja, a sua soma produziu uma decisão — mesmo que tenha sido uma decisão feita de partes.

Na verdade, já observamos que a decisão teve pelo menos duas partes: primeiro, matar os judeus da União Soviética, e em seguida estender a matança — uma segunda fase que talvez tenha necessitado mais do que uma única autorização suplementar. O papel de Hitler na tomada dessa decisão, ou decisões, não pode ser identificado com precisão. Nenhuma ordem escrita foi encontrada. Quase certamente nunca o será. Mas a "solução final" está coalhada das impressões digitais de Hitler. Sem dúvida, os judeus teriam sofrido discriminação sob qualquer líder nacionalista da Alemanha na época. A transformação disso em um genocídio sem limites, porém, necessitou da figura de Hitler. Quando, em março de 1942, Goebbels descreveu Hitler como "defensor e porta-voz incansável de uma solução radical" para a "Questão Judaica", estava afirmando o óbvio.[18] Sem Hitler, a "solução final" teria sido impensável.

II

Nas décadas que precederam o genocídio nazista, o anti-semitismo era virulento e endêmico na maior parte da Europa. À medida que a "solução final" foi tomando corpo, ódios ancestrais garantiram que, nos países ocupados, nunca faltaram aos líderes nazistas ajudantes dispostos a executar as deportações e depois a matança de judeus. Mas a "solução final" em si não poderia ter surgido em nenhum outro lugar que não a Alemanha. Ela precisava ser uma criação alemã.[19]

Tradicionalmente, o ódio pelos judeus sempre havia se mostrado mais cruel no Império Russo e na Europa central, onde brutais pogroms — a própria palavra é de origem russa — e massacres pontuais de judeus eram endêmicos havia muito tempo. O anti-semitismo também assolava o Império Habsburgo. Quando morava em Viena, o próprio Hitler fora um jovem admirador de dois anti-semitas notórios: o líder pangermanista, Georg Schönerer, e o prefeito da cidade, Karl Lueger.[20] Tampouco na Europa ocidental faltava preconceito contra os judeus. Logo antes da virada para o século XX, a França fora sacudida pelo "caso Dreyfus", quando o julgamento e a condenação à prisão do capitão do Exército francês Alfred Dreyfus, sob falsas acusações de traição, deu início a um frenesi de demonstrações anti-semitas.[21]

Antes da Primeira Guerra Mundial, a Alemanha não era nem de longe o coração do anti-semitismo na Europa. Sua pequena e em grande parte próspera comunidade judaica buscava a assimilação. Restrições jurídicas arcaicas que impediam isso já haviam sido abolidas. Mas o próprio fato de os judeus estarem prosperando na Alemanha imperial era motivo de ressentimento e animosidade. A depressão econômica dos anos 1880 gerou uma rápida intensificação desses sentimentos. Um partido especificamente anti-semita foi fundado na década de 1890 e, embora tenha perdido a maior parte de seu apoio em mais ou menos dez anos, este na época já havia migrado quase totalmente para a política *mainstream*, sobretudo para o Partido Conservador, e para o nacionalismo estridente das associações patrióticas, grupos de pressão e sindicatos estudantis. Com certeza havia muito ódio aos judeus em evidência. Até mesmo na época de Bismarck foram lançadas mais de quinhentas publicações anti-semitas.[22] Com o fim do século XIX, o volume de retórica antijudaica publicada aumentou em vez de diminuir e, se houve alguma mudança, foi no sentido de torná-la ainda mais cruel. O tratado populista de Theodor Fritsch, *Handbuch der Jugenfrage* (Manual da questão judaica), que Hitler mais tarde alegaria ter "estudado intensamente", alcançou a 25ª edição cinco anos depois do lançamento, em 1887. E a diatribe racista do inglês germanizado Houston Stewart Chamberlain, *Grundlagen des 19. Jahrhunderts* (Fundamentos do século XIX), que retratava o judeu como personificação do mal e "provava" que Jesus Cristo era ariano, tornou-se um sucesso de vendas ao ser publicado em 1900.[23]

Na época, o anti-semitismo era difundido na Alemanha, mas era em sua maior parte discriminatório, e não inclinado a agressões importantes ao estilo dos pogroms da Europa oriental (embora a violência localizada e em pequena escala não fosse nenhuma raridade). A retórica da perniciosa literatura anti-semita então em circulação era sem dúvida assustadora, com sua definição dos judeus como venenos, bacilos, parasitas ou vermes. As implicações disso eram evidentes. Mas política e retórica estavam muito afastadas. Nada disso conseguia se transformar em ações apoiadas pelo governo. A experiência judaica na Alemanha imperial era ambivalente. Lado a lado com a discriminação havia a promessa concreta de um futuro melhor.[24] Mesmo dotado de um enorme poder de previsão, um observador do cenário europeu na véspera da guerra, em 1914, teria achado difícil imaginar que mais ou menos uma geração depois a Alemanha fosse iniciar um programa de extermínio em massa para eliminar os judeus da Europa.

Por si só, o ódio aos judeus não teria produzido a "solução final". É claro que ele foi um componente indispensável; mas era preciso mais. O próprio Hitler constatou, em 1919, que os episódios anti-semitas exaltados na origem dos pogroms precisavam ser convertidos em perseguições "racionais", mais sistemáticas, caso se desejasse alcançar a "remoção" total dos judeus (que, na época, ele quase certamente entendia como sua expulsão da Alemanha).[25]

Para transformar em um programa de genocídio o preconceito e o ódio anti-semita comuns, por mais lamentáveis que fossem, estes precisavam primeiro ser relacionados ao objetivo de apelo mais genérico da renovação nacional. Esse objetivo precisava ser popularizado por meio de um partido que pudesse obter o poder nacional. Em seguida, esse poder nacional deveria ser usado para transformar a remoção dos judeus no foco central de política dentro do contexto de planos utópicos para a salvação nacional. O objetivo da remoção dos judeus precisava ser institucionalizado por órgãos de Estado capazes de um planejamento sistemático e de uma implementação implacável. Por fim, as condições intensamente brutalizadas de uma guerra total, retratada como uma luta pela sobrevivência nacional, deveriam intensificar a disposição de efetuar uma erradicação completa daquele que era percebido como inimigo fundamental. É claro que foi exatamente isso que aconteceu sob o nazismo. É difícil ver como poderia ter acontecido em qualquer outro lugar. Não havia nada de inevitável no triunfo do nazismo, nenhuma estrada sem volta do anti-semitismo alemão até os campos da morte. Mas, uma vez Hitler alçado ao poder total no Estado, a probabilidade de um desfecho genocida tornou-se muito maior — mesmo que ninguém na época fosse capaz de imaginar a verdadeira escala do horror que estava por vir.

Sem a Primeira Guerra Mundial, de toda forma, isso teria sido impensável. À medida que as grandes expectativas de 1914 se transformavam na imensa desilusão e amargura que acompanharam as perdas crescentes e terríveis dificuldades materiais dos últimos anos da guerra, a busca por bodes expiatórios não precisou ir muito longe. Tornou-se fácil instigar animosidade contra os judeus. Um anti-semitismo histérico foi embutido na agitação do lobby pró-guerra. A oposição ao conflito era denunciada como derrotismo fomentado pelos judeus. Além disso, depois da Revolução bolchevique, os judeus eram vistos como agentes da revolução mundial. E, quando a derrota catastrófica na Alemanha veio acompanhada de uma revolução socialista, a subversão dos judeus tornou-se uma peça central da explicação para o trauma.

Hitler acreditava fervorosamente que os judeus eram responsáveis pela tragédia alemã. Mas não era de forma alguma o único a nutrir o ódio ferrenho que passou a ferver em seu íntimo desde então. Seus primeiros sucessos nas tabernas de Munique se deveram à forma como ele conseguia manipular esses sentimentos. A maioria daqueles que iriam se tornar líderes provinciais do seu partido, os *Gauleiter*, seus indispensáveis vice-reis regionais, eram da mesma geração que ele, e tinham praticamente os mesmos sentimentos em relação à influência nociva dos judeus. Os radicais de sua organização paramilitar, a SA (*Sturmabteilung*, a seção de tropas de assalto), também eram, em sua maioria, cruéis anti-semitas — ou passavam a ser depois de se alistar. Mas tanto as atividades paramilitares, praticantes de um anti-semitismo corrosivo, quanto as ideias etno-nacionalistas (*völkisch*) radicais de Hitler e do ainda incipiente movimento nazista eram muito mais disseminadas.

Muitas pessoas nos círculos intelectuais e nos setores mais amplos e cultos da classe média, muito distantes dos cruéis brutamontes paramilitares, sonhavam com a unidade nacional e com uma regeneração que viesse redimir o rancor, as divisões e o que se considerava o declínio cultural e moral da nova democracia liderada pelos socialistas. A eliminação do que era visto como uma influência judaica corrosiva encaixava-se com as idéias de ressurgimento nacional, de reconstrução do Reich por um futuro grande líder. O fato de a "redenção" da Alemanha só ser possível por meio da "remoção" dos judeus representava *uma* das vertentes de uma cultura política que remontava a Richard Wagner — embora nem o grande compositor nem praticamente mais ninguém imaginasse que isso significasse uma extirpação física.[26] Em meio a um pessimismo cultural conservador-reacionário generalizado, em um contexto de derrota na guerra, fim da monarquia, revolução socialista e um sistema democrático odiado, o anti-semitismo encontrou um terreno fértil para se desenvolver. O antídoto era um novo milenarismo, um renascimento nacional. Entre os jovens alemães instruídos matriculados nas universidades no início da década de 20 estavam os que iriam se formar doutores em direito, absorvendo e digerindo idéias sobre a renovação interna do povo alemão obtida por meio da remoção de "influências nefastas", da mesma forma que uma desintoxicação revigora o corpo humano. A mais perniciosa das "influências nefastas" a ser removida, aprendiam eles, era a do judeu. Alguns dos que absorveram essas idéias em seu tempo de estudantes mais tarde entrariam para a Polícia de Segurança e iriam planejar o genocídio e liderar os *Einsatzgruppen* assassinos na Rússia.[27]

Entre 1916 e 1923, portanto, o anti-semitismo havia se estabelecido como um componente central do pensamento de direita na Alemanha, e foi em seguida apropriado pela política dos movimentos de massa, entre os quais, é claro, o ainda pequeno partido nazista. O período maduro da República de Weimar, de 1924 a 1929, foi mais calmo na aparência do que na realidade. Os fundamentalistas anti-semitas haviam sido forçados temporariamente para longe dos holofotes. Mas não haviam desaparecido. E fora de suas próprias organizações e de alguns círculos liberais e esquerdistas, os judeus, mesmo em uma democracia pluralista, encontravam poucos amigos ou defensores. A partir de 1930, quando essa democracia veio abaixo, abrindo caminho para a ascensão de Hitler ao poder, um número cada vez maior de alemães foi exposto ao arsenal anti-semita em sua totalidade, à medida que eram tragados pelo movimento nazista em crescente expansão.

O anti-semitismo raramente constituía o principal atrativo do nazismo. Porém, uma vez dentro do partido e de suas afiliações, não havia como escapar dele. Quando Hitler se tornou chanceler da Alemanha, já tinha atrás de si um imenso movimento de massa composto por cerca de 850 mil membros e mais ou menos 1 milhão de soldados das tropas de assalto, todos comprometidos com objetivos políticos que não deixavam lugar para judeus na Alemanha. Além dos fiéis ao partido, mais de 13 mil alemães agora apoiavam Hitler. Nem todos eram anti-semitas convictos. Mas todos votaram em Hitler sabendo perfeitamente que ele e seu partido defendiam medidas para garantir a total exclusão dos judeus da sociedade alemã.

Os anos da República de Weimar, entre 1919 e 1923, com certeza foram anos de apreensão para os judeus. Eles eram alvo de agitação constante, discriminação freqüente e violência esporádica. Ainda assim, durante essa época, era possível para um judeu sentir-se "em casa" na Alemanha.[28] Essa situação foi alterada abruptamente em 30 de janeiro de 1933, quando Hitler subiu ao poder.

Era relativamente pequeno o número de pessoas a compartilhar, em sua totalidade insana, a fixação paranóica pessoal de Hitler com os judeus como força onipresente e onipotente dentro e fora da Alemanha, a principal ameaça à nação, responsáveis pela guerra e por todos os males dela decorrentes. O que valeu o poder a Hitler não foram os mistérios de sua própria e singular "visão de mundo". No entanto, quando ele foi nomeado chanceler do Reich, seu ódio pelos judeus já havia, por meio de diferentes refrações — transformado, distorcido e adaptado —, permeado de alguma forma as idéias genéricas de milhões de pessoas, como parte de sua mensagem mais ampla de restauração da unidade e força nacionais. E agora, com o próprio poder do Estado à mercê de um líder movido por alucinações patológicas em relação aos judeus, cuja palavra tinha valor de ordem para um Exército de *apparatchiks*, e a quem um público adorador atribuíra um status quase divino, a cruzada para remover os judeus da Alemanha pôde assumir um novo formato político e institucional. De agora em diante, não havia mais esconderijo possível para os judeus na Alemanha. Os mais sensatos, previdentes ou simplesmente sortudos fugiram. Muitos outros transferiram-se para o relativo anonimato da cidade grande. Mas nenhum lugar era seguro; tudo o que se podia fazer era ganhar tempo.

As primeiras grandes medidas discriminatórias foram tomadas já na primavera de 1933. Os judeus foram expulsos do funcionalismo público. Barreiras foram criadas para impedi-los de praticar o direito, exercer a medicina, ou conseguir vagas para seus filhos nas escolas. Um boicote nacional de lojas administradas por judeus durou apenas um dia, 1º de abril, mas as tentativas locais e regionais de forçar os judeus a abrirem mão de seus negócios não cessaram. O clima anti-semita não fez apenas piorar; agora, aqueles que tornavam a vida dos judeus um tormento tinham o apoio do Estado. Na primavera e verão de 1935, uma segunda onda importante de agitação e violência anti-semita culminou na promulgação, em setembro, das infames Leis de Nuremberg — inaugurando uma sucessão de decretos que retiravam todos os direitos civis dos judeus e os reduziam à condição de excluídos sociais. A expansão do Reich, em 1938, viu a violência aberta contra os judeus assumir novas proporções em Viena, após o *Anschluss*, e em seguida nos Sudetos anexados. Mas foi a orgia de destruição contra os judeus, seus bens e suas sinagogas na noite de 9 para 10 de novembro de 1938 em toda a Alemanha — cinicamente batizada de "Noite de Cristal do Reich", devido à quantidade de vidro quebrado espalhada pelo chão das grandes cidades depois dos pogroms — que abriu os olhos da comunidade judaica e do resto do mundo para a extensão da crueldade da perseguição nazista. Aonde foi possível, os judeus fugiram. Para ajudá-los a sair mais rápido, o regime prendeu entre 20 mil e 30 mil judeus e os fez de reféns até os recursos para sua emigração poderem ser obtidos. Medidas foram rapidamente tomadas para excluir da economia os judeus restantes. O processo de "arianização" — venda compulsória, a preço de banana, dos negócios administrados por judeus — alcançou seus últimos estágios. Às vésperas da guerra, uma comunidade judaica aterrorizada, empobrecida e muito reduzida numericamente encontrava-se à mercê dos correligionários de Hitler. A essa altura, a retórica do próprio Hitler em seu discurso de 30 de janeiro de 1939 e as ações de seu regime já não deixavam margem a qualquer dúvida, por parte de nenhum judeu, de que havia muito a temer em relação ao advento de uma nova guerra, perspectiva que parecia se tornar mais certa a cada dia que passava.

Grande parte da radicalização das perseguições entre 1933 e 1939 ocorrera sem muita ou nenhuma instrução específica de Hitler. Anos mais tarde, ele reconheceria que, "mesmo no que diz respeito aos judeus", fora levado "a permanecer inativo por muito tempo" — sobretudo devido a considerações de política externa, é claro, e não por vontade própria.[29] Ele raramente precisava se mostrar ativo, exceto quando se tratava de uma decisão importante (como a aprovação das Leis de Nuremberg, em 1935, ou o início do pogrom em novembro de 1938). Bastava-lhe fornecer as diretrizes básicas do que era preciso fazer.[30] Em geral, Hitler dava alguma "indicação" ou "sinal verde" a seus asseclas para indicar seus desejos quanto a medidas em relação aos judeus. Os radicais então reagiam com uma intensificação da perseguição. Das duas, uma: ou essas ações eram posteriormente sancionadas por Hitler, ou então eram transformadas em legislação discriminatória. De toda forma, a intensidade da perseguição se mantinha e alcançava níveis ainda mais altos. Em diversos escalões do regime, os seguidores de Hitler sabiam muito bem como "trabalhar em consonância com o Führer" e de acordo com o que ele teria desejado.[31] Isso não se aplicava apenas aos *apparatchiks* do partido ou aos burocratas que ocupavam cargos de governo. Aplicava-se também, de forma exemplar, ao universo cada vez mais abrangente do aparato policial, de segurança e vigilância capitaneado pelo Reichsführer SS Heinrich Himmler e seu braço direito, o arquitecnocrata do poder Reinhard Heydrich.

Em 1939, a "remoção" dos judeus da Alemanha já estava bem adiantada. Do ponto de vista da liderança nazista, porém, não estava adiantada o suficiente. A política nazista em relação aos judeus não havia sido, nem de longe, uma estrada reta em direção a um objetivo específico. Encontrara obstáculos, tivera de ser interrompida e refeita, e seguira um "caminho tortuoso" —[32] embora esse caminho nunca tenha se desviado por muito tempo de uma radicalização cada vez maior das perseguições. Apesar de estas terem se intensificado, ao final de 1938 mais de dois terços da população judaica de 1933 continuava morando na Alemanha. E, conforme concluíram as autoridades nazistas, a maior parte dessas pessoas não tinha para onde ir. Emigrar não era uma opção possível.[33] Desde 1937, o departamento do SD encarregado da questão dos judeus vinha buscando maneiras de apressar sua expulsão. A idéia de uma solução territorial era bastante popular: despachar os judeus para algum lugar ermo e pouco hospitaleiro e lá abandoná-los. Algumas das regiões mais inóspitas da América do Sul constavam das idéias ridículas discutidas durante algum tempo.[34] É claro que nenhuma dessas soluções absurdas deu em nada. Mas elas ressurgiriam em um contexto diferente — e ainda mais perigoso — em 1940. Os pogroms tinham sido um outro método cogitado para apressar a emigração. E, de fato, o terror da *Reichskristallnacht* deu origem a uma enxurrada de refugiados agora desesperados para sair da Alemanha a qualquer custo. No estrangeiro, portas em grande parte fechadas à imigração judaica foram temporariamente abertas à força. Quase tantos judeus saíram em 1938-9 quanto nos quatro anos anteriores de governo nazista.[35] Mesmo assim, nas vésperas da guerra, os judeus da Alemanha ainda representavam pouco menos do que o número de 1933. Mesmo no interior do Reich, os nazistas ainda estavam longe de uma "solução da Questão Judaica" que fosse completa.

Ainda em novembro de 1938, imediatamente após a *Reichskristallnacht*, Heydrich pensava que seria preciso uma década para se livrar de todos os judeus remanescentes.[36] Ele logo teve a chance de assumir o controle da situação. A destruição aleatória dos bens dos judeus pelas hordas nazistas tinha sido amplamente criticada — embora o objetivo de forçar os judeus a saírem da Alemanha o tenha sido bem menos —, e no final das contas foi a última explosão de atrocidades públicas em larga escala dentro das fronteiras do Reich.[37] Uma política mais "racional" fazia-se necessária. Em 24 de janeiro de 1939, Heydrich foi nomeado chefe de um Escritório Central de Emigração Judaica. O escritório foi inspirado no que os líderes nazistas viam como uma operação altamente bem-sucedida, concebida por Adolf Eichmann e levada a cabo no ano anterior em Viena (onde a proporção de judeus a emigrar fora muito superior à taxa alemã).[38] Em setembro de 1939, quando unidades da Polícia de Segurança entraram na Polônia no encalço da força de invasão, Heydrich já ocupava uma posição crucial na condução da "Questão Judaica" nos territórios recém-conquistados. A tarefa não se comparava a nenhuma outra que ele houvesse assumido antes da guerra. Seu trabalho anterior era apressar a emigração forçada da comunidade judaica restante, que representava cerca de meio milhão de pessoas na época da ascensão de Hitler ao poder. Agora, com o objetivo inicial ainda não cumprido, a conquista da Polônia acabara de incorporar mais 2 milhões de judeus à órbita nazista. A "Questão Judaica" a ser resolvida não se limitava mais à Alemanha. Ela fazia parte da guerra. E a inauguração das hostilidades tornara-a muito maior, e não menor.

III

Sob muitos aspectos, a Polônia tornou-se um terreno experimental para o que estava por vir. Três grandes regiões do país conquistado, adjacentes à fronteira oriental da Alemanha, foram incorporadas ao Reich. Porém, ao contrário da Áustria e dos Sudetos no ano anterior, onde a população era em sua maioria de etnia germânica, a maioria dos habitantes dos territórios recém-anexados era polonesa. Os indivíduos de etnia germânica eram minoria. Nessas províncias, os judeus eram ainda menos numerosos. O objetivo dos novos governantes era claro. Aquelas províncias, por muito tempo disputadas entre Alemanha e Polônia, deveriam se tornar inteiramente germanizadas, e o mais depressa possível. Era óbvio que a remoção dos poloneses não poderia ser feita do dia para a noite. Mas a retirada dos judeus, o mais baixo degrau de uma população derrotada tratada como escória pelos novos líderes, parecia uma tarefa facilmente realizável. Um dos mais impiedosos desses líderes, Arthur Greiser, chefe do território que viria a ser conhecido como Gau Wartheland (geralmente chamado de "Warthegau"), com quartel-general em Posen, supôs em novembro de 1939 que a "Questão Judaica" não constituísse mais um problema, e que poderia ser solucionada no futuro imediato.[39] Mas Greiser, assim como outros líderes nazistas, estava levando suas suposições longe demais. Faltou contabilizar as dificuldades logísticas que se interpunham entre eles e seus objetivos, por mais implacáveis que estivessem dispostos a se mostrar.

A idéia inicial era criar uma imensa reserva em uma faixa de terra entre os rios Vístula e Bug, no extremo Leste da parte da Polônia ocupada pela Alemanha (depois de o país ser dividido entre o Reich e a União Soviética). Os judeus das províncias recém-anexadas, além de todos os judeus do Reich e 30 mil ciganos, seriam presos, embarcados em vagões destinados ao transporte de gado e levados para esse local de descarte. Hitler já aprovara as deportações. Heydrich imaginava que esse processo fosse durar cerca de um ano.[40]

Era uma ilusão total. Antes de o outono terminar, a idéia da reserva para lá do rio Vístula já havia sido abandonada. Em vez disso, os judeus seriam deportados para todos os quatro distritos da maior parte do que restava da Polônia, o "Governo-Geral", com sede em Cracóvia e cuja incorporação ao Reich não estava prevista. Uma segunda idéia, também logo abandonada — ou melhor, adiada —, foi a rápida deportação dos judeus do Reich. No outono de 1939, Eichmann organizara a deportação de vários milhares de judeus de Mährisch-Ostrau, no Protetorado (o que sobrara da Tchecoslováquia, agora sob domínio alemão), de Katowice, na Silésia Superior, e de Viena para o distrito de Lublin, na Polônia oriental, e imaginara que esse seria o primeiro estágio da remoção dos judeus da Alemanha e da Áustria. No entanto, as deportações mal haviam começado quando foram interrompidas por ordens superiores, mais provavelmente vindas de Himmler.[41] No início de outubro, o Reichsführer SS se vira imbuído por Hitler de novos e abrangentes poderes para controlar o reassentamento nos territórios orientais ocupados. Sua prioridade era encontrar nas províncias recém-anexadas, a começar pelo "Warthegau", espaço para acomodar indivíduos de etnia germânica vindos do Báltico e de outros lugares fora da área ocupada pela Alemanha. Isso significava a remoção urgente não apenas dos judeus, mas também de uma grande quantidade de poloneses. Em novembro, mencionou-se o número de 1 milhão de poloneses e judeus a serem removidos até fevereiro.[42] A deportação dos judeus do Reich, da antiga Áustria e do Protetorado era menos urgente.

A detenção e a deportação dos poloneses e judeus do "Warthegau" foram levadas a cabo com uma violência impressionante, mas os alvos de sucessivos planos grandiosos se revelavam impossíveis de alcançar. Pouco progresso fora feito quando Hans Frank, chefe do Governo-Geral — que anteriormente acolhera bem os planos de despachar os judeus para o Leste do Vístula com o seguinte comentário: "quanto mais morrerem, melhor" —,[43] começou a fechar as portas a novas deportações para sua área. Ele lamentou simplesmente não ter condições de acomodar grandes números de poloneses deportados em sua região já superlotada e empobrecida, desesperadamente carente de víveres. Quanto aos judeus, desejava tornar a sua área "livre de judeus", e não transformá-la em local de descarte para judeus de outras áreas mais privilegiadas. Reconhecia, contudo, que a curto prazo o Governo-Geral teria de acolher mais de meio milhão de judeus, e que "somente então poderemos conversar gradualmente sobre o que deve acontecer com eles". Ele ainda tinha em mente uma grande reserva judaica nos confins orientais de sua região, na fronteira com a parte da antiga Polônia agora controlada pela União Soviética.[44]

Quando a primavera de 1940 chegou, já estava claro para os nazistas que os seus grandiosos planos de transferência e reassentamento populacional (dos quais os judeus eram apenas parte) não poderiam ser realizados dentro dos limites existentes dos territórios poloneses ocupados. Os líderes das províncias anexadas, sobretudo Greiser no "Warthegau", estavam loucos para se livrarem dos judeus sob seu domínio, mas não havia nenhum caminho disponível para sua deportação. Os guetos, inicialmente concebidos como nada além de locais de abrigo temporário até seus habitantes poderem ser deportados, transformaram-se em instituições mais duradouras. O maior deles, Łódź, no "Warthegau", e mais tarde Varsóvia, no Governo-Geral, ofereciam tamanhas oportunidades de lucro e corrupção que seus administradores nazistas relutavam em cogitar o seu desmonte. Frank, enquanto isso, ia se tornando cada vez mais inflexível. É bem verdade que ele dissera a Hitler e Himmler desejar somente servir às necessidades do Reich tornando sua região "o receptáculo para todos os elementos que chegarem ao Governo-Geral vindos de fora, sejam eles poloneses, judeus, ciganos etc.". No entanto, ele em seguida convencera Heydrich de que a situação alimentar do Governo-Geral tornava impossível prosseguir com o programa de reassentamento.[45] Chegara-se a um impasse.

Já em janeiro, porém, uma saída possível fora mencionada pelo próprio Frank, que retomara a velha idéia anti-semita citada pela primeira vez pelo escritor alemão racista Paul de Lagarde na década de 1880: reassentar milhões de judeus na colônia francesa de Madagáscar.[46] Segundo sugeria Frank, isso criaria espaço no Governo-Geral.[47] Na época, não passava de uma idéia impossível. No entanto, foi exatamente essa perspectiva que surgiu com o triunfo militar da Alemanha na ofensiva ocidental da primavera de 1940. Em um memorando redigido para Hitler, cinco dias depois de iniciado o avanço alemão, sobre o tratamento da "população estrangeira no Oriente", Himmler observou — aparentemente, como um um comentário casual — que esperava ver a palavra "judeu" "completamente extinta graças à possibilidade de uma emigração em grande escala de todos os judeus para a África ou para alguma outra colônia".[48] Talvez Himmler tenha mencionado a idéia de deportar os judeus para a África (não havia menção específica a Madagáscar) para testar o terreno. Se foi o caso, ele não encontrou objeções. Hitler aprovou o memorando. E o que estava sendo tramado logo deve ter ficado evidente para uma parte maior da liderança do regime. Pois, à medida que a derrota da França se tornava inevitável, uma proposta vinda do Ministério das Relações Exteriores mencionou Madagáscar, e não o Governo-Geral, como destino dos judeus deportados. A idéia foi logo abraçada. Madagáscar representaria a solução para todos os bloqueios na Polônia. Quando, em julho, Himmler interrompeu as deportações para a região,[49] Frank experimentou um "alívio colossal".[50] Suas dificuldades logo chegariam ao fim. Não apenas não haveria mais judeus entrando em seu território, mas qualquer judeu no Governo-Geral que ultrapassasse o número de 2 milhões seria despachado para além-mar e deixaria de ser problema seu.

A idéia de Madagáscar como nova e hipotética localização de uma reserva para judeus teve vida curta. Durante vários meses de 1940, porém, ela foi levada a sério nos mais altos escalões do Reich. E agora, pela primeira vez, passou-se a imaginar uma solução para a "Questão Judaica" que contemplasse também a Europa ocidental. Heydrich logo se adiantou para assumir o controle. Mencionou a necessidade de encontrar uma "solução territorial definitiva" para "todo o problema" dos 3,25 milhões de judeus sob domínio alemão.[51] Eichmann e seus associados foram incumbidos de conceber planos. Em meados de agosto, esses planos estavam prontos. Quatro milhões de judeus — 1 milhão por ano ao longo dos quatro anos seguintes — seriam despachados para a pouco hospitaleira ilha no oceano Índico, local distante onde estariam longe dos olhos e do pensamento. Toda a operação seria conduzida pela Polícia de Segurança. Uma vez lá, os judeus não levariam uma vida independente. Seu novo lar, uma imensa reserva ou "supergueto", seria administrado pela SS. No outono anterior, reconhecera-se (com alegria) que a deportação de judeus para o distrito de Lublin iria dizimar a população judaica.[52] Não se podia esperar nada diferente do "Projeto Madagáscar". Era óbvio que os judeus estavam sendo enviados para lá para apodrecerem. As implicações genocidas eram evidentes. Mas a idéia já nasceu fadada ao fracasso. Nem mesmo os pré-requisitos básicos foram atendidos. A derrotada França com certeza teria podido ser convencida a ceder Madagáscar para que a ilha virasse um território sob domínio alemão. Mas, como a Inglaterra se recusava a ceder, a frota e a segurança naval necessárias para levar os judeus até Madagáscar seriam impossíveis de obter. Os planos de Eichmann foram esquecidos em um canto da mesa de Heydrich, onde ficaram juntando poeira.[53] A essa altura, uma alternativa melhor estava se tornando viável.

Em novembro de 1940, a decisão de Hitler de que o ataque à União Soviética seria iniciado na primavera seguinte teve implicações importantíssimas para a realização dos objetivos raciais. Por um lado, milhões de judeus cairiam nas mãos dos nazistas em uma época em que ainda não fora encontrada nenhuma solução para o problema da deportação dos quase 4 milhões (cujo cálculo logo seria ampliado para seis) já existentes na esfera alemã. E, quaisquer que fossem as rotas de invasão utilizadas pela Wehrmacht, esta iria encontrar pelo caminho um grande número de judeus. Por outro lado, a rápida vitória esperada possibilitaria a transferência e o reassentamento da população por meio de "limpeza" racial em uma escala gigantesca.

Quando a invasão começou, eram exatamente esses os planos que vinham sendo compilados. A SS previa a remoção, sobretudo por meio de deportações para a Sibéria, de nada menos de 31 milhões de pessoas, em sua maioria eslavos, ao longo dos mais ou menos 25 anos seguintes. Partia-se do princípio de que 5 milhões a 6 milhões de judeus "desapareceriam" no primeiro estágio.[54]

Antes de esses planos serem concebidos, uma suposta vitória no Leste gerou um novo potencial para a solução da "Questão Judaica". Em lugar da já obsoleta idéia de Madagáscar, havia agora a perspectiva de deportar os judeus da Europa "para o Leste", rumo aos confins gelados do antigo território soviético, onde se esperava que o frio intenso, a desnutrição, a exaustão e a doença logo cumprissem o seu papel. Era isso que Hitler tinha em mente quando comentou no início de fevereiro de 1941, de forma pouco compreensível, que, como Madagáscar apresentava problemas insolúveis, "estava agora pensando em outra coisa, não exatamente mais amigável".[55]

A essa altura, as idéias pouco amigáveis de Hitler já haviam sido comunicadas a Himmler e Heydrich, que tinham rapidamente identificado o significado do ataque à União Soviética para suas próprias esferas de poder. Para Himmler, as possibilidades de planejamento para reordenar a composição racial da Europa do Leste eram infinitas. Já a Polícia de Segurança de Heydrich teria pela frente novas e imensas tarefas. Além dessas considerações, pairava a possibilidade tangível de uma "solução final" da "Questão Judaica". Desde o início de 1941, essa expressão passou a ser usada com freqüência. Mas ela não se referia, como posteriormente passou a fazê-lo, ao extermínio programado nas câmaras de gás dos campos da morte, e sim ao reassentamento territorial no Leste — que, no entanto, trazia em si implicações genocidas — em substituição ao "Projeto Madagáscar".

Em janeiro de 1941, Himmler e Heydrich com certeza já sabiam em que Hitler estava pensando. No dia 21 de janeiro, Theo Dannecker, um dos colegas mais próximos de Eichmann, observou: "De acordo com a vontade do Führer, a questão judaica na parte da Europa governada ou controlada pela Alemanha será objeto de uma solução final após a guerra". Por intermédio de Himmler e Göring, Hitler havia encarregado Heydrich de apresentar "um projeto de solução final". Valendo-se da própria experiência, Heydrich conseguira elaborar muito rapidamente os pontos essenciais da proposta, e esta já se encontrava nas mãos de Hitler e Göring. Sua implementação, porém, exigiria muito trabalho e um planejamento minucioso tanto das deportações em massa necessárias quanto da "ação de reassentamento em um território ainda a ser determinado".[56]

A expressão fora usada pela primeira vez em anotações preparadas por Eichmann para um discurso sobre "reassentamento" a ser feito por Himmler, em 10 de dezembro de 1940, diante de líderes do partido reunidos em Berlim. Eichmann calculara que as deportações abrangeriam 5,8 milhões de judeus — 1,8 milhão a mais do que o previsto nas deportações planejadas para Madagáscar, uma vez que o número incluía agora não apenas os judeus dos territórios sob domínio alemão direto, mas os que estavam dentro da "esfera econômica européia do povo alemão". O total compreendia todos os judeus da Europa continental a Oeste da linha de demarcação germano-soviética que cortava a Polônia.[57]

Em seu discurso, Himmler havia se referido especificamente à "emigração dos judeus" do Governo-Geral — área anteriormente designada para acolher judeus (bem como poloneses) — de modo a abrir espaço para trabalhadores poloneses.[58] Mas para onde seriam mandados os 2 milhões de judeus do Governo-Geral? Madagáscar, obviamente, não era mais uma alternativa. No entanto, poucos dias depois, Hitler iria emitir a diretriz militar para um ataque à União Soviética na primavera seguinte. Himmler com certeza deveria saber o que estava se preparando. O "território ainda a ser determinado" só podia significar alguma região ainda indefinida da vasta área que, segundo se esperava, cairia sob domínio alemão ao longo do ano seguinte.

Como o ataque à União Soviética envolvia segredo máximo, nenhuma especificação do território pretendido para essa "solução final" podia ser mencionada fora do círculo de iniciados. Portanto, ainda havia menções oficiais ao Governo-Geral como local escolhido. Quem estava "por dentro", porém, sabia que isso agora não passava de subterfúgio. Eichmann reconheceu em março que o Governo-Geral não tinha condições de receber mais nenhum judeu.[59] Quando Göring e Heydrich discutiram o fato de que as atribuições deste último teriam de incluir as de Alfred Rosenberg, cotado para assumir um Ministério dos Territórios Orientais criado para supervisionar os territórios soviéticos conquistados, ficou claro que o território imaginado para a "solução final", embora não especificado, ficava mais ao Leste do que o Governo-Geral.[60]

Na verdade, em março, Hitler prometeu a Hans Frank que sua província seria a primeira a se ver livre dos judeus.[61] Outros líderes de províncias nazistas, pressentindo o que se tramava, também começaram a fazer pressão para que os judeus de suas áreas fossem retirados. Goebbels recolheu informações equivocadas de que Viena logo estaria "livre de judeus" e de que era iminente o mesmo acontecer também em Berlim. "Mais tarde", observou Goebbels, "os judeus terão de sair da Europa como um todo."[62]

Enquanto isso, era preciso planejar não apenas a "solução final" da "Questão Judaica" pan-européia, mas o tratamento dispensado aos judeus soviéticos no rastro da invasão iminente. Na primavera, essas considerações ainda estavam misturadas aos desígnios mais gerais de uma guerra que, conforme Hitler não deixava que nenhum de seus líderes militares duvidasse, seria inteiramente diferente da ocorrida na Europa ocidental.[63] Essa, afirmou ele categoricamente, seria uma "guerra de aniquilação". A "intelligentsia judaico-bolchevique" seria "eliminada".[64] Os líderes militares colaboraram de perto com Himmler e Heydrich em relação aos métodos de operação. Eles elaboraram ordens para liquidar de imediato quaisquer comissários políticos que fossem capturados. Göring pediu a Heydrich que preparasse um guia sucinto sobre a polícia secreta soviética, comissários políticos e judeus que seria entregue ao Exército "para que eles possam saber, na prática, quem precisam pôr contra a parede".[65] Em maio, Heydrich já estava reunindo quatro *Einsatzgruppen*, cada qual compreendendo de seiscentos a mil homens em sua maioria retirados da Polícia de Segurança e da SD, que entrariam na União Soviética logo depois do Exército para lidar com todos os "elementos subversivos". Em suas instruções, Heydrich se mostrava ao mesmo tempo expansivo e vago ao designar os grupos-alvo. Judeus, ciganos, sabotadores e todos os oficiais comunistas constituíam perigo. Ele enfatizava que os judeus estavam na raiz do bolchevismo e que, segundo os objetivos do Führer, precisavam ser erradicados.[66]

Assim, quando as tropas alemãs cruzaram a fronteira soviética, em 22 de junho, o regime de Hitler já avançara bastante na direção de um genocídio. O avanço fora ganhando fôlego ao longo de um período de quase dois anos, desde a derrota polonesa. O número de judeus que caíra sob domínio nazista com a conquista da Polônia, o tratamento bárbaro do país subjugado — no qual os judeus formavam a camada mais baixa e mais desprezada da população — e a impossibilidade de encontrar uma solução para um problema inventado, por mais grandiosos que fossem os objetivos e por mais brutais que fossem os métodos, tudo isso levou a uma busca cada vez mais frenética por uma saída para o impasse. Os ventos favoráveis da guerra tinham proporcionado momentaneamente a fantasia de uma solução rápida em escala européia: Madagáscar. A obstinação britânica de continuar lutando eliminou rapidamente essa alternativa. No final de 1940, contudo, a decisão de esmagar a União Soviética no ano seguinte abriu uma nova possibilidade e levou a uma radicalização ainda maior. Agora, a atraente perspectiva de uma solução territorial definitiva, em que os judeus da Europa morreriam nos confins árticos da União Soviética, misturava-se aos planos de uma guerra de aniquilação em que os judeus, vistos como força vital do bolchevismo, estavam no caminho do Exército alemão e eram considerados alvos à completa mercê dos *Einsatzgruppen* da Polícia de Segurança que vinha na retaguarda. A trajetória era genocida. Mas os passos rumo a um genocídio total, mesmo na União Soviética, ainda não tinham sido dados.

Nos desdobramentos ocorridos desde setembro de 1939, o papel do próprio Hitler havia sido ao mesmo tempo decisivo e vago. Desde o início, ele apresentara as regras básicas para a barbárie perpetrada na Polônia. Não há dúvida quanto a isso.[67] Caso ele não houvesse feito isso, com certeza mesmo assim teria havido atrocidades. O sentimento represado antipolonês, assim como antijudaico, era forte demais para que tivesse sido possível impedir manifestações graves de violência contra a população civil. Porém, caso Hitler houvesse dado instruções específicas para evitar e reprimir legalmente esse tipo de ação, é muito provável que não tivesse acontecido nada sequer remotamente próximo da escala da desumanidade programada que ocorreu depois.

O que aconteceu na verdade foi que, depois de lançar o implacável programa de "limpeza étnica", Hitler pôde deixar o planejamento e a implementação a cargo de Himmler e Heydrich. Ele também deu total liberdade de movimentos a seus chefes de província do Leste, os *Gauleiter*, dizendo que não faria perguntas sobre os métodos usados por eles para germanizar suas regiões, e que estava pouco ligando para delicadezas jurídicas.[68] Ainda assim, quando decisões importantes de política se faziam necessárias, era preciso recorrer a Hitler.

Só ele podia determinar a deportação dos judeus do Reich, como alguns de seus asseclas pressionavam-no para fazer. Os problemas cada vez mais graves de deportação dentro da Polônia ocupada também lhe foram apresentados — e ele foi chamado mais de uma vez para aplacar Hans Frank em relação à absorção de judeus pelo Governo-Geral. Hitler também certamente aprovou a precipitação rumo ao malconcebido "Projeto Madagáscar". E, como já foi observado, a ordem dada a Heydrich para elaborar uma proposta de remoção dos judeus da Europa para um destino não especificado no Leste, uma "solução final" territorial, veio de Hitler. Himmler, Heydrich e Göring — nominalmente encarregado da política antijudaica desde a *Reichskristallnacht* e comprometido até o pescoço no planejamento da exploração econômica do Leste — eram três figuras extremamente poderosas. Mas o seu poder emanava de Hitler. Sem a sua autorização, o que eles escreviam de nada valia. Por trás da busca cada vez mais radical por uma solução para a "Questão Judaica", portanto, estava o imperativo ideológico personificado por Hitler, e que a essa altura já contaminava todo o regime: o de que outra guerra de alguma forma acarretaria a destruição dos judeus.

No dia 30 de janeiro de 1941, justamente quando o planejamento de uma "solução final" adentrava um estágio mais avançado, com a possibilidade de deportar os judeus da Europa para um destino terrível, mesmo que não especificado, na União Soviética, Hitler tornou a mencionar pela primeira vez sua "profecia" de janeiro de 1939[69] durante o discurso no Reichstag em comemoração ao oitavo aniversário de sua "tomada de poder". A escolha da ocasião não foi acidental. De forma disfarçada, Hitler estava comunicando o que pensava: que a hora do confronto com os judeus estava se aproximando.

IV

A travessia das fronteiras soviéticas nas primeiras horas de 22 de junho de 1941 deu início à "guerra de aniquilamento" prometida por Hitler. A barbárie nazista passou a um nível superior. Vistas as instruções dadas ao Exército antes do início da campanha, não é de espantar que as atrocidades descontroladas cometidas por soldados comuns tenham começado imediatamente. "Tenho observado a ocorrência de fuzilamentos tanto de prisioneiros de guerra quanto de civis", comentou um comandante apenas três dias depois de iniciado o ataque. Cinco dias mais tarde, ele teve de repetir sua ordem para que cessassem as mortes "irresponsáveis, sem sentido e criminosas" que descrevia de forma contundente como "assassinatos". No entanto, ressaltava a necessidade de cumprir "as ordens do Führer de ação impiedosa contra o bolchevismo (comissários políticos) e qualquer tipo de guerrilheiro", e afirmava que o objetivo da guerra era restituir a paz e a ordem naquela "terra que tanto sofreu durante muitos anos com a opressão de um grupo judeu e criminoso".[70]

Mesmo para um comandante como ele, que deplorava e tentava impedir atrocidades arbitrárias cometidas por seus soldados, havia a aceitação da necessidade de se mostrar implacável com comissários e guerrilheiros, bem como uma crença de que os judeus — associados a criminosos — eram quem puxava as cordinhas do regime bolchevique. Essa idéia era amplamente difundida. Aquela era uma guerra como jamais se vira antes. E os judeus eram sua peça central.

Foi nessa atmosfera ideológica que a matança de judeus rapidamente ganhou corpo como parte de uma campanha de violência inédita, na qual massacres jamais vistos foram perpetrados contra civis e prisioneiros de guerra (estes, chegado o outono, estariam morrendo em campos alemães à razão de 6 mil por dia).[71] Conforme observado, Heydrich instruíra os *Einsatzgruppen* quanto a suas tarefas uma vez dentro da União Soviética. Porém, ao contrário do que já foi amplamente aceito, não havia nessas instruções nenhuma ordem para um genocídio irrestrito dos judeus soviéticos. Essa diretriz, verbalmente transmitida por Himmler, só seria dada algumas semanas depois do início da campanha, e seria o primeiro passo decisivo em um processo de exacerbação do genocídio. Mesmo então, ela tomaria a forma de um incitamento a atos extremos de assassinato, e não de uma ordem formal.

As primeiras instruções de Heydrich aos *Einsatzgruppen* tinham sido mais restritivas do que essa subseqüente exacerbação, mas foram tipicamente imprecisas. Em 2 de julho, provavelmente para proteger as ações dos *Einsatzgruppen* de possíveis objeções de líderes do Exército, ele emitira instruções por escrito estipulando a execução de oficiais comunistas, "elementos extremistas" variados e "todos os judeus filiados ao partido e que ocupem algum cargo público".[72] Isso provavelmente correspondia, em linhas gerais, às suas primeiras instruções verbais aos comandantes dos esquadrões de extermínio, com exceção do fato de estas últimas terem sido obviamente formuladas de modo a deixar a critério dos *Einsatzgruppen* a definição dos grupos-alvo e dos esquadrões serem abertamente incentivados a aplicar as instruções na população judaica sem restrições e da forma que julgassem adequada. Em lugar de uma ordem explícita, as instruções de Heydrich equivaliam a uma autorização assassina, porém aberta, evidentemente passível de ser traduzida em ações de diferentes graus, uma vez que os *Einsatzgruppen* e suas subunidades não tiveram um comportamento uniforme durante os primeiros estágios da Operação Barbarossa.

Na verdade, os fuzilamentos por unidades dos *Einsatzgruppen* foram somente parte da onda inicial de mortes, em que um impulso ideológico de direcionamento centralizado interagia com "uma seqüência incoerente, localizada e regionalmente diversificada de medidas" tomadas pelas pessoas presentes no local.[73] Já em 24 de junho, o chefe do escritório da Gestapo em Tilsit, na Prússia Oriental, junto à fronteira com a Lituânia, emitiu uma ordem para matar duzentos judeus da região, supostamente "por crimes contra a Wehrmacht" durante a corajosa mas fútil resistência das tropas de fronteira soviéticas nas primeiras horas da invasão. As ordens foram tomadas por sua própria iniciativa, em concordância com "a total aprovação das ações de eliminação" dada pelo recém-nomeado líder do *Einsatzgruppe* designado para o Báltico, Franz Walter Stahlecker.[74] Três dias depois, o 309º Batalhão de Polícia assassinou 2 mil judeus em Białystok. Mais de um quarto dos mortos, incluindo mulheres e crianças, foi levado para uma sinagoga que foi em seguida incendiada. A "ação" fora iniciada por alguns nazistas fanáticos que estavam entre os soldados do batalhão.[75] Mas esses indivíduos sabiam que brutalidades assassinas como aquela estavam agora sendo verbalmente incentivadas pelos líderes da SS. O boato sobre o que era esperado logo se espalhou.

Em pouco tempo, algumas unidades, mais notadamente no Báltico, já estavam matando um grande número de homens judeus. Em Kowno, Lituânia, por exemplo, 2514 judeus foram fuzilados em um único dia, 6 de julho.[76] Os pogroms, deliberadamente incentivados pelos invasores alemães e que davam livre vazão ao ódio cruel e generalizado que a população local nutria pelos judeus, deram sua própria contribuição ao horror em curso.[77] Em outras regiões, a matança foi menos incontida e limitou-se em grande parte à "intelligentsia" judaica.[78] Nessa primeira fase depois da invasão, portanto, houve incentivos centrais para as ações assassinas, mas também deixou-se bastante espaço para iniciativas locais. Mesmo que as ações tenham se mostrado desde o início claramente assassinas em larga escala, ainda não houvera nenhuma ordem genocida explícita e geral. Para os judeus soviéticos, porém, o estágio de genocídio total não demoraria a chegar.

Não é possível identificar uma ordem ou dia específico que tenham inaugurado esse estágio. Não era assim que funcionava a política genocida nazista. Exatamente como e quando os principais passos rumo ao genocídio foram dados e autorizados depende da compilação de provas difíceis.[79] O estilo de governo inteiramente antiburocrático de Hitler, sua ênfase no segredo e seu uso característico de linguagem cifrada e sinais de ação camuflados, em vez de ordens inequívocas, lançam um véu sobre suas intervenções. No nível abaixo do seu, quaisquer documentos relativos à "solução final" porventura arquivados por Himmler e Heydrich foram sem dúvida incinerados quando o Reich ruiu. De toda forma, nenhum documento sobreviveu. E o testemunho posterior de líderes nazistas, chefes dos esquadrões de extermínio e administradores de nível médio sobre o assassinato em massa muitas vezes se mostrou falível, e ocasionalmente também contraditório, no que diz respeito aos detalhes. Com freqüência, é claro, quem prestava esses testemunhos também mentia tentando se autobeneficiar. Mesmo assim, a documentação que sobreviveu e os testemunhos posteriores permitem reconstruir de forma altamente plausível os principais estágios do genocídio então em curso.

Estes não seguiram ordens explícitas emitidas de cima para baixo em uma pirâmide. Pelo contrário, o que houve foi uma complexa inter-relação entre "sinais verdes" para a ação vindos de cima e iniciativas tomadas embaixo, que se combinaram para dar origem a uma espiral de radicalização. Por meio de sua própria iniciativa ao interpretar como imaginavam que se esperasse que agissem, aqueles diretamente envolvidos na matança imprimiram no terreno o ritmo da radicalização acelerada, afetando por sua vez a forma como a própria liderança reagia e revia suas políticas. Mas as operações "periféricas", embora tenham desenvolvido uma dinâmica própria, não eram independentes de instigação e controle centralizados. Tinham sido iniciadas, fomentadas e sancionadas por "diretrizes de ação" vindas do "centro". Ou seja, os passos mais importantes no caminho para o genocídio total seguiram alguma forma de diretriz centralizada. Esta era invariavelmente transmitida sob a forma de indicações verbais do que era exigido, ou de "incentivos" a ações transmitidos por Heydrich, ou ainda, com mais freqüência, Himmler. Tratava-se sobretudo de imperativos esboçados de forma genérica, mais do que instruções claramente definidas. Parece muito provável que isso reproduzisse a forma como o próprio Hitler assinalava seus "desejos" em reuniões confidenciais "a quatro olhos" com Himmler.

Essas reuniões secretas, não cronometradas e sem mais ninguém presente (exceto, às vezes, Heydrich), deram início a um processo dialético. Os "desejos" expressos do Führer eram imediatamente transformados em ação por Himmler. Através deste, e em seguida de líderes situados mais abaixo na hierarquia da Polícia de Segurança, iam sendo filtrados, em momentos diversos e com formulações variadas, até aqueles que executavam as operações de matança. Depois de receberem uma autorização ampla, que podiam interpretar ao seu modo, contanto que respeitassem a exigência de severidade intensificada, os líderes locais então agiam como bem lhes aprouvesse, lançando mão da própria iniciativa e aplicando as medidas extremas desejadas. Estas, por sua vez, eram sancionadas pelos níveis mais elevados e resultavam em mais um passo rumo à radicalização. Foi exatamente esse processo que ocorreu no auge do verão de 1941. Ele transformou o genocídio parcial na União Soviética em genocídio total.

No dia 15 de julho, Himmler voltou ao quartel-general do Führer, na Prússia Oriental, onde Hitler estivera baseado desde o início da campanha russa depois de uma ida breve a Berlim. Provavelmente esperava participar de uma reunião importante, prevista por Hitler para a tarde seguinte, para traçar o esboço do futuro controle e exploração dos territórios ocupados da União Soviética após uma guerra que se imaginava já estar praticamente ganha. Na realidade, Himmler não participou da reunião, possivelmente porque foi distraído pela necessidade de lidar com a captura de um importante prisioneiro de guerra detido naquele dia — o filho de Stálin. Não é possível determinar se ele encontrou ou falou ao telefone com Hitler nesse dia. Porém, embora tenha passado o dia da reunião afastado, logo voltou ao quartel-general onde, no dia seguinte, teve uma longa conversa com Hitler durante o horário de almoço sobre as deliberações da véspera. Hans Heinrich Lammers, chefe da Chancelaria do Reich, estava presente e explicou as ordens de Hitler sobre a distribuição de poder no Leste ocupado.[80] O desfecho foi que Himmler viu atribuída a ele total responsabilidade pelo policiamento e segurança do Leste.[81]

Era praticamente um mandado irrestrito, restringido apenas nominalmente pela exortação de respeitar a jurisdição do recém-nomeado ministro dos Territórios Orientais Ocupados, Alfred Rosenberg. Pouco depois da reunião, Himmler recebeu a ata. Nesta, deve ter lido — assim como deve ter ouvido repetidas vezes — que Hitler havia falado em "exterminar tudo o que se opuser a nós" e pacificar o território recém-subjugado fuzilando qualquer um "que olhasse de viés".[82] Esses sentimentos draconianos constituíam a estrutura das novas incumbências de segurança de Himmler, dando-lhe ampla margem para a extensão de seus poderes. Porém, para tirar total partido disso, ele precisava de mais forças policiais no Leste do que as então disponíveis. E, com as matanças maciças de judeus já ocorridas e a associação destes, na mentalidade nazista, com subversão e atividades de resistência (incentivados por Stálin em seu primeiro discurso ao povo soviético desde a invasão alemã, feito em 3 de julho), era óbvio que mais policiais significavam mais mortes — uma intensificação do objetivo de "limpar" todos os judeus das áreas recém-ocupadas, e portanto, no pensamento nazista, de "garantir o seu domínio".

Em 18 de julho, um dia depois de receber o decreto de Hitler atribuindo-lhe a responsabilidade pela segurança do Leste, Himmler cancelou uma ida planejada ao Governo-Geral.[83] O mais provável é que já estivesse ocupado explorando sua nova posição. É plausível presumir que tenha conversado com Hitler, pelo menos ao telefone, sobre suas novas tarefas, e sobre a necessidade, caso estas fossem se cumprir, de aumentar drasticamente a força policial nos territórios orientais. Na verdade, ele já tinha essas idéias em mente antes mesmo de a invasão começar. A alocação de responsabilidades no Leste feita por Hitler na reunião de 16 de julho agora lhe proporcionava a oportunidade para pôr essas idéias em ação — e, portanto, de estender substancialmente os próprios poderes. Entre 19 e 22 de julho, Himmler despachou duas grandes brigadas SS, 11 mil homens no total, para vasculhar os pântanos de Pripet, a imensa região alagada que cobre partes do Sul da Bielorrússia e Norte da Ucrânia. Com isso, menos de uma semana depois da reunião com Hitler, ele praticamente quadruplicou o número de homens da SS atrás das linhas alemãs. Era apenas o começo. Novas e imensas expansões da força policial se sucederam. Ao final de 1941, o número de membros dos batalhões policiais no Leste já havia chegado a 33 mil — mais de onze vezes o tamanho dos *Einsatzgruppen* originais enviados em junho anterior.[84]

Himmler não precisou de nenhuma ordem específica de Hitler para concentrar a atenção das unidades recém-despachadas na matança de judeus. Desde o início da campanha do Leste, estes foram o principal alvo dos esquadrões de extermínio. O número de judeus mortos já ultrapassara em muito o das outras vítimas. Seu comportamento supostamente subversivo e opositor era usado como pseudojustificativa para os massacres. Assim, a nova incumbência de "pacificar" os territórios orientais da forma mais rápida e abrangente possível teve conseqüências desastrosas para os judeus. Os pântanos de Pripet, onde foram lotadas as brigadas SS recém-despachadas por Himmler, eram considerados um ponto especialmente propenso a problemas dentro dos territórios ocupados.[85] Em 1º de agosto, o 2º Regimento de Cavalaria SS fez circular uma ordem explícita de Himmler: "Todos os judeus devem ser fuzilados. Levem as mulheres judias para os pântanos".[86] Mesmo assim, os comandantes ainda conseguiam interpretar a ordem "explícita" de modos variados.[87] Dali a duas semanas, porém, já estavam relatando a "de-judeização" (*Entjudung*) de cidades e aldeias inteiras da região. Além dos homens, mulheres e crianças judias agora também estavam sendo mortas. Um dos comandantes levou Himmler ao pé da letra e relatou que as mulheres e crianças haviam sido conduzidas para os pântanos, mas que estes eram rasos demais para possibilitar o afogamento.[88] Um comentário de Hitler poucas semanas depois mostra que ele sabia o que estava acontecendo em Pripet. Ele acabara de lembrar seus convidados da noite — Himmler e Heydrich — de sua "profecia", e novamente culpou os judeus pelos mortos da Primeira Guerra Mundial e pelo conflito atual ao dizer: "Não venham me dizer que não podemos mandá-los para o pântano! Quem vai se importar com nosso povo, então? Com o horror que nos precede, é bom estarmos exterminando a judeuzada".[89]

Com esses comentários oblíquos, Hitler havia relacionado as ações em Pripet, o extermínio dos judeus e sua própria "profecia" de 1939. Quando o ataque mais generalizado aos judeus do Leste estava começando, em 1º de agosto, o chefe da Gestapo, Heinrich Müller, observou que Hitler desejava receber regularmente relatórios sobre o trabalho dos *Einsatzgruppen*.[90] Na mesma data, Müller ordenou que se reunisse material ilustrativo sobre as operações dos *Einsatzgruppen* para mostrar a Hitler "assim que possível". Duas semanas depois, o operador de câmera de Hitler, Walter Frentz, esteve presente na fuzilaria de judeus em Minsk, à qual Himmler também compareceu, para filmar o massacre. Não é possível provar se Hitler ou Himmler de fato assistiram ao filme. Está claro, porém, que Hitler tinha grande interesse em ser informado sobre o avanço do extermínio de judeus no Leste, e isso em um momento crucial.[91] É legítimo interpretar essa sua demonstração de interesse como uma indicação da consciência de que uma nova fase estava começando na União Soviética, mais aberta e claramente genocida.

Mesmo a essa altura, nem todos os judeus de outros lugares foram imediatamente mortos. O contingente humano e a logística por si sós já constituíam obstáculos. E a forma como as instruções eram transmitidas dava muita margem para interpretações e ênfases conflitantes. Portanto, o ritmo e a seqüência da intensificação dos assassinatos não eram uniformes. Uma das unidades do *Einsatzgruppe* A, por exemplo, que operava com extrema brutalidade na Lituânia, registrou 4239 judeus mortos em julho (dos quais 135 mulheres), mas 37 186 em agosto (a maior parte durante a segunda quinzena do mês) e 56 459 em setembro, a maioria mulheres e crianças.[92] Em contrapartida, foi só na segunda quinzena de setembro que a já elevada taxa de mortes do *Einsatzgruppe* B, na Bielorrússia, aumentou de forma acentuada. Mesmo assim, mulheres e crianças eram com freqüência, quando não sempre, incluídos nas fuzilarias. E comunidades inteiras de judeus estavam agora sendo erradicadas também nessa região.[93]

De forma geral, o número de pessoas massacradas alcançou dimensões muito maiores do que nas primeiras semanas da campanha soviética. O principal aumento ocorreu logo após a visita de Himmler à região de Minsk, em meados de agosto, onde ele presenciou uma matança coletiva de judeus (incluindo algumas mulheres), conversou sobre métodos de morte por gás com dois de seus comandantes e, segundo alguns testemunhos posteriores à guerra, mencionou a "liquidação total dos judeus do Leste", aparentemente alegando ter recebido uma ordem de Hitler para que todos os judeus, inclusive mulheres e crianças, fossem exterminados.[94] O testemunho não é inteiramente confiável, e não existem outras provas da transmissão de uma ordem direta de Hitler. Também não é nada certo que o próprio Himmler tenha dado ordens diretas para que mulheres e crianças agora também fossem mortos.[95] No entanto, é isso que parece ter sido entendido. Himmler havia informado a seus principais comandantes sobre suas incumbências de segurança ampliadas, com a clara implicação de eliminar os judeus da União Soviética ocupada. Isso não foi posto no papel e comunicado em mensagem explícita. A informação era sensível demais. A transmissão verbal, efetuada por meio de *briefings* em diversos níveis, significava que unidades diferentes ficavam sabendo, em momentos diferentes, o que se esperava delas.[96] Porém, no boca-a-boca, as notícias continuavam a circular depressa. No final de agosto, a tentativa genocida de exterminar os judeus soviéticos já estava bem adiantada.

A intensificação da matança foi conseqüência de um processo de reforço mútuo da radicalização entre quem a executava e quem estava no coração do regime, ditando as regras de uma política de aniquilamento. Himmler era o principal vetor das instruções, transmitindo as diretrizes de ação a seus comandantes e chefes de polícia nos territórios ocupados, que por sua vez transmitiam as ordens a seus homens. Mas havia uma autoridade ainda maior.

O grande número de forças policiais no Leste foi conseqüência imediata da incumbência de Himmler de "pacificar" os territórios ocupados, decretada por Hitler em 17 de julho após a crucial reunião de definição da jurisdição política dos líderes nazistas. E o fato de Hitler demonstrar grande interesse pelas operações de matança do início de agosto, justamente no momento em que Himmler estava prestes a divulgar amplamente instruções veladas para ampliá-las e incluir mulheres e crianças judias, não foi nenhuma coincidência. O "sinal verde" de Hitler para fuzilar qualquer um "que olhasse de viés" — e, muito provavelmente, outros comentários drásticos que não foram registrados na ata — bastou para instigar a radicalização genocida. Apesar de variações no momento da implementação, a incumbência ampliada recebida por Himmler após a reunião de 16 de julho no quartel-general de Hitler e a inclusão de mulheres e crianças judias na matança, divulgada em meados de agosto, equivaliam a uma decisão de erradicar os judeus da União Soviética.

V

A decisão mais ampla de matar todos os judeus da Europa ainda não fora tomada. Estava relacionada à decisão anterior de eliminar os judeus soviéticos, embora as duas possam ser separáveis.

Em janeiro de 1942, ainda estimava-se em 5 milhões o número de judeus soviéticos, embora a essa altura centenas de milhares já houvessem sido mortos.[97] Porém, quando Eichmann calculou o número de judeus europeus a Oeste da União Soviética que deveriam ser deportados para um "território ainda a ser determinado", por volta da virada de 1940 para 1941, não fez referência aos milhões de judeus já em solo soviético. Excluindo os judeus soviéticos, Eichmann estimou o número a ser deportado em quase 6 milhões (aos quais era preciso somar agora várias centenas de milhares na ex-área soviética da Polônia).[98]

Ao que tudo indica, quando as tropas alemãs cruzaram a fronteira soviética, em junho, nenhuma decisão clara e definitiva fora tomada quanto à política geral em relação aos judeus soviéticos — se eles deveriam ser deportados mais para o Leste, ou simplesmente mortos. No entanto, ideologia e logística se aliaram para tornar praticamente inevitável o rápido surgimento do genocídio total nos territórios soviéticos capturados.

A deportação jamais poderia ter sido uma alternativa factível. Mesmo que a campanha oriental houvesse sido concluída depressa com uma vitória alemã, como se supunha, a mobilização de transporte para evacuar milhões de judeus de toda a Europa para algum destino longínquo no antigo território soviético teria sido uma empreitada de dimensões colossais. E, caso os judeus soviéticos não fossem simplesmente massacrados onde estavam, havia o problema adicional de transportá-los também para quaisquer imensas reservas vagamente projetadas. As dificuldades teriam sido igualmente enormes. Na realidade, é claro, essas questões nunca chegaram a se colocar. À medida que o avanço alemão diminuía de ritmo, a continuação da guerra no ano seguinte tornava-se uma certeza, e a perspectiva de um território para onde expulsar os judeus não soviéticos transformava-se em uma fantasia, o destino dos judeus soviéticos foi selado. No meio do verão, já havia se tornado claro. A única solução era matá-los onde fossem encontrados. E, em um ambiente já genocida, mas com a alternativa de deportar os judeus do restante da Europa para *dentro* da União Soviética cada vez menos provável, a questão do que se fazer com eles adquiriu intensa urgência.

A princípio, parecia que uma vitória precoce sobre o Exército Vermelho logo abriria a possibilidade de uma solução total por meio da deportação. Logo depois do início da campanha russa, Hitler se referira mais de uma vez aos judeus como bacilos. Segundo ele, sentia-se o Robert Koch (descobridor do bacilo da tuberculose) da política, e descrevia os judeus como "fermento de toda decomposição social". Já havia provado, continuava, que um Estado podia viver sem judeus.[99] Poucos dias depois, repetiu a analogia com o bacilo ao encontrar-se com o ministro croata em visita, marechal Sladko Kvaternik. "Se não houvesse mais judeus na Europa", disse a Kvaternik, "a unidade dos Estados europeus não seria mais perturbada." Estava pouco ligando, acrescentou, se eles fossem mandados para a Sibéria ou para Madagáscar.[100] Com seu visitante estrangeiro, Hitler se ateve à ficção da deportação. Para os líderes nazistas, porém, cada "anúncio especial" feito pela Wehrmacht sobre novos avanços na União Soviética criava novas expectativas em relação à deportação dos judeus para "o Leste" ou para a "Sibéria" (entendidos de forma genérica como algum lugar na União Soviética). Os comentários de Hitler fornecem pistas sobre seu pensamento em relação aos judeus nesse momento específico. Em uma fase em que, na União Soviética, os massacres iam se consolidando sob a forma de um genocídio em larga escala, essas alusões à necessidade de uma solução radical na Europa inteira não teriam passado despercebidas aos ouvidos de Himmler ou Heydrich.

Em julho, no Quartel-General de Segurança do Reich, quando a vitória alemã na União Soviética — a ser seguida pela capitulação da Grã-Bretanha e por um fim triunfante da guerra — parecia tão próxima que era quase possível tocá-la, foram traçados planos para uma "solução final da Questão Judaica" grandiosa, que Heydrich já anunciara em maio como "sem dúvida iminente".[101] No final do mês, Heydrich instruiu Eichmann a redigir uma minuta de autorização, a ser assinada por Göring (nominalmente encarregado da "Questão Judaica" desde novembro de 1938), preparando "uma solução completa para a Questão Judaica na esfera de influência alemã na Europa". Heydrich, vale lembrar, já apresentara a Göring, em março de 1940, um esboço de plano para solucionar a "Questão Judaica". O que ele estava buscando agora era uma autorização formal do que já lhe fora dito verbalmente — passo que obviamente considerava necessário naquele momento-chave, de modo a poder lidar com os chefes da administração civil e de outras agências (sobretudo o "Ministério Oriental" de Rosenberg) que pudessem interferir na implementação de seus planos. Com a Europa aparentemente aos pés da Alemanha, parecia ter chegado a hora de iniciar a deportação dos judeus do continente para a União Soviética — e para uma morte causada por "exaustão natural" devido ao trabalho escravo, à desnutrição e à exposição a um clima árduo. E soluções já estavam sendo propostas para liquidar os judeus que não pudessem trabalhar — crianças, idosos, doentes.[102]

Ao longo das semanas seguintes, porém, conforme o ritmo do avanço alemão diminuía e a magnitude do erro de julgamento em relação à capacidade de combate do Exército Vermelho se revelava com uma clareza ofuscante, a solução genocida por meio da deportação para a União Soviética — possibilidade que constituía a idéia principal desde o início do ano — foi se tornando rapidamente irrealista. As últimas esperanças de "reassentamento" territorial "no Leste", depois de o Governo-Geral e em seguida Madagáscar não terem dado em nada, foram adiadas indefinidamente. Porém, enquanto isso, a pressão para deportar os judeus, em vez de diminuir, havia se intensificado. Simplesmente não havia meio de conciliar a pressão crescente pela deportação com os obstáculos intransponíveis para fazê-lo. Enquanto isso, o assassinato em massa de judeus se espalhara rapidamente pela União Soviética. E dentro do próprio Reich, à medida que chegavam notícias sobre os difíceis combates no Leste, a disposição do público em relação aos judeus, instigada pela propaganda de Goebbels, estava ficando extremamente agressiva.

Nas cidades e metrópoles alemãs, judeus perseguidos e atormentados sem descanso eram retratados por uma propaganda cruel como subversivos, agitadores e encrenqueiros. Eram pintados como ociosos que deveriam ser "levados embora" para a Rússia ou, melhor ainda (como se sugeria, em uma previsão sombria), simplesmente mortos.[103] Em meados de agosto, August Goebbels defendeu a proposta de obrigar os judeus a usarem uma braçadeira de identificação diante de um Hitler disperso e adoentado, e recebeu sinal verde. O porte da "Estrela Amarela" por todos os judeus tornou-se obrigatório em 1º de setembro. Os judeus alemães eram agora uma minoria marcada — claramente visível, inteiramente exposta a seus persecutores, totalmente indefesa. A medida foi acompanhada pela circulação, em todos os escritórios do Partido Nazista, da "profecia" de 1939 de Hitler, segundo a qual uma nova guerra resultaria na destruição dos judeus.[104]

Heydrich fora menos bem-sucedido com uma proposta feita em agosto para deportar os judeus da Alemanha. Hitler recusara a sugestão de "evacuações durante a guerra". Permitiu, porém, uma "evacuação parcial das cidades maiores".[105] Talvez a antiga idéia dos judeus como "reféns" ou "peões", cuja presença na Alemanha poderia ajudar a impedir que os Estados Unidos supostamente dominados pelos judeus entrassem na guerra, ainda o influenciasse. O mais provável era que ele continuasse achando que simplesmente não havia para onde mandar os judeus enquanto durasse a guerra no Leste. A Polônia, como havia muito tempo já se aceitara, não podia receber mais judeus. Mas deportá-los para a União Soviética naquele momento não era prático. Todo o transporte disponível precisava ser usado no front. Por enquanto, essa era uma causa mais urgente do que usar trens para transportar judeus para a Rússia. Além disso, como Hitler considerava os judeus uma "quinta coluna" traidora, deportá-los para a União Soviética enquanto uma guerra violenta contra o inimigo "judeu-bolchevique" ainda estivesse em curso teria sido, a seu ver, uma jogada perigosa. As áreas atrás das linhas de combate, onde os judeus soviéticos estavam sendo mortos às dezenas de milhares, de toda forma não tinham estrutura para comportar uma importação em massa de judeus do Reich. E, caso os judeus simplesmente fossem deportados para lá para serem fuzilados, então as unidades de extermínio já existentes, mesmo tendo sido expandidas desde o início da campanha do Leste, teriam de ser muito aumentadas. Como Hitler teria dito a Heydrich, a "solução final da Questão Judaica" ainda precisaria aguardar um pouco mais, até o final da guerra.

Apesar disso, nos altos escalões da SS e da Polícia de Segurança, prosseguiam os preparativos para a "solução final iminente". E agora colocava-se a questão sobre o destino dos deportados. Será que os judeus deveriam se beneficiar de "uma certa forma de existência"? Ou será que deveriam ser "completamente erradicados"?[106] A urgência da questão tornou-se imediata quando, em meados de setembro, Hitler mudou de idéia em relação à deportação dos judeus do Reich. A brutal deportação conduzida por Stálin de centenas de milhares de indivíduos de etnia alemã, por muitos séculos instalados às margens do Volga, parece ter provocado a reviravolta. A pressão vinda do interior da Alemanha e de alguns países ocupados — mais notavelmente, na época, a França — no sentido de "evacuar" os judeus para o Leste havia se intensificado. A vingança pelo tratamento dado aos alemães do Volga, argumento ouvido por Hitler de diversos líderes nazistas, levou-o a permitir que seus asseclas abrissem as comportas, até então fechadas, das deportações de judeus do Reich. Foi essa decisão, inquestionavelmente tomada pelo próprio

Hitler, que deu início, ao longo das semanas seguintes, à fase que constituiu o ápice do processo genocida.

Ao longo dos três meses seguintes, o significado de "solução final" tornar-se-ia claro para aqueles diretamente envolvidos em seu planejamento e organização. A expressão não se referia mais a um assentamento territorial em ex-território soviético (com sua implicação oculta de que os judeus morreriam aos poucos). Ela agora significava o aniquilamento físico dos judeus de toda a Europa. E, como a probabilidade de deportações para a União Soviética estava ficando cada vez menor, a operação teria de ser realizada mais perto de casa. Partes da Polônia ocupada começavam agora a ser cogitadas como local do programa de extermínio. No outono de 1941, esse mais bem-guardado de todos os segredos, com todas as suas ramificações, ainda estava confinado na liderança da SS e da Polícia de Segurança. As autoridades civis ainda não estavam inteiramente a par do que vinha sendo planejado. As incertezas e a confusão que prevaleceram nesse outono refletiam tanto o nível de confidencialidade da "solução final" quanto o fato de esta ainda estar em estágio de planejamento; iminente, mas não de todo desenvolvida. Agora, porém, impulsionados pela aprovação de Hitler da deportação dos judeus do Reich em setembro, os passos rumo ao genocídio total sucederam-se rapidamente.

A questão de para onde iriam os judeus e o que aconteceria com eles ao chegarem adquiriu suma importância. Em 18 de setembro, Himmler informou a Arthur Greiser, chefe do "Warthegau", que durante o inverno ele teria de acomodar em sua área mais 60 mil judeus no gueto de Łódź, antes da deportação final "para o Leste" na primavera seguinte. Isso atenderia ao desejo de Hitler de remover o quanto antes os judeus do Reich e do antigo território tcheco.[107] As autoridades locais, porém, protestaram que o gueto de Łódź já estava abarrotado de gente. Não havia como acomodar mais judeus. Himmler insistiu, embora o número tenha sido reduzido para 20 mil judeus (e 5 mil ciganos). Já fora sugerido, em julho, que os judeus de Łódź que não pudessem trabalhar deveriam ser mortos, com a justificativa de que o gueto não era capaz de sustentá-los.[108] Agora, era justamente para lá que estavam mandando mais gente. Quase com certeza, o qüiproquó foi causado pela permissão concedida por Berlim de exterminar os judeus de Łódź que não pudessem trabalhar. A busca de um local adequado para o extermínio na região começou poucas semanas depois de Greiser receber a ordem de deportação. O envenenamento de judeus por gás em Chelmno iniciou-se nas primeiras semanas de dezembro.[109]

O "Warthegau" era apenas uma das regiões escolhidas para acolher judeus deportados. No início de outubro, além do "Warthegau", Heydrich mencionou especificamente Riga e Minsk.[110] Quando os primeiros trens começaram a sair de Viena, Praga, Berlim e outras cidades, a partir de 15 de outubro, ainda não havia nenhum plano definido para o assassinato em massa sistemático de deportados.[111] Mas a mensagem transmitida por Himmler e Heydrich — ambos certamente agindo em conformidade com os desejos de Hitler, por mais genérica que fosse a forma como ele os houvesse apresentado — era de que a hora final dos judeus da Europa estava prestes a soar.

Enquanto isso, aqueles para quem os judeus fossem enviados deveriam agir como melhor lhes aprouvesse e tomar qualquer inciativa radical que fosse necessária. A sugestão foi aceita. Ao longo de outubro e novembro, a matança de judeus em grandes números foi adotada em diversas regiões do Império nazista como uma solução para problemas que ele próprio havia inventado. Judeus alemães transportados para Kowno e Riga em novembro foram fuzilados assim que chegaram. A essa altura, os fuzilamentos em massa haviam ultrapassado as fronteiras da União Soviética. Uma colaboração próxima entre a Wehrmacht, a SS e o Ministério das Relações Exteriores levou ao fuzilamento de 8 mil judeus na Sérvia em outubro, como represália a atividades de guerrilha. Na Galícia Oriental, incorporada ao Governo-Geral desde o início da Operação Barbarossa, cerca de 30 mil judeus foram fuzilados durante o outono, embora os fuzilamentos em massa viessem ocorrendo com regularidade na região desde junho.[112]

O uso de gases venenosos agora começava a ser reconhecido como um método alternativo de morte — método que Himmler estava disposto a ver adotado, uma vez que era "mais humano" para com os assassinos do que os fuzilamentos. Em outubro, Heydrich autorizou o uso de caminhonetes de gás. A busca por um local para sua utilização já estava em curso no "Warthegau". Um método semelhante estava previsto para Riga. E, aparentemente, uma câmara de gás estacionária estava sendo projetada em Mogilev para dar fim aos judeus enviados para Minsk. No Governo-Geral, poupado de receber mais judeus, os primeiros estágios da construção daquele que iria se transformar no campo de extermínio de Belzec haviam começado em setembro (quando os especialistas em morte por gás da "Ação Eutanásia", interrompida no mês anterior, haviam ficado disponíveis). A construção das câmaras de gás começou no início de novembro, data em que Hans Frank já tinha consciência de que os judeus de sua área que não pudessem trabalhar seriam deportados "para o outro lado do Bug" rumo a uma morte certa.[113]

Essas matanças regionais ainda não chegavam a representar um programa sistemático, coordenado. As autoridades civis dos territórios ocupados com certeza ainda não tinham notícia de qualquer diretriz irrestrita e central para um genocídio. Em Minsk, o líder nazista local, comissário-geral da Bielorrússia Wilhelm Kube, opôs-se ao fuzilamento dos judeus do Reich — "seres humanos da nossa esfera cultural", que ele distinguia das "hordas nativas abrutalhadas" — e buscou esclarecimentos sobre como tratar os judeus que tivessem condecorações de guerra, aqueles que fossem casados com "arianos" e os que eram judeus apenas em parte (*Mischlinge*). Hinrich Lohse, comissário do Reich para o Território Oriental, pressionado pelo Exército para poupar os trabalhadores judeus qualificados, quis saber se considerações econômicas faziam diferença para o tratamento dos judeus.[114] Lohse logo foi informado de que critérios econômicos eram irrelevantes. Os judeus deveriam ser erradicados quaisquer que fossem as desvantagens econômicas.

Ao que tudo indica, a essa altura uma decisão fundamental de exterminar os judeus da Europa já havia sido tomada. É concebível pensar que ela tenha ocorrido no mês anterior, novembro.[115] Nesse mês — e novembro era um mês fundamental no calendário nazista, por causa de suas conexões tanto com a "vergonhosa" capitulação alemã de 1918 quanto com o "heroísmo" do *putsch* fracassado de 1923 —, parece que a calamidade de 1918 e o destino dos judeus estavam muito presentes nos pensamentos de Hitler no contexto da atual guerra. Na hora do almoço do dia 5 de novembro, na presença de Himmler, o Führer disse que não podia permitir que "criminosos" continuassem vivos enquanto "os melhores homens" estavam morrendo no front. "Já vivemos isso em 1918", disse ele. Não fez nenhuma menção específica aos judeus. É pouco provável, porém, que eles estivessem muito distantes de seus pensamentos. Nessa noite, depois de Himmler ir embora, Hitler discorreu demoradamente sobre os judeus. O fim da guerra traria sua ruína, declarou. Concluiu sua diatribe com as seguintes palavras: "Nós podemos viver sem os judeus, mas eles não podem viver sem nós. Se a Europa ficar sabendo disso, um sentimento de solidariedade logo surgirá. Atualmente, o judeu vive do fato de destruir isso".[116] Três dias mais tarde, em Munique, por ocasião do 11º aniversário do *putsch*, em um pronunciamento diante dos veteranos do partido que dele haviam participado, Hitler castigou os judeus como instigadores da guerra. Uma coalizão mundial inspirada pelos judeus jamais triunfaria sobre a Alemanha: foi essa a sua mensagem. Era a continuação da luta que não terminara em 1918, alegou. Nesse ano, a vitória fora roubada da Alemanha. Os ladrões não foram mencionados, mas sua identidade era óbvia. "Mas isso foi só o início, a primeira ação desse drama", afirmou ele. "A segunda e derradeira ação será escrita agora. E desta vez conseguiremos o que nos foi roubado."[117] A frase era alusiva, indireta. O mesmo vale para os comentários feitos diante de seu séquito habitual no quartel-general de campanha, nas primeiras horas da noite de 1º para 2 de dezembro, quando ele disse: "Quem destrói a vida se expõe à morte. E o que está acontecendo com eles não é nada além disso". Ou seja: o que está acontecendo com os judeus.[118] Em menos de uma semana, as caminhonetes de gás de Chelmno, primeiras das instalações da morte a entrarem em operação, começaram seu terrível trabalho.

A essa altura, era chegada a hora de um esclarecimento geral. Com isso em mente, em 29 de novembro, Heydrich enviara convites aos funcionários da administração civil mais afetados pela mudança de política em relação aos judeus — vários secretários de Estado e alguns representantes da SS. Hans Frank, governador-geral da Polônia, e o líder da SS em sua região, Friedrich-Wilhelm Krüger, foram rapidamente incluídos na lista, embora sua omissão inicial possa sugerir que o Governo-Geral — que não estava cotado para receber nenhum judeu alemão deportado — não fosse considerado central para a discussão. Está claro, portanto, que os participantes não estavam prestes a serem informados sobre um programa detalhado para matar milhões de judeus com gás venenoso em campos de extermínio localizados nessa região. Tampouco as providências exatas para deportações faziam parte da pauta de uma reunião que não incluía nenhum especialista em transporte. De modo geral, na verdade, os convidados desconheciam o objetivo da reunião.

Alguns adivinharam, de forma correta, que o tratamento dos *Mischlinge* faria parte da pauta. Mas os indícios mais importantes estavam contidos na formulação do convite. Este começava repetindo a autorização dada nominalmente por Göring a Heydrich no dia 31 de julho, e em seguida passava a falar sobre a necessidade de "chegar a um consenso entre todas as agências centrais envolvidas" nos "preparativos organizacionais e técnicos para uma solução abrangente da Questão Judaica", questão essa de "extraordinária importância".[119] Em outras palavras, a autoridade de Heydrich precisava mais uma vez ser reiterada, sem deixar qualquer margem a dúvida, no momento em que a organização da "solução abrangente da Questão Judaica", já esboçada em julho, adentrava sua fase fundamental. A reunião de Heydrich fora programada para o dia 9 de dezembro. Mas acontecimentos cruciais nos primeiros dias do mês fizeram com que ela tivesse de ser adiada.

No dia 5, o frio intenso fez o avanço alemão cessar por completo não muito longe de Moscou, ao mesmo tempo que começava uma imensa e devastadora contra-ofensiva soviética. Qualquer idéia de deportar um grande número de judeus para a União Soviética em um futuro previsível era agora pura ilusão. Os planos de deportação, alicerces da esperança nazista de solucionar a "Questão Judaica" durante o ano anterior, tiveram de ser abandonados. Dois dias depois, em 7 de dezembro, os japoneses bombardearam Pearl Harbor, levando a Alemanha a declarar guerra aos Estados Unidos no dia 11 e confirmando que o conflito se tornara verdadeiramente global. No dia 12, como já vimos, Hitler explicou aos líderes de seu partido o que isso significava para os judeus. Em sua "profecia" de 30 de janeiro de 1939, ele prometera sua destruição no caso de uma nova guerra mundial. Seguia-se a terrível conclusão: "A guerra mundial chegou. A aniquilação dos judeus deve ser sua conseqüência necessária".[120]

Não era uma ordem convencional. Tampouco uma decisão explícita. Mas era um sinal inconfundível. Aqueles que estavam escutando Hitler não sabiam melhor do que antes *como* os judeus seriam destruídos. Mas não tinham nenhuma ilusão: a destruição *iria* acontecer, e agora mais provavelmente durante a guerra, e não depois de esta ter sido vencida. Era essa a mensagem a ser transmitida para subordinados em posições-chave nos territórios ocupados.

Entre os que ouviram o pronunciamento de Hitler no dia 12 de dezembro estava Hans Frank. Ele retornou ao Governo-Geral e, quatro dias mais tarde, repetiu o que havia escutado para os próprios asseclas de seu território. Chegou até a usar algumas das expressões de Hitler. Em especial, citou a "profecia". Caso os judeus da Europa sobrevivessem à guerra, comentou, esta seria apenas um sucesso parcial. Eles deveriam desaparecer. Frank afirmou que havia iniciado negociações para deportar os judeus para o Leste e fez referência a uma grande reunião que iria ocorrer em Berlim para tratar dessa questão — uma referência à reunião de Heydrich, adiada devido aos acontecimentos do início de dezembro. "De toda forma", continuou Frank, "uma grande migração de judeus irá começar." Ele abordou então as conseqüências assassinas desse fato — um objetivo terrivelmente claro, mesmo que o método para alcançá-lo não o fosse. "Mas o que vai acontecer com os judeus?", indagou. "Vocês acreditam que eles serão reassentados em aldeias na Ostland? Em Berlim, perguntaram-nos: por que estão nos dando todo esse trabalho? Não podemos fazer nada com eles na Ostland, nem tampouco no Comissariado do Reich [Ucrânia]. Acabem com eles vocês mesmos! [...] Precisamos destruir os judeus onde quer que os encontremos e sempre que possível." Embora Frank ainda esperasse a deportação dos judeus do Governo-Geral para o Leste, estavam lhe dizendo que era inútil mandá-los para lá e incentivando-o a recorrer ao assassinato em massa dentro de seu próprio território. Ele ainda não tinha uma idéia clara de como isso seria executado. Estimava que houvesse 3,5 milhões de judeus em sua região (incluindo os meio-judeus). "Não podemos fuzilar esses 3,5 milhões de judeus", disse, "nem podemos envenená-los, mas precisamos ser capazes de tomar providências que, de alguma forma, conduzam ao sucesso de seu extermínio."[121] Nessa altura, Frank obviamente não sabia nada sobre um programa para executar a "solução final da Questão Judaica" no território do Governo-Geral em si, em vez de mais ao Leste, e por meio de câmaras de gás instaladas em alguns campos de extermínio. No entanto, com a exclusão do território soviético como destino de deportação, exclusão de duração indefinida, foi justamente essa nova estratégia de extermínio que começou a tomar forma nas semanas subseqüentes.

A reunião de Heydrich foi remarcada para 20 de janeiro de 1942 em um local diferente próximo ao Wannsee, um lindo lago grande nos arredores de Berlim. Os participantes eram ligeiramente diferentes daqueles previstos para a reunião original. Mas representavam interesses similares. Muita coisa acontecera desde a assinatura das atribuições de Göring, em julho. E houvera desdobramentos importantes até mesmo depois da expedição dos convites iniciais. O que estava sendo agora preparado, do ponto de vista organizacional e técnico, não era mais um plano de deportação para o reassentamento territorial no Leste, por mais assassino que este pudesse ter se revelado na prática, mas sim um programa genocida coerente para matar 11 milhões de judeus europeus de uma forma e segundo meios que ainda precisavam ser definidos por completo, mas que necessitavam de uma coordenação continental. Eichmann mais tarde revisou as atas da reunião para eliminar "determinados termos excessivamente diretos".[122] Mas Heydrich provavelmente não entrou em detalhes sobre os métodos da matança. Ninguém duvidava do que se pretendia. Quando o representante de Hans Frank na reunião, dr. Josef Bühler, seu secretário de Estado, pediu que a "solução final" começasse com a remoção dos judeus do Governo-Geral (que, segundo ele, estavam em sua maioria incapacitados de trabalhar), uma vez que transporte e mão-de-obra não constituíam grandes problemas, mostrou entender perfeitamente as novas possibilidades do assassinato em massa, e em local bem mais próximo do que o território da União Soviética.[123] Como Hans Frank estava ciente já no outono das discussões relativas à construção de Belzec,[124] é provável que tivesse alguma idéia do que essas possibilidades poderiam acarretar. Heydrich não precisava ser mais explícito.

Foi somente algumas semanas depois da Conferência de Wannsee, em março de 1942, que as câmaras de gás de Belzec, em seguida de Sobibor e Treblinka, iniciaram suas sinistras operações no Governo-Geral. O maior dos campos da morte, Auschwitz-Birkenau, na Alta Silésia, também só começaria a matar judeus em março. E apenas na primavera teriam início as deportações de judeus da Europa ocidental para os campos da morte da Polônia ocupada.[125] A Conferência de Wannsee ainda representou um estágio provisório na emergência da "solução final". Porém, mesmo que as providências de janeiro de 1942 ainda estivessem em estado embrionário, a essa altura a decisão de matar os judeus da Europa já fora tomada.

IV

Heinrich Himmler, chefe da SS, já foi descrito como "arquiteto" da "solução final".[126] O mesmo aconteceu com seu subordinado imediato, Reinhard Heydrich, chefe da Polícia de Segurança.[127] Mas nenhum dos dois detinha a autoridade máxima. Tampouco a mente por trás do que iria surgir como a "solução final" era a de Himmler ou Heydrich. Na verdade, se quisermos continuar com a metáfora da construção, Himmler poderia ser descrito como arquiteto do edifício assassino, enquanto Heydrich era seu mestre-de-obras. Mas a pessoa que encomendou o projeto, a inspiração por trás da idéia, havia autorizado a ambos. Essa pessoa era Hitler.

É claro que a complexa "política do aniquilamento" não pode de forma alguma ser reduzida simplesmente a uma expressão do desejo de Hitler. Foi preciso a participação de muitas agências, espalhadas por todo o regime nazista, e não apenas nos mais altos escalões da SS, para o genocídio total acabar surgindo por fim como a "solução final da Questão Judaica". A cumplicidade era compartilhada por muitos. Hitler não era um "microadministrador". Seu estilo não era esse. De toda forma, não precisava ser. Havia pessoas de sobra querendo dar o melhor de si para pôr em prática o que pensavam ser o seu desejo. Nenhum fluxo regular de editais ou decretos vindos de Hitler foi necessário para incentivar a radicalização.

Ainda assim, em momentos de decisão cruciais relativos a políticas a serem adotadas, até mesmo nos anos 30 — por exemplo, o boicote de abril de 1933, as Leis de Nuremberg de setembro de 1935, o pogrom de novembro de 1938 e seus desdobramentos —, a autorização de Hitler se fazia necessária. Isso continuou durante a guerra. Todos os líderes subordinados concordavam em que a decisão de impor aos judeus o porte da "Estrela Amarela" a partir de setembro de 1941 só podia ser tomada por Hitler. O mesmo valia para a decisão, mais tarde no mesmo mês, de deportar os judeus do Reich — decisão esta que intensificou de forma bárbara as pressões genocidas, praticamente da noite para o dia. É inconcebível que a decisão de passar ao extermínio físico irrestrito também não tenha exigido a autorização de Hitler.

Himmler, Heydrich e outros envolvidos diretamente na "solução final" indicaram estar agindo de acordo com os desejos de Hitler ou com a sua aprovação. Com o programa de extermínio avançando rumo a seu estágio crítico no verão de 1942, Himmler declarou: "Os judeus estão sendo eliminados dos territórios orientais ocupados. O Führer depositou sobre os meus ombros a responsabilidade pela implementação dessa ordem muito difícil".[128] Líderes da SS subordinados foram informados repetidas vezes, e não tinham dúvida, de que a implementação da "solução final" era uma realização "do desejo do Führer".[129] Não resta dúvida de que estavam certos.

O "desejo" de Hitler pode jamair ter sido expressado, nem mesmo para Himmler, sob a forma de uma diretriz precisa e inequívoca, emitida em uma ocasião específica, para matar os judeus da Europa. Uma autorização genérica ao Reichsführer da SS para dar prosseguimento à "solução final" teria bastado. Mas os dois estágios-chave durante o outono tiveram a participação de Hitler. O primeiro foi a decisão, em setembro, de deportar os judeus do Reich em um momento em que não havia para onde mandá-los. Essa decisão foi rapidamente seguida por impulsos genocidas em várias regiões, uma após a outra. Estes ainda não constituíam um programa. No entanto, a diretriz era clara, e as coisas prosseguiam cada vez mais depressa. O segundo estágio-chave foi o ímpeto renovado dedicado à busca de uma "solução final" abrangente em seguida à declaração de guerra aos Estados Unidos e ao início de um conflito global prolongado, em dezembro. Evidentemente, a deportação para território soviético agora iria demorar muitos meses para poder ser executada, caso isso de fato fosse acontecer. Mas a "solução final" não podia esperar. Quando Heydrich finalmente conseguiu realizar a já adiada Conferência de Wannsee, não era mais preciso tomar nenhuma decisão fundamental. A tarefa agora era de organização e implementação.

Conforme a guerra mais terrível da história — por cujo início Hitler, mais do que nenhum outro indivíduo isolado, era responsável — se aproximava de seu medonho desfecho, o ditador alemão buscava justificar o conflito para seu próprio círculo íntimo, bem como para a posteridade. Mais uma vez, ele recorreu à sua "profecia": "Lutei abertamente contra os judeus", afirmou. "Dei-lhes um último aviso no início da guerra" — como sempre, ele datava sua "profecia" equivocadamente para fazê-la coincidir com o início da guerra. "Jamais deixei que tivessem qualquer dúvida", continuou, "de que, se tornassem a mergulhar o mundo em uma guerra, dessa vez não seriam poupados — de que os vermes da Europa finalmente seriam erradicados." Estava orgulhoso do que havia feito. "Eu lancetei o abcesso judaico", declarou. "A posteridade nos será eternamente grata."[130]

De todas as fatídicas decisões consideradas nos capítulos anteriores, a de matar os judeus, tomada entre o verão e o outono de 1941, é aquela para a qual é menos possível imaginar alternativas. Caso a invasão da União Soviética houvesse prosseguido como os líderes alemães desejavam, a "solução final" conhecida pela história não teria assumido essa forma específica. Nesse caso, muito provavelmente, os campos da morte teriam sido localizados sobretudo na União Soviética, e não na Polônia. Porém, enquanto o regime nazista estivesse no poder e travando a guerra, os judeus teriam sucumbido de uma forma ou de outra. Somente o método e a cronologia teriam sido diferentes.

A decisão de matar os judeus tinha sua origem em um objetivo anterior, absolutamente intrínseco ao nazismo, de "removê-los". Desde 1919, Hitler jamais havia perdido esse objetivo de vista. No início, ele não significava uma aniquilação física. Entretanto, potencialmente, e com o tempo efetivamente, o objetivo abarcava também essa definição. Nesse sentido, o objetivo da "remoção" era protogenocida. Somente a expulsão "bem-sucedida" (do ponto de vista alemão) dos judeus alemães antes do início da guerra poderia ter impedido a progressão lógica rumo ao genocídio de fato para esses judeus. Porém, mesmo nesse caso, a expansão por meio da conquista pretendida pelos nazistas inevitavelmente teria feito — como na prática ocorreu — um número ainda maior de judeus cair nas garras do Terceiro Reich. A "remoção" desses judeus era impossível sem genocídio, mesmo que este houvesse decorrido essencialmente dos flagelos deliberadamente impostos do trabalho escravo, da desnutrição e da doença. Somente o evitamento da guerra (descartado pela política de apaziguamento), a derrubada de Hitler dentro da própria Alemanha (para a qual faltou força de vontade à elite alemã) ou a derrota rápida da Alemanha de Hitler nos estágios iniciais da guerra (totalmente impossível do ponto de vista militar) poderiam ter impedido tal desfecho. Tirando isso, a única outra maneira de os judeus terem sido poupados de seu deplorável destino seria se defesas soviéticas mais bem-preparadas houvessem repelido a invasão alemã, forçando um acordo de paz e compromisso, talvez até sem Hitler no poder. A estupidez de Stálin impediu essa possibilidade.

A agressão da Alemanha foi a principal causa da segunda guerra na Europa em apenas uma geração. Ela foi também o detonador fundamental, no verão de 1940, para a espiral de acontecimentos que se seguiu, transformando conflitos em cantos opostos do globo em guerra mundial em dezembro de 1941. Por trás dessa agressão havia uma missão "ideológica" personificada na figura de Adolf Hitler. E a "remoção" dos judeus era inerente a essa "missão". Assim, a guerra nazista aos judeus era um componente central, inseparável, da própria Segunda Guerra Mundial — a maior carnificina que o mundo já conheceu.

Posfácio

As coisas *poderiam* ter acontecido de outra forma. O governo britânico *poderia* ter decidido, em maio de 1940, tentar negociar um acordo com Hitler. Os líderes alemães *poderiam* ter concentrado seus ataques no Mediterrâneo e no Norte da África, e não na União Soviética. O Japão *poderia* ter decidido se retirar do prejudicial imbróglio com a China, e não embarcar na arriscada expansão rumo ao Sul. Mussolini *poderia* ter esperado para ver o que acontecia antes de decidir se valia a pena fazer seu país entrar na guerra e, de toda forma, ele *poderia* ter evitado o desastre na Grécia. Roosevelt *poderia* ter ficado ao lado dos isolacionistas e não corrido os riscos políticos de ajudar a Grã-Bretanha e avançar até as portas de um envolvimento direto na guerra. Stálin *poderia* ter dado ouvidos aos inúmeros alertas e preparado melhor seu país para enfrentar o ataque alemão. Os japoneses *poderiam* ter atacado a União Soviética pelo Leste enquanto os alemães ainda avançavam pelo Oeste. Hitler *poderia* não ter declarado guerra aos Estados Unidos, inimigo que não sabia como derrotar.

Em teoria, todas essas eram alternativas possíveis. Qualquer uma delas poderia ter alterado o curso da história. Com base nelas, é possível construir grande quantidade de cenários do tipo "e se" — o que significaria se desviar de forma inofensiva, mas inútil, da verdadeira questão do que aconteceu e por quê. Pois os capítulos anteriores mostraram por que, em cada caso, essas alternativas foram descartadas.

Entre as propostas mais factíveis estava a possibilidade de a Grã-Bretanha ter tentado negociar uma paz na primavera de 1940. O contexto imediato da catástrofe militar francesa, aliado à conhecida boa disposição de alguns personagens do *establishment* britânico — incluindo, no coração do governo, o secretário das Relações Exteriores, lorde Halifax — para considerar tal desfecho, bem como à posição então relativamente fraca do primeiro-ministro Winston Churchill, significavam que essa possibilidade não podia ser descartada de imediato. No entanto, quando três dias de debates no Gabinete de Guerra finalmente se concluíram com uma firme decisão de continuar lutando, tal decisão teve por base uma argumentação racional, conduzida por Churchill mas aceita coletivamente por todos os envolvidos, inclusive Halifax.

No outro extremo do espectro, a decisão de Hitler de atacar a União Soviética e a decisão japonesa de se expandir para o Sudeste Asiático foram escolhas nas quais as alternativas tinham chances mínimas de serem aceitas — ou mesmo ouvidas.

Durante quase vinte anos, Hitler vira a guerra contra a União Soviética em algum momento como vital para o futuro alemão. Essa era a *sua* guerra. Ele quis dar início ao confronto crucial com a ajuda da Grã-Bretanha, ou pelo menos sua tolerância. Caso a Grã-Bretanha houvesse capitulado em 1940, o ataque sem dúvida teria sido conduzido nesses termos. Na realidade, porém, ele teve de lidar com a continuação da hostilidade britânica. Porém, longe de reduzir seu comprometimento com a guerra no Leste, e até onde se podia prever, a atitude da Grã-Bretanha só fez intensificá-lo. Pois em 1940-1 a fixação ideológica de Hitler misturou-se a considerações militares e estratégicas para decidir invadir a União Soviética. Durante anos, ele havia justificado a necessidade de expandir sem demora com o argumento de que o tempo estava correndo contra a Alemanha. Agora, podia corroborar esse argumento com a força. Estava consciente de que, a partir de 1942, as armas e recursos norte-americanos iriam pesar cada vez mais na balança a favor da Grã-Bretanha. Ainda não tinha meios para combater tal fato. Enquanto isso, na Europa central e oriental, podia ver uma futura ameaça soviética ao domínio alemão emergindo de forma clara (e confirmada, em sua mente, pelo que ouvira durante a visita de Molotov a Berlim, em novembro de 1940).

A preferência dos líderes militares alemães para que fosse dada prioridade ao Norte da África e ao Mediterrâneo não tinham efeito com Hitler. Devido à natureza do regime alemão, não havia a menor possibilidade de uma alternativa baseada nessas idéias vir se opor à estratégia preferida pelo próprio Hitler. Do seu ponto de vista, a decisão de atacar e destruir a União Soviética — empreitada que desejava realizar por motivos ideológicos — era uma imposição estratégica. Ele precisava vencer no Leste antes de Stálin conseguir aprimorar suas defesas e antes de os norte-americanos entrarem na guerra. Um triunfo rápido sobre a União Soviética era o caminho para a vitória completa na guerra — exigiria uma capitulação da Grã-Bretanha, manteria os norte-americanos afastados e destruiria qualquer base para uma ameaça soviética ao domínio da Europa central e dos Bálcãs.

A decisão do Japão de se expandir para o Sul era igualmente inflexível, e nesse caso vinha aliada a uma inflexibilidade similar em relação à guerra na China. Do ponto de vista japonês, não havia alternativa possível. O impasse chinês não permitia ao Japão que recuasse sem se submeter a uma humilhação nacional. Quanto mais os norte-americanos fincavam o pé em relação à China, maior se tornava o impasse. Ao mesmo tempo, o comprometimento com a expansão de modo a consolidar a posição do Japão como grande potência, com um território mais amplo capaz de proporcionar uma base para a supremacia no Leste da Ásia, contaminara todos os setores da elite, sobretudo no Exército e na Marinha, e era sustentado por um veemente consenso público manipulado. Tampouco era possível recuar em relação a esse comprometimento. Ele constituía um risco grande. A expansão para o Sudeste Asiático conduziria de forma axiomática a um confronto não apenas com a Grã-Bretanha mas, ainda mais importante, com os Estados Unidos no Pacífico. A extrema dependência japonesa em relação aos Estados Unidos para o fornecimento de matérias-primas, principalmente petróleo, aumentava em muito o risco. Porém, sem o petróleo das Índias Orientais holandesas para substituir aquele vindo dos Estados Unidos, a auto-suficiência econômica vista como condição essencial para o status de grande potência jamais poderia ser alcançada. O Japão permaneceria precariamente dependente dos Estados Unidos. Assim, quando a turbulência na Europa depois da vitória alemã sobre a França proporcionou o que foi visto como uma oportunidade de ouro, nenhum segmento da elite no poder se opôs a ela. O governo japonês optou coletivamente pela expansão para o Sul, apesar dos riscos.

Quando uma outra alternativa se apresentou, por um breve momento, depois do ataque alemão à União Soviética, foi a expansão para o Norte, frente ao velho inimigo russo. Mesmo então, o avanço para o Sul teria sido apenas adiado por algum tempo. Quando a alternativa do Norte foi rejeitada, uma vez que se considerava um ataque ao Norte demasiado prematuro para gerar benefícios certos, o avanço para o Sul — preferido pelos elementos dominantes tanto da Marinha quanto do Exército — foi novamente confirmado. Um embate com os Estados Unidos tornou-se então inevitável. Mesmo que os japoneses tivessem consciência de que tal embate resultaria muito provavelmente em desastre nacional caso a vitória não fosse obtida depressa, o prestígio não permitia ao país recuar nem da expansão para o Sul, nem da guerra na China. No futuro próximo pairava a sombra não apenas de Pearl Harbor, mas também a estrada rumo a Hiroshima e Nagasaki.

No fundo, os riscos colossais que tanto Alemanha quanto Japão se dispuseram a correr tinham suas raízes no entendimento das elites no poder dos dois países de que a expansão era imperativa para a aquisição de um Império e para superar seu status de nações percebidas como "despossuídas". O domínio imperialista da Grã-Bretanha e o poder internacional (mesmo sem Império formal) dos Estados Unidos apresentavam o maior desafio. A necessidade de combater com a maior urgência possível a disparidade econômica crescente, muito especificamente em relação à força material cada vez maior dos Estados Unidos, que com o passar do tempo só poderia vir a desfavorecer as nações "despossuídas", significava que a busca por território como base do poder nacional não podia ser adiada. Era essa a base de raciocínio, aceita pelas elites alemã e japonesa no poder, para correr riscos tão altos que punham em risco até mesmo a sobrevivência nacional. Analistas norte-americanos reconheciam que o domínio econômico da massa territorial eurasiana pela Alemanha e do Sudeste Asiático pelo Japão teria minado a posição dos Estados Unidos como potência mundial. Era certamente assim que pensavam Berlim e Tóquio. Da perspectiva das lideranças alemã e japonesa, era preciso correr tal risco.

De modo paralelo, mesmo que com uma visão menos grandiosa, o sonho imperial era o sustentáculo das ambições de Mussolini. Ele também estava determinado a superar as desvantagens consideradas por grande parte da elite italiana como conseqüências de sua fraqueza de nação "despossuída". As fatídicas decisões de 1940 foram tomadas no contexto desse imperativo. No verão de 1940, quando a vitória final da Alemanha parecia iminente, as elites governantes da Itália (incluindo o rei), apesar de algumas reticências, deixaram-se convencer pela beligerância de Mussolini. As vantagens de entrar em uma guerra aparentemente vencida superavam, em aparência, os riscos de se envolver em um conflito que a Itália não tinha condições de travar.

No caso da calamitosa decisão de atacar a Grécia, as elites estavam divididas.

Os militares mostravam-se cautelosos, conscientes dos riscos envolvidos. Mas a oposição era, no melhor dos casos, muda. Embora não pudesse contar com seu entusiasmo, Mussolini podia contar com sua aceitação. Instigado por Ciano, seu ministro das Relações Exteriores, o Duce via nos Bálcãs, e na Grécia em especial, a chance de criar um *imperium* italiano — e ao mesmo tempo de mostrar a Hitler que ele não estava disposto a se deixar rebocar no vácuo do ditador alemão. Nesse caso, também, o prestígio teve seu papel na preparação do desastre. Mas a decisão de invadir a Grécia era apenas uma questão de tempo. No fundo, ela também tinha suas origens em antigas ambições italianas — personificadas por Mussolini — de unir-se às nações "de posses" e tornar-se uma "grande potência" imperialista.

As alternativas de Stálin foram drasticamente reduzidas por sua avaliação incrivelmente equivocada das intenções alemãs. E, considerando-se a supremacia inconteste de Stálin dentro do regime soviético, os seus erros de cálculo — assim como os de Hitler e Mussolini — foram erros de cálculo de todo um regime. Suas suspeitas paranóicas, parte inerente de seu estilo de governo por muitos anos, significavam que ele tratava com desconfiança e questionava informações de inteligência corretas ao mesmo tempo que, perversamente, acreditava em informações propositalmente falsas propagadas pelos alemães (uma vez que estas últimas iam no mesmo sentido de seu julgamento subjetivo). No clima de medo e desconfiança que permeava o regime, Stálin também recebia avaliações deturpadas daqueles encarregados de peneirar as informações de inteligência, eles próprios vítimas de pressuposições ideológicas segundo as quais o interesse das democracias ocidentais era fomentar a guerra entre Alemanha e União Soviética, idéia incentivada pela bem-sucedida campanha alemã de desinformação. A certeza de Stálin de que não haveria ataque alemão antes de um ultimato fazendo diversas exigências — quem sabe um novo "Brest-Litovsk" — e de que ele poderia ganhar o tempo necessário para completar a reconstrução do Exército Vermelho (severa e desnecessariamente enfraquecido por seus próprios e brutais expurgos alguns anos antes) levaram-no, catastroficamente, a ignorar todos os alertas e repreender seus conselheiros militares cada vez mais preocupados. Estes, por sua vez, imersos nas próprias apologias do pós-guerra, estavam certos de que Stálin, mesmo correndo o risco de provocar os alemães e mesmo com o frenético programa de rearmamento ainda incompleto, poderia ter mobilizado as defesas soviéticas de modo a estar pronto para se defender de qualquer invasão. No entanto, o pensamento estratégico da liderança militar soviética, no qual Stálin confiava, também se mostrou deficiente. A mobilização das defesas soviéticas não na fronteira, mas em formações bem mais para dentro do território, teria evitado a rápida demolição das forças da frente de batalha nos primeiros momentos do ataque alemão, e proporcionado a base para uma contra-ofensiva organizada. Assim, o imenso avanço inicial da Wehrmacht teria sido evitado. Mas a estratégia militar repousava havia muito tempo no princípio de ação ofensiva como melhor forma de defesa. Tal fato, aliado à desastrosa confiança de Stálin na própria avaliação, expôs a União Soviética à calamidade de 22 de junho de 1941.

As alternativas de Roosevelt também parecem mais abertas na teoria do que na prática. No final da década de 30, suas tendências iniciais isolacionistas em termos de política externa já estavam enfraquecendo rapidamente à medida que a belicosidade alemã e japonesa ameaçava cada vez mais a paz mundial — e os interesses norte-americanos. O presidente precisava enfrentar sentimentos isolacionistas no país, e mais ainda no Congresso. A minoria isolacionista provocava um grande e dissonante estardalhaço. Mas não tinha apoio na administração pública. Entre os conselheiros presidenciais — alguns mais beligerantes, outros mais cautelosos — havia unanimidade em relação à necessidade urgente de se rearmar e reconstruir as defesas norte-americanas. Logo passou a haver também um reconhecimento generalizado da necessidade — mais uma vez em nome dos interesses dos próprios Estados Unidos — de apoiar o esforço de guerra britânico e resistir com firmeza resoluta à agressão japonesa no Extremo Oriente. Partindo dessas premissas, o acordo de transferência de destróieres, os empréstimos e arrendamentos, a Carta do Atlântico, a "guerra não declarada" no Atlântico e os inflexíveis "Dez Pontos" de Cordell Hull — considerados um ultimato pelo Japão — eram desdobramentos lógicos, mais prováveis do que improváveis visto o curso de sua política. Já no outono de 1941, o desfecho mais óbvio, quer por meio de uma declaração formal ou não, era a guerra em um futuro próximo tanto contra o Japão quanto contra a Alemanha.

Depois que a antecipação japonesa tornou desnecessária qualquer decisão de Roosevelt de arriscar uma votação no Congresso tentando aprovar uma declaração de guerra, tornou-se improvável um confronto direto com a Alemanha — ainda vista em Washington como o grande perigo — demorar muito a acontecer. Mais uma vez, Roosevelt foi poupado de qualquer decisão difícil sobre tática política pela decisão rápida de Hitler de declarar guerra aos Estados Unidos. Porém, longe de ser a irracionalidade arbitrária que muitas vezes curiosamente pareceu, essa decisão tinha uma lógica inerente do ponto de vista de Hitler. Ele sabia havia muito tempo que os Estados Unidos eram um adversário que a Alemanha em algum momento teria de enfrentar. No outono de 1941, suas alternativas se reduziam à questão de quando abrir hostilidades. Pearl Harbor proporcionou-lhe o que parecia uma chance de ouro. A formação de laços novos e mais fortes com um aliado aparentemente invencível deu-lhe a oportunidade de antecipar o inevitável e declarar guerra, de modo a virar o jogo contra os Estados Unidos no Atlântico enquanto o país estava ocupado no Pacífico.

Ao longo dos meses anteriores, Hitler encomendara a "solução final", cujo objetivo era pôr fim à existência dos judeus na Europa. Conforme a guerra fora se alastrando, sem probabilidade de uma vitória alemã iminente, essa "solução final" havia surgido como desfecho inexorável de uma perseguição nazista cada vez mais acirrada e de caráter cada vez mais genocida. Na raiz da tragédia dos judeus estava a obsessão ideológica nazista, na qual Hitler acreditava com mais fervor do que qualquer outra pessoa, de "remover" os judeus para "limpar" a nação alemã e abrir caminho para uma "nova ordem" racialmente pura na Europa, que derrubaria o domínio secular dos valores e crenças judaico-cristãs. A essa altura, em 1941, a única decisão a tomar era quanto aos métodos e ao local da matança. As alternativas já haviam se reduzido às técnicas e à organização de um assassinato em massa.

As decisões fatídicas que foram tomadas não eram predeterminadas nem axiomáticas. Mas elas de fato refletiam o tipo de sistema político que as produzira.

Os sistemas autoritários de estilo fascista constituíam as alternativas mais dinâmicas, mas também as mais catastróficas. Tanto na Alemanha quanto na Itália, haviam sido estabelecidos regimes altamente personalizados, nos quais a tomada de decisão ficava a cargo de líderes todo-poderosos. Eles podiam contar com o apoio — ou, no mínimo, com a aceitação obediente — de todos os setores da elite no poder. Sua supremacia também se apoiava na aclamação plebiscitária das massas, manufaturada e manipulada por uma propaganda tóxica e incessante, e pela implacável repressão de opiniões contrárias. Nesses sistemas, os líderes podiam decidir dar ouvidos a conselhos ou não. Mas eles se reservavam o direito — visto como uma prerrogativa da liderança — de decidir sozinhos. Em termos governamentais, isso representava um nível de liberdade extraordinário — mas imbuído de riscos igualmente extraordinários, com potencial para erros calamitosos.

A liberdade de ação do próprio Hitler foi cada vez mais desvinculada de restrições constitucionais desde a sua subida ao poder, em 1933. Quando a guerra estourou, essa liberdade era praticamente total. Não sobravam nem mesmo os resquícios de um governo coletivo. O Gabinete do Reich deixara de se reunir. As Forças Armadas estavam sob controle direto de Hitler. Todas as instituições vitais do regime, mais significativamente os aparatos de repressão, eram chefiadas por homens leais a Hitler. Até mesmo as seções das elites alemãs no poder que não compartilhavam por completo a visão de mundo hitlerista apoiavam as partes que diziam respeito à expansão, conquista e consolidação do domínio continental alemão às custas de povos brutalmente subjugados, em especial os da Europa oriental. Elas haviam compartilhado os triunfos de Hitler, mais notadamente a vitória sobre a França, em 1940. Quaisquer que fossem as reticências pessoais que pudessem ter nutrido, não estavam em posição de se opor à extensão lógica dessa grande aposta: a guerra contra a União Soviética e em seguida contra os Estados Unidos.

A posição interna de Mussolini era inerentemente mais fraca do que a de Hitler. Ele não era chefe do Estado, e a lealdade do Exército (fato que se revelou crítico em 1943) era devida em última instância ao rei, não ao Duce. Ainda assim, seu domínio interno era inconteste. O partido garantia lealdade, e era o principal canal do culto ao Duce. Essa situação, comparável ao culto ao Führer na Alemanha, ajudara a estabelecer uma supremacia pessoal que significava que um processo decisório arbitrário fora embutido de forma estrutural no sistema fascista. As fatídicas decisões italianas de entrar na guerra, e em seguida, inteiramente despreparada, de invadir a Grécia, assim como as desastrosas decisões de Hitler que causaram imenso sofrimento e derramamento de sangue para seu próprio povo alemão, foram ao mesmo tempo escolhas livres de um indivíduo poderoso e desastres inevitáveis pré-programados por todo um sistema.

O sistema japonês apresentava muitas afinidades com os regimes do fascismo italiano e do nacional-socialismo alemão. Mas havia também diferenças significativas. No caso japonês, nenhum indivíduo tinha a possibilidade de tomar decisões de forma arbitrária. Na verdade, dos seis sistemas examinados, o japonês era, sob muitos aspectos, a forma de governo mais abertamente coletiva. O imperador era mais do que uma figura simbólica, mas não tinha poderes ditatoriais, nem genuinamente régios, para forçar seu país a tomar decisões. Tampouco tentou fazê-lo. Pelo contrário, ele apoiou — algumas vezes com hesitação, e até com temor — as decisões de seu governo. A majestade imperial só podia ser mantida caso posasse como último recurso de consenso para o regime, e não arriscasse um confronto com seu governo, muito menos com suas Forças Armadas. O calcanhar-de-aquiles do sistema, na verdade, era a posição das Forças Armadas. Constitucionalmente subordinadas somente ao imperador, e não ao governo civil, estas gozavam de um grau acentuado de autonomia para estabelecer políticas nacionais. Ministros que se opusessem às Forças Armadas eram logo afastados — ou então assassinados. O primeiro-ministro, portanto, precisava agir em grande parte segundo as vontades do Exército e da Marinha. Estes, por sua vez, em uma peculiaridade do sistema japonês, eram muito influenciados pelos pontos de vista vindos mais de baixo, de facções localizadas nos escalões médios do corpo de oficiais.

Na realidade, porém, a pressão vinda de baixo operava no contexto dos parâmetros ideológicos fixos da busca de uma grandeza nacional baseada em expansão, conquista e território. A estratégia e as táticas que conduzissem a esses objetivos podiam gerar debates acalorados. Mas não havia dúvida quanto aos objetivos em si. O governo coletivo, portanto, estava comprometido com os mesmos fins inflexíveis. E, assim como no caso de Alemanha e Itália, o prestígio nacional desempenhava um papel importante na tomada de decisões cruciais. Qualquer coisa que apenas sugerisse a desmoralização tinha a garantia de uma rejeição unânime. No final das contas, portanto, a tomada de decisões coletiva no Japão funcionava de forma parecida com o padrão individualista de Alemanha e Itália. Havia uma propensão inerente a fazer apostas de alto risco, em lugar de aceitar um compromisso considerado humilhante que minaria os objetivos ideológicos centrais e daria uma impressão de fraqueza nacional, não de força.

A aposta de Stálin de que Hitler não atacaria em 1941 foi de um tipo diferente. Mas o seu grave erro de avaliação também era um reflexo de seu sistema de governo. No seu caso, assim como no da Alemanha de Hitler, a personalidade do governante tornara-se um fator determinante do sistema em si. O terror e os expurgos haviam minado a estabilidade burocrática e a eficiência militar. Como na Alemanha, as instituições de governo coletivo tinham se erodido havia muito tempo. A mais importante delas, o Politburo, vinha se reunindo com cada vez menos freqüência nos anos mais recentes. Mesmo quando se reunia, não passava de um veículo para o poder do próprio Stálin. O medo, a intimidação, a adulação e as calúnias prevaleciam até mesmo nos níveis mais altos do regime. Eles significavam que não existia oposição à avaliação do próprio Stálin. Nesse caso também, portanto, o governante dispunha de uma autonomia na tomada de decisões incomum até mesmo para sistemas de governo autoritários.

O contraste com os dois sistemas democráticos, Grã-Bretanha e Estados

Unidos, era flagrante. Nesses dois países, a margem para tomadas de decisão arbitrárias era pequena, graças a uma máquina de governo consolidada e azeitada que servia de arcabouço para as decisões políticas dos líderes, permitindo uma avaliação racional de riscos e vantagens. No entanto, havia divergências na forma de funcionamento desses dois sistemas.

Em maio de 1940, o Gabinete de Guerra britânico era um verdadeiro coletivo, embora seus membros tivessem pesos diferentes. As opiniões de Churchill eram sustentadas por sua posição de primeiro-ministro. Mas ele era novo no cargo e, nessa época, ainda era visto com ceticismo, quando não com franca desaprovação, por alguns elementos inclusive no interior de seu próprio partido (que ele ainda não liderava). Churchill não podia ditar políticas e precisava aceitar a importância ainda forte dos dois pesos-pesados da administração anterior, Chamberlain e Halifax, enquanto os dois membros trabalhistas, Attlee e Greenwood, ainda tinham um status de importância menor. Churchill conseguiu avançar graças a uma argumentação sólida, bem como à força de sua personalidade. Mesmo diante da extrema gravidade da situação, a decisão decorreu de um debate racional. Halifax e Chamberlain, assim como Churchill, apresentaram argumentações racionais. Os parâmetros ideológicos eram tão claros quanto no caso de sistemas autoritários e representavam um consenso entre todos. Sua natureza, porém, era defensiva: manter a independência da Grã-Bretanha como nação e preservar seu Império. Somente os meios para atingir esse fim separavam Churchill de Halifax. Ao final do debate, Halifax não se opôs à decisão tomada, muito embora esta fosse contrária à sua própria sugestão. A posição de Churchill, por sua vez, alavancada por sua exploração propagandística do "milagre de Dunquerque", passou então a se fortalecer cada vez mais. Sua preponderância dentro do Gabinete logo foi garantida. Como ele também controlava o Ministério da Defesa, a balança pendeu na direção de um governo liderado pelo primeiro-ministro, em detrimento de um governo abertamente coletivo. Os traços de personalidade de Churchill levavam a intervenções (ou interferências) freqüentes em questões militares, para grande irritação de seus estados-maiores e comandantes. Mas a sua noção de responsabilidade coletiva pelo governo perdurou. Na reunião da baía de Placentia, em agosto de 1941, Roosevelt ficou surpreso quando Churchill sentiu necessidade de enviar um cabo a seus colegas de Gabinete em Londres a fim de obter seu apoio para o que estava fazendo. Alguns dos colegas de Gabinete de Roosevelt nem sequer sabiam onde o presidente norte-americano estava na ocasião.

Ao contrário da forma de governo britânica, o sistema presidencial dos Estados Unidos não tinha por base uma responsabilidade coletiva para as decisões. O Gabinete de Roosevelt era um órgão de aconselhamento. Alguns membros de sua administração tinham grande experiência, e suas opiniões pesavam muito. Hull e Welles no Departamento de Estado, Morgenthau no Tesouro, Stimson e Marshall no Exército, Knox e Stark na Marinha, todos apoiados por equipes de especialistas, estavam entre os indivíduos mais importantes a quem Roosevelt escutava. Mas as decisões eram unicamente suas. No caso norte-americano, os entraves, conforme previsto pelos elaboradores da Constituição, não vinham do Executivo, mas sim do Legislativo. Roosevelt era, e sentia que era, cerceado pelo Congresso em um nível que Churchill jamais experimentou com o Parlamento britânico.

E, por trás do Congresso, era preciso levar em conta a opinião pública. Dos seis sistemas examinados, somente nos Estados Unidos a opinião dos cidadãos comuns era um fator de suma importância na tomada de decisões. Na Grã-Bretanha, a opinião pública foi irrelevante para a decisão crucial de maio de 1940. Depois disso, foi fortemente conduzida pelo governo, ao mesmo tempo que continuava a ter pouca ou nenhuma influência na tomada de decisões. O moral da população tinha mais importância do que sua opinião. E a retórica arrebatada de Churchill no verão de 1940, referindo-se aos sinais externos de resistência nacional, à contenção da Luftwaffe durante a "Batalha da Grã-Bretanha" e ao fracasso das forças de Hitler em invadir o país, garantiu que esse moral permanecesse alto — fato que não deve ser subestimado, sobretudo em comparação com o moral que reinava durante o governo de seu predecessor, ou do que poderia ter havido sob a liderança de outro primeiro-ministro. Nas quatro variantes de autoritarismo aqui consideradas, as opiniões expressas em público eram aquelas fabricadas e induzidas pela propaganda e pelo endoutrinamento. Seu papel era fornecer respaldo plebiscitário para as ações do regime, impedir a formação de atitudes oposicionistas e, ocasionalmente, estimular a pressão a incentivar a liderança a prosseguir na direção que esta, de toda forma, já desejava. Somente nos Estados Unidos a opinião pública tinha influência marcante nas ações executivas. Do verão de 1940 até Pearl Harbor, na verdade até a declaração de guerra alemã quatro dias depois, Roosevelt sentiu-se obrigado a manter a opinião pública a seu favor. Podia até tentar dobrá-la com suas "conversas ao pé do fogo" e outros pronunciamentos públicos. Mas não podia ignorá-la. Ao longo desses meses decisivos, sua política foi determinada em grande medida pela necessidade de preparar o público para algo que ele não queria, e que Roosevelt prometera solenemente evitar: enviar soldados norte-americanos para lutar outra guerra na Europa.

Sem os indivíduos cujos nomes dominaram as páginas precedentes — Hitler, Stálin, Mussolini, Konoe e Tojo, Churchill e Roosevelt —, o curso da história teria sido diferente. Mas diferente até que ponto? Comparado aos fatores determinantes impessoais, externos das mudanças, o papel do indivíduo é um perpétuo enigma na interpretação da história. Em certo sentido, ele estabelece uma falsa dicotomia. Os indivíduos não podem ser isolados das forças impessoais que condicionam suas ações, como mostraram claramente os capítulos anteriores. O poder e o potencial econômico relativo era uma dessas forças que, por sua vez, impunha restrições à mobilização de recursos e de contingente. O comportamento do inimigo era outra força desse tipo; era impossível prevê-lo por meio da coleta e interpretação de informações de inteligência. No entanto, em cada um dos casos, os governos examinados ou bem dispunham de informações de inteligência deficientes, ou bem faziam um uso lamentável das informações de qualidade disponíveis, quando não as duas coisas. E nem mesmo os melhores dados de inteligência, como no caso da quebra de códigos japoneses pelos norte-americanos (graças ao MAGIC), foram capazes de evitar Pearl Harbor. Assim, em todos os casos, os governos precisaram reagir a circunstâncias imprevistas. Foi esse o caso, especificamente, dos governos que reagiram defensivamente às iniciativas estratégicas de Alemanha, Itália e Japão: Grã-Bretanha, Estados Unidos e União Soviética.

Mas outra força impessoal agia no interior de cada sistema de governo. Planejamentos e avaliações burocráticas de propostas de política contribuíam para a "pré-embalagem" das decisões, muitas vezes como desfecho de disputas internas por influência e recursos no interior das organizações. Essa influência, porém, era maior nos sistemas democráticos de estrutura diferenciada — Grã-Bretanha e Estados Unidos —, bem como sob a estranha forma de "autoritarismo coletivo" no Japão, do que na Alemanha, Itália ou União Soviética, onde as burocracias funcionavam como ferramentas que permitiam a ditadura.

Apesar da existência desses determinantes externos e internos, os indivíduos no centro de nossa investigação não eram insignificantes ou mera "fachada". Sua voz não pode ser simplesmente reduzida a uma função representativa personalizada dessas forças. A mudança histórica, com certeza aquela de curto prazo, resulta invariavelmente da interação entre determinantes externos e agentes individuais. As fatídicas decisões examinadas nos capítulos precedentes fornecem numerosos indícios desse fato.

Os indivíduos com a maior autonomia política eram os ditadores da Alemanha, Itália e União Soviética. Em seu lugar, outros líderes poderiam muito bem ter tomado outras decisões, evitando as desastrosas avaliações feitas por eles. Será que um chanceler do Reich chamado Göring teria optado por atacar a União Soviética? Será que um primeiro-ministro chamado Badoglio teria decidido invadir a Grécia? Será que um secretário-geral chamado Malenkov teria rejeitado a enxurrada de avisos sobre um ataque alemão? O simples fato de fazer essas perguntas não apenas proporciona cenários improváveis, mas adentra um reino de conjecturas onde não existem respostas. Ele serve, contudo, para ressaltar o caráter indispensável das personalidades de Hitler, Mussolini e Stálin no que diz respeito a suas ações. As decisões fatídicas tomadas por eles foram diretamente determinadas pelo tipo de indivíduo que eles eram. Ao mesmo tempo, porém, elas não foram tomadas em um vácuo, como caprichos arbitrários de personalidade. Foram escolhas feitas no contexto de condições preexistentes e sujeitas a restrições externas.

As fixações ideológicas constituíam uma parte importante dessas restrições. O mesmo se aplica às ações de outras pessoas que eles não podiam controlar. No caso de Hitler, a sensação de que o tempo corria fortemente contra a Alemanha — uma avaliação correta — incentivou-o a decidir lançar a Operação Barbarossa e a declarar guerra aos Estados Unidos. Mussolini também estava submetido a fortes pressões, no seu caso de criar o próprio Império no Mediterrâneo e nos Bálcãs antes de ser tarde demais e de ele ser inteiramente suplantado pela Alemanha. As restrições de Stálin eram a condição de seu Exército e a consciência de que ele não estaria pronto para confrontar a Alemanha com as forças necessárias antes de 1942, e elas provocaram a necessidade que ele sentiu de evitar qualquer provocação possível para não deixar Hitler tentado a invadir antes disso. Em todos os casos, esses indivíduos forjaram a história — mas, para adaptar um pensamento de Karl Marx, isso não se deu em circunstâncias de sua própria escolha.

No outro extremo do espectro, a personalidade do primeiro-ministro japonês não era de suma importância para a tomada de decisões políticas. Konoe e Tojo com certeza eram indivíduos muito diferentes. No outono de 1941, Konoe teria estado disposto a se esforçar bastante no sentido de apaziguar os Estados Unidos, enquanto Tojo mostrou-se inflexível ao recusar qualquer concessão às demandas norte-americanas. Mas ambos haviam se comprometido anteriormente com a mesma política de expansão no Sudeste Asiático, ao mesmo tempo que a guerra de atrito na China era mantida. Uma vez que se mostrou disposto a se afastar demais de seu compromisso, Konoe tornou-se dispensável. Matsuoka, a mais forte personalidade da cena política japonesa, já havia saído de cena depois de sua própria e inimitável tentativa de inverter as prioridades existentes afastá-lo do consenso geral, não conseguir angariar apoio e criar poderosos inimigos ansiosos para derrubá-lo. Na natureza consensual de uma gênese de decisões que emanava das mais poderosas facções militares, o raio de ação à disposição do indivíduo ficava necessariamente reduzido.

Nas democracias de estrutura diferenciada, o papel do indivíduo na tomada de decisões fatídicas era maior do que no caso do Japão, embora se possa argumentar que fosse menos crucial se comparado às ditaduras. Assim como os ditadores, os líderes democráticos operavam com base em sistemas ideológicos de crenças amplamente aceitas. Na verdade, o compromisso ideológico — nesse caso, com as liberdades democráticas e as estruturas políticas e sociais que as sustentavam — era quase certamente ao mesmo tempo mais profundo e mais amplo do que os valores fascistas e militaristas da Alemanha, Itália e Japão, ou que a visão de mundo comunista da União Soviética.

Sem Churchill, a decisão do Gabinete britânico em maio de 1940 talvez pudesse ter tomado outro rumo — com conseqüências imprevisíveis. Tanto Halifax quanto Churchill lutavam pelos mesmos objetivos: sobrevivência e independência nacional. Mas a escolha política de Halifax poderia ter — e muito provavelmente teria — aberto caminho para desdobramentos distintos, possivelmente mais nocivos para a Grã-Bretanha. Assim, ter como primeiro-ministro Churchill, e não Halifax, foi uma sorte aleatória para o país. A personalidade teve importância. Mas a argumentação racional também. Tinha de ser assim. Churchill ainda não era o herói nacional que viria a ser depois, quando sua personalidade sem dúvida tornou-se um fator de suma importância para o esforço de guerra britânico.

É igualmente difícil superestimar o valor do papel individual de Roosevelt. No entanto, o dilema que ele enfrentou teria sido o de qualquer presidente norte-americano da época. Seu adversário na campanha presidencial de 1940, Wendell Willkie, homem dinâmico e de personalidade atraente, não era nenhum isolacionista. Era tão firme quanto Roosevelt em relação à necessidade de os Estados Unidos combaterem as ameaças aos interesses norte-americanos vindas da

Europa e do Japão. Era a favor da política de auxílio à Grã-Bretanha. Na época, havia na Grã-Bretanha quem pensasse que ele poderia se mostrar melhor do que Roosevelt na mobilização da indústria norte-americana. Willkie, assim como Roosevelt, teria tido de se equilibrar na corda bamba entre ajudar a Grã-Bretanha sem alijar o público ou a opinião do Congresso. Mas se teria feito isso tão bem quanto Roosevelt; se teria tido a experiência — e a astúcia política — para fazê-lo como Roosevelt o fez; se teria conseguido se libertar suficientemente do lobby isolacionista dentro de seu Partido Republicano (que o convencera a opor-se ao acordo dos destróieres); se teria sido capaz da manobra necessária para criar a idéia dos empréstimos e arrendamentos; se teria conseguido estabelecer o relacionamento vital com Churchill, tão importante para a consolidação da aliança: todas essas questões admitem uma resposta cética. A personalidade de Roosevelt foi tão importante quanto a de Churchill para o estilo de governo que ele adotou, para as decisões fatídicas que ele tomou, e para a forma como o fez.

As escolhas enfrentadas por esses homens entre maio de 1940 e dezembro de 1941 não foram nada invejáveis. Em todos os casos, os riscos eram enormes. O que a posteridade vê como um curso inevitável dos acontecimentos não parecia assim na época. As decisões fatídicas tomadas pelos líderes de Alemanha, União Soviética, Itália, Japão, Grã-Bretanha e Estados Unidos ao longo desses dezenove meses mudaram o mundo.

A guerra global ainda durou quase quatro anos depois dos acontecimentos explorados aqui. As imensas perdas devidas aos combates militares e ao genocídio acumularam-se drasticamente. Durante quase dois anos, entre o verão de 1940 e o outono de 1942, o desfecho não parecia nada certo. Tanto Hitler quanto os líderes japoneses sabiam que as chances não estariam a seu favor no caso de um conflito longo. E isso acabou se mostrando verdadeiro. Mas o páreo foi duro — mais duro do que em geral se supõe. Depois de algum tempo, mas somente a partir de 1943, a derrota do Eixo pôde ser vislumbrada, primeiro de forma tênue, em seguida mais brilhante, e por fim ofuscante. A combinação improvável da indomável máquina de combate soviética com um arsenal ilimitado de recursos e força de vontade dos Estados Unidos acabou por garantir a vitória tanto na Europa quanto no Extremo Oriente. A coragem e a tenacidade das Forças Armadas britânicas e de seu Império também prestaram uma contribuição indispensável para a derrota do nazismo e do militarismo japonês. Mas elas foram o canto do cisne de uma Grã-Bretanha exaurida e falida como potência mundial. Seguiu-se o desmonte do

Império Britânico — apesar de gradual, mesmo assim inexorável. As décadas seguintes pertenceriam às novas superpotências: Estados Unidos e União Soviética, os vencedores da guerra. As bases de outra superpotência potencial para o futuro, a China, foram construídas logo após o final do grande conflito, no rastro das convulsões políticas do Extremo Oriente. Com suas ações, os líderes de Alemanha e Japão acabaram por criar um mundo que era exatamente o oposto de tudo por que haviam lutado. Por mais gigantesco que tenha sido o custo, valeu a pena pagar para garantir que o mundo que eles queriam jamais viesse a existir.

Notas

ABREVIAÇÕES

BA/MA	Bundesarchiv/Militärarchiv (Arquivo Militar Alemão, Freiburg)
DDI I	*Documenti diplomatici italiani,* 9ª série, 1939-1943, Roma, 1954-60
DGFP	*Documents on German Foreign Policy, 1918-1945. Series D (1937-1945)*, Londres, 1957-66
DRZW	*Das Deutsche Reich und der Zweite Weltkrieg,* vols. 3-4, ed. Miitärgeschichtliches Forschungsamt, Stuttgart, 1983-4
IMT	*Trial of the Major War Criminals before the International Military Tribunal, 14 November 1945-1 October 1946*, 42 vols., Nuremberg, 1947-9
KTB d. OKW	*Kriegstagebuch des Oberkommandos der Wehrmacht* (*Wehrmachtführungsstab*), ed. Percy Ernst Schramm, 4 vols., Frankfurt am Main, 1961-5
PRO	Public Record Office, Londres (atual National Archives)

PREFÁCIO [pp. 29-37]

1. Sobre o termo, uma invenção do diplomata americano da Guerra Fria, George Kennan, ver Hans-Ulrich Wehler, "Die Urkatastrophe. Der Erste Weltkrieg als Auftakt und Vorbild für den Zweiten Weltkrieg", *Der Spiegel,* 8 (16 fev. 2004), reproduzido em Stephan Burgdorff e Klaus Wiegrefe (eds.), *Der Erste Weltkrieg. Die Urkatastrophe des 20. Jahrhunderts,* Munique, 2004, pp. 23-35.

2. Sobre a escala de mortalidades, ver Niall Ferguson, *The War of the World. History's Age of Hatred,*

Londres, 2006, pp. XXXIV-XXXV, 649-50; e Norman Davies, *Europe. A History*, Londres, 1996, pp. 1328-9, em que as perdas na Segunda Guerra Mundial são, provavelmente, estimativas conservadoras.

3. Para um relato soberbo sobre o legado da guerra para o continente europeu, ver a obra magistral de Tony Judt, *Postwar. A History of Europe since 1945*, Londres, 2005.

4. O termo foi inventado pelo advogado polonês Raphael Lemkin em 1944, foi usado no indiciamento dos principais criminosos de guerra alemães um ano depois e inscrito numa convenção da Organização das Nações Unidas em 1948 (Leo Kuper, *Genocide. Its Political Use in the Twentieth Century*, Harmondsworth, 1981, pp. 19-23; Michael Mann, *The Dark Side of Democracy. Explaining Ethnic Cleansing*, Cambridge, 2005, p. 17).

5. Gerhard L. Weinberg, *A World at Arms. A Global History of World War II*, Cambridge, 1994, p. 186, expressa sentimentos similares ao afirmar que "os cinco anos seguintes de guerra [após setembro de 1940] veriam a realização das decisões tomadas nos últimos meses de seu primeiro ano", embora essa compreensão de cronograma omita algumas decisões dramáticas e fundamentais nos meses subseqüentes, consideradas nos últimos capítulos deste livro.

6. A questão da depreciação do papel de líderes governamentais como "atores racionais" na tomada de decisões vitais de política externa e da ênfase na estruturação das escolhas políticas pela interferência de burocracias governamentais e as disputas de influência por grupos competidores dentro de um sistema foi articulada por Graham T. Allison, *The Essence of Decision. Explaining the Cuban Missile Crisis*, Boston, 1971.

7. Frank Freidel, *Franklin D. Roosevelt. A Rendezvous with Destiny*, Boston, 1990, pp. 348-9.

8. Ver David Reynolds, *In Command of History. Churchill Fighting and Writing the Second World War*, Londres, 2004, pp. 169-73, sobre a maneira como Churchill ocultou as divisões que afloraram nas discussões do Gabinete de Guerra em fins de maio de 1940, e, mais em geral, para uma excelente análise sobre a maneira como suas memórias de guerra foram construídas e como elas determinaram visões posteriores sobre o grande conflito.

9. O equilíbrio de poder econômico só pendeu inexoravelmente para os Aliados ao longo de 1941, e seu domínio se tornou avassalador de 1943 em diante. Ver Mark Harrison (ed.), *The Economics of World War II. Six Great Powers in International Comparison*, Cambridge, 1998, em especial o capítulo introdutório do editor "The Economics of World War II. An Overview" (pp. 1-42); e I. C. B. Dear e M. R. D. Foot (eds.), *The Oxford Companion to the Second World War*, Oxford/Nova York, 1995, pp. 1060-2.

10. Enfático em sua visão de que o triunfo final na Segunda Guerra Mundial poderia ter ido para as potências do Eixo é Richard Overy em *Why the Allies Won*, Londres, 1995, esp. pp. 314-25.

1. LONDRES, PRIMAVERA DE 1940 [pp. 39-86]

1. Winston S. Churchill, *The Second World War*, vol. 2: *Their Finest Hour*, Londres, 1949, p. 157 (e comentários similares na p. 199). Ver David Reynolds, *In Command of History. Churchill Fighting and Writing the Second World War*, Londres, 2004, p. 169.

2. Aliás, uma omissão levou ao reconhecimento tácito de que precisamente essa questão fora debatida. O texto do telegrama que Churchill enviou ao premiê francês, M. Paul Reynaud, em 28 de maio de 1940, incluía a seguinte sentença: "Na fórmula preparada no último domingo por lorde Ha-

lifax foi sugerido que se o Signor Mussolini cooperar conosco para alcançar um acerto de todas as questões européias que salvaguardem nossa independência e formem a base para uma paz justa e duradoura na Europa, estaríamos preparados para discutir suas pretensões no Mediterrâneo" (Churchill, *The Second World War*, vol. 2, p. 110). Ver Reynolds, *In Command of History*, pp. 171-2, sobre o lapso editorial que permitiu esse trailer de acontecimentos que seriam retidos depois que Churchill eliminou referências a eles no texto.

3. "Cato", *Guilty Men*, Londres, 1940. E ver Peter Clarke, *Hope and Glory. Britain 1900-1990*, Londres, 1996, p. 198.

4. Zara Steiner, *The Lights that Failed. European International History 1919-1933*, Oxford, 2005, pp. 25-7.

5. Ver Clarke, pp. 128-34.

6. Charles Loch Mowat, *Britain between the Wars, 1918-1940*, Londres, 1956, pp. 259-62.

7. Ver A. J. P. Taylor, *English History 1914-1945*, Harmondsworth, 1970, p. 330.

8. Steiner, p. 609.

9. Martin Gilbert, *Winston S. Churchill*, vol. 5: *1922-1939*, Londres, 1976, p. 76.

10. Ver a notável biografia de Jonathan Wright, *Gustav Stresemann, Weimar's Greatest Statesman*, Oxford, 2002, pp. 301-7 e capítulo 8.

11. Citado em R. A. C. Parker, *Chamberlain and Appeasement. British Policy and the Coming of the Second World War*, Londres, 1993, p. 37.

12. Idem, pp. 38-9.

13. Idem, p. 43.

14. Ian Kershaw, *Making Friends with Hitler. Lord Londonderry and Britain's Road to War*, Londres, 2004, p. 105.

15. Ver Parker, *Chamberlain and Appeasement*, pp. 272-93; e, sobre a prioridade concedida ao rearmamento aéreo e uma comparação de gastos nas três Forças, N. H. Gibbs, *Grand Strategy*, vol. I: *Rearmament Policy*, Londres, 1976, p. 532.

16. Citado em Parker, *Chamberlain and Appeasement*, p. 66.

17. Idem, p. 65.

18. Idem, p. 69.

19. Ver John Charmley, *Churchill: The End of Glory. A Political Biography*, Londres, 1993, p. 344, também sobre o ceticismo com respeito ao provável impacto dissuasório de uma "grande aliança".

20. Citado em Parker, *Chamberlain and Appeasement*, p. 252.

21. Birmingham University Library, Neville Chamberlain Papers, NC 18/1/1158, 25.5.40.

22. Parker, *Chamberlain and Appeasement*, p. 184.

23. Winston S. Churchill, *The Second World War*, vol. I: *The Gathering Storm*, Londres, 1948, p. 292 (onde ele menciona que suas palavras provocaram protestos duros e prolongados na Câmara dos Comuns); e citado em R. A. C. Parker, *Churchill and Appeasement*, Londres, 2000, p. 187.

24. Citado em David Irving, *Churchill's War*, vol. 1: *The Struggle for Power*, Bullsbrook, Austrália, 1987, p. 9.

25. Taylor, *English History, 1914-1945*, p. 321.

26. Thomas Jones, *A Diary with Letters 1931-1950*, Londres, 1954, p. 204. "Você é o único que pode segurar Winston, que é fabulosamente útil, mas cujo julgamento não é 100% confiável", disse lorde

Hankey, ministro sem pasta no Gabinete de Guerra, a Chamberlain, um dia depois de sua renúncia (Churchill Archives Centre, HNKY 4/32, 9.5.40).

27. N. J. Crowson, *Facing Fascism. The Conservative Party and the European Dictators 1935-40*, Londres, 1997, p. 185.

28. Parker, *Churchill and Appeasement*, pp. 143-4, 224-5.

29. Keith Feiling, *The Life of Neville Chamberlain*, Londres, 1946, p. 424.

30. Kershaw, *Making Friends with Hitler*, pp. 300-1.

31. *The Diaries of Sir Alexander Cadogan 1938-1945*, David Dilks (ed.), Londres, 1971, pp. 221-4 (7-12.10.39); Christopher Hill, *Cabinet Decisions on Foreign Policy. The British Experience, October 1938-June 1941*, Cambridge, 1991, pp. 115-26, 144. A porta estava longe de estar fechada, porém, para um acordo negociado com base em termos aceitáveis. Mais tarde, em outubro, filtraram notícias para os alemães de que R. A. Butler, subsecretário do Exterior, havia deixado isso claro para os embaixadores soviético e italiano em Londres (Das Politische Archiv des Auswärtigen Amtes, Berlim, R29570, Fiche-Nr. 187, Frames 169830, 169847).

32. Churchill, *The Second World War*, vol. 1, p. 494.

33. Idem, p. 526.

34. Ver esp. Andrew Roberts, *"The Holy Fox". The Life of Lord Halifax*, ed. brochura, Londres, 1997, pp. 195 ss.

35. Churchill, *The Second World War*, vol. 1, p. 601.

36. Charmley, pp. 399-400.

37. *Chips. The Diaries of Sir Henry Channon*, Robert Rhodes James (ed.), Londres, 1967, p. 252 (13.5.40). E ver Charmley, p. 396. A falta de entusiasmo inicial por Churchill na bancada conservadora qualifica a consideração de Hill (p. 170) de que um novo primeiro-ministro poderia convencionalmente pedir apoio, e que Churchill começou com a legitimidade de alguém que durante muito tempo defendera o rearmamento e se opusera ao Acordo de Munique.

38. O próprio Churchill não estava certo de que seu governo duraria. Ver David Dilks, "The Twilight War and the Fall of France. Chamberlain and Churchill in 1940", *Transactions of the Royal Historical Society*, 5ª série, 28 (1978), p. 81.

39. Roberts, p. 208; John Lukacs, *Five Days in London. May 1940*, ed. brochura, New Haven/Londres, 2001, p. 14; Taylor, *English History*, 1914-1945, p. 579.

40. Birmingham University Library, Neville Chamberlain Papers, NC 18/1/1155 (11.5.40). Churchill realmente escreveu em 10 de maio, o dia em que assumiu o cargo: "Estou em grande parte em suas mãos — e isso não me causa nenhum medo" (citado em Feiling, p. 442.)

41. Birmingham University Library, Neville Chamberlain Papers, NC 2/24A (10.5.40); Lukacs, *Five Days in London*, p. 17.

42. Citado em Guy Nicholas Esnouf, "British Government War Aims and Attitudes towards a Negotiated Peace, September 1939 to July 1940", tese de PhD não publicada, King's College, Londres, 1988, p. 189.

43. Angus Calder, *The People's War*, Londres, 1969, p. 106.

44. *The Diplomatic Diaries of Oliver Harvey 1937-1940*, John Harvey (ed.), Londres, 1970, p. 361 (19.5.40).

45. Citado em The Earl of Avon, *The Eden Memoirs. The Reckoning*, Londres, 1965, p. 107; e ver também Lukacs, *Five Days in London*, pp. 18-9.

46. P. M. H. Bell, *A Certain Eventuality ... Britain and the Fall of France*, Londres, 1974, p. 19.

47. Paul Reynaud, *In the Thick of the Fight 1930-1945*, Londres, 1955, p. 320; *The Memoirs of General the Lord Ismay*, Londres, 1960, pp. 126-9; Bell, pp. 18, 32.

48. O pessimismo, ou melhor, talvez, desapontamento privado de Churchill com os Estados Unidos nesses dias aflorou em sua rejeição, em 27 de maio, da sugestão de lorde Lothian de que a Grã-Bretanha devia arrendar campos de pouso em território britânico para a segurança americana e para causar uma forte impressão na administração americana. "Os Estados Unidos não nos deram praticamente nenhuma ajuda na guerra", acrescentou Churchill, "e agora que eles viram o quanto o perigo era grande, sua atitude foi que eles quiseram reter tudo que nos ajudaria para sua própria defesa" (PRO, Cab 65 / 7, Frame 00294, f. 172; e extrato impresso em *The Churchill War Papers*, vol. 2: *Never Surrender, May 1940-December 1940*, Martin Gilbert [ed.], Londres, 1995, p. 163).

49. Notas de Paul Baudouin, secretário do Gabinete de Guerra francês, citadas por William L. Langer e S. Everett Gleason, *The Challenge to Isolation, 1937-1940*, Nova York, 1952, p. 453.

50. *The Diaries of Sir Alexander Cadogan*, pp. 285 (17.5.40), 288 (21.5.40).

51. O público britânico não ficou ciente da situação desesperadora e da escala da evacuação de Dunquerque, antes de 31 de maio (Juliet Gardiner, *Wartime Britain 1939-1945*, Londres, 2004, p. 172).

52. Birmingham University Library, Neville Chamberlain Papers, NC 18 / 1 / 1156. Ismay ficou chocado também, ao voltar de Paris para Londres, com "um mundo em que todos pareciam calmos, alegres e resolutos" (*Memoirs*, p. 129).

53. Lukacs, *Five Days in London*, pp. 27-38, traz um resumo das nuanças da opinião pública.

54. O general Ismay recordou, porém, como era fugaz o otimismo até ressurgirem as angústias (*Memoirs*, p. 130).

55. Bell, p. 15; Lukacs, *Five Days in London*, p. 27.

56. Christa Schroeder, *Er war mein Chef. Aus dem Nachlass der Sekretärin von Adolf Hitler*, Anton Joachimsthaler (ed.), Munique, Viena, 1985, p. 105; *Hitlers politisches Testament. Die Bormann Diktate vom Februar und April 1945*, Hamburgo, 1981, p. 113.

57. Ver Ian Kershaw, *Hitler, 1936-1945. Nemesis*, Londres, 2000, pp. 295-6 e p. 921 nn. 63 e 66; também Heinz Magenheimer, *Hitler's War. Germany's Key Strategic Decisions 1940-1945*, Londres, 1998, p. 24.

58. Churchill, *The Second World War*, vol. 2, p. 67.

59. Reynaud, pp. 379 ss. O Gabinete britânico não ficou mais convencido que Churchill da derrota irreversível dos franceses até 26 de maio, quando a Força Expedicionária Britânica já estava se preparando para embarcar (Hill, p. 152).

60. *The Churchill War Papers*, vol. 2, p. 133 (minutas do Gabinete de Guerra, 24.5.40).

61. *The Ironside Diaries, 1937-1940*, Roderick Macleod e Denis Kelly (ed.), Londres, 1962, p. 331 (23.5.40).

62. Idem, p. 332 (25.5.40); e ver Esnouf, p. 195.

63. Citado em Reynaud, p. 379, do relatório de Gort ao governo de 25.5.40.

64. Lukacs, *Five Days in London*, p. 137.

65. Hill (p. 181) considera que "se a FEB estivesse de fato perdida, a posição militar da Grã-Bretanha teria parecido sem salvação" — com implicações prováveis sobre a maneira como o Gabinete de Guerra via a situação.

66. David Reynolds, "Churchill and the British 'Decision' to Fight in 1940. Right Policy, Wrong

Reasons", em Richard Langhorne (ed.), *Diplomacy and Intelligence during the Second World War*, Cambridge, 1985, p. 148.

67. Reynaud, pp. 398-400.

68. Idem, p. 403; Churchill, *The Second World War,* vol. 2, p. 108. Os rascunhos da carta de Churchill a Mussolini de 16 de maio estão em PRO, Prem 4/19/5.

69. *Tbe Diplomatic Diaries of Oliver Harvey*, p. 367 (25.5.40).

70. *The Diaries of Sir Alexander Cadogan*, p. 189 (24.5.40); Esnouf, p. 204.

71. Birmingham University Library, Neville Chamberlain Papers, NC 2/24A, ff. 108-9 (16.5.40).

72. Churchill, *The Second World War*, vol. 2, pp. 23 (15.5.40), 51 (18.5.40).

73. PRO, Cab 65/7, f. 172 (27.5.40).

74. Lukacs, *Five Days in London*, p. 76.

75. PRO, Cab 65/7, Frame 266, p. 243 (24.5.40).

76. Roberts, pp. 211-2; David Reynolds, *The Creation of the Anglo-American Alliance 1937-1941. A Study in Competitive Co-operation,* Chapel Hill, NC, 1982, pp. 103, 32-4 n. 39.

77. PRO, Cab 65/7, Frame 300, p. 274 (27.5.40).

78. Reynaud, pp. 406-9; *The Diplomatic Diaries of Oliver Harvey*, p. 368 (26.5.40); Bell, p. 39; Llewellyn Woodward, *British Foreign Policy in the Second World War*, vol. 1, Londres, 1970, pp. 234-5, 237-8.

79. *The Diaries of Sir Alexander Cadogan* (24.5.40); Roberts, pp. 211-3. A edição publicada dos diários de Cadogan diz "Van se aproximou [...] com a sugestão de que deveríamos nos oferecer para discutir o Mediterrâneo com a Itália", omitindo as palavras "por Paresci" do manuscrito (Churchill Archives Centre, ACAD 1/9). A menos que o nome não tenha podido ser decifrado, é difícil compreender por que ele não foi incluído. Ver também John Costello, *Ten Days that Saved the West,* Londres, 1991, p. 193.

80. PRO, Cab 6517, Frame 278, p. 255 (25.5.40).

81. *The Diaries of Sir Alexander Cadogan*, p. 289 (25.5.40).

82. PRO, Cab 65/13, ff. 159, 160V, Despacho de Halifax a sir Percy Loraine (Roma), 25.5.40; Esnouf, pp. 206-9; Roberts, pp. 213-4; Lukacs, pp. 92-4; Hill, p. 156; Woodward, pp. 236-7. Halifax achava que a reunião ia bem. Mas o feedback de Paresci foi de que o secretário do Exterior havia causado uma impressão ruim ao não oferecer nenhuma proposta concreta. A satisfação imediata das pretensões italianas no Mediterrâneo era, ao que parecia, esperada. Na visão de sir Alexander Cadogan, Bastianini era "uma besta" e "não havia nada a ser tirado dele" (*The Diaries of Sir Alexander Cadogan*, pp. 289-90 [25.5.40, 26.5.40]). As memórias de Bastianini (Giuseppe Bastianini, *Volevo fermare Mussolini. Memorie di un diplomatico fascista*, Milão, 2005; ed. orig., *Uomini, cose, fatti. Memorie di un ambasciatore*, Milão, 1959) omitem qualquer referência a essa importante reunião com Halifax.

83. PRO, Cab 65/13, ff. 140-1 (26.5.40).

84. PRO, Cab 66/7, ff. 319-26; Bell, pp. 49-51; Lukacs, *Five Days in London*, pp. 106-8. Como assinala Hill (pp. 154-5), as conclusões alcançadas podem ter sido provocadas, em parte, pela maneira como Churchil havia formulado os termos de referência, sugerindo o tipo de resposta que ele queria.

85. PRO, Cab 65/13, ff. 146-8 (26.5.40).

86. Reynaud, pp. 404-6.

87. Birmingham University Library, Neville Chamberlain Papers, NC 2/24A, ff. 114-7 (26.5.40); *The Diaries of Sir Alexander Cadogan*, p. 290 (26.5.40).

88. Harold Nicolson, *Diaries and Letters 1930-1964*, Stanley Olson (ed.), Nova York, 1980, pp. 185-6 (26.5.40).

89. Birmingham University Library, Neville Chamberlain Papers, NC 2/24A ff. 114-7 (26.5.40).

90. Lukacs, p. 113, sugere que algo mais grave estava em jogo numa reunião em "condições de sigilo" que "não tinha nenhum precedente na história moderna da Grã-Bretanha", mas Chamberlain (Birmingham University Library, Neville Chamberlain Papers, NC 2/24A, ff. 116-17 [26.5.40]) menciona especificamente que, quando Reynaud saiu, "Greenwood foi trazido e informado sobre o que se passara". Isso explicaria uma reunião breve e informal dos ministros do Gabinete de Guerra antes dos procedimentos formais recomeçarem. A única consideração de Greenwood, segundo Chamberlain, foi que "nós tínhamos uma boa chance de sobreviver a Hitler". Chamberlain teve a impressão de que Greenwood não havia "avaliado bem a situação".

91. Borthwick Institute, Universidade de York, Diary of Lord Halifax, A7.8-4, ff. 140-1 (26.5.40).

92. PRO, Cab 65/13, ff. 148-50 (26.5.40); Lukacs, pp. 114-6.

93. PRO, Cab 65/13, ff. 150-52 (26.5.40); Bell, pp. 41-2.

94. PRO, Cab 66/7, ff. 335-7 (26.5.40); Esnouf, pp. 213-6; Bell, p. 40; Lukacs, *Five Days in London*, pp. 118-9. A segunda parte do documento de Halifax salientava o texto, acertado com os franceses, da aproximação de Roosevelt de Mussolini, apresentada naquele dia. Halifax acrescentou um pós-escrito, prevenindo seus colegas do Gabinete de Guerra de que, segundo informações recebidas do embaixador britânico em Roma, sir Percy Loraine, a intervenção prévia de Roosevelt havia ofendido Mussolini e qualquer nova aproximação "seria interpretada somente como um sinal de fraqueza e não faria nenhum bem". Mesmo assim, achava-se que a aproximação de Reynaud poderia piorar as coisas, e que era importante assinalar as implicações para Mussolini de um domínio alemão na Europa. Quando o Gabinete de Guerra se reuniu no dia seguinte, Halifax recebera uma nota codificada de Loraine para dizer "que as coisas agora tinham passado do estágio em que suas visões [i.e. de sir Percy] contavam para alguma coisa". Loraine havia relatado que "Herr Hitler achava que podia chegar a uma conclusão satisfatória com os franceses por conta própria", e não queria que os italianos entrassem na guerra (PRO, Cab 65/13, ff. 175-6 [27.5.40]).

95. Esnouf, pp. 214-5; Roberts, p. 218.

96. Resumido em Lukacs, *Five Days in London*, pp. 141-5.

97. Ver Churchill, *The Second World War*, vol. 2, p. 89.

98. Idem, pp. 77, 80.

99. *The Diaries of Sir Alexander Cadogan*, pp. 290-1 (27.5.40).

100. John Colville, *The Fringes of Power. Downing Street Diaries 1939-1955*, Londres, 1985, pp. 140-1 (27.5.40).

101. Borthwick Institute, Universidade de York, 142 (27.5.40). Diary of Lord Halifax, A7.8.4, f. 142 (27.5.40).

102. Sobre percepções britânicas da crise econômica e a agitação social alemãs, ver Reynolds, "Churchill and the British 'Decision' to Fight in 1940", pp. 157-9; e R. J. Overy, *War and Economy in the Third Reich*, Oxford, 1994, pp. 208-12.

103. PRO, Cab 81 65/13 ff. 175-81; Bell, pp. 42-5; Esnouf, pp. 218-20; Lukacs, pp. 146-53; Roberts, pp. 219-20; Jonathan Knight, "Churchill and the Approach to Mussolini and Hitler in May 1940. A Note", *British Journal of International Studies*, 3 (1977), pp. 92-6, também discute essa reunião do Gabinete de Guerra, porém (p. 93) — após errar a data da reunião de Halifax com Bastianini, datada por

ele em 26 e não 25 de maio — ele parece então supor que ela foi a *única* discussão dos termos de paz e conclui equivocadamente: "logo se tornou evidente que o Gabinete se opunha a fazer qualquer aproximação com Mussolini".

104. Borthwick Institute, Universidade de York, Diary of Lord Halifax, A7.8-4, p. 142 (27.5.40). Halifax expressou sua ira e frustração ao subsecretário da Secretaria do Exterior, sir Alexander Cadogan, e também lhe contou sobre sua ameaça pouco velada de renunciar, dizendo que não poderia mais trabalhar com Churchill. A resposta de Cadogan foi: "Bobagem: suas basófias provavelmente o incomodam tanto quanto a mim, mas não cometa nenhuma tolice sob o estresse provocado por elas". Antes de fazer alguma coisa, Cadogan aconselhou, ele devia consultar Chamberlain. Halifax prometeu fazê-lo, e acrescentou que, como Cadogan sabia, ele não era do tipo de tomar decisões apressadas (*The Diaries of Sir Alexander Cadogan*, p. 291 [27.5.40]).

105. Ver Roberts, pp. 220-1.

106. Birmingham University Library, Neville Chamberlain Papers, NC 2/24A, f. 118 (17.5.40).

107. Reynaud, p. 408, citando o relato de William Phillips, o embaixador americano em Roma.

108. *Ciano's Diary 1939-1943*, Malcolm Muggeridge (ed.), Londres, 1947, p. 255 (27.5.40).

109. *The Diaries of Sir Alexander Cadogan*, p. 291.

110. Churchill, *The Second World War*, vol. 2, pp. 84-6 (citação na p. 84).

111. Reynaud, pp. 411-2; *The Diplomatic Diaries of Oliver Harvey*, p. 371 (27.5.40).

112. Birmingham University Library, Neville Chamberlain Papers, NC 2/24A, f. 119 (28.5.40).

113. O relatório seguinte da discussão no Gabinete de Guerra de PRO, Cab 65/13, ff. 184-90 (28.5.40); extratos em Lukacs, pp. 180-3.

114. Hill, pp. 174-5. Até que ponto, de fato, Churchill acreditava que um eventual acordo de paz negociado era evitável foi questionado por David Reynolds, "Churchill the Appeaser? Between Hitler, Roosevelt and Stalin in World War Two", em Michael Dockrill e Brian McKercher (eds.), *Diplomacy and World Power. Studies in British Foreign Policy, 1890-1950*, Cambridge, 1996, pp. 211-5.

115. Birmingham University Library, Neville Chamberlain Papers, NC 2/24A, f. 119 (28.5.40).

116. Borthwick Institute, Universidade de York, Diary of Lord Halifax, A7.8.4, p. 144 (28.5.40).

117. Suas próprias visões foram delineadas num esboço manuscrito incompleto, sem data, e não assinado entre os papéis de Churchill, que foi preparado por volta da mesma época como base para seus comentários ou ao Gabinete de Guerra ou a um grupo mais amplo de ministros com o qual se encontrou em 28 de maio. No esboço, Churchill afirmava: "Não consigo achar que a oferta q[ue] a França está propondo fazer a Mussolini terá a mais leve influência nas realidades do caso ['situação' riscada]", continuando: "Temo que se entrarmos por esse caminho logo descobriríamos que ele leva [sic] a Mussolini ser um mediador entre nós & Alemanha, & para um armistício & conferência sob as condições de nós ficarmos à mercê de Hitler" (PRO, Prem 3/174/4, ff. 11-3).

118. Consideração feita por Charmley, p. 405.

119. *The Second World War Diary of Hugh Dalton, 1940-1945*, Ben Pimlott (ed.), Londres, 1988, pp. 26, 28; também publicado em *The Churchill War Papers*, vol. 2, pp. 182-4.

120. Churchill, *The Second World War*, vol. 2, pp. 87-8; e ver Bell, pp. 46-8; Charmley, pp. 405-7; Lukacs, pp. 2-5, 183-4; Roberts, p. 225; Roy Jenkins, *Churchill*, Londres, 2001, pp. 607-8.

121. PRO, Cab 65/13, ff. 189-90 (28.5.40).

122. PRO, Cab 65/13, f. 189.

123. A concessão, que Churchill havia feito ao Gabinete de Guerra, de deixar aberta a possibili-

dade de mediação por Mussolini em alguma data futura foi um dos aspectos mais preocupantes da resposta aos olhos de Oliver Harvey, ex-secretário particular de Anthony Eden e então na embaixada britânica em Paris. Harvey evidentemente havia lido entre as linhas do telegrama, ou ouvido algo da proposta de Halifax: "Parece que Halifax", a quem ele também servira como secretário particular, "pode ter evoluído para algum esquema de mediação pela Itália sobre um oferecimento de termos de Hitler", escreveu. "Por incrível que pareça, não acredito que ele faria isso. Seria fatal"(*The Diplomatic Diaries of Oliver Harvey*, p. 372 [29.5.40].

124. PRO, Cab 65 / 13, ff. 197-8; publicado em Churchill, *The Second World War*, vol. 2, pp. 109-11, e Reynaud, pp. 412-3. Ver também Bell p. 47; e Esnouf, pp. 220-2.

125. Reynaud, pp. 414-5; Churchill, *The Second World War*, vol. 2, p. 111.

126. *Cianos Diary*, p. 263 (10.6.40).

127. Churchill, *The Second World War*, vol. 2, p. 102; Bell, p. 17. Gerhard L. Weinberg, *A World at Arms. A Global History of World War II*, Cambridge, 1994, pp. 142-3, sugere que "só depois que ficou óbvio, como aconteceu em 28 e 29 de maio, que quantidades significativas da Força Expedicionária Britânica poderiam ser livradas do desastre no continente, houve alguma disposição até de pensar na possibilidade de paz. À medida que a evacuação se tornava uma realidade, e com isso parecia possível organizar alguma defesa das ilhas domésticas, todo pensamento sobre um acordo desapareceu". Mas, em 30 de maio, não mais de 120 mil homens haviam sido trazidos das praias de Dunquerque (Churchill, *The Second World War*, vol. 2, p. 95), e mesmo então uma defesa doméstica organizada *bem-sucedida* não era absolutamente garantida. A decisão de não estabelecer negociações fora tomada *antes* de surgir alguma esperança de salvar quase a totalidade do Exército sitiado.

128. Churchill, *The Second World War*, vol. 2, pp. 103-4; e citado em Martin Gilbert, *Winston S. Churchill 1939-1941*, vol. 6: *Finest Hour*, ed. brochura, Londres, 1983, pp. 464, 468.

129. Citado em Hill, p. 183. Isso não interrompeu, contudo, as especulações na Grã-Bretanha e no exterior de que ainda se tentaria um acordo de paz. O ponto alto dos rumores e suspeitas que continuaram circulando em junho e julho veio no dia da capitulação francesa quando uma indiscrição de R. A. Butler, subsecretário do Exterior, relatada pelo encarregado de assuntos suecos em Londres, Bjorn Prytz, criou uma impressão enganosa (que rapidamente vazou) de que a Grã-Bretanha estava pronta a considerar um acordo de paz. Prytz também passou observações a outros membros do Parlamento de que lorde Halifax em breve substituiria Churchill como primeiro-ministro. Um resumo confiável do caso Butler-Prytz pode ser encontrado em Ulrich Schlie, *Kein Friede mit Deutschland. Die geheimen Gespräche im Zweiten Weltkrieg 1939-1944*, Munique, Berlim, 1994, pp. 214-6. Lukacs, pp. 703-4, oferece um relato sucinto, Costello, pp. 303-20, um mais longo — embora uma interpretação muito criticada num documento não publicado, "The Political Beliefs of R. A. Butler", de Patrick Higgins (que o autor gentilmente me permitiu ver).

130. Hill (pp. 160-2) sugere que Halifax, a despeito de sua experiência e antiguidade, estava em desvantagem não só — ou mesmo principalmente — por causa do dinamismo e a força da personalidade de Churchill, mas porque estava tentando tatear o caminho para um argumento segundo o qual um acerto com Mussolini e um acordo geral envolvendo Hitler não estavam nitidamente separados, e num Gabinete de Guerra no qual sofria oposição do líder do governo enquanto seus outros colegas estavam inicialmente indecisos. Mesmo assim, essa é uma outra maneira de afirmar que o argumento mais claro, e mais influente, era o de Churchill.

131. Como assinala Reynolds, "Churchill the Appeaser?", p. 213, embora isso talvez fosse, em

parte, uma manobra para mostrar a Halifax que ele não era um "teimoso" irracional, Churchill realmente o pretendia.

132. Um ponto também reconhecido por Jenkins, p. 602.

133. Ver a recordação de Dalton do que Churchill havia dito na reunião dos ministros não integrantes do Gabinete de Guerra em 28 de maio de 1940, em *The Second World War Diary of Hugh Dalton*, p. 28.

134. Reynolds, *In Command of History*, p. 171.

135. Elas foram examinadas inicialmente por Philip Bell, no capítulo 3 de *A Certain Eventuality*, completamente exploradas nos capítulos 7 e 8 da tese de doutorado de Esnouf (que, espantosamente, nunca foi publicada), analisadas por Reynolds, "Churchill and the British 'Decision' to Fight in 1940", e por Hill (cap. 6), vividamente descritas em Costello, caps. 9-10, de novo delineadas, embora sucintamente, na ótima biografia de Halifax por Roberts (cap. 22), e transformadas num extenso e instigante drama em *Five Days in London*, de Lukacs. A dívida neste capítulo a essas obras será óbvia.

136. Segundo Costello, pp. 254-5, as evidências sugerem que "Halifax estava certo em seu argumento de que a Alemanha estava preparada para oferecer termos que não colocariam em risco a independência britânica". Isso é uma interpretação equivocada das intenções nazistas. As manifestações de Hitler sobre sua disposição de poupar a Grã-Bretanha e seu Império não significavam que ele lhe teria concedido a independência como Costello infere. Qualquer independência teria sido apenas do tipo concedido ao regime de Vichy na França, e apenas de curto prazo. É uma visão extremamente ingênua dos objetivos de longo prazo de Hilter presumir que eles admitiriam a sobrevivência da Grã-Bretanha e seu Império como uma entidade de poder independente. Na realidade, uma condição de satélite dependente da Alemanha teria sido inevitável. Uma avaliação mais equilibrada é fornecida por Reynolds, "Churchill the Appeaser?", pp. 200-6.

137. *The Second World War Diary of Hugh Dalton*, p. 28.

138. Lukacs, *Five Days in London*, p. 128; Nicolson, p. 166 (20.8.39).

139 Birmingham University Library, Neville Chamberlain Papers, NC 2/24A, f. 119. (28.5.40). E ver Dilks, pp. 81-3. Lukacs, p. 129, escreve que "durante os dias cruciais do fim de maio, o nome de Lloyd George não surgiu". Como indica a anotação no diário de Chamberlain, ele surgiu.

140. Reynolds, "Churchill and the British 'Decision' to Fight in 1940", pp. 150-1.

141. Schlie, p. 117.

142. O Ministério do Exterior alemão tomou conhecimento em meados de julho de 1941, de fontes que seriam próximas do duque de Windsor, de que ele havia se descrito como um firme defensor de um acordo de paz com a Alemanha e achava que a continuação do forte bombardeio deixaria a Grã-Bretanha disposta a negociações (Politisches Archiv des Auswärtigen Amtes, Berlim, R19571, Fiche-Nr. 191, Frame B002546).

2. BERLIM, VERÃO-OUTONO DE 1940 [pp. 87-127]

1. Franz Halder, *Kriegstagebuch. Tägliche Aufzeichnungen des Chefs des Generalstabes des Heeres 1939-1942*, vol. 2: *Von der geplanten Landung in England bis zum Beginn des Ostfeldzuges* (1.7.1940-21.6.1941), ed. Hans-Adolf Jacobsen, Stuttgart, 1963, p. 49 (31.7.40); trad. *The Halder War Diary, 1939-1942*, ed. e trad. Charles Burdick e Hans-Adolf Jacobsen, Londres, 1988, pp. 244-5.

2. David Stevenson, *Cataclysm. The First World War as Political Tragedy,* Nova York, 2004, p. 107; Norman Davies, *Europe. A History*, Oxford, 1996, p. 903.

3. Stephen Pope e Elizabeth-Anne Wheal, *The Macmillan Dictionary of the First World War*, Londres, 1995, p. 83.

4. Num discurso em 31 de maio de 1921: Eberhard Jäckel e Axel Kuhn (eds.), *Hitler. Sämtliche Aufzeichnungen 1905-1924*, Stuttgart, 1980, p. 416.

5. Halder, *Kriegstagebuch*, vol. 2, p. 33; Barry A. Leach, *German Strategy against Russia 1939-1944*, Oxford, 1973, p. 58.

6. Citado em Vejas Gabriel Liulevicius, *War Land on the Eastern Front. Culture, National Identity and German Occupation in World War I*, Cambridge, 2000, p. 278.

7. Liulevicius, pp. 6-7.

8. Jäckel e Kuhn, p. 773; trad. Geoffrey Stoakes, *Hitler and the Quest for World Dominion*, Leamington Spa, 1986, p. 137.

9. Adolf Hitler, *Mein Kampf*, 876ª-880ª reimpressão, Munique, 1943, pp. 741-3; trad. (ligeiramente emendado), Adolf Hitler, *Mein Kampf*, trad. Ralph Mannheim com uma Introdução de D. C. Watt, ed. brochura, Londres, 1973, pp. 597-8.

10. Eberhard Jäckel, *Hitlers Weltanschauung. Entwurf einer Herrschaft*, Tübingen, 1969, caps. 2-3.

11. Ver Ernst Piper, *Alfred Rosenberg. Hitlers Chefideologe*, Munique, 2005, pp. 49, 57-8. Os cerca de 20 mil alemães étnicos do Báltico, estabelecidos na Alemanha depois da guerra, particularmente em, e em torno de, Munique, tinham uma influência desproporcional a seu número em círculos direitistas nos primeiros anos do pós-guerra. Ver Niall Ferguson, *The War of the World. History's Age of Hatred*, Londres, 2006, ilustração II (entre pp. 122 e 123), para um exemplo da associação da liderança judaica da Revolução Bolchevista e métodos de brutalidade "asiáticos". Essas imagens alimentaram a imprensa de extrema direita na Alemanha da época.

12. Hitler, *Mein Kampf*, pp. 741-3; trad. Mannheim (ligeiramente emendada), pp. 597-8.

13. *Hitler's Second Book. The Unpublished Sequel to Mein Kampf*, Gerhard L. Weinberg (ed.), Nova York, 2003, p. 28.

14. Idem, p. 152.

15. Lew Besymenski, *Stalin und Hitler. Das Pokerspiel der Diktatoren*, Berlim, 2004, pp. 51-6.

16. Thilo Vogelsang, "Neue Dokumente zur Geschichte der Reichswehr 1930-1933", *Vierteljahrshefte für Zeitgeschichte*, 2 (1954), pp. 434-5.

17. Sobre o termo, ver Martin Broszat, "Soziale Motivation und Führer-Bindung des Nationalsozialismus", *Vierteljahrshefte für Zeitgeschichte*, 18 (1970), p. 403.

18. Ver Jost Dülffer, "Zum decision-making process in der deutschen Aussenpolitik 1933-1939", em Manfred Funke (ed.), *Hitler, Deutschland und die Mähte: Materialen zur Aussenpolitik des Dritten Reiches*, Düsseldorf, 1978, pp. 186-204.

19. *DGFP*, 1, doc. 19, p. 29.

20. Max Domarus (ed.), *Hitler. Reden und Proklamationen 1932-1945*, Wiesbaden, 1973, p. 1446.

21. Klaus-Jürgen Müller, *Das Heer und Hitler. Armee und nationalsozialistisches Regime 1933-1940*, Stuttgart, 1969, p. 208.

22. Domarus, p. 606.

23. Ver Adam Tooze, *The Wages of Destruction. The Making and Breaking of the Nazi Economy*, Londres, 2006, caps. 7-9, esp. pp. 206-7, 150-9, 285-9, 293-4.

24. Ver Timothy W. Mason, *Nazism, Fascism and the Working Class*, Cambridge, 1995, cap. 4, esp. pp. 128-9.

25. Hans-Henning Abendroth, "Deutschlands Rolle im Spanischen Bürgerkrieg", em Funke, *Hitler, Deutschland und die Mächte*, 1978, pp. 477, 479.

26. "Hitlers Denkschrift zum Vierjahresplan 1936", Wilhelm Treue (ed.), *Viertejahrshefte für Zeitgeschichte*, 3 (1955), p. 205.

27. *Die Tagebücher von Joseph Goebbels*, Elke Fröhlich (ed.), part. 1, vol. 3 / 11, Munique, 2001, p. 389 (23.2.37); part. 1, vol. 4, Munique, 2000, p. 114 (10.7.37).

28. O surgimento e conclusão do pacto são extensamente pesquisados em Anthony Read e David Fisher, *The Deadly Embrace. Hitler, Stalin and the Nazi-Soviet Pact 1939-1941*, Londres, 1988.

29. Carl J. Burckhardt, *Meine Danziger Mission 1937-1939*, Munique, 1962, p. 272; trad. Maus Hildebrand, *The Foreign Policy of the Third Reich*, Londres, 1973, p. 88. Sobre dúvidas a respeito da autenticidade das observações, ver Paul Stauffer, *Zwischen Hofmannsthal und Hitler: Carl J. Burckhardt. Facetten einer aussergewöhnlichen Existenz*, Zurique, 1991, pp. 178-201; e Ian Kershaw, *Hitler, 1936-1945. Nemesis*, Londres, 2000, pp. 898-9, n. 118.

30. Ver Kershaw, *Hitler, 1936-1945*, pp. 264-71, 290-1. Sobre o número de novos prazos para o ataque, ver Milan Hauner, *Hitler. A Chronology of his Life and Time*, 2. ed., Basingstoke / Nova York, 2005, p. 150.

31. Sobre sensores da paz nessa época, ver Bernd Martin, "Das Dritte Reich und die Friedens-Frage im Zweiten Weltkrieg", em Wolfgang Michalka (ed.), *Nationalsozialistische Aussenpolitik*, Darmstadt, 1978, pp. 534-7; e esp. Ulrich Schlie, *Kein Friede mit Deutschland. Die geheimen Gespräche im Zweiten Weltkrieg 1939-1944*, Munique, Berlim, 1994, caps. 10, 12.

32. Nicolaus von Below, *Als Hitlers Adjutant 1937-1945*, Mainz, 1980, p. 242; Domarus, pp. 1540-59 sobre o discurso, p. 1158 sobre a passagem relativa à Grã-Bretanha.

33. Winston S. Churchill, *The Second World War*, vol. 2: *Their Finest Hour*, Londres, 1949, pp. 229-30 sobre a resposta britânica.

34. Halder, *Kriegstagebuch*, vol. 2, p. 21 (13.7.40); trad. *The Halder War Diary*, p. 227.

35. Idem, pp. 30-4 (22.7.40); trad. *The Halder War Diary*, pp. 230-2.

36. Walter Warlimont, *Inside Hitlers Headquarters 1939-45*, Novato, Calif., s.d. (ed. original em língua inglesa, Londres, 1964), pp. 111-2.

37. Albert Speer, *Erinnerungen*, Frankfurt am Main, 1969, p. 188.

38. Halder, *Kriegstagebuch*, vol. 2, p. 49; trad. *The Halder War Diary*, p. 244.

39. Tooze, pp. 402-3, p. 430, também enfatiza as considerações estratégicas envolvendo a Grã-Bretanha e os Estados Unidos.

40. Halder, *Kriegstagebuch*, vol. 2, p. 33 (21.7.40).

41. Idem, pp. 46-7 (30.7.40).

42. Hitler ainda insistia na correção de sua decisão, por essas razões (e em justificativa póstuma), perto do fim de sua vida (*Hitlers politisches Testament. Die Bormann Diktate vom Februar und April 1945*, Hamburgo, 1981, pp. 78-80).

43. *DRZW*, vol. 4, 1983, pp. 99-106, 109.

44. Citado em *DRZW*, vol. 4, p. 110. Ver também Tooze, p. 420, e Heinz Magenheimer, *Hitlers War. Germanys Key Strategic Decisions 1940-1945*, Londres, 1998, pp. 63-4.

45. *DRZW*, vol. 4, p. 113.

46. *DRZW*, vol. 4, pp. 9-10. E ver Kershaw, *Hitler, 1936-1945*, pp. 307 e 924, n. 157, sobre evidências

contrárias à visão de Robert Cecil, *Hitler's Decision to Invade Russia 1941*, Londres, 1975, p. 74, de que não há indício de os generais anteciparem os desejos de Hitler no planejamento da invasão da União Soviética, um ponto (corretamente) afirmado por Leach, p. 53.

47. Consideração feita também por Leach, p. 73, cuja compreensão de uma liderança militar "dividida e insegura" chega mais perto do alvo que a alegação de Cecil (p. 76) de que os líderes das Forças Armadas estavam "unidos" no desejo de não invadir a Rússia.

48. Uma consideração feita também por Magenheimer, pp. 44-5; Leach, p. 72, assinala corretamente, porém, que os preparativos continuaram e que as ordens verbais de Hitler de 31 de julho foram confirmadas no fim de setembro de 1940.

49. A liderança naval não estava menos ansiosa para ressaltar que havia apresentado uma alternativa que tinha uma grande chance de sucesso, mas havia sido desdenhada pela insistência de Hitler no ataque à Rússia (Erich Raeder, *Mein Leben,* Tübingen / Neckar, 957, pp. 246-8, e Kurt Assmann, *Deutsche Schicksalsjahre,* Wiesbaden, 1950, pp. 211-2). Raeder já havia afirmado sua oposição à guerra russa, referindo-se a sua audiência com Hitler em 26 de setembro, em seu depoimento em Nuremberg (*Der Prozess gegen die Hauptkriegsverbrecher vor dem Internationalen Militärgerichtshof, Nürnberg, 14 November 1945-1. Oktober 1946*, 42 vols., Nuremberg, 1947-9, vol. 14, pp. 117-9). Ver também Michael Salewski, *Die deutsche Seekriegsleitung 1935-1945*, vol. 1, Frankfurt am Main, 1970, pp. 271-2.

50. O título do clássico dos primeiros tempos do pós-guerra de Friedrich Meinecke, *Die deutsche Katastrophe*, Wiesbaden, 1946.

51. Ver Andreas Hillgruber, *Hitlers Strategie. Politik und Kriegführung 1940-1941*, 3. ed., Bonn, 1993, pp. 190-1; Lothar Gruchmann, "Die verpassen strategischen Chancen' der Achsenmächte im Mittelmeerraum 1940 / 194l", *Vierteljahrshefte für Zeitgeschichte,* 18 (1970), pp. 456-5; Gerhard Schreiber, "Der Mittelmeerraum in Hitlers Strategie 1940. Programm und militärische Planung", *Militärgeschichtfiche Mitteilungen,* 27 / 2 (1980), pp. 69-99; e a contribuição de Gerhard Schreiber para *DRZW*, vol. 3, 1984, p. 170.

52. Explicitamente demonstrado por Gerhard Schreiber, "Zur Kontinuität des Grossund Weltmachtstrebens der deutschen Marineführung", *Militärgeschichtliche Mitteilungen*, 25 / 2 (1979), pp. 101-71.

53. Sobre as linhas gêmeas do imperialismo alemão, ver Woodruff D. Smith, *The Ideological Origins of Nazi Imperialism*, Nova York, Oxford, 1986.

54. Ver Jost Dülffer, *Weimar, Hitler und die Marine. Reichspolitik und Flottenbau 1920-1939*, Düsseldorf, 1973, pp. 492 ss.

55. BA / MA, Freiburg, RM6 / 71, "Gedanken des Oberbefehlshabers der Kriegsmarine zum Kriegsausbruch 3.9.1939"; citado em Salewski, vol. 11, p. 91, e na tradução inglesa em Charles S. Thomas, *The German Navy in the Nazi Era*, Londres, 1990, p. 187.

56. Ver Hillgruber, *Hitlers Strategie*, pp. 242-55; Gerhard L. Weinberg, "German Colonial Plans and Policies 1938-1942", em Waldemar Besson e Friedrich Frhr. Hiller v. Gaertringen (eds.), *Geschichte und Gegenwartsbewusstsein. Historische Betrachtungen und Untersuchungen*, Göttingen, 1963, pp. 462-91; Klaus Hildebrand, *Vom Reich zum Weltreich. Hitler, NSDAP und koloniale Frage 1919-1945*, Munique, 1969, pp. 652-700; Salewski, vol. 1, pp. 234-41; Gerhard Schreiber, *Revisionismus und Weltmachtstreben. Marineführung und deutsch-italienische Beziehungen 1919 bis 1944*, Stuttgart, 1978, pp. 288-97; e *DRZW*, vol. 3, pp. 250-71.

57. Salewski, vol. 3, Frankfurt am Main, 1973, pp. 106-8; *DRZW,* vol. 3, pp. 254-5.

58. Idem, pp. 108-14; *DRZW*, vol. 3, pp. 155-6. E ver os dois memorandos adicionais desse período (Salewski, vol. 3, pp. 114-8), e um outro memorando de 4 de julho de 1940 (pp. 121-35), delineando as implicações da expansão territorial massiva para o crescimento da frota.

59. BA / MA, RM6 / 83, editado em Schreiber, "Zur Kontinuität", pp. 142-7; *DRZW*, vol. 3, pp. 257-8.

60. *Staatsmänner und Diplomaten bei Hitler. Vertrauliche Aufzeichnungen über die Unterredungen mit Vertretern des Auslandes 1939-1941*, Andreas Hillgruber (ed.), ed. brochura, Munique, 1969, p. 102. (As observações de Hitler a Serrano Suñer, então ministro do Interior da Espanha, pouco depois de se tornar primeiro-ministro, 17.9.40.)

61. BA / MA, RM 7 / 894, "Studie Nordwest (Landung in England)", com data de dezembro de 1939, analisou possibilidades de um desembarque na Grã-Bretanha, indicando praias que poderiam ser consideradas, as dificuldades da linha costeira e outros fatores. Raeder reportou as conclusões — baseadas, disse ele, em análises que haviam começado no mês de novembro anterior — a Hitler em 21 de maio de 1940 (Karl Klee [ed.], *Dokumente zum Unternehmen "Seelöwe". Die geplante deutsche Landung in England 1940*, Gõttingen, 1959, p. 239).

62. *Kriegstagebuch der Seekriegsleitung 1939-1945*, Werner Rahn e Gerhard Schreiber (ed.), Herford, Bonn, 1989 (= *KTB der Seekriegsleitung*), vol. 10, parte A (reprodução mimeografada de BA / MA, 7 / 13), p. 186 (18.6.40).

63. Hillgruber, *Hitlers Strategie*, pp. 157-8.

64. Idem, pp. 169-71.

65. *KTB der Seekriegsleitung*, vol. 11, parte A (= BA / MA, 7 / 14), p. 190 (19.7.40), pp. 219-24 (19.7.40). E ver Salewski, vol. 1, pp. 58-9.

66. *KTB der Seekriegsleitung*, vol. 11, parte A, p. 201 (18.7.40).

67. *KTB der Seekriegsleitung*, vol. 12, parte A, (= BA / MA, 7 / 15), p. 3 (1. 8.40).

68. *KTB der Seekriegsleitung*, vol. 12, parte A, pp. 353-4 (30.8.40).

69. *KTB der Seekriegsleitung*, vol. 12, parte A, pp. 354-6 (30.7.40), pp. 364-5 (31.7.40); *Lagevorträge des Oberbefehlshabers der Kriegsmarine vor Hitler 1939-1945*, Gerhard Wagner (ed.), Munique, 1972, pp. 126-8 (31.7.40).

70. Karl Klee, *Das Unternehmen "Seelöwe". Die geplante deutsche Landung in England 1940*, Göttingen, 1958, p. 205.

71. Salewski, vol. 1, pp. 259-60.

72. Idem, pp. 275-6.

73. *KTB der Seekriegsleitung*, vol. 11, parte A, pp. 236-9 (11.7.40).

74. Salewski, vol. 3, pp. 137-44.

75. Schreiber, "Der Mittelmeerraum", pp. 78-9.

76. *KTB d. OKW*, vol. 1, 1965, pp. 17-8, 31-2 (9.8.40, 14.8.40); Schreiber, "Der Mittelmeerraum", pp. 78-9.

77. BA / MA, RM7 / 233, ff. 78-85: "Kriegführung gegen England bei Ausfall der Unternehrnung Seelöwe"; publicado em *Lagevorträge*, pp. 138-41 (6.9.40). Ver também Schreiber, *Revisionismus*, pp. 281-2.

78. BA / MA, RM7 / 233, ff. 83-4.

79. Sobre o acordo dos destróieres, ver Churchill, *The Second World War*, vol. 2, capítulo 20; também John Lukacs, *The Duel. Hitler vs. Churchill*, Oxford, 1991, pp. 225-7; e capítulo 5 abaixo.

80. *DRZW*, vol. 3, pp. 192-4; Schreiber, "Der Mittelmeerraum", p. 80.

81. *Lagevorträge*, pp. 134-41 (6.9.40). Curiosamente, a passagem sobre o "Problema S" é omitida no traduzido *Fuehrer Conferences on Naval Affairs 1939-1945*, Londres, 1990, p. 135.

82. *Lagevorträge*, pp. 143-6 (26.9.40); Schreiber, "Der Mittelmeerraum", p. 8, *DRZW*, vol. 3, pp. 199-201; Gruchmann, p. 463.

83. No entanto, ele colocou os argumentos para uma plena cooperação com a França de maneira menos enfática do que eles haviam desenvolvido na Executiva de Guerra Naval. Ver BA/MA, RM8/1209, "Die Bemühungen der Skl. um einen Ausgleich mit Frankreich und um die Sicherstellung des französischen Kolonialreiches in Afrika", esboço de análise do vice-almirante Kurt Assmann. Compilado em 1944, ele pretendia absolver a *Seekriegsleitung* (Executiva de Guerra Naval) da responsabilidade do curso desastroso da guerra. Mesmo assim, ele assinala a divergência em preferências estratégicas. Na introdução (f. 11), Assmann escreveu: "O problema de um entendimento franco-alemão e da manutenção do império colonial francês no Norte e Oeste da África foi uma das questões fatídicas dessa guerra. No tratamento dessa questão, as decisões e ações da liderança suprema alemã não foram de acordo com as visões do Skl. O Skl. previu corretamente o desenvolvimento futuro, advertiu reiteradamente contra ele, e tentou transmitir sua visão".

84. *KTB d. Seekriegsleitung*, vol. 13, parte A (= BA/MA, 7/16), p. 352. (26.9.40), "Führer concorda em princípio com as idéias do chefe da Executiva de Guerra Naval" ("Führer stimmt den Gedankengängen des Chefs Skl. grundsätzlich zu"). Ver também Raeder, pp. 246-8 e Assmann, pp. 211-2, embora, de fato, as observações reportadas de Hitler a seu ajudante naval fossem ambíguas — que os comentários de Raeder a ele haviam sido os mais valiosos porque serviram como um controle de suas próprias visões, para ver "se ele estava certo".

85. *Lagevorträge*, pp. 143-4 (26.9.40).

86. Halder, *Kriegstagebuch*, vol. 2, p. 124 (3.10.40).

87. Hillgruber, *Hitlers Strategie*, pp. 178, 190; Wolfgang Michalka, *Ribbentrop und die deutsche Weltpolitik 1933-1940*, Munique, 1980, pp. 247-59.

88. Wolfgang Michalka, "Vom Antikominternpakt zum euro-asiatischen Kontinentalblock. Ribbentrops Alternativkonzeption zu Hitlers ausseripolitischen Programm", em Michalka, *Nationalsozialistische Auflenpolitik*, pp. 490-1.

89. Andreas Hillgruber, "Der Faktor Amerika in Hitlers Strategie 1938-1941", em Michalka, *Nationalsozialistische Auflenpolitik*, p. 513.

90. Schreiber, "Der Mittelmeerraum", p. 80; *DRZW*, vol, 3, p. 194.

91. Hillgruber, "Amerika", pp. 512-3.

92. *Staatsmänner*, pp. 112-3.

93. Relatórios das discussões em *Staatsmänner*, pp. 104-23; e *Ciano's Diplomatic Papers*, Malcolm Muggeridge (ed.), Londres, 1948, pp. 395-9.

94. *Staatsmänner*, pp. 132-40; e ver Paul Preston, "Franco and Hitler. The Myth of Hendaye 1940", *Contemporary European History*, 1 (1992), pp. 1-16.

95. *Die Weizsäcker-Papiere 1933-1950*, Leonidas E. Hill (ed.), Frankfurt am Main, 1974, p. 221 (21.10.40) — antes da reunião de Hitler com Franco, Hitler afirmou retrospectivamente que reconheceu o valor estratégico limitado de uma intervenção espanhola: a aquisição de Gibraltar, mas também de boa parte da linha costeira atlântica que precisaria ser defendida (*Hitlers politisches Testament*, p. 60). Sobre a extensão das pretensões espanholas, ver Elena Henández-Sandoica e Enrique

Moradiellos, "Spain and the Second World War, 1939-1945", em Neville Wylie (ed.), *European Neutrals and Non-Belligerents during the Second World War,* Cambridge, 2002, pp. 251-3.

96. *Staatsmänner*, pp. 142-9.

97. *Die Weizsäcker-Papiere*, pp. 220-1 (21.10.40).

98. Gerhard L. Weinberg, *A World at Arms. A Global History of World War II*, Cambridge, 1994, p. 206. Perto do fim de sua vida (*Hitlers politisches Testament*, p. 73), Hitler considerava o tratamento leniente da França de Vichy um "completo absurdo"(*vollkommener Unsinn*).

99. Idem, p. 250.

100. Halder, *Kriegstagebuch*, vol. 2, pp. 163-6 (4.11.40), citação p. 165; *KTB d. OKW*, vol. 1, pp. 148-52 (4.11.40).

101. Warlimont, p. 120; Donald S. Detwiler, *Hitler, Franco und Gibraltar. Die Frage des spanischen Eintritts in den Zweiten Weltkrieg*, Wiesbaden, 1962, pp. 68-79; *DRZW*, vol. 3, pp. 205-7; Schreiber, "Der Mittelmeerraum", pp. 84-5; Gruchmann, p. 466.

102. Sobre as conversações, ver *Staatsmänner*, pp. 165-93.

103. *Hitlers Weisungen für die Kriegführung. Dokumente des Oberkommandos der Wehrmacht*, Walther Hubatsch (ed.), ed. brochura, 1965, pp. 77-82.

104. *Heeresadjutant bei Hitler 1938-1943. Aufzeichnugen des Majors Engel*, Hildegard von Kotze (ed.), Stuttgart, 1974, p. 91 (15.11.40).

105. *Lagevorträge*, pp. 151-5, 160-3 (14.11.40); Schreiber, "Der Mittelmeerraum", pp. 86-7.

106. Schreiber, "Der Mittelmeerraum", p. 87.

107. Idem, p. 253.

108. *KT13 d. OKW,* vol. 1, pp. 208-9 (5.12.40).

109. *KTB d. OKW*, vol. 1, p. 212 (10.12.40); *Hitlers Weisungen*, p. 90.

110. *KTB d. OKW*, vol. 1, p. 255 (9.1.41). Em 28 de janeiro (p. 284), ele aceitou que não havia nenhuma possibilidade de retomar preparativos para tomar Gibraltar, que ele momentaneamente vislumbrara acontecendo em abril, porque as tropas eram necessárias na Barbarossa. Ainda em meados de fevereiro ele exortava Franco a reconsiderar sua decisão de não entrar na guerra (Domarus, p. 1666).

111. *Hitlers Weisungen*, p. 96.

112. Aos olhos do comando da Marinha, a chance de explorar fraquezas britânicas no Mediterrâneo ainda não estava esgotada na primavera de 1941, depois do desembarque alemão em Creta e os êxitos de Rommel no Norte da África (*Lagevorträe*, pp. 240, 258-62. [6.6.41]; Gruchmann, pp. 471-4). Nessa época, porém, não havia sombra de dúvida sobre as prioridades de Hitler. Os preparativos para a iminente Operação Barbarossa ganharam tamanha precedência que, diferentemente do outono de 1940, qualquer alternativa estratégica era puramente teórica.

113. *KTB d. OKW*, vol. 1, p. 996 (17.12.40).

114. Hitler assinalou isso para Mussolini durante sua reunião em 4 de outubro de 1940 (*Staatsmänner*, p. 115).

115. Paul Schmidt, *Statist auf diplomatischer Bühne 1923-45. Erlebnisse des Chefdolmetchers im Auswärtigen Amt mit den Staatsmännern Europas*, Bonn, 1953, pp. 516-7; *Heeresadjutant*, p. 88 (28.10.40).

116. No fim de 1940, Mussolini retirara suas objeções iniciais a um aumento do poder francês no Mediterrâneo e ficara a favor de um acordo entre Alemanha e França (Weinberg, *A World at Arms*, p. 214 n. a). A essa altura, porém, a situação estratégica era diferente da existente no mês de outubro

anterior, quando Hitler e Pétain haviam se encontrado. E, mais importante, a decisão de atacar a Rússia fora confirmada. O Mediterrâneo era agora, para Hitler — embora nem sempre tivesse sido assim —, um assunto secundário.

117. Essa continuou sendo sua visão quando o fim do Terceiro Reich se aproximava (*Hitlers politisches Testament*, pp. 78-80). Hitler, diferentemente de outros na liderança nazista, nunca se interessou por aumentar o comércio com a União Soviética como uma alternativa à conquista militar. Sobre isso, ver o interessante estudo de Heinrich Schwendemann, *Die wirtschaftliche Zusammenarbeit zwischen dem Deutschen Reich und der Sowietunion von 1939 bis 1941. Alternative zu Hitlers Ostprogramm?*, Berlim, 1993, esp. pp. 355-7.

118. Warlimont, p. 115.

119. Idem, pp. 157-8, sobre a admiração acrítica de Jodl por Hitler; ver também Kershaw, *Hitler, 1936-1945*, p. 533.

120. Halder, *Kriegstagebuch*, vol. 2, p. 21 (13.7.40).

121. Alfred Kube, *Pour le mérite und Hakenkreuz. Hermann Gõring im Dritten Reich*, Munique, 1986, pp. 336-7.

122. Warlimont, p. 118.

123. Há, portanto, um certo irrealismo na conclusão de Magenheimer, pp. 69-71 (citação p. 70), de que "a omissão crítica do lado alemão [...] não foi ter mudado o foco estratégico temporário para o Mediterrâneo no verão de 1940".

124. Fedor von Bock, *The War Diary 1939-1945*, Klaus Gerbet (ed.), Atglen, Pa., 1996, pp. 197-8 (1.2.41); *KTB d. OKW*, vol. 1, p. 300 (3.2.41).

3. TÓQUIO, VERÃO-OUTONO DE 1940 [pp. 128-70]

1. Ian Nish, *Japanese Foreign Policy 1869-1942*, Londres, 1977, pp. 133-42; Akira Iriye, *The Origins of the Second World War in Asia and the Pacific*, Londres, Nova York, 1987, pp. 2-4; Zara Steiner, *The Lights that Failed. European International History 1919-1933*, Oxford, 2005, pp. 375-7, 708-10.

2. Ver Akira Iriye, *Across the Pacific. An Inner History of American-East Asian Relations*, Nova York, 1967, pp. 208-9; Roger D. Spotswood, "Japan's Southward Advance as an Issue in Japanese-American Relations, 1940-1941", tese de PhD não publicada, Universidade de Washington, 1974, p. 20. Joyce C. Lebra, *Japan's Greater East Asia Co-Prosperity Sphere in World War II. Selected Readings and Documents*, Kuala Lumpur, 1975, pp. 3-54, oferece extratos de escritos contemporâneos ilustrando diferentes conceitos do domínio econômico japonês da região.

3. Para uma análise detalhada dos antecedentes, de fontes japonesas, ver Seki Hiroharu, "The Manchurian Incident 1931", em James William Morley (ed.), *Japan Erupts. The London Naval Conference and the Manchurian Incident 1928-1932*, Nova York, 1984, pp. 139-230.

4. Para uma análise ampla da maneira como os objetivos expansionistas do Exército de campo impeliram o Japão a uma guerra com a China, ver Shimada Toshihiko, "Designs on North China 1933-1937", em James William Morley (ed.), *The China Quagmire. Japan's Expansion on the Asian Continent, 1933-1941*, Nova York, 1983, pp. 11-230.

5. Texto em *Political Strategy Prior to the Outbreak of War (Part I)*, Office of the Chief of Military History, Department of the Army, Japanese Monographs, 144, apêndice 1 (disponível em:

<http://www.ibiblio.org/pha/monos/144/144app01.html>); Iriye, *Origins*, pp. 34-5; Herbert P. Bix, *Hirohito and the Making of Modern Japan*, Londres, 2001, pp. 308-12.

6. Ver Joseph C. Grew, *Ten Years in Japan*, Nova York, 1944, pp. 169-78, o relato do embaixador americano, que estava no local; também Iriye, *Origins*, p. 33; Bix, pp. 297-306; Andrew Gordon, *A Modern History of Japan from Tokugawa Times to the Present*, Nova York, Oxford, 2003, p. 198; e para uma descrição vívida, John Toland, *The Rising Sun. The Decline and Fall of the Japanese Empire, 1936-1945*, Nova York, 1970, Modern Library, 2003, cap. 1.

7. Imai Seiichi, "Cabinet, Emperor, and Senior Statesmen", em Dorothy Borg e Shumpei Okamoto (eds.), *Pearl Harbor as History. Japanese-American Relations 1931-1941*, Nova York, 1973, p. 66; Iriye, *Origins*, p. 34. Nish, pp. 115-6, revela a maneira como o Ministério do Exterior foi "superado" pelos militares e começou a desempenhar um papel menos importante. Segundo Robert J. C. Butow, *Tojo and the Coming of the War*, Princeton, 1961, p. 86, o Gabinete de Hirota Koki, que assumiu depois da tentativa de golpe de fevereiro de 1936, "mal pode ser visto como uma ferramenta indesejada do Exército e da Marinha imperiais".

8. Iriye, *Origins*, pp. 37-9.

9. Para uma análise detalhada, ver Hata Ikuhiko, "The Marco Polo Bridge Incident, 1937", em Morley, *The China Quagmire*, pp. 243-86.

10. Bix, p. 320.

11. Idem, p. 322.

12. Idem, pp. 325-6.

13. Iriye, *Origins*, p. 45.

14. Bix, p. 332.

15. Idem, pp. 334-5.

16. Idem, pp. 340-1.

17. Iriye, *Across the Pacific*, pp. 178-9.

18. *Political Strategy Prior to the Outbreak of War (Part I)*, Japanese Monographs, 144, apêndice 11 (disponível em: <http://www.ibiblio.org/pha/monos/144/144app11.html>).

19. Bix, p. 345.

20. Idem, p. 346.

21. Iriye, *Origins*, p. 67.

22. Idem, p. 68.

23. Akira Iriye, *Power and Culture. The Japanese-American War, 1941-1945*, Cambridge, Mass., 1981, p. 6.

24. Bix, p. 353.

25. David Bergamini, *Japan's Imperial Conspiracy*, Nova York, 1971, vol. 2, p. 908; Iriye, *Origins*, pp. 76-7; Spotswood, pp. 32-4.

26. John P. Fox, *Germany and the Far Eastern Crisis 1931-1938. A Study in Diplomacy and Ideology*, Oxford, 1982, cap. 10; Hartmut Bloss, "Deutsche Chinapolitik im Dritten Reich", em Manfred Funke (ed.), *Hitler, Deutschland und die Mächte. Materialien zur Aussenpolitik des Dritten Reichs*, Düsseldorf, 1978, pp. 419-23.

27. Sheffield University Library, Wolfson Microfilm 431, Diary of Marquis Kido Koichi (tradução americana de extratos para o uso em Julgamentos por Crimes de Guerra de Tóquio), doc. n. 1632.BB (i), 22.8.39. Sobre Kido, ver Bix, pp. 370-1; e Toland, *The Rising Sun*, p. 79.

28. Iriye, *Origins*, p. 81; Nish, p. 231.

29. Idem, pp. 83-4.

30. James William Morley (ed.), *The Fateful Choice. Japan's Advance into Southeast Asia, 1939-1941*, Nova York, 1980 (ensaio traduzido por Hosoya Chiffiro de "Northern Defence", Nagaoka Shinjiro de "Economic Demands on the Dutch East Indies", de Hata Ikuhiko de "The Army's Move into Northern Indochina", Nagaoka Shinjiro de "The Drive into Southern Indochina and Thailand" e Tsunoda Jun de "The Navy's Role in the Southern Strategy", baseados em documentação japonesa), p. 121.

31. Gordon, pp. 92-3; Misawa Shigeo e Minomiya Saburo, "The Role of the Diet and Political Parties", em Borg e Okamoto, *Pearl Harbor as History*, pp. 321-4.

32. Shigeo e Saburo, pp. 324-6; Gordon, pp. 126-31, 162-73, 187-9.

33. Gordon, p. 333.

34. Idem, p. 193.

35. Shigeo e Saburo, pp. 326-7.

36. Eugene Sathre, "Communication and Conflict: Japanese Foreign Policy leading to the Pacific War", tese de PhD, não publicada, Universidade de Minnesota, 1978, pp. 43-50.

37. Todo o trecho acima baseado em Nobutaka Ike (ed.), *Japan's Decision for War. Records of the 1941 Policy Conferences*, Stanford, 1967, pp. XV-XIX. Ver também Butow, pp. 149-50.

38. Ike, p. XVIII; F. C. Jones, *Japan's New Order in East Asia. Its Rise and Fall 1937-45*, Oxford, 1954, pp. 7-9.

39. Nazli Choucri, Robert C. North e Susumu Yamakage, *The Challenge of Japan before World War II and After*, Londres, Nova York, 1992, p. 165.

40. Bix, pp. 10-1; Jones, pp. 11-2.

41. Lesley Connors, *The Emperor's Adviser. Saionji Kinmochi and Pre-War Japanese Politics*, Londres, 1987, pp. 186-99.

42. Iriye, *Origins*, pp. 86-7, 99-100.

43. Yoshitake Oka, *Konoe Fumimaro. A Political Biography*, Tóquio, 1983, pp. 10-3. Para uma breve descrição da carreira inicial de Konoe e o desenvolvimento de suas idéias, ver também Seiichi, pp. 66-8.

44. Oka, pp. 36-8.

45. Toland, *The Rising Sun*, p. 73.

46. Oka, pp. 46-7; Murakami Hyoe e Thomas J. Harper (eds.), *Great Historical Figures of Japan*, Tóquio, 1978, p. 299.

47. Oka, pp. 75, 78.

48. Bix, pp. 344-6.

49. Oka, pp. 84-5. Numa proclamação em 1º de agosto de 1940, Matsuoka Yosuke afirmou que "nossa política externa presente é estabelecer a Esfera de Co-prosperidade do Grande Leste Asiático", o que era "o mesmo que a Nova Ordem na Esfera do Leste Asiático ou a Esfera de Segurança, e seu escopo inclui áreas meridionais como as Índias holandesas e a Indochina francesa; as três nações de Japão, Manchúria e China são um elo". Alcançar isso "evitaria todos os obstáculos" para o "encerramento da abordagem do Incidente da China" (Lebra, pp. 71-2).

50. Toland, *The Rising Sun*, p. 61.

51. Iriye, *Origins*, p. 106.

52. Citado em Butow, pp. 141-2.

53. Cordell Hull, *The Memoirs of Cordell Hull*, Nova York, 1948, vol. 1, p. 902.

54. Grew, p. 328 (1.9.40). Ele rapidamente veio a enxergar em Matsuoka, no entanto, a imagem de "uma nação determinada a alcançar seus objetivos a qualquer custo" (Waldo H. Heinrichs, Jr., *American Ambassador. Joseph C. Grew and the Development of the United States Diplomatic Tradition*, Boston, 1966, pp. 143-5).

55. Oka, pp. 97-8.

56. Citado em Bix, p. 374.

57. Iriye, *Origins*, p. 106.

58. Butow, pp. 143-7 (e pp. 115-9 sobre sua nomeação inicial como vice-ministro da Guerra no primeiro governo Konoe); ver também o perfil resumido de Tojo em Mark Weston, *Giants of Japan. The Lives of Japan's Greatest Men and Women*, Nova York, Tóquio, Londres, 1999, pp. 182-9.

59. James William Morley (ed.), *Deterrent Diplomacy. Japan, Germany, and the USSR 1935-1940*, Nova York, 1976 (ensaios traduzidos de Ohata Tokushiro em "The Anti-Comintern Pact, 1935-1939", Hata Ikuhiko em "The Japanese-Soviet Confrontation, 1935-1939" e Hosoya Chiffiro em "The Tripartite Pact, 1939-1940", baseados em documentação japonesa), pp. 229-30.

60. Morley, *Deterrent Diplomacy*, pp. 201-2; Morley, *The Fateful Choice*, pp. 136-7. Sobre a posição americana em junho e julho de 1940, no contexto das circunstâncias dramaticamente alteradas depois da vitória alemã, ver Heinrichs, *American Ambassador*, pp. 309-12.

61. Morley, *Deterrent Diplomacy*, pp. 206-7.

62. Herbert Feis, *The Road to Pearl Harbor. The Coming of the War between the United States and Japan*, Princeton, 1950, pp. 51-2, 66-71; Iriye, *Origins*, pp. 102-3; Spotswood, pp. 95-9.

63. Bergamini, vol. 2, p. 934.

64. Morley, *The Fateful Choice*, pp. 138-9.

65. Idem, pp. 158-9.

66. Idem, p. 159; Morley, *Deterrent Diplomacy*, pp. 206-7 (citação p. 207).

67. Iriye, *Origins*, p. 102.

68. Morley, *The Fateful Choice*, pp. 245-6.

69. Idem, pp. 241-2.

70. Idem, pp. 243-4.

71. Idem, p. 250.

72. Idem, p. 249.

73. Idem, p. 247.

74. Texto em Morley, *Deterrent Diplomacy*, pp. 208-9; ver também Iriye, p. 102; e Spotswood, pp. 99-104.

75. Morley, *The Fateful Choice*, pp. 247-8. Ver também, sobre o reconhecimento do Exército de uma "oportunidade dourada", as observações de Grew, p. 324 (1.8.40).

76. Morley, *The Fateful Choice*, pp. 250-1.

77. Idem, pp. 251-2.

78. Sheffield University Library, Wolfson Microfilm 431, Diary of Marquis Kido Koichi, doc. n. 1632X, 8.7.40. E ver Butow, p. 141 e Feis, pp. 76-83. As manobras por trás do pano, orquestradas por Kido para instalar Konoe como o próximo primeiro-ministro, haviam começado ainda em maio (Tanaka Nobumasa [ed.], *Dokyumento Showa Tenno Dai Nikkan* [Documentos do Imperador Showa], vol. 2, Tóquio, 1988 [em japonês], p. 113).

79. Diário de Kido, doc. n. 1632X, 17.7.40.

80. Bix, pp. 178, 373; Tanaka, pp. 114-7; e Diário de Kido, doc. n. 1632X, 17.7.40.

81. O Exército ficara satisfeito em deixar a escolha de um ministro do Exterior "inteiramente para o príncipe Konoye" (Kido Diary, doc. n. 1632X, 8.7.40), mas na certeza de que ele escolheria Matsuoka.

82. Oka, p. 98.

83. *DGFP*, 10, doc. 212, p. 278.

84. Texto em Morley, *Deterrent Diplomacy*, pp. 118-9; e Spotswood, p. 109.

85. Morley, *Deterrent Diplomacy*, p. 220; ver também Iriye, *Origins*, p. 107.

86. Morley, *Deterrent Diplomacy*, pp. 214-5. Em 26 de julho, Matsuoka disse ao embaixador americano em Tóquio "que a história se baseou, em grande parte, na operação de forças cegas que, num mundo em rápida transformação, não podem ser controladas" (Grew, p. 322).

87. Iriye, *Origins*, p. 107; Oka, p. 99; Bix, p. 375; Butow, pp. 148-9.

88. Texto em *Political Strategy Prior to Outbreak of War* (*Part II*), Japanese Monographs, 146, apêndice 2 (<disponível em: http://www.ibiblio.org/pha/monos/146/146app02.html>).

89. Bix, p. 375; Butow, pp. 150-3.

90. Texto em *Political Strategy Prior to the Outbreak of War* (*Part II*), Japanese Monographs, 146, apêndice 3 (<disponível em: http://www.ibiblio.org/pha/monos/146/146pp03.html>).

91. Morley, *The Fateful Choice*, p. 141.

92. Idem, pp. 254-7, 261.

93. Idem, pp. 256-60.

94. Idem, pp. 259-61.

95. Texto em Morley, *Deterrent Diplomacy*, pp. 283-8, ver também p. 221.

96. Grew, pp. 324-5 (1.8.40); ver também sua entrada de 2.7.40, pp. 310-21.

97. Theo Sommer, *Deutschland und Japan zwischen den Mächten 1935-1940. Vom Antikominternpakt zum Dreimächtepakt*, Tübingen, 1961, pp. 384-5; Morley, *Deterrent Diplomacy*, p. 227. O "acordo dos destróieres" é examinado de maneira mais completa no capítulo 5 a seguir.

98. Sommer, pp. 386-7; Morley, *Deterrent Diplomacy*, pp. 225-6.

99. *Matsuoka Yosuke. The Man and his Life*, Tóquio, 1974 [em japonês], pp. 768-9.

100. Morley, *The Fateful Choice*, pp. 264-5. Matsuoka e alguns líderes do Exército estavam inicialmente desconfiados de que a doença de Yoshida era apenas "diplomática" (*Matsuoka Yosuke*, pp. 768-9).

101. Morley, *The Fateful Choice*, pp. 229-30, 266-8; Oka, p. 104.

102. Morley, *Deterrent Diplomacy*, pp. 228-33.

103. Idem, pp. 232-7; Spotswood, pp. 127-9.

104. Michael Bloch, *Ribbentrop*, ed. brochura, Londres, 1994, p. 303.

105. Sommer, p. 387.

106. Citado em Morley, *Deterrent Diplomacy*, p. 233.

107. Idem, p. 239.

108. Idem, p. 241.

109. Butow, p. 163.

110. Citado em Morley, *Deterrent Diplomacy*, p. 238.

111. Idem, pp. 238-9.

112. Ike, pp. 4-13, sobre notas da Conferência.

113. Citado em Morley, *Deterrent Diplomacy*, p. 248.

114. Bix, p. 382.

115. Oka, p. 105.

116. Examinado plenamente em Sommer, pp. 394-426, e Morley, *Deterrent Diplomacy*, pp. 233-54.

117. Texto em *Political Strategy Prior to the Outbreak of War* (*Part II*), Japanese Monographs, 146, pp. 23-30 (disponível em: <http: / / www.ibiblio.org/ pha / monos / 146 / 146chap1.html>). Ver também Feis, pp. 118-9. Butow, pp. 179-80, assinala que não foram feitas minutas precisas, como era normal nessas conferências, e que as secretárias registraram a essência do que foi dito. No entanto, não parece haver motivo de dúvida de que as palavras citadas representaram as visões de Konoe, Matsuoka e Tojo. Grew, p. 339 (2.10.40), registrou suas impressões de total falta de entusiasmo pelo pacto.

118. Iriye, *Origins*, p. 116.

119. Texto em Morley, *Deterrent Diplomacy*, pp. 298-9; e *DGFP*, 11, doc. 118, p. 204.

120. Os Estados Unidos viram o pacto como nada além da confirmação de um relacionamento que existia havia muito na prática (Hull, vol. 1, p. 909).

121. Iriye, *Origins*, p. 117; Morley, *The Fateful Choice*, pp. 188-203.

122. Feis, pp. 105-9; William Carr, *Poland to Pearl Harbor. The Making of the Second World War*, Londres, 1985, pp. 109-10; Spotswood, pp. 157-63. O embaixador americano em Tóquio, Joseph Grew, só tomou conhecimento da possibilidade de um acordo entre Japão e Alemanha em meados de setembro e permaneceu em grande parte no escuro até o Pacto Tripartite ter sido efetivamente assinado (Heinrichs, *American Ambassador*, p. 319).

123. Iriye, *Origins*, p. 117.

124. Carr, pp. 110-1.

125. Esse controle sobre o Sudeste Asiático era a questão principal, com os líderes japoneses determinados a expandir e controlar a área e as autoridades americanas cada vez mais resolutas em sua resistência, e é particularmente enfatizado por Iriye, *Across the Pacific*, p. 201, e Spotswood, pp. 13-8.

126. Morley, *The Fateful Choice*, p. 274; também citado por Bergamini, vol. 2, p. 952; e ver Weston, p. 193. Yamamoto havia dito ao príncipe Konoe, em agosto de 1940, que não tinha nenhuma expectativa de êxito numa guerra que durasse mais de doze meses (Bergamini, vol. 2, p. 958).

127. Carr, pp. 107-8.

128. Iriye, *Origins*, p. 116.

129. Sobre os números do Produto Interno Bruto das "grandes potências", somente a Itália era mais fraca que o Japão em 1940. O Japão também tinha a menor das Forças Armadas (salvo os Estados Unidos, que estavam apenas começando a se rearmar), mas gastou uma proporção quase tão alta quanto a Alemanha de sua renda nacional em armamentos (Mark Harrison [ed.], *The Economics of World War II. Six Great Powers in International Comparison*, Cambridge, 1998, pp. 10, 14, 21). Akira Hara, "Japan: Guns before Rice" (pp. 224-67 do mesmo volume) traz o ponto importante (p. 225) de que a economia do Japão fora organizada numa base bélica desde o início do conflito com a China em 1937.

130. Carr, p. 111.

4. ROMA, VERÃO-OUTONO DE 1940 [pp. 171-230]

1. Citado em R. J. B. Bosworth, *Mussolini*, Londres, 2002, p. 369.

2. MacGregor Knox, *Common Destiny. Dictatorship, Foreign Policy, and War in Fascist Italy and Nazi Germany*, Cambridge, 2000, pp. 61, 67-9.

3. Stanley G. Payne, *A History of Fascism 1914-45*, Londres, 1995, p. 383; I. C. B. Dear e M. R. D. Foot (eds.), *The Oxford Companion to the Second World War*, Oxford, Nova York, 1995, p. 583.

4. Em 1928, Hitler havia escrito um extenso tratado — não publicado naquelas circunstâncias — estabelecendo sua política, renunciando a pretensões sobre o Tirol do Sul no interesse de uma aliança com a Itália. Dois anos antes, ele já havia discordado das pretensões da direita nacionalista alemã usando a questão do Tirol do Sul para a agitação antiitaliana. Ver *Hitler's Second Book. The Unpublished Sequel to Mein Kampf*, Gerhard L. Weinberg (ed.), Nova York, 2003, pp. XVI-XXI, e Ian Kershaw, *Hitler, 1889-1936: Hubris*, Londres, 1998, pp. 291-2.

5. Knox, *Common Destiny*, p. 96.

6. Denis Mack Smith, *Mussolini*, ed. brochura, Londres, 1983, p. 235.

7. Alberto Aquarone, "Public Opinion in Italy before the Outbreak of World War II", em Roland Sarti (ed.), *The Ax Within. Italian Fascism in Action*, Nova York, 1974, p. 212; Paul Corner, "Everyday Fascism in the 1930s. Centre and Periphery in the Decline of Mussolini's Dictatorship", *Contemporary European History*, 15 (2006), pp. 215-8, assinalando o efeito negativo sobre o culto ao Duce da aliança com a Alemanha nazista e o aumento da probabilidade da guerra.

8. Citado de MacGregor Knox, *Mussolini Unleashed 1939-1941. Politics and Strategy in Fascist Italy's Last War*, ed. brochura, Cambridge, 1986, pp. 39-40.

9. *Ciano's Diary 1939-1943*, Malcolm Muggeridge, Londres, 1947, pp. 45-6.

10. Ray Moseley, *Mussolini's Shadow. The Double Life of Count Galeazzo Ciano*, New Haven, Londres, 1999, p. 55.

11. Citado em Knox, *Mussolini Unleashed*, p. 41.

12. *Ciano's Diary*, p. 90.

13. Ver Mario Toscano, *The Origins of the Pact of Steel*, Baltimore, 1967, caps. 4-5.

14. H. James Burgwyn, *Italian Foreign Policy in the Interwar Period 1918-1940*, Westport, Conn., 1997, p. 194.

15. Knox, *Mussolini Unleashed*, p. 42; Burgwyn, p. 194.

16. *DGFP*, 6, pp. 574-80; e ver Gerhard L. Weinberg, *The Foreign Policy of Hitler's Germany. Starting World War II, 1937-1939*, Chicago, Londres, 1980, pp. 579-81 (e p. 579 n. 188 sobre a autenticidade do documento, que havia sido colocada em questão no Julgamento de Nuremberg e depois).

17. *Ciano's Diary*, p. 116.

18. Idem, pp. 122-3.

19. Idem, pp. 123-5.

20. Idem, pp. 126-30.

21. Idem, p. 133.

22. *DGFP*, 7, doc. 271, p. 286 (25.8.39); Burgwyn, pp. 203-4.

23. *DGFP*, 7, doc, 317, p. 323; Burgwyn, pp. 204-5.

24. *Ciano's Diary*, pp. 134-6; Enno von Rintelen, *Mussolini als Bundesgenosse. Erinnerungen des deutschen Militärattachés in Rom 1936-1943*, Tübingen, Stuttgart, 1951, p. 71; Knox, *Mussolini Unleashed*, p. 43. Sobre o conceito de "não-beligerância", ver Neville Wylie (ed.), *European Neutrals and Non-Belligerents during the Second World War*, Cambridge, 2002, p. 4.

25. O trecho seguinte baseia-se em Knox, *Mussolini Unleashed*, pp. 16-9; e MacGregor Knox, *Hitlers Italian Allies. Royal Armed Forces, Fascist Regime, and the War of 1940-1943*, Cambridge, 2000, pp. 29-32.

26. Knox, *Mussolini Unleashed*, p. 10.

27. Denis Mack Smith, *Mussolini as a Military Leader*, Reading, 1974, pp. 17, 28-9. Não existia tampouco — o que se tornou pernicioso para uma avaliação precisa — um serviço de inteligência integrado (o que Mussolini via como uma ameaça a seu poder pessoal) (MacGregor Knox, "Fascist Italy Assesses its Enemies, 1935-1940", em Ernest R. May [ed.], *Knowing Ones Enemies. Intelligence Assessment before the Two World Wars*, Princeton, 1983, pp. 347-72, na p. 372).

28. Para o seguinte, ver Knox, *Mussolini Unleashed*, pp. 18-30; e Knox, *Common Destiny*, pp. 152-7.

29. Citado em Knox, *Common Destiny*, p. 155; e Knox, *Mussolini Unleashed*, p. 10. Os números do Produto Interno Bruto italiano eram, em termos econômicos, de longe os mais fracos das principais potências beligerantes em 1940 e seus gastos militares eram apenas um terço dos gastos da Alemanha (Mark Harrison [ed.], *The Economics of World War II. Six Great Powers in International Comparison*, Cambridge, 1998, pp. 10, 21). Em sua contribuição para esse volume (pp. 177-223), Vera Zamagni, "Italy: How to Lose the War and Win the Peace", conclui que o nível de desenvolvimento da Itália nem sequer permitia que o país travasse a guerra com eficácia, quanto mais a vencesse.

30. Sobre o conceito, em sua aplicação ao regime de Hitler, ver Peter Hüttenberger, "Nationalsozialistische Polykratie", *Geschichte und Gesellschaft*, 2 (1976), pp. 417-42; e o resumo em Ian Kershaw, *The Nazi Dictatorship. Problems and Perspectives of Interpretation*, 4. ed., Londres, 2000, pp. 58-9.

31. Payne, pp. 119, 122.

32. Idem, p. 117.

33. Adrian Lyttleton, *The Seizure of Power*, Londres, 1973, pp. 72-5, 175; Bosworth, *Mussolini*, pp. 154-5, 160-5.

34. Payne, pp. 116, 118-9.

35. Martin Broszat, *Der Staat Hitlers*, Munique, 1969, p. 262; Dieter Rebentisch, *Führerstaat und Verwaltung im Zweiten Weltkrieg*, Stuttgart, 1989, p. 422.

36. Maurizio Bach, *Die charismatischen Führerdiktaturen. Drittes Reich und italienischer Faschismus im Vergleich ihrer Herrschaftsstrukturen*, Baden-Baden, 1990, p. 111.

37. Payne, p. 221.

38. Ver Corner, esp. pp. 199, 206-17.

39. Ver Piero Melograni, "The Cult of the Duce in Mussolini's Italy", *Journal of Contemporary History*, 11 (1976), pp. 221-37.

40. S. J. Woolf (ed.), *Fascism in Europe*, ed. ind., Londres, 1981, p. 62.

41. Payne, pp. 219-20.

42. Knox, *Common Destiny*, p. 96; Burgwyn, p. 120; John Whittam, *Fascist Italy*, Manchester, 1995, p. 113.

43. Knox, *Common Destiny*, p. 96.

44. R. J. B. Bosworth, *Italy, the Least of the Great Powers. Italian Foreign Policy before the First World War*, Cambridge, 1979, esp. caps. 1, 2 e 4, que enfatizam o consenso amplo entre as elites sociais e políticas por trás das ambições de grande potência da Itália antes da guerra.

45. Bosworth, *Mussolini*, p. 255; Mack Smith, *Mussolini as a Military Leader*, p. 7.

46. Mack Smith, *Mussolini as a Military Leader*, pp. 5, 31.

47. Knox, *Mussolini Unleashed*, pp. 10, 18.

48. Bosworth, *Mussolini*, p. 347.

49. Ver Bosworth, *Mussolini*, p. 246.

50. Burgwyn, pp. 145-6.

51. Mack Smith, *Mussolini as a Military Leader*, p. 5.

52. *Ciano's Diary*, pp. 144-5.

53. Knox, *Mussolini Unleashed*, pp. 55-6.

54. *Ciano's Diary*, pp. 145-6, 151, 157 (citação p. 157).

55. Knox, *Mussolini Unleashed*, p. 62.

56. Idem, p. 79.

57. *Ciano's Diary*, p. 163.

58. *Ciano's Diplomatic Papers*, Malcolm Muggeridge, Londres, 1948, pp. 314-5 (citação p. 314).

59. Knox, *Mussolini Unleashed*, p. 61.

60. Idem, p. 68; *DGFP*, 8, doc. 504, pp. 608-9 (carta de Mussolini a Hitler, escrita em 3.1.40, mas enviada, com emendas menores, em 5.1.40). Ciano achou a carta de Mussolini "um ótimo documento, cheio de sabedoria e comedimento" (*Ciano's Diary*, p. 194).

61. *Ciano's Diary*, p. 164.

62. Knox, *Mussolini Unleashed*, pp. 71, 75.

63. Idem, pp. 52-4, citação p. 52.

64. *Ciano's Diary*, pp. 222-3.

65. *Ciano's Diplomatic Papers*, pp. 364-5; *Staatsner und Diplomaten bei Hitler. Vertrauliche Aufzeichnungen über die Unterredungen mit Vertretern des Auslandes 1939-1941*, Andreas Hillgruber (ed.), ed. brochura, Munique, 1969, pp. 52-3, 55, 57; *DGFP*, 9, doc. 1, pp. 1-16.

66. *Ciano's Diary*, pp. 224-5.

67. Idem, pp. 225-6.

68. Knox, *Mussolini Unleashed*, p. 89; *DDI*, vol. 3, doc. 669, pp. 576-9; Burgwyn, p. 212. Ver também, *Ciano's Diary*, p. 232.

69. *Ciano's Diary*, p. 231.

70. Knox, *Mussolini Unleashed*, pp. 90-1, 93-4.

71. *Ciano's Diary*, pp. 234, 235, 236 e 243, e ver Knox, *Mussolini Unleashed*, p. 108.

72. *Ciano's Diary*, p. 221.

73. Idem, p. 253. Sobre a mudança de clima da opinião pública com respeito à guerra, ver Denis Mack Smith, *Mussolini's Roman Empire*, Londres, Nova York, 1976, pp. 209-13.

74. Giuseppe Bottai, *Diario 1935-1944*, Giordano Bruno Guerri, Milão, 1982, p. 192.

75. Ver Knox, *Common Destiny*, pp. 113-47, com uma análise penetrante dos elementos de continuidade e ruptura na política externa de Mussolini. Ver também R. J. B. Bosworth, *The Italian Dictatorship. Problems and Perspectives in the Interpretation of Mussolini and Fascism*, Londres, 1998, pp. 99-101; e Stephen Corrado Azzi, "The Historiography of Fascist Foreign Policy", *Historical Journal*, 36 (1993), pp. 187-203, nas pp. 196-7, 199-200.

76. *Ciano's Diary*, pp. 249, 256.

77. Idem, p. 250.

78. Idem, p. 254.

79. Idem, pp. 249, 250, 261.

80. Idem, p. 261; Mack Smith, *Mussolini's Roman Empire*, p. 214; Knox, *Mussolini Unleashed*, pp. 104-5.

81. *Ciano's Diary*, p. 258; Knox, Mussolini *Unleashed*, pp. 104-5.

82. *Ciano's Diary*, p. 257.

83. Knox, *Mussolini Unleashed*, pp. 119, 121-3.

84. Moseley, p. 103.

85. Reynolds e Eleanor Packard, *Balcony Empire. Fascist Italy at War*, Londres, 1943, p. 82.

86. Citado em Knox, *Mussolini Unleashed*, pp. 111-2.

87. *Ciano's Diary*, p. 255.

88. Max Domarus (ed.), *Hitler. Reden und Proklamationen 1932-1945*, Wiesbaden, 1973, p. 1518; *Ciano's Diary*, p. 257. Knox, *Mussolini Unleashed*, p. 117, coloca Hitler se reunindo com Alfieri em 31 de maio em Bad Godesberg, mas um relatório da Deutsches Nachrichtenbüro menciona a reunião no Felsennest no dia anterior.

89. Knox, *Mussolini Unleashed*, p. 116.

90. Pietro Badoglio, *Italy in the Second World War. Memories and Documents*, Londres, Nova York, Toronto, 1948, pp. 14-5.

91. Badoglio, pp. 15-6.

92. Elizabeth Wiskemann, *The Rome-Berlin Axis. A Study of the Relations between Hitler and Mussolini*, Londres, 1966, p. 255.

93. Knox, *Mussolini Unleashed*, p. 116; *DDI*, vol. 4, doc. 642, pp. 495-7; Badoglio, pp. 15-7.

94. *Ciano's Diary*, pp. 256-7.

95. Idem, p. 259.

96. Packard e Packard, pp. 85-6.

97. Bottai, p. 193.

98. Badoglio, p. 20.

99. *Ciano's Diary*, p. 264. Sobre a falta de entusiasmo da multidão, ver também Rintelen, p. 85.

100. Luigi Villari, *Italian Foreign Policy under Mussolini*, Londres, 1959, p. 255.

101. Winston S. Churchill, *The Second World War*, vol. 2: *Their Finest Hour*, Londres, 1949, p. 106.

102. Knox, *Mussolini Unleashed*, pp. 71-4.

103 Idem, p. 82.

104. Idem, p. 107.

105. Ver Rintelen, p. 93, que afirma que teria sido mais oportuno (para a estratégia de guerra alemã) que a Itália mantivesse sua situação de "não beligerante" e o Mediterrâneo continuasse fora do conflito direto.

106. Moseley, pp. 106-7.

107. *Ciano's Diary*, p. 266.

108. Idem, p. 267. Ciano achava que o Duce temia "que a hora da paz estivesse se aproximando e aquele sonho inatingível de sua vida, sua glória no campo de batalha, estivesse se desfazendo de novo".

109. *Ciano's Diary*, p. 268; Knox, *Mussolini Unleashed*, pp. 129-30.

110. *Ciano's Diary*, p. 269.

111. Idem, pp. 270-1.

112. Bottai, p. 204.

113. *Ciano's Diary*, p. 278.

114. Mack Smith, *Mussolini*, p. 294.

115. Knox, *Mussolini Unleashed*, p. 138.

116. Mack Smith, *Mussolini*, p. 295.

117. Knox, *Mussolini Unleashed*, pp. 134-7, 155-65; William L. Langer e S. Everett Gleason, *The Undeclared War, 1940-1941*, Nova York, 1953.

118. *Ciano's Diary*, p. 87.

119. Mario Cervi, *The Hollow Legions. Mussolinis Blunder in Greece, 1940-1941*, Londres, 1972, pp. 7-10; também, Mack Smith, *Mussolini*, p. 271. Ciano escreveu em seu diário em 11 de setembro de 1939 que Mussolini dera "instruções para um entendimento com a Grécia, um país pobre demais para nós cobiçarmos" (*Ciano's Diary*, p. 151).

120. Bottai, p. 191 (25.5.40).

121. Bottai, p. 224 (29.6.40).

122. Archivio Centrale, Rome, Carte Graziani, b. 42, *Roatta Diary*, 7.7.40.

123. *Ciano's Diplomatic Papers*, pp. 377-8; Knox, *Mussolini Unleashed*, pp. 139-41; Cervi, pp. 14-7; Ehrengard Schramm-von Thadden, *Griechenland und die Grossmächte im Zweiten Weltkrieg*, Wiesbaden, 1955, pp. 48-51.

124. *DRZW*, vol. 3, 1984, p. 360. Roatta havia colhido, porém, informações do comentário de Hitler a Ciano de que era fundamental não perturbar a paz nos Bálcãs, com o que se chegou facilmente à conclusão "de que não deveríamos fazer nada contra a Iugoslávia" (*Roatta Diary*, 14.7.40).

125. *Ciano's Diary*, p. 281.

126. Knox, *Mussolini Unleashed*, pp. 166-7.

127. *Ciano's Diary*, pp. 281-2.

128. Idem, p. 282.

129. Cervi, pp. 18-23; Knox, *Mussolini Unleashed*, pp. 167-71.

130. Cervi, p. 34; Moseley, p. 114.

131. *Ciano's Diary*, pp. 282-3.

132. Idem, p. 283.

133. O sentimento antiitaliano se intensificou quando um velho cruzador grego, o *Helli*, foi torpedeado em 15 de agosto por um submarino que todos presumiram — corretamente, como se verificou — ser italiano. A verdade sobre o incidente só apareceu muito depois da guerra. Ele fora instigado, por iniciativa própria, por um dos subalternos especialmente violentos do Duce, o particularmente arrogante e impetuoso veterano fascista Cesare Maria De Vecchi di Val Cismon, governador das ilhas italianas no Egeu (Cervi, pp. 29-32).

134. Citado em Cervi, pp. 22-3; trad. múltipla em *DGFP*, 10, doc. 333, pp. 471-2.

135. *Ciano's Diplomatic Papers*, p. 381.

136. *DRZW*, vol. 3, p. 361; Knox, *Mussolini Unleashed*, p. 174.

137. Cervi, p. 13.

138. *Ciano's Diary*, p. 284.

139. Knox, *Mussolini Unleashed*, pp. 175-6.

140. *DDI*, vol. 5, p. 436; Knox, *Mussolini Unleashed*, pp. 176-7; *DRZW*, vol. 3, p. 365; Cervi, pp. 24, 42-3; *Roatta Diary*, 22.8.40.

141. *Ciano's Diary*, p. 285.

142. *Ciano's Diplomatic Papers*, p. 385.

143. Knox, *Mussolini Unleashed*, pp. 178-9.

144. Citado em Cervi, p. 43; ver também Knox, *Mussolini Unleashed*, p. 181.

145. Knox, *Mussolini Unleashed*, p. 186.

146. Citado em Cervi, p. 45.

147. Frase de Ciano: *Ciano's Diary*, p. 291.

148. Enno von Rintelen, o adido militar alemão em Roma, já havia indicado no início de agosto que, embora a ofensiva contra a Inglaterra estivesse em plena preparação, sua realização apresentava "sérias dificuldades" (*Roatta Diary*, 7.8.40).

149. Citado em Knox, *Mussolini Unleashed*, p. 191.

150. *Ciano's Diplomatic Papers*, p. 391.

151. Idem, p. 392; Schramm-von Thadden, p. 88; *DGFP*, 11, doc. 73, p. 121; *DRZW*, vol. 3, p. 369.

152. Moseley, p. 115, citando os comentários do general Puntoni, o ajudante de campo do rei, segundo o qual "Ciano mostrou uma impaciência para dar uma lição na Grécia por sua conduta que, ele diz, é ambiciosa".

153. Schramm-von Thadden, pp. 88-90; *DRZW*, vol. 3, p. 370; Knox, *Mussolini Unleashed*, p. 190.

154. Knox, *Mussolini Unleashed*, pp. 196-7.

155. Idem, p. 197.

156. Idem, p. 195.

157. Idem, pp. 193-4; Renzo De Felice, *Mussolini l'alleato 1940-1945*, vol. 1, Turim, 1990, pp. 195-6; Cervi, pp. 56-7; *DRZW*, vol. 3, p. 372.

158. *Ciano's Diary*, p. 294.

159. O apoio não tinha um real entusiasmo, porém. Quando Ciano havia apresentado, por um país que mal se envolvera em alguma luta, uma lista embaraçosamente longa de pretensões territoriais em seu encontro com Hitler em 7 de julho, Ribbentrop, ninguém menos, lhe disse que "é preciso ser moderado e não ter os olhos maiores que a barriga". Paul Schmidt, *Statist auf diplomatischer Bühne 1923-45. Erlebnisse des Chefdolmetschers im Auswärtigen Amt mit den Staatsmännern Europas*, Bonn, 1953 pp. 502-3; F. W. Dealcin, *The Brutal Friendship. Mussolini, Hitler and the Fall of Italian Fascism*, Londres, 1962, p. 11.

160. *Ciano's Diplomatic Papers*, pp. 395-8; *Ciano's Diary*, p. 296.

161. *Ciano's Diary*, p. 296.

162. Schramm-von Thadden, pp. 88-9, 96. Uma informação torturante passada de Soddu a Roatta sugere que Hitler e Mussolini poderiam ter acertado privadamente no Brenner — embora não haja menção nas minutas oficiais de sua reunião — que um regimento italiano deveria acompanhar a missão militar alemã à Romênia (Knox, *Mussolini Unleashed*, p. 202; De Felice, p. 297). Knox inferiu que o comentário derivou de um *tête-à-tête* privado entre Mussolini e Hitler. Parece improvável, porém, que Hitler tenha feito alguma promessa específica. E não foi possível determinar se a informação de Soddu se relacionava a um comentário feito ou a um pressuposto italiano derivado de uma incompreensão. Ciano negou a Bottai que houve qualquer discussão no Brenner da incursão alemã na Romênia (Bottai, p. 227).

163. De Felice (p. 297) rejeita a noção de que Mussolini poderia ter sido tomado completamente de surpresa pela intervenção alemã na Romênia, pois o ministro do Exterior italiano fora informado da resposta alemã positiva ao "pedido" romeno para enviar tropas. Ele aceita, porém, que Mussolini poderia ter sido apanhado de surpresa pela rapidez da ação alemã. Mas, seguramente, não apenas isso; a maneira como ele ficou sabendo da chegada do destacamento alemão só poderia tê-lo enfurecido.

164. *Ciano's Diary*, p. 297.

165. Bottai, p. 227.

166. Knox, *Mussolini Unleashed*, pp. 187, 203, 205-7; *DRZW*, vol. 3, pp. 374-5.

167. Knox, *Mussolini Unleashed*, pp. 207-8.

168. *Ciano's Diary*, p. 297. Ele disse a Bottai, porém, que a tarefa militar seria mais difícil do que teria sido em agosto, quando insistia na urgência de agir, embora ainda estivesse certo do sucesso (Bottai, p. 227).

169. Churchill, *The Second World War*, vol 2, pp. 383-4; Knox, *Mussolini Unleashed*, pp. 152-3.

170. Knox, *Mussolini Unleashed*, pp. 208-9. Um motivo secundário foi, talvez, como sugere De Felice, pp. 300-5, que a vitória sobre a Grécia lhe asseguraria o poder de barganha que ele precisaria se o seu colega ditador tentasse discutir termos de paz com a França de Vichy à revelia das pretensões territoriais da Itália, como parecia claramente possível depois dos encontros de Hitler com Laval e Pétain.

171. Knox, *Mussolini Unleashed*, p. 202; Martin van Creveld, *Hitler's Strategy 1940-1941. The Balkan Clue*, Cambridge, 1973, p. 34.

172. Knox, *Mussolini Unleashed*, p. 208.

173.Citado em Knox, *Mussolini Unleashed*, p. 209; ver também Schramm-von Thadden, p. 101; *DRZW*, vol. 3, pp. 376-7; e sobre o planejamento inicial, Cervi, pp. 36-7.

174. Cervi, pp. 61-2. Uma nota de Mussolini a Graziani, pouco depois da reunião do Brenner em 4 de outubro, havia dado porém uma primeira indicação de que a ocupação de toda a Grécia continental, e não apenas a Ciamuria, seria o objetivo de uma invasão (Creveld, *Hitler's Strategy*, pp. 35-6).

175. Cervi, p. 62; Knox, *Mussolini Unleashed*, p. 210.

176. Schramm-von Thadden, p. 102; Cervi, p. 65; Mack Smith, *Mussolini as a Military Leader*, p. 31. Badoglio, p. 26, coloca Cavagnari e Pricolo presentes, mas isso parece ser um lapso de memória.

177. Knox, *Mussolini Unleashed*, p. 211.

178. Texto em *DDI*, vol. 5, doc. 728, pp. 699-705; reproduzido em Schramm-von Thadden, pp. 209-17; citações acima da tradução para o inglês em Cervi, pp. 311-20. Ver também o resumo em Knox, *Mussolini Unleashed*, pp. 211-4 e os comentários cáusticos sobre a reunião por Mack Smith, *Mussolini's Roman Empire*, pp. 232-3. O relato de Sebastiano Visconti Prasca, *Io ho aggredito la Grecia*, 2. ed., Milão, 1947, pp. 61-70, afirmou que o registro estenográfico da reunião havia sido "adulterado" por Mussolini e era impreciso (em particular com respeito à contribuição de Visconti Prasca), embora confirme a essência e a natureza diletante da discussão.

179. Visconti Prasca, pp. 68-70. As minutas da reunião de 15 de outubro não sustentam a declaração de Walter Rauscher, *Hitler und Mussolini. Macht Krieg und Terror*, Graz, 2001, p. 413, de que Badoglio falou contra uma operação contra a Grécia, mas Mussolini não quis ouvir.

180. *Ciano's Diary*, p. 298.

181. Knox, *Mussolini Unleashed*, pp. 214-7.

182. O seguinte baseado em Knox, *Mussolini Unleashed*, pp. 217-9.

183. Schramm-von Thadden, p. 108.

184. Ver *Ciano's Diary*, p. 300; e Bottai, p. 229.

185. Citado em Moseley, p. 117.

186. Citações em Knox, *Mussolini Unleashed*, pp. 220-1.

187. *Ciano's Diary*, p. 300.

188. Idem, p. 301.

189. *Heeresadjutant bei Hitler 1938-1943. Aufzeichnungen des Majors Engel*, Hildegard von Kotze (ed.), Stuttgart, 1974, p. 88 (28.10.40); Schmidt, pp. 516-7. O fato de Hitler ficar surpreso e zangado

com a ação unilateral de Mussolini contra a Grécia é contestado por Creveld, *Hitlers Strategy*, pp. 39-51, e Martin van Creveld, "25 October 1940. A Historical Puzzle", *Journal of Contemporary History*, 6 (1971), pp. 87-96. Mas Knox, *Mussolini Unleashed*, p. 346, n. 84, e p. 35, n. 156, traz algumas críticas expressivas ao argumento de Creveld.

190. Ver Ernst von Weizsäcker, *Erinnerungen*, Munique, Leipzig, Freiburg, 1950, pp. 302-3. Segundo Weizsäcker, o secretário de Estado no Ministério do Exterior alemão, ele havia proposto enviar um recado inequívoco a Mussolini para não ampliar a guerra sem anuência alemã. Ribbentrop, escreveu Weizsäcker, aprovou esse curso de ação, mas Hitler havia dito que não queria restringir seu colega ditador e havia aberto indiretamente, portanto, o caminho para a iniciativa temerária de Mussolini. A surpresa mais tarde professada por Hitler, na visão de Weizsäcker, era fingida. Weizsäcker aceitou que Hitler possivelmente não estava preparado para acreditar na determinação de Mussolini de realizar o ataque.

191. Knox, *Mussolini Unleashed*, pp. 222-30; Cervi, pp. 87-92. Ver também Rintelen, pp. 108-10.

192. Schramm-von Thadden, p. 113, citando a carta de Hitler a Mussolini de 20 de novembro de 1940. Creta fizera parte do pensamento estratégico alemão sobre operações conjuntas com a Itália para expulsar os britânicos do Mediterrâneo oriental e Norte da África. Ver Creveld, *Hitler's Strategy*, p. 37.

193. *Ciano's Diplomatic Papers*, p. 400.

194. O registro italiano da reunião está em *Ciano's Diplomatic Papers*, pp. 399-404, a versão alemã em *Staatsmänner*, pp. 150-65. Talvez em reconhecimento tácito da aceitação por Hitler de seu ataque grego, Mussolini foi menos inflexível sobre a França de Vichy do que era esperado (De Felice, p. 307).

195. Mack Smith, *Mussolini*, p. 302; Knox, *Mussolini Unleashed*, p. 236; Bosworth, *Mussolini*, p. 375.

196. Churchill, *The Second World War*, vol. 2, p. 481.

197. Idem, p. 544; Knox, *Mussolini Unleashed*, p. 256 (onde o número de italianos capturados é dado como 115 mil); Lothar Gruchmann, *Der Zweite Weltkrieg*, Munique, 4. ed., 1975, p. 107, menciona 130 mil prisioneiros italianos e 470 tanques além de 1300 peças de artilharia perdidas entre o início de dezembro e o início de fevereiro. As perdas britânicas foram muito pequenas.

198. Antes da invasão italiana, a Grã-Bretanha estava pouco convencida da viabilidade e do valor de conceder ajuda militar para amparar a Grécia. Ver John S. Koliopoulos, *Greece and the British Connection 1935-1941*, Oxford, 1977, pp. 134-42. Depois do ataque, a Grã-Bretanha se mostrou interessada na manutenção da guerra ítalo-grega, mas ansiosa para evitar que a Grécia caísse sob controle alemão. Grécia e Creta eram vistas como importantes para a defesa vital do Egito. A ajuda britânica que poderia ser dispensada do Norte da África era, porém, severamente limitada. Ver Martin van Creveld, "Prelude to Disaster. The British Decision to Aid Greece, 1940-41", *Journal of Contemporary History*, 9 (1974), pp. 65-91. Não havia nenhuma presença militar britânica importante antes de um contingente ser enviado às pressas do Oriente Médio no fim de março de 1941 à luz da crise na Iugoslávia — uma medida posteriormente reconhecida como um erro estratégico que permitiu que o inimigo tomasse a iniciativa no Norte da África. O ataque alemão à Iugoslávia e à Grécia começou em 6 de abril. No fim daquele mês, cerca de 50 mil soldados britânicos e da Comunidade Britânica haviam sido evacuados, e outros 7 mil foram capturados (Dear e Foot, pp. 102-6).

199. *DRZW*, vol. 3, pp. 421-2.

200. Creveld, *Hitler's Strategy*, pp. 134-5.

201. *The Testament of Adolf Hitler. The Hitler-Bormann Documents February-April 1945*, François Genoud, Londres, 1961, pp. 65, 72-3, 81.

202. Ver Andreas Hillgruber, *Hitlers Strategie. Politik und Kriegführung 1940-1941*, 3. ed., Bonn, 1993, p. 506, n. 26.

203. Rintelen, pp. 90, 92-3, 98-9, enfatiza do ponto de vista alemão o erro estratégico de não tomar Malta.

204. Rintelen, p. 101.

205. James J. Sadkovich, "The Italo-Greek War in Context. Italian Priorities and Axis Diplomacy", *Journal of Contemporary History*, 28 (1993), pp. 439-64, na p. 440, e ver também p. 455.

206. *Fuehrer Conferences on Naval Affairs 1939-1945*, Londres, 1990, pp. 154-5.

207. James J. Sadkovich, "Understanding Defeat. Reappraising Italy's Role in World War II", *Journal of Contemporary History*, 24 (1989), pp. 27-61, na p. 38.

208. Dear e Foot, pp. 504-8. As condições terríveis na Grécia ao fim da ocupação alemã, quando a guerra civil estava começando, são vividamente descritas em Mark Mazower, *Inside Hitler's Greece. The Experience of Occupation, 1941-44*, New Haven, Londres, 1993, pp. 362-73.

209. Ver Creveld, *Hitler's Strategy*, p. 163.

210. Sadkovich, "The Italo-Greek War", p. 446.

211. Ver Knox, *Mussolini Unleashed*, p. 209.

212. Badoglio, p. 29; também citado em Knox, *Mussolini Unleashed*, p. 236; e (com uma tradução ligeiramente diferente) Cervi, pp. 149-50.

213. *Ciano's Diary*, p. 298; Knox, *Mussolini Unleashed*, pp. 215-6.

214. Churchill, *The Second World War*, vol. 2, p. 548. A afirmação é aceita, contudo, por Brian R. Sullivan, "Where One Man, and Only One Man, Led. Italy's Path from Non-Alignment to Non-Belligerency to War, 1937-1940", em Wylie, p. 149.

215. Mack Smith, *Mussolini as a Military Leader*, p. 23, assinala como recorrer ao "gênio" do Duce livrava a alta oficialidade de um senso de responsabilidade.

5. WASHINGTON, DC, VERÃO DE 1940 - PRIMAVERA DE 1941 [pp. 231-96]

1. *The Public Papers and Addresses of Franklin D. Roosevelt*, Samuel L. Rosenman, vol. 9, Nova York, 1940, p. 517.

2. *Public Opinion 1935-1946*, Hadley Cantrill, Westport, Conn., 1951, p. 971.

3. Idem, p. 973.

4. Yale University Library, Henry L. Stimson Diaries 1909-1945, bobina 6, anotação em 19.12.40; William L. Langer e S. Everett Gleason, *The Undeclared War, 1940-1941*, Nova York, 1953, p. 243.

5. Citado em John Morton Blum, *From the Morgenthau Diaries*, vol. 2: *Years of Urgency, 1938-1941*, Boston, 1965, p. 254 (da anotação do diário de 14.5.41).

6. Stimson Diaries, bobina 6, anotação em 22.4.41; Langer e Gleason, *The Undeclared War*, p. 442.

7. *Public Papers and Addresses*, vol. 8 (1939), p. 3; Joseph Alsop e Robert Kintner, *American White Paper. The Story of American Diplomacy and the Second World War*, Londres, 1940, p. 31; Robert Dallek, *Franklin D. Roosevelt and American Foreign Policy, 1932-1945*, Nova York, 1979, p. 179; Robert A. Divine, *The Reluctant Belligerent. American Entry into World War II*, Nova York, 1965, p. 56; David M. Kennedy, *Freedom from Fear. The American People in Depression and War, 1929-1945*, Nova York, Oxford, 1999, p. 427.

8. Citado em Alsop e Kintner, p. 68.

9. Waldo H. Heinrichs, Jr., *Threshold of War. Franklin D. Roosevelt and American Entry into World War II*, Nova York, Oxford, 1988, p. 11.

10. Winston S. Churchill, *The Second World War*, vol. 2: *Their Finest Hour*, Londres, 1949, p. 503.

11. *Churchill and Roosevelt. The Complete Correspondence*, Warren F. Kimball, Princeton, 1984, vol. 1, doc. C-84x, pp. 181-2 (3.5.41); Heinrichs, *Threshold of War*, p. 81.

12. Citado em Kennedy, p. 496.

13. O título do capítulo 3 de Warren F. Kimball, *Forged in War. Churchill, Roosevelt and the Second World War*, Londres, 1997.

14. O papel de Roosevelt no New Deal foi indispensável, a ponto de sua contribuição ser decisiva para as áreas de sucesso, enquanto sua falta de interesse, por exemplo em habitações de baixo custo, e sua indecisão sobre estratégia industrial ajudaram a determinar as deficiências do sistema (Tony Badger, *The New Deal. The Depression Years, 1933-40*, Londres, 1989, p. 9). Patrick Renshaw, *Franklin D. Roosevelt. Profiles in Power*, Londres, 2004, p. 107, assinala a importância da "pura força da personalidade" de Roosevelt na recuperação do moral da nação após 1933.

15. Ver Frank Freidel, *Franklin D. Roosevelt. A Rendezvous with Destiny*, Boston, 1990, p. 252. Ver também Renshaw, p. 120; e Badger, pp. 94-104.

16. Freidel, p. 287; Kennedy, pp. 347-9; Hugh Brogan, *The Pelican History of the United States of America*, Harmondsworth, 1986, p. 565. Os republicanos ganharam oitenta assentos da Câmara de Representantes e oito no Senado. Embora os democratas ainda controlassem tanto a Câmara como o Senado, alinhamentos transpartidários indicavam que as forças anti-Roosevelt haviam se fortalecido substancialmente.

17. Sobre empréstimos americanos, e a insistência nas cobranças, ver Zara Steiner, *The Lights that Failed. European International History 1919-1933*, Oxford, 2005, pp. 38-9, 185, 188.

18. Divine, *The Reluctant Belligerent*, pp. 8-10; Kennedy, pp. 387-8.

19. Citado em Kennedy, p. 386.

20. Freidel, p. 171.

21. Divine, *The Reluctant Belligerent*, pp. 17-22.

22. Kennedy, p. 393.

23. Idem, pp. 395-6. Sobre petróleo americano e a guerra abissínia, ver Cordell Hull, *The Memoirs of Cordell Hull*, Nova York, 1948, vol. 1, pp. 412-44, especialmente a admissão de Hull na p. 442 de que, "nós tínhamos ido até onde podíamos", embora "as exportações de petróleo dos Estados Unidos para a Itália estivessem moralmente embargadas", o "governo dos Estados Unidos não tinha autoridade legal para impor um embargo do petróleo". E ver Robert A. Divine, *Roosevelt and World War II*, Baltimore, 1969, pp. 11-3.

24. Divine, *The Reluctant Belligerent*, p. 29.

25. Idem, pp. 31-3; Cordell Hull apresentou a posição do governo, e a defendeu, em Hull, vol. 1, pp. 476-85.

26. Kennedy, pp. 398-9.

27. Eric Larrabee, *Commander in Chief. Franklin Delano Roosevelt, his Lieutenants, and their War*, Londres, 1987, pp. 32-3.

28. A passagem contendo a citação está incluída em Divine, *Roosevelt and World War II*, p. 9; e citada também em Brogan, p. 569.

29. Citado em John T. Flynn, *The Roosevelt Myth*, Nova York, 1956, pp. 90-2.

30. Flynn, p. 92.

31. Divine, *The Reluctant Belligerent*, pp. 48-9.

32. Kennedy, p. 388.

33. Sobre os antecedentes e a carreira de Hull, ver Irwin F. Gellman, *Secret Affairs. Franklin Roosevelt, Cordell Hull, and Sumner Welles*, Baltimore, Londres, 1995, pp. 20-36.

34. Alsop e Kintner, pp. 14, 25.

35. David Reynolds, *The Creation of the Anglo-American Alliance 1937-1941. A Study in Competitive Co-operation*, Chapel Hill, NC, 1982, p. 27.

36. Citado em Kennedy, p. 405. Numa análise cuidadosa da opinião pública americana na época do discurso da quarentena, Michael Leigh, *Mobilizing Consent. Public Opinion and American Foreign Policy, 1937-1947*, Westport, Conn., 1976, p. 48, concluiu que, longe de ser limitado pelas atitudes populares, Roosevelt "foi capaz de projetar sua hesitação na massa", com o resultado de que ele "postergou a ação mesmo quando o isolacionismo popular estava desmoronando".

37. Citado em William R. Rock, *Chamberlain and Roosevelt. British Foreign Policy and tbe United States, 1937-1940*, Columbus, Ohio, 1988, p. 48.

38. Winston S. Churchill, *The Second World War*, vol. 1: *The Gathering Storm*, Londres, 1948, p. 229. A iniciativa fora provocada por Sumner Welles e assumida pelo presidente, mas contestada pelo secretário de Estado, Cordell Hull. Ver Sumner Welles, *Seven Major Decisions*, Londres, 1951, pp. 29-44; e Rock, pp. 51-77.

39. Rock, p. 70.

40. *Foreign Relations of the United States. Diplomatic Papers 1938*, vol. 1, Washington, 1955, p. 688; citado também em Rock, p. 124, e Divine, *The Reluctant Belligerent*, p. 54. Ver também Divine, *Roosevelt and World War II*, pp. 20-3, sobre o impacto da crise tcheca em Roosevelt.

41. Kennedy, p. 419.

42. Idem, pp. 416-7.

43. David Reynolds, *From Munich to Pearl Harbor. Roosevelt's America and the Origins of the Second World War*, Chicago, 2001, pp. 42-3.

44. Alsop e Kintner, pp. 15, 41. Sobre a personalidade de Welles e o desenvolvimento de sua carreira, ver Gellman, pp. 59-69.

45. Alsop e Kintner, pp. 28-9.

46. Sobre o peso atribuído ao desenvolvimento de uma Força Aérea vigorosa, ver Michael S. Sherry, *The Rise of American Air Power. The Creation of Armageddon*, New Haven, Londres, 1987, pp. 76-91.

47. Freidel, pp. 307-13.

48. Alsop e Kintner, pp. 57-9.

49. Divine, *The Reluctant Belligerent*, pp. 56-63.

50. Ian Kershaw, *Hitler, 1936-1945*. Nemesis, Londres, 2000, p. 189.

51. Citado em William L. Langer e S. Everett Gleason, *The Challenge to Isolation, 1937-1940*, Nova York, 1952, pp. 160-1.

52. Freidel, p. 318.

53. *FDR's Fireside Chats*, Russell D. Buhite e David W. Levy, Nova York, 1992, pp. 148-51.

54. Citado em Alsop e Kintner, p. 31.

55. Idem, pp. 85-6.

56. Idem, p. 86.

57. Idem, pp. 81-2, 90; Divine, *The Reluctant Belligerent*, p. 76.

58. Alsop e Kintner, p. 83.

59. Kennedy, p. 432.

60. Divine, *The Reluctant Belligerent*, p. 67.

61. Citado em Reynolds, *From Munich to Pearl Harbor*, p. 65.

62. Divine, *The Reluctant Belligerent*, pp. 66-73.

63. Idem, p. 35.

64. Kennedy, p. 433; Freidel, p. 323.

65. Sumner Welles, *The Time for Decision*, Londres, 1944, pp. 61-118. O despacho original de Welles de Londres (12.3.40) transmitiu menos entusiasmo que seu relato publicado posteriormente. Ele indicava que Churchill havia "consumido muitos uísques" e não estava muito sóbrio quando proferiu um monólogo — "uma cascata de oratória", embora consistisse meramente de um "requentamento" de visões que já havia publicado — que durou uma hora e cinqüenta minutos (disponível em: <http://www.fdrlibrary.marist.edu/psf/box6/a73go2.html>).

66. P. M. H. Bell, *A Certain Eventuality... Britain and the Fall of France*, Londres, 1974, p. 39.

67. Welles, *Time for Decision*, pp. 118-9.

68. *For the President: Personal and Secret. Correspondence between Franklin D. Roosevelt and William C. Bullitt*, Orville H. Bullitt, Londres, 1973, p. 416.

69. Langer e Gleason, *Challenge*, p. 473. Dallek, p. 222, traz números ainda menores.

70. Langer e Gleason, *Challenge*, p. 462.

71. Freidel, p. 331.

72. Reynolds, *From Munich to Pearl Harbor*, p. 78.

73. Churchill, *The Second World War*, vol. 2, pp. 103-4; Winston S. Churchill, *Great War Speeches*, ed. brochura, Londres, 1957, pp. 23-4; e citado em Langer e Gleason, *Challenge*, p. 497.

74. Kennedy, p. 440.

75. Reynolds, *From Munich to Pearl Harbor*, p. 81.

76. John Lukacs, *Five Days in Londres. May 1940*, ed. brochura, New Haven, Londres, 2001, pp. 75-6.

77. Alsop e Kintner, pp. 104-10.

78. James MacGregor Burns, *Roosevelt. The Soldier of Freedom 1940-1945*, Londres, 1971, p. 9.

79. Burns, p. 61.

80. Robert E. Sherwood, *The White House Papers of Harry L. Hopkins*, vol. 1, Londres, 1948, pp. 202-19, tem uma boa descrição do ambiente de trabalho de Roosevelt. Ver também Burns, pp. 58-62; Alsop e Kintner, p. 23; and Larrabee, pp. 26-7.

81. Richard M. Pious, *The American Presidency*, Nova York, 1979, p. 31.

82. Larrabee, p. 42; Divine, *The Reluctant Belligerent*, p. 88.

83. Pious, pp. 53-5.

84. Idem, pp. 142, 154-5.

85. Kimball, *Forged in War*, pp. 18-9.

86. Heinrichs, *Threshold of War*, pp. 17, 19.

87. Stimson Diaries, bobina 6, entradas de 7.11.40, 18.12.40.

88. Pious, pp. 240-2.

89. Langer e Gleason, *The Undeclared War*, p. 181.

90. Langer e Gleason, *Challenge*, p. 472.

91. Freidel, pp. 341-2.

92. Langer e Gleason, *Challenge*, p. 478; Freidel, p. 342; Blum, pp. 147-8.

93. Freidel, p. 314; Blum, p. 264.

94. Langer e Gleason, *The Undeclared War*, p. 181.

95. Langer e Gleason, *Challenge*, p. 674; citação de Langer e Gleason, *The Undeclared War*, p. 181.

96. Langer e Gleason, *Challenge*, p. 478.

97. Sherwood, *White House Papers*, vol. 1, pp. 164-5; Freidel, p. 341.

98. Blum, p. 165; Flynn, pp. 211-2.

99. Burns, p. 39; Blum, p. 166.

100. Blum, p. 166; Larrabee, p. 45; Burns, p. 38.

101. Kimball, *Forged in War*, p. 53.

102. Heinrichs, *Threshold of War*, p. 18.

103. Larrabee, p. 45.

104. Idem, p. 98; Kennedy, pp. 430-1.

105. Larrabee, p. 121.

106. Citado em Freidel, p. 339.

107. Blum, pp. 166-7.

108. Idem, p. 44.

109. Idem, p. 44; William Carr, *Poland to Pearl Harbor. The Making of the Second World War*, Londres, 1985, p. 48.

110. Heinrichs, *Threshold of War*, p. 20.

111. Ver Gellman, pp. 2, 226-34.

112. Sherwood, *White House Papers*, vol. 1, pp. 3-13; Larrabee, pp. 15-6; Kennedy, pp. 145-6, 161; Freidel, p. 347; frase citada, Burns, p. 60.

113. Heinrichs, *Threshold of War*, p. 20, sobre o parágrafo acima e para a citação.

114. Divine, *The Reluctant Belligerent*, p. 99; Reynolds, *From Munich to Pearl Harbor*, p. 94.

115. Divine, *The Reluctant Belligerent*, pp. 86-8; Reynolds, *From Munich to Pearl Harbor*, pp. 91-4.

116. Langer e Gleason, *Challenge*, p. 479. Esse foi o único e efêmero período em que as pesquisas de opinião indicaram que uma maioria de americanos achava que a Alemanha venceria a guerra. Ver o gráfico em Steven Casey, *Cautious Crusade. Franklin D. Roosevelt, American Public Opinion, and the War against Nazi Germany*, Oxford, Nova York, 2001, p. 26.

117. Citado em Kimball, *Forged in War*, pp. 15, 35.

118. Idem, pp. 13, 22-3; Freidel, p. 332; Reynolds, *Anglo-American Alliance*, p. 114. Sobre o aviltamento por Hopkins dos coquetéis "vis" de Roosevelt, ver Sherwood, *White House Papers*, vol. 1, p. 113.

119. Kimball, *Forged in War*, p. 31.

120. Idem, p. 36.

121. Citado em Freidel, p. 333.

122. Churchill, *The Second World War*, vol. 2, pp. 22-3. *Churchill and Roosevelt*, vol. 1, C-9x (15.5.40), pp. 37-8.

123. Reynolds, *Anglo-American Alliance*, p. 98, citando uma minuta do Ministério do Exterior de 17.5.40.

124. Idem, p. 98 (grifos no original).

125. Reynolds, *Anglo-American Alliance*, p. 99. Após Roosevelt ter enviado uma mensagem enco-

rajadora a Reynaud em 13 de junho, Churchill — ecoado por lorde Beaverbrook, ministro da Produção de Aviões — esperava uma entrada da América na guerra "no futuro próximo". Logo veio a desilusão de esperanças tão irreais (Christopher Hill, *Cabinet Decisions on Foreign Policy. The British Experience, October 1938-June 1941*, Cambridge, 1991, p. 168).

126. Freidel, p. 331. O Comitê de Relações Exteriores do Senado foi peremptório ao manifestar sua oposição em 3 de junho ao fornecimento a outros países de material que poderia ser necessário para a defesa nacional. Mais tarde, naquele mês, o Congresso proibiu a venda de suprimentos do Exército e da Marinha a menos que fossem julgados não fundamentais para a defesa nacional (Dallek, pp. 227, 243).

127. Citado em Langer e Gleason, *Challenge*, pp. 481-2; ver também Hull, vol. 1, pp. 765-6; e Blum, p. 151.

128. Blum, pp. 150-2.

129. Freidel, p. 333.

130. Hull, vol. 1, p. 166; e ver Blum, pp. 149-58.

131. Langer e Gleason, *Challenge*, p. 483.

132. Idem, p. 485; e *Churchill and Roosevelt*, vol. 1, R-4x, 16.5.40, pp. 38-9; ver também Churchill, *The Second World War*, vol. 2, p. 23; Kimball, *Forged in War*, p. 49; Reynolds, *Anglo-American Alliance*, p. 114.

133. Langer e Gleason, *Challenge*, p. 496.

134. Idem, pp. 489-90, 494.

135. Idem, pp. 486-7.

136. Idem, pp. 516-7.

137. Divine, *The Reluctant Belligerent*, p. 88.

138. Idem, p. 86. Colocando isso em perspectiva, as despesas com a defesa da Grã-Bretanha quase triplicaram entre 1939 e 1940, e praticamente quadruplicaram de 1939 a 1941; os gastos alemães foram menos que o dobro (a partir de uma base alta) em 1939-40, e aumentaram quase duas vezes e meia de 1939 a 1941 (Jeremy Noakes e Geoffrey Pridham (eds.), *Nazism 1919-1945. Reader*, vol. 2, Exeter, 1984, p. 298).

139. Churchill, *The Second World War*, vol. 2, pp. 50-1; *Churchill and Roosevelt*, vol. 1, C-10x, C-11x, C-17x, pp. 39-40, 49-51; Reynolds, *Anglo-American Alliance*, p. 115; Lukacs, *Five Days in London*, p. 73.

140. Citado em Langer e Gleason, *Challenge*, p. 491.

141. Churchill, *Tbe Second World War*, vol. 2, p. 205.

142. Langer e Gleason, *Challenge*, p. 744.

143. Freidel, p. 334.

144. Churchill, *Tbe Second World War*, vol. 2., pp. 205-11; Joseph P. Lash, *Roosevelt and Churchill 1939-1941. The Partnership that Saved the West*, Nova York, 1976, p. 165; Langer e Gleason, *Challenge*, p. 573; Reynolds, *Anglo-American Alliance*, p. 119; Kennedy, p. 452.

145. Harold L. Ickes, *The Secret Diary of Harold L. Ickes*, vol. 3: *The Lowering Clouds 1939-1941*, Nova York, 1955, p. 233.

146. Reynolds, *Anglo-American Alliance*, pp. 119-20.

147. Freidel, pp. 342-3.

148. Flynn, pp. 214-5; Kennedy, pp. 456-7.

149. Sherwood, *White House Papers*, vol. 1, p. 174.

150. Lash, p. 206.

151. Churchill, *The Second World War*, vol. 2, pp. 117, 167.

152. Blum, p. 162.

153. Kimball, *Forged in War*, pp. 53-4.

154. Churchill, *The Second World War*, vol. 2, pp. 356-7; *Churchill and Roosevelt*, vol. 1, C-20x, pp. 56-7.

155. Langer e Gleason, *Challenge*, pp. 506-7.

156. Ickes, pp. 270-1, 293; Langer e Gleason, *Challenge*, pp. 745-6.

157. Sherwood, *White House Papers*, vol. 1, pp. 175-6.

158. *The Roosevelt Letters*, vol. 3: [*1928-1945*], Elliott Roosevelt, Londres, 1952, pp. 324-5; publicado também em Langer e Gleason, *Challenge*, p. 745.

159. Langer e Gleason, *Challenge*, pp. 747-9.

160. Ickes, p. 283.

161. Langer e Gleason, *Challenge*, pp. 749-51; Burns, pp. 177-9; Ickes, *Documentary*, pp. 292-3.

162. Churchill, *The Second World War*, vol. 7, pp. 358-60.

163. Langer e Gleason, *Challenge*, pp. 751-3.

164. Idem, pp. 753-7, citação p. 757.

165. Idem, pp. 758-9; Churchill, *The Second World War*, vol. 2, pp. 360-1.

166. Dallek, p. 245; Langer e Gleason, *Challenge*, pp. 760-1; Divine, *Roosevelt and World War II*, p. 36.

167. Reynolds, *Anglo-American Alliance*, pp. 128-31.

168. Churchill, *The Second World War*, vol. 2, pp. 361-8; Langer e Gleason, *Challenge*, pp. 762-9.

169. Langer e Gleason, *Challenge*, p. 769; Blum, pp. 182-3.

170. Reynolds, *Anglo-American Alliance*, p. 131; Kennedy, p. 461.

171. *Ciano's Diary 1939-1943*, Malcolm Muggeridge, Londres, 1947, p. 788; Langer e Gleason, *Challenge*, p. 775.

172. Franz Halder, *Kriegstagebuch. Tägliche Aufzeichnungen des Chefs des Generalstabes des Heeres 1939-1942*, vol. 2: *Von der geplanten Landung in England bis zum Beginn des Ostfeldzuges* (*1.7.1940-21.6.1941*), Hans-Adolf Jacobsen, Stuttgart, 1963, p. 75 (23.8.40), p. 98 (14.9.40); *Fuehrer Conferences on Naval Affairs 1939-1945*, Londres, 1990, p. 134; Andreas Hillgruber, *Hitlers Strategie. Politik und Kriegführung 1940-1941*, 3; ed., Bonn, 1993, pp. 201-3.

173. Langer e Gleason, *The Undeclared War*, p. 24; Reynolds, *Anglo-American Alliance*, p. 132; Reynolds, *From Munich to Pearl Harbor*, p. 87.

174. Langer e Gleason, *Challenge*, pp. 770-6.

175. Idem, p. 768. Quando, perto do fim do ano, Halifax havia aceitado com relutância o posto de embaixador em Washington, Churchill agradeceu-lhe "por assumir esta árdua tarefa", enfatizando a natureza vital da ajuda americana: "Se eles não nos ajudarem incondicionalmente", escreveu, "só haverá misérias a partilhar nesta ilha. Se eles nos derem a ajuda que merecemos, você nos terá trazido bênçãos inestimáveis" (Borthwick Institute, Universidade de York, Diary of Lord Halifax, A.7.8.7, carta de Churchill anexada à entrada de 22.12.40).

176. Churchill, *Great War Speeches*, p. 59; Churchill, *The Second World War*, vol. 2, p. 362.

177. Churchill, *The Second World War*, vol. 1, p. 358.

178. Langer e Gleason, *Challenge*, p. 765; Gloria Barron, *Leadership in Crisis. FDR and the Path to Intervention*, Port Washington, NY, Londres, 1973, p. 69.

179. Langer e Gleason, *Challenge*, p. 776.

180. Kennedy, p. 466; Divine, *The Reluctant Belligerent*, p. 35.

181. Kennedy, p. 464; Dallek, p. 255.

182. Langer e Gleason, *The Undeclared War*, p. 212 (também para a citação); e ver Reynolds, *From Munich to Pearl Harbor*, pp. 102-3.

183. Reynolds, *Anglo-American Alliance*, p. 150 (também para a citação). Churchill teve que ser muito pressionado por Lothian para superar sua relutância em "colocar todas as nossas cartas na mesa" para Roosevelt (David Reynolds, *In Command of History. Churchill Fighting and Writing the Second World War*, Londres, 2004, p. 202).

184. Warren F. Kimball, *The Most Unsordid Act. Lend-Lease 1939-1941*, Baltimore, 1969, pp. 96-7.

185. Blum, pp. 199-200; Kimball, *The Most Unsordid Act*, pp. 100-1; Dallek, p. 253. Os submarinos alemães foram responsáveis pela perda de 352 mil toneladas de embarcações mercantes em outubro de 1940, um recorde jamais superado posteriormente. Ver Dan van der Vat, *The Atlantic Campaign. The Great Struggle at Sea 1939-1945*, Londres, 1988, p. 147.

186. Ickes, p. 367.

187. Reynolds, *Anglo-American Alliance*, p. 42.

188. Langer e Gleason, *The Undeclared War*, pp. 223-5; Kimball, *The Most Unsordid Act*, p. 99.

189. Sherwood, *White House Papers*, vol. 1, p. 221; Ickes, pp. 374-6.

190. Langer e Gleason, *The Undeclared War*, pp. 226-8 (também para as citações); Kimball, *The Most Unsordid Act*, pp. 101-4; Blum, pp. 200-1.

191. Blum, pp. 202-4; Langer e Gleason, *The Undeclared War*, pp. 229-30; Kimball, *The Most Unsordid Act*, pp. 106-11.

192. Hull, vol. 1, pp. 872-3.

193. Churchill, *The Second World War*, vol. 2, p. 501. Isso foi, mesmo assim, um reconhecimento correlato da singular importância da carta. Churchill havia, de fato, feito corpo mole sobre o esboço e depois, seu envio. Sua própria ênfase fora colocada mais na necessidade de ajuda americana para superar a crise crescente na navegação e no transporte mercantes que na questão financeira, que Lothian insistira para ele salientar. Seguindo a "indiscrição calculada" de Lothian sobre o estado das finanças britânicas em seu retorno à América, foi antes esse aspecto, e não o transporte marítimo, que chamou a atenção de Roosevelt. Ver Reynolds, *In Command of History*, p. 202.

194. Churchill, *The Second World War*, vol. 2, pp. 493-501, citações pp. 500-1; *Churchill and Roosevelt*, vol. 1, C-43x, pp. 102-9.

195. Citado em Langer e Gleason, *The Undeclared War*, p. 231; ver também Blum, p. 204.

196. Blum, pp. 206-8; Langer e Gleason, *The Undeclared War*, pp. 233-5; Kimball, *The Most Unsordid Act*, pp. 112-5.

197. Sherwood, *White House Papers*, vol. 1, p. 223.

198. Kimball, *The Most Unsordid Act*, pp. 119-20, 124.

199. Idem, p. 115.

200. Stimson Diaries, bobina 6, entrada de 13.11.40; Langer e Gleason, *The Undeclared War*, pp. 236-7.

201. Sherwood, *White House Papers*, vol. 1, p. 223; Kimball, *The Most Unsordid Act*, p. 117.

202. Blum, pp. 208-9.

203. Langer e Gleason, *The Undeclared War*, p. 238.

204. Kimball, *The Most Unsordid Act*, p. 123.

205. *Public Papers and Addresses*, vol. 9 (1940), pp. 604-15; Langer e Gleason, *The Undeclared War*,

pp. 239-41; Blum, p. 209; Sherwood, *White House Papers*, vol. 1, pp. 213-4; Kimball, *The Most Unsordid Act*, pp. 121-2; Dallek, p. 255.

206. Langer e Gleason, *Challenge*, p. 746; Kimball, *The Most Unsordid Act*, pp. 77, 123.

207. Sherwood, *White House Papers*, vol. 1, p. 224.

208. Langer e Gleason, *The Undeclared War*, pp. 241-4; Kennedy, p. 478.

209. Langer e Gleason, *The Undeclared War*, pp. 245-6.

210. *FDR's Fireside Chats*, p. 167.

211. Idem, pp. 164-73.

212. Reynolds, *From Munich to Pearl Harbor*, p. 108; Langer e Gleason, *The Undeclared War*, pp. 249-50, citando o *New York Herald Tribune*, 30.12.40, o *Christian Science Monitor*, 30.12.40, e o *New York Times*, 31.11.40. Sobre as "conversas ao pé do fogo", as reações a elas e a cautela de Roosevelt no tratamento da opinião pública, ver Casey, pp. 30-7.

213. Langer e Gleason, *The Undeclared War*, p. 253.

214. Idem, p. 254, citando o *New York Times*, 12.1.41. A opinião em dezembro e janeiro não variou muito em sua proporção de 2 para 1 dos favoráveis a ajudar a Grã-Bretanha mesmo com o risco de entrar na guerra contra os ansiosos para "nos manter fora da guerra" (Leigh, p. 78).

215. Idem, pp. 253-4; Reynolds, *From Munich to Pearl Harbor*, pp. 108-9.

216. Blum, pp. 211-7; Kimball, *The Most Unsordid Act*, pp. 132-9.

217. *Public Opinion*, pp. 409-10.

218. Reynolds, *From Munich to Pearl Harbor*, p. 111.

219. Richard Norton Smith, *The Colonel. The Life and Legend of Robert R. McCormick 1880-1955*, Boston, Nova York, 1997, pp. 398-409.

220. Reynolds, *From Munich to Pearl Harbor*, pp. 110-4, e Kennedy, pp. 470-4, com resumos breves. O anteprojeto, em trâmite no Congresso, da Lei Lend-Lease é extensamente coberto em Langer e Gleason, *The Undeclared War*, pp. 254-84, e, especialmente, Kimball, *The Most Unsordid Act*, pp. 132-229.

221. Sherwood, *White House Papers*, vol. 1, pp. 265-7.

222. *Public Papers and Addresses*, vol. 10 (1941), pp. 61, 63.

223. Churchill, *The Second World War*, vol. 2, p. 501; Churchill, *Great War Speeches*, p. 101. Ver também Sherwood, *White House Papers*, vol. 1, p. 264. O rei George VI parece ter ficado menos entusiasmado, apesar de reconhecer a importância do novo compromisso americano. Escrevendo a lorde Halifax em 14 de abril de 1941, o rei disse que ele "não se sentia muito feliz sobre o Arrendamento das Bases que os americanos tanto queriam escrito & especificado. Tudo era feito no interesse deles, sem dar & tomar em certas circunstâncias... Espero que os americanos não tentem nos sangrar até o limite sobre a questão dos ativos em dólares. Do jeito como as coisas estão, eles estão recolhendo o ouro restante no mundo, que não tem nenhum uso para eles, & não devem desejar nossa bancarrota. Ao menos eu espero que eles não queiram" (Borthwick Institute, Universidade de York, Halifax Papers, A2.278.26.1).

224. Churchill, *Great War Speeches*, p. 105 (de sua transmissão radiofônica em 22.6.41).

225. Kimball, *The Most Unsordid Act*, pp. 9, 241; Divine, *The Reluctant Belligerent*, p. 106.

226. Hillgruber, *Hitlers Strategie*, pp. 400-1; *Die Tagebücher von Joseph Goebbels*, Elke Fröhlich, parte 1, vol. 9, Munique, 1998, p. 186 (14.3.41); Langer e Gleason, *The Undeclared War*, p. 422.

227. Citado em Freidel, p. 362.

228. Idem, p. 323. Muitos outros pensavam o mesmo. Ver Wayne S. Cole, *Charles A. Lindbergh and the Battle against American Intervention in World War II*, Nova York, Londres, 1974, pp. 146-7.

229. Sherwood, *White House Papers*, vol. 1, pp. 267-8.

230. Reynolds, *From Munich to Pearl Harbor*, pp. 114-6.

231. Stimson Diaries, bobina 6, entrada de 19.12.40; Kimball, *The Most Unsordid Act*, p. 129.

232. Sherwood, *White House Papers*, vol. 1, p. 271. E ver Freidel, p. 366 sobre a crença de Roosevelt de que a vitória só poderia decorrer do engajamento de uma enorme Força Expedicionária Americana com o inimigo alemão. Roosevelt falou durante a primavera e o verão de 1941 de organizar uma Força Expedicionária Americana de 75 mil homens para intervir no hemisfério ocidental (Casey, p. 15).

233. Um sinal do peso relativo atribuído pela administração aos perigos do outro lado do Atlântico e no Pacífico é que, em seus pronunciamentos públicos, Roosevelt fez somente quatro referências ao Japão nos onze meses antes de Pearl Harbor, enquanto atacou Hitler e o nazismo mais de 150 vezes no mesmo período.

234. Heinrichs, *Threshold of War*, p. 38.

235. Langer e Gleason, *The Undeclared War*, pp. 221-2; Heinrichs, *Threshold of War*, p. 38.

236. Sherwood, *White House Papers*, vol. 1, pp. 271-3; Langer e Gleason, *The Undeclared War*, pp. 285-9; Reynolds, *Anglo-American Alliance*, pp. 182-5; Reynolds, *From Munich to Pearl Harbor*, pp. 117-8; Kennedy, pp. 479-82.

237. Sherwood, *White House Papers*, vol. 1, p. 270; citação de Langer e Gleason, *The Undeclared War*, p. 289.

238. Citado em Kimball, *Forged in War*, p. 84. Ver também Heinrichs, *Threshold of War*, p. 81; e Freidel, p. 368 sobre a decepção de Churchill com Roosevelt nessa época.

239. Freidel, p. 368.

240. Blum, p. 251.

241. Ver Heinrichs, *Threshold of War*, p. 85 sobre o crescente apoio à escolta em abril e maio.

242. Roosevelt estava pressionando, em maio, para uma ação para tomar os Açores, e também as ilhas de Cabo Verde, para se antecipar ao que imaginava que poderia ser uma investida alemã sobre Espanha e Portugal "a qualquer momento". Ele queria uma força de desembaque de 50 mil homens pronta no prazo de um mês. Mas quando lhe falaram das dificuldades de encontrar um número suficiente de embarcações para a ação num espaço de tempo tão curto, ele "se deixou convencer do contrário" (Sheffield University Library, Wolfson Microfilm 575. The Presidential Diaries of Henry Morgenthau 1938-45 [Microform], Frame 0931, 22.5.41).

243. Freidel, pp. 369-70; Reynolds, *From Munich to Pearl Harbor*, pp. 125-7; Reynolds, *Anglo-American Alliance*, p. 198; Heinrichs, *Threshold of War*, p. 46. Ver também Ickes, p. 466, sobre o reportado comentário de Roosevelt de que "as coisas estão chegando ao auge: a Alemanha estará fazendo uma besteira em breve", levando Ickes a inferir que o presidente estava antevendo um incidente que justificaria uma declaração de guerra ou, pelo menos, as escoltas aos comboios. Roosevelt sugeriu cerca de sete vezes na primeira metade de 1941 que uma retaliação alemã no Atlântico seria bem-vinda no sentido de lhe dar uma justificativa para uma atitude mais beligerante. (Casey, pp. 14-5).

244. Ver Barron, pp. 91-4.

245. *For the President*, p. 512.

246. Lash, pp. 309-10.

247. *Churchill and Roosevelt*, C84x, p. 182; Reynolds, *Anglo-American Alliance*, p. 199.

248. Ickes, pp. 512-3; Sherwood, *White House Papers*, vol. 1, p. 293.

249. Citado em Blum, p. 253; e ver Langer e Gleason, *The Undeclared War*, pp. 455-6.

250. Citado em Larrabee, p. 55. Morgenthau escreveu em seu diário em 17 de maio: "Eu entendi que ele [Roosevelt] queria ser empurrado para a guerra em vez de nos conduzir para ela" (Morgenthau Diaries, Quadro 0929, 17.5.41). Ver também Dallek, p. 265; e Divine, *Roosevelt and World War II*, p. 42.

251. Sherwood, *White House Papers*, vol. 1, p. 298; Larrabee, p. 56; Burns, pp. 99-101; Reynolds, *Anglo-American Alliance*, pp. 202-3. Stimson não teve dúvida de que Hull havia abrandado o discurso. Ele disse que "se sentia bastante deprimido e cansado e por essa razão estou bastante inclinado a ser desapontado pelo discurso do presidente, que ele, no entanto, considerou bom" (Stimson Diaries, bobina 6, entradas de 27-28.5.41).

252. *FDR's Fireside Chats*, pp. 184, 187; Sherwood, *White House Papers*, vol. 1, pp. 296-8.

253. Langer e Gleason, *The Undeclared War*, p. 463; Larrabee, p. 60; Burns, p. 101.

254. Langer e Gleason, *The Undeclared War*, pp. 457, 463; Ickes, pp. 526-7; Sherwood, *White House Papers*, vol. 1, p. 299.

255. Larrabee, p. 62.

256. Barron, p. 98, citando uma entrevista com Benjamin V. Cohen.

257. Langer e Gleason, *The Undeclared War*, pp. 337, 342; Welles, *Time for Decision*, pp. 135-6.

258. Langer e Gleason, *The Undeclared War*, p. 528; Reynolds, *From Munich to Pearl Harbor*, p. 132; Dallek, p. 268. Stimson anotou em seu diário, refletindo ainda interpretações errôneas prevalecentes de um ultimato alemão precedendo a guerra: "A notícia dominante acima de todas é o fato de que a Rússia e a Alemanha estão em ponto de guerra numa negociação em que a Alemanha está fazendo cada pedaço de sua gigantesca pressão sobre a Rússia para obter vantagens enormes sob ameaça de guerra e neste momento, por todos os despachos, parece estar quase igual à possibilidade de a Rússia lutar ou se render. Evidentemente, eu acho que as chances são de que ela se renderá" (Stimson Diaries, Carretel 6, 17.6.41).

259. Sherwood, *White House Papers*, vol. 1, p. 299; Ickes, p. 552; Freidel, p. 372; Lash, p. 339; Dallek, pp. 267-8; Thomas A. Bailey e Paul B. Ryan, *Hitler vs. Roosevelt. The Undeclared Naval War*, Nova York, 1979, pp. 138-43.

260. Churchill, *Great War Speeches*, p. 102; Winston S. Churchill, *The Second World War*, vol. 3: *The Grand Alliance*, Londres, 1950, p. 210; *Churchill and Roosevelt*, p. 178.

261. Freidel, p. 369.

262. Fortemente crítico de Roosevelt, alegando — como é um argumento revisionista comum — que ele estava ativamente buscando levar a América à guerra, é Charles Callan Tansill, *Back Door to War. The Roosevelt Foreign Policy*, Chicago, 1952. Uma abordagem similar informava o argumento de um dos críticos contemporâneos de Roosevelt, Charles A. Beard, *President Roosevelt and the Coming of War 1941. A Study in Appearance and Realities*, New Haven, 1948. Flynn, embora sua crítica seja amplamente dirigida para a política doméstica, também afirma que, embora pregasse a paz, Roosevelt "decidira ir à guerra já no início de 1940" (p. 295) — a data de sua promessa expressa de não enviar tropas americanas a uma guerra estrangeira. Uma linha de ataque diferente, de que Roosevelt "fechou muitas portas para a paz" com paroquialismo e idealismo simplista, é adotada, junto com uma visão altamente generosa dos motivos dos militares alemães e japoneses, em Frederick W. Marks III, *Wind over Sand. The Diplomacy of Franklin Roosevelt*, Athens, Ga., 1988 (citação na p. 288). As

divisões ácidas de interpretação de sua política externa apimentaram a historiografia e ainda não desapareceram completamente.

263. Van der Vat, pp. 196-201; David Stafford, *Roosevelt and Churchill. Men of Secrets*, ed. brochura, Londres, 2000, p. 60. Sobre o forte aumento de perdas de novo em 1942, quando a Marinha alemã mudou seu código, ver Ronald Lewin, *Ultra Goes to War. The Secret Story*, ed. brochura, Londres, 2001, pp. 209-10.

6. MOSCOU, PRIMAVERA-VERÃO DE 1941 [pp. 297-359]

1. Anastas Ivanovich Mikoyan, *Tak bylo* [Assim é que foi], Moscou, 1999, p. 390. Citado também in Dmitri Volkogonov, *Stalin. Triumph and Tragedy*, Nova York, 1991, p. 410, e ver p. 607, n. 11. Edvard Radzinsky, *Stalin*, Nova York, 1996, p. 468, cita uma obscenidade semelhante, extraída das memórias inéditas de Y. Chadaev, principal assessor administrativo do Conselho dos Comissários do Povo (que, no entanto, não estava presente, ao contrário de Mikoyan, quando Stálin fez o comentário). Ver também Simon Sebag Montefiore, *Stalin. The Court of the Red Tsar*, Londres, 2003, pp. 330, 331 n. (remetendo a variantes do mesmo comentário); e Roy Medvedev e Zhores Medvedev, *The Unknown Stalin. His Life, Death and Legacy*, Woodstock, Nova York, 2004, p. 242 ("acabaram com ele"), das memórias de Kruchev (versão russa; a tradução inglesa, *Khrushchev Remembers*, Strobe Talbott, Londres, 1971, p. 591, ameniza o comentário, no discurso de denúncia de Stálin pronunciado em 1956, transformando-o em "Tudo que Lênin criou nós pusemos a perder para sempre"). Kruchev não estava presente no momento, e aparentemente ouviu o comentário de Béria. Sergo Béria, *Beria, My Father*, Londres, 2000, p. 70, escreve: "Lênin nos deixou um Estado e nós o transformamos em merda". Neste relato, contudo, o comissário da Defesa, Semion Constantinovich Timoshenko, está presente, embora Stálin tenha feito o comentário depois de se despedir dos generais com seus assessores. À parte Mikoyan, a única testemunha direta do comentário que deixou algo registrado a respeito foi Vyacheslav Mólotov, in *Molotov Remebers: Inside Kremlin Politics. Conversations with Felix Chuev*, Chicago, 1993, p. 39 ("estragamos tudo"). Sou grato ao falecido dr. Derek Watson (Universidade de Birmingham) pela ajuda quanto às referências textuais do desabafo de Stálin.

2. Montefiore, p. 34.

3. Volkogonov, p. 410, inclui Andrei Zhdanov, membro do Bureau Político, chefe do partido em Leningrado e próximo colaborador de Stálin, e o marechal Kliment Voroshilov (ex-comissário da Defesa). Não fica claro se Zhdanov havia retornado de Sochi, balneário do mar Negro onde fora recuperar-se de uma doença pouco antes da invasão alemã (*Molotov Remembers*, p. 25; e Mikoyan, p. 380). Nem Mólotov nem Mikoyan mencionam sua presença na reunião. As memórias de Mikoyan (p. 390) não contêm qualquer menção de uma ida de Voroshilov ao Comissariado da Defesa, referindo-se apenas a Mólotov, Malenkov, Béria e ele mesmo, além de Stálin.

4. *Molotov Remembers*, p. 39. Para uma descrição do caráter do homem que, depois da guerra, manteve-se tão obediente a Stálin que deu crédito às absurdas acusações de traição do Bureau Político contra sua própria mulher, judia, em vez de acreditar nas alegações de inocência dela, ver Roy Medvedev, *All Stalin's Men*, Oxford, 1983, pp. 82-112; para uma descrição completa de sua carreira, Derek Watson, *Molotov: A Biography*, Londres, 2005.

5. Citado em Medvedev e Medvedev, p. 237; também (com tradução diferente) em David E. Murphy, *What Stalin Knew. The Enigma of Barbarossa*, New Haven, Londres, 2005, p. xv.

6. Sobre as profusas homenagens de aniversário em dezembro de 1939, ver Robert C. Tucker, *Stalin in Power. The Revolution from Above, 1928-1941*, Nova York, 1990, pp. 607-9. Na verdade, já ficou demonstrado que Stálin não nasceu a 21 de dezembro de 1879, como sempre alegou, mas a 6 de dezembro de 1878 (Robert Service, *Stalin. A Biography*, Londres, 2004, p. 15).

7. Citado em Tucker, p. 119.

8. Ver J. Arch Getty, "The Politics of Repression Revisited", in J. Arc Getty e Roberta T. Manning (eds.), *Stalinist Terror. New Perspectives*, Cambridge, 1993, pp. 43-9.

9. Tucker, p. 444.

10. Moshe Lewin, *The Making of the Soviet System. Essays in the Social History of Interwar Russia*, Nova York, 1985, pp. 308-9.

11. Citado em Montefiore, p. 197.

12. Moshe Lewin, *The Soviet Century*, Londres, 2005, pp. 100-4.

13. Idem, pp. 100, 106-7.

14. Roger R. Reese, "The Red Army and the Great Purges", in Getty e Manning, pp. 199, 210.

15. Reese, p. 213; Bernd Bonwetsch, "Stalin, the Red Army, and the 'Great Patriotic War'", em Ian Kershaw e Moshe Lewin (eds.), *Stalinism and Nazism. Dictatorships in Comparison*, Cambridge, 1997, p. 187.

16. Lew Besymenski, *Stalin und Hitler. Das Pokerspiel der Diktatoren*, Berlim, 2004, p. 96; dados ligeiramente diferentes in Volkogonov, p. 368, e Gabriel Gorodetsky, *Grand Delusion. Stalin and the German Invasion of Russia*, New Haven, Londres, 1999, p. 115.

17. Montefiore, p. 29.

18. Richard Overy, *The Dictators. Hitler's Germany and Stalin's Russia*, Londres, 2004, p. 469; Montefiore, p. 197.

19. Tucker, pp. 433-4.

20. Besymenski, p. 96.

21. Idem, pp. 97-8.

22. Volkogonov, p. 369; Lewin, *The Soviet Century*, p. 110.

23. Gregor Suny, "Stalin and His Stalinism. Power and Authority in the Soviet Union", in Kershaw e Lewin, pp. 26-7.

24. Citado em Overy, *Dictators*, p. 64.

25. Tucker, p. 439.

26. Overy, *Dictators*, p. 65.

27. Montefiore, p. 29; Evan Mawdsley, *The Stalin Years. The Soviet Union, 1929-1953*, Manchester, 1998, p. 17.

28. Watson, p. 146.

29. Lewin, *The Soviet Century*, pp. 86-7.

30. Citado em Service, p. 383. Sobre o aumento da burocracia, ver Moshe Lewin, "Bureaucracy and the Stalinist State", in Kershaw e Lewin, pp. 62-6.

31. Tucker, p. 595; Geoffrey Roberts, *Unholy Alliance. Stalin's Pact with Hitler*, Londres, 1989, pp. 128-9; Watson, pp. 153-7.

32. Albert L. Weeks, *Stalin's Other War. Soviet Grand Strategy 1939-1941*, Lanham, Md., 2002, p. 108.

33. Roberts, *Unholy Alliance*, p. 34.

34. A. J. P. Taylor, *The Origins of the Second World War*, Harmondsworth, 1964, p. 76.

35. Roberts, *Unholy Alliance*, p. 35; Heinrich Schwendemann, *Die wirtschaftliche Zusammenarbeit zwischen dem Deutschen Reich und der Sowjetunion von 1939 bis 1941. Alternative zu Hitlers Ostprogramm?*, Berlim, 1993, p. 23.

36. Besymenski, pp. 51-6 (relatório soviético sobre a cooperação, 1928).

37. Roberts, *Unholy Alliance*, p. 41.

38. Citado em Besymenski, p. 67.

39. Citado em Roberts, *Unholy Alliance*, p. 57.

40. Citado em Besymenski, pp. 21-2. Ver também Roberts, *Unholy Alliance*, p. 100, e Barton Whaley, *Codeword Barbarossa*, Cambridge, Mass., 1973, p. 200, contendo outras referências de dirigentes soviéticos, em 1935-6, aos objetivos agressivos em relação à União Soviética professados por Hitler in *Mein Kampf*.

41. Roberts, *Unholy Alliance*, pp. 43-4.

42. David M. Glantz, *The Military Strategy of the Soviet Union. A History*, Londres, 1992, pp. 58, 60.

43. Citado em Roberts, *Unholy Alliance*, p. 109.

44. Glantz, *Military Strategy*, pp. 69-70. G. Zhukov, *Reminiscences and Reflections*, Moscou, 1985, vol. I, p. 209, afirma que "até quarenta divisões foram reunidas em regiões adjacentes à fronteira ocidental".

45. Besymenski, pp. 98-101, 116-8; Roberts, *Unholy Alliance*, pp. 87-92.

46. Texto da seção relativa à política externa do discurso de Stálin em Besymenski, pp. 134-42; citação das "castanhas", p. 142, e citado em Roberts, *Unholy Alliance*, p. 116 e Watson, p. 152. Tanto Roberts (p. 118) quanto Watson (p. 313, n. 55) assinalam que a tradução literal do que Stálin disse seria "revolver o fogo com mãos alheias".

47. Roberts, *Unholy Alliance*, p. 130. A URSS se dispunha a mobilizar 70% das tropas diretamente mobilizadas pela Grã-Bretanha e a França em caso de um ataque alemão a Oeste. No caso de um ataque alemão contra a URSS, a Grã-Bretanha e a França imediatamente mobilizariam 70% das forças soviéticas especificadas (Zhukov, vol. I, pp. 212-6).

48. Roberts, *Unholy Alliance*, p. 134.

49. Para um relato completo da falta de empenho da Grã-Bretanha e da França em se unir à União Soviética contra a ameaça de Hitler e do forte anticomunismo que estava por trás dessa diplomacia sem convicção, ver Michael Jabara Carley, *1939. The Alliance that Never Was and the Coming of World War II*, Chicago, 1999.

50. Ivan Maisky, *Who Helped Hitler?*, Londres, 1964, p. 133.

51. O contexto e a assinatura do pacto são bem descritos por Anthony Read e David Fisher, *The Deadly Embrace. Hitler, Stalin and the Nazi-Soviet Pact 1939-1941*, Londres, 1988, capítulos 13-23. Os documentos diplomáticos relevantes (de arquivos alemães) foram convenientemente reunidos em *Nazi-Soviet Relations 1939-1941*, Raymond James Sontag e James Stuart Beddie, Nova York, 1948, pp. 1-78. O estreitamento das relações econômicas a partir da primavera de 1939 é tratado por Schwendemann, pp. 44-54.

52. Ver Besymenski, pp. 67-88; e Roberts, *Unholy Alliance*, pp. 101-8.

53. Besymenski, pp. 186-92.

54. Citado em Roberts, *Unholy Alliance*, p. 139.

55. Carley, pp. 196-8.

56. Besymenski, pp. 238-9; Gerhard L. Weinberg, *The Foreign Policy of Hitler's Germany. Starting World War II, 1937-1939*, Chicago, Londres, 1980, p. 604; Volkogonov, p. 353.

57. Ver Gustav Hilger e Alfred G. Meyer, *The Incompatible Allies. A Memoir of German-Soviet Relations 1918-1941*, Nova York, 1953, pp. 293-301.

58. Ian Kershaw, *Hitler, 1936-1945*. Nemesis, Londres, 2000, p. 205.

59. *Khrushchev Remembers*, p. 128.

60. Citado em Montefiore, p. 275.

61. Volkogonov, p. 352; ver Montefiore, p. 272.

62. *Nazi-Soviet Relations*, pp. 131-2 (memorando sobre o Acordo Comercial Germano-Soviético de 11 de fevereiro de 1940); Alexander Werth, *Russia at War, 1941-1945*, Nova York, 1984, p. 113; Roberts, *Unholy Alliance*, pp. 175-8; Schwendemann, p. 143.

63. Citado em Roberts, *Unholy Alliance*, p. 185.

64. Gorodetsky, pp. 5, 14.

65. *Khrushchev Remembers*, p. 166.

66. Roberts, *Unholy Alliance*, p. 186.

67. Besymenski, pp. 279-81.

68. Roberts, *Unholy Alliance*, p. 195. O mal-estar soviético foi claramente afirmado por Mólotov num memorando ao governo alemão entregue a 21 de setembro de 1940 (*Nazi-Soviet Relations*, pp. 189-94).

69. A versão oficial alemã dos encontros consta in *DGFP*, 11, docs. 325-9, 339.

70. Besymenski, pp. 315-8.

71. Stálin interrompeu o relatório de Mólotov sobre as conversações com comentários antialemães, atacou os dirigentes nazistas e declarou que "o princípio central da política deles é a perfídia" (citado em Watson, p. 186).

72. *1941 god. Dokumenty* [O ano de 1941. Documentos], ed. A. N. Iakovlev, V. P. Naumov et al., Moscou, 1998, vol. I, docs. 41-2, 44, 53, 58, 93 (todos de julho a agosto de 1940); também Gorodetsky, p. 38.

73. Besymenski, pp. 97-8.

74. Gorodetsky, p. 118.

75. Idem, p. 120.

76. Seweryn Bialer (ed.), *Stalin and his Generals*, Londres, 1970, pp. 35-6; Albert Seaton, *Stalin as Warlord*, Londres, 1976, pp. 87-9; Adam Ulam, *Stalin. The Man and His Era*, Boston, 1989, p. 530; Mikoyan, p. 382.

77. Besymenski, p. 368.

78. Seaton, p. 91.

79. *Khrushchev Remembers*, pp. 158-60, 163-4.

80. Besymenski, pp. 282-98 (relatório de Timoshenko de 7 de dezembro de 1940). David M. Glantz, *Stumbling Colossus. The Red Army on the Eve of World War*, Lawrence, Kan., 1998, p. 89, refere-se ao relatório como obra conjunta de Voroshilov e Timoshenko a 8 de maio de 1940. Essa data, contudo, era a da transferência a Timoshenko da responsabilidade à frente da Defesa, e não a do relatório propriamente dito. Timoshenko recebeu o material de apoio da administração central do

Exército Vermelho nessa ocasião. Mas não existem indícios de que Voroshilov tenha participado da coleta de dados para o relatório entregue a Timoshenko a 7 de dezembro de 1940.

81. Bonwetsch, p. 186; Besymenski, p. 98; Louis Rotundo, "Stalin and the Outbreak of War in 1941", *Journal of Contemporary History*, 24 (1989), p. 280; Glantz, *Military Strategy*, p. 92; Glantz, *Stumbling Colossus*, p. 107; ver Zhukov, vol. I, pp. 228, 244-5.

82. Mark von Hagen, "Soviet Soldiers and Officers on the Eve of the German Invasion. Toward a Description of Social Psychology and Political Attitudes", Robert W. Thurston e Bernd Bonwetsch (eds.), *The People's War. Responses to World War II in the Soviet Union*, Urbana, Chicago, 2000, pp. 191-9.

83. John Erickson, *The Road to Stalingrad. Stalin's War with Germany*, vol. I, Londres, 1998, pp. 62-4. Ver também Zhukov, vol. I, pp. 233-43, sobre as deficiências em matéria de rearmamento, comunicações e defesa.

84. Jacques Sapir, "The Economics of War in the Soviet Union during World War II", em Kershaw e Lewin, p. 216. As deficiências e o despreparo do Exército Vermelho para o combate em campo aberto às vésperas da Barbarossa são amplamente descritos in David M. Glantz, "The Red Army in 1941", em David M. Glantz (ed.), *The Initial Period of War on the Eastern Front, 22 June-August 1941*, Londres, 1993, pp. 1-39; e David M. Glantz, *Barbarossa. Hitler's Invasion of Russia 1941*, Stroud, 2001, pp. 22-8.

85. Gorodetsky, pp. 116-7; Sapir, pp. 210-1; Glantz, *Military Strategy*, pp. 65-6.

86. John Erickson, "Threat Identification and Strategic Appraisal by the Soviet Union 1930-1941", em E. R. May (ed.), *Knowing One's Enemies. Intelligence Assessment between the Two World Wars*, Princeton, 1983, pp. 416-8; Whaley, pp. 175, 181, 199, 223, 228, 242; Roberts, *Unholy Alliance*, pp. 187, 213; Glantz, *Military Strategy*, pp. 61-2. O Estado-Maior do Exército Vermelho continuou agindo com base na premissa de que a Wehrmacht levaria entre dez e quinze dias para se mobilizar e entrar em campo, descartando, portanto, a possibilidade de um ataque-surpresa (Glantz, *Stumbling Colossus*, p. 96).

87. Gorodetsky, p. 126. A continuidade do pensamento estratégico, também sob o comando de Zhukov, é igualmente enfatizada por Glantz, *Military Strategy*, pp. 87-8. Zhukov comentaria mais tarde (Zhukov, vol. I, p. 245): "A estratégia militar baseava-se principalmente na justificada convicção de que um agressor só pode ser derrotado mediante operações ofensivas".

88. Besymenski, pp. 355-63. Ver também Glantz, *Military Strategy*, pp. 70-5; e Glantz, *Stumbling Colossus*, pp. 90-2.

89. Citado em Glantz, *Stumbling Colossus*, p. 93, e Besymenski, p. 364. Zhukov, vol. I, p. 250, lembrava-se de ter ouvido Stálin dizer: "A Alemanha nazista não poderá sustentar uma guerra prolongada em grande escala sem esses recursos vitais".

90. Besymenski, pp. 364-5; *1941 god*, vol. I, docs. 95, 134; Evan Mawdsley, "Crossing the Rubicon. Soviet Plans for Offensive War in 1940-1941", *International History Review*, 25 (2003), pp. 821-3; Gorodetsky, pp. 122-4; Jacob Kipp, "Soviet War Planning", em Glanz, *Initial Period of War*, pp. 46-7; Glantz, *Military Strategy*, pp. 78-81.

91. Gorodetsky, p. 127. Para as atas da conferência, ver Erickson, *Road to Stalingrad*, pp. 40-6.

92. Gorodetsky, pp. 128-9; Mawdsley, "Crossing the Rubicon", pp. 825-7; Erickson, *Road to Stalingrad*, pp. 50-5; Glantz, *Military Strategy*, pp. 81-6; Zhukov, vol. I, pp. 221-5.

93. Mawdsley, "Crossing the Rubicon", pp. 827-32; *1941 god*, vol. I, doc. 315; excertos em Besymenski, pp. 365-7; Zhukov, vol. I, p. 250.

94. Mawdsley, "Crossing the Rubicon", pp. 827-9; Besymenski, p. 368; Glantz, *Stumbling Colossus*, pp. 100-2, 108. As unidades efetivamente existentes sofriam de falta de equipamentos, armas e munições, carecendo de meios de transporte e vendo sua ação comprometida pela insuficiência dos meios de comunicação (Catherine Merridale, *Ivan's War. The Red Army 1939-1945*, Londres, 2005, pp. 87-90).

95. Besymenski, pp. 368-70.

96. Richard Overy, *Russia's War*, Londres, 1997, pp. 64-5. Ver também Rotundo, p. 282; Glantz, *Military Strategy*, pp. 75, 79; e Glantz, *Stumbling Colossus*, p. 88: "Dada a escassez de recursos, embora fosse priorizada a construção de defesas ao longo da nova fronteira, nenhum desses dispositivos estava pronto ou dotado de efetivos em junho de 1941". Ver também Zhukov, vol. I, pp. 251-3.

97. Mikoyan, p. 377.

98. Winston S. Churchill, *The Second World War*, vol. 4: *The Hinge of Fate*, Londres, 1951, p. 443.

99. Gorodetsky, pp. 113-4; Roberts, *Unholy Alliance*, p. 205.

100. Citado em Gorodetsky, p. 174.

101. Gorodetsky, pp. 173, 176 (e passim no capítulo 8); Zhukov, vol. I, p. 268, em que o enunciado é ligeiramente diferente da citação da versão russa das memórias de Zhukov feita por Gorodetsky; também Whaley, pp. 62-3. Para uma atribuição de sentimentos semelhantes a Stálin, ver Mikoyan, p. 377: "Seria uma grande vantagem para Churchill se entrássemos na guerra, mas para nós é útil ficar mais algum tempo à margem".

102. Winston S. Churchill, *The Second World War*, vol. 3: *The Grand Alliance*, Londres, 1950, pp. 316, 322-3.

103. Sobre as agências soviéticas de inteligência, ver Whaley, pp. 192-200, e o recente e mais abrangente apanhado constante in Murphy, especialmente pp. 62-116.

104. Gorodetsky, p. 130.

105. *Khrushchev Remembers*, p. 340.

106. Gorodetsky, p. 54. Ver Glantz, *Stumbling Colossus*, pp. 233-57, sobre a desconfiança da inteligência tanto civil quanto militar — desconfiança fomentada e corroborada pelo tom dos relatórios transmitidos a Stálin, freqüentemente dando ênfase à desinformação.

107. Ver Whaley, pp. 170-7, 180-1; Read e Fisher, pp. 594-601; Glantz, *Barbarossa*, p. 31.

108. Whaley, p. 242.

109. *1941 god*, vol. I, doc. 204; ver Gorodetsky, p. 124.

110. Citado em Gorodetsky, p. 125; *1941 god*, vol. I, doc. 227. Ver também Whaley, p. 34.

111. *1941 god*, vol. I, doc. 301.

112. Idem, doc. 308. No fim de maio de 1941, Stálin ainda se dispunha a acreditar que Hitler não estava informado das violações do espaço aéreo soviético e que a Wehrmacht agia por conta própria. Ver Gorodetsky, p. 225. Ver adiante a reação inicial de Stálin ao ataque à União Soviética, segundo a qual ela teria sido efetuada sem o conhecimento de Hitler.

113. Idem, doc. 321.

114. Idem, doc. 340.

115. Por exemplo, *1941 god*, vol. 2, doc. 376. A 24 de abril um comunicado do adido naval alemão em Moscou ao alto comando naval mencionava boatos supostamente provenientes do embaixador britânico, prevendo acertadamente o início da guerra a 22 de junho (*Nazi-Soviet Relations*, p. 330).

116. *1941 god*, vol. 2, doc. 377.

117. Idem, doc. 394.

118. Idem, doc. 421 e doc. 592, contendo um calendário de 25 importantes relatórios de "Starshina" e "Corso" entre 6 de setembro de 1940 e 16 de junho de 1941 (trad. alemã em Gerd R. Ueberschär e Lev A. Bezymenskij (eds.), *Der deutsche Angriff auf die Sowjetunion 1941. Die Kontroverse um die Präventivkriegsthese*, Darmstadt, 1998, pp. 199-212). O calendário foi estabelecido, por ordem de Stálin, a 20 de junho de 1941. Só seria comunicado a Merkulov, o chefe da segurança externa, depois da invasão alemã (Gorodetsky, p. 297).

119. *1941 god*, vol. 2, doc. 443. Sobre as atividades de Sorge nas semanas anteriores à invasão alemã, ver Robert Whymant, *Stalin's Spy. Richard Sorge and the Tokyo Espionage Ring*, Londres, Nova York, 1996, capítulos 11-12; e Murphy, pp. 84-90.

120. Ver, por exemplo, os informes reproduzidos in *Sekrety Gitlera no stole u Stalina* [Os segredos de Hitler na mesa de Stálin], Moscou, 1995, docs. 3-4, 6-7, e Gorodetsky, pp. 130-6.

121. A maioria das 84 advertências reunidas por Whaley (capítulos 3-5) chegou por canais estrangeiros. Mas algumas das melhores informações, como assinalamos, foram fornecidas por agentes soviéticos. Stálin achou inclusive que Dekanozov, o embaixador soviético em Berlim, estava sendo ludibriado por agentes britânicos e passando adiante sua desinformação (Mikoyan, p. 377).

122. *1941 god*, vol. I, doc. 327. Ver também Murphy, pp. 156-8; Rotundo, p. 290; e Glantz, *Stumbling Colossus*, pp. 241-2. O informe apresentava, sobre a data e o caráter do ataque alemão, informações que haveriam de revelar-se previsões quase totalmente exatas, mas já ao ser apresentado era prejudicado pela advertência de Golikov de que elas emanavam sobretudo de fontes anglo-americanas. Sobre a maneira como Golikov apresentava os dados de inteligência a Stálin, ver Zhukov, vol. I, pp. 272-3; Erickson, *Road to Stalingrad*, pp. 88-9; Whaley, pp. 194-6; e Murphy, pp. 141-61.

123. Ver Whaley, p. 227, sobre a incapacidade *geral* dos sistemas de inteligência de interpretar corretamente as intenções alemãs; também Waldo, Heinrichs, Jr., *Threshold of War. Franklin D. Roosevelt and American Entry into World War II*, Nova York, Oxford, 1988, pp. 24-6.

124. Zhukov, vol. I, pp. 265-6; Whaley, pp. 172-5, 181; Murphy, pp. 173-84.

125. Gorodetsky, pp. 156-7, 164-5; Roberts, *Unholy Alliance*, p. 217.

126. *Molotov Remembers*, p. 22. Stálin dirigiu-se em termos semelhantes a Zhukov a 14 de junho, ao receber informações dos serviços de inteligência sobre o estado de preparação para o combate das divisões alemãs avançadas: "Não se pode acreditar em tudo que a inteligência diz" (Zhukov, vol. I, pp. 275-6). Zhukov foi categórico (p. 274) no sentido de que o Comissariado da Defesa não estava inteirado dos relatórios de inteligência não militar enviados a Stálin.

127. Medvedev e Medvedev, p. 229.

128. *DGFP*, 12, doc. 468; *Nazi-Soviet Relations*, pp. 335-6. Ver Gorodetsky, p. 211.

129. Isaac Deutscher, *Stalin. A Political Biography*, ed. revista, Londres, 1988, p. 444.

130. Besymenski, p. 379.

131. Idem, pp. 374-5.

132. *1941 god*, vol. 2, doc. 437; Besymenski, pp. 380-86, 391-3; trechos de anotações feitas por Georgi Dimitrov em Ueberschär e Bezymenskij, pp. 184-5.

133. Ver Besymenski, pp. 394-7; Gorodetsky, p. 208 e p. 365 n. 36; Montefiore, p. 311 n.; Overy, *Russia's War*, pp. 68-9; R. W. Davies, *Soviet History in the Yeltsin Era*, Londres, 1997, pp. 56-8; e Geoffrey Roberts, *The Soviet Union and the Origins of the Second World War. Russo-German Relations and the Road to War, 1933-1941*, Londres, 1995, p. 144. A historiografia russa e alemã que sustenta a tese da

"guerra preventiva" é bem examinada — sendo suas constatações liminarmente descartadas — em Ueberschär e Bezymenskij, especialmente as contribuições de Gerd R. Ueberschär, "Hitlers Überfall auf die Sowjetunion 1941 und Stalins Absichten. Die Bewertung in der deutschen Geschichtsschreibung und die neuere 'Präventivkriegsthese'" (pp. 48-69) e Alexander I. Boroznjak, "Ein russischer Historikerstreit? Zur sowjetischen und russischen Historiographie über den deutschen Angriff auf die Sowjetunion" (pp. 116-28). A hipótese de uma pretendida ofensiva preventiva do Exército Vermelho, frustrada pelo lançamento da operação Barbarossa por Hitler, foi recentemente advogada com convicção por Weeks, esp. capítulos 5 e 8, e Heinz Magenheimer, *Hitler's War. Germany's Key Strategic Decisions 1940-1945*, Londres, 1998, pp. 51-7, ao passo que Constantine Pleshakov, *Stalin's Folly. The Secret History of the German Invasion of Russia, June 1941*, Londres, 2005, considera (p. 77) o plano estratégico de 15 de maio como um esquema do ataque que Stálin pretendia lançar em 1942. Em sua equilibrada avaliação das interpretações "tradicionalista" e "revisionista", Mawdsley, "Crossing the Rubicon", pp. 864-5, conclui judiciosamente que, embora a guerra ofensiva — melhor dizendo, *contra*-ofensiva — constituísse parte intrínseca do planejamento militar soviético em 1940-1, não havia planos de lançar um ataque ofensivo preventivo em 1941. Ver também as sensatas observações de Geoffrey Roberts, *Stalin's Wars. From World War to Cold War, 1939-1953*, New Haven, Londres, 2006, pp. 76-9.

134. Ver Mawdsley, "Crossing the Rubicon", pp. 850-1; Besymenski, pp. 438-40. O coronel I. T. Starinov, comandante no Comando Ocidental de Exército, recordaria posteriormente a discrepância entre as alegações contidas no discurso de Stálin e a consciência dos comandantes militares de que "o rearmamento apenas começava" (muito embora, acrescentava, eles não falassem a respeito, nem mesmo entre eles). Ver Bialer, p. 223.

135. *DGFP*, 12, doc. 593.

136. Besymenski, p. 387. Gorodetsky, p. 208, dá a entender que o discurso foi deliberadamente *vazado* no exterior, sem entretanto dar qualquer indicação de que tenha chegado a Berlim. Medvedev e Medvedev, p. 232, também presumem que o discurso fosse uma peça proposital de desinformação, embora tampouco apresentem provas do conhecimento de seu verdadeiro conteúdo em Berlim. O brilhante jornalista britânico Alexander Werth, na época baseado em Moscou, reuniu informações sobre o discurso, mas somente algumas semanas depois, quando a União Soviética já estava envolvida na guerra. O que ouviu, no entanto (ver Werth, pp. 122-3), não coincidia com as anotações para o discurso que chegaram até nós, indicando, em contraste com o que Stálin efetivamente disse, que ele chamava a atenção para a fraqueza, e não a força, do Exército Vermelho. Erickson, *Road to Stalingrad*, p. 82, por outro lado, contrasta devidamente a falsa impressão suscitada no exterior com o conteúdo real do discurso.

137. Glantz, *Stumbling Colossus*, pp. 242-4.

138. *1941 god*, vol. 2, doc. 473; Ueberschär e Bezymenskij, pp. 186-93. Análises em Besymenski, pp. 435-53, e Mawdsley, "Crossing the Rubicon", pp. 833-62.

139. Mawdsley, "Crossing the Rubicon", pp. 834-7.

140. Glantz, *Military Strategy*, p. 87, assinala que o plano de 15 de maio "se encaixa perfeitamente no contexto dos anteriores planos estratégicos soviéticos e em particular das experiências dos jogos de guerra de janeiro". Também observa, muito a propósito (p. 89), que o plano "estabelecia objetivos limitados, muito aquém da destruição do Estado alemão", redundando em "um claro

exemplo de guerra preventiva justificável, envolvendo uma operação ofensiva estratégica com objetivos definidos e limitados".

141. Mawdsley, "Crossing the Rubicon", p. 839.

142. Ver Glantz, *Stumbling Colossus*, pp. 244-5.

143. Citado em Mawdsley, "Crossing the Rubicon", pp. 852-3. Mawdsley conclui que Stálin quase certamente tomou conhecimento do plano (do que Glantz, *Stumbling Colossus*, p. 95, e Roberts, *Stalin's Wars*, p. 76, duvidam) mas não o aprovou (tese contestada pelos historiadores revisionistas, rejeitando o depoimento de Zhukov como tendencioso e feito em interesse próprio).

144. Citado em Mawdsley, "Crossing the Rubicon", p. 853.

145. *1941 god*, vol. 2, doc. 560 (Mikoyan ao Conselho dos Comissários do Povo, ao Comitê Central e a Stálin, 16 de junho de 1941); Schwendemann, p. 354 (e pp. 315-52, contendo uma análise aprofundada das relações econômicas nos meses anteriores à invasão, durante os quais também foram feitas grandes exportações industriais alemãs para a União Soviética). Ver Werth, p. 114. Um memorando alemão de 15 de maio de 1941 sobre as relações comerciais, enumerando enormes quantidades de cereais, petróleo, algodão e metais entregues naquele ano pela União Soviética (com os maiores números em abril), comentava que "a situação das matérias-primas soviéticas ainda apresenta um quadro favorável" (*Nazi-Soviet Relations*, pp. 339-41).

146. Erickson, *Road to Stalingrad*, p. 91.

147. Citado em Besymenski, p. 444.

148. Mawdsley, "Crossing the Rubicon", pp. 861-2. Glantz, *Military Strategy*, p. 88, conclui que o plano de Zhukov era falho em certos aspectos importantes, que não poderia ter sido posto em prática antes de meados de julho, na melhor das hipóteses — tarde demais para se antecipar aos alemães —, e que a decisão de Stálin de ignorar a proposta "parece ter sido prudente".

149. *DGFP*, 12, doc. 505.

150. Erickson, *Road to Stalingrad*, p. 78; Deutscher, pp. 443-4.

151. Citado em Gorodetsky, p. 214.

152. Citado em Hilger e Meyer, p. 328, e Gorodetsky, p. 206. O relatório oficial de Schulenburg encontra-se em *DGFP*, 12, doc. 423, e *Nazi-Soviet Relations*, pp. 330-2.

153. Gorodetsky, pp. 206-7,221; Besymenski, pp. 425-8.

154. F. H. Hinsley, *British Intelligence in the Second World War*, Londres, 1993, pp. 106-9; também F. H. Hinsley, "British Intelligence and Barbarossa", em John Erickson e David Dilks (eds.), *Barbarossa. The Axis and the Allies*, Edimburgo, 1994, pp. 63-6.

155. Ver Gorodetsky, pp. 266-7.

156. *Khrushchev Remembers*, p. 133.

157. Gorodetsky, pp. 263-5, 267-74; Roberts, *Unholy Alliance*, p. 218; e Roberts, *The Soviet Union and the Origins of the Second World War*, p. 144.

158. Citado em Gorodetsky, p. 224.

159. Idem, p. 279, da edição russa das memórias de Zhukov. A tradução inglesa, *Reminiscences and Reflections*, vol. I, p. 275, contém apenas parte da citação. Medvedev e Medvedev, p. 233, situam o comentário de Stálin em 15 de junho, embora as memórias de Zhukov deixem claro que foi feito na véspera. Sobre o fato de as medidas de defesa terem sido providenciadas tardiamente, ver Zhukov, vol. I, pp. 259, 264; Gorodetsky, p. 280; e também Glantz, *Stumbling Colossus*, p. 246.

160. Glantz, *Stumbling Colossus*, pp. 102-7.

161. Medvedev e Medvedev, pp. 233-4, 238-9.

162. Volkogonov, p. 393; Glantz, *Stumbling Colossus*, p. 251.

163. Gorodetsky, p. 307.

164. Idem, p. 275.

165. *1941 god*, vol. 2, doc. 513.

166. Idem, doc. 514. Ver Whymant, pp. 164-7.

167. Whymant, p. 184.

168. Murphy, p. 87 (comentando mais adiante, p. 88, que os informes de Sorge já em 1936 eram descartados por Stálin como "desinformação alemã").

169. *1941 god*, vol. 2, doc. 543.

170. Idem, doc. 544.

171. Idem, doc. 570; *Sekrety Gitlera*, doc. 72.

172. Idem, vol. 2, doc. 581.

173. Erickson, *Road to Stalingrad*, p. 93; Whaley, pp. 99-103; Read e Fisher, p. 609.

174. *1941 god*, vol. 2, doc. 590.

175. Medvedev e Medvedev, p. 239.

176. *Sekrety Gitlera*, docs. 73-7.

177. *Molotov Remembers*, p. 31. Sobre o despacho da *Tass*, ver Whaley, pp. 207-8.

178. Roberts, *Unholy Alliance*, p. 218.

179. Gorodetsky, p. 289.

180. Hinsley, *British Intelligence in the Second World War*, pp. 109-11; Hinsley, "British Intelligence and Barbarossa", pp. 69-70; Erickson, *Road to Stalingrad*, p. 93; Whaley, pp. 230-4.

181. Gorodetsky, pp. 301-3.

182. *1941 god*, vol. 2, doc. 599.

183. Besymenski, p. 421.

184. Idem, p. 409.

185. Zhukov, vol. I, pp. 277-8, 280 (citação p. 277); *Khrushchev Remembers*, p. 167; Mikoyan, p. 388; Medvedev e Medvedev, p. 240; Glantz, *Barbarossa*, p. 31 e (para o texto da diretiva) p. 242; Glantz, *Stumbling Colossus*, pp. 252-4; Murphy, pp. 213-5.

186. O relato que antecede baseia-se em Zhukov, vol. I, pp. 281-2; Volkogonov, pp. 402-4; Montefiore, pp. 321-4; Radzinsky, pp. 458-9; Gorodetsky, pp. 311-3; Service, pp. 437-8; Tucker, p. 625; Ulam, pp. 538-9; Read e Fisher, pp. 5-6, 635-7, 639-42; Watson, p. 189; e Overy, *Russia's War*, pp. 73-4.

187. Montefiore, p. 324.

188. Volkogonov, p. 407; texto da diretiva in Glantz, *Barbarossa*, p. 242, e Amnon Sella, "'Barbarossa'. Surprise Attack and Communication", *Journal of Contemporary History*, 13 (1978), p. 571. Ver Zhukov, vol. I, p. 282: "ela [a diretiva] revelou-se completamente irrealista — e portanto nunca seria levada a efeito".

189. Mawdsley, "Crossing the Rubicon", p. 863; texto da diretiva in Glantz, *Barbarossa*, pp. 242-3. Ver Sella, pp. 559-73, sobre a confusão, a incoerência e a falta de coordenação da reação soviética ao ataque-surpresa.

190. Mikoyan, p. 388.

191. Citado em Watson, pp. 189-90.

192. Citado em Radzinsky, p. 462. Sobre a reação ao discurso radiofônico, ver Sella, p.575.

193. "Iz vospominanii upravliyushchego delami sovnarkoma SSSR Ya. E. Chadaev" ["Das memórias do comandante do Sovnarkom URSS — Yakov Ermolaevich Chadaev"], *Otechestvennaya Istoriya*, 2 (2005), pp. 8-10; e também Zhukov, vol. I, pp. 305, 309.

194. Volkogonov, pp. 421-2; Bonwetsch, p. 196.

195. Mikoyan, pp. 390-2; Stepan A. Mikoyan, "Barbarossa and the Soviet Leadership", em Erickson e Dilks, pp. 127-8; Volkogonov, pp. 409-12; Montefiore, pp. 329-34; Radzinsky, pp. 468-72; Medvedev e Medvedev, pp. 241-5; Service, pp. 441-3. O imprevisto afastamento de Stálin de suas obrigações durou apenas dois dias. Simplesmente não procede, como demonstra a relação de seus compromissos, detalhada em sua agenda, a afirmação de que, "durante dez dias, a União Soviética ficou sem liderança", contida em Jonathan Lewis e Phillip Whitehead, *Stalin. A Time for Judgement*, Londres, 1991, p. 89.

196. *1941 god*, vol. 2, doc. 651. Trata-se de um memorando apresentado por Sudoplatov ao Conselho de Ministros soviético em 7 de agosto de 1953, depois da morte de Stálin e no contexto das iniciativas para desacreditar Béria. Em suas memórias, publicadas muitos anos depois (Pavel Sudoplatov e Anatoli Sudoplatov, *Special Tasks: The Memoirs of an Unwanted Witness. A Soviet Spymaster*, Boston, 1994, pp. 145-8), Sudoplatov afirma que o encontro fora convocado para disseminar desinformação "destinada a enfraquecer a determinação alemã", dando a entender que a *Blitzkrieg* fracassara e que era inevitável uma guerra prolongada. Overy, *Russia's War*, p. 96, acata o argumento da desinformação, mas situa o encontro com Stamenov em outubro, e não em julho. Se efetivamente se destinava a disseminar desinformação, não deixa de ser estranho que — levando-se em conta a falta de provas do lado alemão — nada tivesse *vazado* para o inimigo. E no contexto dos enormes avanços e conquistas alemães no mês de julho, a alegação de desinformação parece implausível. A história tampouco fica comprometida pelo fato de ter feito parte da campanha anti-Béria em 1953. As sondagens de paz são na verdade mencionadas por duas outras fontes. Ver Volkogonov, pp. 412-3, e Radzinsky, p. 474.

197. Montefiore, p. 346.

198. John Barber, "The Moscow Crisis of October 1941", em Julian Cooper, Maureen Perrie e E. A. Rees (eds.), *Soviet History, 1917-53. Essays in Honour of R. W. Davies*, Basingstoke, 1995, pp. 201-5.

199. Werth, pp. 232, 236-7. Ver também o vívido relato constante de Rodric Braithwaite, *Moscow 1941. A City and its People at War*, Londres, 2006, pp. 242-59, 271-6.

200. Barber, pp. 209-11; Mikhail M. Gorinov, "Muscovites Moods, 22 June 1941 to May 1942", em Thurston e Bonwetsch, pp. 122-5; Roy A. Medvedev, *On Stalin and Stalinism*, Oxford, 1979, pp. 128-32; Nikolai Tolstoy, *Stalin's Secret War*, Londres, 1981, p. 241; e Overy, *Russia's War*, pp. 95-8. Mikoyan, pp. 417-22, enumera as medidas para evacuar o governo e preparar para a explosão de instalações em Moscou, mas alega erroneamente (p. 420) que prevalecia a calma e que não houve pânico na população da cidade.

201. Radzinsky, p. 482.

202. Barber, p. 206; Volkogonov, pp. 433-4; Montefiore, pp. 349-50; Radzinsky, pp. 482-3.

203. Entrevista da BBC com Nikolai Vasilievich Ponomariov, *c.* 1998, datilografada, folhas 29-35. Ver também a descrição "heróica" de Stálin nesses dias in A. T. Rybin, *Next to Stalin. Notes of a Bodyguard*, Toronto, 1996, pp. 31-4.

204. Watson, p. 193.

205. Ponto enfatizado por Schwendemann, pp. 354-63.

206. *Molotov Remembers*, pp. 21-32.

207. *Khrushchev Remembers*, pp. 587-92.

208. Gorodetsky, p. 323 (também p. 239).

209. *Die Tagebücher von Joseph Goebbels*, Elke Fröhlich, parte I, vol. 4, Munique, 2000, p. 214 (7.10.37).

210. É a direção em que aponta a avaliação presumida de Valentin Falin, *Zweite Front. Die Interessenkonflikte in der Anti-Hitler-Koalition*, Munique, 1995, pp. 100-3.

211. Entretando, se tivessem acatado em 1939 as propostas soviéticas de um pacto militar de pleno direito, a Grã-Bretanha e a França se teriam comprometido com uma intervenção militar direta no caso de um ataque alemão à Polônia, presumindo-se que os poloneses, os romenos e os lituanos tivessem permitido que o Exército Vermelho atravessasse seus territórios para se engajar no conflito (Zhukov, vol. I, p. 214).

212. Roberts, *Unholy Alliance*, p. 225.

213. Glantz, *Barbarossa*, p. 31; Overy, *Russia's War*, p. 71.

214. Ver Rotundo, pp. 295-6.

215. Volkogonov, p. 470.

216. Citado em Mawdsley, "Crossing the Rubicon", p. 864.

217. Glantz, *Barbarossa*, p. 30; Whaley, pp. 217-8. Tolstoy, pp. 224-30, considera a ênfase de Stálin na necessidade de evitar qualquer provocação tão inconvincente como explicação de sua posição na primavera de 1941 que levanta a hipótese de que o próprio Hitler tenha enviado mensagem oferecendo garantias pessoais para aplacar as suspeitas do dirigente soviético, dando a entender que haveria no alto comando alemão elementos conspirando por uma agressão a que ele se opunha. Não dispomos, contudo, de qualquer prova neste sentido. Nada pode ser encontrado em arquivos alemães ou russos que autentique o texto de duas supostas cartas de Hitler a Stálin, com datas de 31 de dezembro de 1940 e 14 de maio de 1941. Esses textos (reproduzidos in Murphy, pp. 256-8, aparentemente com base em sua publicação num *romance* russo de 1997) são com quase toda certeza contrafações. Não obstante as sérias dúvidas quanto à procedência dos supostos documentos, Murphy (pp. 185-91) parece dispor-se a lhes dar certo crédito. John Lukacs, *June 1941. Hitler and Stalin*, New Haven, Londres, 2006, pp. 150-8, mostra-se, contudo, muito sabiamente descrente.

218. A ameaça de um ataque dessa natureza fora consideravelmente reduzida pelo Pacto de Neutralidade de 13 de abril de 1941. Embora não houvesse garantias de que o Japão aderiria ao pacto, como deixariam claras as deliberações do governo japonês após a invasão alemã, do ponto de vista soviético "o tratado abria perspectivas de um certo ganho de tempo" (Zhukov, vol. I, p. 257).

219. Sobre as lamentáveis deficiências da inteligência alemã — que não fez muito mais que corroborar os preconceitos correntes sobre a fraqueza do Exército Vermelho —, ver David Kahn, *Hitler's Spies. German Military Intelligence in World War II*, Nova York, 2000, pp. 445-61. Ver também Whaley, p. 33. Não houve aparentemente qualquer tentativa da inteligência militar soviética de disseminar desinformação falando do poderio do Exército Vermelho.

220. Erickson, *Road to Stalingrad*, pp. 69-73, 81, 86; Glantz, *Military Strategy*, pp. 63, 98, 101-2; Glantz, *Stumbling Colossus*, p. 97. Ver também Zhukov, vol. I, p. 249.

221. Medvedev e Medvedev, p. 245.

222. Zhukov, vol. I, p. 250, logo acrescentando que a conjetura de Stálin de que os alemães atacariam no Sul, e não no Norte, revelara-se incorreta. Zhukov (pp. 300-1) reconhecia entretanto a quota

de responsabilidade dos militares nos erros táticos e estratégicos cometidos às vésperas da invasão e imediatamente depois. Ver também Roberts, *Stalin's Wars*, pp. 74, 80, e os comentários sobre as falhas da inteligência soviética in Glantz, *Stumbling Colossus*, pp. 254-7. A *generalizada* incapacidade dos serviços de inteligência das grandes potências de prever a Operação Barbarossa é enfatizada por Whaley, p. 227.

7. WASHINGTON, DC, VERÃO-OUTONO DE 1941 [pp. 360-96]

1. Robert E. Sherwood, *The White House Papers of Harry L. Hopkins*, Londres, 1948, vol. I, pp. 304-5; Frank Freidel, *Franklin D. Roosevelt. A Rendezvous with Destiny*, Boston, 1990, p. 373.

2. Winston S. Churchill, *The Second World War*, vol. 3: *The Grand Alliance*, Londres, 1950, pp. 330-3. A ajuda *pro forma* que na prática Churchill se dispunha a oferecer à União Soviética, não obstante suas categóricas declarações de apoio, é enfatizada por Sheila Lawlor, "Britain and the Russian Entry into the War", em Richard Langhorne (ed.), *Diplomacy and Intelligence during the Second World War*, Cambridge, 1985, pp. 171-4.

3. William L. Langer e S. Everett Gleason, *The Undeclared War, 1940-1941*, Nova York, 1953, p. 537. Era basicamente este o ponto de vista do Departamento de Estado. Ao decidir ajudar a União Soviética, Roosevelt o fez (como se tem afirmado) "guiando-se apenas pela esperança e a intuição" (Warren F. Kimball, *The Juggler. Franklin Roosevelt as Wartime Statesman*, Princeton, 1991, pp. 27, 40).

4. Sobre MAGIC, ver I. C. B. Dear e M. R. D. Foot (eds.), *The Oxford Companion to the Second World War*, Oxford, Nova York, 1995, pp. 706-9.

5. *The Roosevelt Letters*, vol. 3: [1928-1945], Elliott Roosevelt, Londres, 1952, p. 375.

6. Citado em Herbert Feis, *The Road to Pearl Harbor. The Coming of the War between the United States and Japan*, Princeton, 1950, p. 227.

7. Waldo H. Heinrichs, Jr., *Threshold of War. Franklin D. Roosevelt and American Entry into World War II*, Nova York, Oxford, 1988, pp. 104-5, 174, 206.

8. Thomas A. Bailey e Paul B. Ryan, *Hitler vs. Roosevelt. The Undeclared Naval War*, Nova York, 1979, pp. 263-4.

9. Winston S. Churchill, *Great War Speeches*, ed. brochura, Londres, 1957, p. 109.

10. Citado em Langer e Gleason, *The Undeclared War*, p. 541.

11. Citado em Robert A. Divine, *The Reluctant Belligerent. American Entry into World War II*, Nova York, 1965, p. 123.

12. Langer e Gleason, *The Undeclared War*, p. 541.

13. Sherwood, *White House Papers*, vol. I, pp. 303-4.

14. Citado em Langer e Gleason, *The Undeclared War*, p. 538; e James McGregor Burns, *Roosevelt. The Soldier of Freedom 1940-1945*, Londres, 1971, p. 104.

15. Sherwood, *White House Papers*, vol. I, p. 309.

16. Yale University Library, Henry L. Stimson Diaries 1909-1945, bobina 6, notas de 7.2.41; também in Henry L. Stimson e McGeorge Bundy, *On Active Service in Peace and War*, Nova York, 1948, p. 371.

17. Citado em Langer e Gleason, *The Undeclared War*, p. 538.

18. Harold L. Ickes, *The Secret Diary of Harold L. Ickes*, vol. 3: *The Lowering Clouds 1939-1941*, Nova York, 1955, pp. 557-8.

19. Citado em Langer e Gleason, *The Undeclared War*, p. 542.

20. Idem, pp. 542-6.

21. Sherwood, *White House Papers*, vol. I, p. 309.

22. Joseph E. Davies, *Mission to Moscow*, Nova York, 1941, p. 488.

23. Davies, pp. 494-5, 497; também reproduzido em Sherwood, *White House Papers*, vol. I, pp. 306-9.

24. Langer e Gleason, *The Undeclared War*, pp. 560-1; Burns, pp. 114-5.

25. Citações de Ickes, vol. 3, pp. 592-3.

26. Citado em Langer e Gleason, *The Undeclared War*, p. 561.

27. Idem, pp. 545, 558-63; Freidel, p. 374. Nem seria de grande valor a ajuda inicial da Grã-Bretanha, que despachou o primeiro comboio ártico para a União Soviética em agosto de 1941. Em 1942, no entanto, os materiais embarcados para ajudar a luta soviética contra as forças de Hitler começaram a desempenhar um papel significativo.

28. Sherwood, *White House Papers*, vol. I, p. 319.

29. Kimball, *The Juggler*, pp. 22, 31-4, 36.

30. Sherwood, *White House Papers*, vol. I, pp. 313-22; Churchill, *The Second World War*, vol. 3, pp. 377-8, contendo os entendimentos de Hopkins em Londres.

31. Sherwood, *White House Papers*, vol. I, pp. 324-49, sobre a visita a Moscou; p. 325, sobre o chapéu.

32. Idem, p. 329.

33. Idem, p. 337.

34. Idem, pp. 335-42, 347.

35. Idem, pp. 342-4.

36. Idem, p. 350; Churchill, *The Second World War*, vol. 3, p. 381.

37. Divine, *The Reluctant Belligerent*, p. 129.

38. Freidel, p. 375.

39. Heinrichs, *Threshold of War*, pp. 174-5; Churchill, *The Second World War*, vol. 3, pp. 417-9, sobre a contribuição britânica.

40. Sherwood, *White House Papers*, vol. 1, p. 396.

41. Ickes, vol. 3, p. 620.

42. Freidel, p. 376.

43. Langer e Gleason, *The Undeclared War*, pp. 818-9; Sherwood, *White House Papers*, vol. 1, pp. 399-400; Freidel, p. 376. Quando o projeto de lei do programa Lend-Lease foi apresentado ao Congresso no início de 1941, já suscitara a oposição dos que não queriam que a ajuda fosse estendida à União Soviética (Warren F. Kimball, *The Most Unsordid Act. Lend-Lease 1939-1941*, Baltimore, 1969, p. 189).

44. Langer e Gleason, *The Undeclared War*, p. 560; Freidel, p. 376.

45. Citado em Langer e Gleason, *The Undeclared War*, p. 544.

46. Idem, p. 738; David M. Kennedy, *Freedom from Fear. The American People in Depression and War, 1929-1945*, Nova York, Oxford, 1999, pp. 486-7; David Reynolds, *The Creation of the Anglo-American Alliance 1937-1941. A Study in Competitive Co-operation*, Chapel Hill, NC, 1982, p. 212; Mark A. Stoler, *Allies and Adversaries. The Joint Chiefs of Staff, the Grand Alliance, and U.S. Strategy in World War II*, Chapel Hill, NC, Londres, 2000, pp. 47, 49, 50, 55; trechos substanciais do texto em Sherwood, *White House Papers*, vol. 1, pp. 413-23.

47. Citado em Langer e Gleason, *The Undeclared War*, p. 544.

48. *The Roosevelt Letters*, vol. 3, p. 378.

49. Langer e Gleason, *The Undeclared War*, pp. 539, 579.

50. Burns, p. 104; Stimson Diaries, bobina 6, anotações de 6-7 de julho de 1941, assinala a decepção e a frustração de Knox com a falta de audácia de Roosevelt.

51. Heinrichs, *Threshold of War*, p. 110; Freidel, p. 383.

52. Citado em Burns, p. 105.

53. Joseph P. Lash, *Roosevelt and Churchill 1939-1941. The Partnership that Saved the West*, Nova York, 1976, pp. 341-2.

54. Langer e Gleason, *The Undeclared War*, p. 576; Ickes, vol. 3, p. 571.

55. Bailey e Ryan, p. 155.

56. *The Churchill War Papers*, vol. 3: *The Ever-Widening War, 1941*, Martin Gilbert, Londres, 2000, p. 914 (7.9.41); Langer e Gleason, *The Undeclared War*, p. 578.

57. Reynolds, *Anglo-American Alliance*, p. 208.

58. Burns, p. 105. Também no Extremo Oriente, a imposição de sanções petrolíferas nos permite encarar o mês de julho de 1941 como uma virada no pensamento estratégico e na diplomacia americanos. Ver David Reynolds, *From Munich to Pearl Harbor. Roosevelt's America and the Origins of the Second World War*, Chicago, 2001, p. 143.

59. Ickes, vol. 3, p. 571; Bailey e Ryan, p. 156.

60. Langer e Gleason, *The Undeclared War*, p. 577.

61. Idem, p. 578. Ver Lash, p. 343, sobre os protestos isolacionistas.

62. Sherwood, *White House Papers*, vol. 1, p. 367.

63. Idem, pp. 367-9; Langer e Gleason, *The Undeclared War*, pp. 570-4; Divine, *The Reluctant Belligerent*, pp. 129-31.

64. Sherwood, *White House Papers*, vol. 1, p. 368.

65. Stimson e Bundy, p. 377; Langer e Gleason, *The Undeclared War*, p. 574.

66. Citado em Sherwood, *White House Papers*, vol. 1, p. 368.

67. Citado em Reynolds, *Anglo-American Alliance*, p. 169.

68. Ambas as citações em Lash, p. 391.

69. Idem, p. 392.

70. Ampla cobertura da conferência em Sherwood, *White House Papers*, vol. 1, pp. 350-66; Churchill, *The Second World War*, vol. 3, pp. 385-400; Langer e Gleason, *The Undeclared War*, pp. 663-92; Lash, pp. 393-400; Heinrichs, *Threshold of War*, pp. 148-61; e especialmente Theodore A. Wilson, *The First Summit. Roosevelt and Churchill at Placentia Bay 1941*, Londres, 1970.

71. Langer e Gleason, *The Undeclared War*, pp. 670-7; Wilson, pp. 112-3, 117, 119, 163-6, 215, 241-4.

72. Freidel, p. 386.

73. Churchill, *The Second World War*, vol. 3, pp. 388-9; Sherwood, *White House Papers*, vol. 1, p. 356; Wilson, pp. 88, 160-3; Heinrichs, *Threshold of War*, p. 157.

74. Wilson, p. 144.

75. Idem, p. 145.

76. Reynolds, *Anglo-American Alliance*, p. 216; Freidel, p. 392; Divine, *The Reluctant Belligerent*, p. 143.

77. Heinrichs, *Threshold of War*, p. 164.

78. Robert Dallek, *Franklin D. Roosevelt and American Foreign Policy, 1932-1945*, Nova York, 1979, p. 286.

79. Reynolds, *Anglo-American Alliance*, p. 217.

80. Citado em Reynolds, *Anglo-American Alliance*, pp. 214-5 (onde se assinala que alguns dos colegas de Gabinete de Churchill mostraram-se céticos em relação a seu relato positivo); e Dallek, p. 285.

81. Texto em Churchill, *The Second World War*, vol 3, pp. 393-4; Langer e Gleason, *The Undeclared War*, pp. 687-8; e Wilson, p. 206.

82. Ver Wilson, pp. 174, 260-2.

83. Churchill, *The Second World War*, vol. 3, pp. 384, 394 (para a citação); Wilson, pp. 108-11, para uma descrição do serviço religioso.

84. Citado em Wilson, p. 111.

85. Idem, p. 203.

86. Freidel, p. 385.

87. Wilson, pp. 210-1; texto em Churchill, *The Second World War*, vol. 3, pp. 395-6.

88. Wilson, p. 203; Heinrichs, *Threshold of War*, p. 159.

89. Wilson, pp. 212, 214.

90. Ver Wilson, pp. 223-4 e 231-4, 266-7, sobre as reações nos Estados Unidos.

91. Sherwood, *White House Papers*, vol. 1, p. 369.

92. Freidel, p. 389.

93. Sherwood, *White House Papers*, vol. 1, p. 374.

94. Bailey e Ryan, pp. 168-73.

95. Idem, pp. 173-4.

96. *The Public Papers and Addresses of Franklin D. Roosevelt*, Samuel I. Rosenman, vol. 10 (1941), Nova York, 1950, pp. 374-83; Bailey e Ryan, pp. 175-6.

97. Bailey e Ryan, pp. 171, 173, 175.

98. Sherwood, *White House Papers*, vol. 1, pp. 371-3 (citação p. 373). Stimson disse a Hopkins que não fora consultado sobre o discurso, mas partia do princípio de que, "a menos que o presidente se dispusesse a dizer algo bom e forte, seria melhor que não falasse". Ao ouvi-lo, considerou o discurso de Roosevelt "o mais decisivo que já fez" (Stimson Diaries, bobina 7, anotações de 9-10.9.41). Em suas memórias, Cordell Hull menciona ter concordado, na noite do dia 10, em que o presidente "deixasse enfaticamente claro que nossos navios no Atlântico atirariam em qualquer submarino ou navio de guerra do Eixo que tentasse interceptar a navegação em nossas águas defensivas", embora não faça referência a sua intervenção no dia seguinte na tentativa de baixar o tom do discurso (Cordell Hull, *The Memoirs of Cordell Hull*, Nova York, 1948, vol. 2, p. 1047).

99. Lash, p. 417.

100. *Public Papers and Addresses*, vol. 10, pp. 384-92; *FDR's Fireside Chats*, Russell D. Buhite e David W. Levy, Nova York, 1992, pp. 189-96.

101. *FDR's Fireside Chats*, pp. 188-9.

102. Langer e Gleason, *The Undeclared War*, pp. 742, 746.

103. Idem, p. 746.

104. Heinrichs, *Threshold of War*, p. 168.

105. Langer e Gleason, *The Undeclared War*, p. 747; Lash, p. 419.

106. Bailey e Ryan, pp. 177 n. e 182 n.

107. Citado em Langer e Gleason, *The Undeclared War*, p. 747.

108. Idem, p. 747.

109. Idem, p. 749.

110. *FDR's Fireside Chats*, p. 196.

111. Ainda assim, o fato de Roosevelt ter atropelado o Congresso através de um decreto escorado em informações equivocadas, ainda que em nome de uma boa causa, tem sido considerado como um precedente perigoso para futuras ações no Vietnã (Lash, pp. 420-1).

112. Citado em Langer e Gleason, *The Undeclared War*, p. 749.

113. Citado em Dallek, p. 289. O comentário de Robert Divine, de que "a reação da opinião pública [à introdução da escolta] foi tão favorável que Roosevelt poderia ter autorizado os comboios meses antes, com forte apoio popular", não leva devidamente em consideração a contradição fundamental na opinião pública americana (e a maneira como o presidente a encarava), embora dados que a refletem, colhidos em pesquisa do instituto Gallup, fossem apresentados na mesma página (Divine, *The Reluctant Belligerent*, p. 144).

114. Langer e Gleason, *The Undeclared War*, p. 751.

115. Bailey e Ryan, pp. 188-91.

116. Idem, pp. 191-2, 195-6.

117. Idem, pp. 196-7.

118. Reynolds, *Anglo-American Alliance*, p. 219; Nicholas John Cull, *Selling War. The British Propaganda Campaign against American "Neutrality" in World War II*, Nova York, Oxford, 1995, pp. 170-3.

119. *Public Papers and Addresses*, vol. 10, pp. 438-45.

120. Idem, pp. 444-5.

121. Citado em Dallek, p. 289.

122. Freidel, p. 394; Bailey e Ryan, p. 208; Divine, *The Reluctant Belligerent*, p. 146.

123. Hull, vol. 2, p. 943.

124. O principal porta-voz do Senado no terreno das relações exteriores dissera a Roosevelt que, embora em sua opinião houvesse maioria em favor da revisão, cabia esperar um debate prolongado e manobras de atraso da bancada isolacionista (Lash, p. 426).

125. Hull, vol. 2, pp. 1046-7.

126. Sherwood, *White House Papers*, vol. 1, p. 380.

127. Langer e Gleason, *The Undeclared War*, p. 752.

128. Idem, pp. 752-6; Sherwood, *White House Papers*, vol. 1, p. 381.

129. Divine, *The Reluctant Belligerent*, p. 146.

130. Sherwood, *White House Papers*, vol. 1, p. 383.

131. Langer e Gleason, *The Undeclared War*, p. 757.

132. Idem, p. 758; Divine, *The Reluctant Belligerent*, p. 147.

133. Ver Dallek, p. 292.

134. Citado em Bailey e Ryan, p. 209.

135. Ver Reynolds, *Anglo-American Alliance*, p. 218.

136. Alguns dos argumentos que se seguem são apresentados em Bailey e Ryan, pp. 260-3; Reynolds, *Anglo-American Alliance*, p. 218; e Reynolds, *From Munich to Pearl Harbor*, p. 157.

137. Isto foi explicitamente declarado em memorando do almirante Stark no fim de setembro, com referência questão de pressionar ou não por uma revisão da legislação estabelecendo a neutra-

lidade. Mas Stark, que vinha constantemente pressionando pelo envolvimento americano na guerra, considerava que "os Estados Unidos devem entrar na guerra contra a Alemanha o mais breve possível, ainda que tenhamos de aceitar a ocorrência de hostilidades com o Japão" (citado em Sherwood, *White House Papers*, vol. 1, p. 381). Roosevelt, como vimos, não se dispusera a seguir essa orientação.

138. Citado em Dallek, p. 289; e Reynolds, *Anglo-American Alliance*, p. 353, n. 114.

139. Reynolds, *Anglo-American Alliance*, pp. 219-20.

140. Langer e Gleason, *The Undeclared War*, p. 923; Kennedy, pp. 487-8.

141. Kennedy, p. 487.

142. Citado em Sherwood, *White House Papers*, vol. 1, p. 415.

143. No outono de 1941, Roosevelt aparentemente ainda considerava que seria possível evitar o envio de tropas à Europa, se a União Soviética conseguisse resistir, encarando o fornecimento de ajuda à Rússia como uma maneira de evitar a mobilização de forças terrestres americanas. O Exército, todavia, considerava que a União Soviética e a Grã-Bretanha não conseguiriam derrotar a Alemanha sem a mobilização de tropas americanas. Desse ponto de vista, a ajuda a ambos os países destinava-se a apoiar a resistência militar até que se concluísse o rearmamento americano. No fim das contas, o programa de Lend-Lease para a União Soviética equipou aproximadamente 101 divisões do Exército, fazendo com que a mobilização americana na Europa fosse menor do que se previra no Programa da Vitória (Stoler, pp. 55-8 e 285, n. 64).

144. Citado em Sherwood, *White House Papers*, vol. 1, p. 419.

8. TÓQUIO, OUTONO DE 1941 [pp. 397-454]

1. Nobutaka Ike (ed.), *Japan's Decision for War. Records of the 1941 Policy Conferences*, Stanford, Califórnia, 1967, p. 72.

2. As deliberações a respeito da alternativa norte podem ser acompanhadas no ensaio de Hosoya Chihiro, "Northern Defence", em James William Morley (ed.), *The Fateful Choice. Japan's Advance into Southeast Asia, 1939-1941*, Nova York, 1980, pp. 94-112. A manifestação da posição da Marinha quanto ao avanço pelo Sul é explorada no ensaio publicado no mesmo volume por Tsunoda Jun, "The Navy's Role in the Southern Strategy", especialmente pp. 287-95.

3. Dados encontrados em Herbert P. Bix, *Hirohito and the Making of Modern Japan*, Londres, 2001, p. 400.

4. Akira Iriye, *The Origins of the Second World War in Asia and the Pacific*, Londres, Nova York, 1987, p. 148; James William Morley (ed.), *The Final Confrontation. Japan's Negotiations with the United States, 1941*, Columbia, Nova York, 1994 (ensaios traduzidos de Tsunoda Jun, com base em documentação japonesa), p. 159.

5. David Reynolds, *The Creation of the Anglo-American Alliance 1937-1941. A Study in Competitive Co-operation*, Chapel Hill, Carolina do Norte, 1982, pp. 234-6; William Carr, *Poland to Pearl Harbor. The Making of the Second World War*, Londres, 1985, p. 153; Iriye, *Origins*, pp. 149-50.

6. Iriye, *Origins*, p. 147.

7. Idem, pp. 148-9.

8. Bix, p. 401.

9. Sheffield University Library, Wolfson Microfilm 431, Diary of Marquis Kido Koichi, doc. n. 1632W (63) 31.7.41, (63) 2.8.41, (66) 7.8.41; Carr, pp. 154-5.

10. Herbert Feis, *The Road to Pearl Harbor. The Coming of the War between the United States and Japan*, Princeton, 1950, observa (p. 244): "Daí para a frente, o medidor de petróleo e o relógio estavam sempre lado a lado. Cada queda de nível trazia para mais perto a hora da decisão". Valendo-se de analogia semelhante, ele comenta: "O tempo se havia transformado no instrumento de mensuração da estratégia de ambos os governos. Mas um deles não se importava com sua passagem, ao passo que o outro enlouquecia com o tique-taque do relógio".

11. Morley, *The Final Confrontation*, p. 157; *Foreign Relations of the United States. Japan 1931-41*, vol. 2 [= *Japan II*], Washington, 1943, pp. 549-50.

12. Sheffield University Library, Wolfson Microfilm 437, copiado do Arquivo Nacional, Washington, Record Group 243: Records of the United States Strategic Bombing Survey, File Id (10), Memoirs of Prince Konoye [Konoe] [= Konoe Memoirs], March 1942, ff. 29-30.

13. Citado em Morley, *The Final Confrontation*, p. 179.

14. Yoshitake Oka, *Konoe Fumimaro. A Political Biography*, Tóquio, 1983, pp. 139-40.

15. John Toland, *The Rising Sun. The Decline and Fall of the Japanese Empire, 1936-1945*, Nova York, 1970, Modern Library, 2003, p. 100; Ike, p. 151 e n. 35; Feis, p. 282.

16. Bix, pp. 403-4; Morley, *The Final Confrontation*, p. 181.

17. Morley, *The Final Confrontation*, pp. 180-1.

18. Konoe Memoirs, ff. 30-1; Oka, p. 139; Robert J. C. Butow, *Tojo and the Coming of the War*, Princeton, 1961, pp. 243-4; Roger D. Spotswood, "Japan's Southward Advance as an Issue in Japanese-American Relations, 1940-1941", tese inédita de Ph.D., University of Washington, 1974, pp. 398-401.

19. Citações em Morley, *The Final Confrontation*, p. 180.

20. Iriye, *Origins*, p. 157; Morley, *The Final Confrontation*, p. 181. Sobre a aparência e o temperamento de Nomura, Cordell Hull, *The Memoirs of Cordell Hull*, Nova York, 1948, vol. 2, p. 987; Toland, *The Rising Sun*, p. 67; Gordon W. Prange, *At Dawn We Slept. The Untold Story of Pearl Harbor*, Londres, 1982, p. 6.

21. *Foreign Relations of the United States. Diplomatic Papers 1941*, vol. 4: *The Far East*, Washington, 1956 [= *FRUS, 1941*], p. 359; citado também em Carr, pp. 154-5. Hull, vol. 2, pp. 1014-5, assinala a convicção do secretário de Estado, após a invasão do Sul da Indochina, de que uma guerra entre o Japão e os Estados Unidos passava a ser uma eventualidade provável.

22. Morley, *The Final Confrontation*, p. 182.

23. Iriye, *Origins*, p. 156.

24. Toland, *The Rising Sun*, p. 91. Sobre as diferenças de ênfase nas estratégias adotadas por Churchill e Roosevelt em relação ao Japão, ver Waldo H. Heinrichs, Jr., *Threshold of War. Franklin D. Roosevelt and American Entry into World War II*, Nova York, Oxford, 1988, pp. 152-5; e Feis, pp. 256-7.

25. Konoe Memoirs, f. 33; *The MAGIC Background of Pearl Harbor*, vol. 3, Washington, 1977, apêndice, pp. A38-9; Hull, vol. 2, pp. 1019-20; Morley, *The Final Confrontation*, pp. 183-4; Reynolds, *Anglo-American Alliance*, p. 239 (sobre a mudança na posição de Roosevelt ao retornar da baía de Placentia, por recomendação do Departamento de Estado).

26. *Japan II*, p. 565; citado também em Toland, *The Rising Sun*, p. 93; o despacho subseqüente de Grew encontra-se in *FRUS, 1941*, vol. 4, pp. 382-3. Ver também Joseph C. Grew, *Ten Years in Japan*,

Nova York, 1944, pp. 416-21; Hull, vol. 2, p. 1025; Waldo H. Heinrichs, Jr., *American Ambassador. Joseph C. Grew and the Development of the United States Diplomatic Tradition*, Boston, 1966, pp. 309-12, 337-43; e Morley, *The Final Confrontation*, pp. 186-7.

27. Ike, pp. 124-5.

28. Konoe Memoirs, f. 35.

29. William L. Langer e S. Everett Gleason, *The Undeclared War, 1940-1941*, Nova York, 1953, pp. 700-1; Oka, p. 141; Morley, *The Final Confrontation*, p. 185.

30. Hull, vol. 2, p. 1024; Langer e Gleason, *The Undeclared War*, p. 701; Morley, *The Final Confrontation*, pp. 185-8; Oka, pp. 141-2.

31. Morley, *The Final Confrontation*, pp. 165, 169, 364-6 (apêndice 6); Ike, pp. 135-6; Iriye, *Origins*, p. 159.

32. Morley, *The Final Confrontation*, p. 365.

33. Idem, p. 366.

34. Idem, p. 169.

35. Ike, pp. 129-33; Morley, *The Final Confrontation*, pp. 267-74.

36. Bix, p. 410.

37. Sheffield University Library, Wolfson Microfilm 431, Diary of Marquis Kido Koichi, doc. n. 1632W (67), 9.5.41; Oka, pp. 145-6.

38. Bix, pp. 412-3; Morley, *The Final Confrontation*, p. 174; Konoe Memoirs, ff. 40-41.

39. Bix, p. 410. Bix sustenta que o imperador enfrentava "a mais importante decisão de toda a sua vida", que, "com toda evidência, tinha alternativas na ocasião", que uma retirada da Indochina, com a perda da oportunidade de capturar as Índias Orientais holandesas, teria sido aprovada por pelo menos parte do alto comando da Marinha e que, em conseqüência, Hirohito optou livre e deliberadamente pela alternativa da guerra.

40. Kido Diary, doc. n. 1632W (68), 6.9.41; Bix, p. 413; Toland, *The Rising Sun*, p. 98.

41. O que se segue (exceto em caso de indicação em contrário) provém de Ike, pp. 138-51.

42. Morley, *The Final Confrontation*, p. 172.

43. Kido Diary, doc. n. 1632W (68), 6.9.41; Konoe Memoirs, f. 41; Bix, p. 414; Morley, *The Final Confrontation*, p. 176; Toland, *The Rising Sun*, p. 99; Oka, pp. 146-7.

44. Citado por Morley, *The Final Confrontation*, pp. 170-1.

45. Toland, *The Rising Sun*, p. 103.

46. Konoe Memoirs, f. 42; *Japan II*, pp. 604-6; Grew, pp. 425-8 (6.9.41); Oka, pp. 148-9; Toland, *The Rising Sun*, pp. 100-2 (baseado em parte numa entrevista com a amante — não identificada — de Konoe); Hull, vol. 2, pp. 1028-31; Heinrichs, *American Ambassador*, p. 346; Langer e Gleason, *The Undeclared War*, p. 716; Heinrichs, *Threshold of War*, pp. 185-6. David Bergamini, *Japan's Imperial Conspiracy*, Nova York, 1971, vol. 2, p. 1019, afirma que a filha do conde Ito servia os comes e bebes. Feis, p. 271, refere-se à "filha da casa". Konoe recordaria que a conversa durou uma hora e meia; Grew (p. 425) observa que "a conversa durou três horas". Hull preocupava-se em que Grew usasse de cautela no trato com os dirigentes japoneses. Enviou ao embaixador, no dia 9 de setembro, o seguinte cabograma: "Embora o Departamento [de Estado] não veja objeções a que conduza negociações paralelas às que aqui têm lugar para esclarecer melhor as intenções do governo japonês, considera-se que, por se tratar de uma questão em que o presidente tem interesse direto e ativo, quaisquer

entendimentos voltados para a concretização de um acordo de princípio devem continuar sendo conduzidas aqui" (*FRUS, 1941*, p. 434). Sobre os "Quatro Princípios", ver Hull, vol. 2, pp. 994- 5.

47. Konoe Memoirs, f. 36; Langer e Gleason, *The Undeclared War*, pp. 704-5; Morley, *The Final Confrontation*, pp. 189, 194; Carr, p. 156.

48. *The MAGIC Background of Pearl Harbor*, vol. 3, apêndice, pp. A88-90; Iriye, *Origins*, p. 163; Ike, p. 169.

49. Ike, pp. 170-1. Grew manifestou seu pessimismo ao se encontrar com Toyoda em 22 de setembro (Grew, pp. 432-4).

50. Iriye, *Origins*, p. 163.

51. Ver Ike, pp. 155-6. O prazo tinha sido estabelecido nos "Materiais de Referência para Responder às Perguntas na Conferência Imperial de 6 de Setembro sobre as 'Medidas Essenciais para a Consecução das Políticas do Império'", preparados com base em consultas entre o governo e o Comando Supremo (Ike, pp. 152-63).

52. Kido Diary, doc. n. 1632W (71), 26.9.41; Oka, pp. 150-1; Ike, pp. 176-8; Toland, *The Rising Sun*, p. 105; Morley, *The Final Confrontation*, p. 209.

53. *FRUS, 1941*, pp. 494-7; *Japan II*, pp. 656-61; Hull, vol. 2, p. 1033; Konoe Memoirs, f. 47; Heinrichs, *American Ambassador*, p. 350.

54. Ike, pp. 179-80.

55. Morley, *The Final Confrontation*, p. 210.

56. Idem, p. 213.

57. Idem, pp. 213-7; Iriye, *Origins*, pp. 164-5.

58. Konoe Memoirs, ff. 49-50; Morley, *The Final Confrontation*, pp. 222-5; Toland, *The Rising Sun*, pp. 109-11; Oka, pp. 154-6. Ver o depoimento de Tojo sobre o encontro, prestado depois da guerra no Tribunal Militar Internacional para o Extremo Oriente (com diferenças de detalhe): *Political Strategy Prior to the Outbreak of War (Part III)*, Japanese Monographs, 147, Office of the Chief of Military History, Department of the Army, apêndice 6 (disponível em: <http://www.ibiblio.org/pha/monos/147/147app06.html>).

59. Konoe Memoirs, ff. 50-1; Toland, *The Rising Sun*, pp. 111-2; Oka, pp. 155-6.

60. Citado em Morley, *The Final Confrontation*, p. 227; Bix, p. 417; Oka, p. 156; Toland, *The Rising Sun*, pp. 112-3.

61. Iriye, *Origins*, pp. 165-6.

62. Oka, pp. 156-7.

63. Konoe Memoirs, ff. 85-6.

64. Idem, ff. 52-3; Kido Diary, doc. n. 1632W (79-82, citação 80); Morley, *The Final Confrontation*, pp. 230-45; Butow, pp. 285-301, 308; Toland, *The Rising Sun*, pp. 113-8; Bix, pp. 418-9; Oka, pp. 157-9; Feis, p. 285-6.

65. Takashi Ito, Tadamitsu Hirohashi e Norio Katashima (eds.), *The Secret Documents of Prime Minister Tojo. Records of the Words and Deeds of General Hideki Tojo* [em japonês], Tóquio, s.d., p. 478.

66. Morley, *The Final Confrontation*, p. 239.

67. Kido Diary, doc. n. 1632W (81), 17.10.41; Butow, pp. 301-2; Feis, pp. 286-7; Morley, *The Final Confrontation*, pp. 241, 243-4; Toland, *The Rising Sun*, p. 118.

68. Butow, pp. 302-5; Morley, *The Final Confrontation*, pp. 246-7.

69. Iriye, *Origins*, pp. 168-70.

70. Langer e Gleason, *The Undeclared War*, pp. 842-3; Carr, p. 161; Robert Dallek, *Franklin D. Roosevelt and American Foreign Policy, 1932-1945*, Nova York, 1979, pp. 304-5.

71. Hull, vol. 2, p. 1054. Em Tóquio, por outro lado, o embaixador Grew mostrou-se de início justificadamente pessimista. Estava convencido de que Tojo seria capaz de controlar o Exército e fazê-lo aceitar um acordo (Grew, p. 460 [20.10.41]; Heinrichs, *American Ambassador*, p. 354). E tampouco era totalmente negativa a avaliação do Departamento de Estado sobre o Gabinete Tojo, redigida em 18 de outubro de 1941 por Maxwell M. Hamilton, chefe da Divisão de Questões do Extremo Oriente. "Não se acredita", escrevia Hamilton, "que o novo Gabinete rejeite uma solução negociada das relações internacionais do Japão, mas ao mesmo tempo tomará todas as medidas possíveis para se assegurar de que, se tais soluções negociadas não se efetivarem ou não tiverem êxito, não seja perdida a oportunidade de uma solução pela força por motivo de falta de preparo ou disposição das forças" (*FRUS, 1941*, pp. 522-3). Esta posição era semelhante ao ponto de vista que Grew veio a manifestar (Grew, pp. 469-70 [3-4.11.41], de que o Japão evidentemente se preparava "para pôr em prática um plano alternativo, caso fracasse o plano de paz".

72. Langer e Gleason, *The Undeclared War*, pp. 845-6 (memorando da Comissão Conjunta Exército-Marinha, 5.11.41). Ver também Carr, p. 161.

73. Morley, *The Final Confrontation*, p. 249.

74. Idem, p. 247.

75. Idem, pp. 248-9.

76. Idem, 249.

77. Idem, p. 252.

78. Idem, p. 250.

79. Ike, p. 195.

80. Idem, p. 188.

81. Idem, p. 191. O comentário era presciente. As falhas do planejamento japonês e as crescentes defasagens, à medida que se prolongava a guerra, entre a disponibilidade estimada e a real de materiais e remessas são analisadas em Morley, *The Final Confrontation*, pp. 267-303.

82. Ike, pp. 191-2, 195. Tojo declarou em depoimento depois da guerra que teriam sido necessários de quatro a sete anos para atender às exigências mínimas para a produção de petróleo sintético. Nesse período, o Japão teria de contar com seus estoques, que não poderiam durar por tanto tempo (*Political Strategy Prior to the Outbreak of War (Part III)*, Japanese Monographs, 147, apêndice 7 (disponível em: <http: / / www.ibiblio.org / pha / monos / 147 / 147appo7.html>).

83. Ike, p. 198.

84. Idem, pp. 197-8.

85. Idem, pp. 198-9.

86. Todas as citações que se seguem de contribuições à conferência, exceto em caso de indicação em contrário, são do texto em Ike, pp. 199-207.

87. Morley, *The Final Confrontation*, pp. 255-8; Toland, *The Rising Sun*, p. 124.

88. Texto em Morley, *The Final Confrontation*, pp. 368-9 (apêndice 9).

89. Idem, p. 370 (apêndice 9); e Langer e Gleason, *The Undeclared War*, p. 878.

90. Citado em Morley, *The Final Confrontation*, pp. 263-4.

91. Idem, pp. 264-5. Fazendo uma análise retrospectiva em 1945, Togo — preocupado em defender seus atos, mas com certa justificação — assinalava as contingências proibitivas com que depara-

ra na tentativa de evitar uma guerra àquela altura (Sheffield University Library, Translation of Japanese Documents [preparada para o Tribunal de Crimes de Guerra de Tóquio], Wolfson Microfilm 306, Togo Memoirs, abril-agosto de 1945, f. 1).

92. Bix, p. 424.

93. Morley, *The Final Confrontation*, p. 266; Toland, *The Rising Sun*, p. 130.

94. Todas as citações acima de contribuições à conferência, exceto em caso de indicação em contrário, são provenientes de Ike, pp. 208-39.

95. Iriye, *Origins*, pp. 177-8.

96. Grew, pp. 468-9 (seu informe a Washington, 3.11.41; redação quase idêntica em seu diário, 4.11.41); *Japan II*, pp. 703-4.

97. Toland, *The Rising Sun*, pp. 129, 136.

98. Hull, vol. 2, p. 1062.

99. Toland, *The Rising Sun*, pp. 129-30.

100. Morley, *The Final Confrontation*, p. 285; ver Bergamini, vol. 2, pp. 1020-2. Yamamoto — que, ironicamente, se opunha à guerra contra os Estados Unidos — na verdade já concebera seu brilhante plano de ataque em novembro de 1940, apresentando-o ao imperador, que se interessou por ele. Em janeiro de 1941, Hirohito determinou que fossem iniciados estudos para a consecução do plano, chegando-se à conclusão de que "o ataque seria extremamente arriscado mas teria probabilidade razoável de êxito" (Bergamini, vol. 2, pp. 954-5 e n. 1). A informação deve ter vazado (ver Prange, p. 31), pois já em 27 de janeiro de 1941 Grew informava a Washington: "Comenta-se muito por aqui que os japoneses, em caso de um rompimento com os Estados Unidos, estão planejando entrar de sola com um ataque-surpresa em Pearl Harbor" (Grew, p. 368). Ver também Hull, vol. 2, p. 984; *FRUS, 1941*, p. 17. Para um perfil de Yamamoto, ver Mark Weston, *Giants of Japan. The Lives of Japan's Greatest Men and Women*, Nova York. Tóquio, Londres, 1999, pp. 190-200.

101. Iriye, *Origins*, pp. 170-1.

102. Citado em Feis, p. 296; e Bergamini, vol. 2, p. 1041 (com tradução ligeiramente diferente).

103. Bix, p. 423; Morley, *The Final Confrontation*, p. 265.

104. Bix, pp. 421-2.

105. Exemplos em Toland, *The Rising Sun*, pp. 132- 5. A nota à p. 133 sugere que não há indicação de erro intencional na tradução. Ver também Butow, p. 335 e n. 38, afirmando que "as distorções não iam de encontro essencialmente à realidade das intenções do Japão".

106. Hull, vol. 2, pp. 1056-7, 1060.

107. Ver Grew, pp. 468-9 (3.11.41), sobre a diferença de tom em relação ao Departamento de Estado em Washington; e Morley, *The Final Confrontation*, p. 310-1.

108. Langer e Gleason, *The Undeclared War*, pp. 855-66; *Japan II*, pp. 729-37; Hull, vol. 2, pp. 1058-62; Feis, pp. 303-5.

109. Feis, pp. 307-8; Langer e Gleason, *The Undeclared War*, pp. 863-4; Ike, 251 (relatório de Togo à Conferência de Ligação de 20.11.41); Hull, vol. 2, p. 1063-4; Morley, *The Final Confrontation*, pp. 301-5.

110. Hull, vol. 2, pp. 1069-71 (citação p. 1070); e Butow, pp. 336-8. Langer e Gleason, *The Undeclared War*, p. 880, mostram-se críticos em relação à "intensidade da indignação do sr. Hull com as sugestões feitas pelos japoneses, que sob muitos aspectos se assemelhavam a idéias correntes no próprio Departamento de Estado". Spotswood (pp. 450-1) defende o ponto de vista de Hull, especialmente à luz do rápido aumento dos contingentes japoneses na Indochina.

111. *FRUS, 1941*, pp. 635-6 (redação final pp. 661-4); Langer e Gleason, *The Undeclared War*, pp. 881-2.

112. Langer e Gleason, *The Undeclared War*, p. 872.

113. Hull, vol. 2, pp. 1072-3.

114. *FRUS, 1941*, pp. 640, 650-1, 655-6, 659-61, 666; Heinrichs, *Threshold of War*, pp. 209-11.

115. *The MAGIC Background of Pearl Harbor*, vol. 4, Washington, 1978, apêndice, p. A89. Em 25 de novembro, o presidente disse a seus assessores mais próximos que "era provável que fôssemos atacados talvez na próxima segunda-feira [1º de dezembro], pois os japoneses são conhecidos por atacarem sem aviso prévio, e a questão era saber o que devíamos fazer". Em sua opinião, o mais difícil era saber "como deveríamos manobrar para deixá-los na posição de dar o primeiro tiro sem que incorrêssemos em excessivo risco" (Yale University Library, Henry L. Stimson Diaries 1909-1945, bobina 7, anotação de 25.11.41).

116. *FRUS, 1941*, pp. 660-61; Stimson Diaries, bobina 7, anotação de 26.11.41.

117. Idem, p. 665.

118. Hull, vol. 2, p. 1081.

119. Idem, pp. 1074-6, 1082; Toland, *The Rising Sun*, pp. 140-3; Morley, *The Final Confrontation*, pp. 305-7, 309; Carr, p. 163; Heinrichs, *Threshold of War*, pp. 208-12; Stimson Diaries, bobina 7, anotação de 27.11.41.

120. *Japan II*, pp. 766-70; texto também em Langer e Gleason, *The Undeclared War*, pp. 896-7; e *Political Strategy Prior to the Outbreak of War* (*Part III*), Japanese Monographs, 147, apêndice 9 (disponível em: <http://www.ibiblio.org/pha/monos/147/147app09.html>). Eram muito mais duras que as propostas feitas seis meses antes, em 21 de junho (ver *Japan II*, pp. 483-5) — elas próprias consideradas "uma reiteração intransigente dos princípios das relações internacionais, enunciados com tanta freqüência pelo secretário Hull" (Langer e Gleason, *The Undeclared War*, p. 632).

121. Morley, *The Final Confrontation*, pp. 313-5, 317-8; Langer e Gleason, *The Undeclared War*, pp. 893, 898; Hull, vol. 2, pp. 1081-4; Carr, pp. 163-4; Bix, p. 428.

122. Citado em Toland, *The Rising Sun*, p. 143.

123. Citado em Morley, *The Final Confrontation*, p. 313.

124. Ver o depoimento prestado por Tojo, depois da Guerra, no Tribunal Militar Internacional para o Extremo Oriente, no qual afirmou que a proposta americana foi considerada na época um ultimato, e que "ficaram todos estarrecidos com a dureza" das exigências (*Political Strategy Prior to the Outbreak of War* (*Part IV*), Japanese Monographs, 150, apêndice 3 (disponível em: <http://www.ibiblio.org/pha/monos/150/150app03.html>). Em telegrama de 28 de novembro a Nomura e Kurusu, Togo falava dessa "proposta humilhante", que considerava "totalmente inesperada e profundamente lamentável" (*The MAGIC Background of Pearl Harbor*, vol. 4, pp. 84-6 e apêndice, pp. A118). Dois dias antes, Nomura declarara que ele e Kurusu ficaram "estarrecidos" quando Hull expôs-lhes os Dez Pontos (vol. 4, apêndice, p. A102-3).

125. Toland, *The Rising Sun*, p. 145.

126. Morley, *The Final Confrontation*, pp. 315-7; Ike, pp. 256-7.

127. Citado em Morley, *The Final Confrontation*, p. 320.

128. Bix, p. 430; Toland, *The Rising Sun*, pp. 176-9; Morley, *The Final Confrontation*, pp. 324-6.

129. *Political Strategy Prior to the Outbreak of War* (*Part IV*), Japanese Monographs, 150, apêndice 4 (disponível em: <http://www.ibiblio.org/pha/monos/150/150app04.html>).

130. Bix, pp. 430-1; Iriye, *Origins*, p. 182; Ike, pp. 262-3 (onde se afirma equivocadamente que a frota partiu às 18h); Morley, *The Final Confrontation*, p. 332; Prange, p. 390; Bergamini, vol. 2, pp. 1057-9.

131. Ike, p. 261 e n. 46; Morley, *The Final Confrontation*, p. 327; Toland, *The Rising Sun*, p. 179.

132. Citado em Bix, pp. 430-1.

133. Idem, p. 431.

134. Ike, p. 271.

135. Idem, p. 279.

136. Idem, p. 282.

137. Idem, pp. 282-3; Bix, p. 433.

138. Butow, p. 363; Toland, *The Rising Sun*, p. 182.

139. Toland, *The Rising Sun*, p. 183; Morley, *The Final Confrontation*, p. 323.

140. Morley, *The Final Confrontation*, p. 344; *The MAGIC Background of Pearl Harbor*, vol. 4, apêndice, pp. A130-4.

141. Morley, *The Final Confrontation*, p. 329.

142. Idem, p. 338.

143. Robert E. Sherwood, *The White House Papers of Harry L. Hopkins*, Londres, 1948, vol. 1, p. 430; citado também em Morley, *The Final Confrontation*, 344; Toland, *The Rising Sun*, p. 194.

144. Toland, *The Rising Sun*, pp. 193-4, 198-9; Bix, p. 436.

145. Morley, *The Final Confrontation*, p. 344; Iriye, *Origins*, p. 183.

146. Um levantamento "profético" efetuado no mês de julho anterior descortinara na verdade exatamente essa possibilidade de um ataque aéreo a partir de porta-aviões, frisando a necessidade de reforçar as defesas em Pearl Harbor (Prange, pp. 185-8). Mas o Plano de Defesa Conjunta Exército-Marinha no Havaí, estabelecido posteriormente para a proteção de Pearl Harbor contra um ataque aéreo de surpresa, era muito bom (Toland, *The Rising Sun*, p. 195). Aparentemente, ninguém se lembrou da advertência feita em janeiro por Grew (Grew, p. 368).

147. Langer e Gleason, *The Undeclared War*, pp. 926-7 (e p. 911); Iriye, *Origins*, p. 183; Morley, *The Final Confrontation*, p. 345; Heinrichs, *Threshold of War*, p. 216.

148. Toland, *The Rising Sun*, pp. 201-2; Morley, *The Final Confrontation*, pp. 334-5, 344-5.

149. Morley, *The Final Confrontation*, p. 338.

150. I. C. B. Dear e M. R. D. Foot (eds.), *The Oxford Companion to the Second World War*, Oxford, Nova York, 1995, p. 872; Toland, *The Rising Sun*, pp. 221, 235; Dallek, p. 311; Gerhard L. Weinberg, *A World at Arms. A Global History of World War II*, Cambridge, 1994, pp. 260-1.

151. Carta a Sasakawa Ryochi, 24 de janeiro [de 1941], anexada como último fólio às Konoe Memoirs.

152. De tal maneira que logo surgiram teorias conspiratórias que nunca seriam completamente esquecidas — basicamente, de que o governo americano tinha conhecimento do ataque que estava para ser desferido, mas deliberadamente se eximiu de tomar as necessárias precauções de segurança, permitindo que a devastadora investida ocorresse, para justificar a entrada dos Estados Unidos na guerra. Essas teorias sempre foram as mais absurdas, e as aprofundadas análises de Prange, sobre os preparativos militares para o episódio de Pearl Harbor, tanto do lado americano quanto do japonês (ver especialmente suas observações no último capítulo, pp. 725-38), e da atuação dos serviços americanos de inteligência por Roberta Wohlstetter, *Pearl Harbor. Warning and Decision*, Stanford, Califórnia, 1962, especialmente pp. 382-96, demonstraram inequivocamente que por trás desses

extraordinários acontecimentos não havia uma conspiração maquiavélica, mas toda uma série de erros e avaliações equivocadas. O que é corroborado pelo estudo mais recente de Richard J. Aldrich, *Intelligence and the War against Japan. Britain, America and the Politics of Secret Service*, Cambridge, 2000. Este livro descarta (pp. 68-84) mais outra manifestação da teoria conspiratória: a de que Churchill teria recebido claros informes de inteligência a respeito de Pearl Harbor, deliberadamente optando por não apresentá-los a Roosevelt.

153. Toland, *The Rising Sun*, p. 227. Ao receber no Palácio Imperial a "grande notícia", Kido achou que "os deuses tinham vindo em nossa ajuda" (Kido Diary, doc. n. 1632W [90], 8.12.41).

154. Bix, pp. 436-7; texto do Decreto Imperial sobre a Declaração de Guerra em *Political Strategy Prior to the Outbreak of War (Part IV)*, Japanese Monographs, 150, apêndice 7 (disponível em: <http://www.ibiblio.org/pha/monos/150/150app07.html>).

155. Hull, vol. 2, pp. 1095-7 (citação p. 1096); Morley, *The Final Confrontation*, p. 338; *The MAGIC Background of Pearl Harbor*, vol. 4, p. 101; Toland, *The Rising Sun*, pp. 224-5. O relato de Nomura encontra-se em *Political Strategy Prior to the Outbreak of War (Part IV)*, Japanese Monographs, 150, apêndice 6 (disponível em: <http://www.ibiblio.org/pha/monos/150/150app06.html>).

156. Frank Freidel, *Franklin D. Roosevelt. A Rendezvous with Destiny*, Boston, 1990, p. 407; Bergamini, vol. 2, p. 1096; Carr, p. 166.

157. Langer e Gleason, *The Undeclared War*, pp. 938-9.

158. Nazli Choucri, Robert C. North e Susumu Yamakage, *The Challenge of Japan before World War II and After*, Londres, Nova York, 1992, pp. 37-8, 40-3, 118-20, 132-7.

159. Ver Paul W. Schroeder, *The Axis Alliance and Japanese-American Relations 1941*, Ithaca, Nova York, 1958, pp. 203-8. Carr, p. 157, levanta a mesma questão, apresentando uma resposta convincente: "Nenhum presidente americano, especialmente um homem tão sensível à opinião pública quanto Roosevelt, poderia ter dado uma virada dessa magnitude enfrentando a indignação da opinião pública [...]. Por outro lado, a simples idéia de uma rendição frente ao Japão teria um efeito desmoralizante nos inimigos do Eixo".

160. Ver a respeito os pertinentes comentários de Feis, pp. 274-5, de que Konoe "era prisioneiro, voluntário ou não, dos termos estabelecidos com precisão nas conferências que presidira" e de que "é improvável que pudesse contorná-los ou que viesse, num gesto desesperado, a descartá-los. Toda a sua carreira política nos fala em sentido inverso".

161. Ver, por exemplo, Toland, *The Rising Sun*, notas às pp. 141 e 145; e Morley, *The Final Confrontation*, p. 319.

162. Ver Langer e Gleason, *The Undeclared War*, p. 721.

163. Ver Iriye, *Origins*, pp. 178-9.

9. BERLIM, OUTONO DE 1941 [pp. 455-510]

1. Sebastian Haffner, *Von Bismarck zu Hitler. Ein Rückblick*, edição de bolso, Munique, 1989, p. 293. Ver também Enrico Syring, "Hitler's Kriegserklärung an Amerika vom 11. Dezember 1941", em Wolfgang Michalka (org.), *Der Zweite Weltkrieg. Analysen, Grundzüge, Forschungsbilanz*, Munique, Zurique, 1989, p. 683.

2. Max Domarus (org.), *Hitler. Reden und Proklamationen 1932-1945*, Wiesbaden, 1973, p. 1809.

3. Texto tirado de Domarus, p. 1808, n. 543; e de *DGFP*, 13, doc. 577, pp. 1004-5; ver também Paul Schmidt, *Statist auf diplomatischer Bühne 1923-45. Erlebnisse des Chefdolmetschers im Auswärtigen Amt mit den Staatsmännern Europas*, Bonn, 1953, p. 554.

4. *Meldungen aus dem Reich. Auswahl aus den geheimen Lageberichten des Sicherheitsdienstes der SS 1939-1944*, Heinz Boberach (org.), Neuwied, Berlim, 1965, p. 198.

5. Harry W. Flannery, *Assignment to Berlin*, Londres, 1942, p. 291.

6. *Mein Tagebuch. Geschichten vom Überleben 1939-1947*, Heinrich Breloer (org.), Colônia, 1984, p. 64.

7. "Inside Germany Report" de dezembro 1941, citado em Philipp Gassert, *Amerika im Dritten Reich. Ideologie, Propaganda und Volksmeinung 1933-1945*, Stuttgart, 1997, p. 321.

8. Wilm Hosenfeld, *"Ich versuche jeden zu retten". Das Leben eines deutschen Offiziers in Briefen und Tagebüchern*, Thomas Vogel (org.), Munique, 2004, p. 561.

9. *Die Tagebücher von Joseph Goebbels*, Elke Frohlich (org.), parte II, vol. 2, Munique, 1996, p. 453 (8.12.41).

10. Nicolaus von Below, *Als Hitlers Adjutant 1937-1945*, Mainz, 1980, p. 296.

11. Karl Dönitz, *Memoirs. Ten Years and Twenty Days*, Nova York, 1997, p. 195.

12. Walter Warlimont, *Inside Hitler's Headquarters 1939-45*, edição Presidio, Novato, Califórnia, s.d., p. 208.

13. Idem, p. 203.

14. Idem, p. 50.

15. *The Ribbentrop Memoirs*, Londres, 1954, p. 160.

16. Ernst von Weizsäcker, *Erinnerungen*, Munique, Leipzig, Friburgo, 1950, p. 328.

17. Até a avançada data de 24 de fevereiro de 1945, Hitler ainda se referia ao "vasto território" dos Estados Unidos, "mais do que suficiente para absorver as energias de todo seu povo", como modelo que esperava imitar para a Alemanha na Europa, "de modo a lhe garantir total independência econômica dentro de um território de tamanho compatível com sua população", acrescentando que "um grande povo precisa de muito espaço" (*The Testament of Adolf Hitler. The Hitler-Bormann Documents*, feb.-abr. 1945, François Genoud [org.], Londres, 1961, p. 88). Para problemas textuais relativos a essa fonte, ver Ian Kershaw, *Hitler, 1936-1945. Nemesis*, Londres, 2000, n. 121, pp. 1024-5.

18. *Hitler: Reden, Schriften, Anordnungen. Februar 1925 bis Januar 1933*, Institut für Zeitgeschichte (org.), vol. 3, parte I, Munique, 1994, p. 161 (18.10.28).

19. *Hitler: Reden, Schriften, Anordnungen*, vol. 4, parte I, p. 417 (2.5.6.31).

20. O parágrafo anterior utiliza a análise informativa de Gassert, pp. 87-103.

21. Gassert, pp. 34-6.

22. Eberhard Jäckel e Axel Kuhn (orgs.), *Hitler. Sämtliche Aufzeichnungen 1905-1924*, Stuttgart, 1980, pp. 96-7, 99.

23. Adolf Hitler, *Mein Kampf*, 876ª-880ª reimpressão, Munique, 1943, pp. 722-3; tradução inglesa de Ralph Mannheim com introdução de D. C. Watt, edição de bolso, Londres, 1973, pp. 582-3.

24. Dietrich Aigner, "Hitler und die Weltherrschaft", em Wolfgang Michalka (org.), *Nationalsozialistische Au,enpolitik*, Darmstadt, 1978, p. 62.

25. Ver Gassert, pp. 95-6; e Gerhard L. Weinberg, *The Foreign Policy of Hitler's Germany. Diplomatic Revolution in Europe 1933-36*, Chicago, Londres, 1970, p. 21; Gerhard L. Weinberg, "Hitler's Image of the United States", *American Historical Review*, 69 (1964), p. 1009.

26. *Hitler's Second Book. The Unpublished Sequel to Mein Kampf*, Gerhard L. Weinberg (org.), Nova York, 2003, p. 112.

27. *Hitler's Second Book*, pp. 116-7.

28. Os supostos comentários de Hitler sobre os Estados Unidos citados em fontes tendenciosas e desacreditadas, Edouard Calic, *Unmasked. Two Confidential Interviews with Hitler in 1931*, Londres, 1971, e Hermann Rauschning, *Hitler Speaks*, Londres, 1939, não podem ser considerados declarações autênticas.

29. Ernst Hanfstaengl, *Hitler. The Missing Years*, edição de bolso, Nova York, 1994, p. 188.

30. Gassert, pp. 93-4; Andreas Hillgruber, "Der Faktor Amerika in Hitler's Strategie 1938-1941", *Aus Politik und Zeitgeschichte. Beilage zur Wochenzeitung "Das Parlament"*, 11 May 1966, p. 4; Weinberg, "Hitler's Image", pp. 1010-2.

31. Weinberg, *Diplomatic Revolution*, pp. 133-58, sobretudo pp. 145, 149, 157.

32. Ver Gassert, pp. 183-246, para um estudo abrangente desses aspectos das concepções alemãs sobre os Estados Unidos.

33. *Akten der Reichskanzlei. Die Regierung Hitler*, Karl-Heinz Minuth (org.), vol. I, Boppard am Rhein, 1983, p. 317; e ver Gassert, pp. 183-4.

34. *IMT*, vol. 25, pp. 402-13, doc. 386-PS; tradução inglesa de Jeremy Noakes e Geoffrey Pridham (orgs.), *Nazism 1919-1945. A Documentary Reader*, vol. 3, Exeter, 1988, pp. 680-7.

35. *DGFP*, 1, doc. 423, p. 656; Hillgruber, "Amerika", p. 7. Para o "discurso de quarentena", cujo alvo principal era o Japão, ver Robert Dallek, *Franklin D. Roosevelt and American Foreign Policy, 1932-1945*, Nova York, 1979, p. 148.

36. Gassert, pp. 246-59.

37. Frank Freidel, *Franklin D. Roosevelt. A Rendezvous with Destiny*, Boston, 1990, p. 314; Gassert, pp. 258-9.

38. Saul Friedländer, *Prelude to Downfall. Hitler and the United States, 1939-1941*, Nova York, 1967, pp. 8-9.

39. Adam Tooze, *The Wages of Destruction. The Making and Breaking of the Nazi Economy*, Londres, 2006, p. 283.

40. Wilhelm Treue (org.), "Rede Hitlers vor der deutschen Presse (10. November 1938)", *Vierteljahrshefte für Zeitgeschichte*, 6 (1958), p. 191.

41. *DGFP*, 4, doc. 158, p. 192; Friedländer, *Prelude to Downfall*, p. 9.

42. Domarus, p. 1058; tradução inglesa de Noakes e Pridham, vol. 3, p. 1049. E ver Tooze, pp. 283-4.

43. Ver Dallek, p. 181, para as observações de Roosevelt, feitas reservadamente mas vazadas para a imprensa; e Gassert, p. 261, para a reação da propaganda alemã.

44. William L. Langer e S. Everett Gleason, *The Challenge to Isolation, 1937-1940*, Nova York, 1952, pp. 84-5; Cordell Hull, *The Memoirs of Cordell Hull*, Nova York, 1948, vol. I, p. 621.

45. Below, p. 161.

46. Langer e Gleason, *Challenge*, p. 87.

47. Domarus, pp. 1166-79, para as partes do discurso dedicadas à "resposta" a Roosevelt.

48. *Die Tagebücher von Joseph Goebbels*, Elke Frohlich (org.), parte I, vol. 6, Munique, 1998, p. 332 (2.9.4.39). Ver Gassert, pp. 263-6, para o impacto positivo do discurso na Alemanha.

49. William L. Shirer, *Berlin Diary, 1934-1941*, edição de bolso, Londres, 1970, p. 133. Shirer tinha

razão ao supor que os comentários de Hitler seriam bem recebidos pelos isolacionistas. Ver Langer e Gleason, *Challenge*, p. 89.

50. Friedländer, *Prelude to Downfall*, pp. 50-1; Gassert, pp. 271-7.

51. Friedländer, *Prelude to Downfall*, pp. 61, 65.

52. *KTB d. OKW*, vol. I, 1965, p. 108E; Hillgruber, "Amerika", p. 8.

53. *DGFP*, 8, doc. 172., p. 180 (1.10.39); doc. 405, pp. 470-1 (1.12.39); Hillgruber, "Amerika", p. 9.

54. *DGFP*, 7, doc. 378, p. 377 (2.8.8.39); Hillgruber, "Amerika", p. 9.

55. Below, p. 200.

56. Franz Halder, *Kriegstagebuch. Tägliche Aufzeichnungen des Chefs des Generalstabes des Heeres 1939-1942*, vol. I: *Vom Polenfeldzug bis zum Ende der Westoffensive (14-8.1939-30.6.1940)*, Hans-Adolf Jacobsen (org.), Stuttgart, 1962, pp. 86-90.

57. *DGFP*, 9, doc. 192, p. 277; Hillgruber, "Amerika", p. 9.

58. Citado em Langer e Gleason, *Challenge*, p. 516.

59. *DGFP*, 10, doc. 199, pp. 259-60; Hillgruber, "Amerika", p. 12.

60. Wolfgang Michalka, "From the Anti-Comintern Pact to the Euro-Asiatic Bloc. Ribbentrop's Alternative Concept of Hitler's Foreign Policy Programme", em H. W. Koch (org.), *Aspects of the Third Reich*, Londres, 1985, pp. 281-2.

61. Friedländer, *Prelude to Downfall*, p. 125.

62. Gassert, p. 281.

63. Idem, pp. 284-6.

64. *Fuehrer Conferences on Naval Affairs 1939-1945*, Londres, 1990, p. 162.

65. *DGFP*, 11, doc. 633, pp. 1061-2.

66. Friedländer, p. 172.

67. Domarus, p. 1661.

68. *KTB d. OKW*, vol. I, pp. 257-8; também citado em Andreas Hillgruber, *Hitlers Strategie. Politik und Kriegführung 1940-1941*, 3. ed., Bonn, 1993, p. 364.

69. *Fuehrer Conferences*, p. 172.

70. Citado em Friedländer, *Prelude to Downfall*, p. 175.

71. Idem, p. 175, n. 1.

72. *Heeresadjutant bei Hitler 1938-1943. Aufzeichnungen des Majors Engel*, Hildegard von Kotze (org,), Stuttgart, 1974, p. 99 (24.3.41).

73. Friedländer, *Prelude to Downfall*, p. 203.

74. *Fuehrer Conferences*, p. 199 (22.5.41); Friedländer, *Prelude to Downfall*, pp. 205-8; Thomas A. Bailey e Paul B. Ryan, *Hitler vs. Roosevelt. The Undeclared Naval War*, Nova York, 1979, pp. 122-9.

75. Bailey e Ryan, pp. 129-32, 138-44.

76. *Fuehrer Conferences*, p. 218 (6.6.41).

77. Bailey e Ryan, pp. 148-9.

78. *Fuehrer Conferences*, pp. 219-20 (21.6.41).

79. *Hitlers Weisungen für die Kriegführung. Dokumente des Oberkommandos der Wehrmacht*, Walther Hubatsch (org.), edição de bolso, Munique, 1965, p. 121

80. *DGFP*, 12, doc. 78, pp. 144-5.

81. Ver Friedländer, *Prelude to Downfall*, pp. 196, 202.

82. *DGFP*, 12, doc. 281, p. 382.

83. *DGFP*, 12, doc. 222, pp. 388-92.

84. *DGFP*, 12, doc. 266, pp. 455-6.

85. *DGFP*, 12, doc. 496, pp. 777-80; *Ciano's Diary 1939-1943*, Malcolm Muggeridge (org.), Londres, 1947, p. 341 (12.5.41).

86. *DGFP*, 12, doc. 596, pp. 967-70.

87. *KTB d. OKW*, vol. I, p. 996.

88. Citado em Friedländer, *Prelude to Downfall*, p. 255.

89. *Fuehrer Conferences*, p. 221 (9.7.41).

90. Idem, p. 222 (25.7.41).

91. Franz Halder, *Kriegstagebuch. Tägliche Aufzeichnungen des Chefs des Generalstabes des Heeres 1939-1942*, vol. 3: *Der Ru,landfeldzug bis zum Marsch auf Stalingrad (22.6.1941-24.9.1942)*, Hans-Adolf Jacobsen (org.), Stuttgart, 1964, p. 38.

92. *Hitlers Weisungen*, pp. 159-62.

93. *Fuehrer Conferences*, p. 199; Hillgruber, "Amerika", p. 18.

94. Ver Eberhard Jäckel, *Hitler in History*, Hanover, Londres, 1984, p. 72.

95. *Staatsmänner und Diplomaten bei Hitler. Vertrauliche Aufzeichnungen über die Unterredungen mit Vertretern des Auslandes 1939-1941*, Andreas Hillgruber (org.), edição de bolso, Munique, 1969, pp. 292-303; e ver Hillgruber, "Amerika", p. 17.

96. *Die Tagebücher von Joseph Goebbels*, parte II, vol. I, Munique, 1996, p. 263 (19.8.41).

97. Halder, *Kriegstagebuch*, vol. 3, p. 170 (11 Aug. 1941); tradução inglesa *The Halder War Diary, 1939-1942*, Charles Burdick e Hans-Adolf Jacobsen (org.), Londres, 1988, p. 506.

98. Ver Kershaw, *Hitler, 1936-1945*, Londres, 2000, pp. 407-18.

99. *Die Tagebücher von Joseph Goebbels*, parte II, vol. I, pp. 236-7 (15.8.41). E para a propaganda alemã sobre a Carta do Atlântico, ver Friedländer, pp. 268-9; Gassert, pp. 312-3.

100. *DGFP*, 13, doc. 209, p. 323; Friedländer, p. 267.

101. David Kahn, *Hitler's Spies. German Military Intelligence in World War II*, Nova York, 2000, pp. 80-3.

102. Friedländer, *Prelude to Downfall*, pp. 266-7, citando o telegrama de Bötticher de 14 de agosto de 1941.

103. Para as críticas a Churchill nesse momento, ver John Charmley, *Churchill: The End of Glory. A Political Biography*, Londres, 1993, pp. 448-9.

104. *Die Tagebücher von Joseph Goebbels*, parte II, vol. I, p. 263 (19.8.41).

105. *Fuehrer Conferences*, pp. 228-9 (22.8.41).

106. Friedländer, *Prelude to Downfall*, pp. 275-81.

107. *Die Tagebücher von Joseph Goebbels*, parte II, vol. I, pp. 367-8, 370-1, 375-6 (6-8.9.41), citação p. 376.

108. Idem, pp. 407-8 (13.9.41).

109. Idem, p. 417 (14.9.41).

110. *Fuehrer Conferences*, pp. 231-3 (17.9.41). Ernst von Weizsäcker, secretário de Estado do Ministério das Relações Exteriores, observara em seu diário, no dia 19 de setembro, que os Estados Unidos deveriam ser tratados com o máximo de cautela, muito embora Roosevelt tivesse declarado oito dias antes que os navios norte-americanos atirariam sem avisar (*Die Weizsäcker-Papiere 1933-1950*, Leonidas E. Hill [org.], Frankfurt am Main, 1974, p. 270).

111. Halder, *Kriegstagebuch*, vol. 3, p. 219 (10.9.41); Jäckel, *Hitler in History*, p. 75; *Die Weizsäcker-Papiere*, p. 268 (6.9.41).

112. *DGFP*, 13, doc. 316, p. 505; Jäckel, *Hitler in History*, p. 75.

113. Friedländer, *Prelude to Downfall*, p. 280.

114. *Die Tagebücher von Joseph Goebbels*, parte II, vol. 2, Munique, 1966, pp. 136, 149 (18, 21.10.41), citação p. 136.

115. Idem, pp. 140, 145 (19-20.10.41); Bailey e Ryan, p. 202.

116. *Die Tagebücher von Joseph Goebbels*, parte II, vol. 2, Munique, 1966, pp. 216 (citação), 223 (1-2.11.41).

117. Domarus, p. 1778.

118. *Fuehrer Conferences*, p. 239 (13.11.41); ver também Friedländer, *Prelude to Downfall*, p. 294.

119. William Carr, *Poland to Pearl Harbor. The Making of the Second World War*, Londres, 1985, p. 143.

120. Dr. Henry Picker, *Hitlers Tischgespräche im Führerhauptquartier 1941-1942*, Percy Ernst Schramm (org.), Stuttgart, 1963, p. 145 (10.9.41); *Staatsmänner*, p. 319 (conversa com Ciano, 25.10.41); Hillgruber, "Amerika", pp. 4, 18.

121 *Die Weizsäcker-Papiere*, p. 274 (21.10.41); Weizsäcker, *Erinnerungen*, p. 326.

122. *Die Tagebücher von Joseph Goebbels*, parte II, vol. 2, p. 180 (26.10.41).

123. *DGFP*, 13, doc. 434, p. 717; Jäckel, *Hitler in History*, p. 75.

124. *Die Tagebücher von Joseph Goebbels*, parte II, vol. 2, p. 240 (6.11.41).

125. Jäckel, *Hitler in History*, p. 75. Ver também *DGFP*, 13, p. 745, n. 3.

126. *DGFP*, 13, doc. 480, p. 799; citado também em Jäckel, *Hitler in History*, p. 76, com uma tradução ligeiramente diferente; ver também Friedländer, *Prelude to Downfall*, p. 306; e Gerhard Krebs, "Deutschland und Pearl Harbor", *Historische Zeitschrift*, 253 (1991), pp. 341-2. Krebs (pp. 327-47) oferece um relato completo do esforço japonês para conseguir uma garantia de ajuda alemã.

127. *DGFP*, 13, doc. 487, pp. 806-7; Jäckel, *Hitler in History*, p. 76; Friedländer, p. 306; Klaus Hildebrand, *Das vergangene Reich. Deutsche Au,enpolitik von Bismarck bis Hitler*, Stuttgart, 1995, pp. 762-3. Sem qualquer surpresa, Ott interpretou a resposta de Ribbentrop como uma aprovação do apoio ao Japão em circunstâncias não previstas pelo Pacto Tripartite, a saber, uma agressão japonesa. Isso causou grande alívio entre os japoneses (Krebs, p. 342).

128. *DGFP*, 13, doc. 492, p. 813; Jäckel, *Hitler in History*, p. 77.

129. *Staatsmänner*, pp. 256-7 (4.4.41).

130. Nobutaka Ike (org.), *Japan's Decision for War. Records of the 1941 Policy Conferences*, Stanford, Califórnia, 1967, pp. 241-2 (12.11.41).

131. *Die Weizsäcker-Papiere*, p. 277 (23.11.41).

132. *Die Tagebücher von Joseph Goebbels*, parte II, vol. 2, p. 308 (18.11.41).

133. Possivelmente, o atraso se deveu a uma preparação para a participação de Hitler em uma série de três dias de discussões com dignatários estrangeiros em Berlim, de 27 a 29 de novembro, para comemorar a extensão do Pacto Anti-Comintern de 1936. Ver Milan Hauner, *Hitler. A Chronology of his Life and Time*, 2. ed., Basingstoke, Nova York, 2005, p. 171.

134. *DGFP*, 13, doc. 506, pp. 847-8; Michael Bloch, *Ribbentrop*, edição de bolso, Londres, 1994, p. 346.

135. *The MAGIC Background of Pearl Harbor*, vol. 4, Washington, 1978, apêndice, p. A383; *DGFP*,

13, doc. 512, p. 870, n. 4; Jäckel, *Hitler in History*, p. 79. Ver Krebs, pp. 346-7, e Syring, pp. 688-9, para a questão da autenticidade dos registros das palavras de Hitler citadas. Krebs, p. 369, cita o telegrama de Oshima de 29 de novembro, que diria: "Verifiquei que está confirmado que ele [Hitler] irá apoiar o Japão com toda sua potência caso surja algum conflito nas relações entre Japão e Estados Unidos".

136. *IMT*, vol. 31, doc. 2898-PS, p. 268. Friedländer, p. 306, fornece erroneamente a data de 10 de novembro e situa a conversa de Ott com Tojo.

137. *Nazi Conspiracy and Aggression*, United States Government, vol. 6, Washington, 1946, doc. 3598-PS; também citado em John Toland, *Adolf Hitler*, Londres, 1977, p. 694.

138. *The MAGIC Background of Pearl Harbor*, vol. 4, apêndice, pp. A387-8; Jäckel, *Hitler in History*, p. 80. Ver também Carl Boyd, *Hitler's Japanese Confidant. General Oshima Hiroshi and MAGIC Intelligence, 1941-1945*, Lawrence, Kansas, 1992, p. 36. Syring, p. 689 (e ver p. 695, n. 57), deixa em aberto a questão de a data ter sido 1º ou 2 de novembro, motivo de controvérsia entre historiadores. Pouca coisa depende disso.

139. Krebs, pp. 352-3; Jäckel, *Hitler in History*, pp. 80-1; Bloch, p. 346.

140. *Ciano's Diary*, pp. 405-6 (3, 5.12.41).

141. *DGFP*, 13, doc. 546, pp. 958-9; Jäckel, *Hitler in History*, p. 81; Krebs, pp. 352-3.

142. *Die Weizsäcker-Papiere*, p. 279 (6.12.41).

143. Weizsäcker, *Erinnerungen*, p. 327; *Die Tagebücher von Joseph Goebbels*, parte II, vol. 2, p. 468 (10.12.41).

144. *Die Weizsäcker-Papiere*, pp. 278-9 (6.12.41).

145. Halder, *Kriegstagebuch*, vol. 3, p. 332. (7.12.41); tradução inglesa *Halder War Diary*, p. 582.

146. *Die Tagebücher von Joseph Goebbels*, parte II, vol. 2, p. 439 (6.12.41).

147. Friedländer, *Prelude to Downfall*, p. 307.

148. Weizsäcker, *Erinnerungen*, p. 328. A surpresa de Jodl, na sua opinião, era compartilhada por Hitler (*IMT*, vol. 15, p. 397).

149. Schmidt, p. 553.

150. *Ciano's Diary*, p. 407 (8.12.41).

151. *Die Weizsäcker-Papiere*, pp. 279-80 (8.12.41).

152. *Die Tagebücher von Joseph Goebbels*, parte II, vol. 2, p. 453 (8.12.41).

153. Institut für Zeitgeschichte, Munique, ED 100, Diário de Walther Hewel (8.12.41); também citado em David Irving, *Hitler's War*, Londres, 1977, p. 352.

154. Franz von Papen, *Memoirs*, Londres, 1952, p. 484.

155. *Generalfeldmarschall Keitel: Verbrecher oder Offizier? Erinnerungen, Briefe, Dokumente des Chefs OKW*, Walter Garlitz (org.), Göttingen, 1961, p. 285. Otto Dietrich, *12 Jahre mit Hitler*, Munique, 1955, p. 85, também recordou a mudança imediata no comportamento de Hitler ao receber a notícia de Pearl Harbor.

156. Warlimont, pp. 207-8.

157. *Die Tagebücher von Joseph Goebbels*, parte II, vol. 2, pp. 469 (10.12.41).

158. Below, p. 296.

159. Anotações inéditas e gravação em fita de uma entrevista de Wolfgang Brocke feita por Hans Mommsen, 25.4.97. Sou muito grato ao professor Mommsen pelo acesso a esse material.

160. *Generalfeldmarschall Keitel*, p. 285.

161. Gerhard Weinberg, *A World at Arms. A Global History of World War II*, Cambridge, 1994, p. 262; Jäckel, *Hitler in History*, p. 82; Friedländer, p. 308.

162. *Die Tagebücher von Joseph Goebbels*, parte II, vol. 2, pp. 464-5 (10.12.41).

163. *Nazi Conspiracy and Aggression*, Washington, 1948, suplemento B, p. 1199; com uma formulação ligeiramente diferente, também em *IMT*, vol. 10, p. 298; e *The Ribbentrop Memoirs*, p. 160.

164. Ver Domarus, pp. 1806-7.

165. *Die Tagebücher von Joseph Goebbels*, parte II, vol. 2, p. 494 (13.12.41).

166. Domarus, p. 1807.

167. Friedländer, *Prelude to Downfall*, p. 308.

168. *Die Tagebücher von Joseph Goebbels*, parte II, vol. 2, p. 476 (11.12.41).

169. Idem, p. 468 (10.12.41).

170. *Nazi Conspiracy and Aggression*, suplemento B, p. 1199; os mesmos sentimentos, com uma formulação levemente diferente, em *The Ribbentrop Memoirs*, p. 160.

171. *The Ribbentrop Memoirs*, pp. 160, 167.

172. *DGFP*, 13, doc. 569, p. 994; Friedländer, p. 308.

173. Idem, doc. 562, p. 982; Jäckel, *Hitler in History*, p. 82.

174. Domarus, pp. 1809-10.

175. Comentário feito por Jäckel, *Hitler in History*, p. 86.

176. Syring, p. 691.

177. Jäckel, *Hitler in History*, p. 83; Syring, p. 688.

178. Ver Syring, p. 692; Gassert, p. 317.

179. Weizsäcker, *Erinnerungen*, p. 328.

180. *Die Weizsäcker-Papiere*, p. 280 (10.12.41).

181. Ver *Die Tagebücher von Joseph Goebbels*, parte II, vol. 2, pp. 433, 439 (5-6.12.41).

182. Idem, p. 468 (10.12.41).

183. Hillgruber, *Hitler's Strategie*, p. 554.

184. Dönitz, pp. 202-6. Ainda assim, Dönitz lamentou o pequeno número de submarinos colocados à sua disposição em um momento de competição entre duas demandas: submarinos para combater no Mediterrâneo e para proteger a Noruega.

185. Kahn, pp. 83-4.

186. Ver os comentários de Hitler para Oshima em 3 de janeiro de 1942 de que, se Japão e Alemanha agirem juntos para que "a Inglaterra perca a Índia, um mundo inteiro irá ruir. A Índia é o coração do Império Britânico" (citado em Hildebrand, *Das vergangene Reich*, p. 764).

187. Hildebrand, *Das vergangene Reich*, p. 762.

188. Hull, vol. 2, pp. 1099-100.

189. Freidel, p. 408.

190. Dallek, p. 312.

191. Freidel, p. 407.

192. David M. Kennedy, *Freedom from Fear. The American People in Depression and War, 1929-1945*, Nova York, Oxford, 1999, pp. 565-9.

193. Weinberg, *A World at Arms*, p. 330.

194. Isso difere da sugestão, em Kennedy, p. 524, de que, "na ausência de tal declaração legal, poderia muito bem ter sido impossível para Roosevelt resistir às demandas de alocar o máximo do

esforço norte-americano no Pacífico, contra o inimigo japonês formalmente reconhecido, e não no Atlântico, em uma guerra não declarada contra os alemães".

195. Kennedy, p. 543; L C. B. Dear e M. R. D. Foot (orgs.), *The Oxford Companion to the Second World War*, Oxford, Nova York, 1995, p. 860.

196. Richard Overy, *Why the Allies Won*, Londres, 1995, p. 15, escreve que "diante das evidências, nenhum homem racional poderia, no início de 1942, ter adivinhado o eventual desfecho da guerra". "Diante das evidências", talvez. Porém, a julgar por seu relato posterior, Churchill foi capaz de reconhecer que, depois de Pearl Harbor e uma vez os Estados Unidos dentro do conflito, "nós já havíamos ganho a guerra [...] o destino de Hitler estava selado. O destino de Mussolini estava selado. Os japoneses, por sua vez, seriam reduzidos a pó. Todo o resto dependia apenas da aplicação correta de uma força superior" (Winston S. Churchill, *The Second World War*, vol. 3: *The Grand Alliance*, Londres, 1950, p. 539).

197. *Staatsmänner*, p. 329 (Encontro de Hitler com o ministro das Relações Exteriores da Dinamarca, Erik Scavenius, 27.11.41). Ele repetiu sentimentos parecidos para sua própria *entourage* em 27.1.42 (Picker, p. 171). Ambas as ocasiões são citadas por Hillgruber, "Amerika", p. 20.

10. BERLIM/PRÚSSIA ORIENTAL, VERÃO-OUTONO DE 1941 [pp. 511-56]

1. *Die Tagebücher von Joseph Goebbels*, Elke Fröhlich (org.), parte II, vol. 2, Munique, 1996, pp. 498-9 (13.12.41).

2. Helmut Krausnick e Hans-Heinrich Wilhelm, *Die Truppe des Weltanschauungskrieges. Die Einsatzgruppen der Sicherheitspolizei und des SD 1938-1942*, Stuttgart, 1981, p. 619.

3. *Dimension des Völkermords. Die Zahl der jüdischen Opfer des Nationalsozialismus*, Wolfgang Benz (org.), Munique, 1991, p. 17.

4. Jeremy Noakes e Geoffrey Pridham (orgs.), *Nazism 1919-1945. A Documentary Reader*, vol. 3, Exeter, 1988, p. 1130; Mark Roseman, *The Villa, the Lake, the Meeting. Wannsee and the Final Solution*, Londres, 2002, pp. 111-2. O número-alvo incluía judeus da Inglaterra e também de países neutros como Suíça, Turquia, Suécia, Irlanda e Espanha.

5. Donald Bloxham, "The Armenian Genocide of 1915-16. Cumulative Radicalization and the Development of a Destruction Policy", *Past and Present*, 181 (2003), pp. 141-3, 146, 186-91; Norman M. Naimark, *Fires of Hatred. Ethnic Cleansing in Twentieth-Century Europe*, Cambridge, MA, Londres, 2001, pp. 18-36.

6. Também assinaladas por Robert S. Wistrich, *Hitler and the Holocaust*, Nova York, 2001, p. 238.

7. Naimark, p. 35.

8. Michael Mann, *The Dark Side of Democracy. Explaining Ethnic Cleansing*, Cambridge, 2005, pp. 140, 145; Bloxham, p. 152. E ver Naimark, pp. 28-30.

9. Max Domarus (org.), *Hitler. Reden und Proklamationen 1932-1945*, Wiesbaden, 1973, p. 1058; tradução inglesa de Noakes e Pridham, vol. 3, p. 1049.

10. Werner Maser (org.), *Hitlers Briefe und Notizen. Sein Weltbild in handschriftlichen Dokumenten*, Düsseldorf, 1973, pp. 360-1; tradução inglesa *Nazi Conspiracy and Aggression*, United States Government, Washington, 1946-8, vol. 6, p. 260.

11. Eberhard Jäckel e Axel Kuhn (orgs.), *Hitler. Sämtliche Aufzeichnungen 1905-1924*, Stuttgart, 1980, pp. 89-90; tradução inglesa Noakes e Pridham, vol. I, Exeter, 1983, pp. 12-4.

12. Adolf Hitler, *Mein Kampf*, 876ª-880ª reimpressão, Munique, 1943, p. 772; tradução inglesa Ralph Mannheim, *Hitler's Mein Kampf*, com introdução de D. C. Watt, Londres, 1973, p. 620.

13. *IMT*, vol. 28, pp. 538-9.

14. Sobre o avanço da carreira de Eichmann, ver David Cesarani, *Eichmann. His Life and Crimes*, Londres, 2004, caps. 1-3.

15. Ver, em especial, Michael Wildt, *Generation des Unbedingten. Das Führungskorps des Reichssicherheitshauptamtes*, Hamburgo, 2002, sobretudo sobre oportunidades de carreira, pp. 163-89.

16. Otto Dov Kulka, "Die deutsche Geschichtsschreibung über den Nationalsozialismus und die 'Endlösung'. Tendenzen und Entwicklungsphasen 1924-1984", *Historische Zeitschrift*, 240 (1985), pp. 628-9; e Otto Dov Kulka, "Critique of Judaism in European Thought. On the Historical Meaning of Modern Antisemitism", *Jerusalem Quarterly*, 52 (1989), pp. 128-9. Ver também Saul Friedländer. *Nazi Germany and the Jews. The Years of Persecution, 1933-39*, Londres, 1977, pp. 84, 87-90, para a noção de "anti-semitismo redentor".

17. *IMT*, vol. 29, pp. 145-6; tradução inglesa Noakes e Pridham, vol. 3, pp. 1199-200.

18. *Die Tagebücher von Joseph Goebbels*, parte II, vol. 3, Munique, 1994, p. 561 (27.3.42).

19. Tal afirmação, no entanto, não tem a intenção de sustentar as controversas alegações de Daniel Jonah Goldhagen, *Hitler's Willing Executioners. Ordinary Germans and the Holocaust*, Nova York, 1996, p. 77, que enfatiza o caminho específico da Alemanha em direção ao genocídio, afirmando que, ao longo de todo o século XIX e início do século XX, um "anti-semitismo eliminacionista" se mostrara "extremamente presente em todas as classes sociais e setores da sociedade alemã, pois estava profundamente arraigado na vida e nas conversas culturais e políticas da Alemanha, bem como integrado à estrutura moral da sociedade".

20. Ian Kershaw, *Hitler, 1889-1936*. Hubris, Londres, 1998, pp. 33-5.

21. Léon Poliakov, *The History of Anti-Semitism*, vol. 4: *Suicidal Europe, 1870-1933*, Oxford, 1977, pp. 52-7.

22. Thomas Nipperdey, *Deutsche Geschichte 1866-1918*, vol. 2: *Machtstaat vor der Demokratie*, Munique, 1992, p. 295.

23. Nipperdey, pp. 299, 305; George Mosse, *The Crisis of German Ideology. Intellectual Origins of the Third Reich*, Londres, 1966, pp. 93-7, 112. A afirmação de Hitler de que havia estudado Fritsch foi feita em uma carta escrita ao autor anti-semita em 28 de novembro de 1930. Ele se dizia convencido de que o livro de Fritsch preparara o caminho do movimento anti-semita nazista (*Hitler: Reden, Schriften, Anordnungen. Februar 1925 bis Januar 1933*, Institut für Zeitgeschichte [org.], vol. 4, parte I, Munique, Londres, Nova York, Paris, 1994, p. 133).

24. Ver Nipperdey, pp. 290, 303, e seu equilibrado relato, pp. 289-311.

25. Jäckel e Kuhn, p. 89.

26. Otto Dov Kulka, "Richard Wagner und die Anfänge des modernen Antisemitismus", *Bulletin des Leo Baeck Instituts*, 4 (1961), pp. 281-300, identifica uma manifestação precoce de anti-semitismo messiânico, redentor, como base da ideologia revolucionária dos escritos de Wagner.

27. Ulrich Herbert, "'Generation der Sachlichkeit'. Die völkische Studentenbewegung der frühen zwanziger Jahre in Deutschland", em Werner Johe e Uwe Lohalm (orgs.), *Zivilisation und Barbarei*, Hamburgo, 1991, pp. 115-44; e demoradamente em Wildt, *Generation des Unbedingten*.

28. Peter Gay, "In Deutschland zu Hause... Die Juden der Weimarer Zeit", em Arnold Paucker (org.), *Die Juden im Nationalsozialistischen Deutschland 1933-1943*, Tübingen, 1986, pp. 31-43.

29. *Adolf Hitler. Monologe im Führerhauptquartier*, Werner Jochmann (org.), Hamburgo, 1980, p. 108.

30. Ver Martin Broszat, "Soziale Motivation und Führer-Bindung des Nationalsozialismus", *Vierteljahrshefte für Zeitgeschichte*, 18 (1970), p. 403.

31. Em relação a essa expressão, ver Kershaw, *Hitler, 1889-1936*, pp. 529-30.

32. Ver Karl A. Schleunes, *The Twisted Road to Auschwitz. Nazi Policy toward German Jews 1933-1939*, Urbana, Illinois, 1970.

33. Otto Dov Kulka e Eberhard Jäckel (orgs.), *Die Juden in den geheimen NS-Stimmungsberichten 1933-1945*, Düsseldorf, 2004, pp. 372-3 (do relatório da SD sobre os judeus alemães em 1938).

34. Michael Wildt, *Die Judenpolitik des SD 1935 bis 1938. Eine Dokumentation*, Munique, 1995, pp. 32-3.

35. Avraham Barkai, *Vom Boykott zur "Entjudung". Der wirtschaftliche Existenzkampf der Juden im Dritten Reich 1933-1943*, Frankfurt am Main, 1988, p. 156.

36. Peter Longerich (org.), *Die Ermordung der europäischen Juden. Eine umfassende Dokumentation des Holocaust 1941-1945*, Munique, Zurique, 1989, p. 45; Noakes e Pridham, vol. 3, p. 566.

37. Ver os relatórios das próprias agências do regime em Kulka e Jäckel, pp. 304-78; uma análise completa foi conduzida por Martin Korb, "Deutsche Reaktionen auf die Novemberpogrome im Spiegel amtlicher Berichte", tese inédita, Magisterarbeit, Technische Universität Berlin, 2004.

38. Kulka e Jäckel, pp. 367-8, 372-3.

39. Główna Komisa Badania Zbrodni Hitlerowskich w Polsce [Arquivo da Comissão Central para Investigação de Crimes Hitleristas na Polônia, Ministério da Justiça, Polônia], Processo Artura Greisera, vol. 27, f. 167.

40. Christopher R. Browning, com contribuições de Jürgen Matthäus, *The Origins of the Final Solution. The Evolution of Nazi Jewish Policy, September 1939-March 1942*, Lincoln, Nebraska, 2004, pp. 26-7.

41. Browning, *The Origins of the Final Solution*, pp. 36-43.

42. Idem, p. 47.

43. Idem, p. 45.

44. Idem, p. 62.

45. Idem, p. 71.

46. Magnus Brechten, *"Madagaskar für die Juden". Antisemitische Idee und politische Praxis 1885-1945*, Munique, 1997, p. 16.

47. Browning, *The Origins of the Final Solution*, p. 57.

48. Helmut Krausnick, "Denkschrift Himmlers über die Behandlung der Fremdvölkischen im Osten (Mai 1940)", *Vierteljahrshefte für Zeitgeschichte*, 5 (1957), p. 197; tradução inglesa Noakes e Pridham, vol. 3, p. 932.

49. Browning, *The Origins of the Final Solution*, p. 72.

50. *Das Diensttagebuch des deutschen Generalgouverneurs in Polen 1939-1945*, Werner Prag e Wolfgang Jacobmeyer (org.), Stuttgart, 1975, p. 252; e citado em Browning, *The Origins of the Final Solution*, p. 84.

51. Browning, *The Origins of the Final Solution*, p. 83.

52. Idem, p. 45.

53. Idem, p. 88.

54. Helmut Heiber, "Der Generalplan Ost", *Vierteljahrshefte für Zeitgeschichte*, 6 (1958), pp. 281-325.

55. *Heeresadjutant bei Hitler 1938-1943. Aufzeichnungen des Majors Engel*, Hildegard von Kotze (org.), Stuttgart, 1974, pp. 94-5.

56. Citado em Peter Longerich, *Politik der Vernichtung. Eine Gesamtdarstellung der nationalsozialistischen Judenverfolgung*, Munique, Zurique, 1998, p. 287; também em Gatz Aly, *"Endlösung". Völkerverschiebung und der Mord an den europäischen Juden*, Frankfurt am Main, 1995, p. 269; e Browning, *The Origins of the Final Solution*, pp. 103-4. Ver também Edouard Husson, *"Nous pouvons vivre sans les Juifs": Novembre 1941. Quand et comment ils decidèrent de la solution finale*, Paris, 2005, pp. 71-3. Sou grato ao sr. Husson por me fornecer uma cópia do memorando de Dannecker arquivado no Centre de Documentation Juive Contemporaine (Paris), referência DCL1-2, V-59.

57. Aly, pp. 195-201.

58. Idem, p. 200.

59. Idem, p. 268; Longerich, *Politik der Vernichtung*, p. 287.

60. Aly, pp. 270-1; Browning, *The Origins of the Final Solution*, p. 104.

61. *Diensttagebuch*, pp. 332-3, 336-7.

62. *Die Tagebücher von Joseph Goebbels*, parte I, vol. 9, Munique, 1998, p. 192 (18.3.41).

63. Ver Ian Kershaw, *Hitler, 1936-1945*. Nemesis, Londres, 2000, pp. 353-60, para um resumo dos desdobramentos citados neste parágrafo.

64. *KTB d. OKW*, vol. I: *1. August 1940-31. Dezember 1941*, 1965, p. 341.

65. Aly, p. 270.

66. Heinz Hahne, *The Order of the Death's Head. The Story of Hitler's SS*, Londres, 1969, p. 330.

67. Ver Kershaw, *Hitler, 1936-1945*, pp. 243-7.

68. Idem, p. 251.

69. Domarus, p. 1663.

70. Citado em Orner Bartov, *The Eastern Front 1941-45. German Troops and the Barbarisation of Warfare*, Nova York, 1986, pp. 116-7.

71. Jürgen Matthäus, "Operation Barbarossa and the Onset of the Holocaust, June-December 1941", em Browning, *The Origins of the Final Solution*, p. 244.

72. Longerich, *Ermordung*, pp. 116-8; Krausnick e Wilhelm, p. 164.

73. Matthäus em Browning, *The Origins of the Final Solution*, pp. 258-9.

74. Idem, pp. 253-5; Richard Breitman, *The Architect of Genocide. Himmler and the Final Solution*, Londres, 1991, p. 168.

75. Longerich, *Politik der Vernichtung*, pp. 345-8.

76. Krausnick e Wilhelm, p. 163.

77. Ver Matthäus em Browning, *The Origins of the Final Solution*, pp. 268-77.

78. Krausnick e Wilhelm, p. 196.

79. Ver Browning, *The Origins of the Final Solution*, pp. 313, 317.

80. *Der Dienstkalender Heinrich Himmlers 1941/42*, Peter Witte et al. (org.), Hamburgo, 1999, pp. 184-5.

81. *"Führer-Erlasse" 1939-1945*, Martin Moll (org.), Stuttgart, 1997, pp. 188-9 (17.7.41).

82. *IMT*, vol. 38, pp. 86-94, doc. 221-L.

83. *Dienstkalender*, p. 185.

84. Christopher R. Browning, *The Path to Genocide. Essays on Launching the Final Solution*, Cambridge, 1992, pp. 105-6; Breitman, pp. 181-4; Yehoshua Büchler, "Kommandostab Reichsführer-SS. Himmler's Personal Murder Brigades in 1941", *Holocaust and Genocide Studies*, 1/1 (1986), pp. 11-25; Longerich, *Politik der Vernichtung*, pp. 362-6.

85. Matthäus em Browning, *The Origins of the Final Solution*, p. 279.

86. Citado em Longerich, *Politik der Vernichtung*, p. 367; Christian Gerlach, *Kalkulierte Morde. Die deutsche Wirtschafts- und Vernichtungspolitik in Weißrußland 1941 bis 1944*, Hamburgo, 1999, p. 560; e Matthäus em Browning, *The Origins of the Final Solution*, p. 281.

87. Ver Raul Hilberg, "The Kommandostab Revisited", *Yad Vashem Studies*, 34 (2006), pp. 360-2.

88. Gerlach, *Kalkulierte Morde*, pp. 560-6; Matthäus em Browning, *The Origins of the Final Solution*, pp. 281-2.

89. Adolf Hitler. *Monologe*, p. 106 (25.10.41).

90. Gerald Fleming, *Hitler and the Final Solution*, edição de bolso, Berkeley, Los Angeles, 1994, pp. 73-4.

91. Gerlach, *Kalkulierte Morde*, pp. 573-4.

92. Alfred Streim, *Die Behandlung sowjetischer Kriegsgefangener im "Fall Barbarossa"*, Heidelberg, Karlsruhe, 1981, pp. 85-6.

93. Gerlach, *Kalkulierte Morde*, pp. 567-9.

94. Matthäus em Browning, *The Origins of the Final Solution*, p. 283, e p. 504, n. 212; Breitman, pp. 195-6; Longerich, *Politik der Vernichtung*, pp. 372-3.

95. Gerlach, *Kalkulierte Morde*, pp. 572-3 e n. 435.

96. Ver Streim, pp. 89-93.

97. Roseman, p. 101; Aly, pp. 302-3 e n. 10.

98. Somente na Galícia oriental, mais meio milhão de judeus caiu sob controle nazista (Browning, *The Origins of the Final Solution*, p. 347).

99. Institut für Zeitgeschichte, Munique, ED 100, Diário de Walther Hewel (10 de julho de 1941); também citado em David Irving, *Hitler's War*, Londres, 1977, p. 291; e Kershaw, *Hitler, 1936-1945*, p. 470.

100. *Staatsmänner und Diplomaten bei Hitler. Vertrauliche Aufzeichnungen über die Unterredungen mit Vertretern des Auslandes 1939-1941*, Andreas Hillgruber (org.), edição de bolso, Munique, 1969, p. 310; também citado em Kershaw, *Hitler, 1936-1945*, p. 470; e Browning, *The Origins of the Final Solution*, p. 315.

101. Citado em Aly, p. 285, e ver pp. 301-6 para a convincente sugestão de que os números fornecidos na Conferência de Wansee, em janeiro de 1942, só fazem refletir as perspectivas de planejamento de junho e julho de 1941.

102. Aly, pp. 273, 328; Kershaw, *Hitler, 1936-1945*, p. 471.

103. Citado em Browning, *The Origins of the Final Solution*, p. 318.

104. Kershaw, *Hitler, 1936-1945*, pp. 473-4 e figura 45.

105. Browning, *The Origins of the Final Solution*, p. 319.

106. Aly, p. 338; Browning, *The Origins of the Final Solution*, pp. 321-2.

107. Longerich, *Ermordung*, p. 157.

108. Idem, pp. 74-5.

109. Ian Kershaw, "Improvised Genocide? The Emergence of the 'Final Solution' em the 'Warthegau'", *Transactions of the Royal Historical Society*, série 6, 2 (1992), pp. 62-71.

110. Browning, *The Origins of the Final Solution*, p. 329.

111. Idem, pp. 375-7, para a cidade de origem das deportações.

112. Idem, pp. 342-3, 346, 351.

113. Idem, p. 372.

114. Christian Gerlach, "Die Wannsee-Konferenz, das Schicksal der deutschen Juden und Hitlers politische Grundsatzentscheidung, alle Juden Europas zu ermorden", *Werkstattgeschichte*, 18 (1997), p. 17; Longerich, *Politik der Vernichtung*, p. 464.

115. Essa é a plausível alegação do bom e curto estudo de Husson, pp. 145-55.

116. Adolf Hitler, *Monologe*, pp. 125-6, 130-1.

117. Domarus, pp. 1772-3, 1781.

118. Adolf Hitler, *Monologe*, p. 148.

119. Roseman, pp. 56-60.

120. *Die Tagebücher von Joseph Goebbels*, parte II, vol. 2, p. 498 (13.12.41).

121. *Diensttagebuch*, pp. 457-8; tradução inglesa de Noakes e Pridham, vol. 3, pp. 1126-7; e Browning, *The Origins of the Final Solution*, pp. 408-9. Ver também Bogdan Musial, *Deutsche Zivilverwaltung und Judenverfolgung im Generalgouvernement*, Wiesbaden, 1999, pp. 218-20.

122. Cesarani, p. 114. Durante seu julgamento em Jerusalém, Eichmann afirmou recordar que, durante a conferência, falou-se em "matar e eliminar e exterminar" (Longerich, *Ermordung*, p. 93). Ver Roseman, pp. 68-79, para a interpretação mais plausível do registro escrito propositalmente vago da reunião.

123. A administração civil do Governo-Geral já previa a "solução final" em seus preparativos organizacionais (Musial, pp. 220-2).

124. Roseman, p. 77.

125. É bem mais convincente ver nisso uma extensão do programa assassino, em vez de o desfecho de uma decisão fundamental de executar a "solução final" tomada em data tão tardia quanto junho de 1942 (ver Florent Brayard, *La "solution finale de la question juive". La technique, le temps et les catégories de la décision*, Paris, 2005, sobretudo pp. 16-8, 30-8).

126. O título do impressionante livro de Richard Breitman era *The Architect of Genocide. Himmler and the Final Solution*.

127. Eberhard Jäckel, "From Barbarossa to Wannsee. The Role of Reinhard Heydrich", ensaio inédito gentilmente cedido pelo autor.

128. Berlin Document Centre, SS-HO, 933, Himmler a Gottlob Berger, 28.7.42.

129. Fleming, pp. 106-12.

130. *Hitlers politisches Testament. Die Bormann Diktate von Februar und April 1945*, Hamburgo, 1981, pp. 69-70. Esses últimos monólogos registrados de Hitler sobrevivem de forma um tanto dúbia (ver Kershaw, *Hitler, 1936-1945*, pp. 1024-5, n. 121). Apesar das reservas necessárias, os comentários soam autênticos e típicos de Hitler.

Lista de obras citadas

ABENDROTH, Hans-Henning. "Deutschlands Rolle im Spanischen Bürgerkrieg". In: FUNKE, Manfred (ed.). *Hitler, Deutschland und die Mächte. Materialien zur Außenpolitik des Dritten Reichs.* Düsseldorf, 1978.

AIGNER, Dietrich. "Hitler und die Weltherrschaft". In: MICHALKA, Wolfgang (ed.). *Nationalsozialistische Außenpolitik*, Darmstadt, 1978.

AKIRA, Hara. "Japan: Guns before Rice". In: HARRISON, Mark (ed.). *The Economics of World War II. Six Great Powers in International Comparison.* Cambridge, 1998.

ALDRICH, Richard J. *Intelligence and the War against Japan. Britain, America and the Politics of Secret Service.* Cambridge, 2000.

ALLISON, Graham T. *The Essence of Decision. Explaining the Cuban Missile Crisis*, Boston, 1971.

ALSOP, Joseph; KINTNER, Robert. *American White Paper. The Story of American Diplomacy and the Second World War.* Londres, 1940.

ALY, Götz. *"Endlösung". Völkerverschiebung und der Mord an den europäischen Juden.* Frankfurt, 1995.

AQUARONE, Alberto. "Public Opinion in Italy before the Outbreak of World War II". In: SARTI, Roland (ed.). *The Ax Within. Italian Fascism in Action.* Nova York, 1974.

ASSMANN, Kurt. *Deutsche Schicksalsjahre.* Wiesbaden, 1950.

AVON, Conde de. *The Eden Memoirs. The Reckoning.* Londres, 1965.

AZZI, Stephen Corrado. "The Historiography of Fascist Foreign Policy". In: *Historical Journal*, 36 (1993).

BACH, Maurizio. *Die charismatischen Führerdiktaturen. Drittes Reich und italienischer Faschismus im Vergleich ihrer Herrschaftsstrukturen.* Baden-Baden, 1990.

BADGER, Tony. *The New Deal. The Depression Years, 1933-40.* Londres, 1989.

BADOGLIO, Pietro. *Italy in the Second World War. Memories and Documents.* Londres, Nova York, Toronto, 1948.

BAILEY, Thomas A.; RYAN, Paul B. *Hitler vs. Roosevelt. The Undeclared Naval War.* Nova York, 1979.

BARBER, John. "The Moscow Crisis of October 1941". In: COOPER, Julian; PERRIE, Maureen; REES, E. A. (eds.). *Soviet History, 1917-53. Essays in Honour of R. W. Davies.* Basingstoke, 1995.

BARKAI, Avraham. *Vom Boykott zur "Entjudung". Der wirtschaftliche Existenzkampf der juden im Dritten Reich 1933-1943.* Frankfurt, 1988.

BARRON, Gloria J. *Leadership in Crisis. FDR and the Path to Intervention.* Port Washington, NY, Londres, 1973.

BARTOV, Orner. *The Eastern Front 1941-45. German Troops and the Barbarisation of Warfare.* Nova York, 1986.

BASTIANINI, Giuseppe. *Volevo fermare Mussolini. Memorie di un diplomatico fascista.* Milão, 2005; ed. orig. *Uomini, cose, fatti. Memorie di un ambasciatore.* Milão, 1959.

BEARD, Charles A. *President Roosevelt and the Coming of War 1941. A Study in Appearance and Realities.* New Haven, 1948.

BELL, P. M. H. *A Certain Eventuality... Britain and the Fall of France.* Londres, 1974.

BELOW, Nicolaus von. *Als Hitlers Adjutant 1937-1945.* Mogúncia, 1980.

BENZ, Wolfgang (ed.). *Dimension des Völkermords. Die Zahl der jüdischen Opfer des Nationalsozialismus.* Munique, 1991.

BERGAMINI, David. *Japan's Imperial Conspiracy.* 2 vols., Nova York, 1971.

BERIA, Sergo. *Beria. My Father.* Londres, 2000.

BESYMENSKI, Lew. *Stalin und Hitler. Das Pokerspiel der Diktatoren.* Berlim, 2004.

BIALER, Seweryn (ed.). *Stalin and his Generals.* Londres, 1970.

BIX, Herbert. *Hirohito and the Making of Modern Japan.* Londres, 2001.

BLOCH, Michael. *Ribbentrop.* Londres, 1994. (edição em brochura)

BLOSS, Hartmut. "Deutsche Chinapolitik im Dritten Reich". In: FUNKE, Manfred (ed.). *Hitler, Deutschland und die Mächte. Materialien zur Außenpolitik des Dritten Reichs.* Düsseldorf, 1978.

BLOXHAM, Donald. "The Armenian Genocide of 1915-16. Cumulative Radicalization and the Development of a Destruction Policy". In: *Past and Present*, 181 (2003).

BLUM, John Morton. *From the Morgenthau Diaries.* vol. 2: *Years of Urgency, 1938-1941.* Boston, 1965.

BOBERACH, Heinz (ed.). *Meldungen aus dem Reich. Auswahl aus den geheimen Lageberichten des Sicherheitsdienstes der SS 1939-1944.* Neuwied, Berlim, 1965.

BOCK, Fedor von. *The War Diary 1939-1945.* Klaus Gerbet, Atglen, Pensilvânia, 1996.

BONWETSCH, Bernd. "Stalin, the Red Army, and the 'Great Patriotic War". In: KERSHAW, Ian; LEWIN, Moshe (eds.). *Stalinism and Nazism. Dictatorships in Comparison*, Cambridge, 1997.

BOROZNJAK, Alexander I. "Ein russischer Historikerstreit? Zur sowjetischen und russischen Historiographie über den deutschen Angriff auf die Sowjetunion". In: UEBERSCHÄR, Gerd R.; BEZYMENSKIJ, Lev A. (eds.). *Der deutsche Angriff auf die Sowjetunion 1941. Die Kontroverse um die Präventivkriegsthese.* Darmstadt, 1998.

BOSWORTH, R. J. B. *Italy, the Least of the Great Powers. Italian Foreign Policy before the First World War.* Cambridge, 1979.

_______. *The Italian Dictatorship. Problems and Perspectives in the Interpretation of Mussolini and Fascism.* Londres, 1998.

_______. *Mussolini.* Londres, 2002.

BOTTAI, Giuseppe. *Diario 1935-1944.* Giordano Bruno Guerri, Milão, 1982.

BOYD, Carl. *Hitler's Japanese Confidant. General Oshima Hiroshi and MAGIC Intelligence, 1941-1945.* Lawrence, Kansas, 1992.

BRAITHWAITE, Rodric. *Moscow 1941. A City and its People at War.* Londres, 2006.

BRAYARD, Florent. *La "solution finale de la question juive". La technique, le temps et les catégories de la décision.* Paris, 2005.

BRECHTEN, Magnus. *"Madagaskar für die Juden". Antisemitische Idee und politische Praxis 1885-1945.* Munique, 1997.

BREITMAN, Richard. *The Architect of Genocide. Himmler and the Final Solution.* Londres, 1991.

BRELOER, Heinrich (ed.). *Mein Tagebuch. Geschichten vom Überleben 1939-1947.* Colônia, 1984.

BROGAN, Hugh. *The Pelican History of the United States of America.* Harmondsworth, 1986.

BROSZAT, Martin. *Der Staat Hitlers.* Munique, 1969.

_______. "Soziale Motivation und Führer-Bindung des Nationalsozialismus". In: *Vierteljahrshefte für Zeitgeschichte*, 18 (1970).

BROWNING, Christopher R. *The Path to Genocide. Essays on Launching the Final Solution.* Cambridge, 1992.

_______; MATTHÄUS, Jürgen., *The Origins of the Final Solution. The Evolution of Nazi Jewish Policy, September 1939-March 1942.* Lincoln, Nebraska, 2004.

BÜCHLER, Yehoshua. "Kommandostab Reichsführer-SS. Himmler's Personal Murder Brigades in 1941". In: *Holocaust and Genocide Studies*, 1 / 1 (1986).

BUHITE, Russel D.; LEVY, David W. (eds.). *FDR's Fireside Chats.* Nova York, 1992.

BULLIT, Orville H. (ed.). *For the President: Personal and Secret. Correspondence between Franklin D. Roosevelt and William C. Bullitt.* Londres, 1973.

BURCKHARDT, Carl J. *Meine Danziger Mission 1937-1939.* Munique, 1962.

BURDICK, Charles; JACOBSEN, Hans Adolf (eds.). *The Halder War Diary, 1939-1942.* Londres, 1988.

BURGDORFF, Stephan; WIEGREFFE, Klaus (eds.). *Der Erste Weltkrieg. Die Urkatastrophe des 20. Jahrhunderts.* Munique, 2004.

BURGWYN, H. James. *Italian Foreign Policy in the Interwar Period 1918-1940.* Westport, Connecticut, 1997.

BURNS, James MacGregor. *Roosevelt. The Soldier of Freedom 1940-1945.* Londres, 1971.

BUTOW, Robert J. C. *Tojo and the Coming of the War.* Princeton, 1961.

CALDER, Angus. *The People's War.* Londres, 1969.

CALIC, Edouard. *Unmasked. Two Confidential Interviews with Hitler in 1931.* Londres, 1971.

CANTRILL, Hadley (ed.). *Public Opinion 1935-1946.* Westport, Connecticut, 1951.

CARLEY, Michael Jabara. *1939. The Alliance that Never Was and the Coming of World War II.* Chicago, 1999.

CARR, William. *Poland to Pearl Harbor. The Making of the Second World War.* Londres, 1985.

CASEY, Steven. *Cautious Crusade. Franklin D. Roosevelt, American Public Opinion, and the War against Nazi Germany.* Oxford, Nova York, 2001.

"Cato". *Guilty Men,* Londres, 1940.

CECIL, Robert. *Hitler's Decision to Invade Russia 1941.* Londres, 1975.

CERVI, Mario. *The Hollow Legions. Mussolini's Blunder in Greece, 1940-1941.* Londres, 1972.

CESARANI, David. *Eichmann. His Life and Crimes.* Londres, 2004.

CHARMLEY, John. *Churchill: The End of Glory. A Political Biography.* Londres, 1993.

CHIHIRO, Hosoya. "The Tripartite Pact, 1939-1940". In: MORLEY, James William (ed.). *Deterrent Diplomacy. Japan, Germany, and the USSR 1935-1940.* Nova York, 1976.

CHIHIRO, Hosoya. "Northern Defence". In: MORLEY, James William (ed.). *The Fateful Choice. Japan's Advance into Southeast Asia, 1939-1941*. Nova York, 1980.

Chips. The Diaries of Sir Henry Channon. Robert Rhodes James, Londres, 1967.

CHOUCRI, Nazli; NORTH, Robert C.; YAMAKAGE, Susumu. *The Challenge of Japan before World War II and After*. Londres, Nova York, 1992.

CHURCHILL, Winston S. *The Second World War*, vol. 1: *The Gathering Storm*. Londres, 1948.

_______. *The Second World War*, vol. 2: *Their Finest Hour*. Londres, 1949.

_______. *The Second World War*, vol. 3: *The Grand Alliance*. Londres, 1950.

_______. *The Second World War*, vol. 4: *The Hinge of Fate*. Londres, 1951.

_______. *Great War Speeches*. Londres, 1957.

Churchill and Roosevelt. The Complete Correspondence, Warren F. Kimball, 3 vols., Princeton, 1984.

The Churchill War Papers, vol. 2: *Never Surrender, May 1940-December 1940*. Martin Gilbert, Londres, 1995.

The Churchill War Papers, vol. 3: *The Ever-Widening War*, 1941. Martin Gilbert, Londres, 2000.

Ciano's Diary 1939-1943. Malcolm Muggeridge, Londres, 1947.

Ciano's Diplomatic Papers. Malcolm Muggeridge, Londres, 1948.

CLARKE, Peter. *Hope and Glory. Britain 1900-1990*. Londres, 1996.

COLE, Wayne S. *Charles A. Lindbergh and the Battle against American Intervention in World War II*. Nova York, Londres, 1974.

COLVILLE, John. *The Fringes of Power. Downing Street Diaries 1939-1955*. Londres, 1985.

CONNORS, Lesley. *The Emperor's Adviser. Saionji Kinmochi and Pre-War Japanese Politics*. Londres, 1987.

CORNER, Paul. "Everyday Fascism in the 1930s. Centre and Periphery in the Decline of Mussolini's Dictatorship". In: *Contemporary European History*, 15 (2006).

COSTELLO, John. *Ten Days that Saved the West*. Londres, 1991.

CREVELD, Martin van. "25 October 1940. A Historical Puzzle". In: *Journal of Contemporary History*, 6 (1971).

_______. *Hitler's Strategy 1940-1941. The Balkan Clue*. Cambridge, 1973.

_______. "Prelude to Disaster. The British Decision to Aid Greece, 1940-41". In: *Journal of Contemporary History*, 9 (1974).

CROWSON, N. J. *Facing Fascism. The Conservative Party and the European Dictators 1935-40*. Londres, 1997.

CULL, Nicholas John. *Selling War. The British Propaganda Campaign against American "Neutrality" in World War II*. Nova York, Oxford, 1995.

DALLEK, Robert. *Franklin D. Roosevelt and American Foreign Policy, 1932-1945*. Nova York, 1979.

DAVIES, Joseph E. *Mission to Moscow*. Nova York, 1941.

DAVIES, Norman. *Europe. A History*. Oxford, 1996.

DAVIES, R. W. *Soviet History in the Yeltsin Era*. Londres, 1997.

DEAKIN, F. W. *The Brutal Friendship. Mussolini, Hitler and the Fall of Italian Fascism*. Londres, 1962.

DEAR, I. C. B.; FOOT, M. R. D. (eds.). *The Oxford Companion to the Second World War*. Oxford, Nova York, 1995.

DETWILER, Donald S. *Hitler, Franco und Gibraltar. Die Frage des spanischen Eintritts in den Zweiten Weltkrieg*. Wiesbaden, 1962.

DEUTSCHER, Isaac. *Stalin. A Political Biography*. Londres, 1988.

DIETRICH, Otto. *12 Jahre mit Hitler*. Munique, 1955.

DILKS, David (ed.). *The Diaries of Sir Alexander Cadogan 1938-1945*, Londres, 1971.

_______. "The Twilight War and the Fall of France. Chamberlain and Churchill in 1940". In: *Transactions of the Royal Historical Society*, 5ª série, 28 (1978).

DIVINE, Robert A. *The Reluctant Belligerent. American Entry into World War II*. Nova York, 1965.

_______. *Roosevelt and World War II*. Baltimore, 1969.

I documenti diplomatici italiani. 9ª série, 1939-1943, Roma, 1954-60.

Documents on German Foreign Policy. 1918-1945. Series D (1937-1945), Londres, 1957-66.

DOMARUS, Max (ed.). *Hitler. Reden und Proklamationen 1932-1945*. Wiesbaden, 1973.

DÖNITZ, Karl. *Memoirs. Ten Years and Twenty Days*. Nova York, 1997.

DÜLFFER, Jost. *Weimar, Hitler und die Marine. Reichspolitik und Flottenbau 1920-1939*. Düsseldorf, 1973.

_______. "Zum 'decision-making process' in der deutschen Außenpolitik 1933-1939". In: FUNKE, Manfred (ed.). *Hitler, Deutschland und die Mächte*. Düsseldorf, 1978.

ERICKSON, John. "Threat Identification and Strategic Appraisal by the Soviet Union 1930-1941". In: MAY, E. R. (ed.). *Knowing One's Enemies. Intelligence Assessment before the Two World Wars*. Princeton, 1983.

_______. *The Road to Stalingrad. Stalin's War with Germany*, vol. 1. Londres, 1998.

ERNST-SCHRAMM, Percy (ed.). *Kriegstagebuch des Oberkommandos der Wehrmacht (Wehrmachtführungsstab)*. Frankfurt, 1961-5.

ESNOUF, Guy Nicholas. "British Government War Aims and Attitudes towards a Negotiated Peace, September 1939 to July 1940". Tese inédita de Ph.D., King's College Londres, 1988.

FALIN, Valentin. *Zweite Front. Die Interessenkonflikte in der Anti-Hitler-Koalition*. Munique, 1995.

FEILING, Keith. *The Life of Neville Chamberlain*. Londres, 1946.

FEIS, Herbert. *The Road to Pearl Harbor. The Coming of the War between the United States and Japan*. Princeton, 1950.

FELICE, Renzo de. *Mussolini l'alleato 1940-1945*. vol. 1, Turim, 1990.

FERGUSON, Niall. *The War of the World. History's Age of Hatred*. Londres, 2006.

FHÖLICH, Elke (ed.). *Die Tagebücher von Joseph Goebbels, parte I: Aufzeichnungen, 9 vols.; parte II: Diktate 1941-1945, 15 vols*. Munique, 1993-2005.

FLANNERY, Harry W. *Assignment to Berlin*. Londres, 1942.

FLEMING, Gerald. *Hitler and the Final Solution*. Berkeley, Los Angeles, 1994.

FLYNN, John T. *The Roosevelt Myth*. Nova York, 1956.

Foreign Relations of the United States. Diplomatic Papers 1938. vol. 1, Washington, 1955.

Foreign Relations of the United States. Diplomatic Papers 1941. vol. 4: *The Far East*, Washington, 1956.

Foreign Relations of the United States. Japan 1931-41. vol. 2, Washington, 1943.

FOX, John P. *Germany and the Far Eastern Crisis 1931-1938. A Study in Diplomacy and Ideology*. Oxford, 1982.

FREIDEL, Frank. *Franklin D. Roosevelt. A Rendezvous with Destiny*. Boston, 1990.

FRIEDLÄNDER, Saul. *Prelude to Downfall. Hitler and the United States, 1939-1941*. Nova York, 1967.

_______. *Nazi Germany and the Jews. The Years of Persecution, 1933-39*, Londres, 1997.

Fuehrer Conferences on Naval Affairs 1939-1945. Londres, 1990.

GARDINER, Juliet. *Wartime Britain 1939-1945*. Londres, 2004.

GÄRLITZ, Walter (ed.). *Generalfeldmarschall Keitel: Verbrecher oder Offizier? Erinnerungen, Briefe, Dokumente des Chefs OKW*. Göttingen, 1961.

GASSERT, Philipp. *Amerika im Dritten Reich. Ideologie, Propaganda und Volksmeinung 1933-1945*. Stuttgart, 1997.

GAY, Peter. "In Deutschland zu Hause ... Die Juden der Weimarer Zeit". In: PAUCKER, Arnold (ed.). *Die Juden im Nationalsozialistischen Deutschland 1933-1943*. Tübingen, 1986.

GELLMAN, Irwin F. *Secret Affairs. Franklin Roosevelt, Cordell Hull, and Sumner Welles*. Baltimore, Londres, 1995.

GENOUD, François (ed.). *The Testament of Adolf Hitler. The Hitler-Bormann Documents, February-April 1945*. Londres, 1961.

GERLACH, Christian. "Die Wannsee-Konferenz, das Schicksal der deutschen Juden und Hitlers politische Grundsatzentscheidung, alle Juden Europas zu ermordern". In: *Werkstattgeschichte*, 18 (1997).

_______. *Kalkulierte Morde. Die deutsche Wirtschafts-und Vernichtungspolitik in Weißrußland 1941 bis 1944*. Hamburgo, 1999.

GETTY, J. Arch. "The Politics of Repression Revisited". In: GETTY, J. Arch; MANNING, Roberta T. (eds.). *Stalinist Terror. New Perspectives*. Cambridge, 1993.

GIBBS, N. H. *Grand Strategy*, vol. 1: *Rearmament Policy*. Londres, 1976.

GILBERT, Martin. *Winston S. Churchill*, vol. 5: *1922-1939*. Londres, 1976.

_______. *Winston S. Churchill 1939-1941*, vol. 6: *Finest Hour*, Londres, 1983. (ed. em brochura).

GLANTZ, David M. *The Military Strategy of the Soviet Union. A History*. Londres, 1992.

_______. "The Red Army in 1941". In: GLANTZ, David M. (ed.). *The Initial Period of War on the Eastern Front, 22 June-August 1941*. Londres, 1993.

_______. *Stumbling Colossus. The Red Army on the Eve of World War*. Lawrence, Kansas, 1998.

_______. *Barbarossa. Hitler's Invasion of Russia 1941*. Stroud, 2001.

GOLDHAGEN, Daniel Jonah. *Hitler's Willing Executioners. Ordinary Germans and the Holocaust*. Nova York, 1996.

GORDON, Andrew. *A Modern History of Japan from Tokugawa Times to the Present*. Nova York, Oxford, 2003.

GORINOV, Mikhail M. "Muscovites' Moods, 22 June 1941 to May 1942". In: THURSTON, W.; BONWESTCH, Bernd (eds.). *The People's War. Responses to World War II in the Soviet Union*. Urbana, Chicago, 2000.

GORODETSKY, Gabriel. *Grand Delusion. Stalin and the German Invasion of Russia*. New Haven, Londres, 1999.

GREW, Joseph C. *Ten Years in Japan*. Nova York, 1944.

GRUCHMANN, Lothar. "Die 'verpa,ten strategischen Chancen' der Achsenmächte im Mittelmeerraum 1940/41". In: *Vierteljahrshefte für Zeitgeschichte*, 18 (1970).

_______. *Der Zweite Weltkrieg*. Munique, 4. ed., 1975.

HAFFNER, Sebastian. *Von Bismarck zu Hitler. Ein Rückblick*. Munique, 1989. (ed. em brochura)

HAGEN, Mark von. "Soviet Soldiers and Officers on the Eve of the German Invasion. Toward a Description of Social Psychology and Political Attitudes". In: THURSTON, W.; BONWESTCH, Bernd (eds.). *The People's War. Responses to World War II in the Soviet Union*. Urbana, Chicago, 2000.

HALDER, Franz. *Kriegstagebuch. Tägliche Aufzeichnungen des Chefs des Generalstabes des Heeres 1939-1942*, vol. 1: *Vom Polenfeldzug bis zum Ende der Westoffensive* (*14.8.1939-30.6.1940*), Hans-Adolf Jacobsen, Stuttgart, 1962.

_______. *Kriegstagebuch. Tägliche Aufzeichnungen des Chefs des Generalstabes des Heeres 1939-1942*, vol. 2: *Von der geplanten Landung in England bis zum Beginn des Ostfeldzuges* (*1.7.1940-21.6.1941*), Hans-Adolf Jacobsen, Stuttgart, 1963.

HALDER, Franz. *Kriegstagebuch. Tägliche Aufzeichnungen des Chefs des Generalstabes des Heeres 1939-1942*, vol. 3: *Der Rußlandfeldzug bis zum Marsch auf Stalingrad (22.6.1941-24.9.1942)*, Hans-Adolf Jacobsen, Stuttgart, 1964.

HANFSTAENGL, Ernst. *Hitler. The Missing Years*. Nova York, 1994. (ed. em brochura)

HARRISON, Mark (ed.). *The Economics of World War II. Six Great Powers in International Comparison*. Cambridge, 1998.

HARVEY, John. *The Diplomatic Diaries of Oliver Harvey 1937-1940*. Londres, 1970.

HAUNER, Milan. *Hitler. A Chronology of his Life and Time*. 2. ed., Basingstoke, Nova York, 2005.

HEIBER, Helmut. "Der Generalplan Ost". In: *Vierteljahrshefte für Zeitgeschichte*, 6 (1958).

HEINRICHS, Waldo H., Jr. *American Ambassador. Joseph C. Grew and the Development of the United States Diplomatic Tradition*. Boston, 1966.

________. *Threshold of War. Franklin D. Roosevelt and American Entry into World War II*. Nova York, Oxford, 1988.

HÉNANDEZ-SANDOICA, Elena; MORADIELLOS, Enrique. "Spain and the Second World War, 1939-1945". In: WYLIE, Neville (ed.). *European Neutrals and Non-Belligerents during the Second World War*. Cambridge, 2002.

HERBERT, Ulrich. "'Generation der Sachlichkeit'. Die völkische Studentenbewegung der frühen zwanziger Jahre in Deutschland". In: JOHE, Werner; LOHALM, Uwe (eds.). *Zivilisation und Barbarei*. Hamburgo, 1991.

HIGGINS, Patrick. "The Political Beliefs of R. A. Butler". (dissertação inédita)

HILBERG, Raul. "The Kommandostab Revisited". In: *Yad Vashem Studies*, 34 (2006).

HILDEBRAND, Klaus. *Vom Reich zum Weltreich. Hitler, NSDAP und koloniale Frage 1919-1945*. Munique, 1969.

________. *The Foreign Policy of the Third Reich*. Londres, 1973.

________. *Das vergangene Reich. Deutsche Außenpolitik von Bismarck bis Hitler*. Stuttgart, 1995.

HILGER, Gustav; MEYER, Alfred G. *The Incompatible Allies. A Memoir of German-Soviet Relations 1918-1941*. Nova York, 1953.

HILL, Christopher. *Cabinet Decisions on Foreign Policy. The British Experience, October 1938-June 1941*. Cambridge, 1991.

HILL, Leonidas E. (ed.). *Die Weizsäcker-Papiere 1933-1950*. Frankfurt, 1974.

HILLGRUBER, Andreas. "Der Faktor Amerika in Hitlers Strategie 1938-1941". In: *Aus Politik und Zeitgeschichte. Beilage zur Wochenzeitung "Das Parlament"*, 11 de maio de 1966. In: MICHALKA, Wolfgang (ed.), *Nationalsozialistische Außenpolitik*, Darmstadt, 1978.

________. *Hitlers Strategie. Politik und Kriegführung 1940-1941*. 3. ed., Bonn, 1993.

________. (ed.). *Staatsmänner und Diplomaten bei Hitler. Vertrauliche Aufzeichnungen über die Unterredungen mit Vertretern des Auslandes 1939-1941*. Munique, 1969.

HINSLEY, F. H. *British Intelligence in the Second World War*. Londres, 1993.

________. "British Intelligence and Barbarossa". In: ERICKSON, John; DILKS, David (eds.). *Barbarossa. The Axis and the Allies*. Edimburgo, 1994.

HIROHARU, Seki. "The Manchurian Incident 1931". In: MORLEY, James William (ed.). *Japan Erupts. The London Naval Conference and the Manchurian Incident 1928-1932*. Nova York, 1984.

HITLER, Adolf. *Mein Kampf*. 876-880ª. reimpressão. Munique, 1943.

HITLER, Adolf. *Mein Kampf*, trad. Ralph Mannheim, com introdução de D. C. Watt. Londres, 1973. (ed. em brochura)

Hitlers politisches Testament. Die Bormann Diktate vom Februar und April 1945. Hamburgo, 1981.

HÖHNE, Heinz. *The Order of the Death's Head. The Story of Hitler's SS*. Londres, 1969.

HOSENFELD, Wilm. *"Ich versuche jeden zu retten". Das Leben eines deutschen Offiziers in Briefen und Tagebüchern*. Munique, 2004.

HUBATSCH, Walther (ed.). *Hitlers Weisungen für die Kriegführung. Dokumente des Oberkommandos der Wehrmacht*. Munique, 1965.

HULL, Cordell. *The Memoirs of Cordell Hull*. 2 vols., Nova York, 1948.

HUSSON, Édouard. *"Nous pouvons vivre sans les Juifs": Novembre 1941. Quand et comment ils décidèrent de la solution finale*. Paris, 2005.

HÜTTENBERGER, Peter. "Nationalsozialistische Polykratie". In: *Geschichte und Gesellschaft*, 2 (1976).

HYOE, Murakami; HARPER, Thomas J. (eds.). *Great Historical Figures of Japan*. Tóquio, 1978.

IAKOVLEV, A. N.; NAUMOV, V. P. et al. (eds.). *1941 god. Dokumenty* [O ano de 1941. Documentos] 2 vols., Moscou, 1998.

ICKES, Harold L. *The Secret Diary of Harold L. Ickes*. vol. 3: *The Lowering Clouds 1939-1941*. Nova York, 1955.

IKE, Nobutaka (ed.). *Japan's Decision for War. Records of the 1941 Policy Conferences*. Stanford, Califórnia, 1967.

IKUHIKO, Hata. "The Japanese-Soviet Confrontation, 1935-1939". In: MORLEY, James William (ed.). *Deterrent Diplomacy. Japan, Germany, and the USSR 1935-1940*, Nova York, 1976.

________. "The Army's Move into Northern Indochina". In: MORLEY, James William (ed.). *The Fateful Choice. Japan's Advance into Southeast Asia, 1939-1941*. Nova York, 1980.

________. "The Marco Polo Bridge Incident, 1937". In: MORLEY, James William (ed.). *The China Quagmire. Japan's Expansion on the Asian Continent, 1933-1941*. Nova York, 1983.

INSTITUT für Zeitgeschichte (ed.). *Hitler: Reden, Schriften, Anordnungen. Februar 1925 bis Januar 1933*. 5 vols. em 12 partes, Munique, Londres, Nova York, Paris, 1992-8.

IRIYE, Akira, *Across the Pacific. An Inner History of American-East Asian Relations*. Nova York, 1967.

________. *Power and Culture. The Japanese-American War, 1941-1945*. Cambridge, Massachusetts, 1981.

________. *The Origins of the Second World War in Asia and the Pacific*. Londres, Nova York, 1987.

IRVING, David. *Hitler's War*. Londres, 1977.

________. *Churchill's War*. vol. 1: *The Struggle for Power*. Bullsbrook, Austrália, 1987.

ITO, Takashi; HIROHASHI, Tadamitsu; KATASHIMA, Norio (eds.). *The Secret Documents of Prime Minister Tojo: Records of the Words and Deeds of General Hideki Tojo* [em japonês]. Tóquio, s.d.

"Iz vospominanii upravliyushchego delami sovnarkoma SSSR Ya. E. Chadaev" ["Das memórias do chefe do Sovnarkom URSS — Yakov Ermolaevich Chadaev"]. In: *Otechestvennaya Istoriya*, 2 (2005).

JÄCKEL, Eberhard. *Hitlers Weltanschauung. Entwurf einer Herrschaft*. Tübingen, 1969.

________. *Hitler in History*. Hanover, Londres, 1984.

________. "From Barbarossa to Wannsee. The Role of Reinhard Heydrich". (ensaio inédito)

________; KUHN, Axel (eds.). *Hitler. Sämtliche Aufzeichnungen 1905-1924*. Stuttgart, 1980.

JENKINS, Roy. *Churchill*. Londres, 2001.

JOCHMANN, Werner (ed.). *Adolf Hitler. Monologe im Führerhauptquartier*. Hamburgo, 1980.

JONES, F. C. *Japan's New Order in East Asia. Its Rise and Fall, 1937-45*. Oxford, 1954.

JONES, Thomas. *A Diary with Letters 1931-1950*. Londres, 1954.

JUDT, Tony. *Postwar. A History of Europe since 1945*. Londres, 2005.

JUN, Tsunoda. "The Navy's Role in the Southern Strategy". In: MORLEY, James William (ed.). *The Fateful Choice. Japan's Advance into Southeast Asia, 1939-1941*. Nova York, 1980.

KAHN, David. *Hitler's Spies. German Military Intelligence in World War II*. Nova York, 2000.

KENNEDY, David M. *Freedom from Fear. The American People in Depression and War, 1929-1945*. Nova York, Oxford, 1999.

KERSHAW, Ian. "Improvised Genocide? The Emergence of the 'Final Solution' in the 'Warthegau'". In: *Atas da Royal Historical Society*, 6. série, 2 (1992).

________. *Hitler, 1889-1936. Hubris*. Londres, 1998.

________. *Hitler, 1936-1945. Nemesis*. Londres, 2000.

________. *The Nazi Dictatorship. Problems and Perspectives of Interpretation*. 4ª ed., Londres, 2000.

________. *Making Friends with Hitler. Lord Londonderry and Britain's Road to War*. Londres, 2004.

KIMBALL, Warren F. *The Most Unsordid Act. Lend-Lease 1939-1941*. Baltimore, 1969.

________. *The Juggler. Franklin Roosevelt as Wartime Statesman*. Princeton, 1991.

________. *Forged in War. Churchill, Roosevelt and the Second World War*, Londres, 1997.

KIPP, Jacob. "Soviet War Planning". In: GLANTZ, David M. (ed.). *The Initial Period of War on the Eastern Front, 22 June-August 1941*. Londres, 1993.

KLEE, Karl. *Das Unternehmen "Seelöwe". Die geplante deutsche Landung in England 1940*. Göttingen, 1958.

________. (ed.). *Dokumente zum Unternehmen "Seelöwe". Die geplante deutsche Landung in England 1940*. Göttingen, 1959.

KNIGHT, Jonathan. "Churchill and the Approach to Mussolini and Hitler in May 1940. A Note". In: *British Journal of International Studies*, 3 (1977).

KNOX, MacGregor. "Fascist Italy Assesses its Enemies, 1935-1940". In: MAY, Ernest R. (ed.). *Knowing One's Enemies. Intelligence Assessment before the Two World Wars*. Princeton, 1983.

________. *Mussolini Unleashed 1939-1941. Politics and Strategy in Fascist Italy's Last War*. Cambridge, 1986. (ed. em brochura)

________. *Common Destiny. Dictatorship, Foreign Policy, and War in Fascist Italy and Nazi Germany*. Cambridge, 2000.

________. *Hitler's Italian Allies. Royal Armed Forces, Fascist Regime, and the War of 1940-1943*. Cambridge, 2000.

KOLIOPOULOS, John S. *Greece and the British Connection 1935-1941*. Oxford, 1977.

KORB, Martin, "Deutsche Reaktionen auf die Novemberpogrome im Spiegel amtlicher Berichte", Magisterarbeit inédito, Technische Universitat Berlim, 2004.

KOTZE, Hildegard von (ed.). *Heeresadjutant bei Hitler 1938-1943. Aufzeichnungen des Majors Engel*. Stuttgart, 1974.

KRAUSNICK, Helmut. "Denkschrift Himmlers über die Behandlung der Fremdvölkischen im Osten (Mai 1940)". In: *Vierteljahrshefte für Zeitgeschichte*, 5 (1957).

________; WILHELM, Hans-Heinrich. *Die Truppe des Weltanschauungskrieges. Die Einsatzgruppen der Sicherheitspolizei und des SD 1938-1942*. Stuttgart, 1981.

KREBS, Gerhard. "Deutschland und Pearl Harbor". In: *Historische Zeitschrift*, 253 (1991).

KUBE, Alfred. *Pour le mérite und Hakenkreuz. Hermann Göring im Dritten Reich*. Munique, 1986.

KULKA, Otto Dov. "Richard Wagner und die Anfänge des modernen Antisemitismus". In: *Bulletin des Leo Baeck Instituts*. 4 (1961).

________. "Die deutsche Geschichtsschreibung über den Nationalsozialismus und die 'Endlösung'. Tendenzen und Entwicklungsphasen 1924-1984". In: *Historische Zeitschrift*. 240 (1985).

________. "Critique of Judaism in European Thought. On the Historical Meaning of Modern Antisemitism". In: *Jerusalem Quarterly*, 52 (1989).

________. e JÄCKEL, Eberhard (eds.). *Die Juden in den geheimen NS-Stimmungsberichten 1933-1945*. Düsseldorf, 2004.

KUPER, Leo. *Genocide. Its Political Use in the Twentieth Century*, Harmondsworth, 1981.

LANGER, William L.; GLEASON, S. Everett. *The Challenge to Isolation, 1937-1940*. Nova York, 1952.

________. *The Undeclared War, 1940-1941*. Nova York, 1953.

LARRABEE, Eric. *Commander in Chief Franklin Delano Roosevelt, his Lieutenants, and their War*. Londres, 1987.

LASH, Joseph P. *Roosevelt and Churchill 1939-1941. The Partnership that Saved the West*. Nova York, 1976.

LAWLOR, Sheila. "Britain and the Russian Entry into the War". In: LANGHORNE, Richard (ed.). *Diplomacy and Intelligence during the Second World War*. Cambridge, 1985.

LEACH, Barry A. *German Strategy against Russia 1939-1941*. Oxford, 1973.

LEBRA, Joyce C. *Japan's Greater East Asia Co-Prosperity Sphere in World War II. Selected Readings and Documents*. Kuala Lumpur, 1975 .

LEIGH, Michael. *Mobilizing Consent. Public Opinion and American Policy 1937-1947*. Westport, Connecticut, 1976.

LEWIN, Moshe. *The Making of the Soviet System. Essays in the Social History of Interwar Russia*. Nova York, 1985.

________. "Bureaucracy and the Stalinist State". In: KERSHAW, Ian; LEWIN, Moshe (eds.). *Stalinism and Nazism. Dictatorships in Comparison*. Cambridge, 1997.

________. *The Soviet Century*. Londres, 2005.

LEWIN, Ronald. *Ultra Goes to War. The Secret Story*. Londres, 2001. (ed. em brochura)

LEWIS, Jonathan; WHITEHEAD, Phillip. *Stalin. A Time for Judgement*. Londres, 1991.

LIULEVICIUS, Vejas Gabriel. *War Land on the Eastern Front. Culture, National Identity and German Occupation in World War I*. Cambridge, 2000.

LONGERICH, Peter (ed.). *Die Ermordung der europäischen Juden. Eine umfassende Dokumentation des Holocaust 1941-1945*. Munique, Zurique, 1989.

________. *Politik der Vernichtung. Eine Gesamtdarstellung der nationalsozialistischen Judenverfolgung*. Munique, Zurique, 1998.

LUKACS, John. *The Duel. Hitler vs. Churchill*. Oxford. 1992.

________. *Five Days in London. May 1940*. New Haven, Londres, 2001.

________. *June 1941. Hitler and Stalin*. New Haven, Londres, 2006.

LYTTLETON, Adrian. *The Seizure of Power*. Londres, 1973.

MACLEOD, Roderick; KELLY, Denis (eds.). *The Ironside Diaries, 1937-1940*. Londres, 1962.

MACKSMITH, Denis. *Mussolini as a Military Leader*. Reading, 1974.

________. *Mussolini's Roman Empire*. Londres, Nova York, 1976.

________. *Mussolini*. Londres, 1983. (ed. em brochura)

MAGENHEIMER, Heinz. *Hitler's War. Germany's Key Strategic Decisions 1940-1945*. Londres, 1998. *The "MAGIC" Background of Pearl Harbor*, 8 vols., Washington, 1977-8.

MAISKY, Ivan. *Who Helped Hitler?* Londres, 1964.

MANN, Michael. *The Dark Side of Democracy. Explaining Ethnic Cleansing*. Cambridge, 2005.

MARKS, Frederick W., III. *Wind over Sand. The Diplomacy of Franklin Roosevelt*. Athens, Geórgia, 1988.

MARTIN, Bernd. "Das 'Dritte Reich' und die 'Friedens'-Frage im Zweiten Weltkrieg". In: MICHALKA, Wolfgang (ed.). *Nationalsozialistische Außenpolitik*, Darmstadt, 1978.

MASER, Werner (ed.). *Hitlers Briefe und Notizen. Sein Weltbild in handschriftlichen Dokumenten*. Düsseldorf, 1973.

MASON, Timothy W. *Nazism, Fascism and the Working Class*. Cambridge, 1995.

Matsuoka Yosuke. The Man and his Life, Tóquio, 1974 [em japonês].

MATTHÄUS, Jürgen. "Operation Barbarossa and the Onset of the Holocaust, June-December 1941". In: BROWNING. Christopher, *The Origins of the Final Solution. The Evolution of Nazi Jewish Policy, September 1939-March 1942*. Lincoln, Nebraska, 2004.

MAWDSLEY, Evan, *The Stalin Years. The Soviet Union, 1929-1953*. Manchester, 1998.

________. "Crossing the Rubicon. Soviet Plans for Offensive War in 1940-1941", *International History Review*, 25 (2003).

MAZOWER, Mark, *Inside Hitler's Greece. The Experience of Occupation, 1941-44*. New Haven, Londres, 1993.

MEDVEDEV, Roy. *On Stalin and Stalinism*. Oxford, 1979.

________. *All Stalin's Men*. Oxford, 1983.

________; MEDVEDEV, Zhores, *The Unknown Stalin. His Life, Death, and Legacy*, Woodstock, Nova York, 2004.

MEINECKE, Friedrich. *Die deutsche Katastrophe*. Wiesbaden, 1946.

MELOGRANI, Piero, "The Cult of the Duce in Mussolini's Italy". *Journal of Contemporary History*, II (1976).

The Memoirs of General the Lord Ismay, Londres, 1960.

MERRIDALE, Catherine, *Ivan's War. The Red Army 1939-1945*. Londres, 2005.

MICHALKA, Wolfgang, "Vom Antikominternpakt zum euro-asiatischen Kontinentalblock. Ribbentrops Alternativkonzeption zu Hitlers außenpolitischen 'Programm'". In: Wolfgang Michalka (ed.). *Nationalsozialistische Außenpolitik*, Darmstadt, 1978.

________. *Ribbentrop und die deutsche Weltpolitik 1933-1940*. Munique, 1980.

________. "From the Anti-Comintern Pact to the Euro-Asiatic Bloc. Ribbentrop's Alternative Concept of Hitler's Foreign Policy Programme". In: KOCH, H. W. (ed.). *Aspects of the Third Reich*. Londres, 1985.

MIKOYAN, Anastas Ivanovich. *Tak bylo*. Moscou, 1999.

MIKOYAN, Stepan A. "Barbarossa and the Soviet Leadership". In: ERICKSON, John; DILKS, David (eds.). *Barbarossa. The Axis and the Allies*. Edimburgo, 1994.

MILITÄRGESCHICHTLICHES Forschungsamt (ed.). *Das Deutsche Reich und der Zweiten Weltkrieg*. vol. 3, Stuttgart, 1984.

________. *Das Deutsche Reich und der Zweiten Weltkrieg*. vol. 4. Stuttgart, 1983.

MINUTH, Karl-Heinz (ed.). *Akten der Reichskanzlei. Die Regierung Hitler*. vol. 1, Boppard am Rhein, 1983.

MOLL, Martin (ed.). *"Führer-Erlasse" 1939-1945*. Stuttgart, 1997.

Molotov Remembers: Inside Kremlin Politics. Conversations with Felix Chuev, Chicago, 1993.

MONTEFIORE, Simon Sebag. *Stalin. The Court of the Red Tsar*. Londres, 2003.

MORLEY, James William (ed.). *Deterrent Diplomacy. Japan, Germany, and the USSR 1935-1940.* Nova York, 1976.

________. (ed.). *The Fateful Choice. Japan's Advance into Southeast Asia, 1939-1941*. Nova York, 1980.

________. (ed.). *The China Quagmire. Japan's Expansion on the Asian Continent, 1933-1941*. Nova York, 1983.

________. (ed.). *Japan Erupts. The London Naval Conference and the Manchurian Incident 1928-1932*. Nova York, 1984.

________. (ed.). *The Final Confrontation. Japan's Negotiations with the United States, 1941*. Columbia, NY, 1994.

MOSELEY, Ray. *Mussolini's Shadow. The Double Life of Count Galeazzo Ciano*. New Haven, Londres, 1999.

MOSSE, George. *The Crisis of German Ideology. Intellectual Origins of the Third Reich*. Londres, 1966.

MOWAT, Charles Loch. *Britain between the Wars, 1918-1940*. Londres, 1956.

MUGGERIDGE, Malcolm (ed.). *Ciano's Diary 1939-1943*. Londres, 1947.

________. *Ciano's Diplomatic Papers*. Londres, 1948.

MÜLLER, Klaus-Jürgen, *Das Heer und Hitler. Armee und nationalsozialistisches Regime 1933-1940.* Stuttgart, 1969.

MURPHY, David E. *What Stalin Knew. The Enigma of Barbarossa*. New Haven, Londres, 2005.

MUSIAL, Bogdan. *Deutsche Zivilverwaltung und Judenverfolgung im Generalgouvernement.* Wiesbaden, 1999.

NAIMARK, Norman M. *Fires of Hatred. Ethnic Cleansing in Twentieth-Century Europe*, Cambridge, Massachusetts, Londres, 2001.

Nazi Conspiracy and Aggression. United States Government, 11 vols., Washington, 1946-8.

NICOLSON, Harold. *Diaries and Letters 1930-1964*. Stanley Olson, Nova York, 1980.

NIPPERDEY, Thomas. *Deutsche Geschichte 1866-1918*, vol. 2: *Machtstaat vor der Demokratie*, Munique, 1992.

NISH, Ian. *Japanese Foreign Policy 1869-1942*. Londres, 1977.

NOAKES, Jeremy; PRIDHAM, Geoffrey (eds.). *Nazism 1919-1945. A Documentary Reader*, 4 vols., Exeter, 1983-98.

NOBUMASA, Tanaka (ed.). *Dokyumento Showa Tenno Dai Nikkan* [Documentos do imperador Showa], vol. 2, Tóquio, 1988 [em japonês].

OKA, Yoshitake. *Konoe Fumimaro. A Political Biography*. Tóquio, 1983.

OVERY, R. J. *War and Economy in the Third Reich*. Oxford, 1994.

________. *Why the Allies Won*. Londres, 1995.

________. *Russia's War*. Londres, 1997.

________. *The Dictators. Hitler's Germany and Stalin's Russia*. Londres, 2004.

PACKARD, Reynolds; PACKARD, Eleanor. *Balcony Empire. Fascist Italy at War*. Londres, 1943.

PAPEN, Franz, von. *Memoir*. Londres, 1952.

PARKER, R. A. C. *Chamberlain and Appeasement. British Policy and the Coming of the Second World War.* Londres, 1993.

PARKER, R. A. C. *Churchill and Appeasement*. Londres, 2000.

PAYNE, Stanley G. *A History of Fascism 1914-45*. Londres, 1995.

PICKER, Dr. Henry. *Hitlers Tischgespräche im Führerhauptquartier 1941-1942*. Percy Ernst Schramm, Stuttgart, 1963.

PIMLOTT, Ben (ed.). *The Second World War Diary of Hugh Dalton, 1940-1945*. Londres, 1988.

PIOUS, Richard M. *The American Presidency*. Nova York, 1979.

PIPER, Ernst. *Alfred Rosenberg. Hitlers Chefideologe*. Munique, 2005.

PLESHAKOV, Constantine. *Stalin's Folly. The Secret History of the German Invasion of Russia, June 1941*. Londres, 2005.

POLIAKOV, Léon. *The History of Anti-Semitism*, vol. 4: *Suicidal Europe, 1870-1933*, Oxford, 1977.

Political Strategy Prior to the Outbreak of War (*Parts III-IV*), Office of the Chief of Military History, Department of the Army, Japanese Monographs, 144-50, s.d.

POPE, Stephen; WHEAL, Elizabeth-Anne. *The Macmillan Dictionary of the First World War*. Londres, 1995.

PRAGG, Werner; JACOBMEYER, Wolfgang (ed.). *Das Diensttagebuch des deutschen Generalgouverneurs in Polen 1939-1945*. Stuttgart, 1975.

PRANGE, Gordon W. *At Dawn We Slept. The Untold Story of Pearl Harbor*. Londres, 1982.

PRESTON, Paul. "Franco and Hitler. The Myth of Hendaye 1940". *Contemporary European History*, 1 (1992).

Der Proze, gegen die Hauptkriegsverbrecher vor dem Internationalen Militärgerichtshof, Nürnberg, 14. November 1945-1. Oktober 1946, 42 vols., Nuremberg, 1947-9.

RADZINSKY, Edvard. *Stalin*. Nova York, 1996.

RAEDER, Erich. *Mein Leben*. Tübingen, Neckar, 1957.

RAHN, Werner; SCHREIBER, Gerhard (eds.). *Kriegstagebuchder Seekriegsleitung 1939-1945*. Herford, Bonn, 1989.

RAUSCHER, Walter. *Hitler und Mussolini. Macht, Krieg und Terror*. Graz, 2001.

RAUSCHNING, Hermann. *Hitler Speaks*. Londres, 1939.

READ, Anthony; FISHER, David. *The Deadly Embrace. Hitler, Stalin and the Nazi-Soviet Pact 1939-1941*. Londres, 1988.

REBENTISCH, Dieter. *Führerstaat und Verwaltung im Zweiten Weltkrieg*. Stuttgart, 1989.

REESE, Roger R. "The Red Army and the Great Purges". In: GETTY, J. Arch; MANNING, Roberta T. (eds.). *Stalinist Terror. New Perspectives*. Cambridge, 1993.

RENSHAW, Patrick. *Franklin D. Roosevelt. Profiles in Power*. Londres, 2004.

REYNAUD, Paul. *In the Thick of the Fight 1930-1945*. Londres, 1955.

REYNOLDS, David. *The Creation of the Anglo-American Alliance 1937-1941. A Study in Competitive Co-operation*. Chapel Hill, Carolina do Norte, 1982.

________. "Churchill and the British 'Decision' to Fight on in 1940. Right Policy, Wrong Reasons". In: LANGHORNE, Richard (ed.). *Diplomacy and Intelligence during the Second World War*. Cambridge, 1985.

________. "Churchill the Appeaser? Between Hitler, Roosevelt and Stalin in World War Two". In: DOCKRILL, Michael; MCKERCHER, Brian (eds.). *Diplomacy and World Power. Studies in British Foreign Policy, 1890-1950*. Cambridge, 1996.

________. *From Munich to Pearl Harbor. Roosevelt's America and the Origins of the Second World War*. Chicago, 2001.

REYNOLDS, David. *In Command of History. Churchill Fighting and Writing the Second World War*. Londres, 2004. *The Ribbentrop Memoirs*, Londres, 1954.

RINTELEN, Enno, von. *Mussolini als Bundesgenosse. Erinnerungen des deutschen Militärattachés in Rom 1936-1943*. Tübingen, Stuttgart, 1951.

ROBERTS, Andrew. *"The Holy Fox". The Life of Lord Halifax*. Londres, 1997.

ROBERTS, Geoffrey. *Unholy Alliance. Stalin's Pact with Hitler*. Londres, 1989.

________. *The Soviet Union and the Origins of the Second World War. Russo-German Relations and the Road to War, 1933-1941*. Londres, 1995.

________. *Stalin's Wars. From World War to Cold War, 1939-1953*. New Haven, Londres, 2006.

ROCK, William R. *Chamberlain and Roosevelt. British Foreign Policy and the United States, 1937-1940.* Columbus, Ohio, 1988.

ROOSEVELT, Elliott (ed.). *The Roosevelt Letters*, vol. 3: [*1928-1945*]. Londres, 1952.

ROSEMAN, Mark. *The Villa, the Lake, the Meeting. Wannsee and the Final Solution*. Londres, 2002.

ROSENMAN, Samuel I. *The Public Papers and Addresses of Franklin D. Roosevelt*. 13 vols., Nova York, 1938-50.

ROTUNDO, Louis. "Stalin and the Outbreak of War in 1941". *Journal of Contemporary History*, 24 (1989).

RYBIN, A. T. *Next to Stalin. Notes of a Bodyguard*. Toronto, 1996.

SADKOVICH, James J. "Understanding Defeat. Reappraising Italy's Role in World War II". *Journal of Contemporary History*, 24 (1989).

________. "The Italo-Greek War in Context. Italian Priorities and Axis Diplomacy". *Journal of Contemporary History*, 28 (1993).

SALEWSKI, Michael. *Die deutsche Seekriegsleitung 1935-1945*. vol. 1, Frankfurt, 1970.

________. *Die deutsche Seekriegsleitung 1935-1945*. vol. 3, Frankfurt, 1973.

SAPIR, Jacques. "The Economics of War in the Soviet Union during World War II". In: KERSHAW, Ian; LEWIN, Moshe (eds.). *Stalinism and Nazism. Dictatorships in Comparison*. Cambridge, 1997.

SATHRE, Eugene. "Communication and Conflict: Japanese Foreign Policy leading to the Pacific War". Universidade de Minnesota, 1978. (tese inédita de Ph.D.)

SCHLEUNES, Karl A. *The Twisted Road to Auschwitz. Nazi Policy toward German Jews 1933-1939*. Urbana, Illinois, 1970.

SCHLIE, Ulrich. *Kein Friede mit Deutschland. Die geheimen Gespräche im Zweiten Weltkrieg 1939-1941.* Munique, Berlim, 1994.

SCHMIDT, Paul. *Statist auf diplomatischer Bühne 1923-45. Erlebnisse des Chefdolmetschers im Auswärtigen Amt mit den Staatsmännern Europas*. Bonn, 1953.

SCHRAMM-VON THADDEN, Ehrengard. *Griechenland und die Gro,mächte im Zweiten Weltkrieg*. Wiesbaden, 1955.

SCHREIBER, Gerhard. *Revisionismus und Weltmachtstreben. Marineführung und deutsch-italienische Beziehungen 1919 bis 1944*. Stuttgart, 1978.

________. "Zur Kontinuität des Gro,- und Weltmachtstrebens der deutschen Marineführung". *Militärgeschichtliche Mitteilungen*, 25/2 (1979).

________. "Der Mittelmeerraum in Hitlers Strategie 1940. 'Programm' und militärische Planung". *Militärgeschichtliche Mitteilungen*, 27/2 (1980).

SCHROEDER, Christa. *Er war mein Chef. Aus dem Nachlaß der Sekretärin von Adolf Hitler*, JOACHIMSTHALER, Anton (ed.). Munique, Viena, 1985.

SCHROEDER, Paul W. *The Axis Alliance and Japanese-American Relations 1941*. Ithaca, Nova York, 1958.

SCHWENDEMANN, Heinrich. *Die wirtschaftliche Zusammenarbeit zwischen dem Deutschen Reich und der Sowjetunion von 1939 bis 1941. Alternative ZU Hitlers Ostprogramm?*. Berlim, 1993.

SEATON, Albert. *Stalin as Warlord*. Londres, 1976.

SEIICHI, Imai. "Cabinet, Emperor, and Senior Statesmen". In: BORG, Dorothy; OKAMOTO, Shumpei (eds.). *Pearl Harbor as History. Japanese-American Relations 1931-1941*. Nova York, 1973.

Sekrety Gitlera no stole u Stalina [Os segredos de Hitler na mesa de Stálin], Moscou, 1995.

SELLA, Amnon. "'Barbarossa'". Surprise Attack and Communication". *Journal of Contemporary History*, 13 (1978).

SERVICE, Robert. *Stalin. A Biography*. Londres, 2004.

SHERRY, Michael S. *The Rise of American Air Power. The Creation of Armageddon*. New Haven, Londres, 1987.

SHERWOOD, Robert E. *The White House Papers of Harry L. Hopkins*. 2 vols., Londres, 1948.

SHIGEO, Misawa; SABURO, Minomiya. "The Role of the Diet and Political Parties". In: BORG, Dorothy; OKAMOTO, Shumpei (eds.). *Pearl Harbor as History. Japanese-American Relations 1931-1941*. Nova York, 1973.

SHINJIRO, Nagaoka. "Economic Demands on the Dutch East Indies". In: MORLEY, James William (ed.). *The Fateful Choice. Japan's Advance into Southeast Asia, 1939-1941*. Nova York, 1980.

________. "The Drive into Southern Indochina and Thailand". In: MORLEY, James William (ed.). *The Fateful Choice. Japan's Advance into Southeast Asia, 1939-1941*. Nova York, 1980.

SHIRER, William L. *Berlin Diary, 1934-1941*. Londres, 1970.

SMITH, Richard Norton. *The Colonel. The Life and Legend of Robert R. McCormick 1880-1955*. Boston, Nova York, 1997.

SMITH, Woodruff D. *The Ideological Origins of Nazi Imperialism*. New York, Oxford, 1986.

SOMMER, Theo. *Deutschland und japan zwischen den Mächten 1935-1940. Vom Antikominternpakt zum Dreimächtepakt*. Tübingen, 1962.

SONTAG, Raymond James; BEDDIE, James Stuart (eds.). *Nazi-Soviet Relations 1939-1941*. Nova York, 1948.

SPEER, Albert. *Erinnerungen*. Frankfurt, 1969.

SPOTSWOOD, Roger D. "Japan's Southward Advance as an Issue in Japanese-American Relations, 1940-1941", Universidade de Washington, 1974. (tese inédita de Ph.D.)

STAFFORD, David. *Roosevelt and Churchill. Men of Secrets*. Londres, 2000.

STAUFFER, Paul. *Zwischen Hofmannsthal und Hitler: Carl J. Burckhardt. Facetten einer aussergewöhnlichen Existenz*. Zurique, 1991.

STEINER, Zara. *The Lights that Failed. European International History 1919-1933*. Oxford, 2005.

STEVENSON, David. *Cataclysm. The First World War as Political Tragedy*. Nova York, 2004.

STIMSON, Henry L.; BUNDY, McGeorge. *On Active Service in Peace and War*. Nova York, 1948.

STOAKES, Geoffrey. *Hitler and the Quest for World Dominion*. Leamington Spa, 1986.

STOLER, Mark A. *Allies and Adversaries. The Joint Chiefs of Staff, the Grand Alliance, and U.S. Strategy in World War II*,.Chapel Hill, Carolina do Norte, Londres, 2000.

STREIM, Alfred. *Die Behandlung sowjetischer Kriegsgefangener im "Fall Barbarossa"*. Heidelberg, Karlsruhe, 1981.

SUDOPLATOV, Pavel; SUDOPLATOV, Anatoli. *Special Tasks: The Memoirs of an Unwanted Witness. A Soviet Spymaster*. Boston, 1994.

SULLIVAN, Brian R. "Where One Man, and Only One Man, Led. Italy's Path from Non-Alignment to Non-Belligerency to War, 1937-1940". In: WYLIE, Neville (ed.). *European Neutrals and Non-Belligerents during the Second World War*. Cambridge, 2002.

SUNY, Gregor. "Stalin and his Stalinism. Power and Authority in the Soviet Union". In: KERSHAW, Ian; LEWIN, Moshe (eds.). *Stalinism and Nazism. Dictatorships in Comparison*. Cambridge, 1997.

SYRING, Enrico. "Hitlers Kriegserklärung an Amerika vom 11. Dezember 1941". In: MICHALKA, Wolfgang (ed.). *Der Zweite Weltkrieg. Analysen, Grundßüge, Forschungsbilanz*. Muniqueh, Zurique, 1989.

TALBOTT, Strobe (ed.). *Khrushchev Remembers*. Londres, 1971.

TANSILL, Charles Callan. *Back Door to War. The Roosevelt Foreign Policy*. Chicago, 1952.

TAYLOR, A. J. P. *English History 1914-1945*. Harmondsworth, 1970.

________. *The Origins of the Second World War*. Harmondsworth, 1964.

THOMAS, Charles S. *The German Navy in the Nazi Era*. Londres, 1990.

TOKUSHIRO, Ohata. "The Anti-Comintern Pact, 1935-1939". In: MORLEY, James William (ed.). *Deterrent Diplomacy. Japan, Germany, and the USSR 1935-1940*. Nova York, 1976.

TOLAND, John. *The Rising Sun. The Decline and Fall of the Japanese Empire, 1936-1945*. Nova York, 1970. Modern Library, 2003.

________. *Adolf Hitler*. Londres, 1977.

TOLSTOY, Nicolai. *Stalin's Secret War*. Londres, 1981.

TOOZE, Adam. *The Wages of Destruction. The Making and Breaking of the Nazi Economy*. Londres, 2006.

TOSHIHIKO, Shimada. "Designs on North China 1933-1937". In: MORLEY, James William (ed.). *The China Quagmire. Japan's Expansion on the Asian Continent, 1933-1941*. Nova York, 1983.

TOSCANO, Mario. *The Origins of the Pact of Steel*. Baltimore, 1967.

TREUE, Wilhelm (ed.). "Hitlers Denkschrift zum Vierjahresplan 1936". *Vierteljahrshefte für Zeitgeschichte*, 3 (1955).

TREUE, Wilhelm (ed.). "Rede Hitlers vor der deutschen Presse (10. November 1938)", *Vierteljahrshefte für Zeitgeschichte*, 6 (1958).

Trial of the Major War Criminals before the International Military Tribunal, 14 November 1945-1 October 1946, 42 vols., Nuremberg, 1947-9.

TUCKER, Robert C. *Stalin in Power. The Revolution from Above, 1928-1941*. Nova York, 1990.

UEBERSCHÄR, Gerd R.; BEZYMENSKIJ, Lev A. (eds.). *Der deutsche Angriff auf die Sowjetunion 1941. Die Kontroverse um die Präventivkriegsthese*. Darmstadt, 1998.

________. "Hitlers Überfall auf die Sowjetunion 1941 und Stalins Absichten. Die Bewertung in der deutschen Geschichtsschreibung und die neuere 'Präventivkriegsthese'". In: UEBERSCHÄR, Gerd R.; BEZYMENSKIJ, Lev A. (eds.). *Der deutsche Angriff auf die Sowjetunion 1941. Die Kontroverse um die Präventivkriegsthese*. Darmstadt, 1998.

ULAM, Adam. *Stalin. The Man and his Era*. Boston, 1989.

VAT, Dan, van der. *The Atlantic Campaign. The Great Struggle at Sea 1939-1945*. Londres, 1988.

VILLARI, Luigi. *Italian Foreign Policy under Mussolini*. Londres, 1959.

VISCONTI PRASCA, Sebastiano. *Io ho aggredito la Grecia*. 2. ed., Milão, 1947.

VOGELSANG, Thilo. "Neue Dokumente zur Geschichte der Reichswehr 1930-1933", *Vierteljahrshefte für Zeitgeschichte*, 2 (1954).

VOLKOGONOV, Dmitri. *Stalin. Triumph and Tragedy*. Nova York, 1991.

WAGNER, Gerhard (ed.). *Lagevorträge des Oberbefehlshabers der Kriegsmarine vor Hitler 1939-1945*. Munique, 1972.

WARLIMONT, Walter. *Inside Hitler's Headquarters 1939-45*. Novato, Califórnia, s.d. (edição original em inglês, Londres, 1964).

WATSON, Derek. *Molotov. A Biography*. Londres, 2005.

WEEKS, Albert L. *Stalin's Other War. Soviet Grand Strategy 1939-1941*. Lanham, Maryland, 2002.

WEHLER, Hans-Ulrich. "Die Urkatastrophe. Der Erste Weltkrieg als Auftakt und Vorbild für den Zweiten Weltkrieg", *Der Spiegel*, 8 (16 fev. 2004).

WEINBERG, Gerhard L. "German Colonial Plans and Policies 1938-1942". In: BESSON, Waldemar; GAERTRINGEN, Friedrich Frhr. Hiller v. (eds.). *Geschichte und Gegenwartsbewuſtsein. Historische Betrachtungen und Untersuchungen*; Göttingen, 1963.

________. "Hitler's Image of the United States", *American Historical Review*, 69 (1964).

________. *The Foreign Policy of Hitler's Germany. Diplomatic Revolution in Europe 1933-36*. Chicago, Londres, 1970.

________. *The Foreign Policy of Hitler's Germany. Starting World War II, 1937-1939*. Chicago, Londres, 1980.

________. *A World at Arms. A Global History of World War II*. Cambridge, 1994.

________. (ed). *Hitler's Second Book. The Unpublished Sequel to Mein Kampf*. Nova York, 2003.

WEIZSÄCKER, Ernst von. *Erinnerungen*. Munique, Leipzig, Freiburg, 1950.

WELLES, Sumner. *Seven Major Decisions*. Londres, 1951.

________. *The Time for Decision*. Londres, 1944.

WERTH, Alexander. *Russia at War, 1941-1945*. Nova York, 1984.

WESTON, Mark. *Giants of Japan. The Lives of Japan's Greatest Men and Women*. Nova York, Tóquio, Londres, 1999.

WHALEY, Barton, *Codeword Barbarossa*, Cambridge, Massachusetts, 1973.

WHITTAM, John. *Fascist Italy*. Manchester, 1995.

WHYMANT, Robert. *Stalin's Spy. Richard Sorge and the Tokyo Espionage Ring*. Londres, Nova York, 1996.

WILDT, Michael. *Die Judenpolitik des SD 1935 bis 1938. Eine Dokumentation*. Munique, 1995.

________. *Generation des Unbedingten. Das Führungskorps des Reichssicherheitshauptamtes*. Hamburgo, 2002.

WILSON, Theodore A. *The First Summit. Roosevelt and Churchill at Placentia Bay 1941*. Londres, 1970.

WISKEMANN, Elizabeth. *The Rome-Berlin Axis. A Study of the Relations between Hitler and Mussolini*. Londres, 1966.

WISTRICH, Robert S. *Hitler and the Holocaust*. Nova York, 2001.

WITTE, Peter (ed.). *Der Dienstkalender Heinrich Himmlers 1941/42*. Hamburgo, 1999.

WOHLSTETTER, Roberta. *Pearl Harbor. Warning and Decision*. Stanford, Califórnia, 1962.

WOODWARD, Llewellyn. *British Foreign Policy in the Second World War*. vol. 1, Londres, 1970.

WOOLF, S. J. (ed.). *Fascism in Europe*. 2. ed., Londres, 1981.

WRIGHT, Jonathan. *Gustav Stresemann, Weimar's Greatest Statesman*. Oxford, 2002.

WYLIE, Neville (ed.). *European Neutrals and Non-Belligerents during the Second World War*. Cambridge, 2002.

ZAMAGNI, Vera. "Italy: How to Lose the War and Win the Peace". In: HARRISON, Mark (ed.). *The Economics of World War II. Six Great Powers in International Comparison*. Cambridge, 1998.

ZHUKOV, G. *Reminiscences and Reflections*. 2 vols., Moscou, 1985.

Índice remissivo

ESTA OBRA FOI COMPOSTA PELA SPRESS EM DANTE E IMPRESSA EM OFSETE
PELA RR DONNELLEY SOBRE PAPEL PÓLEN SOFT DA SUZANO
PAPEL E CELULOSE PARA A EDITORA SCHWARCZ EM SETEMBRO DE 2008